imaginist

想象另一种可能

理
想
国

imaginist

杨照 著

经典里的中国

海南出版社
·海口·

图书在版编目（CIP）数据

经典里的中国 / 杨照著 . -- 海口 : 海南出版社，
2023.2
ISBN 978-7-5730-0914-2

Ⅰ . ①经… Ⅱ . ①杨… Ⅲ . ①国学—通俗读物 Ⅳ .
① Z126-49

中国版本图书馆 CIP 数据核字 (2022) 第 239188 号

经典里的中国
JINGDIAN LI DE ZHONGGUO

作　　者　杨　照
责任编辑　余传炫
特约编辑　赵　欣
封面设计　张　卉
内文制作　陈基胜
海南出版社 出版发行
地　　址　海口市金盘开发区建设三横路2号
邮　　编　570216
电　　话　0898-66822134
印　　刷　山东韵杰文化科技有限公司
版　　次　2023 年2月第1版
印　　次　2023 年2月第1次印刷
开　　本　880 mm × 1230 mm　1/32
印　　张　23
字　　数　497千字
书　　号　ISBN 978-7-5730-0914-2
定　　价　108.00元

今天，我们怎样读中国传统经典

一

2007 年到 2011 年，我在“敏隆讲堂”连续开设了十三期共一百三十讲的“重新认识中国历史”课程。那是个通史课程，将中国历史从新石器时代到辛亥革命做了一次整理，其基本精神主要是介绍过去一百多年来，在中国历史研究上许多重大、新鲜的发现与解释，让中国历史不要一直停留在“新史学革命”之前的传统说法上，所以叫作“重新认识中国历史”。

这本《经典里的中国》，在基本取径上，仍然是历史的、史学的，等于是换另一种不同的方式重讲一次中国历史，希望降低个人主观的选择判断成分，让读者能够从原典来认识、了解中国历史。

从原典认识、了解中国历史，牵涉一个极其难得的幸运条件。两千多年前的中国文字，两千多年之后，我们一般人竟然都能不用透过翻译直接阅读，光靠直觉就能掌握其讯息大概，再多费点功夫多些解释，还可以还原大部分的本意。中国古文字和我们今天日常使用的这套文字，有着明显、强烈的延续性，现代通用的大部分文字，其起源可以直接追溯到《诗经》《尚书》，小部分甚至还能再上推到甲骨、金文。尽管在文法上有相当差距，尽管字义不完全相同，但古文字和现代文字在运用上，有着容易对照的规律可循。

这是人类文明的奇特状态。世界历史上实在找不到另一个例子，从公元前三千年到现在，同一套文字、同一套符号与意义结合的系统，五千年来没有断裂消失，因而可以直接挪用今天的文字习惯来接近几千年前的文献。

具有高度延续性的文字传统，在相当程度上决定了中国文明的基本面貌，也让中国社会付出相对的代价，才造就现实中我们每个人身上极为难得的能力。我们没有理由不去认知、善用如此特殊的能力吧！

二

阅读原典的第一个理由是：中国历史有其原初的材料，透过这些材料的累积、解释、选择，才形成种种对历史的叙述。对中国历史有兴趣的人，听过别人给的历史叙述后，应该会想要回到原初材料，一方面看看历史学者从材料里炒出菜来的过程，一方面也自己去覆案、检验历史叙述的对错好坏吧！

我们听过课本介绍《诗经》是一本什么样的书，也听过许多从《诗经》中撷取材料来重建西周社会面貌的说法，在这样的基础上去读《诗经》，或许你会发现《诗经》的内容和你原本想象的不太一样。你也可以覆案你原先对西周的认识和《诗经》所显现的是不是同一回事。不管是哪种经验，应该都能带来很大的阅读乐趣吧！

阅读原典的第二个理由是：这些产生于不同时空环境下的文献，记录的毕竟都是人的经验与感受，我们今天也就必然能够站在人的立场上，与其经验、感受彼此呼应或对照。也就是，我们既能够从中读到相似的经验、感受，隔着时空会心点头，也能够从中读到相异的经验、感受，进而扩张我们的人生体会。

源于史学训练带来的习惯与偏见，必须承认，我更倾向于从原典中获取其与今日现实相异的刺激。历史应该让我们看到人类经验的多样性，看到人类生活的全幅可能性，进而挑战、质疑我们视为理所当然的种种现实状况。这是历史与其他学问最根本的不同作用，也是史学之所以存在和无可取代的核心价值。

三

前面提到，拥有延续数千年的文字，让中国社会付出了相对的代价，其中一个代价，就是影响中国传统看待历史的态度。没有断裂、一脉相承的文字，使得今人和古人极为亲近，关系密切，因而历史在中国从来都不是一门研究过去发生什么事的独立学问，历史和现实之间没有明显的界线，形成无法切割的连续体。

理解历史是为了在现实中使用，于是就让后来的观念、想法，持续不断渗透进中国人对历史的叙述中。说得严重一点，中国的传统态度，是一直在针对现实所需，以现实来改写历史。后世不同的现实考量，一层层叠在历史上，尤其是叠在对传统经典的解释上。因而，我们不得不做的努力，是想办法将这些后来叠上去的解释，倒过来一层一层拨开，看看能不能露出相对纯粹的原始讯息。如此我们才有把握说，从《诗经》中，我们了解了两千年前至两千五百年前中国的某种社会或心理状况；或是尽量放在周初的政治结构下来呈现《尚书》所表达的周人的封建设计，而不至于错置秦汉以降皇帝制度的价值来扭曲《尚书》的原意。

意思是，我不会提供“传统”的读法，照搬传统上对这些文本的解释。许多传统上视之为理所当然的说法，特别需要被仔细检验，看看那究竟是源自经典原文的意思，还是后来不同时代因应其不同现实需求所给予的“有用”却失真的解读。

将经典文本放回其产生的历史时代背景中，在那个特定背景下，而非从一种忽略时代的普遍角度出发来读这些传统经典，这是关键的前提，也是“历史式读法”的操作性定义。

在“历史式读法”的基础上，接着才会有“文学式读法”。先确认了这些经典不是为我们而写的，它们产生于很不一样的时代，由过着和我们很不一样的生活的先人们所记录下来。于是我们就能排除傲慢的、以自我为中心的态度，培养并动用我们的同理心，想象进入他们那样异质的生活世界中，去接近他们的心灵遗产。

在这一过程中，我们得以拓展自己的感性与知性能力，不仅了解了原本无法了解的异质情境，更重要的是，还收获了原本从来不晓得自己身体里会有、可以有的丰富感受。现实生活不可能提供的、只存在于古远时空中的经验，借文字跨越了时空，对我们说话，给我们以新鲜、强烈的刺激。

正因为承认了经典产生于很不一样的时空环境中，当我们对经典内容产生感应、感动时，我们有把握，那不是来自现实的考量，断章取义地去“appropriate”（套用）经典，而是这里面真的有一种普遍的人间条件贯穿着、联结着，让我们对人性与人情有更广大更精细的认识。

四

我的做法，是找出重要的传统经典，从中间撷取部分段落，进行仔细解读，同时以这些段落为例，试图呈现这部经典的基本面貌，并说明文本与其产生时代之间的关系。

传留下来的中国经典规模庞大，要将每一本全文读完，几乎是不可能的。而且这些文本中有很大一部分，和我们今天的经验有很大的差距，读了并无助于理解现实，却能让我们心中产生异质的好奇感。因而我选择的策略是，一方面从原典中选出一部分现代读者比较容易有共感的内容，另一方面则选出一部分可以传递出高度异质讯息的，让大家获得一种跨越时空的新鲜、奇特的刺激。前者带来的效果应该是：“啊，他说得太有道理了！”后者期待在大家心中产生的想法则是：“哇，竟然有人会这样想！”

解读的过程中，会设定几个基本的问题。在什么样的时代、什么样的环境中，产生了这样的作品？当时的读者如何阅读、接受这部作品？为什么承载如此内容的作品会成为经典，长期传留下来，没有被淘汰？这样一部作品，发挥了什么作用，使得后来的其他什么样的典籍或什么样的事件、思想成为可能？前面的经典和后面的经典，彼此之间有着怎样的关系？

这几个问题，多少决定了应该找什么样的经典来读。选择的第一条标准，是尽量选择具有原创性、开创性的作品。在重视、强调历史和先例的文化价值的观照下，许多中国书籍是具有衍生性的。去看看《四库全书》所收录的，其中光是解释《论语》的，就有超过一百本。不能说这些书里没有重要的、有趣的内容，然而它们毕竟都是依附在《论语》这部书上的衍生产物。因而我们就知道，优先该选、该读的，不是这里面的任何一本解释《论语》的书，而是《论语》本身，《论语》当然比解释《论语》的衍生书，具备更高的原创性、开创性。

但是，这条标准会有例外。王弼注的《老子》，郭象注的《庄子》，因为它们都大量援引了佛教观念来扩张原典的说法，进而改变了魏晋以下中国人对老、庄的基本认识，所以它们虽然在形式上是衍生的，但实质上却有着高度的开创性，因而也就应该被选进来认真阅读。

第二条标准，选出来的文本还是应该能让现代中文读者读得下去。有些书在谈论中国历史时不能不提，像《本草纲目》，那是中国植物学和药理学上的重镇，但今天的读者面对《本草纲目》，还真不知怎么读下去。

还有，一般中国文学史讲到韵文文体演变时，固定的说法是汉赋、唐诗、宋词、元曲。唐诗、宋词、元曲当然该读，但汉赋怎么读？在中国文字的扩张发展史上，汉赋扮演了重要的历史角色。汉朝的人开始意识到外在世界与文字之间不对等的关系，很多事物现象找不到相应的字词来予以记录、传达，于是产生了巨大的冲动，要尽量扩充字词的范围，想办法让字词的记录能力赶上复杂外界的繁乱光景。然而也因为那样，汉赋带有强烈的“辞书”性格，尽量用上最多、最复杂的字，来炫耀、表现写赋的人如此博学。

汉赋其实是发明新文字的工具，尽管表面上看起来好像是文章，有其要描述、传达的内容。多用字、多用奇字僻字是汉赋的真实目的，至于字所形容描述的，不管是庄园或都会景观，反而是其次。描述一座园林，不是为了传递园林景观，也不是为了借园林景观表现什么样的人类情感，而是在这过程中，将园林中的事物一一命名。汉赋中有很多名词，它们的作用是一一指认眼前的东西，为这些东西赋予名字。汉赋中也有很多形容词，作者们发明新的词汇来分辨不同的色彩、形体、光泽、声响等，与之相对，汉赋中的动词就没那么多。汉赋很重要，绝对值得介绍、值得认识，却很难读，读了极端无趣。真要读汉赋，我们就只能一个字一个字认、一个字一个字解释，很难有阅读上的愉悦感受，像在准备中小学生的语文竞赛。

还有第三条标准，那是不得已的私人标准。我只能选我自己有把握读得懂的传统经典。比如说，有一本极其重要的书并不在我的选择范围内，那是《易经》。尽管古往今来有那么多关于《易经》的解释，尽管到现在都还一直有新出的对《易经》的现代诠释，然而我始终进入不了那样一个思想世界。我无法被那样的术数模式说服，也无从分判究竟什么是《易经》原文所承载的意义，什么是后世附丽增饰的。遵循历史式的阅读原则，我没有能力也没有资格谈《易经》。

五

在这个系列里，我们不只是选书读，而且要从书中选段落来读。传统经典的篇幅长短差异甚大，文本的难易程度差异也甚大，所以必须衡量这两种性质，来决定选读的内容。

一般来说，我既将书中原有的篇章顺序当作内容的一部分，也将书中篇章的完整性当作内容的一部分。这意味着，除非有理由相信书中顺序并无意义，或为了凸显某种特别的对照意义，否则我尽量不打破原书的先后顺序，并且尽量选择完整的篇章来阅读，不加以裁剪。

从课堂到成书，受限于时间与篇幅，选出来详细解读的内容，可能只占原书的一小部分。不过，我希望能够在阅读中摸索、整理出一些趋近这本原典的路径，让读者在阅读中逐渐进入、熟悉原典，培养出一种与原典亲近的感受，来作为未来进一步自行阅读其他部分的根底。打好这样的根底，排除原本对经典抱持的距离感，是阅读、领略全书最重要的开端。

目 录

《尚书》

追寻永恒的天命

第一章　中国古代知识系统的形成 003

第二章　三千年前的政治启蒙 020

第三章　传说与神灵的时代 035

《诗经》

唱了三千年的民歌

第一章　三千年的民歌 047

第二章　贵族的基本教材 088

《左传》

封建秩序的黄昏

第一章　以传解经 115

第二章　封建秩序崩坏史 128

第三章　最后的礼教秩序 141
第四章　实力比名分更重要 155
第五章　霸业形成 170

《论语》

所有人的孔老师

第一章　《论语》的身世 189
第二章　作为老师的孔子 198
第三章　孔子不是真理发言机 221
第四章　还原真实的孔子 243
第五章　老师没有标准答案 259

《墨子》

庶民社会的主张

第一章　特立独行的思想家 275
第二章　兼爱真的很简单 292
第三章　挑战周文化 309

《庄子》

开阔混同的精神世界

第一章　连续的世界观 321
第二章　从相对开始 338

第三章　以绝对超越相对 358
第四章　观点就是偏见 373
第五章　消除分别心 387

《孟子》

雄辩时代的斗士

第一章　为儒家信念而战 419
第二章　通向王业的大道 441
第三章　暗夜里的火炬 464

《老子》

乱世里的南方智慧

第一章　老子庄子不一样 499
第二章　南方的隐者智慧 505
第三章　知道与行道 513
第四章　大道无私 522
第五章　苦难乱世里生成的哲学 533
第六章　返璞归真的理想 541

《荀子》

儒学主流的真正塑造者

第一章　还给荀子公正的评价 567

第二章　儒者的变貌 ………… 583
第三章　儒家有什么用 ………… 601
第四章　不学无以成君子 ………… 627

《战国策》

超越国界与阶级的计谋全书

第一章　异于道统的奇书 ………… 637
第二章　开创与沦丧的时代 ………… 644
第三章　怎样游说才有效 ………… 667
第四章　机锋百变 ………… 681
第五章　全新的效忠模式 ………… 701

《尚书》

追寻永恒的天命

历经焚毁、伪造，几近失传，

这部代表周代文明价值的经典，

真的包含最永恒的天命？

第一章　中国古代知识系统的形成

神圣文字与世俗文字

这本书，叫作《书》《书经》或《尚书》，其不同的称呼，重点都在“书”字上。

“书”（書）字在今天的日常语言中，只留下了一点点甲骨、金文中所见的象形造字原意。像是“书画展”,“书画”两字连用，有些人看到了，产生的联想恐怕会是一条长桌上摆放着一堆书籍，后面的墙壁上则挂着一幅幅的画。不是的，“书画展”展的是“书法”和“图画”作品。所以“书家”不等于“藏书家”，前者专精于写字，后者则是以收藏大量特别的书籍而闻名。

“书法”，本意是“写字的方法”。不是每个会写字的人都能写“书法”，要写得符合一定的规范，达到一定的程度，才是“书法”。“书”的甲骨、金文原形是手里握着一支笔的形象，放在像是砂盆的容器上，所以本意是“写”。当它用作名词时，指的则是“被书写下来的”，或是“被记录下来的”。

《尚书》的“尚”,意思是时间上高古久远。“尚书”二字连用，说明了这本书的内容高古久远，几乎是中国最早记录下来的资料。最早留下来的，是什么样的资料呢？是周代朝廷、政府的官方文件。

中国文字的起源极为特殊：第一，中国文字不是表音的；第二，中国文字具备很特别的功能。商代的甲骨文，在形体与功能上，都很接近埃及的象形文字。这里面有很多符号源自对自然现象的模仿、抄记，以图画或简笔的方式表示，方便一眼看出其意义。在古中国和古埃及,文字的用途明显都带有宗教性，具备沟通、记录超越领域的神明信息的功能，而且文字都被统治阶级独占，其他人不能随便僭用。

埃及的法老，本身就是神，有着神的名字。中国商代的王不是神，但同时领有大祭司的身份，所以可以透过种种方式，与居住在另一空间的祖先沟通，获得祖先的指引或协助。商王的地位与权力，很大一部分源自他控制甚至垄断了和祖先之间的沟通。“卜”是他用来领受祖先信息的重要形式，甲骨文则是他用来记录祖先信息的一套神秘符号。

这和美索不达米亚平原发展出的楔形文字，大异其趣。楔形文字是表音的，用芦笔在泥板上画出少数几个符号，就可以用来记录语言。而且楔形文字的原始用途，主要是在商业上。楔形文字的功能从记录商业行为进而演变为订立商业契约，充分利用文字一旦写下就不会变动的特性，弥补了语言无法精确存留的缺点。

到大英博物馆或卢浮宫，去参观他们的“古代近东”部门，就会发现主要的藏品中，一定有为数庞大的“泥印”。“泥印”是圆柱状的，上面刻蚀了漂亮的花纹，晒干或烤干之后可用来保障泥板上书写的内容不被任意改动。具有契约意义的泥板，需要加封另外一层泥片，在上面用“泥印”滚过，“泥印”上的花纹就会转印在泥片上，别人就没办法在不破坏泥印花纹的情况下改动底下泥板的文字内容。这是苏美尔人，乃至于整个两河流域商业贸易之所以早早发达的关键助力。

原本用在宗教上的中国文字，到商周之际，经历了重大变化。周人承袭了殷商的文字，却将其原有的强烈的宗教色彩除去，赋予文字很不一样的意义。

商人很早就掌握高超的青铜器铸造技术，商人会在青铜器上铸刻铭文，不过这些铭文的主要功能类似于族徽，用来标示青铜器属于哪个家族，并不是真正的文字。

到了周人手中，青铜器铭文的性质改变了。周代青铜器上开始有了金文，也就是文字的连缀。很快地，青铜铭文有了固定的格式，其中一个常见的铭文用语是“子子孙孙永保用”。这个句子表明了周人对青铜器的一个重点看法——这是可以抵抗时间，不会毁坏，能够一代代不断传留下去的东西。此外，这句话也标示出在青铜器上刻蚀文字的核心用意——让这些由文字记录下来的信息，可以和青铜器一样不朽，一直存留。

从商代的甲骨文到周代的金文，尽管两者使用的文字符号高度重叠、雷同，但其根本精神已有巨大改变。甲骨文的本质是神秘的，代表超越的信息；金文的本质则在于凝结、固定、传留意义。书写的行为，在殷商时带有人世之外的神秘气息，在周代则呈现出强烈的时间感，或说“抗拒时间流逝”的特性。

为何书写？为了把有价值的信息或真理借由文字固定下来，使它得以跨越岁月，让后人也能接收。周代的书写，最早从和青铜器的结合中取得这样的新意义，然后这种性质回过头来感染、传递到文字上。不只是刻在不朽青铜器上的文字，所有的文字都被周人视为恒久的存在，因此受到重视甚至尊敬。

这样的渊源，使得周代早期的文字记录掌握在极少数人手里，属于那些有能力从殷商那里学会如何刻写文字，又有能力继承殷商青铜铸造技术的极少数人。也就是说，文字在周代明确属于“王官”的传统，属于以姬姓、姜姓等几个建立周朝的大族为中心发展出来的统治阶层文化。

其次，文字和时间、世系纵向联系，三者之间有着密切关系。周人为了保留文字，不辞辛劳地把它们写下来。那也就表示周人建立了一套新的标准，认为有些前人的所作所为具备特殊价值，不该随时间消逝，应该找到方法把它们留存下来。所以他们就挪用了本来商人发明的用于记录非人事、超越界信息的文字，改作新用途。

《诗经·国风》里的内容，大部分明显来自民间传唱的歌谣，如果不是有“采风”“采诗”的封建政治动机，这些内容应该也不会被转成文字记录下来。于是，这些原本表达小人物朴素情感的诗，到后来会被《毛诗 · 大序》诠释成承载政治大道理的工具，也就不令人意外了。

原本属于民间的歌谣，为了统治或统治教育上的需要，才有机会化为文字，在王官学中找到位置，被传留下来。后来与《诗》一起被列为“经”的那些内容，都有这种共同的历史特性。

被遗忘的《尚书》

在这些“经”之中,《尚书》和王官学的关系最直接、最密切。《尚书》里所收的内容，在周代就被称作《书》，表明这是最早的书写记录,是周人最早认定应该被书写下来的内容。到了汉代，因为“书”这个字运用得愈来愈广泛，为了分辨出专有名词的意义，才将《书》改称为《尚书》，然而“尚”这个字，仍然清楚地标举了“时间上最古远”的意思。

《尚书》《诗经》都是西周贵族教育中的核心内容，不过进入东周之后，这两份文本有了不太一样的遭遇。《诗经》逐渐呈现出高度的实用性，被运用在日常交谈及外交折冲上。《诗》也构成优雅言辞的基础，即使是表达同样的意念，辗转透过《诗》中的句子作为典故说出来，也会让说话的人显得更有气质，有效地提高了所表达内容的说服力。

春秋战国时，原本王官学中的《诗》之学，非但没有在列国相争的新环境中没落，反而还获得新生命，得以进一步发展。所以，《诗》得到较好的保存，而且和东周以降的中国语文有着比较密切的联系。相对地，到了春秋战国时代，《尚书》虽然也被新兴的百家言论引用，但其普遍性远远不及《诗经》。

《尚书》里保留了大量西周初期的文字写法，其文法和西周青铜器上保存的金文大体相同。将文字保留在青铜器上的做法，到了西周中期之后明显衰退。这种衰退，最有可能是受到在木竹简上刻写文字的新风气影响。毕竟，在木头、竹子上刻写文字比刻铸在青铜器上要容易太多。就算木头、竹子的保存时间比青铜差,但木竹上可以刻写更多内容,而且便于抄制副本,这些优点足以弥补其缺点。

比对甲骨文和金文，尽管甲骨文的时代早于金文，但我们发现甲骨文的文字总数超过金文。这反映了青铜器铸造的难度限制了金文的发展。青铜刻铸耗时费工，所以金文必定高度减省、浓缩，走的是一套与语言无关、自成一格的书写文法。将文字写在木竹简上，必定会为文字开放出新的自由空间，新字、新词、新句乃至于较为复杂的文法就会随之出现。

书写的新形式与新空间，同时也打开了文字接近语言的可能性。尽管木竹简上的文字，用的还是旧的非表音符号，但在可以将文字写得比较长、比较多的技术的影响下，文法就变得活泼、有变化。

在金文和《尚书》的文法中，同样的字往往要在不同的句子里承担不同的意思，因而必须有方法来标示这个字在这里到底应该读作其众多意思中的哪一个。所以，只有少数受过特殊训练的人才有能力解读、书写。

基于书写技术革新而连带产生的文法变化，大约就发生在春秋时期，这恰好也是王官学与诸子学消长交替的关键年代。王官学是西周封建文化中固定的贵族教育内容，诸子学则是封建秩序动摇后新产生的、带有地域甚至个人色彩的思想学问。王官学和诸子学交接处最重要的产物，就是记录孔子言行的《论语》。从记录孔子个人言行这件事看，《论语》是最早的诸子学文献，不过《论语》的核心内容，又是孔子向弟子传授、解释关于传统王官学的教育内容。

金文的没落，意味着《尚书》所使用的这套文法逐渐被新的文法取代了，也意味着《尚书》和后来兴盛的诸子学所使用的文法有了愈来愈大的时代隔阂。而且《尚书》的内容又不像《诗经》那样取得了明确的实用价值，到了战国后期，能理解《尚书》的人就已经很少了，《尚书》的传抄也出现了问题。

周朝结束后，迎来秦代的知识学问浩劫。统一是许多东周君王都有过的志业，也是长年战乱之后很多人所期待的，但最终获胜的秦始皇，他最大的野心不在统一六国。秦始皇最惊人的地方，是他不只要完成一统，还要建立一片过去没有出现过、不曾存在过的新天地。他要切断时间、切断历史，重新开始。所以他选择了一个前所未有的名号——“皇帝”，又将自己称为“始皇帝”，并且规定在他后面当皇帝的，都按照数字排下去，“二世”“三世”直到“百世”“千世”。

这样的命名方式，推翻、改变了周代的谥号传统。我们今天称为“周武王”的这个人，在他活着时是不会知道自己叫“周武王”的。等他死了之后，继任的天子与臣子们依照他一生的行谊功绩，选出一个字来代表、总结或凸显他的作为，这才有了“武王”这个名号。换句话说，谥号就是对帝王盖棺定论的成绩单。

周幽王如果知道自己会得到“幽王”的名号，一定会拒绝，一定会想办法改掉。那是个带有强烈谴责意味的、很糟糕的成绩单。谥号从周代建立之后，一直保留着，成为我们今天一眼就能判断一个君王好坏的简单记号，只有秦代是例外。

秦始皇不接受这种做法，不接受死后还要被继位者及臣下议论。他推翻周代的陈规，自己设计了另外一套纯粹以数字标示前后顺序的办法。他就是“始”，是“第一个”，前面没有任何人。还有，透过纯粹的数字，他可以安心地想象自己的王朝跟数字一样，可以无限累积，延续下去。

秦始皇的野心是要推翻周代一切制度，取消谥号只是其中一环而已。这项空前的野心，使得秦始皇在统一六国之后，非但没有安逸享受，还日夜忙碌，不得休息。所以他最讨厌、最受不了的，就是在设计、推动任何事务时，有人用“以前不是这样的”这样的话来质疑、反对他。偏偏过去周代的基本原则之一，就是引用过去的例子来鉴戒当前的情况，周人相信先王圣贤的智慧与真理都保留在旧有的记录中。

秦始皇有名的暴政之一——焚书，就是要消灭那些代表旧有的王官学的著作，禁止人们“偶语《诗》《书》”，就是禁止引用《诗》《书》等内容来批评时政。和焚书相关的另一项暴政是坑儒，虽然根据《史记》记载，被坑的并不是儒生，而是方士，不过坑儒的说法，因为符合秦始皇内心对以传统为务的儒生的厌恶而流传了下来。

这些激烈的手段是要彻底切断秦和周之间的连续关系，于是属于周代王官学传统中的文献，在这一过程中遭受了巨大破坏。《诗》和《书》是当时人们心目中最能代表周代文明价值的文献，其遭到的破坏尤其巨大。

王官学之复兴

秦被推翻后，取而代之的是刘邦建立的汉朝。刘邦是个什么样的人？他是个南方楚地沛县的流氓混混。《史记》里多次记录了他的种种无赖行径，还特别说到他讨厌儒生，遇到有人戴着儒冠来见他，他会动手动脚把人家的儒冠摘下来，往人家的帽子里撒尿。当上了皇帝之后，他身边的陆贾喜欢引用《诗》《书》，刘邦听了很不爽，就说："你老子靠着在马上打仗得到天下，要《诗》《书》干什么！"陆贾才沉着地说出了"马上得之，宁能马上治之"的名言。

也就是说，在厌恶儒生、轻蔑周代旧传统这件事上，其实汉高祖和秦始皇并没有什么不同。汉朝虽已创立，但"汉家制度"却还得等一段时间才能真正建立起来。从高祖到文帝、景帝，汉朝并没有对秦始皇建立的制度进行全面检讨、改造。"文景之治"最被称道之处，是"无为而治，与民休息"，最能代表这种精神的，是"萧规曹随"的故事，因而我们可以知道，在那段时间里，新朝代新政府除了废除秦代过于沉重的徭役、税赋之外，并没有积极去创造自己的新制度。

"缇萦救父"的故事让我们知道，一直到文帝时期，汉朝仍然保留着残酷的"肉刑"。从《史记·酷吏列传》中，我们知道，秦代信奉的法家的严刑峻法原则，一直延续到了汉初。意思是，反周代王官学的人文精神，强调和看重现实法律，要求人民"以吏为师"的这种精神，并不只短暂存在于秦代的十几年之间，而是秦亡之后，又在汉初延续了好几十年。一直要到汉武帝"独尊儒术"之后，汉朝才算真正逆转了秦朝的政治意识形态，正式致力于继承原本的周代传统。

从秦始皇到汉武帝，王官学经历了被压抑、被边缘化、被遗忘的种种过程。汉武帝取得今天的历史地位，部分原因就在于他依靠自己的雄才大略，决定了汉朝的方向，从原来文帝、景帝的保守、观望态度中脱离出来。他决定重新拥抱王官学的传统，走一条和秦始皇相反的路，所以把原来有着各式各样、五花八门项目的“博士官”[1]，收拾、统合为“五经博士”，除了“五经”，也就是除了王官学，其他内容都从朝廷正统里被赶出去了。

王官学经过几十年的压抑、遗忘后，即使再被武帝抬高为帝国的知识正统，毕竟还是有些内容受到了无法还原的伤害。相对地，《诗》受到的破坏较少。一方面，因为直到战国末年，都还有很多人读《诗》、颂《诗》，将《诗》广泛运用在生活中；另一方面，《诗》的本源是歌，以有规律、不断反复的声音为其主体，很容易保存在记忆中，一时失去了文本，其实影响不大。秦灭亡之后，不待汉朝朝廷提倡，《诗》之学很快就还原复兴了，早早就有了“齐诗”“鲁诗”“韩诗”等家派，后来又有了“毛诗”。

《尚书》则没有那么幸运。战国末年，《尚书》之学已经凋零没落，懂《书》、传《书》的人很少。《书》的内容又极为高古，和当时流行的文法有极大差距，而且没有韵脚的规律，有几个人能把这样的内容记在脑海里呢？到了秦代，书籍文本被管制、消灭，不用多久，《尚书》的内容就很难复原了。

哪个版本才可靠

经秦之破坏，汉初《尚书》几近失传。《史记·儒林列传》记载：“孝文帝时，欲求能治《尚书》者，天下无有，乃闻伏生能治，欲召之。是时，伏生年九十余，老不能行，于是乃诏太常使掌

1 汉初仿秦制设博士官，项目驳杂，文帝时多达七十余人，其中包括《孟子》博士、《孝经》博士、《尔雅》博士、《论语》博士。

故朝错[1]往受之。秦时焚书，伏生壁藏之。其后，兵大起，流亡。汉定，伏生求其书，亡数十篇，独得二十九篇，即以教于齐鲁之间，学者由是颇能言《尚书》，诸山东大师无不涉《尚书》以教矣。”

这是历史的偶然幸运。伏生在墙里藏了禁书，受战祸影响离开，回来时墙里的书还保存了二十九篇。他拿这二十九篇教学生，留下一点《尚书》经学的种子。到了文帝时，他稍稍注意讲究经学。此时，伏生九十多岁了，竟然还活着，因此才能够把他的《尚书》学问传给晁错。

原来王官学传统中的《尚书》应该有百篇左右，伏生所教的只剩下不到三十篇。而且伏生传《尚书》，虽说有壁中藏书，但好像主要还是靠他的记忆来口传。一种可能是到文帝时，这二十九篇旧籍已经不存了；另一种可能是伏生所藏的《尚书》是用大篆写成的，秦代施行“书同文”的政策，以小篆作为统一的文字，因而到了文帝时，也就没有什么人读得懂大篆了，是以《尚书》的篇章内容，只能靠伏生口说传授。

伏生所传的二十九篇《尚书》，用汉代当时的文字重新抄录过，后来就被称为《今文尚书》。之所以加上“今文”二字以示区别，是因为后来出现了《古文尚书》。

刘歆《移书让太常博士》载：“鲁恭王坏孔子宅，欲以为宫，而得古文于坏壁之中，《逸礼》有三十九，《书》十六篇，天汉之后，孔安国献之，遭巫蛊仓卒之难，未及施行。”

班固《汉书 · 艺文志》载：“《古文尚书》者，出孔子壁中。武帝末，鲁共王坏孔子宅，欲以广其宫，而得《古文尚书》及

1　即晁错。

《礼记》《论语》《孝经》凡数十篇，皆古字也。共王往入其宅，闻鼓琴瑟钟磬之音，于是惧，乃止不坏。孔安国者，孔子后也，悉得其书，以考二十九篇，得多十六篇。安国献之，遭巫蛊事，未列于学官。”

比对文献，《汉书·艺文志》中“武帝末”的说法恐怕有误。应该是在景帝时，鲁恭王想拆掉保留多年的孔子旧宅，结果在墙壁里发现了用古老文字抄写的书籍多篇。鲁恭王后来打消了拆孔子宅扩充自己宫室的念头，古书则落入孔子后裔孔安国手中。武帝时，孔安国将书献给武帝，所献的《尚书》，比原来伏生口传的，多出十六篇。这是《尚书》分别“今文”“古文”的来历。

不过，孔安国献上的《古文尚书》，当时并没有受到朝廷的特别重视。朝廷已经设立了“五经博士”，《尚书》部分的博士官，都是以伏生所传的“今文”为本的。这些博士官大概读不懂“古文”，也没有动机去改变自己所主掌的知识内容。因为没有立为博士，缺乏朝廷的支持，这些《古文尚书》的篇章，到了西晋又都散佚消失了。

西汉成帝时，曾经有一个叫张霸的人，他大胆地假造了一套共有一百零二篇的《尚书》呈给皇帝。皇帝要人从库房里找出当年孔安国所献的书予以对照，发现两书中同样的篇名却有完全不同的内容。王充《论衡·正说》载：“于是下霸于吏，吏白霸罪当至死，成帝高其才而不诛，亦惜其文而不灭，故百两之篇传在世间。传见之人，则谓《尚书》有百两篇矣。”

依照王充《论衡》的说法，成帝虽然明知张霸呈上的《尚书》是假的，却很欣赏张霸的文才，不仅饶他不死，还让他的假《尚书》在世间流传，于是读张霸伪造之书的人，就相信《尚书》全文应该有一百零二篇。

从这段记载我们大概可以了解到：第一，到成帝时，孔安国所献的《古文尚书》还留在宫中；第二，皇帝实在不怎么重视《尚书》这门学问，觉得让伪造的《尚书》流传也没什么关系。

再往下，到了东晋，孔安国所献的《古文尚书》突然又出现了，是豫章郡内史（太守）梅赜所献。

魏徵《隋书·经籍志》载："晋世秘府所存，有《古文尚书》经文，今无有传者。及永嘉之乱，欧阳，大、小夏侯《尚书》并亡……至东晋，豫章内史梅赜始得安国之传，奏之。"

这次出现的《尚书》共有五十八篇，仔细比对可以发现，有三十三篇的内容和原来伏生所传的二十九篇是重复的，只是将《尧典》和《皋陶谟》两篇给拆开来，其他二十五篇则是《今文尚书》所没有的。

从此以后，在超过千年的时间里，梅赜所呈的《古文尚书》被视为《尚书》最完整的版本。不过从宋朝开始，就有学者对梅本《古文尚书》提出质疑，觉得不管在字句或意思上，多出来的二十五篇，都和原来的二十九篇有很大的差异。到了清朝，考据学大为发展，阎若璩写了《古文尚书疏证》，仔细罗列所有找得到的文献证据，提出了超过一百条论点，显示《古文尚书》是假的。

阎若璩的书一出，此案算是定了，那二十五篇绝对不是《尚书》原文，于是我们有把握可以阅读的《尚书》原文，又回到了伏生所传的二十九篇。

累积千年的知识层级系统

为什么张霸、梅赜要费那么大工夫去伪造《尚书》？最直接的动机，应该是为了引起朝廷的注意，借此得到名利或升官机会。再进一步问：为什么伪造《尚书》会得到朝廷特别的关注呢？那就牵涉中国根深蒂固而且愈来愈强烈的“尊古”观念。

我说，大家应该每天早起。这话如果是我说的，多少人会听、愿意听呢？换一个方式，我说，文献中记载，周文王告诫大家，每天早起才能成就事业。话里面的信息其实是完全一样的，但换个说法，显然就能吸引更多的人。

为什么由周文王来说，比你我说要更有效果？对传统中国社会来说，至少有一个不言而喻、不需要讲、不需要讨论的理由：周文王时代古远。时代愈古远，所说的话就愈近真理，愈具备权威。

“尊古”的精神刺激了中国历史学的蓬勃发展，也创造了我们今天还能读这些千年古书的基本条件。“尊古”，所以才会不惮其烦地保留老东西，宁可花几倍的时间与精力去学习不方便的文字符号，以及和语言分离的复杂文字文法。不过，“尊古”也让中国文化付出了一定的代价。其中一个代价，就是养成大家依附古人说话的习惯。中国传统书籍中，占最大部分的属于“传注”形式，它们一层层地解释古代文献，同时也是一层层地依附古人说话的结构。“经—传—注—疏”是其基本层次，“传”的用途是解释“经”，“注”的用途是解释“经”和“传”，“疏”则用来解释“经”“传”“注”。一层层叠加着，而且里头有着明确的诠释权力的安排，底下一层的解释不能去质疑、改动上一层。

由“尊古”到“崇古”，大家建立了一套严格的知识权威系统，明白地将后来产生的知识置于先前的古老知识之下，不准它们平起平坐。后来的人再聪明、再有学问，都只能将力气放在“注”“疏”或“集解”上。大儒如朱熹，因为生在宋朝，他对中国学术所产生的最大冲击和影响，依靠的就不会是他自己的著作或“语录”，而是他对古代经籍所做的“集解”，是他将《大学》《中庸》从《礼记》里抽出来，和《论语》《孟子》并列为“四书”，也就是说靠的是他懂得如何找到一种将个人哲学意见依附在古书上的办法。

我们很容易就能想象到，这套知识层级系统，对后世有想法、有看法的人产生了多大的限制。吾生也晚，生在不能写“经”，不能写“传”，只能做“疏”、做“集解”的时代。但就算我有学问可以做“疏”、做“集解”，又被规定“疏”和“集解”既不能破“经”，也不能破“传”，也不能破前人的“注”。这不也就是说：前人没说过、没表达过的，我都不能说、不能表达了？除非把我要说的话，想办法塞进古人的口中，让古人来替我说。所以“尊古”“崇古”的另一面，就是“伪古”带来的强烈诱惑。不仅自己想讲的话必须塞进古人口中，就算要和别人辩论、表达反对意见，也得找古人帮忙。有人引用周文王的话，主张大家都该早起，你不同意，你觉得晚睡晚起也有其好处。如果你真的希望别人听听晚睡晚起的道理，那没办法，唯一的方式是去找到或去发明：帝尧曾经说过，晚起有助于人保持一整天的活力。

今天读中国传统经典，不能不把这件事放在心上。过去一百多年，中国社会天翻地覆的变化在知识上产生的相应效果，就是革除掉了“尊古”“崇古”的价值，逆转为“追新”“崇新”，于是能够摆脱因“尊古”“崇古”产生的偏见，对众多典籍进行总体检、总整理。传统上说这些文献产生在什么时代，我们不能照单全收。如果是传统上视为西周的文献，我们得提高警觉查看，是什么时代的人如此主张？当年顾颉刚在《古史辨》中提出的“古史层累造成说”，尽管不是一个严格的理论，但仍然有值得我们参考的价值。

那是一个大破坏、大逆转的时代，从传统的极端“崇古”一下子转成极端“疑古”，中国在西周中期之前的历史被怀疑是不可信的。西周“共和”时代之后，有《左传》可供覆案，算是有凭有据，算是信史。但照传统说法，在西周之前，已经有了非常漫长、丰富的历史，从盘古开天到黄帝、蚩尤，到三皇五帝，到尧、舜、禹、汤、文、武、周公，这些是从哪里来的？

顾颉刚的意见，简单说，就是在春秋战国时期，中国经历了一场古史大创造的运动。因为那是个大辩论的时代，迸发出百种千种不同意见彼此竞争。为了增强自己意见的可信度，压倒论敌，争取支持，很多人不约而同地诉诸假造的古代权威。在“尊古”“崇古”的风气下，愈是晚出的想法，就要诉诸愈早的古史权威。要质疑周代信念，就要将自己的意见依托在周代之前的商代。要推翻号称是商代观念的意见，那就必须将自己的意见进一步依托给比商代更早的夏禹或尧、舜。那么要质疑依托给尧、舜的意见时该怎么办？当然就是找出比尧、舜更早的少昊、黄帝，让他们来替你撑腰了！

于是，说法上时间愈早的人物、事件、思想，往往是愈后来才创造出来的。在那段时间里，中国古史以一种奇特的倒反方向，不断增添更古远的内容。这就是“古史层累造成说”的基本看法。

但是，顾颉刚的说法并非全然正确。在他提出这个说法之后，安阳殷墟的发掘，已经将中国的信史明确地从西周中期上推到殷商，而且因为《史记·殷本纪》所列世系表和甲骨文所见大致符合，人们从而推断《史记》中关于殷商建立过程的描述，或许有一定的事实基础。我们也不能机械地看待“层累造成说”，拿来一一对应，主张鲧的时代比夏禹早，鲧就一定是比夏禹晚出的传说。

虽然我们不能全盘接受顾颉刚的说法，但它毕竟还是重要、有用的提醒。提醒我们别用太天真、太简单的方式来看待中国古史。中国古史有其构成的过程，也就有其构成的特殊动机。古史的记载，更别说古史的说法，绝不能轻易等同为历史事实。

第二章　三千年前的政治启蒙

一字多义多用途

《尚书》分成三个部分——《虞夏书》《商书》和《周书》。依照传统读法,《尚书》涵盖漫长的历史时期,包括了尧、舜、夏、商、周所留下来的政府文书。最早的是《尧典》，然后有以《汤誓》为首的商代文书，最后是以《牧誓》带头的周代文书。

但如果我们认为，按照这种顺序，就能由远而近地认识古代文献，那恐怕就上当了，上了那些伪冒、伪造者的当。感谢顾颉刚的提醒，读《尚书》最好是倒过来读，从《周书》开始，再到《商书》，等到对《尚书》的文风与内容有一定的熟悉，才来读《虞夏书》。

让我们从《酒诰》开始读起。这是西周初期，康叔被封于卫时，周公给他的告诫所留下的官方记录。卫这块封地，包括了殷商的旧都城——朝歌，这是商人势力大本营，康叔担负的任务，也就涵盖了统治居住在此地的商人社群。

《酒诰》中的文字与句法，都和金文极为类似。我们有理由相信，这些内容很可能最早是在正式封建仪式中，铸鼎为盟，刻在青铜器上赐给康叔的。

金文没有标点符号，而且不像《诗》有声音的规律，可以提供断句的线索，所以金文很难断句，于是当时的人就运用一些符号，来帮忙标示句法。这些符号，也是文字，但其功能既非表示声音，也非显示意义，而是文法上的辅助。《尚书》和金文一样，有许多这类虚字穿插其中，这就更进一步说明这套文字系统并没有和语言联系在一起，而是以视觉符号的形式存在的。

《酒诰》开头“王若曰”;《大诰》篇开头“王若曰”;《康诰》篇第一段的描述结束后，第二段开头“王若曰”;《多士》篇第一段的描述结束后，第二段开头“王若曰”;《君奭》篇开头“周公若曰”……这些例子让我们了解，这里的“若”字就是一个表示敬意的符号，通常用在文章中重要人物第一次开口说话的时候，用来强调他的尊贵地位，或他说话内容的重要性。这很像今天我们使用的表情记号，一副很严肃、很认真的表情被标记在这里，只是这些记号和文字之间并没有明确的区别。

还有一项麻烦之处。前面提过，金文使用的文字符号少于甲骨文，所以同一个文字符号经常带有多重的功能。“若”有时被当作单纯的标示记号来用，有时却是具备意义的文字，而且在某一段中代表的是“好像”的意思,在另一段却变成是“柔弱”或“幼小”的意思，不能一概而论，我们只能从累积的阅读经验中，小心地、尽可能地分辨出来。

《尚书》中比较可信的篇章，其文法接近金文，很有可能是将原来铸在青铜上的字句翻抄下来的，但检验现存金文的经验告诉我们，因为牵涉复杂的工艺技术过程，加上显然不是每个工匠都能充分理解、掌握金文，所以铸在青铜上的文字无可避免地夹杂了许多错误。最容易察知的例子，是同一套青铜器上照理铸的是完全一样的铭文，但一比对，中间却出现差异，那无疑是铸造过程中产生的失误所导致。

铸的时候可能就有错，从青铜铭文翻抄下来，又可能出错，别忘了，后来还要加上另一道手续——将古大篆写的内容改写成汉代通用“今文”，这里头也可能出错。

诚实地说，对于《尚书》的文句意义，我们只能大概地模拟、趋近，在把握程度上，是无法和《诗经》相提并论的。

周人的深层焦虑

王若曰：“明大命于妹邦。”一个特别被标记为有庄严地位的王，对受封的康叔说：“你去商王纣原来的那块地方，昭告他们这个重要的命令。”“大命”指的就是周公代替成王，将“妹邦”封给康叔并由康叔来管辖的这项决定。

“乃穆考文王，肇国在西土；厥诰毖庶邦、庶士，越少正、御事，朝夕曰：‘祀兹酒。’”要记得我们了不起的父亲文王，在西方创立了周。“肇”是开始、建造的意思；“厥”是代名词，承前文，指文王；“诰毖”换成今天的字就是“告白”，即清楚地宣告；“庶”字是复数记号，表示不止一个；“庶邦”就是所属的邦国；“庶士”是底下负责管事的臣子；“越”是金文中常见的连接词，其用法其实最接近英文中的“and”，但是比现代语言中的“和”“以及”还要再广泛些，有转折“而”的意思，也有因果关系“于是”的意思；“少正”“御事”都是重要的官职。整句的意思是：还在西方时，文王经常早晚告谕所有的人一项重要的原则：“只有在祭祀时，才能饮酒。”

“惟天降命肇我民，惟元祀。”周公援用周人的天命观提醒康叔：我们能够成立、能够发达，不是人力所及，而是上天赐给我们机会与使命，所以只有在“大祀”，也就是祭天时，才能够用酒、饮酒。

接着说：“天降威，我民用大乱丧德，亦罔非酒惟行；越小大邦用丧，亦罔非酒惟辜。”这里有了一个比较整齐的对句，意思是，天会赐给我们机会，也可以惩罚我们（“天降威”），如果上天要让我们败德乱行，那么就一定是用酒来害我们。“罔非……惟”是极为强烈的表现方式，指“必定”“只会是这样”“没有别种可能”。然后说：为什么我们会知道呢？因为过去的经验表明，不管是大邦或小邦，凡是灭亡了的，毫无例外，都一定是被酒害的。

这里清楚显示了周人的两项重要信念。第一是“天命”，周人相信，以他们在西方边缘的小国，竟然能够一举打败被他们尊称为“大邑商”并比他们强大许多倍的殷商，这是因为后面有超越的天的意志在主导。而天不是人可以控制、左右的，人只能小心翼翼地保守“天命”，不能败德乱行。殷商原本费心照顾人民，所以拥有“天命”，但后来商人败德乱行，所以本来在他们身上的“天命”，就被移转给了周。同样道理，如果周人胡搞乱来，那么“天命”也会换给别人，这会带来周的毁灭，让周人和商人一样，沦落至失国为奴的悲惨境地。

商人的遭遇让周人产生了根深蒂固的“忧患意识”，使得他们长期处于戒慎紧张的状态中。他们尤其担心的是，该如何察觉“天命”还在他们自己身上呢？于是他们产生了第二项信念：周人从殷商的经验中吸取教训，发现商朝毁灭过程中最糟糕、最可怕的现象是商人沉湎于酒，并因酗酒引发了种种恶行。因而周人相信，喝酒、酗酒，正是“天命”移转，即一个原来拥有“天命”的部族被天抛弃了的主要迹象。

这很像韦伯（Max Weber，1864—1920）在《新教伦理与资本主义精神》中所描述的那种加尔文教派信徒心中的焦虑。加尔文教派主张“预选说”，相信全知全能的上帝早就有了完整的计划，选好了谁该上天堂、谁该下地狱。渺小的人不可能有资格借由自己在世间的表现来影响上帝的决定。如果上帝还要拿个点名簿、成绩本在那里考察人的表现，才决定谁上天堂、谁下地狱，这还算全知全能吗？以为自己的行为可以改变上帝的决定，只是人的傲慢与过度自信。

所以依照加尔文教义，一屋子的人谁是“选民”，早早就决定好了，你做再多好事、上再多课、读再多书，都改变不了这个预选的结果。如果你是加尔文派的信徒，你会怎样想？你会觉得：哇，这样多好，反正做什么都改变不了结果，那我高兴怎么享乐就怎么享乐啰！

不是这样。活在加尔文派的社群中，如果你纵情声色，尽量享乐，你就会发现周围的人用一种高度同情、怜悯而绝非羡慕的眼光看待你。唉，你这样的作为，不就百分之百证明了你是被上帝放弃的人，是注定死后下地狱的那个吗？被人家用这种眼光一看，难道你不会心中悚然一惊，吓得不敢去看但丁《神曲》里是怎么描述地狱的吗？

加尔文派教徒的焦虑在于如何说服自己：我是上帝“预选”名单上的人。他们小心翼翼，表现出“预选选民”的模样。上帝不会选懒人，反过来说，被上帝选上的人不可能懒惰，于是他们非得勤劳不可，稍有懈怠，就开始担心会不会因为我不在“预选”名单上，所以才这么懒散？会被上帝选上的人，照理说并不贪图世间的享受，更不可能耽溺于世俗欲望的满足，于是他们就得过着简朴清苦的生活。稍稍吃得浪费些、住得豪华些、听点美妙的音乐，就不免紧张兮兮地害怕：会不会因为我不在“预选”名单上，所以才会喜欢世俗的享乐？

韦伯分析：就是在这种深度焦虑中出现了一种奇怪的生活态度，勤勤恳恳，努力工作，获致了成就、赚到了钱，可是却又无论如何不能将这些成就、这些财富转化为享受。那怎么办？只好勤勤恳恳地拿已有的财富去换取更多的财富，就是在这种价值选择中，产生了资本累积与“资本主义精神”。

周人的“天命”观念，也给自己带来了类似的深度焦虑。战战兢兢地建立起成功的国家，却绝对不能自满、不能松懈，要一直不断地自我检查，看看身上是不是出现了什么迹象，可能代表“天命”的不满，或“天命”正要离开、移转。这是“周人精神”，也是周文化的基础所在。

原则与弹性

接下来：文王诰教小子，有正、有事，无彝酒。越庶国饮，惟祀，德将无醉。文王告诫我们这些后辈，以及身负执掌责任的人，不能经常喝酒，不能养成喝酒的习惯。“彝”是“常”的意思，是“经常”，也是“固定不变”。至于那些属邦（“庶国”），就只能在祭祀时喝酒，即使祭祀时喝酒，也必须维持正当行为（“德”），不能喝醉。

惟曰：“我民迪小子，惟土物爱。厥心臧，聪听祖考之彝训，越小大德，小子惟一。”“惟曰”作为一个标示记号，将这段和前面文王的“诰教”区分开来，接着再对康叔耳提面命。“民”，是“勉”的意思。“我勉励、指导你们这些年轻人，要特别爱惜土地上长出来的东西（重视农业）。你们的心地要善良，要把耳朵竖起来，好好听从祖上前辈的常道，不管大小德行，都以同样态度重视它。”“聪”字的原意本来就是形容耳朵敏锐，可以将细微声音听得很清楚。

先训勉“小子”保持周人的特性，接着对照形容康叔要去的地方：“妹土嗣尔股肱，纯其艺黍稷，奔走事厥考厥长。肇牵车牛远服贾，用孝养厥父母，厥父母庆，自洗腆，致用酒。”意思是：“妹土”此地的人，是你要去统治的臣民，你要教他们努力种田，生产黍、稷等作物，勤劳地侍奉父母长上。若是为了孝养他们的父母，所以必须辛苦地牵牛拉车到远方去做生意，回来时，父母高兴地准备了庆宴，那时候是可以喝点酒的。“服贾”是做生意的意思，“洗腆”或作“先腆”，指的是设下盛宴。

周公先给康叔定好了周人自身饮酒的原则，然后交代他管理“妹土”商遗民喝酒的方式，两者有明显的不同。周人是个典型的农业部族，所以还是希望商遗民以土地生产为重，不过他们显然也明了这个地方的人民有着不同的谋生方式，他们会牵牛拉车，远离家乡到别的地方做买卖。这样的人，跑一趟远路回来，父母会设宴迎接欢聚，一定不让他们喝酒，说不过去吧！

从这段话中，我们可以看出殷商之民和动物的关系极为密切，很早就懂得利用动物的力量，开发出较大的迁移、活动能力。虽然没有明确的文献证据，不过传统上讲到买卖生意时有“坐贾行商”的说法，固定开店的叫作“贾”，流动、跑来跑去的叫作“商”，用的就是“商朝”的“商”，两者应该是有关联的。

“庶士、有正、越庶伯君子，其尔典听朕教。尔大克羞耇惟君，尔乃饮食醉饱。”意思是：各种官长、诸侯贵族，都要听我的指示，你们只有在进献美食、款待老人与长上的特殊场合，才能够放开来吃喝饮酒。“羞”是美食，作动词为“进献美食”之意，“耇”是长寿的老人，“君”是地位较高的长上。

丕惟曰：“尔克永观省，作稽中德。尔尚克羞馈祀，尔乃自介用逸。”“丕”是分段发语的语词。这句话的意思是：你们平常要是能经常观察、反省，所作所为都切合标准，那么再向神明进献美食时，你们才可以放松管制，多喝点酒。“稽”和“中”都是符合、切中的意思，“德”是正当的行为标准。“馈”是进献、赠送的意思。“自介”就是“自求”。“用逸”指的是脱离常轨。这是周公让康叔带给“妹土”官员、贵族的训诫。“兹乃允惟王正事之臣；兹亦惟天若元德，永不忘在王家。”意思是：这样你们才算是尽到责任的王臣，得到上天善德，也才能长久不被王朝灭亡。“忘”在此不是“遗忘”，而是“亡”，灭亡的意思。

王曰：“封。我西土棐徂邦君、御事、小子，尚克用文王教，不腆于酒。故我至于今，克受殷之命。”“封”是周公对康叔的叫唤。“棐徂”是过往、从前的意思。周公说：“封啊！我们在西方兴起的时候，从前的诸侯、官长，乃至后辈小子，都能奉行文王的指导，不多喝酒，所以到了今天，我们能够将天命从殷人身上转移过来。”这是再三提醒，周人之所以能打败殷商，靠的就是不酗酒、不沉溺，叫康叔一定不能忘了，绝对不能到了“妹土”去，就被商人感染、影响，丢失原本的纪律。

殷鉴不远

王曰：“封。我闻惟曰，在昔殷先哲王，迪畏天显小民，经德秉哲，自成汤咸至于帝乙，成王畏相。惟御事厥棐有恭，不敢自暇自逸，矧曰：其敢崇饮？”周公再进一步告诫康叔，其实商朝早期的贤君，也不是这样沉迷饮酒的。他说：“封！我还听说，殷商当年聪明有能力的王，他们敬谨对待天命和小民，拥有智慧来按照正确的规范行事，从开国的成汤到帝乙，个个都是努力有所成就的王，旁边有兢兢业业辅佐的相，抱持谨慎的态度，不敢自我放纵、偏离正轨，更不必说敢耽溺饮酒了！”“迪”字是语词。“天显”就是“天命”。“棐”在此是辅佐、协助的意思，“矧曰”是强调的习惯用语，意思是“那就更不必说”或“何况”。

原来，殷商也是靠谨慎和自我节制才发达起来的。周公又接着说：“越在外服，侯、甸、男、卫、邦伯；越在内服，百僚、庶尹、惟亚、惟服、宗工，越百姓里居，罔敢湎于酒。不惟不敢，亦不暇。惟助成王德显，越尹人祗辟。”不只是殷商的先王贤相不喝酒，他们所统辖的“外服”——联盟内远近不一的这些诸侯邦国——从最近的“侯”到最远的“邦伯”，以及在殷商本部领有责任的种种官员，再到服从领导的一般部族领导，以及曾经任事、现在退休了的人，都没有敢沉溺于喝酒的。他们不只是不敢，平日致力于分内职责，也没有闲暇可以来喝酒、醉酒。他们在忙什么？忙着打算彰显王的明德，以及治理人民，使人们遵守规矩。“尹”是“治理”的意思，“祗”是“敬”，“辟”是“法”，“法则”“规矩”的意思。

“我闻亦惟曰，在今后嗣王酣身，厥命罔显于民，祗保越怨不易。”然后，话题转入了下一个重点：殷人如果这样敬谨从事，怎么会失败呢？因为有一个对比的大转折。周公说：“我又听说，是到了最近这个继承王位的人——指的就是被周人打败的纣王——才爱喝酒，以至于他的命令都无法下达于人民，只顾自己所要的，人民怨声载道，他也不改变。”“后嗣王”指的就是纣王。“酣”是沉迷于酒的模样。“保”是“安”的意思，安于自己的行为。

“诞惟厥纵淫泆于非彝，用燕丧威仪，民罔不衋伤心。惟荒腆于酒，不惟自息，乃逸。”“诞惟”是接续的语词。纣王放纵自己，无节制地沉浸在不正当的享乐中，成天宴饮狂欢，以至于失去了作为一个王应有的威仪，人民没有不感到痛苦伤心的。每天沉迷于喝酒，无法自我控制、停息下来，仍旧没有回到正道上。“淫”原意是不断下雨、造成淹水，“泆”则表示水从水道里漫淹出来，都是用来形容失控、无节制的。“衋”是指身体上有伤痛，“衋”和“伤心”连接，突显了人民既受到实质的损害，又在心中感到痛苦。

“厥心疾很，不克畏死。辜在商邑，越殷国灭无罹。弗惟德馨香，祀登闻于天，诞惟民怨，庶群自酒，腥闻在上。”而且其心毒狠（指的是纣王），连死亡、灭亡都不怕，全无忌惮，商邑因为他而得罪天，他都不怕殷国会因此而灭亡。没有做任何可以传到上天祖先那里去的好事，祭祀时人民向上天传去的都是怨恨。他周围的人都喝酒，大喝特喝，连上天都闻得到酒气了。“疾”是有毒、会让人生病的意思。“很”同“狠”。“辜”就是“罪”，尤其是指没有得到公平、充分惩罚的罪行，所以今天的成语中有“死有余辜”的说法，意思是死了都还有没有偿完的罪。“无罹”是不顾忌、不担心的意思。

“故天降丧于殷，罔爱于殷，惟逸。天非虐，惟民自速辜。”所以上天就给殷人带来了毁灭，不再保惜殷人，这都是因为他们自己作恶。这不是上天残暴，是殷人自己的罪招来了惩罚。“速”是召唤的意思。“天非虐”同时意指：打败了殷商，并不是因为我们周人很残暴，而是因为殷商他们自己造成了这种得罪天的局面，所以招来了灭亡。

周公对纣王的描述，有两个重点。一个当然是饮酒作乐，这部分后来演变成了“酒池肉林”的夸张描述。另一个重点是他“不克畏死”，就是他心中没有任何更高的权威，不害怕自己的行为会带来什么样的恶果，连自身和王朝的灭亡都不怕。结果呢？就必然招致自身与王朝的灭亡。

纣王这样的形象，是周人的鲜明对照。纣王无忧无虑、为所欲为，有惩于这样的教训，周人随时担心、随时检讨，不能有片刻松懈。“忧患意识”由此而生，这是周初周人建立起的自保价值，在各种不同文献中被反复强调。

王曰：“封。予不惟若兹多诰。古人有言曰：‘人无于水监，当于民监。’”再起一段，周公对康叔说：“封！我也不再说更多的训诫了。你要记得古人的话：‘不要拿水来反照自己的模样，要透过人民来看自己。'”意思是：用民意来照，可以比用水更清楚地照出自我的真面貌。“监”就是“鉴”，就是从光滑的表面通过光的反射看见自己，古时最普遍、最方便的“鉴”，就是在盆中装水来照。

“今惟殷坠厥命，我其可不大监抚于时。”“时”为“是”的通假字。意思是：现在殷商失去了他们的天命，我岂可不重视，以此作为我们的鉴照呢？

“予惟曰：汝劼毖殷献臣，侯、甸、男、卫；矧太史友，内史友，越献臣百宗工；矧惟尔事，服休、服采；矧惟若畴，圻父薄违，农父若保，宏父定辟；矧汝刚制于酒。”“劼”是“谨慎”的意思，“毖”是“告知”，“献臣”就是“贤臣”。“矧”字这里应该是用作平行的连接符号，表示第一类、第二类、第三类……这样排比下来。

周公对康叔说：“你去好好告诉那些殷遗留下来的可用的贤臣、外面诸部落的领导，还有太史、内史、众多宗人，以及负责服侍生活与管理祭祀的人，以及那些掌管司法、农政、器物制造的人，这些人在饮酒上都受到严格限制。”这意味着，负有协助治理朝歌附近区域责任的人，都不可以在喝酒一事上有所通融。“友”加在“太史”“内史”后面，表示人的复数，这样的官职不是只有一个人。“薄违”,“薄”者“迫”也,说明“圻父”这个官是负责惩罚犯法的。“若保”是“善养”的意思，说明“农父”是负责养育人民的。“定辟”是订定器具制作的法度，这也就是“宏父”所负责的。

“厥或诰曰：群饮。汝勿佚，尽执拘以归于周，予其杀。”如果有人告诉我，你们群聚饮酒，你别心存侥幸，我可绝对不会轻易放过，把你们通通抓回周地来，把你们杀了。“又惟殷之迪诸臣、惟工，乃湎于酒，勿庸杀之，姑惟教之，有斯明享。”然而，若是本来殷商的臣民官员沉溺饮酒，那情有可原，暂时不必杀他们，姑且教导他们只在祭祀时喝酒。“明享”也是“祭祀”的意思。

这是清楚明白的双重标准。要在“妹土”代表周人进行统治的，绝对不准犯酒禁，而且给予最严厉的威胁：犯了，被我知道了，通通绑回来杀掉。但另一方面，却又苦口婆心地提醒康叔，不要用同样的标准对待殷遗民，他们本来就喝酒喝惯了，得给他们时间，从天天喝酒、常常喝酒，减少、节制到只有祭祀时喝酒，也就可以了。

“乃不用我教辞，惟我一人弗恤，弗蠲乃事，时同于杀。”如果教了都还不听，连我周公都不顾念、不放在眼里，不能放弃他们的习惯，那就同样该杀了。“恤”是“顾念”的意思。“蠲”是“除去”的意思。

最后周公总结：王曰：“封。汝典听朕毖，勿辩乃司民湎于酒。”意思是：封，你要好好听我所告诉你的，别让你属下人民耽溺于喝酒。“辩”在此是“使”的意思。

追寻治国的原则

借着和铜器铭文对读，我们有把握认为这应该就是周初的文字。里面有很多后世不用的奇僻文辞，就算是后世继续普遍使用的字，在《尚书》中往往也有全然不同的意义和用法。《诗经》中有不少篇章，我们可以凭借今天的文字直觉，大致猜中它们究竟在说什么、咏什么，但同样的文字直觉，放到《尚书·周书》的内容上就走不通了。

另外，从内容、文句间透露出的态度，我们也可以有把握地判断这的确是周初留下的记录。《酒诰》一直不安地解释，为什么殷这个大国会灭亡，也一直小心翼翼地提醒自己：周人可没有什么犯错的空间，一旦错了，会带来很可怕的结果。

从最可信的青铜铭文来看，周人一直自视为边陲小国，视殷为“大邑商”，尽管不满殷商的压迫欺凌，而且文王还很有可能死在殷人手中，但周人依然不敢轻举妄动去“翦商”。武王大会诸侯于孟津，史书上号称来了八百诸侯，但结果却不是出兵攻打殷商，而是下令解散退兵，因为武王仍然没有把握能够击败商人。

几年之后，有了“牧野之誓”，武王终于下定决心出兵，但他的主要动机应该还是为文王复仇，向殷商宣示：我们不是那么好欺负，可以让你们高兴怎样就怎样的。出兵时，周人也许并没有把推翻殷商共主地位设定为目标。怎么想也想不到，商人的军队如此不堪一击，一日夜间，周人就打进了朝歌。如此快速的胜利，反而让周人感到难以置信。

这就是周初他们不断反复追问“殷商怎么败亡的”背后的强烈动机，因而周初的文献集中处理几件事，第一就是，到底我们是怎么赢的？本来压在我们上面、统治我们的殷商又是怎么输的？第二则是，赢了之后，我们该怎么办？要用什么方法保有新得到的地位，才不会给自己招来祸患？第三：得到了至上的新地位，那我该如何处理败亡的殷遗民？又该跟他们建立什么样的新关系？

环绕着这三个大问题，而有了中国古代最早的政治大启蒙，而其核心人物就是周公。显然周公主导、塑造了周人这套新的政治理解与政治价值，他不仅为三个大问题提供了明确、合理的答案，而且设计、发展了与此答案相配合的行为、制度规范。这是我们理解中国传统上“周公制礼作乐”说法的一种方式。

第三章　传说与神灵的时代

《汤誓》年代之谜

有了阅读周初文献的经验，接着让我们读读看《尚书·商书》里的文章。

《尚书·商书》的第一篇《汤誓》，是商汤要伐夏桀时的誓师之辞。王曰："格尔众庶，悉听朕言。非台小子，敢行称乱；有夏多罪，天命殛之。""格"是"来""至"的意思，"众庶"是"大家"，指一起誓师起兵的人。"台"是古语的第一人称"我"。汤说："大家来吧，请仔细听我说。并不是我这样一个人不知轻重，敢于作乱，而是因为'有夏'犯下了许多严重错误，上天命令我来诛讨他们。"

"今尔有众，汝曰：'我后不恤我众，舍我穑事，而割正夏。'予惟闻汝众言。夏氏有罪，予畏上帝，不敢不正。"意思是：聚集在这里的众人啊，你们抱怨着："我们的领导人不体贴、顾念我们，要我们放下农事来征伐夏。”我听到了你们的抱怨，但是夏氏有罪，我敬畏上帝的命令，不敢不前往征伐。这里两个“正”，都同于“征”。

“今汝其曰：‘夏罪其如台？’夏王率遏众力，率割夏邑，有众率怠弗协。曰：‘时日曷丧？予及汝皆亡！’夏德若兹，今朕必往。”“台”字音 yí，“如台”就是“如何”。“率”字也是连接的语词，有此又有彼。“遏”是“竭尽”的意思。汤继续对大家说：“听我口口声声说夏氏有罪，你们会问：‘夏到底有怎样的罪？’第一，夏王滥用民力，使得他的人民精疲力竭；第二，他伤害了自己所属的各个城邑；第三，因为这样，人民都懈怠而不合作。他们对夏王的不满高涨到甚至说：‘这个太阳啊，你什么时候会灭亡啊？我愿意跟你同归于尽！’夏氏做到这种程度，现在我一定要前往讨伐他。”

“尔尚辅予一人，致天之罚，予其大赉汝。尔无不信，朕不食言。尔不从誓言，予则孥戮汝，罔有攸赦。”这里的“尚”字是表达祈使的意思。“予一人”和《酒诰》里出现过的“我一人”相同，是古代王者谦虚自称之辞。“赉”是“赏赐”的意思。“孥戮汝”是甲骨文中就出现过的套语，意思是“不只杀了你，还会把你的妻儿降为奴隶来役使”。“攸”通“所”，“罔有攸赦”指“不会有所宽赦”。商汤最后说：“希望你们辅佐我，奉行上天的惩罚，那样我就会大大加以赏赐。你们不必怀疑，我说到做到。要是你们不服从在此的誓言，那么我会杀了你们，把你们家人收做奴隶，绝对不会有所宽赦。”

《汤誓》简洁有力，是一篇环环相扣的好文章。汤先表白起兵的意义，但接着明指被动员来的军队心中是有怨言的，所以要强调去解答他们心中的疑惑，最后利诱与威胁并行，巩固战斗的决心。

相较于周初的《酒诰》，应该属于夏末商初、更早五百年的《汤誓》，反而更好读，其文法要有规律得多。文章里出现的同一个字，几乎都有同样的意思，其文法规则也很统一。

如果这真的是商汤时代留下来的记录，那意味着比殷墟出土的甲骨文，还早了至少两三百年的时间。甲骨文必定有其前身发展，不可能一出现就那么成熟、那么复杂，然而，甲骨文的前身在文字表达的方式上，有可能会不那么接近甲骨文，反而比较接近后来使用的中文吗？

和《酒诰》相比，我们有理由怀疑，号称为商代文献的《汤誓》，其实际成文时间应该是晚于周初的。尤其是放在《商书》最前面、设定为商汤作品的，其实际书写记录的时间，恐怕还是《商书》所有篇章中最晚的，晚于《盘庚》等其他诸篇。

巫觋治国——商人的政权基础

在世系表上，盘庚比商汤晚了十代，合理估算下来，应该有两百多年的距离。盘庚是将商人的根据地迁到“殷”这个地方的关键人物。盘庚迁殷之后，商人就一直留在“殷”，于是以此为别名，早期周人文献大多称商人为“殷”。

《尚书》中的《盘庚》，有上、中、下三篇，然而这三篇的时序，显然有错乱之处。

《盘庚上》一开头就说：盘庚迁于殷，民不适有居。盘庚将民众带离原来的地方，搬到“殷”去，可是民众住得很不高兴、很不满意。这是上篇的主题。《盘庚中》开头是：盘庚作，惟涉河以民迁。乃话民之弗率，诞告用亶。意思是：盘庚即位后，要带民众渡河搬家，所以就把那些不愿意听从他领导的人找来，很有诚意地劝告他们。这件事显然比上篇所说的要早发生。《盘庚下》呢？盘庚既迁，奠厥攸居。乃正厥位，绥爰有众。意思是：盘庚带领民众搬迁好了，奠定所居之处，正其位，对群众宣告。

按照文中事情的发生顺序，中篇应该在最前面，那是迁殷之前盘庚说服不想跟他搬家的人的一番说辞。然后接上篇，那是已经搬过去了，可是民众对盘庚选的新地方很不满意，多所抱怨，所以盘庚要把他们聚集起来，试图解消他们的不满。最后是下篇，这些风风雨雨暂时过去了，可以举行正式的安居安位典礼，盘庚发表了一份正式文告。

这三篇，应该也不是商人迁殷时真正的实录文献。《盘庚》这个名字是否用于商王在世时？还是是在他死后才取得的称号？有争议，但多数古史研究者的意见倾向于认为“盘庚”是死后之名。

此外，《盘庚中》有这样的文句：殷降大虐，先王不怀，厥攸作，视民利用迁。这是说当年上天在殷人身上降下了大灾祸，先王感到不安，于是有所作为，为了民众的利益而搬迁。盘庚其实就是引用先王曾经多次迁徙的例子，来替自己的决定辩解。可是，这里盘庚对自己部族的称呼竟然是“殷”，他们才刚要准备搬到“殷”这个地方去，怎么会自称为“殷”呢？

“殷”是周人对商人这个部族的习惯通称，在周的文献中，出现“殷”的频率，远远超过“商”或“殷商”。一个合理的解释是：周人崛起较晚，他们和商人接触时，已经到了商将中心搬到“殷”时了，所以就用“殷”来指称这个部族。

不过，从文字、语法上看，《盘庚》三篇的时代显然早过《汤誓》。还有，文章中存留着的一部分观念，看起来和周人的信仰有一定的差距，比较接近甲骨文所反映出的商人的价值观。

像《盘庚中》就记录了盘庚这样说：汝有戕则在乃心，我先后绥乃祖乃父；乃祖乃父乃断弃汝，不救乃死。这是他对不听话、不跟从他搬迁的人的威胁。但他不是威胁要杀他们，也不是要把他们的妻儿收做奴隶，而是说：“如果你们有恶念在心头，我在天上的先王就会去告诉你们在天上的先祖，那么你们的先祖就会弃绝你们，不再保佑你们，对你们见死不救。”

这是典型的商朝权力模式。为什么商人能够握有大权，成为共主？就是因为他们掌握了青铜器、甲骨问卜、文字符号等一大套和上天先祖沟通的神秘办法，并对周围的部落宣称，他们可以将意念更有效地传递给上天先祖，同时更准确地理解上天先祖的意念。也就是说，商人统治的方式，是依靠穿梭在两个世界之间而形成的，是凭借自己的先祖压过别人的先祖，让他们能在此世压过别人的部落而形成的。

类似的说法，也在《盘庚上》出现。“古我先王，暨乃祖乃父，胥及逸勤，予敢动用非罚？世选尔劳，予不掩尔善。兹予大享于先王，尔祖其从与享之。作福作灾，予亦不敢动用非德。”盘庚先说：“我的祖先和你们的祖先当年甘苦与共，交情那么深，我怎会随便惩罚你们？世世代代，我们这一边一直肯定、称赞你们的功劳，我当然也不会看不到你们好的地方。”接着，他就婉转地威胁：“关于迁移的事，我要隆重地通过祭祀向我的祖先报告，你们的祖先在一旁也会同时知道，让他们来决定应该怎么处置你们，这不是我个人的意思，我就是遵照我的祖先和你们的祖先的决定，该赏的赏，该罚的罚。”这段话同样是以上天、先祖作为更高权威，来压服这些抱怨、不想搬迁的人。

商人这种政治权力模式，正好是周人所反对的，到了周朝，它就被推翻了。所以周人的文献中几乎再也找不到这种说法，它们只保留在《盘庚》篇中。

帝尧的用人之道

最后选读《尚书》中列为第一篇的《尧典》，它所记录的事情发生得最早。

《尧典》的文字看来较古老，和后来的用法有颇大的差异。曰若稽古帝尧，曰放勋，钦明文思安安，允恭克让，光被四表，格于上下。克明俊德，以亲九族；九族既睦，平章百姓；百姓昭明，协和万邦。黎民于变时雍。和《酒诰》《汤誓》《盘庚》都不一样，《尧典》开头就表明了，这是一篇以回溯的方式进行叙述的文章。“稽古”，表明这是发生在过去的事，过去曾经有过帝尧这个人，他的本名是放勋。他很伟大，所以文章里堆砌了许多对他的称赞之词。然后，文章按照由内而外的顺序记录他的成就：他首先拉拢有亲属关系的人，再来让其他不同氏族都能各得其所，再来就是让外面的许多部落、邦国和平共处，于是一般人也就都变得宽和自在了。

接着，第二段描述帝尧派了“羲”与“和”两个氏族负责管理天时，这段文句基本上以对称排比的形式展开。乃命羲和，钦若昊天，历象日月星辰，敬授人时。分命羲仲，宅嵎夷，曰旸谷，寅宾出日，平秩东作。日中、星鸟，以殷仲春。厥民析，鸟兽孳尾。派“羲仲”（羲家的老二）住在东边，负责管日出，管春季。这个季节里，白天的长度中等，夜晚最明亮的行星是南方七宿（“鸟”），民众分散下田耕作，鸟兽交配繁衍。

申命羲叔，宅南交，平秩南讹，敬致。日永、星火，以正仲夏。厥民因，鸟兽希革。然后派“羲叔”（羲家的老三）去南方，管夏季。这个季节的白天很长，最亮的星星是东方七宿（“火”），民众只有把衣服脱了，才能在田里工作，鸟兽的毛也都变稀少了。

分命和仲，宅西，曰昧谷，寅饯纳日，平秩西成。宵中、星虚，以殷仲秋。厥民夷，鸟兽毛毨。又派“和仲”（和家的老二）去西方，管日落，管秋季。这个季节里，夜晚长度中等，最亮的星星是北方七宿（“虚”），鸟兽身上的毛又开始长出来了。

申命和叔，宅朔方，曰幽都，平在朔易。日短、星昴，以正仲冬。厥民隩，鸟兽氄毛。派“和叔”（和家的老三）去北方，管冬季。这个季节的白天特别短，人民躲在屋里避寒，鸟兽身上长出御寒的细毛。

表面看起来，文章用字很古奥，但行文的方式却不断重复，依循套式。套了四次，组成这段文字。

接下来是一连串的问答。帝曰：“畴咨若时登庸？”“畴咨”就是“谁”的发问词。意思是：谁能顺应天时，是可用的人才呢？放齐曰：“胤子朱启明。”帝曰：“吁，嚚讼，可乎？”有人推荐尧的大儿子，认为他很聪明，尧的反应是：“什么？他满口胡言乱语，又爱跟人家争辩，怎么可以？”然后，帝尧又问：“谁能帮忙完成我的工作呢？”帝曰：“畴咨若予采？”驩兜曰：“都，共工方鸠僝功。”帝曰：“吁，静言庸违，象恭滔天。”有人推荐共工，觉得他做了很多事，累积了很多功劳。尧的反应是："什么？这个人没事的时候很会说，真正要执行起来就不是那么回事了，而且他表面很恭敬，实际却很高傲。"

所荐都非人，尧急了。帝曰："咨，四岳。汤汤洪水方割，荡荡怀山襄陵，浩浩滔天，下民其咨。有能俾乂？"他强调地说："四方诸侯啊，现在洪水到处为患，人民痛苦不堪，难道都没有可以用的人吗？"佥曰："於，鲧哉。"帝曰："吁，咈哉，方命圮族。"岳曰："异哉。试可，乃已。"帝曰："往，钦哉。"九载，绩用弗成。有人推荐鲧，尧还是不满意，觉得鲧这个人个性别扭，不听命令，会破坏群体。四方诸侯看自己推荐的人尧都不想用，就说："既然是我们推举的人，你就试用看看，这样才知道能不能用啊！"尧让步了，说："好吧，那就叫他小心地承担起责任来。"结果，鲧花了九年时间，却没有获得预期的成绩。

这段很精彩。显现出尧自己有看人的敏锐眼光，而且标准很高，也显示了尧没有私心，不会因为人家推荐的是自己的儿子，就高兴地附和，还显示了他周围的"四岳"在眼光和能力上，都跟尧差了一大截，这就联系到后面一段要说的事情。

帝曰："咨，四岳。朕在位七十载，汝能庸命，巽朕位。"岳曰："否德忝帝位。"曰："明明扬侧陋。"尧对四方诸侯说："我已经在位七十年了，你们之中有能承担大任的，我要把帝位让给他。"四方诸侯都说："我们没那种德行和能力，叫我们接位，只会污辱了帝位。"四方诸侯自己没有办法继位，他们过去推荐的人尧又看不上，所以尧就说："那么不妨从地位比较低下的人中去寻找明才吧！"

师锡帝曰："有鳏在下，曰虞舜。"帝曰："俞，予闻，如何？"

岳曰："瞽子，父顽，母嚚，象傲，克谐以孝，烝烝乂不格奸。"开放征才的结果，是收获了群众的推荐。人们推荐了一个叫虞舜的人，年纪不小了，却还没娶妻。尧就征询四方诸侯的意见："嗯，我也听过这个人的名字，他怎么样呢？"四方诸侯提供了进一步的信息，这个人之所以没娶妻，是因为生在一个麻烦的家庭里，爸爸是个盲人，而且还个性顽劣，妈妈唠叨跋扈，弟弟象又很傲慢、不听话，不过舜却可以靠着他的孝心让家庭和谐，让家庭有所长进，有秩序、不出问题。

帝曰："我其试哉。"女于时，观厥刑于二女。厘降二女于妫汭，嫔于虞。帝曰："钦哉！"尧接受了，愿意试试舜。于是将两个女儿嫁给舜，看他如何当这两个妻子的典范、榜样。尧送女儿前往妫水湾嫁给舜，特别告诫女儿，要谨慎从事。

把女儿嫁过去之后，尧开始试验舜的能力。慎徽五典，五典克从；纳于百揆，百揆时叙；宾于四门，四门穆穆；纳于大麓，烈风雷雨弗迷。帝曰："格汝舜，询事考言，乃言厎可绩，三载，汝陟帝位。"尧试验舜的方式，包括一步步将教育、行政、外交的工作交给他处理，舜都能处理得当；也包括让他到山林野地，即使遇到了大风，打雷下雨，舜都始终镇定、不恐慌，不会迷失。尧很满意，对舜说："拿事情问你，将你所给的意见付诸实行，都能有好的功效，三年过去了，你来接我的帝位吧！"

《尧典》在记录尧将帝位让给舜之后，就接着描述舜继位后的种种做法，这些就构成了《舜典》的内容。较早的版本没有《舜典》，后来梅赜将原来的一篇分成了两篇，才有了这一篇。

《尧典》《舜典》中有着许多套式。将事情用四方或四时的格式分别叙述，这种习惯，显然是后起晚出的。用自然分类法来架构大系统，用大系统来统纳一切，这种风格，在战国时最为流行。从内容及思考模式上判断，我们有理由相信《尧典》成文的时间不会早于春秋。里头有部分字句可能起源甚早，片段地流传下来，到春秋战国之际，才有人将之连缀成篇。

这也就意味着，作为《虞夏书》开头的第一篇，《尧典》的时代，非但不会早于《汤誓》，还应该更晚。

《诗经》

唱了三千年的民歌

“关关雎鸠，在河之洲；
窈窕淑女，君子好逑。”
追求心爱女人时唱的歌谣，
哪有那么多摇头晃脑的大道理！

第一章　三千年的民歌

中文的独特系统

经典都是用文字写成的。别小看这样一句听来像废话的话。先有语言，然后才有记录语言的文字，这是人类文明发展的基本模式。不过，中国历史显示了，这套模式不必然是通则，而有其例外。今天我们之所以还能够直接阅读两千多年前成书的《诗经》，正源自这份例外。中国的语言和文字，基本是分开的，中国的文字并不是为了记录语言而发明的。

中国文字的远源可以在大汶口文化的陶片上看到，然后到了殷商的甲骨文，出现初步成熟的系统。甲骨文有特定功能。那是一套带有神秘性质的符号系统，用来连接两个世界——现实世界与祖先所在的超越世界。

拿一片打磨整治好的牛肩胛骨或海龟腹甲，在背面先钻出不穿透的洞，然后用火在洞底下炙烤，过了一阵子，因厚度差异产生不同程度的热胀冷缩效果，甲骨的表面就会“卜”的一声爆出裂痕来，这种做法因而就被取名为“卜”。卜的目的，是从不规则的裂痕中解读出谕示讯息来，卜是超越世界里的祖先给予人世子孙提示、指引的沟通渠道。不是每个人都读得懂裂痕所代表的祖先意见，要由具备特殊身份与特殊能力的“卜人”来解读，卜人再将读出来的意思用文字刻写在同一块甲骨上，以便未来覆案检视预言是否准确，或说对卜痕的解读是否正确。

如果说这种文字和语言有关系的话，那也是和神秘的超越语言，而不是和日常一般语言有所联结。符号明白地写在甲骨上，然而殷商时期，这些符号有没有读音、可不可以被念出来，我们并不知道。也就是说，这些甲骨文字很可能是单纯以视觉符号的形式存在。

不能因为这些符号是中国文字的起源，我们就理所当然地因为后世看法的影响而认为它们带有声音所表示的意义。不是说它们一定没有，而是我们没有任何证据证明它们有，在功能上它们大可以没有相应的声音。

并不是所有的符号都是声符，都有可以念出来的声音，甲骨文首先就是一套符号，一套用来记录不在这个世界的缥缈之灵的意见的符号。商人是为了这个目的而发明了甲骨文，而且显然没有打算让很多人了解、运用这套符号。懂得这套符号，是份本事，更是一种特权身份。就是因为他们掌握了这份别人没有的本事，从而抬高了他们的权力、地位，所以他们能比别人更有效、更有把握地与超越世界的神灵沟通，取得了使别人不得不臣服、不得不畏惧的特权力量。

从对早周文化——周人在今天陕西地区兴起时留下来的遗迹——的考古探索中，我们清楚地发现周人曾经试图要模仿甚至窃取商人的这份通天地、传递超越讯息的特权力量。尤其在陕西岐山凤雏村的遗址中，发现了许多没有文字的甲骨，以及部分写得粗糙、歪歪扭扭的甲骨文。我们有理由相信，在部族对抗的关系中，周人为了提升自己的能力与地位，从商人那里承袭、挪用甚至偷取了制造青铜器、以甲骨占卜，还有用符号记录祖先意志的方法。

不过，周人有周人自己的风格与文化，和商人极其不同。所以这些在商人社会中充满鬼神意义的东西，进入周人社会后，就有了根本的改变。原先象征着来往两个世界的神秘动物使者的青铜器复杂纹饰，到了周人手中就愈变愈简化，愈变愈线条化，失去了和动物形象间的联结。

同样地，甲骨文被周人运用后，也改变了其基本性格。周人保留了文字部分的神秘性质，不过他们更看重的，毋宁是文字的长久性，文字可以抵抗时间，将讯息固定下来，长久地留存。在周人的手中，文字由记录、保存超越世界的讯息，转变为记录、保存人间的现世讯息。

很可能就是在周人进行挪用、转化的过程中，才确定了文字和语言之间的关系。也就是说，周人采用了商人发明的符号，这套符号从来就不是要为语言服务的，却被周人用来记录、保留语言。和全世界绝大部分文字系统不一样，中国的文字不是表音的，文字符号上没有容易学的声音规律，因而如何建立文字和声音之间的对应关系，就成了一个巨大的文明课题。

这是别的文明没有遇过，或者是没有解决过的大课题。就算有些古代文明也采用过非表音的文字符号，遭遇到语、文分离的困难，他们几乎都很快就放弃了原有的表意文字系统，改用更方便、更合理的表音文字。

是的，从宏观的人类文明角度看，中国的非表音文字系统很不方便，甚至很不合理。就是因为那么不方便、那么不合理，所以中国文字成了独一无二的特例。

这么不方便、这么不合理的文字，竟然能够成功地建立和语言的关系，竟然能够传留下来，不能不说是一项奇迹，也是一项历史的奇观。世界上其他文明陆陆续续都走上了表音文字的大道。表音文字最大的好处就在于让文字和语言密切相连，甚至可以说让文字作为语言的衍生物，语言怎么说，文字就按照语言的声音怎么记。只要学会二十六个字母，学会字母作为声符与声音之间的对应关系，我们就懂得了如何将听到的英语，化为笔下写的、可以传送到空间与时间上的远方的文字。

中文从来没有走这条容易的路。中国文字先有了自己的逻辑，和语言平行发展，到了公元前一千年左右，才转而让这套原本不是依照声符原理设计的文字，用来记录语言。中国文字在被转用于记录、传抄语言之前，已经确立了其神圣性。即使被运用到记录、传抄语言后，这份神圣特质仍然保留着。于是中国文字和语言的相互关系，就和其他文明表音系统中的关系大不相同。

表音系统中，语言是主，文字在后面跟随、模仿语言。语言变化了，文字就跟着变化。因而文字被视为语言的不完美替代品，文字是复制的，语言才是真本、真品。但是在中国的系统中，却是文字地位高于语言，语言是暂时的，方生方死、方死方生，要靠文字才能取得定性，才能抵抗时间，不再变化，也不会倾颓磨灭。

三千年前，中国人使用什么样的语言？他们从嘴巴里发出什么样的声音来表示“吃饭了没”这个意思？我们不知道。三千年前的中国语言，已经彻底消失了，无从还原。那样的声音，没有用任何形式传留下来，也没有留在文字里。

虽然文字里记录的是“曰若稽古帝尧”，但这绝对不是两千多年前中国人说话的方式。文字并不是忠实记录语言本身，而是用文字的逻辑将语言传抄、改写了。而且，因为它们是非表音的符号，所以也就没有留下关于两千多年前这几个字怎么发音的证据。

但他们要表达的意思留下来了。而且他们表达意思的方式保存在文字中，一留留了几千年，一直到 20 世纪白话文兴起前，没有太大的变化。若司马迁于九泉之下，对两千年后的梁启超说话，两人绝对无法沟通，连猜都无从猜起。但是，让他们两个人用文字写下自己想讲的，那就一点问题都没有，除了极少数特别名词外，两人完全可以快速、直接、充分地沟通。

周朝人如何唱歌

我们不知道两千多年前的人怎么说话，然而因为有《诗经》，所以我们知道周朝的人怎么唱歌。

《诗经》收录的内容，具备高度的歌唱性。《诗经》是中国文字和声音相结合的最早例子，不过不是通过说话结合，而是通过歌唱结合。歌唱的语言，比日常生活里说话的语言来得简单，更来得有规律、有规则，其中有许多重复，而且有明确的声音模式。

《诗经》让我们知道周朝人如何唱歌。不过要小心，一来不能从《诗经》去推断周人如何说话，二来也不能从《诗经》去推断那个时代的人都这样唱歌。

我们无法排除一种可能，说不定周人也曾创作过长篇的史诗，用有韵的语言编写重要故事，到处传唱，像古希腊荷马史诗那样。不过，即使周文化中产生过长篇史诗，也不会留传下来。因为他们所使用的这套文字，不方便模仿、记录长篇的声音，既不是表音的，符号又复杂难写。因为缺乏适当的记录工具，史诗那样的声音艺术，在中国是无从像在古希腊环境中那样保留下来的。

这套不能记录史诗的文字，却还有办法应付四字一句、句子又不断重复的短歌。读《诗经》，让我了解中国文字系统如何尝试着去接近语言，如果没有经过这样的尝试并取得了一定的成功，这套文字系统能否在中国建立其主流、至高、唯一的地位，还很难说。在与“歌”的接触中，当时的人们摸索出办法来，让文字至少能够部分地记录声音，并且建立起图像符号和声音之间的一些规律、原则。

我们很容易可以想象，如果没有找到文字与声音间的这些基本关系，迫于功能上的需要，当时或稍后的中国人，很可能会去发明、尝试另外一种不一样的、表音性的文字，那么中国文明势必就彻底改观了。

《诗经》之后，证明了这套本非为语言而设计的文字虽然不方便、不好用，却毕竟还是可以用的。将就将就、妥协妥协，文字和语言就用这种方式联结了。

封存起来的声韵

《诗经》里的诗句，绝大多数都是押韵的，我们今天没有把握能够复原那些韵的声音，因为两千多年来，声音有了很大的改变，而我们用来查对“韵”的参考书，都是在《诗经》成书超过千年之后才编撰出来的。

目前通用的普通话只有四声，这是一套相对简陋的声音系统。古代汉语至少在声调上一定比现代语复杂得多。此外，古代汉语使用的声母和韵母，也和现代语有很大的差距。可以这样说，现代普通话在声音上，恐怕是中国有史以来最简陋、最单调贫乏的一套系统。

说闽南语、客家话、广东话的人都知道，这些方言里的声调、韵母都比普通话多得多。为什么普通话会在声音上那么简陋？或者说，为什么选了声音上这么简陋的系统作为统一的普通话呢？

回答这个问题最好的方法，是倒过来问：相较于普通话，为什么这些方言在声音上都那么丰富？因为如果不动用那么多声音，语言里会产生许多同音字，很容易造成误解，带来不便。较多的声调、声母、韵母，交错组合成众多发音，可以大大降低同音字、同音词出现的比例。

普通话中同音字、同音词的频率其实高得惊人。言谈中，我们经常要靠上下文关系才有办法判定别人口中发出的音，代表的究竟是众多同音字词中的哪一个，也有很多时候，我们必须诉诸文字的辅助说明来确定音所代表的意义。例如我说“没有异议”，怕人家误以为是“没有意义”，我得解释：“是相异的异，和议论的议。”

在声音组成上那么简单、简陋的普通话，依然能够使用无碍，是因为大家都已经有了普遍的文字经验，文字统一了大家对这些声音的认知与想象，文字的存在、辅助大幅减少了同音字会带来的误解，也就提高了大家对语言中同音字的容忍程度。

我们无法还原《诗经》的声音，不过《诗经》的韵文形式，大有助于我们追溯、理解中国古韵的规律。翻开任何一首作品，我们都可以借由其整齐的形式，列出拥有同样韵母的字。“关关雎鸠，在河之洲；窈窕淑女，君子好逑。”在这样的句子里，“鸠”“洲”“逑”这几个字是押韵的，也就是有同样的韵母。如果遇到了《诗经》中形式上该押韵的字，在《佩文韵府》一类的后世韵书中被分在不同的韵里，或者更常遇到的，用我们今天的念法念起来完全不押韵，那我们就知道中间有了韵上面的转变，也就能够试着从中整理、探查古今声韵的改变轨迹与规律。

不一定是大道理

《诗经》是歌，是歌词。今天的流行歌词无法充分、准确反映人们的生活与普遍的价值观，因而我们也就没有道理相信能够通过《诗经》充分、准确掌握周人的生活与想法。

《诗经》比较能够有效反映的，是周人唱歌的情境——当时的人在什么样的场合、什么样的状况下唱歌？在歌中表现什么样的情绪与内容？什么样的事件、什么样的情感对他们来说是适合放入歌中的？这些是我们读《诗经》时应该探问的问题。

读《诗经》，我们不能忽视歌的形式，包括句子的字数、句子和句子间的连接、同样句子的反复规律，以及整首诗如何由重复及相异的句子组成特殊的结构。读《诗经》，我们还应该特别关心字与音之间的关系，认真看待形象的符号，和口舌发出的声响，中间是否有些什么固定的关系？

更重要的是，读《诗经》，不要一开始就掉进传统的泥沼里。《毛诗》或朱子《诗集传》的解释，主张每一首诗都要有“微言大义”，都要有历史影射或道德训诫，这往往非但无助于我们接近、认识这些诗，还会让我们对《诗经》里的作品产生不必要的距离与厌恶。

让我们记得，在成为“经”之前，这些作品先是周人传唱的“诗”“歌”。当他们唱这些“诗”“歌”时，绝对没有想到有一天，其内容会变成“经”，被赋予那么高的地位，被贴附上那么庞大的意义。《诗》被抬高成为《诗经》，而“经”就是包藏古代圣贤智慧、真理之处，于是后人就一定得在《诗经》里读出配得上古圣先贤的内容。“经”是记录大道理的，《诗经》是“经”，所以《诗经》里一定都是大道理。如此论理是严重的时代前后错置，拿后来的定义来改写之前的作品，强迫之前的作品要包括后来规定的内容。让我们去除掉这种错置，尽量将《诗经》放回其产生的时代环境中予以解读。

采集民歌与封建统治

《诗经》里所收录的诗，约莫是在西周后期陆续以文字记录下来的，编辑成书之后，就成了周人王官学传统中的重要一环，用今天的语言说，它是周朝贵族教育中的一门固定课程。《诗》《书》《易》《礼》《乐》《春秋》是当时贵族教育的核心课程。贵族教育为什么如此构成、如此安排？我们无法从史料上完整回答，但可以透过这些课程的内容进行合理的推测。

《书》的内容是古代史，记录了周朝建立过程中的重大事件，以及先人对这些事件的检讨、由此得到的教训。周人在自己都意外的情况下打败了他们眼中极为强大的“大邑商”——商朝，于是积极地寻找自己获胜的理由。这一过程及周人找到的解释，包括批评商人迷信鬼神、沉溺酒中的恶习，警惕“天命无常”的忧患意识等，都收录在《书》里。周人透过《书》，将他们的特殊精神价值传递给后世的贵族们。

对应于《书》，有《春秋》，《春秋》是当代史，是国别史。这里的“国”指的是“封国”，齐、鲁、晋、宋……这些“封国”，每一个都有自己的国别史，原本形式很简单，每年分春、秋两大条目，记录上半年、下半年各发生了什么大事，所以叫作《春秋》。

《礼》是行为规范教育。是维系封建秩序所需的规矩和仪式的总和。“礼”最早可能不是以文字、经书的形式存在，而是借由实际的演练来流传的。所以在孔子的时代，还普遍有“演礼”的说法。

《易》则是当时贵族教育中的哲学教育。周人一直在思考

“天”的问题。“天”的最直接也最普遍的定义，就是人所无法左右、人所无法企及的超越力量。我们的生活，一部分是“人”，另外有很大一部分是“天”。偶然、意外是“天”，巨大的、无法扭转的命运也是“天”。对于人无法左右、无法控制的因素、力量，该如何理解、如何应对，是教育的重点之一。

那么剩下来的，是《诗》和《乐》。“诗”和“乐”究竟是一还是二，至今没有定论，恐怕未来也不会有定论，而且也不太需要有定论。古代音乐没有任何具体形式的存留，声音消失了，我们能找到的只有考古出土的少数乐器，另外就是文字上对这些声音的追摹、描述。因而，我们很难拥有足够的基础来讨论“乐”，顶多就是从《诗》与《乐》被列为王官学的重要项目，推断当时贵族教育中对听觉的重视。

那么，《诗》之教在贵族教育系统中扮演什么样的角色？要达成什么样的效果？为什么这些歌，这些关于歌的内容的记录，会成为贵族教育的一部分，尤其是中间有许多和庙堂仪式不相干的民歌？

传统中对于《诗经》内容的来源，人们有一种“采诗”之说。以今天我们对西周封建成立过程的了解，可以这样解释“采诗”的意义。周人建立新的王朝，不是件容易的事。不是说我今天打下了朝歌，商王纣死了，于是商人原本统治的区域，一股脑就改成归我统治了。首先，商朝能够控制的范围其实并不广；其次，商朝对这片范围有限的土地的控制强度也很有限。那是一种联盟共主式的关系，而不是直接的疆域管辖。在周公、成王的时代，周朝设计了新的方式，建立了新的统治模式。

这一新的模式，就是“封建”。“封建”刚开始时，是指定一位宗亲或功臣，将一块地方和一群人“封”给他，要他带着这些人到“封地”去，有时是征服，有时是开发，征服、开发之后，还要负责管理、经营。那就变成了他和后世子子孙孙所拥有的“封国”。宗亲或功臣获得的“封国”，很可能是一块遥远、陌生的地方，要想有效领有这块封地，刚开始要靠武力，却不可能一直靠武力、光靠武力。封建领主必须了解这里居住的是什么样的人，得要认真地探访、了解当地民情，努力试着和他们好好相处。“采诗”，搜集当地民歌，从民歌中接近人民生活，是一种合理的手段。

这或许真是《诗经》内容的起源，其中或许也包纳了把《诗经》放入贵族教育核心的原因。并不是说《诗经》中的诗都是如此采来的，而是说因为有这样的历史情境，周人早早建立了重视民歌、采集民歌的习惯，并将之视为一般贵族必须具备的常识。顺着这个逻辑，我们可以进一步推断，为什么原本具备神圣性、带有庙堂珍贵地位的文字，到了周代会被用来抄写、记录民间的歌词。其间牵涉封建制度运作的功能，封建领主、封建贵族要在封国里安居，要能有效管理封国的子民，他们当然应该知道那里的人原本过着什么样的生活，做些什么，想些什么，并且将这些重要资料保存下来，供后世子孙持续掌理封国之用。

周人建立了民歌与民情之间的联系，相信民歌反映民情，有助于贵族掌握封国情况，所以要“采诗”。但“采诗”怎么个“采”法？那个时候没有录音机，没有任何记录声音的方法，唯一的方法，恐怕只有模仿学唱。然而模仿的过程会有误差，学习、记忆的容量也有限，还有，歌的记忆会随时间而磨蚀、失真。

很可能就是因为这样的困境，所以周人才将原本用在神圣性场合的文字，挪用来模拟、记录这些声音。

这是我们今天用历史的方式，而非遵照传统说法，重建的对《诗经》来源的推论。

诗里的副歌

《诗经》的白文，不包括解释，有两万多字。不过实际读起来，《诗经》的字句，远少于两万字。那是因为诗中有大量的重复，以一段一段为单位，后面的段落常常只是将前面的段落改了一两个字，其他照抄。读懂了第一段的意思，面对下一段，我们往往只需要辨识、理解那少数改动的几个字就好了。

诗中的反复，源自声音上的趣味。我们今天唱的流行歌曲也都习惯分主歌和副歌。主歌的每一段有不同的歌词，副歌却都一样，不断重复，而在唱吧唱歌时，一定是唱到副歌时，最多人会情不自禁加进来，唱得最有兴致的，也几乎都是副歌段落。

《诗经》也有这种类似副歌的反复。不过有趣的是，《诗经》中出现的每次反复，都是在字句上有些细微却有意义的改动。这是《诗经》形式上的重要特色。

反复中进行的改动，最常见的是转韵。前面一段用的韵脚，在后面一段中改掉了，如此产生声音变化的趣味，但除了韵脚所在的字之外，其他字句都维持原样。然而韵脚所在的字改变了，它的字义同时就换成了新的，新义与前一段的旧义，共同构成了特殊的层次结构。

今天很多流行歌的歌词，每一段的意思都差不多，前一段换到后一段，后一段换到前一段，其实不会有什么影响。《诗经》里的诗却不是如此。尽管只是一点点、几个字的变化，但那变化的字义形成了前后相衔的一套逻辑，先讲这个，再讲那个，其中是有一定道理的，因而虽然每一段看起来有很多重复的字句，但不能随便调动次序，一动，诗的井然、漂亮的结构就被破坏了。

经过两千多年，我们都还可以透过读《诗经》接触到那时候的人的心思，知道他们不是高兴唱什么就唱什么，唱到哪里就算哪里，诗中的顺序层次，充分反映出他们的感官感受与思考方式。

从这个角度读《诗经》，我们自然会着迷于究竟是什么样的生活、什么样的世界观，使得他们对观察、描述现象与感情的次序、层次如此在意，表达得却又如此自然。

《诗经》里的诗，留给我们的另外一个深刻印象，就是这里几乎没有单纯的“人事”。他们从来不单纯地、直接地谈论、咏唱人做了什么、人与人之间有什么互动，描述人与事之间的关系时，总是不断穿插外界的环境，尤其是大自然的现象。《诗经》中也很少有以描写风光景物为主的诗，诗的主要核心都是讲人，讲人身上发生了什么，可是诗的开头、中间或结尾，一定会穿插有描述环境、自然的字句，但这些环境、自然的元素，和诗中的人事主体究竟有着什么样的关系，却往往没有那么直接、清楚，于是去感受、去思考人事与自然的联结，便成了阅读《诗经》的一大乐趣。

“风雅颂”与“赋比兴”

传统中解释《诗经》，一定要提到六个关键字，那就是“风雅颂”和“赋比兴”。风、雅、颂是《诗经》里的三种不同文类，赋、比、兴则是《诗经》写作的三种手法。“风雅颂”牵涉诗的来源及诗的功能，是周代就存在的分类，这可以从《诗经》作品本身的差异上得到内证，是我们了解《诗经》的重要线索。然而，“赋比兴”却是后来才附加在《诗经》上的解释，因而与《诗经》本身的关联其实没有那么强。

排除掉先入为主的概念，回到《诗经》的白文上，我们会发现“赋比兴”的分类充满问题。“赋”是直接讲一件事，“比”是拿一样东西来比喻另一样东西或另一件事，“兴”呢？“兴”是这里提一个现象、一样东西，接着讲一件事或另一样东西，然而两者之间没有明确的比喻关系，没有一眼看得出的关联。

传统上会将某一首诗归为“赋”“比”或“兴”，这种分法大有问题。《诗经》里的诗，很少有单纯属于哪种写法的，而且中间有太多诗句根本无法区分究竟是“赋”是“比”还是“兴”。诗人吟唱出这些诗句时，心中完全没有“赋”“比”“兴”的想法，我们却要拿这样的概念硬去套用、限制作品的风格，不太对吧！

即使是传统里被归为“赋”体的诗，多半也都有前面提到的景物或自然现象穿插其中。诗里写了门外一棵树，接着写门里一个人的行为或感觉。照传统说法，如果树是树，人是人，分开讲树和人，那是“赋”；如果拿树来比喻人，那是“比”；要是树和人之间有若有似无、不确定的关系，只是拿树来做个开头，带出人来，那就是“兴”。然而，我们需要如此定死树和人的关系吗？又有多少句子，多少首诗，真正可以让人有十足把握定死这个和那个的关系，没有疑义，没有暧昧？事实上，疑义、暧昧、模棱两可，往往可以提供给我们更丰富的阅读想象经验吧？

传统赋比兴的规定，会破坏我们对诗句的联想、感应。传统上告诉我们《关雎》这首诗属于“兴”体，也就是前一句“关关雎鸠，在河之洲”和后一句“窈窕淑女，君子好逑”之间，没有直接的意义联系。所以我们应该将“关关雎鸠”摆到一边去，光看“君子好逑”这件事就好。这样先入为主的阅读指引，好吗？难道不是应该由读者来诠释、来决定“关关雎鸠”和“君子好逑”之间的关联吗？这不是一个读者在阅读上的基本权利、基本乐趣，甚至是基本责任吗？

我宁可大家回到一个少点成见的原点上，来接触这些诗，知道当时的诗、歌中，不习惯直接叙事、直接咏物，而有很多迂曲的表达手法，去注意到迂曲手法产生的效果，如此就够了。

回归到阅读文学作品的基本态度，我们尊重《诗经》中每一首诗的完整性，先假定诗人、歌者之所以这样写、这样唱，在他创作的刹那，是有意义的。我们就是要从诗的本身，去追索、还原诗人歌者的设计意念。或者说，我们将每一首诗视为诗人、歌者跨越两千多年的时空，对我们的邀请、召唤，问我们：“你感受到什么？”“你察觉到什么？”“你注意到什么？”……

声音与文字的规律

《诗经》的作品中，经常出现“语词”——只有和谐声音与整齐节奏，而不带任何特定意思的字词。“语词”的存在，再度提醒我们，当时的中文系统中，语言声音的规律和文字意义的规律，还没有完全对上。“四言诗”，每句固定四个字，代表四个声音，却并不是四个字都有意义。也就是说，很多句子其实只有三言甚至两言，要靠“语词”才能使其在声音上扩张成符合形式的四言。

那时候还存在着这样的暧昧空间，并不是每个文字符号都有对应的文义。那时候还能容许一些文字符号是纯声音性的，垫衬在句子中，方便制造整齐的声音效果。到了东周之后，中文里单纯声音性的字词明显减少了。“之乎者也”有声音上的衬垫效果，但这些助词的每一个字，都有其文法上的特殊功能，是文义的一部分，不会只是发挥声音上的作用而已。

在《诗经》成文的时代，经过甲骨、金文几百年的发展，中国文字系统已经很成熟了，然而用文字来记录声音的经验还较少，所以留有较大的试验空间，尚未完全定型。

这些诗，先以歌的形式存在，应该是为了配合旋律，所以有重复的部分，每句有整齐的节奏。也因为先以歌的形式存在，所以诗里面大部分都是小事件、小感情，一般长度有限，没有大叙事，也不承载大道理。

影响所及，中国文明中以声音为主的文学表达，一般都比较短小。唐朝的“绝句”是最极端的，二十个字、二十八个字，就构成了一首诗。律诗也不过只有四十个字、五十六个字。愈是短小精简的韵文，其地位反而愈高，这种价值观的来源，至少有一部分是和中国没有发展出表音文字、无法方便直接地记录声音的特殊情况有关的。

三种文类

《诗经》一共包括三种不同的文类——风、雅、颂。其中数量最多、内容最丰富的，是“风”，属于民间歌谣的性质，也就是和前面所说的“采诗”关系最为密切的部分。“风”又称“国风”，那是因为正式的篇章排列上，多数标示了这些歌谣所来自的封建之国。“风”一共收录了一百六十首，占《诗经》总数三百零五首超过一半的分量，分在十五篇中，每篇有个地理名称作为标题。

十五“国风”分别是:周南、召南、邶风、鄘风、卫风、王风、郑风、齐风、魏风、唐风、秦风、陈风、桧风、曹风、豳风。这里面的卫、郑、齐、魏、唐、秦、陈、曹，可以确定是封建之国。邶、鄘、豳是地名，但不是国名。王则是泛称周王都附近的区域。所以其实并不是严格以“国”为其分类。为什么会这样？没有清楚可信的答案。

十五国风开头的两篇，是《周南》和《召南》。“周”“召”二字接连出现，在周代文献中极为常见，例如在西周建立上居有大功的“周公”“召公”。“周”“召”是周代两个重要的系谱支脉。周公的封国在鲁，召公的封国在晋，可是《诗经》中没有“鲁风”，没有“晋风”，却有“周南”“召南”。

一种说法是:“周南”指的是鲁以及鲁南方的众多小国，“召南”指的是晋以及晋南方的众多小国，《周南》《召南》是这些区域里流行的歌谣。另一种说法则认为“南”字并不是南方的意思，而是指称一种歌唱的形式，主要是以合唱的方式来表现的。

十五国风之外，有“大雅”“小雅”，这些还是歌，不过是贵族之间宴客时使用的歌。那是在正式场合，有人请客、有人来拜访时，奏起的乐，唱起的歌。“大”“小”指称、分辨了应用场合的正式程度，然而不论“大雅”或“小雅”，都是配乐的。国风中的诗，恐怕大部分是清唱的，没有器乐伴奏，但“雅”则多半有器乐相伴，只是这些音乐今天都失传了。也有人主张，王官学贵族教育项目中的“乐”就是配合“雅”的音乐，贵族们需要学会这些音乐，以便在宴飨酬酢时不失礼地运用。

第三类作品是“颂”。“颂”是明显经过文人整理的口述集体历史或集体精神教育，其性质接近《尚书》的口语版，比较好发音、记忆，朗朗上口而更容易让人吸收、内化其中对过往历史教训的整理。

从关雎开始

《诗经》开头第一首诗，标题叫作“关雎”。《诗经》的通例，大多是以诗开头的前面两个字作标题。然而，若第一、第二是两个重字，同样的字，那就只取一个，配上第三个字组成标题。或者前面的字是虚词或语词，那就跳过，取后面的实字来做标题。另外有少数是挑出诗中比较重要的字词当题目的。

*关关雎鸠，在河之洲；窈窕淑女，君子好逑。*这诗主要说的“人事”是“窈窕淑女，君子好逑”，一个有身份有地位的男人，因为有身份有地位，所以理所当然地应该替自己找到适当的配偶，要去追求他爱慕的女人。这件事贯穿全诗，然而，诗的开头却是从大自然的现象讲起。而且大自然的现象是有顺序的，先“关

关雎鸠”，听到鸟叫声，然后才看到鸟在河中的沙洲上。“关关”是水鸟的鸣声，“关关、关关”的声音热闹叫唤着，引人将注意力放到声音的来源上，于是作者在河洲上看到了鸟的影踪。

读《诗经》的诗，不只是前面的句子会影响我们对后面句子的理解，倒过来，后面的句子也经常会给我们暗示，回头改变我们对前面句子的看法。诗句很简要，不会把细节都交代清楚，然而在将人事与自然并列时，就必定会给我们刺激，使我们忍不住补上从这里到那里的想象环节。

因为后面讲的是“窈窕淑女，君子好逑”，我们理所当然地回头想到，河洲上水鸟为何而鸣？它们所发出来的不也就是求偶的鸣声吗？虽然文本上没有明写，但在读者的心象上，发出叫声的鸟，就不会是单独一只。我们也就仿佛听到了水鸟的对唱。如此，前句和后句的意思就有了贯通之处。

参差荇菜，左右流之；窈窕淑女，寤寐求之。求之不得，寤寐思服；悠哉悠哉，辗转反侧。受到了河洲上求偶鸣唱的鸟儿的刺激，公子想要追求心目中的好女孩，那个女孩有多好呢？好到让这个公子醒着时想她，睡了入梦了也还是想她。为什么这么想？因为求之不得，得不到好女孩的青睐，所以醒也想、睡也想。在这里，“思”字是语词，“服”才是“想念”的意思。

“寤寐”两字都属“爿”部。白话里，我们将“寤寐”说成是醒和睡，但其实不太对，至少不太精确。上班坐在会议室里，我们是醒的，却不是“寤”，“寤”特定指躺在床上却醒着的状态，想睡觉、躺在床上却无法睡着的状态。“寤寐”连说，在床上时醒时睡，那才联系上了后面的“悠哉悠哉”。

这里有古今语意的变化。今天我们说“悠哉悠哉”，是形容人很自在轻松的模样。但在古代的用法中，“悠”的本意是用来描述我们对于时间长度的感受的。胡兰成在用日文写成的《心经随喜》中说到“悠久”。西方人可以了解“久”，那是物理上的时间长度，却不容易了解“悠”，因为那是中文里特别用来指称主观上对于时间的领会。用胡兰成的话说，有时这种心理感受的时间，比物理的时间更绝对。

三分钟可以是短，也可以是长，它不是由物理上“滴答”跳了一百八十次来决定的。所以“悠哉悠哉”讲的就是这种主观心理的漫长感受，在想念中，即使上了床也都睡睡醒醒，频频翻身（“辗转反侧”），感觉到夜之时光悠悠，总也过不完。

这样讲，诗的意思就很清楚了。换句话说，如果将“参差荇菜，左右流之”从诗里拿掉，好像也不会影响、改变诗所要传达的讯息吧！“荇菜”是漂在水中的植物，长长短短，而且因为在水中，摇曳不定，视觉上看来格外不整齐，格外难以捉摸。荇菜不见得刚好在离岸很近、探手可得的地方，若是荇菜在较远的水中央，那我们就得弯下腰来用手反复拨水，借由水流的力量，让荇菜靠近过来，这叫作“左右流之”。

是的，这八个字和后面三句，没有必然关系。然而当你心中浮现一个人蹲在岸边左右拨水，想让荇菜靠近过来的形象，再读到“悠哉悠哉，辗转反侧”，不可能不感受到这两者之间有着巧妙的呼应，像是一种视觉或心情上的押韵。

接下来的诗是：*参差荇菜，左右采之；窈窕淑女，琴瑟友之。*这就将荇菜与淑女的关系拉得更近了。“采”“友”两个字属于同一个上古韵部。前面说的，是左右拨着水，让荇菜靠近过来，这里进一步就说，等到荇菜被水流带来岸边了，就可以从水中采捞上来了。讲荇菜的两段话，是连续动作，先“左右流之”，“流”过来了，才能“采之”。

于是就有了像电影里“平行剪接”的效果。跟采荇菜动作平行对剪的，当然就是君子追求淑女的事。前者的连续动作、因果逻辑，也就透过平行对剪感染到后者。平行读来，那也就是：就像采荇菜要先“流之”一样，追求淑女，应该先“琴瑟友之”，用琴瑟之声让淑女感觉亲近。

再回到荇菜的镜头，*参差荇菜，左右芼之*。“芼”字有两种解释，一种是捡择的意思，将荇菜捞上来了，从中间挑出比较好的；另一种说法是烧熟的意思，那就是把捞上来的荇菜带回家煮。不管是捡择还是烧熟，这段说的，显然都是延续上一段而来的动作。“流之”之后“采之”，“采之”之后“芼之”。君子对淑女的追求，也有相应的前后延续。

刚开始是动了念头想要追求，再来就思念到睡不着觉，还好想到了一种方法，借由音乐来接近她。到这里，*窈窕淑女，钟鼓乐之*。“乐”字和“芼”字在当时是合韵的。“琴瑟友之”之后，仍然以音乐来进一步取悦这位淑女，这是字面上直接的意思。不过因为在周代，钟鼓在仪式上有特别的运用惯例，一般常将“钟鼓”拿来当作喜事、热闹场合的代名词，因此若将这一句解释为进一步敲锣打鼓将淑女娶回家了，也是合理的。若是这样解释，那么对于上句的“芼”字，也就倾向于解为“烧熟”，前后两件事的对照就更紧密了。

传统上，这首诗被归类为“兴”。但是如果依照传统的解释，“兴”意味着开头的自然景象，不管是“关关雎鸠，在河之洲”，或是“参差荇菜”，都跟君子如何追求淑女，是分裂的，不需要联结在一起。这样读，还不如我们自然地去感受两者之间的那种对应。因为把它们关联在一起之后，就会发现在河边和在河上看到的自然景象，以及鸟的求偶之声引发了君子对他心目当中窈窕淑女的热切追求之心。

热切的追求不能光是想，要找出方法来。于是，就像一个人看到了水里面有水菜，有水草，所以他想办法把水菜给拨过来，让它靠近自己。君子也找到了一种方法，那就是利用音乐让淑女愿意跟自己靠近。让水草、水菜靠近自己之后，就能把它们带回家，把它们变成家里餐桌上的食物。类似的，君子用音乐跟淑女交朋友，在更进一步的接触中，淑女爱上了他所展现的文化，爱上他在音乐里所呈现的感受，所以也就愿意跟着他回到家里，变成他家里的一分子。

《关雎》虽然字非常少，可是当时的古人就用这种方式安排自然和人事之间逐步递进、环环相扣、极为紧密的逻辑，读起来非常感人，也非常过瘾。

桃树的变化

其次读《桃夭》。这是一首比《关雎》更短、更简单的诗。

桃之夭夭，灼灼其华。“夭夭”是柔嫩、繁茂的意思。在我们眼前有一棵树叶柔绿、生机盎然的桃树，接着我们看到桃树上的花（“华”），像火花一样明亮醒目。八个字，写桃树，同时也写出了明确的春天气氛，那是三四月间，桃花盛开的季节。

之子于归，宜其室家。这个女孩要出嫁了，希望她在新家能够适应得很好，或对她的夫家会大有帮助。简单的八个字，因为中文没有明确的时态变化，所以我们可以把这句话当作对事实的描述，那就是“这个女孩出嫁了，到新家之后适应得很好”。也可以把它看作现在进行时或未来时，那么“宜其室家”就会带上期许的意味。

因为前面从“桃之夭夭”传递来的春天气氛，很奇妙地，我们会很自然地认为后面这句应该是现在进行时，所以传统上的解法，几乎都说这是祝福女孩出嫁的诗。这又是并列自然现象与人事所产生的特殊联想效果。

第二段：桃之夭夭，有蕡其实；之子于归，宜其家室。这和第一段的差别很小。为了换韵，把原来的“宜其室家”改成“宜其家室”，意思上没有任何改变。第三段：桃之夭夭，其叶蓁蓁；之子于归，宜其家人。将“家室”改成“家人”，再换一个韵，和“蓁”字押韵。

看起来好像都是形式上的，尤其是声音趣味上的变化而已，但细究文义，却又好像没有那么简单。“有蕡其实”形容树上结了大而丰美的果实，然后“其叶蓁蓁”则描述密密麻麻的叶子长满树上。从花到果实再到果实落了之后的满树绿叶，这是时间的进程，借由树的变化，我们感受到时序由初春到季春再到盛夏。有了这样的季节感在前面提示，那么本来看起来只是声音变化的句子，也就给了我们不一样的印象。

“室家”“家室”和“家人”，不完全相同，如此排下来，有着和季节进行呼应的层次。出嫁的女孩，刚开始是和夫家这个“家”发生关系。嫁进去了，开始建立感情，重点就从“家”变化为空间更小、更亲密的“室”，在“家”里有了属于自己的小单位。再来呢？随着时间更长，嫁过去的女孩和这个“家”

之间就不只是制度性的婚姻关系，必然产生了人与人的关系，产生了人与人间借着相处而有的个别感情，所以说“宜其家人”。

桃树的时间变化，诱引我们注意到“之子于归”的人事，也在同样的时间之流中将时间带进来，于是我们赫然发现人事这部分的描写其实也有相应的井然次序。即便是如此简单的诗，原来也是极其立体的。

采车前子的少妇

再来读显示另外一种规律的诗——《芣苢》，这首诗一眼就可以看出其形式规律，诗共六句，每句都有上下两个部分，每一句的上半部，都是“采采芣苢”四个字，而下半部四个字，其中有三个字，六句都一样，“薄言……之”。换句话说，虽然排了六个句子，但一句的八个字中，有七个字都重复了六次，每句和其他句子，都只有区区一个字是不一样的。

这是什么样偷懒的诗人作出来的诗啊！六个句子只改了六个字，也能算诗吗？先别急，让我们具体读了内容再来判断。

“芣苢”是一种植物，俗名叫作“车前子”，最大的特色是会结很多的种子，所以古人将“芣苢”视为繁殖力的代表，相信少妇们吃了芣苢，就能获得芣苢的繁殖能力，有助于怀孕生子。这是这首诗的背景。

虽然诗中没有明说，但是了解了这个背景，我们就知道诗中所描述的，是一群少妇去采芣苢，而且是怀着生子的期待而去的——没有男人去采芣苢的——所以这是一首妇女之歌，很可能还是一首合唱曲。诗的声音本身给人一种热闹的感觉，我们仿佛看到一群对生命充满期待的年轻女子。

采采芣苢，薄言采之。采采芣苢，薄言有之。采采芣苢，薄言掇之。“采采芣苢”被不断重复，“之”字指的是芣苢，等于又重复了一次，而中间的“薄言”两字是语词、虚字，没有别的意思。这样的诗，够简单，甚至够单调、够无聊吧？根本没用几个字，能不贫乏？

先别急着这样评断。让我们理解一下诗字义上说了什么。第一句的重心，是“薄言采之”的“采”字，让我们去采芣苢（车前子）吧！第二句是“薄言有之”，采了，得到了。第三句，“薄言掇之”，采了有了，却发现采的过程中有一些车前子掉了下来，所以俯身把掉在地上的捡起来。

后面的三句：采采芣苢，薄言捋之。采采芣苢，薄言袺之。采采芣苢，薄言襭之。第四句的动词是“捋”，这是伸长了手去拔的动作，意思是容易采的都采光了，掉下来的也捡起来了，还不够，把比较难采的部分也用力拔了。

再下来，“薄言袺之”，这是把宽大的衣襟打开来，形成一个兜，将采来的车前子放进去。最后一句，“薄言襭之”，那是把打开的兜绑起来。

看，一连串的动作有绝对不可颠倒错乱的次序。先采，采到了高兴了，然后注意到地上有采漏了的，去捡起来，再后来觉得采得还不太够，所以贪心地探长了手去拔较远枝头上的果实，终于采够了，要回家了，就把衣襟打开拿来包车前子，包好了，仔细地绑起来。

借着这样的次序，动作就有了情感、感受的力量。我们就参与了他们怀抱期待采芣苢的心情，想要多采一点，增添生子的机会，但又不是那么严肃认真，不会带篓筐去装，甚至可能是一群人走一走，刚好看到了结实累累的车前子，就临时起意，相招一起来采了。

真正用来表达这些意思的字，减省到只有："芣苢，采之、有之、掇之、捋之、袺之、襭之。"但如果这样写，多无趣啊！诗的写法："采采芣苢，薄言采之。采采芣苢，薄言有之。采采芣苢，薄言掇之……"声音将动作的程序拉长了，更增添了特殊的节奏感。还有"采采芣苢"这样的复音表现方式，将"采"叠成"采采"放在最前面，自然产生了一种集体行动的联想，把这首诗念出来，不断有类似叽叽喳喳的声音，自然就觉得描述的是一群人而不是单独个人的现象。

洁净的女孩

再来读《采蘋》，采完了车前子，来采水生的花草。

《采蘋》代表了《诗经》歌咏的另一种形式，即用问答体表示，也就是说，歌唱时分成两部，一部先问，一部再答，然后一部又问，一部又答，如是反复。

于以采蘋？南涧之滨。"于以"是问句的开头，"到哪里去"的意思。"蘋"是水生类的植物，有点像我们熟悉的布袋莲，浮在水面，夏末会开出白色的小花，所以有时又叫"白蘋"。到哪里去采白蘋呢？回答是：到南山间的溪流边上去吧！

于以采藻？于彼行潦。那又到哪里去采水草呢？到水流清急的小溪沟里去采吧！

为什么如此问？从答案中可以探知。"南涧之滨"和"行潦"，都是水流快速、不会堆积脏污东西的地方，水很清净，如此一来，就能采到同样干净漂亮的水花水草。还有，“采蘋”采的是白蘋花，显示这是夏末，天气仍然炎热，此时进入清水急流的小溪沟中，多么舒服！

两句诗里，就给了我们洁净及对抗暑热的清凉感受。为什么要问？因为要知道你拿来的蘋和藻是从哪里采来的，不是随便的蘋和藻都可以的。

接着，还有别的问题：于以盛之？维筐及筥。于以湘之？维锜及釜。采来了之后，拿什么去装呢？拿圆的和方的竹篓去装的。装了带回来之后，又在哪里烹煮呢？是在大锅子里面煮的啊！“锜”是底下有三只脚、自己可以立着的大锅，“釜”也是大锅，但底是圆的，要放在灶上才能用。

不只从哪里采来的要讲究，进一步就连把蘋和藻装回来煮熟的工具也都要讲究。四次问答下来，我们就算原本再无知都了解了，采蘋、采藻可不像前面采芣苢，这回不是采着玩的，更不是采下来随便用衣服围一围包回来就好了。

为什么那么郑重其事？诗用最后两句问答告诉我们。于以奠之？宗室牖下。谁其尸之？有齐季女。煮好了之后放到哪里呢？到宗庙里，放在窗下。原来采来的蘋和藻是为了用在祭祀上，难怪那么讲究。今天一般祭祀中，我们是以神主牌或神像来代表受祭的对象，周代却不是如此。神主牌上写着列祖列宗的名字就代表列祖列宗，这其实正是文字神圣性的一种衍生产物，至少西周时还没有。这首诗中最后一句，那个“尸”字，指的就是周代的祭祀风俗中的做法，要找一个人，通常是女性，来代表受祭的祖先。要作“尸”来代表祖宗，这个人显然要具备特别干净、特别漂亮的特质。

所以最后问：是谁在典礼中扮演“尸”的角色呢？是从齐国嫁来的年轻女孩啊！于是前面对于采蘋、采藻过程的种种讲究，自然就也投射在这位从齐国来的女孩身上，不必再多用字词言语形容她，一路读下来，就感受得到她的洁净与美丽。

诗以问答体呈现，而问答又不只是表面形式，它和诗中要营造的情境大有关系。一句句仔细地问，表现了对“采蘋”这件事的重视，不敢掉以轻心。一连串的问句，为了追究要用在祭祀典礼上的东西是否干净、够不够干净。蘋和藻的来源要干净，本身要干净，装盛的容器要干净，烹煮的锅子要干净，就连摆放的地方，都是在光线能透进来的明亮的窗下。这样的主题从头贯穿，一直到选出来的年轻女孩身上。

诗一共也只有六句，前五句都用“于以”开头，唯一的例外是最后一句，不再问“到哪里去”，而问“是谁”，声音与语意的转折，都诱引我们特别注意这一句，于是我们也可以将前面所有这些对干净、明亮的讲究，看作是拿来陪衬、凸显“有齐季女”的，让人强烈感受到她的干净与明亮。

熟读《诗经》的太子

西汉刘向编了一本《说苑》，里面收录了许多过去的故事，在其中的《奉使》篇里，有一个关于魏文侯的故事。

魏文侯的长子击，按照礼法应该被立为太子，但显然魏文侯不太喜欢击，在他还未成年时，就把他封到中山去，让他离开国都宫城。击到中山三年，都没有回到国都，也没有和父亲见面。击有一个幕客，叫赵仓唐，他对击说：“作人子的，三年间都没有跟父亲请安，这是不孝。做父亲的，三年都不探问儿子，这是不慈。你为什么要让这种不对的情况一直维持下去呢？你要不要派个使者去见父亲呢？”

中山君击说：“我早想这样做，但能派谁去呢？”赵仓唐就自告奋勇担任使者，问击：“那你知不知道父亲喜欢什么？”击回答：“父亲喜欢北狗和晨凫。”赵仓唐于是带着北狗和晨凫前去见魏文侯。

到了魏国王廷，赵仓唐谨慎地请门房传话，说大儿子击派了使者来，因为大夫们在上朝，不敢擅闯，能否请魏文侯得空时接见。又将晨凫送进厨房里，北狗则交给了负责管宠物的人。

听了通报，魏文侯很高兴，原来儿子知道、记得他喜欢什么，于是就召见了赵仓唐。魏文侯问：“击好吗？”赵仓唐“唯唯”，意思是嗯嗯了两声。魏文侯又问：“击没有什么问题吧？”赵仓唐仍然“唯唯”。魏文侯觉得不对了，说：“对我问的问题，你怎么如此敷衍呢？”赵仓唐这才认真地说：“您已经将我的主人封为‘中山君’，却在我面前直呼他的名字，以是于礼我不能回答。”

魏文侯吓了一跳，就换了口气，问：“中山君如何呢？”这时赵仓唐才正式回答：“我要来时，中山君送我到郊外，身体很好。”魏文侯再问：“中山君现在长得比我高了吗？”可见三年前击被封到中山时，年纪还很小。赵仓唐的回答是：“不敢和君侯相比，但如果将您的衣服赐给中山君，穿起来应该很合身。”用这种委婉的方式表示击已经长得跟魏文侯一般高大了。

“中山君平常读什么书？”魏文侯问。赵仓唐回答：“他读

《诗》。”魏文侯又问：“那他喜欢《诗经》中的哪几首诗呢？”赵仓唐显然有备而来，回答：“他喜欢《晨风》和《黍离》。”听了这答案，魏文侯就念起《晨风》：“鴥彼晨风，郁彼北林；未见君子，忧心钦钦；如何如何，忘我实多。”晨风中看到苍郁的森林，那景色虽美，却抚慰不了见不到你给我带来的烦忧，究竟发生了什么事啊？怎么会把我都忘了！

念了这几句诗，魏文侯感慨地说：“中山君以为我忘了他吗？”赵仓唐说：“不敢，但他常常想念您。”

魏文侯接着又念出《黍离》诗句：“彼黍离离，彼稷之苗；行迈靡靡，中心摇摇。知我者，谓我心忧；不知我者，谓我何求。悠悠苍天，此何人哉！”因为心中有牵挂、挣扎，连走路都走不稳，了解我的人知道是烦忧让我变成这样，不了解我的人还以为我有什么强烈的欲望。老天啊，竟然还有人这样误解我！

念出诗来，魏文侯体会了诗的意思，就问赵仓唐：“中山君在怨我吗？”赵仓唐用完全同样的话应答：“不敢，但他常常想念您。”

魏文侯于是将一套自己的衣服装好了，交给赵仓唐带回去给中山君，还特别交代：要在天亮鸡鸣之前送到。赵仓唐照做了，中山君受赐拜领，打开一看，发现下身的裳放在上面，上身的衣反而放在底下，中山君立时说：“为我备车，我要进国都去见我父亲了。我的君侯召见我。”

赵仓唐吓了一跳，连忙提醒：“君侯没说要你去啊！我离开时他只是给了我这套赏赐的衣服而已。”中山君解释：“父亲给我衣服，不是为了给我御寒，这是他用委婉、间接的方式要我进城见他。把衣裳颠倒放，要你鸡鸣前拿来给我，用的是《诗》

里的句子：东方未明，颠倒衣裳；颠之倒之，自公召之。”

中山君入国都，魏文侯大喜，摆出宴席来，接着就将击立为太子。

贵族的对话基础

《说苑 · 奉使》中的这段故事，让我们明白了“《诗》之教”在东周产生的具体效果。拥有贵族身份的人，都必须读《诗》，对《诗经》中的句子倒背如流，于是这些诗句就成了他们之间沟通的一套 coded language（密码语言），让贵族间能够借以表达不方便或不适合直接说出的意思。尤其是在封建制度中，有着很严密的上下次序，为了维持层级尊卑，必定付出的代价就是人和人之间不能有什么说什么，高兴说什么就说什么。由《诗经》句子构成的这套符码语言，因而格外重要、格外有用。

进一步，到了春秋之后愈来愈复杂的列国关系中，这套符码语言自然地被延伸运用在外交上。当时封建礼法不像西周时那么井然稳固，开始逐渐崩坏，不过仍然对一般贵族行为有着高度约束力，使他们不可能像战国之后那样赤裸裸地显示“力”与“利”的追逐对抗，如此而张出一片外交空间来。一方面，较弱的国家，还能够靠着巧妙运用封建礼法来阻挡强国的侵夺；另一面，有野心的大国，也必须利用封建纽带关系来发展联盟，拓展自己的势力。

涉身外交折冲的人，都受过传统贵族教育，于是就可以运用《诗经》中的种种典故，在保持礼仪的情况下，暗中角力或暗中拉拢。在这上面,《尚书》或《易经》有时也会被援引利用，但其范围及频率都远远不及《诗经》。

如果没有对《诗经》内容的共同熟悉，那么绝大部分的外交辞令就无用武之地了。如果魏文侯不是熟记《晨风》《黍离》，当下有感，那么赵仓唐的奉使策略就注定失败了。如果中山君击不是熟记《东方未明》这首诗里的句子，那他就通不过魏文侯的考验，会以为爸爸就只是送他一套衣服而已。

《东方未明》出自《诗经·齐风》，第一段就是《说苑》中所引的“东方未明，颠倒衣裳；颠之倒之，自公召之”。意思是天还没亮就起身穿衣服，因为太暗了，以至于把衣和裳都穿颠倒了，唉，之所以会如此错乱颠倒，那是因为我的国君召见，我要去上早朝的关系啊！

第二段：东方未晞，颠倒裳衣；倒之颠之，自公令之。意思和前一段同样，只是换了字换了韵，“晞”是天色微明的意思，东方微光都还未显露，我就起来穿衣服，以至于穿错了，这都是因为国君下令要召见我啊！

第三段描写出了门，情况比前面更狼狈。折柳樊圃，狂夫瞿瞿；不能辰夜，不夙则莫。因为天还没亮，一时找不到院子的大门，以至于把用柳条编成的篱笆都踩断了，跌跌撞撞中像个疯子般惊慌四顾。最后忍不住抱怨：搞得这样狼狈，都是因为那个负责管事的人，乱定上朝的时间，不是太早就是太晚啊！

所以这首诗原本是齐国卿士借由早起慌乱来指责国政安排不当的，和《说苑·奉使》里的故事，没有一点关系。这就是“断章取义”，将诗的一章或一句，换到完全不同的上下文脉络中来运用。这是春秋时极为常见的做法。“断章取义”的做法，让这些诗句的运用范围更广，可以用来制造巧妙歧义的空间也就更大。

中国第一部诗歌总集

不过普遍的“断章取义”对于想要了解《诗经》的后人来说，却往往构成了很大的障碍。文献中留了很多引《诗》的记录，这些后来都成了“传注传统”里的重要材料，于是许多通过“断章取义”产生的意义，就被拿来当作诗原句的解释，尤其是诗句在政治外交上的挪用，使得每一首诗好像都有政治或道德意涵，这刺激出了像《诗大序》中的“微言大义”主张，让读者都戴上“大义”的眼镜，很难如实回归诗的本意。

我们今天离开了这个传统，可以不必抱持这种先入为主的态度来读《诗经》。这些诗的内容，原本没那么了不起，或说，这些诗了不起的地方，不在于里面藏了什么“刺君王”的隐含意义，相传由哪个了不起的大人物写成的，或拐弯抹角在记录评论什么了不起的历史事件。不，许多诗就是由民间传唱而来，歌咏的是日常小事件、小情感，里面带着强烈的庶民精神。

透过《诗经》，我们得以窥见周人新建的文化如何降至下层形成日常生活的根本价值。周人取商人而代之，不是单纯、狭义的改朝换代，而是古代中国文明大转型的契机。从一个崇拜鬼神、经常借助饮酒获得狂乱超越经验的文明，转型成一个清醒、冷静、随时保有忧患意识，并且专注关心此世人间的文明。我们也就同时能够窥知、推想，当《诗经》成为贵族教育的核心部分时，民间价值也就回头持续影响、规范周代统治者的基本世界观，如此反复循环，成了封建秩序的关键支柱，联结、锁定上下之间的价值系统，不至于产生阶层落差，也才使得周代的封建秩序能够维持那么久。

旧时我们的课本上说：《诗经》是中国第一部“诗歌总集”。考试时出了题目：“《诗经》是中国第一部（　　　）。”我在空格里填了“诗歌集”，结果就没有拿到这题的分数。多年之后，我还是对这个答案不服气，当然不是为了分数，而是为了道理。

“诗歌总集”说法的背景是认定《诗经》收录了那个时代所有的诗歌。如果有人怀疑为什么一整代的诗歌只得三百零五首，大概就会得到“孔子删诗”的回答，意思是本来《诗经》篇幅比现存的多上许多倍，是圣人孔子以“述而不作”的方式，精选了其中最好最重要的，留下来为今天所见定本。

“孔子删诗”之说，很难成立。而且就算孔子删过，就算用最夸张的数字版本说孔子将《诗》从三千首删成三百首，也都无法证明原版的《诗经》就是“总集”。真正的事实是：我们无从确知为什么是这三百零五篇留了下来，不知道是依照什么标准选择的，不知道留下来的和消失了的之间有什么差距，也不知道留下来和消失的过程，各是如何。我们只能从外围的历史因素猜测、推论：我们看到的《诗经》，当然不是“总集”，中间经过了编选淘汰的过程，编选淘汰后能够留下来、长期成为贵族教育教材的，要么反映了部分周代基本的社会、人伦价值，要不然就是贵族有意识地从庶民生活表现中选择了和他们特别相关的部分。

抱持这样的立场，我们来检验究竟《诗经》中都留下了哪些题材的诗作。跟传统的解释刚好相反，大多数的诗，都和国君无关，和大臣无关，和国政无关，和劝谏无关，尤其是“国风”中收录的诗，以及“小雅”的部分，都是如此。《诗经》的主体，是表现庶民关怀的，他们关心什么？关心婚姻，关心家庭，关心与婚姻家庭有关的活动仪式及相关情感。以这个角度来读《诗经》，反而可以比传统读法更容易让我们跨越时代距离，对周代的人与社会有更强、更深的体认。

我们发现，即使在庶民层次，都种下了封建秩序的根基，家庭、婚姻、人伦如此重要，吸引了那么多注意。家庭为主，整个世界是从家庭扩张出去的一套大秩序，显然是西周上上下下牢不可破的共同信念。这就和甲骨文中呈现出的商人观念很不一样，同时也和近东古代苏美尔人，或古希腊城邦生活中所反映出的基本价值，大异其趣。

女性的声腔

另外一件在传统读法中经常被忽视甚至刻意被否认的事实是：《诗经》中充满了女性的声音。传统解释习惯把女人的声音、家庭与感情的诉说，扭转成是比喻、换喻，是男性作者为了政治鉴戒作用而进行的变装表演。

《诗经》中许多最精彩、最重要的篇章，是用女性口吻表述的。非常有可能，这些篇章原本就出自个别或集体女性歌者的创作。例如前面读的《芣苢》，那种期待生子、热闹去采车前子的经验，可能出自男人之手吗？不太像吧！

还有像《摽有梅》，也是一首必须从女性声音角度来理解的诗。“摽有梅”是打梅子的意思，梅子高高长在树上，没办法用手摘，必须用工具去把梅子打落下来。一开头：摽有梅，其实七兮。当我去打梅子时，梅树上还留有差不多七成的果实；接着说：求我庶士，迨其吉兮。若有想追求我的男人们，现在是好时候了。

又是如此，“摽有梅”和“求我庶士”，乍看是不相干的两件事。一件是初春梅子熟了去打梅子，一件是女子长大了，等待有人来追求提亲。但只要继续读了第二段，我们就知道两件事其实是一件事。摽有梅，其实三兮；求我庶士，迨其今兮。去打梅子，这时只剩下三成的果实还挂在树上，时间晚了，梅子成熟的季节快过了，接着就说：有要追求我的，今天就来吧！

第三段：摽有梅，顷筐塈之；求我庶士，迨其谓之。去打梅子啦，却发现根本不用打，梅子都落地了，从地上捡捡就一箩筐，哎呀，要追求我的男生，现在就开口吧！

显然，前句的“摽有梅”不只是在讲打梅子的经验，同时也提供了后句“求我庶士”的时间序列与时间感。打梅子和女生要出嫁，有同样的时间变化，刚开始可以从容自得，接着有点急了，不能再慢慢看、慢慢来，最终眼看最好的季节过了，就露出迫不及待甚至气急败坏的情绪了。

一个女孩成熟过程的心情，就像打梅子。刚到了可出嫁的年纪时，心中有许多期待、许多想象，可以在七成的果实中选着打。过了几年，少了许多期待与想象，如同树上只剩稀稀疏疏三成果实可供你打了。再过几年，眼看快过适婚时间了，心情就变成看到满地都是不值钱的落梅时那样的焦急与失望了。

“迨其吉兮”到“迨其今兮”再到“迨其谓之”，直接地传递了那份迫近感。这种直接的庶民婚嫁感情，到了后来就很少在诗歌里见到了，因为后来的礼法认定少女自己不可以如此明白地期待婚姻，必须等待、接受别人的安排。

《诗序》里怎么解释这首诗？“召南之国，被文王之化，男女得以及时也。”明明是反映一个女生怕失掉婚嫁之时而有的情绪，却偏偏要说成因为这个地方受到文王之风影响，所以保持着男女及时婚嫁的好风俗。这样和诗句明显相反的说法，竟然成为维持了千年的“正解”，不亦怪哉？

不过也还好有这种“正解”扭曲、掩盖了诗里真正表现的女性情怀，才让如此不符合后世伦理偏见的内容还能流传下来。《诗经》的庶民内容，不只被政治化、教条化，还被男性化了，改成用男性中心的角度来读。

不过诗中有着大量女性声音和女性情感的现象作为男性中心的底层被保留下来，没有完全遗失。后来中国的诗，有一个奇特的传统，一直有一大部分是模仿、模拟女性声音的。最有名的、最醒目的是闺怨诗和大部分的词。虽然作者都是男人，但他们写起诗、写起词来，就理所当然换上了女装，用女性身份讲女性的细腻、哀怨情感。看看欧阳修吧！北宋的大宰相、大知识分子、大历史学家，然而翻开他写的词，几乎没有一首是用男性的、自己的口气写的，都是女性声音。

这当然和词原本是歌女所唱的内容有很大的关系。不过，此外这多少也反映了中国传统里被否认却没有消失、长期以伏流存在的诗的根本文类个性。

闲置的人才

再来读《柏舟》。

开头仍然是自然景象：泛彼柏舟，亦泛其流。在水流之中，漂着一艘柏舟。这里“亦”字是语词，只有声音上的作用。柏舟，是用坚实珍贵的柏木所造的小船。也就是说，一艘应该有用、珍贵的小船，却在水上漫无目的地空泛着。看到这个景象的人，心中难免产生一点惊讶、好奇之感。

然后接着描写人事：耿耿不寐，如有隐忧。“耿耿”二字从“火”，有发亮的意思，“耿耿不寐”指的是很想睡、很希望自己能睡，偏偏心中如有不熄的火光一直燃着，静不下来，也暗不下来。为什么会这样？因为心中有着幽微、潜伏的痛苦忧愁。微我无酒，以敖以游。我不是没有酒，可以喝了作乐爽一下。接着上面的句子下来，意思是心底的隐忧让我睡不着觉，而且这份隐忧还不是喝酒就能排遣的。

这隐忧究竟是从哪里来的？其内容又是什么呢？第一件痛苦：我心匪鉴，不可以茹。我的心不是镜子，没有办法把所有的东西、所有的现象都映照、收纳进来。亦有兄弟，不可以据；薄言往愬，逢彼之怒。我有兄弟，但他们也不是我能依赖的，我去告诉他们我看不惯的事，却被他们生气指责。说到这里，我们有点了解他的隐忧了，显然他不是个很圆滑、能伸能屈的人，他常遭遇看不下去的事，然而他去跟人家吐露这些抱怨，却得不到别人的共鸣，就连亲兄弟都觉得他太挑剔或太啰唆。

因而他有了更多的感慨：我心匪石，不可转也；我心匪席，不可卷也；威仪棣棣，不可选也。我的心不是石头，所以不能转动。等等，石头很重呢，可不是一般我们想象很容易转动的东西。因而这句话是强调，石头那么重，毕竟都还能被转得动，而我的心比石头还重，是不改变、不能改变的。我的心也不是竹席子，不能任意被卷起来。显然，对于要随别人的意志或环境的条件而更改心意，他有极强烈的抗拒，无论如何不愿意。尊严、原则对他而言如此美好、如此重要，是不能挑三拣四，更不可能放弃的。

我们明白了，使得他“耿耿不寐”的“隐忧”，是他无法放弃尊严、原则去和别人妥协。我们也明白了，他的兄弟之所以骂他，是因为他们也受不了他不通人情世故，脾气又臭又硬。他是个固执于自我信念的人。

忧心悄悄，愠于群小；覯闵既多，受侮不少；静言思之，寤辟有摽。“悄悄”连字，是发自唇间的声音，声音本身便带有尖刺的感觉，相应地，字义上就用来形容像是有东西在心头反复刺着的扰痛。“忧心悄悄”，不得安宁，是因为我得罪了身边众多小人。为此我付出很大的代价，既要承受压力，还要蒙受他们的侮辱。“言”也是无义的语词。夜深人静时想着，“静”字既呼应前面的“耿耿不寐”，也呼应后面的“寤辟有摽”，指的是躺在床上的夜间状态，正因为“静”，所以制造了“寤辟有摽”的戏剧性对比。被隐忧所苦，辗转难眠，实在睡不下去，醒过来就痛苦地拍打自己的胸口，发出“啪啪”的声音。

日居月诸，胡迭而微？心之忧矣，如匪浣衣；静言思之，不能奋飞。“居”“诸”是惯常连用的语词，用来表示呼唤的语气。太阳啊，月亮啊，为什么总是要轮流黯淡不发光呢？意思是，为什么这个世界不能保持光明，会有那么多阴暗存在。我心中的忧愁，就像肮脏衣服一样，让人极度不舒服。以肮脏衣服来形容，正显示了这个人对人对事对物都有洁癖。夜深人静中想了又想，想不出解决办法，只能恨不得自己身上长了翅膀，可以飞到遥远的地方去，离开这一切。

这样的个性，这样的痛苦，我们一点都不陌生吧！任何时代，每个人的身边，或多或少都遇见过这种有洁癖、坚持原则的人吧！整首诗读完了，我们才警觉，那单独只有一句，后面就没再提起的自然描述，好像也不完全只是个不相干、随口带到的开头。“泛彼柏舟，亦泛其流”，在水上漂的，不是一般的小船，而是珍贵的柏舟，好好的柏舟没有被拿来用，浪费在那里，这岂不正反映了一个有洁癖、坚持原则的人在世俗环境中最常有的痛苦吗？那种痛苦是怀才不遇。自己的才能因为和环境格格不入而无法发挥，不就如同一艘美好的柏舟，空空无目的地漂流在水上吗？

第二章　贵族的基本教材

妈妈的辛苦

接着请读《凯风》。

凯风自南，吹彼棘心；棘心夭夭，母氏劬劳。“凯风”是温暖的风，从南方吹过来，吹在棘树的新芽上。会有暖风从南方来，这是春天。暖风吹拂下，棘树的嫩芽得以长得茂密美好。先讲了三句描述自然现象的诗，突如其来，一转，接了一句关于人事的“母氏劬劳”——做妈妈的辛苦了！

看见棘树的芽苗在暖风中长得那么好，像是得到妥善的照顾，于是联想到照顾孩子的妈妈，要让孩子长得好，妈妈得付出多少辛劳啊！这可以是兴，由自然现象想到人间的妈妈，也可以是比，用“凯风”来比喻妈妈。

第二段：凯风自南，吹比棘薪；母氏圣善，我无令人。温暖的风持续地吹，原本的嫩芽长大长粗了，可以砍来当作柴薪了。

前面感慨妈妈很辛苦，这段进一步说明：凯风吹着吹着，棘树就长得那么粗壮，唉，妈妈这么辛苦照顾我们，我们却没有变成像样的人啊！

第三段：爰有寒泉，在浚之下；有子七人，母氏劳苦。哪里有寒泉呢？在浚城的外面。但这两句和“有子七人，母氏劳苦”有什么关系？也许先往下看最后一段，会比较容易了解这一段的意义连接。睍睆黄鸟，载好其音；有子七人，莫慰母心。漂亮的小鸟儿，唱起歌来多么好听。生了七个孩子，却不能抚慰妈妈的心。这两者的前后关联比较明白——小小的鸟儿和妈妈没有直接关系，更没有得到过妈妈一点好处，然而它的漂亮形体、它的美妙鸣叫，都可以给妈妈带来快乐，哎呀，由妈妈辛苦养的七个孩子，还不如一只小鸟呢！

传统上对第三段的解释是：冰冷的泉水在浚城之外，多还有灌溉的作用，妈妈养了七个孩子，却都不能帮她分劳。这是一种读法，不能说不对，但总觉有点牵强。文本上看不到一点提到“寒泉”有灌溉作用的意思。因而我比较倾向直接从文本而来的读法：“凯风”和“寒泉”，一温暖一冰冷，形成对比，不必硬要把“在浚之下”说成“在浚城之外”，而是从字面理解为：“哪里有冰冷的泉呢？在浚水底下。”妈妈像暖风，辛苦把孩子带大，然而孩子却像浚水下的寒泉那么冷，连一点点温暖都无法回报给妈妈。如此呼应了前面的“我无令人”的自责，也呼应了后面“莫为母心”的深刻遗憾。

这又是一首和家庭有关的诗。

河滨散记

再来挑战一下传统上难解、解得有点勉强的诗，《匏有苦叶》。

匏有苦叶，济有深涉；深则厉，浅则揭。仍然是以自然现象开头的。“匏有苦叶”传统上有一种解释，是将“苦”字解为“枯”，葫芦成熟之后，藤上的叶子就枯了，因而要是叶子枯了才将葫芦采下来，那样的葫芦太熟了，没办法吃，只能拿来当作装水的工具。如此联系到“济有深涉”，渡水叫“济”，有时水深些，有时水浅些。水深时，我们就把空葫芦绑在身上，以便增加浮力；水浅时，那就可以在葫芦中装水，挂在肩上。

另外还有一种说法，是将“匏有苦叶”和“济有深涉”分别开来。“匏有苦叶”是一件事，“济有深涉”是另一件。因而“深则厉，浅则揭”只讲涉水而渡这件事，与葫芦一点关系都没有。水深的时候，穿着衣服涉水；水浅的时候，就先将衣角拉起来再过，可以避免衣服湿掉。

这两种传统解法，有一个共同的问题，那就是忽略了“匏有苦叶”和“济有深涉”两个句子在形式上是对仗的。如果用对仗的方式看，“深涉”对应“苦叶”。“涉”指步行渡水，水比较浅，所以“深涉”指水的深、浅两种相对的状态。

如果尊重这两句的对仗的话，那么另一种读法，是将“苦叶”视为“匏”的两种状态，和“深涉”两种状态对应。当藤上还长叶子（“叶”）时，那时的果实是可以吃的瓜，但如果等到叶子枯了（“苦”）时，那么果实就纤维化变成葫芦，只能拿来当容器了。同样的“匏”，有两种不同状态，就像同样的是要渡水，也有水深和水浅两种不同状态。

如此接下来，就说，不同状态有不同的因应之道。水深时，反正衣服一定会湿，就直接下水走；水浅，那就花点工夫把衣服揭拉起来再过去。这是第一段。

第二段：有弥济盈，有鷕雉鸣；济盈不濡轨，雉鸣求其牡。《诗经》中若是出现“有”字在前，后面加一个字，通常就等于后来文言文里的“……然”用法。“有弥”因而就是“弥然”，形容水满出来的模样。“有鷕”则是“鷕然”，形容鸟叫声很响亮的模样。渡水之处望过去，满满一大片都是水，同时耳边传来雉鸟大声鸣叫的声音。水位高涨了，不过应该还没到淹到车轴头的地步，也就是车子还可以安全地往来渡河。而雉鸟之所以叫，那是母鸟在追求公鸟啊！

第三段：雝雝鸣雁，旭日始旦；士如归妻，迨冰未泮。远远传来雝雝的声音，抬头看，原来是空中大雁的叫声，同时也就看到太阳刚刚升上来。前面一段的描述，是先在视觉上看到满满的水，然后听觉上感知雉鸟在叫。这一段相反，先听到大雁叫声，引着抬头，然后视觉中充满了朝日升起的光泽。如果男士要娶妻的话，得在河上的结冰还没解冻融化之前啊！

最后一段：招招舟子，人涉卬否；人涉卬否，卬须我友。水太深的时候，过河就得靠渡船了，掌渡船的就是“舟子”。在河边，船夫用手招呼着，表示渡船要开了，“人涉卬否”中的“卬”是“我”的意思，发音上接近闽南语的“我们”，所以那是一种撒娇的口吻：人家渡河，我们不要啦！人家渡河，我们不要啦，因为还要等朋友，朋友没有来嘛！

好了，这四段诗各自意思如此，但它们彼此之间到底构成了什么样的关系，又要表达什么统一的事件、意念或情感吗？前面读到的诗，都有反复的形式，借由重复与改动，表现出清楚的层次秩序。《匏有苦叶》则不然。就连开头的“匏有苦叶”四字一句，后面都没有重复出现。唯一的重复是倒数第二和第三句的“人涉卬否”。

缺乏其他诗的那种结构暗示，使得传统上对这首诗的解释极有分歧。有一种说法将四段连接起来是：第一段，教人做事情要能应变，不同情势用不同方法；第二段，一位女子听到了母雉求公雉的叫声，油然而生对伴侣的思念；第三段，听到雁鸣之声，想起来这是涨水的秋天，车子渡不了河，只好计划，那么也许到了大冬天，河上结冰，车子就能够从冰上驶过，那会是比较适当的时机；第四段，别人要渡河了，船夫招她，她不去，因为要等心目中那个男人时候到了来迎娶，那时才能渡河。

但另外有一种相对现代的解法，可以参考。王静芝的提示：“由首至尾皆以涉水为贯，故知为河滨之地乡里所唱。”意思是这是河滨生活的collage（拼贴艺术），是不同时刻不同人的故事，但因为都发生在河滨渡头，所以就把它们摆在一起，拼成了一首歌。这是从渡船头看过去所记录下来的河滨散记。

从这种角度读，那么第一段我们看到的是不同渡河方式的描述。第二段是上游大水下来，水满时的自然景观。第三段则是深秋近冬时，人车都无法直接行过渡口了，若要嫁娶，那就只好等河冰坚冻的时机了。第四段就更有趣了，是一个当下现实的snapshot（小即景），也可以是唱歌的人增加的一点撒娇气氛。

如此一来，这首诗不但能解，而且还让我们佩服，短短几句，就给了关于渡头环境的一份丰富白描。

悲愤的离婚女子

再下来请看《谷风》。

《诗经》中常见的通例，是以大自然现象作为启发、引领，带出人间生活的片刻情绪。《匏有苦叶》可能是个例外，是一连串的河边即景。《谷风》是另一个例外，这是一首不折不扣的叙事诗，是严谨单一观点的叙事诗。

开头仍然是大自然现象：习习谷风，以阴以雨。从山谷里吹来阵阵的风，带来又阴又湿的气候。黾勉同心，不宜有怒。尽量同心过日子，为什么要像天气那样阴沉发怒呢？接着是农事上的比喻：采葑采菲，无以下体？葑是芜菁，菲是萝卜，都是地下根，收成时必须拉着地上的叶，才能将根拔起来。这句表面的意思是：采芜菁、采萝卜，有办法不连根带叶拔起吗？底下的意思，是和前一句连起来，形容夫妻是一体的，无法分开，但为什么不能努力同心，却要常常摆脸色发脾气呢？

这一段的最后一句：德音莫违，及尔同死。“德音”是尊称别人说的话。你说过的，要一起老去一起死，可不要反悔啊！

第一段就让我们明了了，这是一对夫妻的故事，而且恐怕不会是个甜美幸福的故事。第二段：行道迟迟，中心有违。这句应该是呼应第一段第一句的，她走在路上，所以会感受到谷风阴雨的吹袭。“违”字从“辶”部，本意就是从走路上来的。我们今天习惯连语说“违背”，但其实“违”“背”两字有不同意义。“背”是相反方向，转过身回头走；“违”则是没有走在路上，走到正路以外的地方去了。“违法”就是没有完全依照法律规定，走到岔路上去了。她走得很慢，因为打心底就不愿意走上这条路，恨不得能够走到别条路、别的地方去。

不远伊迩，薄送我畿。“伊”字和“薄”字都是没有意义的语词。这句话形容的是不情愿地走在路上，回想刚刚怎么走出来的，心中怨叹：不期待你送得很远，但至少可以送我到门口吧！也就是说，出门时，丈夫甚至连送她到门口都做不到，不愿意做。

谁谓荼苦，其甘如荠；宴尔新昏，如兄如弟。谁说荼菜是苦的呢？和我现在的心情相比，就算荼菜都像荠菜一般甜美啊！前一句话这样形容心情的痛苦程度，可是后一句却说：新婚时的欢乐，简直就像兄弟相处般自然、亲密。这两句话要怎样连起来？看了后面的诗，我们会知道，新婚，讲的不是她自己，她眼前看到了别人的新婚欢乐，以至于心中痛苦不堪。

往下读，就知道这“宴尔新昏”的人是谁了。泾以渭浊，湜湜其沚；宴尔新昏，不我屑以。成语中的“泾渭分明”来自这两条汇流的河流，在汇流处，泾水很清，渭水很浊，构成奇观。诗中用这个现象来推衍：和清净的泾水相比，渭水看来很混浊，但其实渭水在静止之处，也是清澈的呀！你们新婚欢乐，就嫌我，要把我赶走了。

读到这里，我们懂了。原来“宴尔新昏”，在那里享受欢乐的，是她的丈夫。丈夫娶了新妻子，就把她赶出来，她被赶出家门，痛苦迟疑地走在路上，而离开时丈夫甚至连送到门口都不肯。

因而泾水、渭水的两句，也就多了一层比喻意义。和新人放在一起比较，我显得老丑不堪，然而我并不是从来都这样老丑，我也有年轻、当新人的时候啊！

到这里，诗的情绪都是哀苦的。然而此处却有了转折：毋逝我梁，毋发我笱。这是祈使的语气：你可不要到我堆好、用来拦住鱼的河梁那里去！你可不要去打开我的捕鱼篓啊！坏女人，你不要动我的东西，那些鱼是我的！

但这样的怒气快快来，却也快快去，立刻又换回了悲苦、无奈的心情：我躬不阅，遑恤我后。唉，我连自身都照顾不到了，还怎么管得了离开之后发生什么事呢？

再下来：就其深矣，方之舟之；就其浅矣，泳之游之。这四句，可以是记事，也可以是比喻。视之为记事，那就是她在回想住在河边的生活：水深的地方，要用木筏（“方”）或小船渡河；至于水浅的地方，那就可以游泳。若是读作比喻，那是她用这样的事情来表达：遇到了什么状况，就得变通想什么办法，这一直是我张罗家中事务的本事。所以接着说：何有何亡，黾勉求之；凡民有丧，匍匐救之。有什么缺什么，不就都是我努力去张罗来的吗？不只对自己家人如此，遇到了亲戚、邻居别人家有丧事，我也都连滚带爬赶去帮忙。

不我能慉，反以我为雠；既阻我德，贾用不售。“慉”心字边加一个“畜”，意思是在心中感念。你非但不在心中感念我的这些好处，反倒把我看作仇人，要把我赶走。拒绝了我的美德，而且好像势利现实的生意人对待卖不掉的东西一样。

昔育恐育鞫，及尔颠覆；既生既育，比予于毒。前句的“育”字是语词，说的是：当时和你生活，难道那么美好、那么容易吗？还不是充满了恐惧与贫困。那样的日子很平顺吗？还不是跟你一路颠颠踬踬地走来。后句的“生”“育”，可以指生了孩子，将孩子养大，不过因为前后都没有其他句子提到孩子，她离去的心情中也没有对孩子的挂念与不舍，所以或许解为让家庭、家业无中生有并逐渐变大变好，比较合理。结果呢？你却把我看成毒药啊！

我有旨蓄，亦以御冬。愈想愈气，愈想愈不值得啊，我竟然还帮你晒好了菜干，给你过冬！宴尔新昏，以我御穷。你们正在享受新婚欢乐，却吝于照顾我，为了节省开支把我赶出来。

愈说愈悲惨啊：有洸有溃，既诒我肄；不念昔者，伊余来塈。你对我，不是趾高气扬地炫耀，就是怒气冲天，给我的都只有辛苦的工作。“塈”是特别的风俗，媳妇刚过门，一切还不熟悉，也还无法明确她在这个新家中的宗族身份，所以会有一段过渡期、缓冲期，有的说法是三天，也有说是三旬（三十天），在此期间媳妇是不需要工作的。所以她感慨地说：你都忘记了那段当我新嫁进来，还在“塈”中的日子了啊！唉，那是她当年的“宴尔新昏”啊！

这是一首关于离婚的叙事诗，讲述的是在那个从原来的家中出门的时刻，这个离婚女子的遭遇与心情。这样的题材，难免让我们想起东汉时的乐府长诗《孔雀东南飞》，写的也是一个离婚妇人的故事。不过《谷风》的叙事，比《孔雀东南飞》来得简约，却包藏着更戏剧性的转折。读这首诗的人，都一定会对“毋逝我梁，毋发我笱。我躬不阅，遑恤我后”这段留下深刻印象。突如其来的凶恶、愤怒口气，在想象中对着抢走她丈夫的人指斥：不准你动我的东西，我辛辛苦苦准备才抓来的鱼，不准你偷走！但一说完这话，甚至无法维持片刻的自欺，立刻明白自己这话的荒唐与无力，现实包拢过来，只能黯然承认：

我都无法留在这里了，要怎么管得着河梁和鱼篓呢？

这样的情绪转折，比其他指责负心男人的话，更让人替她伤感。这是非常细腻的文学手法。

从怨女等成怨妇

下一首来读《氓》。

《氓》的主题，和《谷风》很接近，放在一起就能看出，“怨女”“怨妇”很早就在中国诗歌中扮演了重要角色。

氓之蚩蚩，抱布贸丝；匪来贸丝，来即我谋。“氓”从“亡”从“民”，原意指的是不晓得从哪里来的人，不是我们周围日常认识，有名有姓、有家有户的人。现代语里还说“流氓”，从别的地方流离失所跑来的人。“蚩”即是今天的“嗤”，一直傻笑、笑眯眯的样子。有一个不晓得哪里来的小伙子，笑眯眯地来到我们这里，抱着麻布要来换丝。农家几乎处处可以织麻布，丝却要在种桑养蚕的地方才能生产，布贱而丝贵，所以有人做这种生意，要“抱”一大堆麻布才能来换丝。这是个外地人，而且是个做生意的。

他来，其实不是真的要做以布换丝的生意，而是要来追求我，在我身上打主意。到这里我们知道了，这首诗是以一个女孩的口吻说的，呈现的是她主观的看法。从她当时的眼光看去，前来的陌生家伙是个傻小子，不过在那个绝大部分人都一辈子定居在自家村子里的时代，会去四处奔波做生意的人，恐怕也傻不到哪里去，得有几分精明吧！

送子涉淇，至于顿丘；匪我愆期，子无良媒；将子无怒，秋以为期。第二段，人称改了，从原来的第三人称“氓”——这个小子——改成“子”，直接对这个人说话，所以很显然，外地来的小子成功结交了诗中的“我”。小子要离开“我”的村子了，“我”还送他渡过了淇水，一直到顿丘。离别之际，“我”对小子说：“不是我一直要拖延日期，你一个人冒冒失失跑来就要把我娶走，连个像样的媒人都没找，怎么可能！”然后改变了口气安慰他：“你别气啦，让我们约好了，秋天时你找媒人来，那好事就成了。”

乘彼垝垣，以望复关；不见复关，泣涕涟涟。既见复关，载笑载言。他离开之后，“我”就经常不顾危险，爬到旧城墙上，或许是因为那里一般不会有人吧，也有可能因为那里能够远远看见“关”，来往做生意的人必须经过“关”，才能进到这座城里来，所以“我”在那里看他有没有回来，一直看不到他回来，眼泪忍不住就滴落下来了。

终于有一天，真的看见小子过关回来了，“我”于是又能有说有笑了。“载……载……”是一边怎么样、另一边怎样的意思。

尔卜尔筮，体无咎言。以尔车来，以我贿迁。你说你问过卜、占过卦，卦体上显现的结果中，没有任何不好的话。你驾了车来，我也就带着我自己的财物、嫁妆，跟着你离家了。“贿”是财物、财货的意思。“尔”是所有格形式，“你的”的意思。

不过这里有微妙之处。两人本来说好“秋以为期”，而之所以需要等到秋天，是因为“子无良媒”，换句话说，就是等秋天你去找了媒人来就能结婚了。可是接着一段又说“不见复关，泣涕涟涟”，那应该是过了约定的时间，那男生还不见人影，延误了回来的时间。等到他真的回来了，却还是没有带着媒人来，只带了自己问卜占卦的结果，说一切都没问题，这个女生也就答应收拾包袱，跟他的车走了。

接下来一段，可以视为对他们成婚季节的提示，也可以单纯读作比喻。桑之未落，其叶沃若。于嗟鸠兮！无食桑葚。桑叶还没落，茂密柔嫩地挂在树上时，鸠鸟啊鸠鸟，你可别急着把桑葚吃掉啊！桑叶还很茂密漂亮，那么桑葚果实也就还没成熟，要是你先吃掉了不熟的果子，以后就吃不到丰美果实了。

全诗开始于外地人来“抱布贸丝”，显示了女生家是种桑养蚕的，所以她一定对桑树的成长变化特别敏感。如果这是季节的提示，那么表示本来约定“秋以为期”，男生却拖到第二年的春末夏初才来，难怪让女生等得“泣涕涟涟”，以为他不会回来了，也难怪见他回来，女生会喜出望外，以至于连他没有按约定找媒人来也不计较了。

不过更重要的是作为比喻，这两句话是连接后面的。于嗟女兮！无与士耽。士之耽兮，犹可说也；女之耽兮，不可说也。桑之落矣，其黄而陨。“于嗟女兮”对应“于嗟鸠兮”，警告女孩们：可不要和男人嬉乐游玩啊！男生嬉乐游玩，有他们的理由；女生却没有道理也没有本钱跟人家这样嬉乐游玩啊！接着又回到对桑树的描述，说季节到了，桑叶从树上落下来时，那叶子就不再茂密柔嫩，而是枯黄的状态了。

对女生的警告，包含在前后的桑树比喻中，连起来看，那就清楚了：要女孩子别急着将自己的青春交出去，换取一时的嬉乐，因为青春一逝，女孩就像过了季节的桑叶般失去了价值。

“耽”字有强烈的时间意义，指胡混、无目的度过的时间。男人可以这样混啊混着，女人没办法，混一下，青春就过去了。

我们还能从诗中人称的改变，察知“我”在心情上的转折。刚开始叫这个人“氓”——那个小子，接着换成“子”“尔”——你、你的，到这里又变成“士”——那些男人、男人们。中间有着明确亲疏距离的变化。

距离感从哪里来呢？看下一段：自我徂尔，三岁食贫；淇水汤汤，渐车帷裳。女也不爽，士贰其行；士也罔极，二三其德。自从“我”到你家之后，三年中都一直很穷。然后这里突然插入了“淇水汤汤，渐车帷裳”两句渡河的描述，什么意思？

有两种解释，一种是这时“我”想起当年坐你的车渡过淇水，因为是春末了，淇水水位很高，溅上来淹湿了车帷幔。这应该是个不祥的预兆，提醒“我”你不是个信守诺言的人，约好在水位较低的秋天来迎娶，你却拖了那么久的时间，但“我”那时沉浸在幸福的想象中，完全没有料到嫁过去会有这样遭遇的啊！

另一种解释是：借由这两句，告诉我们原来这整首诗的时间与场景，那是“我”嫁过去三年之后，被丈夫给赶了出来，要回娘家去，车渡过淇水，水淹上来溅湿了车帷幔，使“我”分外感伤。

“爽”字是“差错”的意思，成语“报应不爽”指的即是做了什么就得到怎样的报应，不会有错。作为一个女人，“我”没有做错什么啊，是男人会改来改去，不守信用，男人不只三心二意，说话不算话，而且根本没有个底线（“士也罔极”），什么都能说，什么都敢做。

三岁为妇，靡室劳矣；夙兴夜寐，靡有朝矣。嫁过去三年为人妇，家屋里没有一件事不是“我”要操劳、要照顾的。“靡有朝矣”表面意思是“没有早上”，这是简省的句法，从“没有早上，没有中午，也没有晚上”简省而来的。今天台湾还有“没早没晚”的说法，差似近之。它指的是忙到没有时间感，从早到晚没有差别，都在忙，无法休息，同时也是忙到没有了“早顿、晚顿”，连吃早餐、吃晚餐的时间都没有。“我”三年来过着贫穷忙碌的生活，早起晚睡，整天不得休息。

言既遂矣，至于暴矣；兄弟不知，咥其笑矣。前头追求“我”时，说了那么多话，后来呢？却换成了对“我”凶暴的态度。“我”娘家的兄弟还不知道这样的事，如果知道了，他们会如何嘲笑“我”啊！

“我”在夫家受到这样的虐待，娘家不知道，但为什么说要是兄弟们知道了，会嘲笑呢？这两句显然是呼应前面“以尔车来，以我贿迁”的。这男人根本没找媒人，没有按照婚嫁的规矩来，“我”却不顾娘家的反对，兴冲冲收了东西就走了。所以兄弟若知道她的遭遇，一定会嘲笑她当时那么急着跟人家走啊！

静言思之，躬自悼矣。及尔偕老，老使我怨。静静想着、回忆着，“我”只能替自己伤心难过，甚至得不到兄弟家人的同情。“及尔偕老”，希望能和你一起老去，是周代婚姻中的套语，就像基督教婚礼中牧师要引导新人说“till death do we part”是一样的。想起男人当时说“及尔偕老”的承诺，尤其是那个“老”字，分外让“我”愤慨，说什么“老”，才三年，早已全都不算数了。

淇则有岸，隰则有泮。淇水有河岸，就算范围更广的湿地，也有其边界。这是用自然现象来呼应前面的“士也罔极”，为什么就是男人做事没有底线，可以如此胡来呢？总角之宴，言笑晏晏，信誓旦旦，不思其反。反是不思，亦已焉哉。“总角”指的是未成年、未结婚前的发式，“晏晏”则是温和舒适的样子。唉，回想起当年的快乐，那时你脾气很好，很容易相处。“旦旦”原意是如同大白天。所以当年的承诺、誓约可不是偷偷摸摸讲的，讲得那么直接明白，这些你都不记得，都不想了吗？你都不记得，都不去想，那也就没有办法，就算了吧！

和《谷风》一样，诗结束在对于美好过去、婚姻尚未变质时的怀念，不过《氓》多加了一句无奈自弃的感慨。

我们读这首诗，会有非常强烈而且清楚的感受，尤其是连着《谷风》一路读下来，都是同一种主题。再次提醒大家，第一，在《诗经》里面有非常多女性的声音，这些诗是从女性的角度来发言，讲的是女性在感情上的种种感受。第二，《氓》和《谷风》都是怨妇诗，所以在表现怨女怨妇在婚姻中遭受打击，在爱情上遇到挫折的，传递女性声音的中国诗歌中，《诗经》早已扮演了很重要的角色。

爱情来了

再来读一首好玩的小诗——《静女》。

《谷风》记录了婚姻的破灭，《氓》记录了婚姻的毁坏，《静女》则记录了爱情的开端，还是讲男女关系的。

静女其姝，俟我于城隅。“静女”在此不见得是安静、文静的意思，比较接近广东话的“靓女”，简单说，就是漂亮女孩。“姝”字也是形容美丽，所以“静”字、“姝”字重复交叠，强调女孩有多么美。漂亮女孩跟我约好了，在城墙底下，角角隐秘的地方等我哟！这开头，就显露出男生心头呼呼乱跳，既兴奋又紧张的模样。

他赶了过去，爱而不见，搔首踟蹰。这里的“爱”字，应该是“暧”的意思，“暧昧不明”原本指的是因为光线不足，昏暗情况下看不清楚。怀抱着高度期待，跑到墙边隐秘处，在那充满暗影的地方，东找西找，都不见漂亮女孩的踪迹，于是抓着头走来走去，不知该怎么办才好。

静女其娈，贻我彤管；彤管有炜，说怿女美。“娈”字和“姝”一样，还是形容美丽的字。正不知所措时，漂亮女孩出现，感觉上更加漂亮了，她还带了一只红色的竹管来送给我。拿到了这份礼物，忍不住称赞：“红色竹管还有光泽呢，你多美啊，我多么欣赏你的美啊！”表面上说竹管，实质上当然是借说竹管赞美女孩。

自牧归荑，洵美且异；匪女之为美，美人之贻。“归”字是带回的意思，原来漂亮女孩去了城外，随手带回了茅草尖，这茅草尖真是又美又奇特啊！这说明了为什么漂亮女孩要约他在城下了，或许是她借着出城踏青的机会，偷偷来会情人，带了红色竹管，顺便还给他一把刚刚摘采的茅草尖。刚接过茅草尖，他兴奋地说：“哇，茅草尖实在太棒了，跟我看过的其他茅草尖都不一样呢！”这样说完了，意识到话说得太夸张，连自己都不好意思了，对着茅草尖说：“啊，不是啦，不是你真的有多美、有多特别，而是因为是漂亮女孩送我的。”

这是移情作用。喜欢这个女孩，加上之前找不到她的那种心慌，以至于她的出现所带来的狂喜，投射在物品上，使得再平常、再简单的东西，映在他眼里，都会发出特别的光，那是爱情与幸福的光吧！

这首诗有很细腻的因果层次。如果不是知道女孩已经在等了，不会匆匆忙忙赶去，以至于在慌乱中找不到人。如果不是一时找不到人，就不会在女孩出现时，有那么强烈的高兴反应。如果不是那么高兴，就不会夸张地称赞女孩送的礼物。先用那种方式称赞了女孩特别准备的礼物，接着又用同样的方式称赞女孩随手摘采的、既不珍贵也不特别的茅草尖，因而显现了其中的荒唐，以至自己都不得不承认，重点不在茅草尖，而在漂亮女孩的心意啊！

一首简单却巧妙的好诗。

热闹的青春戏谑

还有另外一种歌的形式，可以借《桑中》这首诗来认识。

爰采唐矣？沬之乡矣。“唐”是一种可吃的野菜，“沬”则是卫国的一座城。诗里说：到哪里去采唐草啊？到沬城的郊外去采唐草。云谁之思？美孟姜矣。然后问：你在想谁，在打谁的主意啊？回答：我喜欢的是姜家的漂亮少女啊！期我乎桑中，要我乎上宫，送我乎淇之上矣。要到沬城郊外采唐草，一路想着姜家的美少女，描述和她约会的情况——“她先在桑中这个地方等我，两人见面了她就邀我一起去上宫，分手之前她还一直送我到淇水岸边呢！”

后面两段，和第一段几乎一模一样，只有换韵时连带换几个字而已。第二段是：爰采麦矣？沬之北矣；云谁之思？美孟弋矣。期我乎桑中，要我乎上宫，送我乎淇之上矣。到哪里去采麦呢？到沬城外的北边去。想着谁呢？我喜欢的是弋家的美少女。第三段：爰采葑矣？沬之东矣；云谁之思？美孟庸矣。期我乎桑中，要我乎上宫，送我乎淇之上矣。到哪里去采芜菁呢？到沬城外的东边去。想着谁呢？我喜欢的是庸家的美少女。

这首诗最重要的特色，就是不适用于我们前面所说的层次结构。这首诗没有层次，因为它的形式与层次无关。形式上，这是集体的少男情歌。我们不能拘泥于从文字表面来解释歌中的意思。看文字表面，那要么有一个男人，不要脸地先追求姜家少女，又追求弋家少女，还追求庸家少女，而且跟她们每个人约会都是一模一样的过程，这像话吗？

要不然是有三个男生，第一个喜欢姜家妹妹，第二个喜欢弋家妹妹，第三个喜欢庸家妹妹，而三对情侣的约会场景凑巧都一样，这又像话吗？

这是首年轻男生集体欢唱的歌。固定套装的歌词，轮到谁唱，谁就把“云谁之思？”后面一句的答案，改成自己的意中人。如此一来，歌也就有了公开告白的功能，让大家知道这个男生爱哪个女生。而套装歌词讲的是女生“期我乎桑中……”于是告白的男生也给自己留了面子，好像女生也喜欢他，说不定唱的过程中，那个被点名的姜家少女就羞红了脸说：“不是我！”或“我才没有邀他呢！”充满了青春戏谑的热闹。

破碎的家庭

对比、对照一下，我们来读最悲惨的《葛藟》。

还是自然景象的开头：绵绵葛藟，在河之浒。葛藟是藤蔓类的植物，近水，会在河边绵延地生长。“浒”字是水涯的意思。“在河之浒”因而给了我们不只是河边有葛藟的意象，还让我们感觉那一大片葛藟一直长到和河水混在一起，分不清边界的地步。

终远兄弟，谓他人父；谓他人父，亦莫我顾！葛藟在河水的滋润下，这样连绵长成一大片，我呢？我却连最亲近的兄弟都永久分离了。我要到哪里去寻找亲人，怎样才能有亲人相照应呢？就算我去叫别人爸爸，人家也不会理我啊！

这是描述离乱孤独的痛苦。显然，这个时代的中国人，已经形成了强烈的家族纽带，人是借着和兄弟、亲族间的关系，才取得安全感，甚至才有了生命的意义。灾害或战争带来的离乱，最严重的就是使得人和家族断绝了联系。从各个不同的角度，《诗经》中那么多和家庭有关的诗，让我们明确看到周代以家族伦理关系为基础的封建秩序，早已经深深植根在一般平民百姓心中了。

第二段：绵绵葛藟，在河之涘。终远兄弟，谓他人母；谓他人母，亦莫我有！意思和第一段一样，只换了韵，换了几个字。流离失所，就算想认别人做母亲，别人也不会收容我，拿我当她儿子啊！

第三段：绵绵葛藟，在河之漘。终远兄弟，谓他人昆；谓他人昆，亦莫我闻！“漘”是岸边低地的意思。失去了自己的兄弟，跑去叫别人“大哥”，别人连听都不要听啊！

三段意思是重复的，但形容的方式却一段比一段悲哀。刚开始想找父亲，因为父亲有能力照顾家人，但无处去找。接着退一步想找母亲，得到一点归属的安慰，也找不到。再退一步，找个大哥可以听听我的哀痛吧，竟然连这一点卑微的愿望都实现不了。

“亦莫我顾”“亦莫我有”“亦莫我闻”，虽然只变化了三个字，那痛却是一层层、愈刺愈深呢。

翻墙求爱的男子

也该读读这样有趣的诗，《将仲子》是一首少见的从头到尾直叙的诗，感情奔放活泼，全无掩饰收敛，而且都没有引用自然现象来作为比喻或呼应。

将仲子兮，无踰我里，无折我树杞。岂敢爱之？畏我父母；仲可怀也，父母之言，亦可畏也。开头“将”字音 qiāng，是语词，没有文义，却有声音上的提示与记录效果。像打锣一般的声音，指示着激动叫唤，有着“叫一声……”的作用。

所以这是：叫一声仲子啊，你别爬绕着我们这个里坊的墙，别把里墙边种的杞树折断了。叫完了，接着赶紧解释：“不是我舍不得杞树，是因为怕我爸妈啊！虽然我很想念仲子，可是爸妈骂人的话，我还是会怕，还是得听啊！”这样我们了解了，仲子之所以要爬墙，是为了来见诗中说话的这个女孩，而且他们两人思念相爱，是没有得到女方父母同意的。这不就是《罗密欧与朱丽叶》戏中，罗密欧偷偷爬上阳台私会朱丽叶的画面吗？

第二段：将仲子兮，无踰我墙，无折我树桑。岂敢爱之？畏我诸兄；仲可怀也，诸兄之言，亦可畏也。叫一声仲子啊，不要爬我们家的墙，不要折坏了我们家种的桑树。杞树是标示里门位置的，是景观树；桑树却是养蚕用的，是家里的财产了。

但女孩还是解释：我不是可惜桑树的价值，而是担心亲族兄长们骂我。“诸兄”通常指的范围较广，不单是自家哥哥，而是叔伯亲戚里的兄长都包括在内。我虽然想你，但还是不能不在乎兄长们的教训啊！

第三段：将仲子兮，无踰我园，无折我树檀。岂敢爱之？畏人之多言；仲可怀也，人之多言，亦可畏也。叫一声仲子啊，不要越过我们家的园子，不要损坏了园子里的檀树。不是我舍不得园子里的树，而是我害怕别人的流言。我很怀念你，但别人的八卦流言，我还是不能不害怕啊！

诗中对于女孩欲迎还拒的矛盾心情，表达得多好。少男少女怀春，力量多大，根本不是礼法禁抑得了的。刚开始，男生爬了里墙过来，然后他更大胆了，爬过家院的墙，更靠近了。再来，他甚至越过了园子，那就是到达屋舍来了。相应地，刚开始，只是父母在意阻止；接着，亲族里的兄长都知道了，都跟着阻止；最后，旁边的人家都知道了，都在嘀嘀咕咕说闲话。因为是众人的言语，所以说“人之多言”。

这一层层的阻挠，让女孩苦恼，所以要劝男生别做得太逾矩。但又怕话说得太重了，所以赶忙要解释自己的心情。而且，照这一层层的描述看来，她的劝告显然也没有什么作用，反而更燃起了仲子坚决追求的热情呢！

一日不见，如隔三秋

下一首来读《国风 · 郑风》里的《子衿》。

“青青子衿”在后来的传统里有不一样的解释，不过最初在《诗》里面，它是表现相思的一种特殊手法。

《子衿》就以这几个字开头：青青子衿，悠悠我心。纵我不往，子宁不嗣音？“青青子衿”在《诗大序》里被解释为形容学子的模样，所以“青青子衿”后来被用来形容学生来来往往的声音。不过我们如果看《诗》原来的意思，它讲的就是你的衣服，青色的领子，映现在我的脑海里面，引发了“悠悠我心”。

“悠悠”这两个字我们之前跟大家介绍过，它是形容漫长的时间。我的心里面有了时间悠远的等待之感。为什么等待？“纵我不往，子宁不嗣音？”意思是说，我不去，难道你就不给我音讯了吗？这是相思之情的直接表现。

第二段是：青青子佩，悠悠我思。纵我不往，子宁不来？

这句是说，我脑海里面想，你身上的佩带是青色的，你不在我身边，我对你的思念是如此悠长。如果我不能去，或者我不去，难道你就不来吗？这两段当中都有“宁”字，“子宁不嗣音”，“子宁不来”。“宁”指的就是“难道”——我不去，难道你就不来了吗？你可以让我知道你在做什么，至少让我知道你在想我。你还是我欣赏的那个人吗？

第三段说：挑兮达兮，在城阙兮。一日不见，如三月兮。

这是想说，如果在高一点的地方，说不定我会看到你要来找我的身影。所以“挑兮达兮”指的就是徘徊的样子，在城墙上走来走去，希望可以看到你来找我。“一日不见，如三月兮”，这是这首诗的最后一句，意味着思念时的时间，光是一天就好像有三个月这么长久。“一日不见，如三月兮”，这也是后来的中国文学当中经常被引用的表达方式，甚至更进一步进入到我们的日常语言当中，到今天还会被用到。

“一日不见，如三月兮”放在整首诗里读，也很有趣，因为诗的开头说“悠悠我心”，“悠悠”这两个字，感觉上时间非常地久远，可是到了结尾的时候，有一种甜蜜的修正——他心里想念的这个人真的很久没给他音讯了吗？真的很久没有来找他了吗？恐怕也不是吧，因为他自己太思念对方，一日不见就像三个月这么长久。不过就是三天五天的时间，对他来讲就已经“悠悠我心”，“悠悠我思”。

既直接又含蓄的批评

再来读一首诗，这首诗非常有意思，因为在比喻方面，它用了一个很奇怪，甚至有一点点拙劣的方式，但这个拙劣是刻意的。这首诗是《国风 · 魏风》里的《硕鼠》。

《硕鼠》的开头是：硕鼠硕鼠，无食我黍。三岁贯女（通“汝”），莫我肯顾。逝将去女，适彼乐土。乐土乐土，爰得我所？

“硕鼠”，顾名思义，意思是大老鼠。诗一开头看起来就是“赋比兴”中的赋，是直接讲的，可是如果往下读，就会发现这句“硕鼠”的作用虽然表面上看起来是赋，但实际上它的作用却是比。

诗直接说：大老鼠，大老鼠，你不要再吃我的谷子了。这三年我这样养你，这样伺候你，你有想要给我一点什么好处吗？所以现在我决定了，我不理你了，我要到一个更好的地方去，真正找到我所要的家园。

这是一个很有趣的事，因为开头说“大老鼠，你不要再吃我的谷子了”，可是后面的第二行却说“三岁贯女，莫我肯顾”。太奇怪了吧，我们有人这样伺候老鼠吗？你会觉得你养了老鼠，是要老鼠来照顾你吗？不会吧。所以诗里面不是这个意思，所谓“大老鼠”是个比喻。什么样的人我伺候你三年，期待你照顾我，你却不照顾我呢？很明显的，这讲的是他们的封建的主人——你把我的生产剩余统统都拿去了，供你享受了。我为什么要给你？为什么要伺候你？不就是希望你照顾我吗？结果你却不照顾我。

所以这首诗，是下面的人民抱怨上面的管理者的，可是这样的话不能直接说，所以就用了一种比喻的方式，但这比喻又比得那么直接，读者不可能读不出来。“你本来应该照顾我，结果你不照顾，我就用脚投票，不想再这样伺候你，我走，到别的地方去，别处应该会有我的乐土。”可是离开家园对这个时候的安土重迁的周人已经是一件非常困难的事。所以他说“乐土乐土，爰得我所”。他心里面是有犹豫的：“我真的能够找到乐土，真的能够找到我能够安居的地方吗？”

第二段，硕鼠硕鼠，无食我麦。三岁贯女，莫我肯德。逝将去女，适彼乐国。乐国乐国，爰得我直？意思和上一段大致一样。“大老鼠，大老鼠，别再吃我的了，别再剥削我了。这三年我过够了，什么回报都没有得到，我不玩了，我要走了。”但是一转，“乐国乐国，爰得我直”，又说真的可以找到这样一个乐国吗？在那个乐国，我作为一个人的劳动、我的努力是真正值得的。

第三段，硕鼠硕鼠，无食我苗。三岁贯女，莫我肯劳。逝将去女，适彼乐郊。乐郊乐郊，谁之永号？“你不要把我种的黍、麦也吃了。你现在连我的苗、我的菜你都要吃掉了，我不跟你玩了。我要到人家的城郊去，就算进不了城里，也都没关系，如果在那里我可以摆脱你就好了。”但是悲伤的是，“乐郊乐郊，谁之永号”，在那样一个必须要离家背井奔去的陌生地方，我们还是有着心中的悲伤。

所以这首诗一方面有一个非常有趣的比喻，另一方面，又有非常直接的对剥削者的抗议。提出了想要离开家的威胁，但似乎又有不一定有把握可以离开故土，去远方找到乐土的那种犹豫。这首诗在情绪和文学的表达上面，既直接又含蓄，既有哭喊又有收敛，里面有非常有趣、深刻的对照。

类似这样的诗、这样的字句后来流传在中国的传统里面，变成了所有文人的共同财产，这样的作品，在《诗经》里面非常多。例如《小雅·采薇》这首诗里，有几句也是一样，就算我们没有读过这首诗，甚至不知道它来自《诗经》，我们读起来也都往往觉得熟悉：昔我往矣，杨柳依依。今我来思，雨雪霏霏。行道迟迟，载渴载饥。我心伤悲，莫知我哀。“当时我去的时候，是在春天，当时杨柳依依。今天我又来的时候，已是冬天了，已经雨雪霏霏。不只是时间，更重要的是人事皆非，让我思乡情怯，越走越慢，行道迟迟。我的身体和心灵都是疲惫、饥渴的，载渴载饥。我心伤悲，因为没有任何人同情我、在我身边，能够知道我的哀伤。”

我们今天回头重读《诗经》，不只是探触三千年前这些人的生活，更重要的是，我们看到保留在诗里的、他们生活当中喜怒哀乐的种种可能性。因为有这样的文字，因为有这样文化的传承，三千年时空的差距无法阻挡我们体会、了解这些先民们的生活以及他们的情感。

《左传》

封建秩序的黄昏

春秋五霸崛起的时代，
“弑君三十六，亡国五十二”，
谁在维持传统秩序
最后的尊严？

第一章　以传解经

记录历史的格式

《春秋左氏传》是中国最早的“传”体著作。传的功用，是解释经，《春秋左氏传》的书名就告诉我们，这是一本依附于《春秋》而成立、解释《春秋》的书，因为解释《春秋》的《传》有好几本，所以用左氏的名称来和《春秋公羊传》《春秋穀梁传》等区别开来。

“春秋”原本是个通称，而非专有名词。周代出现了一套记录国家大事的固定格式，以时间编年顺序为架构，先列出“年”，底下再用“时”也就是季节及月份细分事件前后。这种记录法下最典型的句子是：元年，春王正月。三月……夏五月……秋七月……“元年”指的是这个君王初即位的第一年，所以正月改元，而“正月”之上一定会加上标示季节的“春”。在文本中，季节极为凸显，“春”“秋”经常出现，所以就将这样的编年记录体裁称作“春秋”。

我们无法确知，周天子王廷是不是也有“春秋”，这种体裁是不是从天子王廷建立、流传出来的？史料上能看到的，是到东周时，有好几个封国都有自己的编年记录，也大致采取这种“春秋”形式，而其中最重要的，记录最详尽，保存最好的，是鲁国的记录文献。

究竟是因为《鲁春秋》保存最好、流传最广，所以取得了经的地位；还是在因果上倒过来，因为其他原因，《鲁春秋》被认定为经，成为王官学中的一部分，使得《鲁春秋》得以有更好的机会广为流传、保存，我们也无法确知。我们能知道的只是，周人的王官学，也就是贵族教育的内容中，很早就有《春秋》这个项目，东周之后，《诗》《书》《易》《礼》《乐》《春秋》的“六艺”中，《春秋》一项就以《鲁春秋》为其主要内容。

我们今天讲到《春秋》，概念中那是历史，那是历史记录。从历史记录的角度与标准看，早在宋朝时，王安石就嘲笑《春秋》是“断烂朝报”。“朝报”意为里面只有官方活动记录，谁和谁盟会，哪个国家和哪个国家打仗，除此几乎没有别的；而且就连官方活动记录，都记得很简陋、断断续续且充满缺漏，所以说是“断烂”。

现存《鲁春秋》从鲁隐公元年（公元前722年）开始，记录到鲁哀公十四年（公元前481年），前后两百四十二年。《春秋》记录了两百四十二年，全文却只有一万八千字左右，算一下，每年平均只分配到七十个字，其中还要扣掉像“春王正月”这种没有实质内容的套语呢！今天随便一份报纸，光是前面四个要闻版的字数加起来，差不多就和《春秋》记录两百四十二年的字数相当了。我们能怪王安石用“断烂”来形容《春秋》吗？

掌握来龙去脉

不过，前提是我们认定《春秋》是一本历史著作，而且我们认定先有这样简单、简陋的《春秋》经文，然后才有解释经文的《左传》。

先有经，才有传。在面对《毛诗》或《尚书大传》时，这句话没有问题；在面对《公羊传》《穀梁传》时，也没有问题。《公羊传》《穀梁传》都是依循着《春秋》的文句对应解释的。但面对《左传》时，我们却必须稍微小心一点，不能如此理所当然、想当然耳。表面上看，《左传》也是依傍着《春秋》，《春秋》经文起自鲁隐公元年，《左传》记录也起自鲁隐公元年。但是《春秋》结束在鲁哀公十四年，《左传》却结束在鲁哀公二十七年，比《春秋》多了十三年的内容。也就是说，作为解经的传，《左传》里竟然有十三年的解释，没有对应被解释的文句。

另一个问题，《公羊传》《穀梁传》主要在解释《春秋》文句的意思，进而挖掘、分析《春秋》为什么这样写，而不那样写。《左传》中也有这种直接解释文句的部分，但《左传》真正的内容主体，却是“以事解经”。也就是说，将《春秋》中简单的三言两语的记录加以展开，让读者知道这件事的来龙去脉，还原其相对比较复杂的过程。

因为以事解经，所以事，而非理，才是《左传》的重点。也因此才可能出现鲁哀公十四年之后，有传无经的奇特现象。事实上，那就是从鲁哀公十五年到鲁哀公二十七年的大事记，说明了那十三年间发生了哪些事。

换个角度看，鲁哀公十五年到鲁哀公二十七年的《左传》内容，不会因为没有相应的《春秋》经文而失去意义，它仍然可以独立地提供给我们那些年间历史变化的讯息，那么有什么道理可供我们认定《左传》其他两百四十二年以事解经所记录的“事”，不能独立于经文存在吗？不用对照经文，占《左传》绝大部分篇幅的事件记录，独立来看，都是重要的历史。《左传》根本就可以独立于《春秋》之外，自成一本丰富而精彩的史书啊！

还有，《公羊传》《穀梁传》的作者，可以对着《春秋》的文字，讲出他们大部分的解释，《左传》却不可能。《左传》的作者再怎么了不起，都不可能从《春秋》经文中简单的“夏五月，郑伯克段于鄢”几个字，读出从郑武公娶妻开始，到后来庄公和太叔段的兄弟之争，再到太叔段逃到鄢等复杂的过程。显然，写《左传》的人，手中必须有别的记录，才能依照这些记录补充《春秋》中没有记载的细节。

然而，《左传》运用的这些材料，为什么《春秋》的作者看不到？还有，为什么《春秋》的作者不运用这些材料，把事件说明清楚呢？

答案的关键在于《春秋》的撰写用意，很可能从一开始就不是着眼于我们今天所认知的“历史”功能的。回到那样的时代环境下，《春秋》所关心的，是借由文字将现实事件和应然礼仪、秩序、道理、原则，进行比对，并且将比对结果固定下来，供当时人及后人学习参考。也就是说，《春秋》的重点不再是记录发生了什么事，而是人们应该如何理解这些事放在封建礼仪秩序下所展现出来的意义。

换另一个方式说，《春秋》的核心功能是“正名”，找到符合封建礼仪道理的方式将现实事件写下来，传留下去。孔子说的“必也正名乎”那样的价值观念，应该是有周代封建，至少是鲁国文化传统为背景的。

以血脉为基础的封建秩序

让我们试着从中国文字演进变化的过程，将这套逻辑说得更清楚些。

中国文字最早是作为一种宗教性的神秘符号出现的。商朝时，文字是商人发明、独占的权力工具，用来传达、记录和天上祖宗神灵之间的沟通讯息。其运作类似于“三太子扶乩”时在沙盘上写下的符号，或是道教里的灵符。那样的人为记号，一般人都看不懂，只有极少数人声称他们可以从中解读出神秘意志的告示，甚至可以借由这套符号和虚无缥缈的异界沟通，让异界的力量为我所用，趋吉避凶。

商周之际，统治的模式有了巨大的转变。周人学习、套用了商人发明的文字符号，却明确抛弃了商人那种“神道设教”的装神弄鬼的思想，给了文字不同的用途。在周人手中，文字和青铜器的结合，产生了一种抗拒时间、抗拒遗忘、抗拒变质的效果。用文字写下来，刻铸在不坏不朽的青铜器上，那么这件事就被明确地固定下来了。

周人翦商，取代商人原有的政治地位，同时也彻底改变了统治的安排方式。他们用封建原则取代了原本的“共主”架构。封建的基础，是亲族、宗族关系。将源于血缘的人情互动推扩出去，变成国与国之间的政治关系，形成政治组织。领有封地的人，如果他是天子的弟弟，这个国也就必须对天子负担和弟弟一样的礼仪与行为责任。如果这个国君是那个国君的侄子，那么两国之间，也就自然形成了叔侄关系。

所以封建秩序的根本与开端，是确认彼此之间的亲族关系。而亲族关系很容易随时间、随世代延递而变得不确定。你当然知道你的兄弟是谁，但对堂兄弟，也就是叔伯兄弟，你就不见得都能够记得明白、认得清楚了。更不要说到第三代、第四代，家族开枝散叶出去，彼此关系要如何一一记得、一一遵守了。更何况，周人亲族开枝散叶和他们的封建开拓同时进行，周公子孙被封到离中央千里外的东方，召公子孙则被封到离中央千里外的北方，几十年、上百年之后，谁还认识谁啊？

在这种情况下，周代封建竟然能够维持几百年，国与国仍然基本按照亲族关系保留彼此的地位与权利义务，一是靠复杂严密的礼仪，二就是靠文字。而且复杂严密的礼仪，往往也要靠文字才能代代完整传留下来。

周初有一套特别的安排，叫作昭穆制。这是出于协助记忆亲族关系的一种设计。简单说，就是将单数代和偶数代分别开来，在宗庙祭礼上分成左右两边。一、三、五、七代在一起，二、四、六、八代在一起。一边叫昭，另一边叫穆。如此一来，就将代与代之间的关系减半划分。你知道你属昭，遇到同样属昭的，就知道两个人要么同代，要么差两代。若是遇到属穆的，就知道他要么高你一代，要么低你一代。在辨识记忆上，排除掉一半错误的可能性，上一代下一代的年岁差异，很容易混淆，很多人会有年纪比你小的阿姨、叔叔，但相对比较不容易有和你年纪相当的姨婆、叔公吧?

这是很聪明的设计，而且符合隔代之人彼此亲近的人性习惯。做爸爸的经常会在管教方面和子女关系紧张，起冲突，做祖父的，相对就会对孙儿比较宽容。所以昭代与穆代之间存在对抗、竞争气氛，而昭代、穆代各自的内部却是和谐和乐的。

从昭穆制我们看得出来：避免亲族淆乱，确认彼此关系，在周人生活中极其重要。但即使有了昭穆制，只要时间拉得更长些，人们对亲族关系的记忆还是难以避免产生错乱。

还好，周人手上拥有一项比昭穆制更好用、更有效的工具来避免错乱,那就是文字。用文字记下每个亲族成员的辈分位置，那就构成了源远流长，传了两千多年的族谱。不只如此，文字还能记下不同亲族辈分位置之间的彼此对应关系与礼仪，让彼此之间的行为规范也能不因时间的侵蚀而改变。倒过来，日常礼仪规范也加强了周人对亲族关系的认同。

封建制起于自然的人际亲属关系，然而要能维持封建制几百年之久，绝对不可能单靠自然亲属感情，还需要很多的人为设计与努力。对周人而言，亲属关系同时就是政治关系，亲属关系破裂失序，必然带来政治关系上的破裂失序。这可不是开玩笑的。

必也正名乎

今天留下来的《鲁春秋》，提示了我们这些列国史记可能的起源与功能。借由像《春秋》这样的书写，各国保存自己和天子以及其他诸国间的亲族记忆，并且一次又一次在书写中固定、确认不同亲族关系间的“对待之宜”。换句话说，《春秋》和其他类似的诸国史记，是当时的封建教本，用来反复申说传扬封建制度赖以运作的各层对待规范。

一国之内，卿士大夫和国君之间，有来自封建亲族的权利义务关系。国与国间，有来自封建亲族的权利义务关系。各国对周天子，也有来自封建亲族的权利义务。算算，到《鲁春秋》开端的鲁隐公元年，周的封建制度已经存在至少三百年了，亲族发展变得多么庞杂，相应地，这些权利义务关系也会多么复杂！

亲族愈庞杂，要维系封建秩序，就会有愈来愈强的“正名”冲动。放回到周代环境，正名绝不是简单的事。那不是在字面上考究正确定义的活动，而是申说、确认：在封建秩序下，这个亲族名称应该连带有什么样的行为规范要求，拥有这样的亲族头衔，就应该“实符其名”地做到怎样的正确行为。

《论语》中记有一次对话，是发生在卫国，子路问孔子：“要是卫国国君愿意用你，你认为最先该做的大事是什么？”孔子回答：“必也正名乎！”有意思的是，子路的冲动反应是大大不以为然，对老师说：“子之迂也！”你的答案怎么这么老套，或你的答案怎么这么不切实际啊！孔子训子路：“你太粗鲁了！对于自己不懂的事，别乱发表意见。”

这段对话的背景，是卫国当时陷入父子争夺王位的尴尬局面，孔子的正名显然是针对这件事而来的。从孔子的价值信念看去，一个父不父子不子的国家，是不可能好好治理的，一定得优先处理这个根本问题才行。可是就连孔子的大弟子，才比孔子年轻九岁的子路，都没有这样的信念了，子路想的，显然是更加直接的治理方案。

从西周进入东周，关键的变化就是，旧的封建规范逐渐被边缘化、被遗忘了，取而代之的，是各国以自我为中心的打算，他们不再感觉到应该要在完整的封建架构下依照所据的位置行事。这正是孔子最担心、最看不过去的。

国与国之间的和平相处，靠的就是回到这套封建秩序中，清楚地辨认彼此的亲属关系，模拟亲属关系的上下远近来安排行事，大家各安其位就不会有问题。反过来，如果亲属位分被遗忘了，或更糟，被刻意忽略了，就必然产生脱序的现象。

《春秋》的本意，不是记录发生了什么事。从《左传》叙述的丰富史事我们可以知道，当时一定另有其他比较详细的叙事材料。《春秋》是要将这些事情在封建亲族架构下的意义固定下来。《春秋》的简明扼要，不是出于限制，而是刻意的。《春秋》假定读这份文本的人，都知道这些事的来龙去脉，至少知道要去哪里找对事实的记录，《春秋》没有要和蔼可亲地跟你说故事，而是板着脸孔教你这每一件事背后的价值、道德教训。

不是所有发生的事，都值得被记录下来。更进一步，就算是值得被记录下来的大事，也不必然就值得被写进《春秋》里。《春秋》有很不一样、很明确的选择标准，特别凸显出那些和封建秩序有关的事件。严重破坏封建秩序的，或在艰难环境下仍然努力信守封建秩序的，是《春秋》记录的首选。

经传并存才有意义

理解这样的时代用意，我们就很容易明白《春秋》根本的内在矛盾。那是实然与应然之间的矛盾。现实发生的事情，《春秋》要透过文字，给予“正确”的记载。这意味着，许多事件中间带有的“不正确”“不应该”的过程或细节，会在记录中被牺牲掉。

例如，鲁昭公二十三年，《春秋》经文记载：冬，公如晋，至河，有疾，乃复。字面上的意义说，那年冬天，鲁昭公要去晋国，到了黄河边，却因为生了病，所以没有渡河到晋国去，就返回鲁国了。

这是正名的写法，记的是应然，却显然不符合事实。事实是：那一年鲁国侵略旁边的小国郲娄，侵占人家的土地。郲娄去向当时的霸主晋文公告状，晋国就要鲁国解释其行为，鲁昭公派了使者前去晋国，结果使者被晋国扣留不放，鲁昭公害怕了，只好自己出马要去晋国说明，没想到，在晋国边界上，竟然被晋国拒绝招待。碰了一鼻子灰，鲁昭公去不了晋国，自己退回来。

事实如此，可是从鲁攻郲娄，到晋睥睨鲁君，每一个环节都是违背封建之义的。《春秋》的对待方式，就是不承认这些悖礼的做法，在封建礼仪中，鲁国君要去同属姬姓兄弟之邦而且同是平等层级的公国晋国，只有一种合礼的情况会解释出发了却到不了，那就是鲁君自己生病，所以《春秋》就把这件事记成“公有疾，乃复”。

我们今天一般的读者，看这段文字“冬，公如晋，至河，公有疾，乃复”，都不可能知道背后的来龙去脉，也就绝对不可能了解《春秋》这样写的用意。奇怪了，如此一来，《春秋》要正名的功能，不也就没有效果了吗？

所以，《春秋》从来无法独立存在。要发挥、彰显封建应然秩序的作用，《春秋》至少需要两个东西配套—— 一是相应的事实记录，让人家了解原来鲁去打了郲娄，而晋国是当时负责维持秩序的霸主，鲁昭公是碰壁而回的；二是对实然与应然差异的解释，说明事实是这样，记录却是那样，中间的差距是如何产生的。

因而，《春秋》应该一开始就是经传并存的，经的本文附随着解释经的文字，同时构成王官学的内容。而且，我们有理由相信，从一开始，《春秋》的传文，应该就有两种不同的性质，一种是像《左传》这样，补充事件的实然记录的；另一种是像《公羊传》，专注于整理应然与实然间差距规则的。

传是解经的。而在诸经之中，《春秋》成文的年代，明显晚于《易》《尚书》《诗》，但《春秋》的传却出现得最早，而且构成了发达的传统。据汉朝的记录，就有五家解释《春秋》经文的传——《公羊传》《穀梁传》《左氏传》《邹氏传》《夹氏传》，后面两家后来失传了，前三家则得以流传下来。

《左传》虽然也有对《春秋》文字上的解释，但那只占很小一部分，主要的部分，是以事解经，将实然的事件铺排出来，可以供人和《春秋》经文的记录方式互相参照对应，以此来显现《春秋》正名的精神与手法。

谁是左丘明？

《左传》书名来源的一种说法是书的作者为左丘明。从《左传》内容及文字风格看，我们有理由相信可能有一个作者，从庞大的材料中，选出这些部分，并且予以剪裁齐整。贯穿两百多年漫长时间的记录，如果不是经过悉心整理，不太可能自然呈现出这么统一、漂亮的面貌。

然而，这个作者不太可能是依靠个人之力完成《左传》的。他必须要能看到、能运用庞大的文献，而且还不只是鲁国一国两百多年间的文献。《左传》中的记录跨了两百四十二年，十二个鲁国国君，要能完成这样的记录，这位作者应该是一个源远流长传统的继承者、集大成者。

左丘明是个什么样的人？很难说。因为传统上，连他的名字都没确定。究竟他是姓左名丘明，还是姓左丘名明，没有定论。还有一种说法是，他姓丘名明，前面的“左”字则是他的官名，来自“左史”的简写。这是出自《礼记 · 玉藻》：动则左史书，言则右史书。《左传》记的大部分都是事件，符合“动则左史书”的说法。

左丘明可能是史官传统中特别优秀的一员。早在商代就有了世袭的史官。若说左丘明出身世袭的左史官家族，那么就可以合理解释为什么他能掌握、运用范围广泛、丰富的文献材料。

不管左丘明是谁，我们今天都要对他充满感激之情，因为《左传》比任何其他文献都更清楚、完整地保留了公元前 8 世纪末到公元前 5 世纪初，东周列国间所发生的事。这也就是今天被通称为“春秋”的历史时期。“春秋”之名源自《春秋经》，不过若是光看《春秋》经文，我们只能对那个时代雾里看花，很难谈得上认知、了解春秋的人与事，今天我们能够谈论春秋的历史，其实主要靠的是《左传》所提供的扎实内容。

《左传》帮助我们在两千多年后，具体感受到什么是封建秩序，封建秩序中人们如何思考、如何行事，也让我们能够具体感受到，这样一套存在了几百年的秩序的逐步衰颓瓦解，对这些人的生活、感受，产生了多大的冲击。

当然，《左传》也有其限制。在这里，我们看不到什么平民百姓的活动。《左传》的核心，和《春秋》一样，是这个时代的列国关系，是在封建秩序中具有特殊意义的事件，所以它就无可避免地以国君、卿士大夫的贵族阶层为主角。

第二章　封建秩序崩坏史

霸主崛起的关键时刻

《左传》大不同于《尚书》，其文字风格和后来的中文紧密相接，而且其描述、议论，有着特殊的感染力量，所以长期以来被视为中国散文的源头，也是一两千年来，中国士人必读、必学的文章范本。一直到 21 世纪，我们的中学语文课本都没有断绝从《左传》中选文来教文言文的做法。

透过选文的方式读《左传》，可以读到好的文章，还能读到好的故事，却没有办法获得对《左传》较为全面的观照，尤其是无从掌握《左传》作为传，和《春秋》经文之间的关系。

要弥补这样的缺憾，最好的方法是选一个大段，而不是单独的故事来读。不只看《左传》中有什么故事,同时看一下《左传》用什么样的顺序排列文章，有什么样的结构。

让我们试着从鲁庄公元年读起，按照《左传》原文顺序，对照《春秋》经文来读。

鲁庄公年间，正是春秋五霸崛起的时代，也就是在这二三十年间，形成了一种新的国际秩序。周天子权威陵夷，号令难行，于是齐、晋、宋、楚等几个古国、大国，借由军事和外交的操作，将自己的地位提升到其他国家之上，代替周天子来维持封建规矩，阻止各国任意互相攻伐。

鲁庄公即位之初，还没有霸者。到鲁庄公三十多年后去世时，齐国已经明确据有大家公认的霸主地位，而晋国正经历一场大乱，乱后即位的晋文公，不久后取代了齐桓公，成为新的霸主。过去读历史，我们早早就知道东周前有春秋五霸，后有战国七雄。我在前面简单的导论里多次提到封建秩序的崩坏，但春秋五霸如何形成，封建秩序又以什么方式崩坏，很难抽象地理解，若是能依循《左传》的记录，随着《左传》的时间流变读下来，就会有比较具体的感受、掌握。

庄公这三十多年时间中，列国间发生的事，依照先后顺序，一件件在我们的阅读中展开，不用刻意解释，我们就能看出“霸”这个角色的来龙去脉，以及霸者在那个时代条件下的必要性，同时也就能看出封建秩序如何露出种种破绽，为什么愈来愈难维系下去。而封建秩序崩坏和霸者的兴起，在这样的记录中，很明确是因果相连的——旧秩序收束不住，所以需要新角色来压住场面，但是新角色的所作所为又必然继续毁坏旧秩序残剩的基础。

实力与旧制度的对抗

鲁庄公元年，《春秋》经文第一条是：元年春王正月。相应的传文是：元年春，不称即位，文姜出故也。这是文字上的解释，表示按《春秋》通例，一个新的鲁君上台即位，写法要像鲁桓公元年这样：元年春王正月，公即位。对照之下，鲁庄公元年的记载，明显少了“公即位”三个字。为什么？因为庄公的生母、鲁桓公的夫人文姜，这个时候留在娘家齐国，没有回到鲁国。这是“文姜出故也”的意思。

进一步追问：为什么文姜不在鲁？又为什么文姜不在这件事那么重要，以致改变了《春秋》记录庄公即位的写法呢？这一事件的始末，《左传》记录在前一年，即桓公十八年。

十八年春，公将有行，遂与姜氏如齐。这年春天，鲁桓公有外出行程，是和夫人姜氏，就是文姜，去了齐国。申缟曰：“女有家，男有室，无相渎也，谓之有礼。易此，必败。”鲁国的一位大夫申缟特别对鲁桓公说：“女人有丈夫，男人有妻子，不相违背，如此叫作有礼。如果不遵从的话，一定会带来祸患。”这句话最特别的地方，在于一点深意都没有。夫妻为亲族的起源，必须彼此遵守婚约，才算守礼。这样的话，需要申缟来说？鲁桓公会不知道？

继续读下去就明白了。公会齐侯于泺，遂及文姜如齐。齐侯通焉，公谪之，以告。鲁桓公和当时齐国国君齐襄公在泺这个地方正式会面，然后带着文姜到了齐国。结果齐襄公和文姜私通，鲁桓公知道了，痛骂文姜，文姜就去跟齐襄公哭诉告状。

齐襄公和文姜是同父异母的兄妹。两人私通，不只是让鲁桓公戴绿帽，还是乱伦的行为。更糟的是，私通不是第一次发生，许多人早有耳闻，几乎是公开秘密了，所以申缟才会一听鲁桓公要带文姜到齐国去，就给他那样的警告。申缟实际上是要劝鲁桓公改变去齐国的主意吧？传闻纷纷的情况下，让文姜回齐国，岂不是鲁桓公自己在替她制造和齐襄公幽会的机会？

接下来：夏四月丙子，享公。使公子彭生乘公，公薨于车。发生疑案了。初夏这一天，齐襄公宴请鲁桓公，派公子彭生去替鲁桓公驾车，没想到鲁桓公竟然就死在车上！从上下文看，《左传》对这件事其实已经提供了从动机到死因的解释了。

鲁桓公死于齐，鲁人告于齐曰："寡君畏君之威，不敢宁居，来修旧好。礼成而不反，无所归咎。恶于诸侯，请以彭生除之。"齐人杀彭生。这时鲁国没有国君了，鲁国人向齐表达了他们的看法："我们的国君本来在自己国家好好的，是因为敬畏齐王的威望，和齐国有了龃龉，无法安居，才特别亲自到齐国来和齐王会面，修复两国关系。会面的礼仪完成了，鲁国君竟然无法活着回来，如果没有人为鲁君之死承担责任的话，在诸侯之间恐怕说不过去吧！至少应该要公子彭生受罚，来消除诸侯对这件事的恶劣观感。"于是齐国将公子彭生杀了，算是对鲁国赔罪。

这样一件事，大有助于我们感受时代气氛。一方面是齐襄公如何不顾传统仪节，把异母妹文姜嫁给鲁国国君，都还敢明目张胆持续和她私通，更进一步，还会为了维护妹妹兼情人，索性谋杀了鲁国国君。如此嚣张，还不是仗恃着齐国是个大国、强国！

但另一方面，即使恶霸如齐襄公，也不得不受到诸侯集体评判的压力。当鲁人以"恶于诸侯"为由提出要求时，齐襄公还是必须接受、照办。

也就是说，这个时代，两种不同的逻辑、秩序并存着，彼此颉颃、角力。一种是大小强弱的逻辑，强在上，弱在下，强者大者说话大声，小者弱者不能不听、不能不遵从。另外一种是传统的封建秩序，根据家族的亲疏长幼外扩形成的伦常关系，来判定行为的是非好坏。两种逻辑、秩序在不同的场合中，会有各种互动、消长、妥协，这也正是《左传》这部书中最常见的内容。

裁剪编排凸显争议

鲁桓公因为这样的事死在齐国，文姜当然也就没有立场回鲁国去了，干脆留在齐国。《春秋》上破例不写“公即位”，就是为了凸显这件荒诞悖礼的事。

接着，《春秋·庄公元年》又记：三月，夫人孙于齐。《左传》解释：三月，夫人孙于齐。不称姜氏，绝不为亲，礼也。三月，文姜留在齐国，放弃了鲁国国君夫人的身份。“孙”同“逊”，放弃名位的意思。这里只用了她原来的正式头衔“夫人”，而不称呼比较私人的“姜氏”，是因为她做了这样的事，等于断绝了和庄公之间的母子关系，基于礼，不能用比较亲昵的称呼。

桓公死，文姜不回鲁国奔丧，等于桓公的丧礼没有完成，所以庄公即位，于礼有憾。等到三月，文姜正式留在齐，庄公断绝了和她之间的母子关系，才算于礼无亏。

接下来，《春秋》有这么一条经文：秋，筑王姬之馆于外。《左传》加了简单的解释：秋，筑王姬之馆于外。为外，礼也。那一年，周平王的孙女要嫁到齐国去，这就是王姬。然而，依照封建层级安排，周天子不能自己主持婚礼，所以要先将王姬送到同姓的鲁国，等于是先过给鲁国国君，再由鲁国国君主持婚礼。鲁和天子同为姬姓，地理上在齐近旁，而且在地位上和齐同属最高层的公国，所以由鲁来代嫁，最为适合。王姬到了鲁国之后，鲁国为她准备了宫外的房舍暂居（“馆”），这是合乎礼仪的。因为她毕竟不是真正的鲁国公主，还是王姬，应该受到特别的对待，如果将她迎入鲁国宫中，就不对了。

这一年，《春秋》一共有八条记录，但《左传》只就其中三条作了说明。其他五条为什么不解？一种原因是，事件很单纯、很清楚，不需多说。例如“王姬归于齐”，这是前面一条的后续，我们一看就明白，所以后来王姬就顺利嫁到齐国去了。或者像是冬十月乙亥，陈侯林卒。陈侯是个重要的贵族，但他的死没有什么复杂的内情，有《春秋》直接记录就够了。

另一种原因，事件的经过合乎礼，没有疑义、没有问题，《左传》也就不须多做补充。例如王使荣叔来锡桓公命，要以周天子的名义将鲁国的爵位交给庄公继承，所以周天子就派了荣叔来担当这样的任务，显然荣叔的地位与能力和这样的使命是相称的。

还有另一种更常见的原因，那就是《春秋》记录的事件，会有后续发展，所以《左传》就不急着在这一年多做说明，而是等到事件出现最精彩、最戏剧性或最争议性变化时，《左传》才一并解释。从这点安排上，我们可以看出《左传》与《春秋》经文的微妙差别，《春秋》是严格编年的，《左传》却为了让读者能够掌握事件的来龙去脉、因果环节，而改以“纪事本末”的方式表出。

国际秩序的连锁反应

庄公二年，《春秋》经文一共记录了五件事，但依照上述的原则，《左传》只选了一条来给予补充说明。唯一解释的这条经文是：冬十有二月，夫人姜氏会齐侯于禚。传文是：二年冬，夫人姜氏会齐侯于禚。书，奸也。强调《春秋》之所以记录这件事，带有谴责意味，是要让人家知道，到了二年冬，文姜都还在和齐襄公幽会私通，没有因为鲁桓公之死而有所收敛。这也同时表明了，庄公即位之初，对鲁国而言，最重要也是最困扰的事，莫过于文姜与齐襄公之间的不伦关系，这造成了齐鲁两国间极难预测、控制的变数。

庄公三年，《春秋》经文：三年春王正月，溺会齐师伐卫。传文：三年春，溺会齐师伐卫，疾之也。尽管解释只有短短“疾之也”三个字，却告诉我们，这不是一件合于礼法的事。“溺”是鲁国的大夫，他率领了军队加入齐国，一起去打卫国。然而，依《春秋》惯例，说到国内的大夫，一般都称“某氏”，这里却省掉了比较尊重的“氏”字，只称“溺”，就表示对溺的行为不认同。为什么“疾之也”？因为溺并不是奉鲁君之令去协同齐国打仗的，他是自作主张，动员了自己的人马去的。从前面读下来，我们明白了，当鲁和齐因为鲁桓公之死、因为文姜的问题，搞得很紧张时，鲁国的大夫却私自“会齐师”，是什么居心？从鲁国的角度看，很可疑，也很可恶吧！

更进一步看，庄公虽然已经即位三年，然而他对鲁国国政并没有足够的掌握。为了文姜的事，鲁和齐关系尴尬，鲁国国内的重要大夫却可以不经庄公同意，自作主张配合齐国进行军事行动，这让庄公情何以堪？从桓公十八年一路读下来，相关条文彼此接续，我们才读得出这份意义来，弄明白了《春秋》要我们如何理解、如何感受“溺会齐师伐卫”这件事。所以《春秋》记录一件事的同时，也在引导读者理解应该用什么方式看待、评断这件事，记录和价值、叙述与评价，紧密缠结在一起。

下一条经文：五月，葬桓王。《左传》的释文只多加了两个字：缓也。实质上只有一个字——“缓”。但一个字就够引导我们去查一下，周桓王到底是在哪一年死的？周桓王死于公元前697年，而鲁庄公三年，是公元前691年。桓王死了六年之后才下葬，的确很晚。《春秋》特别记录在此，表示一定有迟葬的理由。周桓王死后，由周庄王继位，但实际权力落在周公黑肩身上，他谋策要废周庄王，改立王子克为王。朝中纷扰不休，以至于连替周桓王下葬的大事都延迟了。

《春秋》以记录鲁国发生的事为主，辅以相关的诸国动态，对周天子的王廷着墨有限，因而今天我们对这段时间周天子的活动了解不多。不过，换个角度看，这也充分显示出了东周之后，周天子虽然还是名义上的政治中心，但王廷本身问题重重，愈来愈难号令诸侯，于是时代的动力也就移转到诸侯列国身上了。

再下一条经文：秋，纪季以酅入于齐。《左传》增加的说明则是：纪于是乎始判。这又是封建秩序瓦解的一个重要迹象——纪国国君的弟弟（“纪季”）将他的封地酅纳入齐国。所以《左传》说：纪国从这个时候开始分裂（“判”）了。大国的存在，影响到小国内部的纷争。本来是兄弟阋墙，但出于自卫，也出于报复的心理，弟弟干脆就带着封地投靠齐国，寻求齐国的支持、保护，如此一来，本来就小的纪国变得更小了，本来就大的齐国变得更大了，诸国之间的势力消长，逐渐朝着大者愈大、小者愈小的两极化方向发展。

再下一条经文：冬，公次于滑。《左传》传文：冬，公次于滑，将会郑伯，谋纪故也。郑伯辞以难。凡师，一宿为舍，再宿为信，过信为次。传文后半句帮我们详细解释了“次”字的正确意思。军队在外，停留一个晚上，叫作“舍”；停留两个晚上，叫作“信”；若是停留两个晚上以上，那才叫作“次”。军队停留时间的长短不同，在封建秩序与礼仪上，具有很不一样的意义，所以就要在文字上仔细、精确地分辨出来。因而，《春秋》所记录的是，冬天，鲁庄公带领军队出去，在滑这个地方停留了好几天。

奇怪了，带军队出去，不进不退，在那里逗留干什么？是为了要和郑国国君会面，商量纪国的事。原来这条记录，是上一条的后续，纪国分裂，而且酅的这部分去投靠了齐国，鲁庄公不愿见到齐国得利，就想出兵帮助季侯将酅夺回来。可是光靠自己的实力，他没有足够把握，于是要拉拢郑国一起行动，然而等了几天，最后得到的却不是好消息。郑国国君拒绝了，理由是郑国此时国内本身也不安定，自顾不暇。

郑国之“难”，《左传》前面就记录过了。当时的郑国国君，是子仪。子仪的父亲死后，国君的位子原本是传给了子仪的哥哥郑厉公，然而没有多久，郑国的世卿、大夫不满郑厉公的作为，发动政变，赶走了郑厉公，拥立子仪。可是郑厉公并没有离开郑国，而是留在自己的地盘栎，持续给予子仪很大的压力。在这种状况下，子仪的确没有条件调军队出国，配合鲁庄公的行动。

因为郑伯子仪没有答应鲁庄公之请，鲁庄公也只好黯然退兵，这就是“次于滑”的原因。军队出发了，在滑停留好几天，最后没有任何战役、任何建树，只留下“次”的记录。

纪这个小国的内部纠纷，先是影响了大国齐，接着又因为齐鲁两个大国的尴尬局势，连带影响了鲁，更进一步，再经由鲁国的打算，又牵动了郑国。这样一个案例，让我们看到了这个时代的诸国在封建制度中的连环反应模式。

合“礼”的侵略

《左传》，还有《公羊传》《穀梁传》，都凸显了《春秋》的一项特色，那就是对文字的讲究。表面上看起来像是相通的文字，表面上看起来似乎一样的说法，在读《春秋》时都不能马虎随便地对待。《春秋》的书写上，几乎没有真正可以互换的同义词，字词之间都有细腻的差异，就是靠如此细腻的差异、分别，《春秋》才可以用如此简洁的风格，传递那么复杂的封建秩序评断与背后潜在的原则。

庄公四年，《春秋》经文记录了六件事，而《左传》却相对只有两条，而且其中一条，还不是和经文配合的，说了一件《春秋》经文上没说的事。

四年春王三月，楚武王荆尸，授师孑焉，以伐随。楚国是当时的另一个大国，拥有庞大的武力，而“楚武王”这个谥号又告诉我们，这位楚国国君一定是好武、爱打仗的。另外，讲到鲁国、齐国的国君，用的都是“公”，然而楚国国君却是“王”。周代的封建爵位有五等：公、侯、伯、子、男，当然没有“王”，王是天子的称号。但这个时候，地处最南边的楚国，已经打破封建爵位，僭越地自称为王了。

“荆尸”是一种特殊的誓师仪式，从“荆”字看，它应该是源自南方，是中原没有的特殊阵仗。楚武王主持了这个仪式，将兵器授给军队，准备出兵攻打随国。这是明目张胆，而且敲锣打鼓地要伐随国。大国凭借着武力上的优势肆无忌惮，也是封建秩序崩坏的明确象征。

将齐，入告夫人邓曼曰：“余心荡。”“齐”就是“斋”，楚武王即将为了出兵而斋戒时，进到宫室中，对夫人邓曼说：“我感觉心悸不安。”用今天的语言说，那应该是“胸闷不适”，是心肌梗死的重要前兆。邓曼叹曰：“王禄尽矣，盈而荡，天之道也。先君其知之矣，故临武事，将发大命，而荡王心焉。若师徒无亏，王薨于行，国之福也。”夫人邓曼叹息说：“糟了，王，你的福禄可能已经到了尽头了。水满了就会晃荡，这是自然的道理。”意思是你的野心超过了生命所能容纳的极限了，物极必反，这会葬送掉原有的福禄。显然，在当时南方楚地，已经有这种事物走到一个极端会逆转为另一个极端的观念，而这也就是后来《老子》思想的根本。道家的发展，的确是和南方有着密切关系的。

夫人邓曼继续分析，同时给了可怕的预言：“应该是先王知道了这样的变化，所以在你面对重大军事行动，即将颁发命令时，让你心悸不安。照这样看，要是王死在路上，但楚国军队没有大损失，就算是国家的福气了。”这真是奇怪的说法吧！如果感觉到这是件不对的事，先君都已经发出警告，邓曼为什么不力劝武王不要出兵，却说你死在路上，无损楚国军队，就是国家的福气？

《左传》中没有告诉我们楚武王对这个预言的反应，只记录了预言成真：王遂行，卒于樠木之下。令尹斗祁、莫敖屈重除道、梁溠，营军临随，随人惧，行成。楚武王还是带兵出征了，结果在路上死于樠木之下。令尹斗祁和莫敖屈重两人（令尹和莫敖都是楚国的官名）继续率军开路，并在溠水上架桥渡过，在靠近随国的地方扎营。看到楚军兵临城下，随国很害怕，就投降求和了。

莫敖以王命入盟随侯，且请为会于汉汭而还。济汉而后发丧。莫敖以获得楚武王授权的身份，进入随国接受投降，订定新的盟约，并且要求随侯到汉水岸正式会面，然后退兵回国。渡过汉水之后才公布楚王已死的消息，准备丧礼。

表面上这是记录楚伐随的经过，但叙述间透露了许多封建诸国关系中的新变化、新规则。首先，楚武王的侵略举动，不只被当作目标的随国知道，其他的诸侯也都知道，所以楚武王也就有试探其他国家会如何反应的用意在。夫人邓曼之所以没有劝楚武王取消行动，是因为她明白这时不出兵，会给楚国带来大灾祸。楚武王太过嚣张，明目张胆地破坏国际安全体系，其他诸国没有反应，是因为忌惮楚国的强大兵力，不愿为了随国而与楚国为敌。但如果他们发现楚军竟然没有行动，一定判断楚内部有问题，这时难保没有哪个国家趁机发难，谴责楚国，抓住楚国的狂傲行为当把柄，组成联军来攻打楚国。

所以夫人邓曼才会说武王死于途中这样的可怕结果还是“国之福也”，她没说出口的，是这件更可怕的“国之祸也”的情境。楚武王“遂行”，显示他也同意邓曼的忧虑，他真的死了，令尹与莫敖是不会自作主张继续朝随国前进的，这应该是楚武王原本就交代好了。

随国投降，订立了城下之盟，为什么还要“为会于汉汭”？因为这是成套的礼仪，违背不行，人家会起疑心。“为会于汉汭”是要演戏给诸侯看，说那个时候楚武王还活着，假装是在汉水这岸完成盟会之后，过到汉水另一岸，楚武王才去世。如此，楚国军队就没有犯封建大忌——自己的国君去世时，应该是要立刻退兵、发丧的。

楚国必须装出这样的门面，这表示就算楚国已经嚣张地称王了，仍然不能不在意传统礼仪，至少一定得小心不要让某些破坏礼仪的做法成为别国的把柄，成为敌对国家联合出兵的借口。

第三章　最后的礼教秩序

君子谋定而后动

接下来，《左传》庄公四年记录了一条前一年事件的后续发展。

《春秋》经文是：纪侯大去其国。传文的解释是：纪侯不能下齐，以与纪季。夏，纪侯大去其国，违齐难也。前一年，纪侯的弟弟带着自己的封地投靠齐国，为的当然是引进齐国的力量，来对付自己的哥哥。纪侯一看，齐国是庞然大国，在国力上和纪国不成比例，他不可能对抗齐国，只能投降听命于齐国。但纪侯实在咽不下这口气，没有办法委屈自己去侍奉齐国，想想，他干脆放弃了，把国君的位子让给弟弟，自己永远地离开了纪国，用这种方式来避开齐国势力临门的灾难。

这件事的发展，显然比鲁庄公想象的要更快、更有戏剧性。鲁庄公还想联合郑国力量来介入纪国情势，支持纪侯，但才过了不到一年，不只是酅纳入了齐国势力范围，整个纪国都被齐国收走了。

进入庄公五年。经文中有：秋，郳犁来来朝。《左传》特别解释：名，未王命也。意思是郳国国君犁来，到鲁国来朝见鲁庄公。郳国是从邾国分出去的小国，又称小邾国，邾本身就是个小国，可知郳国只会更小。记录上直接称“犁来”的名字，那是因为他还没有受到周天子正式册封。

犁来才刚即位，就忙不迭到鲁国来，这是当时小国生存上的悲哀现实。对郳国而言，周天子的册封，只是形式，但旁边鲁国的支持，却直接关系国家安危。鲁国对犁来的承认，比周天子给予的名分，更急切更重要。所以就连鲁国这样讲究封建秩序的地方，自身也都必然被卷入破坏封建秩序的过程中。

下一条经文说：冬，公会齐人、宋人、陈人、蔡人伐卫。传文则解释：冬，伐卫，纳惠公也。要理解这件事，我们首先得回头看一下鲁桓公十六年，在卫国所发生的事。

桓公十六年，《春秋》经文中有十有一月，卫侯朔出奔齐的记录。传文给了很详细的来龙去脉说明。初，卫宣公烝于夷姜，生急子，属诸右公子，为之娶于齐，而美，公取之，生寿及朔。属寿于左公子。短短一段话，刻画出惊人的淫乱故事。“烝”是乱伦行为，指男人和比自己大一辈且有亲属关系的人通奸。卫宣公的通奸对象夷姜，是他父亲卫庄公的妾，名义上是卫宣公的庶母。他和庶母私通，生下了儿子“急子”，然后为了掩饰不伦，就将急子过继给自己的兄弟。急子长大了，卫宣公帮他安排娶了齐国的女子，这位女子本来是给实质上的儿子、名义上的侄子娶的媳妇，因为长得美，卫宣公干脆就改成给自己当老婆了。

卫宣公又和这位齐女宣姜生下寿和朔两个儿子，然后将寿嘱托给另一个兄弟照顾。

夷姜缢。宣姜与公子朔构急子。公使诸齐，使盗待诸莘，将杀之。又是短短一段话，刻画出惊人的残酷阴谋。急子的妈妈夷姜后来上吊自杀了，宣姜和她生的儿子朔就逮住机会在卫宣公面前诋毁急子，更进一步策划谋杀急子。他们知道急子被卫宣公派去出使齐国，就安排了盗匪在莘这个地方等着，遇到急子经过，就在路上把他杀了。

寿子告之，使行。不可，曰："弃父之命，恶用子矣？有无父之国则可也。"及行，饮以酒。寿子载其旌以先，盗杀之。急子至，曰："我之求也，此何罪？请杀我乎！"又杀之。接下来这一段，气氛丕变，变成了一段惊人的兄弟之义的气节故事。寿知道了亲生母亲和弟弟的阴谋，赶紧去通知急子，叫他逃走。急子拒绝了。他说："丢下父亲给的使命，这种儿子有什么用？做出这种事的话，那得找到一个人人都不是父亲生的国家，才能苟活下去吧！"看急子不肯逃，寿就故意在帮急子饯行时把他灌醉，自己在车上挂了急子的旗帜先出发。到了莘，埋伏的盗匪当然以为那就是急子的车，把车拦下来，杀了车上的寿。盗匪都还没离开，急子赶到了，对盗匪说："你们要杀的对象是我，跟他有什么关系？就杀我吧！"盗匪就一并把急子也杀了。

这件阴狠的事，一下子得罪了照养急子和寿的右公子和左公子。这两个人是宣公的兄弟，也是卫国最有力的大夫。二公子故怨惠公。十一月左公子泄、右公子职立公子黔牟。惠公奔齐。"惠公"就是朔，他后来的谥号为惠公，这里称惠公就表示卫宣公已死。卫宣公死后，左右公子权力最大，他们痛恨宣姜和朔，所以联手拥立公子黔牟，朔一看苗头不对，赶紧逃到齐国去。

鲁桓公十六年是公元前 696 年，朔逃到齐国去，到了鲁庄公五年，公元前 689 年，经过了七年的时间，这一年冬天，鲁国会合了齐国、宋国、陈国、蔡国的力量攻打卫国，目的就是为了要“纳惠公”，让出亡的卫惠公朔可以回到卫国去。

继续往下看，看庄公六年的记录。庄公六年，经文所记载的，几乎都是这件事的后续。经：六年春王正月，王人子突救卫。夏六月，卫侯朔入于卫。秋，公至自伐卫……冬，齐人来归卫俘。传文这样解释：六年春，王人救卫。“王人”指的是周天子的官员，名字叫子突。显然是这次行动牵涉到太多国家，非同小可，所以特地在形式上请了周天子的命令，由周天子派来子突作为代表。因为有天子代表参与，那么前一年说的伐卫行动，在这里就改口称救卫了，意味着是站在封建秩序立场，要来解决卫国内部的王位继承纷扰，不是国与国之间的问题。天子有责任确保诸国奉行封建礼仪，也有权力要求诸国遵照封建秩序行事。如此一来，名义上，鲁、齐、宋、陈、蔡的角色，是奉天子命令，出兵让卫国归回封建正轨。

接下去，《左传》说：夏，卫侯入。放公子黔牟于周，放甯跪于秦，杀左公子洩、右公子职，乃即位。在各国的强力介入下，卫惠公回到了卫国，展开了报复整肃。本来的国君公子黔牟被放逐到周天子那里去了，重要的大臣甯跪被放逐到最西边的秦国去，主导拥立公子黔牟的左公子、右公子两人则被杀了。然后卫惠公正式即位。

君子以二公子之立黔牟为不度矣。夫能固位者，必度于本末，而后立衷焉。不知其本，不谋，知本之不枝，弗强。《诗》

云："本枝百世。"在此，《左传》有了一段评论。我们不晓得"君子"究竟是谁，但可以确认君子所给的评论代表了《左传》作者的价值观，也代表了从封建秩序出发看到的是非对错。从这样的角度看，左公子、右公子两人决定拥立公子黔牟，思虑欠周。有本事卫护地位的人，一定会全面审度事情的因由，然后找到准确、适当的立场。不了解事情的根本，别乱出主意；知道了根本，却对衍生出去的分枝全貌没有充分把握，也别坚持、强推自己的主张。然后君子引用了《诗经·大雅·文王》中的一句"本支百世"，断章取义地拿来形容由"本"分出去的"支"那么多那么复杂，要彻底看清楚，是件多么困难的事！

这一年的最后，经文上记录的是：冬，齐人来归卫俘。《左传》的解释则是：冬，齐人来归卫宝，文姜请之也。前一年，《春秋》说：公会齐人、宋人、陈人、蔡人伐卫。这个写法表示伐卫这件事是由鲁庄公主导的。记录上没有出现其他国君，只有"人"，这清楚说明了是鲁庄公带领五国联军出兵。不过虽然由鲁主导，作战上最强的毕竟还是齐国，过程中齐国俘虏了不少卫国人，到庄公六年冬天，齐国将这批掳来的卫国人，还有卫国的宝器交给了鲁国。俘虏、宝器都握在齐国手里，显见在军事行动中，实际上齐国才是主力。但这时，齐国表达善意，借由归俘、归宝，正式承认鲁庄公为这次行动的首领。

不过，《左传》多说了一句：文姜请之也。文姜到底是鲁庄公的亲生妈妈，她留在齐国，还是发挥了协助两国修好关系的作用，同时也意味着，如果不是文姜的影响力，靠着强大的兵力，齐国是可以把卫国俘虏和卫国宝器留在自己国内，占夺这次行动的实质好处的。

弱肉强食的新法则

接下来，《左传》出现了一段关于楚国的记录。《春秋》经文上没有这段，显现了《左传》不完全是依附于《春秋》的。尤其是当时相对地处边陲的几个国家，《左传》往往着墨超过《春秋》。因为这几个国家后来快速兴起，成了主宰大局的关键，《左传》作者显然认为不能漏掉对它们的发展的追索描述。

楚文王伐申，过邓。前面我们看到了，鲁庄公五年春，楚武王在伐随的行动中去世，在他之后即位的就是楚文王。即位没多久，楚文王也同样接续他爸爸的野心，带领军队攻打附近的小国申。出兵过程中，过境另一个小国邓。

邓祁侯曰："吾甥也。"止而享之。骓甥、聃甥、养甥请杀楚子，邓侯弗许。三甥曰："亡邓国者，必此人也。若不早图，后君噬齐。其及图之乎！图之，此为时矣。"邓国国君祁侯说："这是我外甥啊！"上次我们看到楚武王的夫人叫作邓曼，就是从邓国嫁过去的，是祁侯的姐妹，邓曼所生的楚文王，的确是邓祁侯的外甥，是千真万确的亲戚关系，所以他就将带兵的楚文王留住，好好宴飨一番。

讽刺的是，另外三位也是邓祁侯姐妹生的儿子，骓甥、聃甥、养甥，他们是邓国的大夫，却去请求邓侯趁机杀了"楚子"。这里《左传》用"楚子"来指楚文王。也就是回归到封建秩序本来的地位称号，不再沿用楚人自己僭越所取的称号。封建层级上，鲁、宋是公，卫是侯，郑是伯，楚只是子，因而《春秋》经文中，基本上都用正式名称，记宋公、卫侯、郑伯等。就连后来成就霸业的齐、晋，按照封建礼仪，他们都只是侯，因此《春秋》

上也就记为齐侯、晋侯。不过，《左传》整理成文显然较晚，不可能忽略后来这些国家的国君给自己升等的名号，所以会有称呼上的交杂。这种名号交杂，也就更清楚地显现了此时封建秩序与强弱逻辑并存的复杂情况。

封建秩序与强弱逻辑之间有着最大落差的，正是楚国。正式地位是只比男高一级，即倒数第二级的子爵，但他们自封的称号，却连跳四级，自命为王。他们凭什么？当然是凭借武力，别人拿他们没办法，也因此，《左传》中讲到楚国时，绝大部分都跟征伐、侵略有关。

骓、聃、养三个外甥建议杀楚子的理由是，看到楚国一直不断出兵并吞附近的小国，邓距离楚显然比申还近，连申都逃不过楚的魔掌，可想而知，就在楚文王任内，邓一定也会成为楚国扩张的对象。要救邓国，就趁现在，不然一定会后悔。等后悔时再来图谋，难道还来得及吗？“噬齐”，是古代的俗语，字面意思是咬自己的肚脐，人一出生肚脐就剪断了，要怎样咬？引申为因来不及、做不到而感到后悔。

邓侯曰：“人将不食吾余。”对曰：“若不从三臣，抑社稷实不血食，而君焉取余？”三个外甥从强弱的角度考虑，上一代的邓祁侯想的却是封建秩序，所以他说：“如果我做出这种杀害自己外甥的事，人家会如何对我不齿啊！到时候就连要饿死的乞丐，都不屑吃我吃剩的东西了吧！”三个外甥回应他：“今天不听我们三人的意见，那么邓国的社稷都会没有机会接受祭祀了，国君你还能有‘吃剩的东西’？”

弗从。还年，楚子伐邓。十六年，楚复伐邓，灭之。外甥们话都说这么重了，邓祁侯还是不答应，他相信封建秩序，也就不相信自己的外甥会出兵攻打亲舅舅的国家。但他错了，而且现世报来得多快，楚文王打完申之后，回到楚国没多久，就对邓国用兵。十年之后，鲁庄公十六年，楚国再度出兵，到底还是将邓国给灭掉了。

就连亲甥舅如此密切的关系，都抵挡不了弱肉强食的新法则，南方边陲地带，已经在进行彻底、激烈的变化，而主催这种变化的核心力量，就来自楚国。

乱世中依然有君子

庄公七年的第一条记录很有意思，经文说：七年春，夫人姜氏会齐侯于防。传文加三个字解释：七年春，文姜会齐侯于防，齐志也。庄公的妈妈文姜和齐襄公在“防”这个地方会面，防是鲁国地名，显示文姜已经回到鲁国，而且《左传》特别强调“齐志也”，是齐襄公方面主动要求的。若和前一年冬天“齐人来归卫俘”的条文连接起来，那么齐襄公和文姜之间的不伦暧昧关系又有了新的转折。文姜回到了鲁国，和儿子庄公部分修好了关系，用她对齐国的特殊影响力，争取到了齐国承认鲁国在联军行动中的主导地位。然而相对地，作为条件，齐襄公就要求和文姜再度相会。所以《春秋》和《左传》委婉地指出，原本造成齐鲁关系紧张的因素，现在被鲁庄公运用来当作对齐外交的筹码了。

下一条，经文记录：夏四月辛卯，夜，恒星不见。夜中，星陨如雨。传文解释：夏，恒星不见，夜明也；星陨如雨，与雨偕也。这是对天象异常的描述，那一天，流星纷纷下落，如雨一样频密，流星雨照亮天空，以至于几颗亮的恒星都看不见了。有西方的天文家主张：这是全世界最早关于天琴座流星雨的记录。

再下一条，也跟自然现象有关。经文说：秋，大水，无麦、苗。传文解释：秋，无麦、苗，不害嘉谷也。秋天有水灾，淹掉了应该收成的麦子，以至于无法再培植麦苗。不过《左传》补充说明：虽然麦子的收成大受损害，但“嘉谷”，意味着可供用在祭祀上的黍和稷，可能因为已经收成了，所以避过了祸害。

庄公八年，《春秋》经文上有一条再简单不过的记录：甲午，治兵。传文解释：八年春，治兵于庙，礼也。治兵是在宗庙之前，举行授兵器给军队的仪式，表示即将有重大的军事行动。可能是鲁国已经很久没有举行这种仪式，所以《左传》强调这样做并没有失礼、违礼之处。

重点是：治兵要干吗？要出兵做什么？接下来的经文记录：夏，师及齐师围郕。郕降于齐师。原来鲁国郑重其事地举行治兵典礼，是因为要和齐国一起出兵去打郕这个小国。文姜归国后，齐鲁的关系明显改善很多。不过，两个大国一起出兵，小国郕当然抵挡不住，然而郕却不是向齐鲁两国投降，而是单独向齐国投降。

《左传》详细记录了这件事的后续：仲庆父请伐齐师。公曰：“不可。我实不德，齐师何罪？罪我之由。《夏书》曰：‘皋陶迈种德，德，乃降。’姑务修德，以待时乎！”秋，师还。君子是以善鲁庄公。鲁庄公的弟弟仲庆父很生气，要求鲁国军队转而攻击齐国军队。仲庆父会有这种反应，表示郕国单独向齐投降，齐竟然也接受，不顾念和鲁共同出兵的状况，很不上道，也很不给鲁国面子。但鲁庄公拒绝了，他说：“是我没有本事、没有德行让人家愿意向我归降，怪齐国军队干吗？要怪就怪我吧！《夏书》（《尚书·虞书·大禹谟》）上说：‘皋陶勉力树立功德，功德够了，人家就会归降。’让我们回去努力修养德行，等待以后的机会吧！”所以，军队停留了一下子，秋天一无所获地回到鲁国。不过鲁庄公这番话，是值得称赞的。

鲁庄公说：“以待时乎！”而这个“时”——变化情势所带来的机会，不需要等太久。齐鲁一起打完郕国后，这一年的冬天，齐国就有了重大变局。从“君子”所代表的封建秩序角度看，不遵守礼仪，自私地夺占共同出兵得来的好处，这样的齐国，终究还是要为忽视礼仪而付出惨痛代价的。

史书中的小人物

鲁庄公八年，《春秋》经文：冬十有一月癸未，齐无知弑其君、诸儿。齐国发生了弑君的事情，当然是大动乱，让我们看看《左传》如何记录这件事的始末。

齐侯使连称、管至父戍葵丘，瓜时而往，曰：“及瓜而代。”期戍，公问不至。请代，弗许，故谋作乱。齐襄公派两个大夫“连称”和“管至父”去戍守葵丘，前一年的瓜熟季节，也就是农历七月左右派他们去，讲好到下一年同一时间，会派人代替他们，让他们回来。他们在那里戍守了一整年，时间到了，齐襄公却对他们不闻不问。他们主动请求按照原本的约定派人来代替，齐襄公竟然也不答应。两个人心中大不满，就想要谋叛了。

僖公之母弟曰夷仲年，生公孙无知，有宠于僖公，衣服礼秩如適。襄公绌之。二人因之以作乱。齐襄公的爸爸齐僖公，有一个同母弟弟叫夷仲年，也就是齐襄公的叔叔，生了一个儿子公孙无知，是齐襄公的堂弟。僖公在世时，很疼爱公孙无知，用对待自己嫡子的方式宠待他。等到僖公死了，襄公即位，襄公就把公孙无知的待遇降等。公孙无知当然因此而感到不满。连称和管至父知道公孙无知的情况，就去拉拢他来一起谋叛。

另外，连称有从妹在公宫，无宠，使间公。曰："捷，吾以汝为夫人。"连称有一个堂妹，是齐襄公的妾，但并不受宠。公孙无知就叫她帮忙侦查齐襄公的举动，并且承诺她：如果事成了，公孙无知当上国君，就会册封她做夫人。

冬十二月，齐侯游于姑棼，遂田于贝丘。见大豕，从者曰："公子彭生也！"公怒曰："彭生敢见！"射之。豕人立而啼，公惧，队于车。这里出现了很戏剧性的场面。齐襄公到姑棼这个地方游玩度假，顺便就到附近的贝丘打猎。这时出现了一头奇怪的大野猪，旁边的随从惊讶地说："那是死去的公子彭生啊！"公子彭生是谁？就是当年鲁桓公到齐国，死在车上时，替鲁桓公驾车的人，讲白了，也就是有可能奉了齐襄公之命谋杀鲁桓公的嫌疑犯。事情发生后，在鲁人的抗议下，齐襄公下令杀了公子彭生给鲁人交代。

结果，八年之后，公子彭生还阴魂不散，化身为大野猪出现在齐襄公面前。齐襄公不信邪，骂："公子彭生敢出现来跟我搞鬼！"就用箭射那只大野猪。大野猪中箭，用后脚站立起来，发出像是人哭喊的声音，齐襄公被吓得从车上摔下来。这里的"队"就是坠的意思。

伤足，丧屦。反，诛屦于徒人费。弗得，鞭之，见血。走出，遇贼于门，劫而束之。费曰："我奚御哉？"袒而示之背。信之。齐襄公从车上摔下来，脚受了伤，连鞋也掉了。他一定很在意公子彭生来寻仇，也一定觉得自己被大野猪吓得摔车很没面子，所以就特别在意掉了的鞋子。于是命令一个下层的仆从"费"去找鞋子，然而在田猎场掉了的鞋子，要怎样找回来？费找不到，齐襄公气得鞭打他，打得背上都出血了。为了一只鞋反应如此激烈，这样的细节描写，让我们清楚了公子彭生是齐襄公心头的一片阴影，也就知道了鲁桓公之死，必定有不可告人的内情。

费刚被责罚完，出了门，竟然就遇到了"贼"，就是公孙无知和连称、管至父他们合谋作乱，派来的人。费被抓住绑起来。费告诉他们："不需要绑我，我怎么可能抵抗你们呢？"他把衣服脱下来，给贼看自己刚刚被打的痕迹，意思是齐襄公这样虐待我，你们还需要担心我会站在他那边帮他吗？贼被说服了。

费请先入，伏公而出，斗，死于门中。石之纷如死于阶下。遂入，杀孟阳于床。曰："非君也，不类。"见公之足于户下，遂弑之，而立无知。这段写得极精彩、极有条理。费自告奋勇，先去帮贼探路，进去之后，却忠心耿耿地把齐襄公藏起来，然后拿了兵器出来和贼相斗，终于被贼杀死在门中。这意味着费想要守门却守不住，贼就进了门。然后又有一个侍从小臣叫"石之纷如"的，在庭中抵抗，还是挡不住贼，在阶下被杀了。那么贼也就上了阶，入了室，齐襄公的卧床上有人，贼就把那个人杀了。但那不是齐襄公，而是另外一个侍从小臣孟阳，故意假装是齐襄公，躺在床上。但贼没有上当，他们看了床上被杀的人，说："长得不像，应该不是国君。"又找，就发现齐襄公的脚从门板下露出来，这时我们才知道费原来做了这些安排，把齐襄公藏在一扇门后面。但他白费苦心了，齐襄公还是被找到，当场被杀了。公孙无知就取而代之，当上了齐国的新国君。

这段叙述的重心，是费。《左传》不只要告诉我们齐襄公被杀了，还要记录费的特殊行为。尽管受到齐襄公无理的责罚，他仍然舍命效忠，而且有勇有谋，差点就成功骗过贼，让齐襄公可以脱难。不只是费，还有石之纷如和孟阳，大乱骤至，他们也都义无反顾地选择了舍命保护主公，他们的地位极低，但他们的行为高贵，代表封建道德价值立场的《左传》特别要让他们的事迹传留下来。

回头看，《春秋》经文是怎么写的？重抄一次：冬十有一月癸未，齐无知弑其君、诸儿。刚刚没有解释什么是“诸儿”，诸儿不是齐襄公的儿子，是他身边这些地位卑下的侍从。他们不重要，所以叫作“诸儿”。既然不重要，那《春秋》为什么要附笔写“弑其君、诸儿”，光写“弑其君”不就表明事件重点了吗？读了《左传》的记录，我们知道了诸儿的死法，也就明白了他们身上具备了忠君死君的美德。张扬、标举他们的美德，对《春秋》而言，和记录齐襄公被无知所杀同等要紧。

诸儿向我们展现了春秋时期很特殊的一种人格典型，展现了重原则而轻生命的当下抉择。《左传》中有很多像费、石之纷如、孟阳这类让我们惊讶的故事，因为他们如此容易地做出牺牲自我生命的决定。这种没有自我悲壮感，甚至视之为理所当然的牺牲精神，是春秋时期的特产。一方面是原有的封建伦理规范深植人心，另一方面又有巨大的现实力量在破坏封建环境，这逼使那些坚持维护封建价值原则的人，很容易要面对最极端、最艰难的考验，也就逼使他们几乎随时做好准备，当考验降临，他们心中早有明确不疑的答案。

这种刚烈、舍命奉原则的个性，在往后的历史中，虽偶有灵光闪现的例子，然而整体看来，从汉朝以下，普遍地在中国社会消失了。这是我们观察中国人的集体性格时，看到的一项关键的古今变化。

再往下读，这一段的最后是：初，襄公立，无常。鲍叔牙曰："君使民慢，乱将作矣。"奉公子小白出奔莒。乱作，管夷吾、召忽奉公子赳来奔。回顾当年齐襄公刚即位，行为无常，不守规矩，大夫鲍叔牙就预测：一个国君用这种轻慢的态度来治民，不用太久，国家一定会有乱事发生。正因为早有这样的预测，所以，鲍叔牙陪着公子小白（就是后来的齐桓公）出逃到莒去。齐襄公遇刺后，另外两位大夫管夷吾和召忽陪着公子纠逃到鲁国来（"来奔"）。

第四章　实力比名分更重要

才重于德的时代

庄公九年，《春秋》经文记录：九年春，齐人杀无知。现世报来得这么快，前一年冬十二月无知才弑齐襄公，自己当上齐国国君，不到三个月的时间，换他被杀了。《左传》解释：初，公孙无知虐于雍廪。九年春，雍廪杀无知。

早先，公孙无知曾经苛待、虐待过齐国的一位大夫雍廪，两人间有很深的嫌隙，这下子公孙无知自立为君，对雍廪太不利了，于是他干脆先下手为强，趁公孙无知刚即位，还没有防备时，杀了他。

齐襄公死了，公孙无知也死了，齐国一下子没有国君了。所以经文说：公及齐大夫盟于暨。传文则补充说：齐无君也。所以是邻近齐的大国，也就是与齐关系最密切的鲁国，这时出面和齐国大夫盟会，暂时代为维持秩序。

接着经文说：夏，公伐齐，纳子纠。齐小白入于齐。奇怪了，不是和齐国大夫才盟会过，为什么鲁庄公随即派兵攻打齐国呢？看《左传》的解释就清楚了：夏，公伐齐，纳子纠，桓公自莒先入。一个关键字是“先”，逃到莒去的公子小白，这时先进入齐国了；另一个关键词则是“桓公”，意味着公子小白不只入齐，而且已经即位当了新的国君。这破坏了鲁庄公原来的打算，因而他匆忙动员军队，要用武力把公子纠送进齐国，取代公子小白当国君。

秋，师及齐师战于乾时，我师败绩。公丧戎路，传乘而归。秦子、梁子以公旗辟于下道，是以皆止。鲁国出兵的结果如何？就算齐国刚经大乱，新立的国君能调派的军队，都还是强过鲁国。在乾时这个地方的决战，鲁国大败。“败绩”是记录大败、溃败的正式用语。败得多惨呢？输到亲自带兵的鲁庄公，都失去了他的专用兵车，换别的车逃走。这里的“丧”其实是鲁庄公自己抛弃的，鲁国的两位部将秦子、梁子用鲁庄公的车和帅旗，故意躲在小路边，代替鲁庄公被齐国俘虏了。靠这种很没面子的方法，鲁庄公才得以回到鲁国。

鲍叔帅师来言曰：“子纠，亲也，请君讨之。管、召，仇也，请受而甘心焉。”乃杀子纠于生窦。召忽死之，管仲请囚，鲍叔受之。鲍叔牙到鲁国来传达齐桓公的要求，《左传》特别说“率师来言”，他是带着军队来的，根本没有要跟鲁国商量，强制鲁国照做。第一项要求：因为公子纠是亲人，齐桓公不便自己动手，所以请鲁国代为除掉。第二项要求：公子纠身边的管夷吾、召忽，则是和齐桓公作对的，所以要把他们押回去施罚才会甘心。鲁国只好照办，在生窦这个地方杀了公子纠，召忽随公子纠自杀，管仲则愿意回齐国，鲍叔牙从鲁人手中把管仲接过来。

及堂阜而税之，归而以告曰："管夷吾治于高傒，使相可也。"公从之。堂阜，地名，在鲁齐两国交界。才刚过了国界，鲍叔牙就将管仲给释放了。回到齐国都，鲍叔牙更进一步对齐桓公说：管夷吾的治国能力，比高傒还强，可以任命他为相。高傒是当时齐国的上卿，地位高，名声也好，鲍叔牙却认为管仲比他还强。齐桓公就接受了鲍叔牙的建议。

这就是齐国霸业的开端，又是以鲁国作为其垫背基础的。这里同时有一段丑闻和一段佳话，丑闻是同样追随公子纠，召忽按照封建惯例，与君同死，管仲却苟且偷生，宁愿被抓回齐国去。佳话则是鲍叔牙有识人之明，又有容人之量，竟然推荐前一刻还为敌的管仲，让他担任比自己更高、更重要的位子。

政治哲学再突破

鲁庄公十年，《左传》的第一条记录，开头就说：十年春，齐师伐我，公将战。齐鲁之间的纷争持续着，齐国又派军队来攻打鲁国，尽管前一年秋天才经历惨败，鲁庄公仍然没打算求和，准备一战。

曹刿请见。其乡人曰："肉食者谋之，又何间焉？"刿曰："肉食者鄙，未能远谋。"为了准备和齐人打仗的事，曹刿请见鲁庄公。曹刿是个什么样的人？后面这两句话为我们解释了。他同乡里的人劝他不要去，理由是："打仗是有地位的人的事，你去跟人家搅和什么？""肉食者"在当时原本并没有轻蔑、贬抑的意思，是用来指称大夫以上，有身份有地位，可以不用到七老八十就有资格吃肉的贵族。从这句话我们了解到，曹刿甚至连大夫都不是，顶多是个士，地位很低，所以乡人才会用这种话讽刺他，说你哪有那样的地位去管这种大事啊！

曹刿没地位，却有自信。所以他说：“那些高高在上的人，眼光短浅，看近不看远，能干什么用！”是经他这么一说，经《左传》这样记载，“肉食者鄙”才在后来变为成语，我们今天才会看到“肉食者”就觉得是有贬义的。

曹刿没有大夫的地位，却如此看不起大夫，这不是原来封建秩序的规矩。还有，他连大夫的地位都没有，却主动去求见国君，国君竟然也见了，这也是破坏封建秩序的醒目现象。我们在这里看到了春秋时期突破阶级壁垒、以能力取才的新倾向。只要对国家可能有帮助，鲁庄公很乐意见根本没有卿大夫身份的曹刿；同样地，只要对国家可能有帮助，齐桓公也很乐意重用原本属于敌对阵营的管仲。

封建秩序原来是一套人才秩序。一个人的价值，是由他的封建位阶所决定的。但到了鲁庄公这个时期，国君开始发现，选人时拘泥于由封建秩序圈围起的人才范围，往往对国家不利。不管是内斗争权、抵御外侮或动员扩张，都会需要原有的人才架构不见得能提供的才能。相应地，原本处于架构外围的文士、武士，在新环境中就取得了前所未有的新自信。

再往下看，我们发现就连见到了国君，曹刿都还是一副大刺刺的模样。乃入见，问何以战。公曰：“衣食所安，弗敢专也，必以分人。”对曰：“小惠未遍，民弗从也。”曹刿入宫见到了鲁庄公，还没给建言，先问：“凭什么条件打仗？”鲁庄公先是强调自己很慷慨，好衣服好饮食，不会独享，都会分给别人。曹刿不满意这个答案，虽然形式上是下对上的“对曰”，但讲话的内容却比较像是老师教训学生："你这种小恩小惠，能给多少人？绝对不可能遍施给所有的鲁国人，人民不会因为这样就死忠跟从你的。"

公曰："牺牲、玉帛，弗敢加也，必以信。"对曰："小信未孚，神弗福也。"鲁庄公继而强调在实行礼仪时，一切按照该有的规矩来，不夸张不僭越。这里的"信"，是信守规范的意思。为什么以此为可以打仗的条件？当然就是对应于那个时代其他诸侯纷纷自我膨胀、破坏礼仪的做法，鲁庄公认为跟这些人相比，自己最"照起工来行"，天公应该会疼好人。曹刿对这个答案也不满意，他说："这只是'小信'，意味着你守的是容易守的小规矩，但在更重要的大规矩，例如对周天子的责任和诸国之间的封建权利义务上，你怎么可能都遵守原来的规矩？光凭这个就相信神会保佑你，太天真了吧！"

公曰："小大之狱，虽不能察，必以情。"对曰："忠之属也，可以一战。战，则请从。"鲁庄公又想了一个可以战的理由："关系到刑罚时，不论大案或小案，虽然我没有办法每一件都调查透彻，但一定依照看到的事实，而不以关系或感觉来评断。"这里的"情"，是"真实"的意思，古文中的"情"一般都不是我们现代所说的"感情"的意思，而是指真实状况。到这里曹刿才算听到了可以认同的说法，他说："这是认真看待工作，尽忠职守的表现，以这为基础，就有条件和齐国作战了。出兵打仗时，请让我一起去。"

曹刿的态度是：在战与和的选择间，要有冷静的评估。鲁庄公自己觉得有把握的前两项作战条件，在曹刿看来，并不牢靠。反而鲁庄公排到第三名的条件，曹刿才同意、认可。第三项条件和前两项的差别在哪里？在“忠之属也”，这关系到国君自身忠于人民、忠于职守，所以有办法刺激人民对他效忠。很明显，曹刿的政治智慧强调“忠”是双方互动形成的，绝不是上对下单方面要求可以得到的。

西周初年，周人克殷之后，全面进行封建，他们必须认真思考用什么方式才能有效统治人民，建立政治秩序，所以在那个时代，出现了中国最早的政治哲学思考。几百年后，到了东周，因应新的社会流动与政治上的不安局面，原有的政治原则不再适用，这刺激出了新一波更加壮阔的政治哲学思考，曹刿和鲁庄公的对话，正是这波大思考开端时期的例证。

君子不懂的计谋

鲁庄公真的决心一战，也答应让曹刿同行，还让曹刿登上了自己的专车。公与之乘。战于长勺。公将鼓之，刿曰：“未可。”齐人三鼓，刿曰：“可矣。”齐师败绩。鲁军和齐军在长勺列阵决战。鲁庄公打算下令击鼓，让军队向前，被曹刿制止了。这个时候，显然双方打的，仍然是依循基本封建规范的仗，也就是双方布阵完成后，一方击鼓表示准备向前了，然后另一方也击鼓向前，于是正式接战。

曹刿要让齐人先击鼓。齐人击鼓了，他都还不让鲁军出动。等齐人打了三次鼓，曹刿才说：“现在可以了。”鲁军击鼓，双方接战，结果齐军大败。

公将驰之，刿曰：“未可。”下，视其辙，登轼而望之，曰：“可矣。”遂逐齐师。这段和前一段对称。接战后，齐人败退了，鲁庄公的自然反应是立刻要指挥军队追杀，又被曹刿制止了。曹刿从车上下来，观看齐军留下来的车轮痕迹，又站到车前横杠上眺望一番，才说：“现在可以了。”鲁军追过去，齐军被赶出了鲁国国境。

既克，公问其故。仗打赢了，鲁庄公问曹刿为什么会给那样的指示。这显示了作战的当下瞬间，鲁庄公没有问、也不知道曹刿是何道理，也就意味着鲁庄公对曹刿是近乎盲目地听从，等到战事告一段落才来询问。事实上，这样的信任也是打胜仗的关键。

对曰：“夫战，勇气也。一鼓作气，再而衰，三而竭。彼竭我盈，故克之。夫大国，难测也，惧有伏焉。吾视其辙乱，望其旗靡，故逐之。”曹刿解释：作战凭借的是勇气。“勇气”两字最早在此连用。曹刿强调了战争不是现实条件的对抗，而是武勇精神的对抗，有其精神层面的考量。“听到鼓声，胸中燃起斗志来，斗志最高昂时却没有能冲出去，等到第二次鼓声，就没那么武勇了，再等到第三次鼓声，齐军的勇气都漏光了。我们这边才击鼓刺激出斗志，那边没气了，这边气饱饱的，所以我们会赢。”至于阻止鲁军立即追上去，理由是：“我们面对的是大国，他们的军队资源充分，因而行为很难捉摸，可能会有埋伏。我看到他们的车轮痕迹紊乱，又看到他们的旗帜东倒西歪，确定不是假败要引我们中伏，所以才放心让军队追过去。”

周代的战争术语

这里我们要先跳到庄公十一年的一段传文，来好好了解一下，记录国与国之间战争关系的特殊用语的精确意义。

凡师，敌未陈曰败某师；皆陈曰战；大崩曰败绩；得俊曰克；覆而败之曰取某师；京师败曰王师败绩于某。

军队作战，如果对方还没有摆好阵势，这方就冲过去把人家打败了，叫“败”;双方都摆好阵势，才能称“战”;接战之后，一方的战阵被对方彻底瓦解了，叫“败绩”；打赢战役，而且还抓到对方有地位的重要人士，那是“克”；如果设了埋伏让对方中计而得到胜利，则称“取”。还有，若是周天子的军队战败了，那就要记为“王师败绩于某”。

按照这样的定义，我们知道，在长勺，齐鲁双方是“战”；因为曹刿延迟鲁方“鼓”的做法，双方接战后，齐国军队的阵线被冲散了，士兵无序地往后散逃，鲁军追击，过程中还俘虏了齐营中的重要人物，这是“克”。

《春秋》发展出这样一套区别性的文辞用法，《左传》在鲁庄公十一年正式写下解释，这具有高度的时代象征意义，表示从这个时候起，诸国间的战争愈来愈频繁，而且战争采取的形态也愈来愈复杂。另外，无可避免、无可否认的事实是，周天子的军队没有了原本封建秩序中的权威高位，就不一定能自上而下征伐，更不一定会、不一定要打赢。在这件事上，封建秩序只剩下残影：遇到“京师”打败仗时，给它一个特殊的说法，而且还是明显偏向诸侯立场的说法——只要是天子的军队输了，都叫作“败绩”。因为理论上天子军队较高较大，所以只要输就都是大输、大崩等级的输。还有，“败绩于某”意味着要记录周天子的军队是输给了谁，把那个国的名字写上去，表面上是谴责，实质上等于在帮这个有本事打败天子的国家炫耀、宣传。

回到庄公十年，《左传》的下一条，开头是：夏六月，齐师、宋师次于郎。“郎”是鲁国境内的地名，“次”字我们前面看过，指军队在一个地方停留超过两个晚上。齐国和宋国的军队进入了鲁国，逗留在鲁国境内。联系前面正月发生的事，我们很容易了解，对于长勺一役的失败，大国齐国咽不下这口气，将近半年后，联合宋国一起进逼鲁国。

两国军队停在那里，就看鲁国如何反应。鲁国可以派兵到“郎”来正式应战，要是鲁国觉得两国军队太强，没有胜利的希望，那就该用外交渠道，付出一定代价让两国退兵。

公子偃曰：“宋师不整，可败也。宋败，齐必还。请击之。”公弗许。鲁庄公还没决定要战还是要和，大夫公子偃主张：齐、宋两国的军队阵容不一样，宋国显然弱得多，如果可以先打败宋国军队，齐国也就只好退兵。本来齐国找了宋国，是要来帮拳助阵，鲁国却可以利用宋国较弱的条件，牵制齐国。公子偃自告奋勇，带领军队去攻击宋军。不过，鲁庄公听了，并没有准许他带兵出战。

自雩门窃出，蒙皋比而先犯之。公从之。大败宋师于乘丘。齐师乃还。没有得到鲁庄公允许，公子偃却还是私自带领军队，从西南边的门出去，在马身上披着虎皮，进犯宋国军队。知道公子偃出城进攻宋军，鲁庄公也就自己带领大军跟随着，到了乘丘这个地方，鲁军打败了宋军。公子偃的做法显然是奇袭，宋军来不及列阵，所以按照前面解释的文字用法，记录为“大败”，而不是“宋师败绩”。宋国军队被打败后，果然如公子偃预料的，齐国受到牵制，也就只好退兵了。

所以，前面的“公弗许”，并不是鲁庄公不赞同公子偃的意见，而是不同意由公子偃带兵去打宋军。公子偃不希望功劳落到别人身上，大胆“窃出”，鲁庄公也就顺应带大军在他后面跟进了。

礼仪秩序只是借口

再下来的事件，经文记录：秋九月，荆败蔡师于莘，以蔡侯献舞归。传文里有比较详细的说明：蔡哀侯娶于陈，息侯亦娶焉。息妫将归，过蔡。蔡侯曰：“吾姨也。”止而见之，弗宾。

这件事的开端起自蔡哀侯，“哀”字是谥号，看到这样的谥号，我们知道：第一，他活得不长；第二，在后人评价中，他的德行好不到哪里去。蔡哀侯的妻子是从陈国娶来的，而当时息侯的妻子同样也是娶自陈国。封建秩序中，各国贵族尤其是国君的婚姻，基本上是外交的一部分。借由婚姻，各国彼此都成了累世亲戚，结成自然的纽带。不过，在封建秩序动摇的过程中，姻亲关系也很容易转变成国与国之间的冲突来源。

这就是一个突出的例子。息侯的妻子息妫（妫是她娘家陈国的姓）要回陈国娘家，中途路过蔡，蔡侯说：“这是我妻子的姐妹啊！”按照亲族礼仪，就留住息妫，和息妫会面了，会面时，蔡侯对息妫有了不规矩的话语或行为。

息侯闻之，怒，使谓楚文王曰：“伐我，吾求救于蔡而伐之。”楚子从之。妻子被蔡侯轻薄的事被息侯知道了，他当然很生气，要出一口气。不过显然在实力上，蔡大息小，应该也就是这样，蔡侯才敢对息妫不礼貌吧！息国无法自己对付蔡国，息侯就有了他的算计。他派使者去跟楚文王商量，要楚文王先出兵打息国，息那么小，楚那么大，息国当然抵挡不了楚国，那么息侯就会去向和楚国同等级而且跟息有姻亲关系的蔡国求救，蔡国不得不帮助息国，那么楚国就可以有借口打蔡国了！

这真是个精巧的外交阴谋啊。用这种方式，息国给楚国一个可以攻打蔡国的借口，息比蔡弱，楚却比蔡强，更重要的是，蔡国在楚国旁边，早就是楚国觊觎、想要扩张控制的对象。

秋九月，楚败蔡师于莘，以蔡侯献舞归。楚同意了息的提议，出兵打败了蔡国，还把蔡侯带回了楚国。“献舞”是蔡哀侯的名字，这里他实质上失去了国君的地位，所以《左传》也就相应改称，不再称“蔡哀侯”，而是称“蔡侯献舞”。

下一段，回头再看发生在齐国的事。经文说：冬十月，齐师灭谭，谭子奔莒。传文解释：齐侯之出也，过谭，谭不礼焉。及其入也，诸侯皆贺，谭又不至。冬，齐师灭谭，谭无礼也。谭子奔莒，同盟故也。“齐侯”指的是齐桓公，当时齐襄公被杀，齐国混乱时，齐恒公出亡，经过谭国，这是比邻齐国的小国，爵位是第四级的子，谭国没有用对待大国公子之礼待他。等到公孙无知死了，齐桓公抢在公子纠之前进入齐国即位，附近其他国家纷纷遣使往贺，表示承认齐桓公的国君地位，谭国又没有来。所以，齐桓公在位一年多后，来报复了，以谭国无礼为理由，灭掉了谭国。这次换作谭子出亡了，他逃到莒国去，因为谭国和莒国有着同盟关系。

“谭无礼也”，《春秋》《左传》在意“礼”，但即便是从《春秋》《左传》的记载中都看得出来，在大环境的变化下，礼被扭曲了，很容易被拿来当作借口，实质的决定性因素，还是国力的大小强弱。

前后两件事，看到的都是小国在大国夹缝中的处境。像齐这样的大国，一旦内乱，必定波及周围的国家。谭国所做的，其实不过就是和鲁国一样，在齐国内乱中选错了边。鲁国赌在公子纠身上，谭国很可能只是保持中立，不表态。然而乱平之后，为了建立威信，齐桓公就出兵惩罚这些当时没有站在他那边的国家。鲁国够大，虽然败于乾时，还有办法在长勺一战扳回局面。谭国就可怜了，完全不是齐国对手，直接被灭掉了，谭子勉强得以身免。至于他为什么逃到莒国去呢？回头看一下，当时公子小白（齐桓公）出亡，就是去投奔莒国，莒国有恩于齐桓公，才有办法庇护谭子。

谁是称职的国君

《史记·太史公自序》中说：《春秋》之中，弑君三十六，亡国五十二，诸侯奔走不得保其社稷者不可胜数。短短两三年的记录中，我们就看到了公孙无知弑君，看到了谭国灭国，看到了蔡哀侯奔走，不得保其社稷。为什么会这样？太史公的解释是：察其所以，皆失其本已。失掉了根本的封建秩序的行为准绳。而我们可以更进一步解释：原有的封建结构，使得各国之间彼此连动，更恶化了动乱的程度。

齐国内乱，不会只是齐国自己的事。公子小白奔莒，莒就牵进来了；公子纠奔鲁，鲁就牵进来了。甚至光只是小白路过谭，谭竟然也就因此被灭国了。谭子可不可以聪明些，知道好好善待公子小白，如此就能避祸呢？不见得。他要是选择善待小白，难道不会惹来公孙无知的报复？后来如果是公子纠而不是公子小白继承了齐国国君位子，谭国不会因此而被公子纠报复吗？

小国根本没有太大的选择自由，只能被时局摆弄。灭掉小国后的大国变得更大，也就有更强的动机侵夺其他小国，同时大国与大国之间的缓冲地带也就愈来愈少，彼此间的争斗只会愈形激烈。

鲁庄公十一年，《左传》的第一条：十一年夏，宋为乘丘之役故，侵我。公御之。宋师未陈而薄之，败诸鄑。这一年的夏天，宋国出兵侵入鲁国境内。“侵我”，意味着宋国军队直接进入国境，并没有停留在一地，等鲁国派军队来迎战。宋国怎么会做出这样的事来？前一年，宋国和齐国一起出兵，鲁国却选择攻击宋国，在乘丘打败了宋国军队，瓦解了宋齐联军。这件事当然对宋国伤害很大。宋国和鲁国一样，是第一等的封侯，国君的头衔是公，因而也就自视为大国，鲁国用这种方式对待他们，摆明了宋国好欺负，他们吞不下这口气。

“公御之”，表示鲁庄公亲自带兵前往防御宋军，趁着宋国军队还没列阵完成，鲁国军队就冲过去了。“陈”就是“阵”，“薄”就是“迫”。于是在鄑这个地方打败了宋军。因为不是列好阵正面打的仗，所以叫作“败”。

这意味着，两年之间，鲁和宋连续两场大战，两次都是宋国挑衅入侵，而且两次都以鲁国获胜收场。宋国的地位因此大受影响。而后面还有更倒霉的事在等着宋国。《左传》接着记录：秋，宋大水。公使吊焉，曰：“天作淫雨，害于粢盛，若之何不吊？”秋，宋国遭遇了大水灾，人命和财产损失严重。尽管连续两年和宋国打仗，鲁庄公还是决定派遣使者前往慰问。他说：“天降下大雨，将农作物都摧毁了，怎么能不去慰问？”鲁国的使者将这话转达给宋的国君宋闵公，宋闵公用谦卑的方式回应（“对曰”）：“这是我的错，是我对上天不够敬谨带来的后果。上天降下了灾祸惩罚我，竟然又使得鲁国国君为此担忧，承蒙这样的关心，我实在担待不起。”

臧文仲曰：“宋其兴乎！禹、汤罪己，其兴也悖焉；桀、纣罪人，其亡也忽焉。且列国有凶，称孤，礼也。言惧而名礼，其庶乎！”宋闵公对鲁使者说的话，传回鲁国，以知礼著称的鲁大夫臧文仲评论说：“宋国将要繁盛发达了吧！夏禹和商汤遇到事情先怪罪自己，于是夏和商就突然兴起了；夏桀和商纣刚好相反，遇到事情都怪别人，于是夏和商也就突然灭亡了。”知礼的人也必定熟知历史，所以他用历史的例子来作比拟，同时也可以看出在周人的基本价值观念中，做国君的要时时检讨自己的责任，把过错推诿给别人，动不动就惩罚底下的人，是亡国之君才会有的行为。

臧文仲另外指出一点：遇到国家有凶事、灾难，国君要自贬、谦抑地自称“孤”，这是合于礼的做法。宋闵公说话时表现出战战兢兢的态度，又能用合于礼的称呼，这很像样了！“其庶乎”或“庶几乎”，是古语中习惯的称赞用语，本意是“差不多了”，引申为“做到这样已经很不容易了”。

既而闻之曰：公子御说之辞也。臧孙达曰：“是宜为君，有恤民之心。”之后又有新的讯息传来，说那些话是宋闵公的弟弟公子御说替他准备的文辞。于是鲁国另外一位重要的大夫臧孙达就评论：那么这个公子御说适合当国君啊！他有一颗同情、怜悯人民遭受苦难的心。

臧文仲和臧孙达的话，都是预言。《左传》中记录了很多预言，绝大部分都是准确的。当然我们可以说，那是因为撰写、整理《左传》的人已经看到这些事情的结果，所以很容易挑准确的讲，忽略掉那些讲错了的。但重点是，借由这些说中了的预言，《左传》试图说服读者，人事自有其颠扑不破的规则，什么样的因会生什么样的果，什么样的发展会有什么样的迹象，背后都是有道理的。这既是对封建秩序的辩护，同时也是一种严肃的政治理论与历史哲学信念。

另外，臧孙达所说的，反映了春秋的另一项新的关怀，那就是什么样的人适合担任国君。原来的封建制度中，照理不存在这样的问题，谁当国君，是由身份决定，不牵涉能力。但春秋时代这种“弑君三十六，亡国五十二，诸侯奔走不得保其社稷者不可胜数”的环境，却无可避免地让人意识到：对或不对的国君在位，会带来截然不同的结果。有的国会因此而坐大，也有的国会因此陷入灾祸，乃至灭亡。于是关于统治能力的讨论，关于如何制定衡量统治能力的标准，就成了这个时代愈来愈热门的新兴话题。这个背景是我们在《左传》里面能清楚地看到的，也是直到两千多年后的今天，当我们思考政治、理解统治的时候，仍然可以参考的。

第五章　霸业形成

传奇大力士的悲剧

接着来看发生在鲁庄公十二年的事情。经文中说：秋八月甲午，宋万弑其君捷及其大夫仇牧。《左传》则在庄公十一年的部分给了来龙去脉的说明。乘丘之役，公以金仆姑射南宫长万，公右歂孙生搏之。宋人请之。

前一年鲁国大败宋国军队的乘丘之役中，鲁庄公曾用他的弓“金仆姑”（一说是箭，不过箭射出去就回不来，以此为箭命名实在不太合理）搭箭射中了宋国的大夫南宫长万，然后和鲁庄公同车的“车右”部将歂孙将南宫长万给生擒俘虏了。宋人请求鲁国将南宫长万放回去。

宋公靳之，曰：“始吾敬子，今，子鲁囚也，吾弗敬子矣。”病之。鲁国将南宫长万放回宋国，宋闵公却嘲笑南宫长万，说：“以前我很怕你啊，没想到，现在你竟然做了鲁国的俘虏，我就不用再那样怕你了。”依照《史记·宋微子世家》的说法，这句话是宋闵公和南宫长万一起打猎时，两人赌输赢，为了争抢猎物起了冲突，宋闵公负气而说的。南宫长万是个大力士，所以宋闵公说以前怕他，这里“敬”是敬畏的意思，现在发现原来他也会被人在战场上生擒，没那么厉害，就不必怕了。宋闵公这番话触及了南宫长万的痛处，让他极为在意、极度不爽。

这就是十二年秋宋国变局的前因，和鲁国有关。接着，十二年秋，宋万弑闵公于蒙泽。遇仇牧于门，批而杀之。遇大宰督于东宫之西，又杀之。立子游。又来了一桩弑君案。“宋万”就是前面说的南宫长万。既是重要大夫，又是勇士，又是大将的南宫长万无法忍受被宋闵公如此奚落侮辱，索性将宋闵公杀了。蒙泽是地名，可能又是宋闵公的另外一个打猎居停之处。

南宫长万一杀杀红眼了，在门口遇到另一位大夫仇牧，就把仇牧也杀了。“批”是徒手击打的意思，真可怕，没有用武器，光是空手，南宫长万也能杀人，可见他力气有多大。东宫是诸侯的内室，显然南宫长万是进到宋闵公的内室杀了他，出来遇见仇牧，杀了仇牧，再朝西走，要从中间的大门出去，途中遇到宋国的最高执政官华督，把他也杀了。这显然是个性极冲动的一个人被激怒时，没有多加考虑的冲动行为。

然后，南宫长万就立宋国的公子子游当新的国君。群公子奔萧，公子御说奔亳。南宫牛、猛获帅师围亳。突遭此变，宋闵公的兄弟、儿子们纷纷出逃，许多到了邻近的萧，宋闵公的弟弟公子御说则逃到了亳，这是殷商的旧都城所在之地，宋国本来就是殷人之后，亳在宋国境内。知道公子御说没有逃离宋国，南宫长万的儿子（一说是弟弟）南宫牛和另一名武将猛获就率领军队围攻亳城。

冬十月，萧叔大心及戴、武、宣、穆、庄之族，以曹师伐之。杀南宫牛于师，杀子游于宋，立桓公。显然，南宫长万粗暴的做法引起了宋国贵族的公愤。《左传》这里强调“戴、武、宣、穆、庄之族”，意味着宋国五代的王族后裔联合起来反对南宫长万。而这些国君族裔，也就是前面提到的“群公子”，他们集体离开宋国都城，都到了萧，在萧的大夫大心的支持下，调用了曹国的军队，讨伐南宫长万。先是在“师”这个地方打败并杀了南宫牛，然后又长驱直入宋国都城，杀了由南宫长万拥立的子游，改立宋桓公为国君。子游只当了两个月国君，没有得到列国的承认，所以就没有谥号，从头到尾都只称子游。宋桓公就是公子御说。

也就是说，南宫长万将注意力放在防范公子御说，却忽略了在萧的“群公子”，让“群公子”得以在萧集结力量，动员了邻国曹国军队，把他打败了。

猛获奔卫。南宫万奔陈，以乘车辇其母，一日而至。看情势不对，猛获逃到卫国，南宫长万自己也逃到陈国去。不过即使是逃走，他的气魄也和别人不一样。“辇”字的意思是用人的力量，而不是用牛、马拉车。南宫长万自己拉车，载着母亲一起走，从宋国到陈国，两百六十里，也就是超过一百公里的路程，他竟然一天就到了。这是什么样的神力！

有了这样的后续发展，我们回头就明白了，难怪《左传》要特别记录鲁庄公自己射中了南宫长万，还将南宫长万生俘，这真是何其难得的事。我们也就能够进一步理解，南宫长万回到宋国，为什么宋闵公要那样开他玩笑——就连你那么武勇的人，也有被鲁国抓起来的一天啊！

宋人请猛获于卫。卫人欲勿与。石祁子曰："不可。天下之恶一也，恶于宋而保于我，保之何补？得一夫而失一国，与恶而弃好，非谋也。"卫人归之。宋国要求卫国把猛获引渡回来，卫国本来不打算答应。但卫国大夫石祁子说："这样是不可以的。所有的国家有同样的禁忌厌恶，都无法接受弑君作乱的行为。这个人在宋国被人厌恶，却在我们国家得到庇护，庇护他对我们国家有任何好处吗？就算他有什么本事，有什么价值，得到这样一个人，却得罪了宋国。是非不明，支持作乱而排斥正确仪节，如此绝非善于为国家着想的做法。"卫国接受了石祁子的建议，把猛获送回了宋国。

石祁子明显代表了封建秩序的原则，谁会赞成支持弑君作乱呢？那么卫国原本不打算送还猛获，又是出于什么样的考虑？那是从强弱消长而来的算计。邻国动乱，对自己不见得是坏事。留着一个有本事可以带兵的大夫，而且是有可能扰乱宋国的猛获，当然对卫国有好处。《左传》站在维护传统秩序的立场，将石祁子的话表现得正义凛然，但实质上，春秋最关键的时代特色，却正是源自传统秩序的答案不再那么理所当然，受到了严重的挑战。

亦请南宫万于陈，以赂。陈人使妇人饮之酒，而以犀革裹之。比及宋，手足皆见。宋人皆醢之。这里我们马上就看到了不遵守传统原则可能带来的好处。宋国也向陈国请求引渡元凶南宫长万。为了怕陈国不给，宋国准备了厚礼送给陈国。陈国被收买了，就使出美人计，派女人去陪南宫长万喝酒，把他灌醉，这样才有办法抓住他。抓住他之后，还不敢大意，用当时人认为最强韧、最牢靠的犀牛皮把南宫长万紧紧裹住，送往宋国。

但多可怕，载运了一百多公里，抵达宋国都城，一看，南宫长万的手脚都已经从犀牛皮中硬是挣脱出来了。他的力气大到这种不可思议的程度，要是时间再拖长些，说不定就连犀牛皮也困不住他了。被绑回宋国的猛获和南宫长万，都被处以最严酷的极刑，被砍成了肉酱。

这就是一代传奇大力士南宫长万的悲剧。

霸业之始

鲁庄公十三年，经文说：十有三年春，齐侯、宋人、陈人、蔡人、邾人会于北杏。这样的写法，表示这场盟会是齐桓公主持的，其他宋、陈、蔡、邾等国则派代表来参加。《左传》解释了这个会的目的：十三年春，会于北杏，以平宋乱。原来是延续前面的记载，因为宋国在短短时间内连续杀了两个国君，立了两个新的国君，群公子都牵涉其中，为了解决宋国的动乱，而有此会。

《左传》多加了一段插曲在这里：遂人不至，夏，齐人灭遂而戍之。北杏之会，齐桓公还找了遂国来参加，但遂国却没有派使者来。过了几个月，齐国就灭掉了遂国，并且派军队守卫原本是遂国的封地。

文字很简单，但记录的却是非同小可的历史变化。封建秩序同时是一套亲族秩序，你的阿姨和舅舅吵架了，你妈妈绝对不可能置身事外，你外婆不会没事，甚至连你爸爸都会被牵扯进去，这就是最简单的亲族秩序功能。借由亲族的网络来帮忙解决纷争。基于这样的架构，宋国发生弑君乱事，其他国家就会介入来协助处理。

然而，介入的方式有了重大变化——由大国齐国召集，指定相关的国家参加。原本基于亲族系统来恢复秩序的形式，现在变成了是由霸者来行使其权力，表现得最清楚的，就是“遂人不至”这件事。可以这样比喻：原先的亲族关系中，阿姨和舅舅吵架，有人觉得从小最疼你舅舅的姨婆也应该一起来参加调停，姨婆想想，觉得她不能介入，她不来也就不来了。遂国的态度就接近这样。但是他们白目，没有察觉局势已经改变了。现在的调停会议是有主席的，不参加调停会议等于不给主席面子、藐视主席，甚至可以说：会议用来伸张主席权威的作用，甚至还高于调停争乱。

遂人挑战了齐国的权威，让别人都看到有国家是齐国叫不动的。在齐国眼中，这件事非同小可，尤其是齐国自己刚经历襄公之死的动乱，格外敏感于卫护自己的大国地位。

齐灭了遂，当然有杀鸡儆猴的意味。而且，齐国的做法是很粗暴的，没有什么掩饰，直接就“戍之”，吞并下来作为国土的一部分，连拥立一个傀儡国君的手续都省掉了。这是齐桓公走向霸主的一步。

下一步，经文记载在鲁庄公十四年：十有四年春，齐人、陈人、曹人伐宋。而《左传》则是从十三年发生的事连下来写：宋人背北杏之会。十四年春，诸侯伐宋。齐请师于周。夏，单伯会之，取成于宋而还。

宋国不遵守北杏之会中协商好的约定，于是十四年春天，齐、陈、曹三国联军攻打宋国。宋国原来陷入无君的混乱，所以接受诸国介入调解，但随后公子御说即位，情况很快稳定下来了，显然在他们的认知中，恢复秩序之后的宋国，当然有权决定自己国内的事务，因而没有继续遵守北杏之会的约定。

但这样的做法挑战、伤害了齐国的权威。齐国召开国际会议形成的决议，如果可以轻易被宋国单方面推翻，那以后谁还要来配合齐国，谁还会把齐国说的话当一回事呢？所以出兵行动中带头的当然还是齐国，宋的背约和遂的缺席，都是挑战齐的权威地位的，齐选择以强硬态度施予惩罚。不过，宋和遂的大小高低相去甚远，齐国当然不能用对待遂国的方式，对待实际上封建等级高他一等的宋国。所以齐国就去借用周天子的名义，要求周天子派兵参与伐宋行动。“单伯会之”，其实就只有单伯一个人来和三国联军会合，但这样也就够了，齐国要的本来就不是周天子的军队，而是周天子以某种形式出面相挺，这样就能用天子权威压过宋公。迫于形势，宋没有和天子之师兵戎相见，投降求和。

这正是后来霸者行使霸权的雏形。霸者一定要维持相当的军事优势，必要时诉诸武力来压服不从之国。名义上，他们还是尊重周天子，但实质上是以周天子的名义来遂行他们的独断意志，这可以说是一种融合封建秩序与强弱逻辑的妥协办法。有表面，有里子，这是春秋时代非常重要的核心性格，它的来龙去脉，我们借由《左传》可以看得清清楚楚。

妖由人兴也

再下来，《左传》把眼光转到郑国——另一个传统封建大国，记录了发生在郑国的动乱。郑厉公自栎侵郑，及大陵，获傅瑕。傅瑕曰：“苟舍我，吾请纳君。”与之盟而赦之。六月甲子，傅瑕杀郑子及其二子，而纳厉公。

开头的第一句话，读起来莫名其妙。郑厉公应该是郑国国君，为什么他会带兵从栎这个地方入侵郑国呢？要了解这是怎么回事，我们得回头查《左传·桓公十一年》及《桓公十五年》，看看距离这时候二十一年及十七年前，在郑国发生的事。

鲁桓公十一年，郑庄公去世，郑国的一名下层大夫祭仲因为得到郑庄公的宠信，被不次拔擢为上卿。祭仲为郑庄公安排娶了邓国女子为妻，生下了公子忽，所以祭仲就拥立公子忽为国君。不过郑庄公另外有一名从宋国来的妾，叫雍姞的，生下了公子突，也就是后来的郑厉公。

雍姞的家族在宋国有很大的势力，受到宋庄公的重用，因而宋国就用计诱引了祭仲，将他抓起来，威胁他说："如果你不改立公子突为国君，我们今天就杀了你。"宋人同时也抓了公子突，跟公子突索取保护费。祭仲为了保命，只好跟宋人盟约，带了公子突回郑国，推翻了公子忽，改由公子突继位。

公子突是借助祭仲的力量才得以即位为郑厉公，所以不得不客气对待祭仲，结果国政权力就都落入祭仲手中。祭仲专政了四年，到鲁桓公十五年，郑厉公受不了了，就唆使祭仲的女婿雍纠去把祭仲杀了。

《左传》说：祭仲专，郑伯患之，使其婿雍纠杀之。将享诸郊，雍姬知之，谓其母曰："父与夫孰亲？"其母曰："人尽夫也，父一而已，胡可比也？"雍纠要在郊外宴请祭仲，借机杀了他，但计划被他的妻子，也就是祭仲的女儿雍姬知道了。雍姬去问妈妈："爸爸和丈夫，哪个比较亲呢？"妈妈告诉她："那么多男人都有可能成为你的丈夫，爸爸却只有一个，怎么比呢？"

遂告祭仲曰："雍氏舍其室而将享子于郊，吾惑之，以告。"祭仲杀雍纠，尸诸周世之汪。于是雍姬去告诉父亲祭仲说："雍纠不在自己家里，却选在大老远的郊外请你，我觉得很奇怪，特别来告诉你。"祭仲听了就明白了，他先下手为强，杀了女婿雍纠，让他的尸体在郑国大夫周氏的水池里浮现出来。这样做，就是为了告诉郑厉公他的计谋失败了。

公载以出，曰："谋及妇人，宜其死也。"夏，厉公出奔蔡。郑厉公收了雍纠的尸体，放在车上出亡。他对计谋的失败心有余恨，怨雍纠说："计谋弄到让妇人知道，死了活该。"厉公出亡到了蔡国。

然后，还有一条补充：秋，郑伯因栎人杀檀伯，而遂居栎。到了蔡国几个月后，郑厉公鼓动栎这个地方的人杀掉管辖栎的大夫檀伯，回到了栎居住。栎在郑国境内，是郑厉公原来的封地，他在那里还有很大的影响势力，祭仲拿他没办法，所以实质上郑厉公就从蔡国回到了郑国。

十七年间，郑厉公就住在栎，但没有放弃重回都城当国君的企图。鲁桓公十四年，他从栎带着武力朝国都逼近，到了大陵，逮住了郑国重要的大夫傅瑕。傅瑕为了保命，对郑厉公说："如果你放了我，我会想办法让你回都城当国君。"郑厉公和傅瑕订了约后，放了他。六月，傅瑕遵照承诺，将当时担任国君的子仪和他的两个儿子杀了，子仪其实已经担任国君有十四年之久了，但因为后来没有获得谥号，就只能被称为"郑子"。

郑国发生了这样的动乱，《左传》连带记录了鲁桓公的反应。初，内蛇与外蛇斗于郑南门中，内蛇死。六年而厉公入。公闻之，问于申繻曰："犹有妖乎？"六年之前，在郑都城的南门，发生了两条蛇互斗互咬的怪事，结果城门内的蛇被咬死了。想起这件事，鲁桓公就问鲁国大夫说：这是有妖孽作怪的事吧？意思是，六年前的两蛇相斗，已经预示了在外面的郑厉公会进城，而城内的子仪会被杀。

对曰："人之所忌，其气焰以取之。妖由人兴也。人无衅焉，妖不自作。人弃常，则妖兴，故有妖。"申缙回答："人会害怕什么，受到什么事物影响，取决于他的气势、性质。妖是由人而起的，如果人没有问题、没有缺失，妖也不会从天上掉下来。人的行为背离了常规，才引来妖，这就是有妖的原因。"

申缙的话，反映了《左传》和鲁国文化的基本立场。在变动不安的时代，人们会格外积极想要找寻可以用来预测未来、提防灾祸的规律，所以用反常的自然现象来对应、比拟人事的做法很容易流行。但是申缙所代表的价值却极力反对这种信念。他无法接受人脱开己身行为的责任，将行为所造成的后果视为是外在神秘力量作祟，坚持还是要拉回到人的行为因果关系上，只要人按常理规范而行，就不必担心被反常现象影响。不是反常的自然现象主宰人，给人世带来相应的反常动乱，而是刚好相反，是人的反常行为刺激、引发了自然的怪诞妖孽现象。

这套思考模式，后来进入儒家传统，到了汉代，就发展成灾异说——大自然的灾异被视为由人事偏差引发，或对人事有所偏差的警告。所以人们遇到灾异时的反应就是回头反省、检讨，尤其是反省、检讨上位者做错、做坏了什么事，去找出该为灾异负责的人与行为。

什么才是应该效忠的对象?

记录完了鲁庄公的疑惑后，《左传》的记叙回到郑国，继续叙述郑厉公的所作所为。厉公入，遂杀傅瑕。使谓原繁曰："傅瑕贰，周有常刑，既伏其罪矣。纳我而无二心者，吾皆许之上大夫之事。吾愿与伯父图之。且寡人出，伯父无里言；入，又不念寡人，寡人憾焉。"

郑厉公重新成为国君，他做的第一件事，竟然是杀了协助他的傅瑕。然后他派人去对郑国大夫原繁说："傅瑕被杀，因为他不忠，为了保命，背叛、出卖了自己原来的国君，对于这种不忠的行为，我们周朝本来就有固定的惩罚，他现在已经为他的罪行付出代价了。其他没有背叛行为、现在接纳我的人，我都承诺给予上大夫的职务。我愿意和伯父（原繁在宗族关系上高郑厉公一辈，所以尊称为"伯父"）好好商量统治郑国的事。当时我出亡，伯父不曾在都城里替我说话；现在我重新即位，你又不过来亲近我（"念"在这里是亲近的意思），这让我深感遗憾。"

这段话是对原繁的指责，意思是别人都来对我表示效忠，也因此得到了地位的提升作为酬劳，只有你，当年没有支持我，现在还不赶快来依附我!

针对郑厉公的指责，原繁表达了他对"忠"这件事的政治哲学思考。对曰："先君桓公命我先人典司宗祏，社稷有主，而外其心，其何贰如之！"原繁说："桓公在位时，命令我的先祖负责管理宗庙内室，这是再重要不过的一个职位。若是担负如此隆崇责任的人，心中还有外人，那就是再严重不过的二心不忠！”他对郑厉公表明：这样一个家族，效忠的对象是社稷、国家，而不是任何个人。当子仪作为郑国社稷的主人时，如果我心向着你，帮你说话，给你通风报信，那我怎么对得起自己家族的专业职责呢？

“苟主社稷，国内之民，其谁不为臣？臣无二心，天之制也。”“如果掌管了社稷，成为国君，那么有谁不为你服务呢？天经地义的第一条道理，就是作为臣下的，不能够有二心，不能够不忠。”这也就解释了他自己的立场，子仪当国君时，他绝对不会像傅瑕那样去支持郑厉公，但既然郑厉公现在已经成了国君，依照他效忠社稷的态度，那他也会效忠厉公。

“子仪在位十四年矣，而谋召君者，庸非贰乎？庄公之子犹有八人，若皆以官爵行赂劝贰而可以济事，君其若之何？臣闻命矣。”乃缢而死。“子仪在位已经十四年（意思是他是不折不扣的国君），那么用计谋让你入都成为君的那个人（指傅瑕），岂不就是背叛国君、有二心的贰臣吗？你父亲郑庄公的儿子，还有八个人活着，如果都用承诺未来给予更高爵位的办法成功地鼓励人臣背叛，那你又要如何自处呢？”原繁要告诉厉公的是：你利用了傅瑕的二心得以即位，即位之后再以官爵行赂来要求大家对你忠心不二，这种逻辑是前后矛盾的。我不过就是谨守作为大夫的本分，你却要来怪罪我，这也是不对的。

但既然知道郑厉公怀疑他的忠心，原繁也不留恋生命，就上吊自杀了。

关键在于尽管子仪当了十四年的国君，但复位后的郑厉公不承认子仪。所以他不给子仪谥号，因而他不认为原繁对子仪的效忠是应该的。这里有着效忠对象的冲突：原繁效忠国君的名分和位子，郑厉公却坚持臣子应该效忠他个人。他当过国君，等到他被赶出去时，这些人转而支持子仪，在他看来就是背叛，就是二心；但从原繁的角度看，虽然国君换了人，但大夫对国君位分与权力的效忠没有改变。而原繁也就信守自己所说的原则，既然厉公重新即位成为国君，他所说的话就是大夫应该遵从的命令。既然厉公表示了对他的强烈不满，他就领命自杀了。

野火燎原

接着，庄公十四年的经文中，有很简短的一条：秋七月，荆入蔡。读《左传》，我们就知道这是前面记录过的事件的后续发展：蔡哀侯为莘故，绳息妫以语楚子。前面讲过，鲁庄公十年，蔡哀侯得罪了息国，息侯假借楚国力量惩罚蔡国，楚国军队在莘这个地方打败了蔡国军队，连蔡哀侯都被楚国绑了回去。这里继续讲接着发生的事：到了楚国之后，蔡哀侯处心积虑想要为之前的事报仇。他想出了一个办法：故意去对楚文王称赞息侯的妻子息妫有多漂亮、多迷人。“绳”是赞美的意思。

楚子如息，以食入享，遂灭息。以息妫归，生堵敖及成王焉。未言。息国很小很弱，所以当时必须假借楚国的力量才能对付蔡国。楚文王被蔡哀侯的说辞逗得心痒痒的，于是就到息国，息侯当然要设宴招待他，应该是经此机会，楚文王见到了息妫，发现息妫还真如蔡哀侯形容的那样美如天仙，一不做二不休，楚文王就出兵灭掉了息国，把息妫带回楚国娶为妻。息妫在楚国，和楚文王生了两个儿子，一个是堵敖，一个是后来的楚成王。

虽然和楚文王有这样的实质夫妻关系，但息妫几乎从来不主动说话。

楚子问之。对曰："吾一妇人，而事二夫，纵弗能死，其又奚言？"楚子以蔡侯灭息，遂伐蔡。秋七月，楚入蔡。楚文王问他为什么不主动说话，息妫才回答："我一个女人却嫁了两个丈夫，既然求死不得，难道还有什么别的话好说吗？"这样的回答，让楚文王有愧疚感，想到当时是在蔡哀侯的怂恿下才会灭了息国、抢来息妫，所以这一年，楚文王就发兵攻打蔡国，一方面出气，另一方面给息妫安慰。七月，楚国军队占领了蔡国。

君子曰："《商书》所谓'恶之易也，如火之燎于原，不可乡迩，其犹可扑灭'者，其如蔡哀侯乎！"这里，《左传》记录了一段评论，"君子"究竟是谁，我们无法确知，但他所说的话明显代表了王官贵族的价值信念。君子引用《尚书·商书·盘庚》的文句——今本《尚书》里少了"恶之易也"这四个字——这句话的意思是，坏事向外蔓延，就像草原上火烧起来一样，甚至连靠近都没办法，岂有可能予以扑灭呢？"易"字就是蔓延的意思。

君子感叹：《尚书》这话形容的，大概就是蔡哀侯这样的行为吧！作恶会有传染性，会带来自己无法控制的连锁反应。在草原上放了火，火一下子延烧出去，终究会将放火的人都吞噬了。蔡哀侯觊觎息妫的美色，对人家不礼貌，竟然就引发了一连串的变化，弄到自己被俘虏，又使得息国被灭亡，最后连蔡国也被楚国强占了。

这反映了人不能对小恶掉以轻心，必须防微杜渐的道德原则；另一方面，整件事也充分显示了春秋时代的无常威胁，一个美女，一个不礼貌的举措，结果竟然燎原成为涉及三国关系的大事，让两个国家莫名其妙地亡国了。想想，活在如此环境里，还真是令人紧张、困惑啊！

国际新秩序

鲁庄公十五年，经文说：十有五年春，齐侯、宋公、陈侯、卫侯、郑伯会于鄄。齐、宋、陈、卫、郑五国国君举行高峰会议，参与的都是东方的传统大国，而且还包括当时最强大的齐国，此事非同小可。

《左传》的解释是从十四年连着过来的：冬，会于鄄，宋服故也。十五年春，复会焉，齐始霸也。十四年冬天，因为宋国顺服了北杏之会的决议，所以再度由周天子派来的单伯出面，让齐、宋、卫、郑四国国君相会，等于是正式结束了宋国的内乱。然而，十五年春天，这几位国君，多加一个陈国国君，没有了单伯，再度集会，这是齐国作为霸主的开端。

第二次会于鄄，不再有周天子的代表参加，更重要的是，没有特地要处理的议题。所以这次高峰会等于纯粹在显示齐桓公的威望，他一声号召，大家就都来了。借由这种国君联盟的新形势，齐国对所有国家表示：作为这个联盟的召集人，我随时可以动员这么多国家的势力来处理问题，你们最好不要随意忽视我的意见与立场。如此而建立了一种新的霸主政治。

第一次鄄之会还是在旧封建规矩下，由周天子的代表主持，所以各国国君出席。按照这套旧规矩，如果是诸侯国君出面，是叫不来地位和他平等的他国国君的，只能请他国国君派大夫参加。第二次鄄之会，打破了这样的惯例，齐桓公取得了高于他国国君的特殊地位，可以指挥他国国君来盟会，原本平行的诸侯之上，现在多了一个霸主的新角色、新层级。

齐桓公凭什么取得这样的权力？第一项条件，当然是凭借齐国强大的武力。齐这个地区有着深厚的武勇传统。《诗经·齐风》里有多首以田猎为题材的诗，诗中歌颂打猎中的灵活、冒险行为，这种精神很容易转化为军事武力的有利基础。

不过，光是武勇不足以解释霸主的兴起。第二项重要条件，是我们光读短短几年的《左传》记录就一定能感受到的——各国的内乱纷争愈来愈频密，也愈来愈严重，而且在动乱上，国内与国外或国际的界线愈来愈模糊，任何一国的兄弟父子之争或大夫的专擅僭越，都会透过封建亲族关系而蔓延，影响其他国家。

这很像19世纪末20世纪初，第一次世界大战爆发前的欧洲局势。几个家族，哈布斯堡、霍亨索伦、罗曼诺夫……互相联姻互相牵制，彼此签订了秘密外交协定，结果搞到任何一个国家出问题时，影响就立刻经由复杂的联盟协定扩散出去，一发不可收拾。于是发生在奥匈帝国的一桩偶然事件，竟然就燎原成为把全欧洲卷进去，甚至延烧到欧洲之外的第一次世界大战了。

春秋时期的东周局势，也是国与国之间有着各式各样公开或隐秘的盟约，随时可能爆发成为武力冲突，周天子完全无法对这些国有任何节制，弄得每个国其实都处于紧张和焦虑中，等到达一个程度，它们也就有了动机拥立一位霸主，让这位霸主来维持秩序。霸主需要有强大的武力，但霸主的存在目的绝对不是用武力来压迫诸国，而是借由武力给诸国一种相对和平的保障。

第三项条件，则多少是历史时机上的偶然，这段时间产生较严重乱事的地方，都和齐国有着地缘或宗族上的关联。齐国本身也经历了齐襄公遇弑，小白和公子纠争夺王位的过程，因而即位后的齐桓公对这种动乱的破坏，有着切身的痛苦体会，也就会产生出面救乱的较强意愿。

齐桓公始霸之后的第二年，鲁庄公十六年冬天，《春秋》经文记录：冬十有二月，会齐侯、宋公、陈侯、卫侯、郑伯、许男、滑伯、滕子，同盟于幽。因为是鲁国本位的记录，所以说“会齐侯”，实质上，这是前一年高峰会议的扩大版，当然还是由齐桓公召集，除了原本的五国国君，又多加了鲁、许、滑、滕等国。鲁国也不得不被纳入齐桓公建立的霸主联盟中了。

霸主的运作，靠的就是这种高峰盟会。遇有乱事，霸主就召集相关国君相会，在会上，大家就需要解决的问题形成共识。得到这些国君的背书支持，盟约方案也就很容易实现了。

霸主其实没有听起来那么“霸”，毋宁更接近一种集体领导的角色。齐桓公是第一位国君联席会议的主席。在他之后，有宋襄公、晋文公陆续接下霸主的角色，他们的所作所为，都记录在《左传》后面的内容中。

《论语》

所有人的孔老师

孔子不是真理发言机，
他会开玩笑，他有自己的生活，
有活在那个时代的种种矛盾与痛苦。

第一章 《论语》的身世

《论语》的两种念法

现代中文里，通常将《论语》书名的第一个字“论”读成二声。这样的读法，来自刘熙的《释名 · 释典艺》：“《论语》，记孔子与弟子所语之言也……论，伦也，有伦理也。”《释名 · 言语》：“语，叙也，叙己所欲说也。”刘熙将《论语》解释为“有条理地叙述自己要说的话”。

不过传统上也有另外一种将“论”字读为四声的主张。《汉书 · 艺文志》：“《论语》者，孔子应答弟子、时人，及弟子相与言而接闻于夫子之语也。当时弟子各有所记，夫子既卒，门人相与辑而论纂，故谓之《论语》。”这段话先解释《论语》的内容，是孔子回答弟子和那个时代其他人提问的记录，以及弟子从孔子那里听来的话语。为什么称“论”？那是因为孔子在世时，弟子各自记录老师所说的话，等到老师去世了，大家将笔记集中起来，经讨论才编定了这样一本书。

比较这两种不同说法，念成四声好像要比念成二声来得合理些。念作二声，《论语》是一本有条理、彰显条理的书；但念作四声，《论语》书名就提醒我们，这是弟子们比对笔记，经过讨论争议才编出来的书，换句话说，这本书不是成于一手，无法有一个完整设计的结构，也不可能避免书中内容有互相冲突、矛盾的现象。

回归《论语》的文本，我们看到它的确是由一条条短文连接而成。把这本书看作“伦理、条理的语言”，意味着相信书中各条文辞的顺序是经过特别设计的，依循或为了显示某种内在的秩序，这使得传统以来，很多读书人花了大工夫去串联解释《论语》的结构。然而这样的解释，很容易就填塞了许多文本无法支撑的臆测，将后人的主观想法强加在《论语》上，对我们今天理解《论语》，从《论语》中去探知孔子的人格与价值信念，往往非但没有帮助，还制造了阻碍和混淆。

将“论”读作“伦”，还有一个问题，是使我们倾向于将《论语》的内容视为原则、规范和真理，如此就丧失了《论语》原文中其实再明白、再鲜活不过的特性——这是对话的记录，这是讨论过程中的切片，这里明明存在着一种活泼泼的人与人互动的现实精神。孔子当然说道理、谈原则，但他说的方式，永远都是“即事论理”，从来都不抽象、空泛地说。所以，每一句话有其背景，有其不同的对象，因而我们也就不应该抽离了时代或现实的背景，忽略当下发生的事件，架空来读《论语》。

《论语》和《左传》完全不一样。《左传》有着严格自觉的结构秩序，了解《左传》一定要先了解这份编年的结构秩序。《论语》却是相对松散的笔记汇编，没有经过强烈主观的排比，也就不能强求硬解其中的文句顺序有什么必然的道理。

用这种读法，我们会有较大的空间，读出《论语》真正的最大价值——透过《论语》看到一个活生生的伟大人格，既觉得和这样的人格相亲近，又衷心地为其伟大所感动、所折服。

听孔子说话

孔子出生于公元前 551 年，去世于公元前 479 年。《论语》这本书也就应该是在孔子去世后不久，即公元前 5 世纪前半叶编成的。因此我们可以有把握地知道，这本书的内容反映了公元前 6 世纪与公元前 5 世纪之交，春秋时期的事件与思想。排除一些虽然号称高古，实则成书年代可疑的文献，从时间上看，《论语》在中国传统经典中排名非常靠前。比《诗经》《尚书》《左传》部分内容来得晚些，但又比这三本书里面的部分内容要来得早。

《论语》成书很早，而且成书之后很快就流传开来，对于我们两千多年后来认识孔子，真是件幸运的事。孔子是一个什么样的人，到了战国时期，已经有了基本、不容任意窜改的面貌。《庄子》书中曾用借名孔子、明显是捏造的故事，用来表示对儒家的轻蔑嘲笑。然而，比对《庄子》的文章风格，我们可以很有把握地将这些故事拿来当作寓言，不会和真实存在过的孔子搞混。

像庄子这种论敌，其实相对无害。真正可怕的，往往是孔子和儒家的追随者、崇拜者，他们为了抬高孔子的地位而将部分他们认为不妥的内容删除，或增添他们认为比较伟大比较了不起的记录。早在秦汉之前，就有《礼记》中的部分篇章和《易·系辞》这类文献，塞了很多话到孔子的嘴里。文章中明确引用孔子之言，记录孔子之行，但那样的语言，绝不可能是孔子会说的；那样的行为，绝不可能是孔子会做的。

我们怎么知道？一方面可以透过春秋时期的相关文献，考索出那个时代的语言、风习，找出后人窜入的破绽；另一方面，更重要的是，可以用《论语》来当作基准，和《论语》中的用语、思想、价值不相符的，大概就不能尽信。

《论语》书中，少有窜乱的痕迹。这显然是因为《论语》流传得早、流传得广，在有人想对《论语》动手动脚之前，其主要内容已经深入人心固定下来了。换句话说，我们现在看到的这本书，大致保留了公元前 5 世纪编辑形成时的原貌，成功抗拒了两千多年的修改变乱。

《论语》不是一本大书，字数并不多，然而在有限的篇幅中，竟然多次出现重文，完全一样的字句，这里出现一次，那里又出现一次。会有这种现象，最有可能就是当初辑录时没有注意到，不小心让同样内容多抄录了一遍。这么明显的错误，照理说很容易发现，也很容易改正，却到今天都还留在书中，一定是因为《论语》早早便已取得崇高地位，阻却了任何想要修改的做法。连这么基本的错误都没改，《论语》被重编增删的概率，显然不高。

还有，虽然经过上千年的解释努力，《论语》的篇章次序究竟有什么统一的安排，从来没有得出可信的答案。看起来，《论语》真的就像是弟子们在第一时间将各人笔记聚集在一起，谁都无法垄断编辑权力，因而保留了相对凌乱的面貌。这样的凌乱反而让我们放心——毕竟若是经过有意识的改动、伪造的话，首先会被改动的理应就是表面的凌乱，会被伪造的理应就是一套更明确的次序逻辑。

汉代之后，《论语》的流传史上，出现过“鲁论语”“齐论语”“古文论语”等不同家派，然而这几家教授的《论语》原文，顶多只有几百字的差异，且相异之处，多半是字句写法，不影响内容意义。像《古文尚书》与《今文尚书》那种一差差了几十篇，或像《春秋左传》和《春秋公羊传》解释方向完全不同的现象，从来不曾发生在《论语》的教授流传上。

今天通行的《论语》，称为“张侯论”，是西汉末年安昌侯张禹综合鲁、齐两家而编定的版本。到东汉灵帝时，“张侯论”的字句就已被刻在了熹平石经上，彻底固定，不再变动。

如此，《论语》一方面让我们读来格外安心，不必像读其他上古经典那样谨慎提防中间有后来伪造、掺杂进去的内容；而另一方面，却也让我们读来格外不安，因为编撰者没有给我们一套明确的次序逻辑，我们得通过排比来决定这些散乱对话和文句，彼此之间有着什么样的关系。

学生的共同笔记

依照《汉书 · 艺文志》的说法，也符合在《论语》书中看到的内容特性，我们知道孔子的弟子们有做笔记的习惯。学生们做笔记，难道不是天经地义吗？不，放到两千多年前的东周环境里，这是一件难得、了不起的事。门人在老师去世后，立刻能集合笔记编成《论语》，先决条件是弟子们平常就写字，就有以文字存留记录的习惯。

在一个绝大部分的人不懂文字，人与人之间主要靠语言而非文字来沟通的时代，孔子身边聚集了一群都懂文字、都熟练运用文字的人。孔子最大的贡献，就在于将西周王官学传统的贵族教育内容，拿来教给许多照出身和身份来说不见得有资格受这种教育的弟子。这是“有教无类”在那个时代真正的意涵。

书写原本是贵族教育的核心，但在孔子手中得到了扩大、传扬，结果产生了中国最早的私家著述。在《论语》之前的其他文字记录，都和王官有着直接的关系。《诗》《书》《春秋》都是以贵族教育内容的形式存在的，因为是重要的贵族教材，才用文字郑重其事地写下来。《诗》和封建官员到异地了解民情的采风有关，和贵族间的宴饮酬酢有关。《书》是朝廷官方文书的总汇。《春秋》则是史官依照职务立场所做的大事记。

一直要到公元前 5 世纪，孔子借他的教育打破了原本官方对书写的垄断限制，也才由他的弟子写出了第一本非官方内容的《论语》。说得再精确些，这是第一本用文字写私人记录的书，却还不是第一本由私人写成的书。放在王官学传统中看，《论语》有着暧昧的地位。一方面，书中记的既非天子亦非国君，而是甚至不具备世卿身份的人；但另一方面，孔子的所言所行毕竟还是环绕着贵族教育的基本条目——如何做一个君子，如何称职有效地治理国家。换句话说，书的内容继承延续了王官学传统，但书中说话的声音，却出自一个不具备传统王官发言身份的人。

从另一个角度看，《论语》并不是表达这些弟子私人意见的书，甚至不太能算是表达孔子私人意见的书。孔子强调自己“述而不作”不是随便讲讲的，那代表了他深刻的内在信仰。那些以“子曰”开头的每一句话，对孔子来说，都是他在传递顶多是解释周公以降的王官学理念，不是他自己发明的主张。在这里，又有一层公与私之间的暧昧。

师生关系的起点

从历史上看，《论语》的开创性还不只这些。一项更有革命性、更具突破性的特色，却往往被忽略了，那就是《论语》呈现了一种在此之前不存在的人际关系——师生关系。

前面一再说《论语》由孔子的弟子、门人所记录，但弟子、门人是什么？这是孔子开创出来的一种新的人间角色。在孔子之前，我们找不到任何可靠的证据，证明有老师和学生这样的相对关系存在。

传统上尊称孔子为“至圣先师”，“先师”的本意，就是第一个老师、最早出现的老师，而这样的称号，不同于“至圣”，是有明确历史根据的，不是夸张浮泛的推崇。

在孔子之前，有教育，但没有专职的老师。一直到春秋时期，都是贵族教育，贵族教育在贵族的系谱网络中进行。前代的贵族将自己受过的训练，不管是礼、乐、射、御、书、数，还是《诗》《书》《礼》《乐》《易》《春秋》，传给同属贵族身份的下一代。这是封建体制的一环。教育是封闭、垄断的，只有在这套体制里的人才能受教育，也只有在这套体制里的人才有办法提供这些训练。

有资格教的人，教给有资格学的人，而这中间的资格，是以血缘身份来定义的。所以到了后世的文献中，我们都还能看到“虽在父兄，不能以移子弟”这样的话出现，这话显然是从过去普遍都由父兄教子弟的教育习惯中来的。

孔子和他所教的人之间没有血缘关系。孔子的许多学生，甚至在原本的封建秩序中，根本不具备可以接受这套贵族教育的合格身份。孔子开创的角色，事实上是破坏封建秩序的，或者换一个角度看，正是在封建秩序动摇的春秋时期，孔子才有了这样一个空间，违背旧的体制规范，将原本封闭、被垄断的贵族教育内容，拿出来“有教无类”地提供给更多的人。而这些无法从父兄亲族纽带中获取教育训练的人，跟随孔子，就成了他的弟子、门人。

《左传》中有太多具体的事实，让我们看到每个国的内部，都面临礼遭到忽略、破坏的状况。相应地，国与国间的固定关系也动摇了，无法持续按原来的礼节正常和平地往来，于是就出现愈来愈多诉诸权谋乃至武力压迫的事件。那是一个之前未有的新兴竞争局面。国内公子与公子竞争、大夫与大夫竞争，外面国与国之间也进行着愈来愈激烈的角力竞争。

竞争的胜负，很大一部分取决于人才。孔子给予弟子、门人的教育，用今天的话说，是教他们如何去当官。回到春秋的历史情境，应该说是教他们如何在变动、混乱的环境中“有用”。新的变化所创造出的对人才的需求，无法在原有的社会架构下得到满足。要有能够打仗的人才，因为这时要应付的，不是过去单纯的贵族与贵族间有礼有节的射、御之战，而是指挥成百上千士兵的布阵对垒；要有能够进行外交折冲的人才，因为这时要应付的，不是用来加强友好联结的和平宴饮盟会，而常常是强弱有别的紧张谈判，谈判结果轻则增损几座城，重则引来灭国危机。

孔子是“圣之时者”，他比谁都更能认清时代的需求，在教育内容和教育对象上，进行了革命性扩张，训练这种可以在政治、外交、军事场合发挥作用的人才。

虽然孔子以周公为偶像，梦想能够恢复周公建立的礼乐秩序，然而吊诡的是，如果孔子的梦想真的达成了，回到周初的封建体系，那里可是没有孔子这种人的位子的。历史上的孔子，是个大矛盾，他所做的事，实质是违背、破坏周代的封建文化，但他所向往的，却是回归旧封建体制，一个取消他自己这种老师角色的环境。

孔子在世时就成其大名，部分原因在于他将贵族教育教给广大弟子的革命性行为，另一部分更重要的原因在于，他教出来的弟子真正“有用”,真正符合春秋时局的需要。从这一点看，孔子是最早的杰出人力资源专家，他看出了当时人力资源所需，也勇于突破窠臼，找到了提供适切的人力资源的办法。

第二章　作为老师的孔子

“先进于礼乐”的准备

读《论语》，一定要记得孔子最特殊之处，他是个老师，最早的老师，很可能是那个时代独一无二的老师，他一生最重要的身份，也是老师，相应地，他一生最重要的事迹，也都跟老师这个身份有关，跟他的弟子们有关。

新鲜的师生关系引发的思考、遇到的问题，以及刺激出的人际变化，都记录在《论语》里。

《论语》没有一套完整的编辑逻辑，因而读《论语》时，我们不能不自己用心排比对照，试着探索出后面一以贯之的道理。如果不能或不愿做这样的探求，只是一条条零碎地读，就算将《论语》每一条都背熟，接受每一条的话语都是真理，我们仍然无法亲近、了解孔子。

换个方向看，只要我们阅读时存留着一点排比对照的用心，表面上看来广泛又零碎的内容，倒也很容易向我们显现许多一以贯之的线索。到处都有线头，只要我们拉住，不轻忽、不放过，慢慢就能找出触类旁通的一种意义架构来。

我们可以试着用《先进》的内容看看如何探寻、理解孔子其人及其思想。

《论语·先进》第一章：子曰："先进于礼乐，野人也；后进于礼乐，君子也。如用之，则吾从先进。"

因为是来自门人弟子的随时笔记，所以《论语》中的语词不会有统一一贯不变的意思，必须看上下文仔细分辨。像是"君子—小人"或这里的"君子—野人"对照，在不同上下文的脉络里，可以有很不一样的指涉。

这里用的是传统的意思，"君子"与"野人"主要指身份上的差别。大夫以上称为"君子"，出身身份低于大夫的，就是"野人"，有时也称作"小人"。"野人"是比"小人"更古些的说法，原本是和"国人"对应的。"国"字原意指城墙圈围的领域，"国人"因而就是住在城内的人。"野人"呢？那就是住在"野"里——绕着城墙边的区域——地位较低的人。

不过在《论语》里，孔子明确地赋予了"君子—小人"不同却相关的另一层意义。君子指有这种身份的人，也指拥有这种身份应有的修养与智慧的人。大夫以上的贵族应该受完整的贵族教育，有特殊的知识与能力，并且形成理解并遵守封建礼仪的习惯。到了孔子的时代，尤其是孔子自己的积极做法，是将这套贵族教育普及给原本不具备贵族身份的人，于是君子的身份与人格、品德就分开了，相应地，孔子也就将拥有那种人格、品德的人称为君子。

身份与人格、品德分离，也就会产生另外一种现象——具备贵族身份，却没有贵族应有的人格、品德。这种人，从身份上看应该是君子，但其所思所行却是小人。《论语》中孔子有很多话，就是针对这种“失格”的人有感而发的。

《先进》第一章，孔子用的是传统的“君子—野人”的对比。孔子告诉我们，有两种人，一种是在还没有得到大夫以上的职位之前，就先学习礼乐；另一种是等到有了大夫以上的职位，有了身份责任上的需要，才去学习礼乐。这样简单一句话，背后显现的是封建秩序的脱节。依照原来的封建体制，“君子”就是“君子”，“野人”就是“野人”，由身份决定。是“君子”的，受贵族王官学教育；是“野人”的，就一定没有机会受这套教育。这中间不牵涉主观选择。

但到了春秋时期，有了选择，才有不同选择的结果。“野人”有可以选择学习贵族礼乐的机会，“君子”也有选择在不同时间学习贵族礼乐的差别。还有，即使是生来就有贵族身份的人，现在也不是必然就要担负一定的责任。有些人参与国政、外交，有些人则一辈子无所作为，挂着贵族的身份空名。

在这个时代，旧贵族的态度是，等到有位子有职务时，再来好好学习相关知识、技能——和国君及其他卿士该用什么礼仪相处，宴飨时听到什么音乐代表什么意义，又该引用哪首诗来婉转显示自己的态度……然而出现了一种新的人，新的现象——一些“野人”抱持积极的精神，主动学习礼乐，让自己做好准备，当有需要时，他们就可以挺身而出，担起国政、外交的责任来。

事实上，孔子主要的工作，就是提供“先进于礼乐”的准备。

他的弟子们，也就是一群“先进于礼乐”的人，平日就在孔子的教导下，敬谨地学好礼乐规范，随时可以在国政、外交方面派上用场。所以孔子说：“如果真的要用在政事上，那我主张用这种‘先进’，已经做好自我准备的人。”

这也呼应了前文所说的，孔子是最早的杰出人力资源专家。要做一个杰出的人力资源专家，必须要有两种不一样的本事，一种本事是能够看出这个时代需要什么样的才能。不一样的时代，不一样的社会，对才能有不一样的需求，可是才能需要时间和环境去培养，不是随时想要就有。很多时候，我们之所以感到怀才不遇，一大部分因素是因为我们没有“先进于礼乐”。这个时代需要什么样的才能和知识？我们这样的先见先对自己好好地进行训练吗？

另外一种重要的能力是知道这个才能用什么方式可以教、可以训练。如果他没有训练的能力，就算知道需要什么样的才能和知识，也教不了学生，无法让他们在时代和社会的条件下充分地发挥自己的才能。这是我们读《论语》，跟现下现实可以有所联系的地方。

被围困的师生

《论语·先进》第二章：子曰：“从我于陈、蔡者，皆不及门也。”不了解孔子和弟子关系的人，对这短短一句话无从读起，然而放回到他们的师生关系里，这话可谓意义深远。

《史记·孔子世家》：吴伐陈，楚救陈，军于城父。闻孔子在陈、蔡之间，楚使人聘孔子，孔子将往拜礼。陈、蔡大夫谋曰：“孔子贤者，所刺讥皆中诸侯之疾，今者久留陈、蔡之间，诸大夫所设行皆非仲尼之意。今楚，大国也，来聘孔子，孔子用于楚，则陈、蔡用事大夫危矣。”于是乃相与发徒役围孔子于野。不得行，绝粮，从者病，莫能兴……于是使子贡至楚，楚昭王兴师迎孔子，然后得免。

这是春秋时期吴、楚两个大国相争过程中的一段插曲。吴国攻打陈国，陈国不敌，向楚国求援，楚国派了军队，驻守在城父。楚昭王听说孔子及其弟子这时在陈、蔡之间，就派使者聘孔子到楚国帮忙，孔子闻讯就打算前往楚国，至少要对人家的邀约回礼。然而此时基本上依附于楚国的陈、蔡两国，对这件事大感不妙。掌政的陈、蔡大夫互相商量说：“孔子很厉害，他对各国国君的缺失看得很清楚，很容易说服国君。他在我们这里停留很长一段时间，对我们做的事很了解，也很不同意。现在楚国来请孔子去，要是孔子在楚国获得了权力，那我们这些人可就麻烦了。”所以他们就找了流氓（“徒”）将孔子及其弟子围困在城外（“野”）。孔子一行人拿这些流氓没办法，到后来食物吃完饿肚子，弟子们都病倒了……还好，有最能干的子贡赶往楚国，把消息传递给了楚昭王，楚昭王派出正式的军队，那些流氓当然立刻逃窜了，用这种方式，楚国将孔子正式迎接过去。

“绝粮”“从者病，莫能兴”“然后得免”，这些字句都在告诉我们，这件事有多危急。陈、蔡大夫可不只是要为难孔子、给孔子一些教训，而是真打算置孔子及其弟子于死地。要不是子贡及时引楚师来解围，孔子和弟子必然“不得免”，也就是都死在那里了。

孔子周游列国之后，回到鲁国，有一天想起当年这段危难的往事，看看身边，感慨地说："哎呀，当时跟我一起在陈、蔡之间共患难，几乎要同死的那些弟子们，现在都离开了啊！"

孔子周游列国，不是为了去观光看风景，而是因为他培养了这么一群有用的人才，他要带着他们到各国去，推销给各国的国君。因应新变局，各国都需要人才，孔子相信自己训练出的弟子，通习礼仪，而且明白礼的根本精神，可以有所坚持，会比各国旧贵族的大夫世卿做得更好。

这是历史上的奇观。一个老师，带着一群弟子，一下到这里，一下到那里，要找能够用他们、让他们发挥所长的国君。可以想象，师生们日夕相处，而且这么一大队人的生活充满不确定的风险，下一站要往哪里去，不知道，甚至能不能找到有权者资助下一顿饭，也不知道。在路上遇到流氓围攻，他们就被困住了，竟至几乎要饿死的绝境。这是一种极端的生活，也必然培养出集团间特殊、浓烈的革命共患难情感。

周代社会原本建立在亲族关系的基础上，亲族关系，也就是规范了人际亲疏，由亲族远近来决定的人际关系。据此道理，和你血缘愈近的人，在你生命中就愈重要，你生命中的关键经验，应该是发生在和这些血缘亲近者之间的。孔子却不是如此。他生命中最关键、最值得存记的故事，都发生在师生之间，子路、颜渊、冉有、子贡这些弟子跟他的关系，远比儿子孔鲤跟他的关系要亲近、重要得多。

"皆不及门也"，这感慨的后面，一者是深刻的真情，是曾经一起绝粮而产生的难以磨灭的生命烙印；二者是缺乏封建亲族关系带来的遗憾，正因为这些人是弟子，而不是传统的亲人，所以就算曾经如此同生共死，都还是会随着时间的消逝而星散解离。

有个性的人

这样一个集团，若真的能够因应时弊，具备改革改造能力的话，也就注定不可能到处受欢迎，至少不可能受到各国原有的执政大夫们的欢迎。这群人走到一个国家，一定会先看到人家的问题、弊病。得到机会见了人家的国君，孔子会说什么、要说什么？说几句奉承、赞美的话，说贵国一切美好、值得羡慕吗？当然不是。孔子说的，是贵国这里出了毛病、那里有潜在的危机，如果你有心让国家变好，那么针对这个毛病，我有弟子可以帮忙解决，针对那个危机，我也有弟子可以帮忙防止。所以，我们会意外“陈、蔡用事大夫”用这么极端的方式试图阻止孔子去见楚王，告诉楚王他对陈、蔡国政的意见吗？

就连当时的国君，对孔子及其集团，也抱持着矛盾的感觉。《论语》里有许多国君向孔子问政，问这问那的记录，但问来问去，这些国君却都不曾真正重用孔子，这让他有“道之不行”的感慨。为什么会这样？因为他们感觉孔子说的话有道理，但他们也感觉到，要用孔子及其弟子，要推行孔子的主张，必定会在国内引来强大的反对和反弹。

还有更复杂的一层。孔子这一大队人马，招摇而过，国君们不能用他们，却又不免担心他们为他国所用，协助他国来对付自己。一支拥有特殊政事能力的队伍，对各国又构成了隐性、潜藏的威胁。

《论语·先进》第三章：德行：颜渊，闵子骞，冉伯牛，仲弓。言语：宰我，子贡。政事：冉有，季路。文学：子游，子夏。这一段话，在朱熹的《四书章句集注》中，是被接在前一章后面，当作是孔子对“从我于陈、蔡者”的怀念和点名。但仔细考索一下，孔子厄于陈、蔡时，冉有已经在季孙家服务，不可能相从，子游、子夏根本还未成年，也不太可能会在队伍里。

比较合理的读法，是将这一章独立出来，看到孔子弟子的不同专长本事，同时也就看到孔子教育的核心重点。排在第一位，也是孔子心目中最重要的，毕竟还是“德行”，这是根本。然后第二项是既可以用在教育传播上，更可以用在外交折冲上的“言语”，是语言表达应对能力。拥有这种能力的人最适合担任当时的相，可以在国与国交往的盟会场合中，借由对礼仪的熟练掌握以及临机运用言词的本事，控制场面、制造对己方有利的状况。

第三项是“政事”，从冉有、季路（子路）被列在这项中，我们能比较精确地掌握，所谓政事主要指具体担任国君、世卿、大夫家臣的工作，主事者负责从行政到军事的安排与管理。

第四项则是“文学”，主要在于对文献的掌握、对文字的运用，以及对思想的整理、衍发，也就是有能力理解、发展旧有王官学的内容。孔子很重视历史文化的传承，《论语》中曾记录他感慨地说：“我对夏朝文化有一定的认识，但就连夏人后裔所在的杞国，都没有足够的文献来验证我的理解了；我对殷商的文化也有一定的认识，但就连商人后裔所在的宋国，都没有足够文献来验证我的理解了。”所以他会在教育中，特别重视训练弟子在保存与发扬周代文献方面的能力。我们看后来的记载，孔子死后，儒家分成好几派，其中子游、子夏都各传了强大的派别，他们在编撰《论语》一书的工作上，也都是重要角色，这就清楚说明了“文学”的意义。

孔子有很多弟子，但他提供的绝对不是统一的教材、固定的课堂、同样的教法，当然更不可能有大家一体适用的考试评分标准。我们不是只靠这一条的分类知道孔子弟子从孔子那里学到了不同的能力本事，更重要的，是遍布于《论语》书中的许多弟子，每一个都有自己鲜活的个性。而且显然，不管是孔子或留下第一手笔记的弟子，都觉得保存、发挥弟子个性，是理所当然的。

这才是教学相长

《论语·先进》第四章：子曰：“回也，非助我者也，于吾言，无所不说。”一个很有特色，有突出个性的弟子，是颜回。这句话，听起来像抱怨：颜回，不是一个可以对我有所帮助的弟子，因为我说的话，他没有不高高兴兴听进去的。但实际上，这当然带有称赞之意。

不过，首先我们看到了孔子对一个老师身份的定位。什么是老师？我们今天都理所当然地认为老师是懂得比学生多、有比学生高的地位与权威，因而可以教学生、管学生的人。但显然“先师”孔子不是这样想的。孔子念兹在兹的，是做老师的人，要从同学生的互动中，尤其是从学生对他所说、所教内容的疑问甚至反驳中，来不断精进自己。老师当然应该对学生有所帮助，但师生关系若只有单向的，老师帮助、影响学生，缺乏另一个方向的作用——学生倒过来影响、帮助老师，那也就不是孔子

子贡的长项是言语，他是个会说话的人。在这里，他就巧妙地以问题的形式，来炫耀自己对老师教诲的掌握。他问："穷却不觉得自己低下，不会去谄媚有钱有势的人，有钱了却不会变得骄傲自大，这样的人怎么样呢？"子贡八成认为这样说，既表现了自己对处事智慧的了解，也表现了自己在生活实践上的信念，应该会得到老师的赞赏。然而，孔子能当老师，正在于随时能按照学生的性格给予提点提升，孔子回答："做到这样，已经算不错了，但还不是最好的。更好的是，贫穷尽管让人在物质上贫乏，但不会夺走他生活中的快乐；有了钱后，他不但不骄傲自大，反而还能一直维持着对礼仪规矩的真诚喜好。"

子贡说的，是不因贫富而改变外在的行为；孔子要他进一步追求的，是不因贫富而改变自我内在的感受。贫而无谄，不是勉强自己在有钱有势的人面前表现骨气，而是因为内心是富有的，有着从"学"、从"习"、从自我实践和从与朋友的相处中得来的乐趣，本来就不会感到自己有什么匮乏，怎么会觉得需要谄媚别人呢？富贵了，也不是出于天天告诫自己"不可骄傲，不可自大"，所以努力做一个不骄傲、不自大的人，而是发自内心对礼仪所规范的人与人相处的方式有着不变的喜好，自尊并尊重别人，当然就绝不可能被财富影响从而改变对待别人的方式。

孔子的境界高于子贡，因为他从内在的喜悦真诚出发。子贡领悟了，感慨赞叹道："《诗经·淇奥》中有'如切如磋，如琢如磨'的句子，形容如何让一块璞玉经过愈来愈细致的加工，变得更好更美，指的应该是像老师这样的教诲吧！"意思是，人的行为品德就像治玉一样，总还有可以不断精进的更高、更美的境界。孔子很高兴，表示子贡既了解了老师所说的道理，在层次上又和老师所说的很不一样，而且子贡还能引用《诗》的内容来互相发明，所以这时孔子不吝惜地称赞子贡："赐啊，我可以开始跟你讨论《诗》的内容了，你已经掌握到读《诗》、解《诗》最重要的方法——从这件事能够联想、推演到另一件相关的事上。"

同样在《学而》中，还有一章：子曰："君子食无求饱，居无求安，敏于事而慎于言，就有道而正焉，可谓好学也已。"在孔子眼中，什么样的人可以称作好学呢？至少其中一项条件是"食无求饱，居无求安"。这不是主张、提倡苦行，更不是像佛教那样认为人必须灭绝欲望才能求道精进。真正好学的人，能够从学中得到充分的喜悦满足，自然就不会花力气去追求一般的吃饭睡觉的享受。换句话说，那种觉得吃饭睡觉的感官享受诱惑更大，只是勉强克制自己的欲望去学的人，算不上是真正的好学者。

所以颜渊为什么是"非助我者也"？孔子不是称赞他"于吾言无所不从"，而是"于吾言无所不说"，这表示不管孔子说什么，颜渊都能够立即理会掌握，而且衷心相信这份道理，也就必然让这份道理内化为自己的处世原则。一方面看，这样的学生像海绵一样，把老师的智慧不断吸收进去，没有给老师阻力、挑战，提供不了教学上的刺激；但从另一方面看，不也给老师带来最大的欣慰、最深的满足和成就感吗？

颜渊是个真正的好学者，《雍也》中有：子曰："贤哉，回也！一箪食，一瓢饮，在陋巷，人也不堪其忧，回也不改其乐。贤哉，回也！"所以"一箪食，一瓢饮"，过着最简单的生活，别人忍受不了那样的困苦，“回也不改其乐”，因为他拥有太丰富的内在生活享受，以至于不可能觉得“食饱”“居安”有那么重要，值得去追求争取。

北宋儒学复兴，张载教程颢程颐两兄弟，一项教法就是要他们去整理、思考“孔子、颜回之所以乐”，的确，要深入了解孔子，这是个极佳的角度。

孔子的快乐

在我们今天看来，孔子是一位历史人物，这意味着他活在一个特定的时代，他的言行跟他在那个时代的处境和遭遇是分不开的，也意味着他的言行是回应相应的时期、状况的。孔子本来就没打算让自己的每一句话都被当作普遍的真理，他真正了不起的地方在于在不同时期、不同状况下，他所说的话都依循着一套我们至今都可以理解的道理。

孔子的一生并不顺遂，他选择了一条少有人去走的道路。三十岁之前，他在鲁国未曾有可以称道的成就，三十岁时，突破性地成为中国历史上第一位老师,后世尊称他为“至圣先师”。五十岁后，他才从中都宰、司空做到大司寇。但是没有几年，他就离开鲁国，周游列国，东奔西走，偶尔才遇到愿意听他意见的国君，其他时间，他都在路上颠沛流离。十四年之后，他带着一群学生回到了鲁国，越来越有名，有了较为安稳的生活，但又遭遇了儿子和重要弟子死亡的打击。孔子死后，靠着子贡、子夏、曾子、有若这几个弟子的努力，《论语》被编成并快速流传，奠定了儒家的地位。

孔子经历了很多艰难时刻，但是《论语》里却留下了许多他“乐”的记录。《论语·述而》中有这么一段：叶公问孔子于子路，子路不对。子曰：“女奚不曰，其为人也，发愤忘食，乐以忘忧，不知老之将至云尔。”叶公他私下问孔子的弟子子路：“你老师孔子究竟是个什么样的人？”子路不知该怎么回答。这件事情被孔子知道了，他就跟子路说：“你应该跟叶公说：‘当这个老师专注于一件事情的时候，他就会连吃饭都忘了，更忘掉了所有的忧虑，甚至连老境快到也都不知。’”这一年，孔子六十三岁，是真的老了，但他仍然维持着“不知老之将至”的活泼态度。孔子在乐什么呢？如果我们能够了解“子之乐”，就能够进入到那个特别的内在世界里。

《论语·公冶长》里说：子贡曰：“夫子之文章，可得而闻也。夫子之言性与天道，不可得而闻也。”子贡特别指出，孔子不太讲性和天道。在先秦思想观念中，性指的是人与生俱来的天赋，天道是人力无法控制的。孔子之所以不谈性和天道，是因为性和天道不是人可以努力改造的东西，而孔子在意的是人如何改造自我。孔子之乐，乐在知道自己是谁，知道自己能做什么，了解自己能做而且应该做的事。

再想想孔子如何称赞颜渊，他称赞颜渊“不贰过”，也就是犯过的错误不会再犯第二次。在孔子来看，这很了不起，也很重要。没有人是不犯错的，我们会因为无知和外界环境的影响而犯错，但重点在于，一旦知道这是错的，我们能够让自己“不贰过”吗？第一次犯错往往有我们无法控制的因素，然而一旦知其为错，却还“贰过”，那就彻彻底底地是我们个人的责任了。

在孔子的理念里，天不会因为我们的主观意志和努力而改变，仁则是我们可以控制的。孔子念兹在兹的就是要分辨出仁的部分，分辨出我们应该承担的责任，所以孔子说“知其不可而为之”——如果一件事是自己应该做的，即使明知做不成，也还是要去做。孔子关心的是自己的责任，它本身就是目的，而不是一种为了换取结果所采用的手段。

《论语 · 述而》里说：子曰：“仁远乎哉？我欲仁，斯仁至矣。”意思是做到仁很简单，我要仁，仁就来了。这句话的关键在于“欲”。人生中有什么是我们自己可以完全控制，不需要依赖任何外在条件的配合的吗？换句话说，有什么是自我的绝对责任完全规避不了，找不出任何推诿的借口的吗？有，那就是“欲”——自己发心动念要做对的事情，要遵照原则活着的这种意志。这个“欲”谁也没有办法夺走。与此相关，孟子的说法是“三军可以夺帅也，匹夫不可夺志也”。一个人的内在意志比受三军保护的指挥官更稳固，如果想做一个有原则的人，谁也阻止不了你。如果你立意要以仁的原则来待人接物，而仁能带来什么样的结果，也许不在你的控制范围之内，但请一定记得，“我欲仁”这件事完全不干别人的事，这份仁心是绝对属于你自己，也只属于你自己的。

宋代的大程子程颢，他回忆自己在求学时，曾经在老师的指引下“寻颜子仲尼乐处，所乐何事”，他所得到的简单答案是，“乐”在于理解并掌握自己所能够控制的事，没有要去控制别人，不依赖外在的结果来证明自己，追求一种内在的自主。

了解了“乐”的性质，我们就能够进一步明白孔子的“诗之教”以及他的“礼之教”。孔子有一个名叫陈亢的弟子，在《论语》中他只出现过三次，但每一次都说奇怪的话，做奇怪的事。《论语·季氏》里记录：

陈亢问于伯鱼曰："子亦有异闻乎？"

对曰："未也。尝独立，鲤趋而过庭。曰：'学诗乎？'对曰：'未也。''不学诗，无以言。'鲤退而学诗。他日又独立，鲤趋而过庭。曰：'学礼乎？'对曰：'未也。''不学礼，无以立。'鲤退而学礼。闻斯二者。"

陈亢退而喜曰："问一得三，闻诗，闻礼，又闻君子之远其子也。"

陈亢做了一件奇怪的事，他特地跑去问孔子的儿子孔鲤，也就是伯鱼，想知道老师的儿子有没有从老师那里得到特别的教导。孔鲤回答说："没有，我大多数时候都是和其他学生一起听父亲的教导。有一次父亲一个人在，旁边没有其他学生，我快步从庭中走过，被父亲叫住了，问我：'你学诗了吗？'我回答：'还没有。'父亲说：'不学诗就不懂得如何说话。'听了之后，我就开始学诗。还有一次，父亲又是一个人，我快步从庭中走过，父亲又把我叫住，问我：'你学礼了吗？'我回答：'没有。'他说：'不学礼，就不懂得如何立身处世。'所以我就开始学礼。我记得的父亲单独对我一个人说的话，就只有这些。"

陈亢听了，高兴得很，觉得自己赚到了，提了一个问题，就学到了三件重要的事：第一，要学诗，才懂得怎么说话；第二，要学礼，才能够立身处世；第三，像孔子这样的君子，他不会私心偏爱自己的儿子。孔子所说的"不读诗无以言"，不单指表面上的沟通训练，更重要的是这样可以借由学习适当的表达来丰富自己。"诗之教"的核心不是去学诗人的语言，而是学诗中所呈现的丰沛感情，让自己能够想得更多，感受得更多。

为什么要学礼？“不学礼无以立”，礼不是外在的礼仪规矩。学礼，学的是一套管辖自我行为的信念，尤其是在封建宗法崩坏的时代，学礼需要回溯礼的精神，明白为什么人与人之间需要建立这些规范。把礼学好了，才能够从信念出发制定自己的行为准则，并由此得到一种建立生活秩序的乐，当我们知道自己过的不是混乱、浑浑噩噩的生活，而是有秩序有意义的生活，就会得到衷心的乐。两千多年前孔子所教导的，诗让我们的感情丰富，礼让我们活得有意义、有秩序，对于我们今天如何做人，如何做事，仍然有重要的启发。

知其不可而为之

孔子生平中有一个非常重要的阶段，就是周游列国。在周游列国期间，孔子在南方遇到了一些奇怪的人，给了他一些独特的意见和评价。

《论语·微子》里有这么一段话：楚狂接舆歌而过孔子曰：“凤兮！凤兮！何德之衰？往者不可谏，来者犹可追。已而，已而！今之从政者殆而！”孔子下，欲与之言。趋而辟之，不得与之言。这位楚国的狂人叫接舆，他经过孔子的门口，或是经过了孔子的车，就大叫说：“好可惜，好可惜，这么像样的一个人才却沉沦落魄成这样，你怎么会不知道现在都是一些什么样的人在从政？为什么自甘堕落，和他们在一起搅和呢？过去的没办法挽回了，未来还可以不用继续葬送进去。”听到他这样说，孔子赶紧从堂里出来或是从车上下来，真诚地想要跟接舆解释自己的立场。但是狂人就是狂人，狂喊了一段之后，他就走了，根本不愿意听孔子说。

《论语·微子》里面还有这样一段说：长沮、桀溺耦而耕，孔子过之，使子路问津焉。长沮曰："夫执舆者为谁？"子路曰："为孔丘。"曰："是鲁孔丘与？"曰："是也。"曰："是知津矣。"问于桀溺，桀溺曰："子为谁？"曰："为仲由。"曰："是鲁孔丘之徒与？"对曰："然。"曰："滔滔者天下皆是也，而谁以易之？且而与其从辟人之士也，岂若从辟世之士哉？"耰而不辍。子路行以告。夫子怃然曰："鸟兽不可与同群，吾非斯人之徒与而谁与？天下有道，丘不与易也。"

这段故事讲的是，孔子在路上要找一个渡口，看到有两个人并肩拉着犁在耕田，就派子路去问路。子路先问其中一个叫长沮的。长沮就问他："你是替谁驾车的？""替我老师孔丘。""就是那个鲁国的孔丘？""是的。"知道子路是为了鲁国孔丘来问路的，长沮竟然回答："这个人知道渡口在哪里，不会迷路，他不必来问我。"听到这样的回答，子路八成是傻眼的。不得已，子路去问旁边的桀溺，这位也一样，没有干脆地回答子路，而是提问："那你又是谁呢？""我是仲由子路。""是鲁国孔丘的弟子子路？""是。"桀溺就训了子路一顿，说："你们不知道全天下的人都一样吗？一天到晚跑来跑去，想找不一样的国君，找不一样的大夫，怎么可能找得到？与其找不跟别人一样的人，不如找跟整个世界都不一样的人吧。"说完就和长沮继续犁田，不理会子路了。

子路真倒霉，没问到渡口在哪里，后来他大概找了别人问路，问清楚后，回到孔子身边，把刚刚碰到长沮、桀溺的怪事讲给孔子听。孔子听完，动容感慨地说："人不可能跟鸟兽在一起，总希望能跟自己的同类共处。唉，他们是我的同类，如果现在天下不是那么乱，我一定会选择跟他们在一起，过他们那样的生活。"显然，孔子完全理解长沮、桀溺他们那种避世的态度，但是他身上有长沮、桀溺所没有的使命感，那就是无法明知道天大乱却无所作为。他并不是狂妄地以为靠自己的力量就能让天下不乱，而是无法忍受被动地接受天下大乱的事实，而不去试图做出改变。

有一段故事仍然是出自《微子》：子路从而后，遇丈人，以杖荷蓧。子路问曰："子见夫子乎？"丈人曰："四体不勤，五谷不分。孰为夫子？"植其杖而芸。子路拱而立。止子路宿，杀鸡为黍而食之，见其二子焉。明日，子路行以告。子曰："隐者也。"使子路反见之。至则行矣。子路曰："不仕无义。长幼之节，不可废也；君臣之义，如之何其废之？欲洁其身，而乱大伦。君子之仕也，行其义也。道之不行，已知之矣。"

这一段又是子路陪着老师在外面走，子路跟丢了，看到路边有个老人家就过去问："有没有看到我老师从这里经过？"老人家没给他好脸色，回应子路说："什么老师不老师。那种从来不劳动，也分不清楚五谷种类的人，算什么老师？"然后就继续在田里工作。被莫名其妙训了一句，子路倒是依旧保持着恭敬，礼貌地站在那儿。也许是被子路的态度给感动了，天色应该也晚了，老人家就让子路留宿，还准备了丰盛的晚餐招待子路，并介绍两个儿子和子路认识。天亮之后，子路追上孔子，把前一夜的奇怪经历说给老师听。老师感慨地说："这不是一般人，你遇到有特殊智慧的隐士了，赶快回去找他。"子路回到前一夜留宿的地方，老人家出门了。子路只好将孔子交代他的话说给老人家的儿子听。

孔子郑重其事地叫子路找回去，要跟老人家解释："我之所以孜孜矻矻做这些事，是为了保存伦常的义。父子长幼之间都不能没有一定的行为规范，何况君臣之间？洁身自好不做事，结果就只能坐视君臣之间的大伦沦丧。君子从事政治不是为了利益，不是为了地位，而是因为这是对的，这是该做的。至于做了这些事情也无法挽回大局，这我早就知道，我没有任何幻想了。"

孔子要子路转达的话有背景，这位老人家为什么留子路住宿？不就是因为看到子路懂得长幼之节，被莫名其妙训了一顿，却依然维持对待长者应有的礼貌吗？在家里为什么要叫两个儿子来跟子路相见？不就是因为子路长于这两个儿子，要教儿子守长幼之节吗？老人家自己这样看重长幼之节，明白可以规范人伦的礼的价值，那也就应该能理解孔子的用心跟坚持，家里面不能没有礼，难道在国政上，在君臣之间就可以没有礼吗？

孔子要做的不过就是尽己之力，保存政治上的大伦。这并不是因为他天真地以为这个时代还有救。孔子反复表明，在对现实的衡量上，他其实和这些隐士是同样悲观的，他根本不觉得时局有可能好转，但他跟这些隐士不一样的地方在于，他内在的责任感更大，他没办法像这些隐士一样避世，不在乎时代和社会的败坏。这就是孔子"知其不可而为之"的一种接近于悲壮的态度。

在现代，狂呼打倒孔家店、指控礼教杀人的人所批判和攻击的礼教，根本就不是《论语》中孔子所认定的那种礼。那种“礼”不是礼貌、礼节、礼数，我们很难用白话文中的词语来代指，反而是英文中的 decent 或 decency 可能比较接近。

Decent 不是一个冷僻的词，但却几乎无法找到贴切的中文来对译。这个词可以勉强被解释为“合宜”，说一个人 decent，意味着他不会做什么粗野奸猾之事，也就是说他总是行为合宜。不过 decent 有“合宜”所无法涵盖的其他意义。第一，decent 意味着合宜的行为不是出于功利的目的或外力的胁迫才去做的，因此decent有的时候也被译作“优雅”。为什么会有优雅在其中？因为那接近于孔子所说的“随心所欲不逾矩”，举手投足都能够自然合宜，所以给人一种优雅的感受。第二，decent 一方面是很基本的人格条件，所以我的朋友台湾学者钱永祥曾经把它译作“做人的基本道理”，另外一方面，decent 和 decency 也是一种近乎高贵的评价。是不是很矛盾？怎么会既基本又高贵的呢？因为 decent 的内在质地有人之所以为人所必定要具备的成分，然而这成分真正要能够落实、做出来，却绝对不容易，因此如果做到了，它就成为一种高贵的成就。

《论语·颜渊》里这样说：子曰：“足食，足兵，民信之矣。”子贡曰：“必不得已而去，于斯三者何先？”曰：“去兵。”子贡曰：“必不得已而去，于斯二者何先？”曰：“去食。自古皆有死，民无信不立。”孔子列出了一个国成立的三大要素，聪明的弟子子贡坚持要弄清楚这三项要素的排名。孔子是这样排名的：第一是民信，第二是食，然后才是兵。孔子想表达的是自己有多么看重“信”，也就是人与人之间的信任。英国当代的社会学家齐格蒙特·鲍曼（Zygmunt Bauman）曾经说，没有了信任，我们连早上起床的勇气都没有。这句话可以拿来当孔子思想的脚注。人之所以能过集体生活，靠的就是彼此的信任，对于别人会做什么，不会做什么有基本的把握，而礼就是这种把握的来源与保障。孔子之后，礼和伦常就从原来封建宗法的具体规范转型为一套抽象的原则，并在中国的文明组构中占据最核心的位置。要看清楚此后中国文明的特质，我们不可能绕过孔子，而我们要认识孔子，体会孔子，了解孔子跟今天我们做人做事还有什么关联，就应该好好地读《论语》。

第三章　孔子不是真理发言机

不是整天讲道理

读《论语》，我们得随时记得孔子不是个“真理发言机”，整天专注于讲一堆很有道理的话。孔子有他的生活，尤其是和学生密切互动的生活。他有活在那个时代的种种困扰与痛苦，他胸中有着强烈的情绪、丰沛的感受。

把孔子当真理发言机，将《论语》中记录的每一句话从现实与感情脉络中抽离出来，单独来看，无法真切了解孔子，更无法充分学习孔子的智慧。光从表面看，《先进》第四章的那句话，是孔子指责颜渊的。然而其内在传递的信息，毋宁更接近老师对这个弟子的一种带着撒娇意味的赞美。哎呀，怎么会有这种学生，一下子把我教的都吸收光了，叫我到哪里生出那么多道理继续教他呢？类似这样的口气与信息，很难理解吗？

《论语·先进》第五章：子曰：“孝哉闵子骞！人不间于其

父母昆弟之言。”孔子的教育中，孝很重要，后世还出现假借孔子名义集成的《孝经》，汉朝以降，成为中国社会的核心道德范本。不过实际上，《论语》里孔子对孝的讲究与解释都很平实，绝对没有《孝经》中那种将孝无限上纲，要将社会建立在一套“儿子无条件遵从老子”的片面规范上的倾向。

孔子重视孝，因为他活在愈来愈乱的春秋乱世，他看到的众多人间痛苦都和原本维持了几百年的西周封建秩序遭到破坏、瓦解有关。封建秩序是以亲族人伦的扩张来作为社会人际互动准绳的。对孔子而言，要拨乱反正，就应该收拾、恢复封建秩序，而收拾、恢复封建秩序的第一步，就是在人伦宗族关系上，该是什么角色就应该有什么样的行为，做儿子的能孝，做臣子的能忠，这当然大有帮助。不过我们也别忘了，孔子从来不是片面要求儿子、臣子，他同时也要求做老子的要像个老子，做君王的要像个君王，关系是相对的，行为要求也就必然是相对的。

孔子称赞他的弟子闵子骞真是个孝子。怎样得来的判断呢？“不间”指的是没有缝隙，对于闵子骞的父母兄弟所说的话，别人找不到缝隙。孔子是从他的家人所说的话里判断出来的。让我们想想、猜猜，如果去问你的家人，你是个什么样的人，有什么优点，有什么缺点，平常如何过生活，在家里有着怎样的行为习惯，你的家人会如何回答？

不外两种。一种是出于爱你的私心，所以会帮你掩饰缺点、夸大优点，希望在别人心中建立比真实的你更好、更高尚的形象。另一种刚好相反，正因为每天近距离甚至无距离地看你，所以他们眼中的你，失去了距离所带来的尊敬，会格外凸显你的日常坏习惯或坏脾气，这也就是台湾人说的“近庙欺神”，或西谚说的“仆役眼中无英雄”。

闵子骞怎么个孝法？他在家中的所作所为，没有什么是不可以拿到外面讲的。不需要父母家人在外面帮他掩饰、美化，也经得起父母家人近接相处的检视考验。为什么这样是孝？这必须归结到孔子对言语应该符合事实的坚持，闵子骞让他的父母可以免于说出和事实有差距的话，让父母家人能够安心忠于事实说话，不会有内在的紧张冲突，这是一种深刻的孝道实践。

由此我们就知道关于孝，孔子有一些什么不同的想法，更重要的是孔子是一个多么了解人跟人之间相处的细节的人。他有这种洞见，所以才有可能用这种方式来形容和评断闵子骞的孝。

判断人才的方法

往下读《先进》第六章之前，让我们先读一下《公冶长》中的选文。

《公冶长》第一章：子谓公冶长，“可妻也，虽在缧绁之中，非其罪也”。以其子妻之。孔子评论弟子公冶长，说：“这个人是可以嫁的。虽然他目前在牢狱之中，却不是因为他的过错啊！”于是孔子就真的将女儿嫁给了公冶长。

没有其他的补充资料让我们明了公冶长怎么会自己没有犯错却陷入“缧绁之中”，我们只知道孔子竟然决定将女儿嫁给他，以此彰显对他的高度肯定。接下来，又有相似的一章：子谓南容，“邦有道，不废；邦无道，免于刑戮”。以其兄之子妻之。孔子称赞另一位弟子南容（南宫适），说他在国家政治清明时，总能发挥所长有所贡献，国家局势昏乱时，他又有办法免于遭到刑罚杀戮。于是孔子就将哥哥的女儿嫁给南容。

《论语·先进》第六章中则说：南容三复白圭，孔子以其兄之子妻之。这说的是同一件事，分在两个地方说。这里解释孔子将侄女嫁给南容的理由，是他“三复白圭”。白圭指的是《诗经·大雅·抑》中的句子，“白圭之玷，尚可磨也；斯言之玷，不可为也”。圭是一种玉器，白圭上面出现了污点，还可以将之磨掉；但要是人说的话有了污点，那就没有任何方法可以去除了。“三复”指的是南容对这段话反复致意，奉为座右铭。

孔子看重的，是南容这种谨慎小心的处世哲学，以严谨态度对待从自己口中所说出的话，也正因为南容不随便说话、注意不说错话，才能做得到“邦有道，不废；邦无道，免于刑戮”。如此人格特质，在那个乱世既稀奇又有用，可以放心将侄女托付给他。

春秋时势产生的另一项影响，是使得“识人”变成一件愈来愈重要的事。以前，身份是人与人发生关系的主要依据，现在身份不再可靠，关系也就不再固定、稳定，于是像嫁娶联姻这种事，都有了更多更复杂的选择。怎样选才不至于给家庭家人带来灾祸，最好还能提供安全保护，那就得要懂得如何识人，如何从行为思想的细节中由小见大，如何分析一个人的个性，以及预测这样的个性在现实环境里会得到怎样的待遇，又会有怎样的遭遇。

《论语》中显现孔子在识人一事上卓有洞见，也记录了他许多识人上的智慧。《论语·雍也》开篇第一章是：子曰：“雍也可使南面。”孔子说他的弟子冉雍（仲弓）是可以治民当领导的。

为什么这样评断？下一章提供了部分的解释：仲弓问子桑伯子。子曰："可也简。"仲弓曰："居敬而行简，以临其民，不亦可乎？居简而行简，无乃大简乎？"子曰："雍之言然。"

这段对话很有意思。冉雍问老师对子桑伯子这个人的看法，孔子回答："他不错，具备'简'的长处。"意思是这个人单纯、不复杂、不造作。可是学生有不太一样的想法，冉雍就说："如果是在私人生活上敬谨小心，外在行为则单纯不造作，这样来治理人民，应该很适当！但若是外在行为单纯不造作，私人生活上也简，这样会不会太草率了些？"孔子听了，表示赞成："你说得对。"

这是师生就识人一事交换意见，而且显然学生的意见还高于老师，没有因为孔子是老师，冉雍就保留自己和老师不一样的看法不说出来；更没有因为冉雍是学生，孔子就一定要纠正、教导他。孔子的反应就只是赞成、同意："你说得对。"

孔子用"简"字总结对子桑伯子的认识，冉雍则更细腻地分别了内与外两种不同的简。对别人单纯不造作，人家和他交往不伤脑筋，也不会随便扰民，这种外在的简，当然是长处。但若是自己居家生活上也很简，那就变成了粗枝大叶、"差不多先生"了，不该是值得鼓励的性格，所以冉雍说："无乃大简乎？"

朱熹的《四书章句集注》将这段师生对话，和前面的"雍也，可使南面"连接成为一章。朱熹认为，这段对话就是老师认定冉雍可以治民的理由。换句话说，孔子进一步透过冉雍对子桑伯子的观察评价方式，观察评价了冉雍。冉雍能够看得出来最好的行事风格，应该是对自己敬谨严格，却以宽大简单的态度"以临其民”，懂得这番道理的人，当然有资格去治理人民当首长了。

这种在识人上的强调，到了汉朝逐渐转成为相人术，把对人的理解，从行为观察转变为外表相貌观察，更将原先对人精神层次的分析理解表面化为对命运未来的侦测，这是中国文化思想史上的一大转折。从汉末到魏晋南北朝，此风再度一转，刘劭的《人物志》、刘义庆的《世说新语》，提供了新的关于名士人格的描述和观点，又有了另外一大转折。

过分与不过分的哀伤

《论语·先进》第七章：季康子问："弟子孰为好学？"孔子对曰："有颜回者好学，不幸短命死矣，今也则亡。"类似的话，也出现在《雍也》中：哀公问曰："弟子孰为好学？"孔子对曰："有颜回者好学，不迁怒，不贰过。不幸短命死矣，今也则亡，未闻好学者也。"

一次是鲁国国君问，一次是实际掌管鲁国国政的世卿大夫问，显然有要孔子推荐弟子从政为佐的意思。但两次，孔子都举已经去世的颜回作答。其中凸显了鲁哀公、季康子所说的“好学”，与作为孔子核心价值的“好学”，有着巨大差距。

鲁哀公、季康子想的好学，是很努力学习知识、技能，能够学得好的人。孔子心目中的好学，我们前面说过了，却是真心热情向学，以学为目的，而非抱持要拿所学去做什么、去换什么的人。

以鲁哀公、季康子的定义，那么孔子门下，多的是好学，努力学又学得好的人。德行：颜渊，闵子骞，冉伯牛，仲弓。言语：

宰我，子贡。政事：冉有，季路。文学：子游，子夏。这些人，每一个都有好学的心态与成就！但孔子不这么看，在他以内心真情真乐为标准的衡量下，除了颜渊，没有一个弟子符合这超高的标准。所以，他两次都斩钉截铁地说："今也则亡"，现在没有了。

正因为颜渊从来没有从政，从来没有任何事功，早早就去世了，所以他的学习动机最特殊、最纯粹。别人"自奉束脩以上"，为的都是要从孔子那里学到可以在现实中运用的本事。在他们之中，颜渊是个怪胎，他重视、关心的都不是可以运用的技能，而是能够带来真诚快乐的德行领悟。他的学，没有掺杂任何功利的考量和算计。

颜渊显现乃至示范了孔子之教的根本吊诡精神。孔子之教，在那个时代是有用的，可以培养治理脱序社会所需的人才，但孔子的原意，却绝对不是为用而教。依照他自己的看法，这套学问之所以有用，正是因为恢复周礼，回到了人之所以为人、以人为本、以伦理为基础的封建礼仪精神。吊诡之处便是：孔子之教的独特之处，在于不功利、不现实，不是为了有用而设计、进行，结果，回到扎根人本的无用之学，反而有用。

突出颜渊，也就是突出孔子之教的"无用"，这清楚区别出这套教育不是技术技能的教育，所以在技术技能上更强更显眼的子路、子贡、冉有、宰我等人，反而不像颜渊那么具有代表性。

在掌握、发挥孔子核心价值上，颜渊最为纯粹，而且他又以三十一岁英年早逝，更让孔子感到遗憾、心痛。《先进》的第九章：

颜渊死。子曰：“噫！天丧予！天丧予！”这是穷极呼天，极其情绪性的语言。颜渊死了，孔子只能用这种方式发泄自己的痛苦：“啊！老天，你要我的命啊！”话里充满了对天、对命运的强烈愤怒，意思是：为什么要这样对我，老天你干脆把我也杀了算了！

这年，孔子七十一岁，但这老人家心中仍然有巨大的热情，尤其是对弟子。下一章又记录：颜渊死，子哭之恸。从者曰：“子恸矣！”曰：“有恸乎？非夫人之为恸而谁为！”这里的关键字是“恸”，“恸，哀过也”。遇到了不幸的事，表现过度的哀伤难过，称之为“恸”。“过”指的是超过了礼仪所规范的举止情感。周礼存在的意义就在于节制人的自然欲望与冲动，让人离开动物本能，这样才成其为人。孔子教育的最大宗，就是礼，而且他反复强调该教该学的，不是复杂琐碎的礼仪规条，而是彻底理解、掌握，进而内化礼的精神。

古代的礼中，丧葬之礼非常重要。丧和葬虽然都是处理死别的，然而在礼的原则上，其实有不一样的偏倚。丧处理的，是死亡乍临的情况，重点在于节哀或制哀。丧礼有很多繁复的程序，和死者关系愈亲近，要做的事也愈多。为什么要这样设计？亲人死了，当然无法维持正常生活。亲人死了还能若无其事保持一般作息，那也太冷酷太无情了吧？但另一头的极端，是把所有事都放下来，让哀伤淹满人的生活，那也是很可怕很不健康的情况。所以有丧礼中各式各样简单反复的仪节，使得生者可以一直有事做，借这种方式控制情绪，慢慢从哀伤难过中恢复。

葬礼则代表死者正式离开我们的生活，代表生者要回归日常作息了。此时所需的，是一种保留记忆的提醒，让生者可以不忘，经常想起和死者间的关系，也就是反复回到亲族关系中确认自己的位置，不至于因为亲人不在而遗忘、改变。

没有人比孔子更明白这套道理，没有人比孔子更明白、更强调礼的节制作用了。颜渊死了，孔子却“哭之恸”，重点不在哭得很厉害，而在哭到逾越了礼节规范。“从者”，他的门人弟子们，这些接受孔子礼之教的人，看到老师这样，一方面很惊讶，另一方面也想要予以安慰，就劝孔子：老师难过成这样，已经失礼了。孔子的反应呢？“我哭得太过头了吗？不为这种人哭得过头，要为谁呢？”

门人弟子提醒老师，已经哭得违礼了，做了你教我们不能做、不该做的事。结果呢？做老师的仍然是情绪性反应，既挫折又生气地反问：“这样叫作过分吗？”然后进一步耍赖：“不为这种人过分，要为谁过分呢？”这不是理性的语言，而是感情、情绪的语言，是和后世孔子形象很不相符的语言，因而也是到后来经常被解释得面目全非的语言。

再看《左传》《礼记》中有关于子路之死的记录。使者来告，孔子急着在庭中就接见了使者，听完消息，甚至没有进到屋里，就失礼大哭，弟子来劝，孔子也是不理。有知道子路被杀消息的人，赶来探望慰问孔子，作为长辈的孔子，竟然又违礼对人家“拜之”。好不容易心情稍稍平静下来，才有办法在屋里向使者询问细节，听使者说子路被砍成了肉酱，孔子就从此再也不吃肉酱。

一生习礼，年纪轻轻就以知礼而闻名，然后又花几十年时间教礼的人，却公然在门人弟子面前违礼，我们由此看出孔子的真性情，更看出他和弟子之间的深厚感情。

老师也很矛盾

《论语·先进》第八章：颜渊死，颜路请子之车以为之椁。子曰："才不才，亦各言其子也。鲤也死，有棺而无椁。吾不徒行以为之椁。以吾从大夫之后，不可徒行也。"

颜路是颜渊的父亲，也是孔子的弟子。颜渊小孔子四十岁，颜路小孔子十多岁。棺椁，内棺外椁，装着棺材一起埋进墓穴里的叫作椁。这里讲的是关于颜渊葬礼的安排。颜路请求用孔子的车装颜渊的棺材下葬。孔子没有答应，他说："虽然才能相差甚大，你有你的儿子，我也有我的儿子。我的儿子孔鲤去世下葬时，只有棺，没有椁，如果把我的车给他当椁陪葬，我就得步行出门了，因为我也算有大夫的身份（"从大夫之后"，意思是跟在大夫行列之后，是谦虚的说法），按照礼仪，出门不能没有车而自己步行。"

孔子的儿子孔鲤也比孔子早死，比颜渊还早两年去世。但很显然，孔鲤在孔子心目中的地位，远不及颜渊，甚至也不及许多其他弟子。遍寻文献，都找不到孔鲤死时，孔子如何反应的记录。在这里，孔子也还是先说"才不才"，表明了在才能上，孔鲤无法跟颜渊相提并论，不过既然对自己的儿子都没有如此厚葬，也就不可能将车子提供给颜渊当作外椁。

我们要继续看下一章，才更能充分掌握这件事的真义。下一章：颜渊死，门人欲厚葬之，子曰："不可。"门人厚葬之。子曰："回也视予犹父也，予不得视犹子也。非我也，夫二三子也。"颜渊死了之后，孔子的门人，包括颜渊的父亲颜路在内，要将他厚葬，指的不只是给他铺张的葬礼，更重要的是给他超越礼仪身份的葬礼。孔子反对这样的做法。然而，门人还是将颜渊厚葬了。孔子很伤心，他说："颜渊视我如父亲，但我却无法将他当作儿子。这样的事不是我决定的，是你们那几个人啊！"

墨家对儒家最大的批评之一，就是儒家主张厚葬。但从这一条记录里我们看得很清楚，孔子主张的，绝对不是厚葬，而是能够分别身份，依照身份安排适当的葬礼。孔子可以在感情反应上为了他最欣赏、最疼惜的弟子颜渊、子路而违礼，但不会同意给他们超越身份的葬礼，因为那样不止违背葬礼的规范，还违背葬礼的精神。

前面说过，葬礼、祭礼的重点在于记忆，在于如实如分地记录这个人在世时与其他人之间的关系，用他在关系网络中的的位置把他活过、存在过这件事保留下来。僭越的葬礼，让死者失去了网络中的事实位置，也就等于破坏了他活着的真正意义。明明不是大夫，却用大夫之礼下葬，把死者挪移到一个不对的位置上，这样的葬礼就无法发挥其保留关系记忆的功能。

回头看，我们就知道，在上一条和颜路的对话中，孔子说的重点，绝对不在马车，这是明显的借口。重点之一在身份——孔子要用这种方式提醒颜路，什么身份的人做什么样的事。重点之二在提到孔鲤——我们都爱自己的儿子，但我就没有用逾礼的方式厚葬我的儿子，就算我爱你的儿子可能更甚于爱自己的儿子，我都还是无法同意用逾礼的方式厚葬颜渊。

但孔子毕竟不是颜渊的父亲，只是老师，在封建身份体系中，没有老师这个身份。颜渊的葬礼一事毕竟还是由父亲颜路来决定，孔子也无法逾礼去决定、去主持颜渊的葬礼。他痛心于给了颜渊这样于礼不合的厚葬，用与这件事划清界限来表达他的心痛。

这里我们又再次看到了孔子的内在矛盾，以一个不在封建秩序内的身份，来主张社会应该回到封建秩序，依照身份制来安排人际关系。然而，他追求的目标，恰恰是要质疑、反对自己的角色！

多面向的人

传统上因为尊崇《论语》，所以将书中内容视为孔子经过深思熟虑表达出来的普遍真理，这其实是经不起文本考究的。这本书分明是在很长的时间中，由孔子身边的人一点一点、一条一条快速抄记下来的。孔子不是因为要让他们抄记所以做这些事，说这些话，门人们当下抄记，也不曾抱持“以为后世法”“以为天下法”的目的。因而与其把这些话语当作现成的真理，一句句背诵实行，还不如还原其本色本性，从这些虽片段却真实、因片段而真实的记录中，看到两千多年前活过的一个精彩的人。他有一些关于人如何活着、如何活得丰富精彩的意见，是我们自己想不出来的，至今仍能给我们带来思想与感受上的刺激。

用这种方式读《论语》，比传统读法辛苦，却也比传统读法有趣。辛苦，因为阅读过程中我们必须设法还原、理解作为一个人的孔子，不能只是被动地接受他说了什么。我们需要搜集相关材料，把孔子的言与行尽量放回具体的历史情境中；我们更需动员关于心理、感情、逻辑的知识，用来解释孔子。如此，我们得到的，就不是一堆冷冰冰的抽象道理，教你这样教你那样，而是热乎乎从内心里经过挣扎、经过人格与处境考验，产生的多层次且有转折变化的故事。

光是将《论语》中有关子路、子贡两位弟子的材料整理出来，就很有意思。相较之下，孔子对颜渊的看法及感情，是最统一的。子路经常反对老师，老师也经常受不了他的暴烈脾气。子贡聪明绝顶，又会说话，但老师有时候就觉得他聪明会说话到了奸巧的地步。孔子面对子路说的话，和他有意识对其他弟子讲起子路，或无意识不小心让其他弟子听到的批评子路的话，都有不同，更不要说孔子和外人谈起子路的说法了。他对子贡也如此。

该想办法为这些差异找到圆满解释，说服大家：其实并没有真正的差异，还是要由这些内容得到对孔子表里不一，见人说人话、见鬼说鬼话的负面印象？前者是传统的做法，做了一两千年；后者是现代反传统的看法，在“批林批孔”运动中推到了最高峰。我宁可采取一种中间的，也因而更接近人性人情的态度。从这些材料中可以看出子路、子贡都是真实、多面向的人物，当然，孔子本身也是真实、多面向的。真实的人必定是多面向的，也只有多面向的材料才能提供给我们来还原真实的人。因此我们珍惜《论语》的形式及其中记录的内容。

《论语·先进》第十五章：子曰：“由之瑟奚为于丘之门？”门人不敬子路。子曰：“由也升堂矣，未入于室也。”孔子听到子路在弹瑟，听了很不爽，就随口批评他：“在我的门下怎么会有人弹这种曲子呢？”就像一个教声乐的老师，听到学生竟然在唱周杰伦的歌一样，他不高兴地表示：“这可不是我教的，我教你的本事可不是让你拿来这样用的。”旁边的门人弟子听到老师这样说子路，话就传开了：“啊，老师骂大师兄没有资格当他的学生！”因此他们就没那么尊敬子路了。孔子知道了这件事，就特别替子路解释，同时也是指责那些现实的、改变态度的弟子：“子路是一个已经进到客厅里来的人，只是还没进到卧室而已。”子路已经很好很厉害了，所以老师才会用比较高的标准要求、评断他；同时意味着：你们那些根本还没资格进到客厅，甚至连大门台阶都走不上来或根本就在院子外边的人，凭什么看不起子路、不尊敬子路！

再看《论语·先进》第二十四章：季子然问：“仲由、冉求可谓大臣与？”子曰：“吾以子为异之问，曾由与求之问。所谓大臣者，以道事君，不可则止。今由与求也，可谓具臣矣。”曰：“然则从之者与？”子曰：“弑父与君，亦不从也。”

掌握鲁国国政的季氏问孔子：你的两个弟子，仲由和冉求，能够算得上是“大臣”吗？仲由就是子路，他这时候和冉有（求）都在季氏家服务。听季氏此问，孔子带点脾气地回应（《论语》的记录里用“子曰”，而非更礼貌的“对曰”）：“我还以为你要问些别的重要的事，原来只是问仲由和冉求啊！所谓大臣，指的是信守原则来对待国君的人，如果国君的所作所为违背了他的原则，就辞职不干了。子路和冉求，哪里称得上是大臣，他们只是具臣，是有本事、以本事来服务上级的人而已。”

因为听孔子说大臣是“不可则止”，季氏就多问一句：“那么子路、冉有他们这种具臣，既然不是大臣，那就该会服从上级的指挥了？”孔子更不高兴了，回答说：“他们虽然没有大臣那么有原则，但要指挥他们去杀父亲、杀国君，他们也还是不会服从的。”

孔子自己才是“以道事君，不可则止”的大臣，但也因为这样，季氏不想用、不敢用孔子。他们要的，是有能力却没那么多原则、没那么大脾气的臣子。孔子明白季氏的态度，《论语》中也有多处记载了他不满子路、冉有做季氏家臣不够有原则的反应，不过既然是他的学生，子路、冉有的遵从、妥协还是有限度的，所以孔子不客气地对季氏表示：别想要他们听你的话，为了政治去做“弑父与君”的事。

怎样成为“仁者”

“知其人，读其书”，或倒过来“读其书而知其人”，感受到书的内容背后有人，这样的态度，在阅读《论语》上格外重要。传统上把孔子神圣化了之后，连带地就将《论语》中的记录高度普遍化，认定孔子所说、所示范的是放诸四海皆准的道理。实际上，也就是将原本有时代背景、有现实处境，还有个人性格因素作用影响的内容，从环境脉络中抽离出来，只做表面的解释。

很多人在学生时代读过《论语》，留下了不太好的印象。那往往就是因为将《论语》的内容强制当作不容怀疑、不容讨论的真理，由上而下压在学生头上，要求一字不漏地背诵下来，要求不得偏倚地照着课本注释来看待孔子说了什么、做了什么。今天，我们没有理由、没有必要再受这样的折磨了。

《论语》中孔子的话，孔子的意见，是依照情境、对象而说的，绝对不是为了考试而设计的，因而照理说《论语》的内容不适合拿来考试。例如，回到《论语》的文本，我们就无法用考试答题的方式，回答什么是“仁”。“仁”是孔子思想乃至后来儒家传统中的核心概念，但孔子从来没有给“仁”下过明白、可以背诵的定义；或说，孔子从来没有用定义的方式来解释“仁”。

“仁”的本意，是人与人之间的相处。到春秋时期，这个字已经明显抽象化了，指的是人与人之间相处的原则，或对待别人的应有素质。《论语》中孔子多次提到“仁者”，几乎每次都是以最高级的方式来描述“仁者”，可知“仁”在他的价值系统中处于最高位阶。但“仁”到底是什么？后世的儒家经典用了很多“参赞化育”“德配天地”一类的抽象言词来形容、赞美“仁”。而在《论语》中，孔子却很少如此说“仁”，他的“仁”依照不同状况，针对不同的人，而有不同的说法。

《论语》中，只有“圣者”和“仁者”一样高，甚至比“仁者”高。不过“圣者”相对容易把握，那指的是少数几位在历史上曾经立下大功劳的帝王，他们除了要有特殊的超拔能力，还要有可以安民、解难、创造文明的权力位子。人没有办法依靠自己的努力、修养成为圣者。具有最高价值的仁和仁者，是每个人都可追求的境界目标，但又没有任何人预先被排除在追求范围之外，难怪弟子们都会很好奇：那到底什么是仁？怎样做可以变成一个仁者？

《论语·颜渊》开头连续三章，都是谈“仁”的。第一章：

颜渊问仁。子曰：“克己复礼为仁。一日克己复礼，天下归仁焉。为仁由己，而由人乎哉？”颜渊曰：“请问其目。”子曰：“非礼勿视，非礼勿听，非礼勿言，非礼勿动。”颜渊曰：“回虽不敏，请事斯语矣。”

孔子对颜渊的回答是：“节制自己的欲望、冲动，回归到礼的规范上，那就是仁。虽然你只有一个人，即便你只有一天做到了克己复礼，但就因为你的努力与成就，整个天下就会朝向应有的、理想的仁的状态多接近一步。要实践仁，靠的是自己，不需要靠外在别人的力量。”

用今天的语言和概念来理解，孔子主张的是你每天自我检验，对于明明知道是错的、不应该的事，你能不能有办法予以节制？只要你如此依照所信的道理标准自我节制，不逃避，不找借口，那么整个世界就因为你的“正行”而变得更好、更接近理想状态。这都是自己一个人就可以做得到的，不需要等待外在条件的配合。

颜渊接着问：“那要做到克己复礼，有什么具体的条目可以遵循吗？”孔子给了他一段大家很熟悉的回答——四个“非礼勿”。“非礼勿视”“非礼勿听”，是节制自己的感官，提醒我们要有一套方法、一组原则来筛选外界的各种信息与刺激。用今天的话来说，那就是要训练我们的感官具备一定的品位。并不是所有你所接触到的信息、刺激，都应该接收、都适合接收。人所受的教育、训练应该让我们养成习惯，对这些信息、刺激有所分辨、鉴别，很快就明白有些低级趣味，是大可以不看不听的。

孔子绝对不是要教颜渊对某些事情装作没看到、没听到。这里讲的是由选择而来的节制。作为一个人，我们可以不断提升自己的品位，离开原始动物层次的诱惑刺激，学会对低层次的诱惑刺激予以隔绝、排斥，然后我们才能开始接受、欣赏更高层次的信息。

后面两个条目，“非礼勿言”“非礼勿动”，字句的形式一样，侧重点却和前面两条很不一样。前面两条规范我如何接触、接纳和接收外在世界，后面两条则规范我如何将自己置放进外在世界中。我们也得要有明确的原则在心中，知道有些话是不能说的，有些事是不能做的。换言之，进入这个世界，尤其是进入人际所构成的世界，我们需要做好对自我的训练，节制自我中心、自我膨胀的习惯。

什么时候我们会说不该说的话？会做不该做的事？最常发生的情况，就是我们没有意识到说这样的话、做这样的事，会对别人产生什么样的伤害，也就是我们心中没有别人，无法体贴地想象别人会有的感受、反应。只知道自己，只考虑自己，就是没有节制，就是“非礼”，因此，这样的话不能说，这样的事不能做。

孔子这样教颜渊，颜渊听懂了，就对老师承诺：“尽管我没有特别聪明，但我会努力遵照您说的这几句话去做。”

从来没有现成的回答

下一章：仲弓问仁。子曰：“出门如见大宾，使民如承大祭。己所不欲，勿施于人。在邦无怨，在家无怨。”仲弓曰：“雍虽不敏，请事斯语矣。”

第一眼我们就看出来，这一章的开头和结尾，都和上一章一模一样，只是把颜渊换成冉雍，就是仲弓。冉雍问的也是仁，听了老师给的答案，他也就恭敬地说：“尽管我没有特别聪明，但我会努力遵照您说的这几句话去做。”

正因为开头结尾一样，主题也一样，孔子两次给的答案的差距，就更显眼了。

孔子给冉雍的回答，第一项专注在“敬”的态度上。“大宾”“大祭”都是重要且庄严的场合，不能掉以轻心。孔子教冉雍：在外（应对公众事务时）的态度像是要去见你心目中最重要，可能可以改变你人生的人。大宾指的是人，而大祭指的是场合。领导支使人民（运用你的权力）时，要如同在忠烈祠主持秋殇“国祭”一般庄重谨慎。

敬谨的根本，或说敬谨的作用，就在于让你心情沉淀、不轻浮，你就会认真体会、思考别人的心情、别人的要求。以己度人，自己不想要的，别加诸别人身上。不希望别人如何对待你，那你就不可以那样对待别人。这是相关联的第二项修养条目。

第三项则是不强求要有什么地位、什么身份。和“人不知而不愠，不亦君子乎”有着同样意思，孔子教冉雍：获得权力地位，服务国君，很好，没有怨言；得到不赏识，只能待在家中，也很好，没有怨言。

这三项都是针对有心从政的人给予的提示。因为孔子看好冉雍，认为他具备从政的人格与能力条件，显然冉雍自身也对从政有着高度兴趣，所以孔子的答案，就强调在政治上实践仁，这和教颜渊如何在自身修养上趋近仁，大不相同。回答颜渊时，孔子谈的都是内在，甚至说：“为仁由己，而由人乎哉？”相对地，回答冉雍时，谈的都是外在的做法。

孔子给颜渊的答案，和孔子给冉雍的答案，中间有什么样的联结？把这两个答案视为仁的两个不同价值面向，可以让我们对仁有怎样更完整的理解或想象？《论语》并没有提供简单、现成的答案，需要我们自己去思索、演绎，这也是读《论语》的一大乐趣——挑战的乐趣——所在。

我们体会、琢磨孔子对于仁，在不同的段落，针对不同的学生，面对不同的现实条件所给予的种种答案，就会发现，有关仁的形容很大一部分都牵涉同理心——你能不能去体会、认知，甚至预测别人的感受和别人可能会有的反应。如果没有这种最基本的同理心，你不可能变成一个仁人。因为这样的话，你绝对不可能在和其他人的相处中找到最适当的行为方式。所以不管身处什么样的时代和社会，仁和同理心永远是我们修己待人时最重要的素质。

孔子的幽默感

下一章，孔子又用不一样的态度和方法回答弟子。司马牛问仁。子曰："仁者，其言也讱。"曰："其言也讱，斯谓之仁矣乎？"子曰："为之难，言之得无讱乎？"司马牛也来问仁，孔子给了一个看起来像是开玩笑的回答。"讱"字从"言"从"刃"，做反义解，指的是说话迟钝、不锐利，更不会伤人。仁者说话迟钝，不以语言伤人，就是孔子给的答案。

司马牛立刻追问："说话迟钝，就算得上是仁了？"孔子逮住这个机会，不客气地修理他："要做到是很难的，你现在就有办法做到别急着抢着说话吗？"《史记·仲尼弟子列传》中说："司马耕，字子牛。牛多言而躁。"显然，司马牛最大的毛病就在性急爱说话，老师说了一小段话，他就急着质疑反问，于是孔子顺势教育他，表示："别小看'其言也讱'，我才刚教'其言也讱'，你马上就插嘴多话，这样你该明白光是做到'其言也讱'就有多难吧！"

真是鲜活有趣的师生对话！若将下一章放在一起读，还能读出更多有趣的信息来。《论语 · 颜渊》第四章，记录的也是孔子和司马牛的对话：司马牛问君子。子曰："君子不忧不惧。"曰："不忧不惧，斯谓之君子已乎？"子曰："内省不疚，夫何忧何惧？"

你看，司马牛又来了。老师回答一小句，他又急着反问："这样就算是君子了？"和上一章对着看，我们忍不住笑了，难怪老师要这样教他，因为司马牛就是个口头反应很快，也很没礼貌的人。对于老师给的答案，他的反应模式是先质疑，而不是先分析思考。

还有，他的两次质疑都是针对老师给的答案看起来太简单、太粗浅了而提出的。明显地，他期待老师给他更复杂、更深奥、更有学问的答案。就是因为太明白司马牛这种毛病，所以孔子如此教训他。一次是训他：仁的重点在于行为实践，落在行为上，每一个条目都是困难的考验，一个真正试着去实践的人，自然会体认到言与行之间的差距，也就自然不敢任意说大话，谨慎看待自己说出去的话，于是"其言也讱"。只有那种缺乏真实修养功夫和经验的人，才会老看重言词，只想学会一些说起来很好听的道理。

第二次，孔子训司马牛：君子的资格条件在内不在外，即关键在于对得起自己、对得起原则，自在优游于安心的道德状态中，而不在于高远的目标。君子之所以不忧不惧，因为他不断在做自我省察的功夫，严格地检验自己言行之间的出入，基于这样的认知，得到了内在的舒爽平静。

还原对话的情境，我们就了解，这段中孔子的回答，与其说是针对仁的解释，还不如说是针对司马牛的个性与缺点的教育设计。“其言也讱”，在仁的修养上，其实真的没那么重要，只是一种实践后连带的外在表现，顶多是仁者会具备的特质之一，其位阶与重要性，都不能跟给颜渊或冉雍的答案相提并论。因此，对这第三个答案，我们应该也有不同的读法，不必在“其言也讱”上面做太多文章，而是去用心体认孔子作为一个老师的随机应变，及其中显现出的幽默感。

第四章　还原真实的孔子

孔子是唯心主义者?

《论语》是一本拥有丰富内证材料的书，各条内容之间往往有所呼应，更可以互相发明。读《论语》，一定要看到孔门弟子不同的个性，了解司马牛的个性，我们就更能准确地掌握孔子对他说的话的意义。倒过来，整理、比对所有和司马牛有关的内容，我们又能从孔子和他的对话中，更准确地察知司马牛究竟是一个什么样的人。

单纯从《论语》的内文互证来看，孔子是一个感情丰沛而且具有敏锐共感的人。在他的教诲中，他不只强调“己所不欲，勿施于人”“推己及人”，也就是同理心，更重要的是，他和弟子的互动，也是依照他当下对弟子心中所想、身体所感的掌握发而为言的。他有时严厉，有时幽默，有时嘉许，有时批评，以不同态度寻求对弟子最大最深的影响，依据的正是他对弟子的共感了解。

《论语·述而》第十四章：子在齐闻《韶》，三月不知肉味，曰："不图为乐之至于斯也！"孔子在齐国，听到了原汁原味的《韶》乐演奏，这是他在鲁国没有听过的，受到很大吸引，因为随时被《韶》乐的美妙挑动着，以至于他很长一段时间都不会受到肉味的诱惑。他感慨地说："还真没想到音乐可以动人到这种地步！"

那个年代，一般人很难吃到肉，只有大夫以上的人或老人才能固定吃肉，因而肉的滋味对他们来说更具诱惑力。孔子惊讶于音乐可以动人到这种地步，不过我们知道：更令人惊讶的，应该是孔子对音乐的共感反响竟然到达这种程度，以至于听到了好的音乐，他就对那个时代大家认为最好的口腹享受相对都没有了感觉。

在"批孔运动"中，对于孔子的攻讦，百分之九十九都是错的，是为了运动而去扎出来的稻草人，和历史上的孔子、孔子的思想与为人完全无关。不过在这些荒唐错误中，有一项指控误打误撞对了，那就是批判孔子是个唯心主义者。孔子是个感情丰富、感官敏锐的人，因而他习惯从内心的感受来看待这个世界，他追求的不是正确的行为，而是对的感受，或说更好更高层的感受。没有那样的感受，就算做了那样的事，对孔子来说，仍然不算数。

《论语·雍也》第十二章：冉求曰："非不说子之道，力不足也。"子曰："力不足者，中道而废。今女画。"冉有（求）对老师说："并不是听不进老师讲的道理，实在是我能力不够，实践不了、做不到啊！"孔子说："真正能力不够的人，是走到一半再也走不下去，只好放弃并停下来，但你不是，你还没走就先设定了自己只能走到哪里。”

冉有对老师说的，是用内在能力来为自己不够好的外在表现辩护，而老师回应他时，是以内在感受、动机作为标准批判他。老师真正在意的，不是你的表现究竟有多好，而是你内在有多强烈的动机，想要做得更好。老师责怪冉有的，是他缺乏足够的动机去试试看自己能力的极限到底在哪里，如此说自己能力不足，完全是借口。

在这点上，孔子的确是个唯心主义者，他用来责求冉有的，是诛心之论。我们当然可以质疑：你怎么知道冉有心中想什么，给自己怎样的目标？不管他做到多少、做得如何，却要管他到底有多努力、够不够努力，这种看法不是很主观吗？

的确很主观，但这份主观正是孔子思想中不可或缺的因素。靠着他丰沛敏锐的共感能力，孔子传递了一种价值——认真诚实地面对自己，比外在表现给别人看、说服别人更重要。他凭什么这样教？靠的就是他能够一眼看出冉有究竟是“力不足也”，还是“画”，这是内在的差距。

《论语·子罕》第十九章：子曰：“譬如为山，未成一篑，止，吾止也。譬如平地，虽覆一篑，进，吾往也。”堆一座山，那么浩大的工程，做到只剩下一筐土，然而若是我停了，不堆那一筐土，也就停了。同样堆一座山，尽管只在平地上堆了第一筐土，我开始堆，也就堆了。

从客观的事实上看，前面的，已经堆得很高很高，当然比后面才堆一筐土要高得多。但从主观的意志意愿来看，前面的停下来，不做了，也就是“画”，那么尽管只剩一筐土，这座山也必定不会完成。相对地，后面的那人，虽然才堆了第一筐土，但他有着前进努力的意志意愿。我们应该看表面成就而肯定功亏一篑的人，还是应该考量主观意愿，赞许傻乎乎埋头苦干的人？

再进一步看，孔子这句话也指出，前面的努力、前面的条件，无法保证现下的决定与成就。已经堆了几百万筐土，无法保证你不会在最后一筐土的关头停下来，以至于完成不了这座山的工程。同样地，尽管就是一片平地，还需要几百万筐土才能堆成一座山，也没有理由因为这样，你就一定不会去做这件巨大艰难的事。事情成不成，有其客观形势与条件，但要不要做，跟这些客观条件之间没有必然关系，纯粹取决于你的主观意志。所以说“止，吾止也”“进，吾往也”，要止或要进，都是自己决定的，不是客观形势与条件可以必然规范的。

说得更强烈些，人其实拥有可以不顾，甚至抗拒客观形势和条件的主观决定力量。谁能规定只剩一筐土，你就一定会把山堆起来？又有谁能强迫你绝对不能在平地上追求堆起一座山来？没错，在尊重、强调人的主观意愿上，孔子是个不折不扣的唯心主义者。

礼与情感教育

孔子这种唯心主义的立场，部分来自他对春秋变局的观察与分析。为什么会有这样一个混乱、脱序，让很多人活得不平静、不安稳的时代？孔子有一个始终不变的看法：那是因为失去了礼，礼被抛弃、被扭曲、被混淆了。那么又为什么会有礼之不行的错乱现象呢？孔子得到了很特别的答案。

墨家、道家以及后来的法家，他们共同的出发点，是认定旧有的礼本身有问题，至少不符合现实需求，所以主张应该淘汰原来的礼，离开礼来寻找新的办法。孔子不这么想，他认为问题出在礼的外在形式与其内在精神的根本脱节。或者说，礼被外在化、形式化，以致失去了和人的真实感情之间的扣连。所以救世济世的方法，就是去探究礼的精神，回归礼当初设计的原始用意，让礼重新和人的内在真实感受结合在一起。

不在意、不讲究内在感受，礼就成了僵化的具文。礼应该帮助我们发掘、表达并节制感情，绝对不该、不可以反过来成为麻木、掩饰、欺瞒、扭曲感情的力量。

《论语·述而》第九章：子食于有丧者之侧，未尝饱也。第十章：子于是日哭，则不歌。第三十二章：子与人歌而善，必使反之，而后和之。这三条都既描述了孔子的行为，又表现了孔子之礼。在亲人刚去世且还在丧事中的人身边吃饭，孔子从来都不会吃饱。这是礼，更是真感情、真感受。不是要规定你不能吃饱，更不是要强迫你必须少吃，而是你会被人家的哀戚与低抑心情感染，旁边的人心里难过，食不知味，你却不受影响照常吃饭，这样对吗？

孔子在那天哭过了，就不唱歌。这也是礼，这也更是真感情。因哀伤而哭泣，马上转过脸来可以快乐欢唱，这么快、这么戏剧性的转折，对吗？要么你的哭没有那么哀伤，要么你的歌没有那么快乐，那都是不真。礼的规范，是要协助我们避免陷入不真、放出半吊子的感情。要难过就真的难过，要快乐就真的快乐，这是孔子主张的情感教育，真实、纯粹、彻底。

《论语·八佾》第四章：林放问礼之本。子曰："大哉问！礼，与其奢也，宁俭；丧，与其易也，宁戚。"什么是"礼之本"？林放这个问题问到了孔子教育的核心，所以老师称许："大哉问！"问礼之本，就表示明了除了表面的礼、仪节和规矩以外，有更重要的礼的根本、礼的内在精神。孔子给的答案，重点就放在要有真实的感情。与其失之繁缛，宁可失之简朴，而且特别举丧礼为例——与其把所有仪节都做得周到，还不如表现真诚的哀伤。

孔子跟人家一起唱歌，遇到很会唱的，他一定会请人家再唱一次，自己跟随着应和。这也是表现孔子对音乐、对他人才能的真心欣赏之情，而将这种欣赏之情适度表现出来，也就自然是合宜的礼了。

在这方面，孔子实质上改变了对封建社会当中的礼的理解。也正因如此，他更进一步地提醒我们，与自己内在的情感共处，面对自己的真实情感，真实地活在自己的情感当中，是作为一个人最重要的修养。

画错重点的学生

《论语·阳货》第二十一章：宰我问："三年之丧，期已久矣。君子三年不为礼，礼必坏；三年不为乐，乐必崩。旧谷既没，新谷既升，钻燧改火，期可已矣。"子曰："食夫稻，衣夫锦，于女安乎？"曰："安。""女安则为之！夫君子之居丧，食旨不甘，闻乐不乐，居处不安，故不为也。今女安，则为之！"宰我出。子曰："予之不仁也！子生三年，然后免于父母之怀。夫三年之丧，天下之通丧也。予也，有三年之爱于其父母乎？”

宰我问：“为父母守丧三年，时间很长啊！为了守丧，三年之间都不行其他礼仪，这样礼就一定败坏了；三年之间都不举乐，乐也就一定荒废了。前面收的谷子吃完后，又收了新的谷子，熄灭去年生的火，重新钻凿生火，这样一年轮回的时间，应该就差不多了吧？”

虽然说是问，实则宰我是要表达自己的意见，主张传统三年守丧的时间太长，应该缩短为一年。而且宰我有备而来，想了很好的理由。第一重理由是守丧期间不能正常生活，不行礼，不举乐，这样就破坏了老师看重的礼与乐。第二重，自然时序以一年为轮回，人的生活也就配合如此进行。古代取火、生火不易，总是要想办法让火一直烧着，不要熄灭，但即使如此，每经一年，也会灭旧火、钻新火，以示一年再来的循环意义，一个自然的轮回过去，守丧也随之结束，不是很适合吗？

孔子没有直接回答这样改好不好，而是问：“如果父母去世一年后，就吃好的、穿好的，你能心安吗？”

宰我给了很肯定的答案：“可以心安啊！”于是孔子就直接告诉他：“心安的话，那你就这样做吧。君子之所以守丧，是因为失去了至亲，心中悲哀，给他好东西他吃不出美味，给他听音乐他也不快乐，在原来的住处待不安稳，所以才会不吃美食、不听音乐，避居到简陋的屋子。现在既然你都可以觉得心安，可以享受日常生活，那你就去做！”

孔子两度说“女安，则为之！”那绝对不是真正同意、赞许的口气。等到宰我走出去后，孔子对其他弟子说：“宰我真是不仁啊！儿女出生三年，才有办法离开父母的怀抱。基于这样的道理，所以有为父母守丧三年的普遍原则，宰我小时候难道没有从父母那里得到三年的爱护、照顾吗？”

这段话将孔子对礼的看法与态度表现得生动且明白。孔子不落在守丧三年的规定上看这件事，而是直指规定的来源。并不是因为守丧之礼有这样的规定，所以君子在父母死后三年，不吃好的，不享受音乐，不过原本的日常生活，因果上刚好倒过来，是因为父母之死带来太强烈的改变、冲击，人不可能在如此冲击下保持正常。吃到好吃的，就想：啊，父母吃不到了。听到好听的，就想:啊，父母听不到了。在原来的房里转一转，就想：以前父母坐在这里，这样跟我说话，现在没有了……礼不过是将这种伤痛中的自然经验化为仪节，帮助人度过非常时期。

宰我搬弄的道理，孔子立刻看出，也试图提点：完全搞错重点了。问题不在可不可以,而在能不能。不是要不要遵守规定，过三年自苦的生活，而是你能不能放得掉心中的感情，迅速就恢复吃好穿好的正常生活。

宰我认为自己可以做到，意味着一年之后，他心中就没有了对父母的怀念孺慕之情，真实的感情消失了，那么继续心不在焉、敷衍地守丧，意义何在？对宰我，孔子说“女安，则为之”，这是信守自己的根本原则，礼应该也只能依照真实感情来执行，他不会要强求宰我在没有真实感情的情况下守三年之丧。

但老师心中是痛的。所以等宰我出去之后，他才对其他弟子表达了他的愤慨与心痛：宰我的问题不在违背礼，而是更严重地违背了人与人之间对应的感情原则，所以说他不仁。

孩子出生后至少前三年要完全依赖父母，靠父母的褓抱养育才能变成一个人，想到这样的事实，人能没有在父母死后，对父母的三年感恩与思念吗？宰我竟然一年后就可以摆脱对父母的感情，难道他小时候也可以不用接受父母三年的爱护照顾吗？

孔子非常忧心

《论语·述而》第二章：子曰："默而识之，学而不厌，诲人不倦，何有于我哉？"张开眼睛、打开耳朵接触这个世界，将所见所闻默默地存记在心中，不断地学习而不会有厌恶的感觉，将自己所学的教给别人而从不疲累，这些事对我来说有什么困难的呢？这表现的是孔子的自信，这几件事，他最擅长做，也正是他最乐于从事的。

下一章说：子曰："德之不修，学之不讲，闻义不能徙，不善不能改，是吾忧也。"那孔子担心的是哪些事呢？他担心自己在人际行为的道德上没有足够的修养，担心对学到的知识或技能无法持续精进，担心听到了正确的行为原则、道理，却不能在自己身上实践，担心明明知道有什么缺点却改不了。

两相对照，浮现出了孔子的自我形象。他知道并且自豪于自己的长处是乐于学习，学得快，记得多，而且懂得如何将自己的所学转教给别人。但因应于这样的长处，他也就敏感地察知并检讨连带的问题：知识和技能容易获得也容易教出去，一不小心，这些知识和技能就一直是身外物，从生活中"通过"却没有确实地影响、改变自己。

他要担心的，都是学有所得以后的事。知道了道德原则，然后呢？具备了知识，然后呢？懂了规矩，然后呢？检讨了自己，然后呢？我们可以止于此，事实上也有很多人就停留在那里，没有“然后”。尤其是做老师的人，更容易如此。左手拿进来的，右手就交出去，反正是应付教学需要，在学生面前看起来懂很多，很有学问，可是这种人他学得愈多，学到的东西对他自身生命愈没有影响、没有意义。

孔子不允许自己变成这样的人，当然他也不会允许学生们变成这样的人。不过他很清楚，知识可以教，技能可以教，偏偏最关键的那一段——如何让知识和技能真正变成你的，不再只是身外物，不再被拿来换分数或对别人炫耀——老师教不了，只能靠自己觉醒领会。孔子自己不断“忧”这几件事，那是他持续的修养功夫，同时却也是唯一一种可能可以感染、影响学生的方法，这是真正的以身作则。

《论语·述而》第三十三章：子曰：“文，莫吾犹人也。躬行君子，则吾未之有得。”“只要是关系到外在文献知识的，我总还比得上别人，但要把这些知识落实在行为上，活得像个古代贵族君子一般，我却还没有什么收获！”这里表达的，是同样的对比。

后世将孔子的所学所教，拿来当作考试的材料，进而将考试死背标准答案的弊病推到孔子身上，实在是天大的冤枉。孔子抱持的，分明是彻底相反的态度，强调内化自己的所学所得，而且不断实践自己的信念，反对只学到作为身外物的知识。这才是孔子的期待。

全幅人格的老师

孔子教了很多学生，后来的说法，号称有三千门人，光是知名的就有七十二位。然而读《论语》，我们会发现孔子从来不上大班课，他的教学重点在于分辨学生的特性，有很多他说这个学生如何和那个学生不同的记录，相对地，却很少听到他说谁和谁是一样的。

《论语·雍也》第八章：季康子问："仲由可使从政也与？"子曰："由也果，于从政乎何有？"曰："赐也，可使从政也与？"曰："赐也达，于从政乎何有？"曰："求也，可使从政也与？"曰："求也艺，于从政乎何有？"

鲁国世卿季氏向孔子探问了三个人，子路、子贡和冉有，问他们是否具备从政的条件。孔子都用明确、肯定得近乎轻蔑的方式回答："从政对他们来说有什么难的？"但对于三人之所以能够从政，孔子却有不一样的说法：子路是因为果敢决断，子贡是因为通达事理，冉有是因为多才多艺。

孔子教这些弟子，不只是要让他们去帮忙服侍大夫，而是要让他们成为一个完整的君子，足以承担更高级别的国政任务。要在大夫家服务，有片面的特色能力就足够了。孔子用这种方式表达他的政治概念，同时又简洁精确地显示了他对学生的认识。

记录分成三段，因为孔子不是笼统地对季康子说：我这三个学生都很好，要去帮你处理政事，都绰绰有余。这就不是孔子的风格，即使简单到只用一个字来形容，他也一定要一一地说子路是怎样，子贡是怎样，冉有是怎样。这是他看待学生，同时也是他尊重学生之处。

在求学过程中，我们谁没有听腻、听烦老师对着大家说：你们都是如何如何……老师用全称语句骂全班，校长就用全称语句骂全校。听到这样的话，你作何感想？不会有被乱骂谩骂、不受尊重的感觉吗？孔子是个基本上不会用“你们”来骂学生的人。

孔子会骂学生，有时候还骂得很凶。但他骂，一定也都是针对个人，针对特定个性与行为而骂，不会发泄式地把几个人，乃至全部的学生骂进去。

《论语·述而》第二十四章：子曰：“二三子以我为隐乎？吾无隐乎尔。吾无行而不与二三子者，是丘也。”“二三子”是孔子称呼弟子的亲切用语，这句话就是对弟子们说：“你们以为我有什么事情隐瞒你们吗？我对你们没有隐瞒，我所做的，没有不能让你们参与、不能让你们知道的，这就是我的个性、我的为人。”

孔子能在当时和后世产生那么大的影响，不仅是因为他对学生的这种全心全意的投入，更是因为他是以全幅人格显现在学生面前。学生们所认识的，不是一个上了班扮演老师角色的孔丘，而是日夜分秒真实活着的孔丘。习惯甚至坚持“无行而不与二三子”的孔子，一举一动都不隐瞒，于是他的一举一动对学生都产生着影响，也才会让学生在那个书写条件还很不好的时代，忍不住想要把老师的言行尽量用文字保留下来。

《论语·子罕》第十二章：子疾病，子路使门人为臣。病间，曰：“久矣哉，由之行诈也。无臣而为有臣，吾谁欺，欺天乎？且予与其死于臣之手，无宁死于二三子之手乎！且予纵不得大葬，予死于道路乎？”

孔子病重，看起来似乎时日无多，大弟子子路不得不开始准备丧礼事宜，叫门人们去扮演臣的角色。这意味着要给孔子国君般的丧礼，从他临终的病榻前开始，就给他最高级的待遇。结果孔子没死，病慢慢好了，稍微好到一个程度，他就骂人了："我早就知道子路做事情不可靠，会作假。我是个国君吗？我平常有臣绕着我、服侍我吗？要死了却跑出这些假扮的臣来，我是要骗谁呢？难道要骗天吗？而且与其让我死在臣的照顾中，我还宁可由弟子们围绕着而死。就算我没有办法得到高高在上的丧礼，难道你们会让我曝尸，死在路上吗？"

孔子骂人真的骂得很凶，而且很多难听的话都是用来骂子路的。但完整读过《论语》，我们就一定不会搞错，不会认为子路是个坏蛋，孔子讨厌子路。孔子和子路的关系太特别了，两人其实只相差九岁，所以孔子在子路面前没有那种老师的威严，加上子路脾气暴躁，常常孔子话还没说完，他就抢着回答，甚至抢着表示反对。正因为最亲近，孔子骂他的话会有那种体己的严厉。

孔子骂子路，先是骂他诈伪，竟然想要给老师做排场，摆出国君式的礼仪来。显然，鲁国的大夫世卿经常有人如此僭礼，而这正是孔子最受不了的。后面一段话，还是骂子路的，但骂的重点是："这么多年了，你还搞不清楚，在我眼中作为老师的身份地位，会比作为国君来得低吗？你怎么会以为把大家装成臣，就能让我心安、让我高兴呢？就会比你们就是你们，照着原本的弟子身份出现来得好？我要的，真正最适合我身份的，就是弟子们服侍着让我离开这个世界，你怎么都不了解我对你们的这种信任呢？"

这两件事，会让从死里活过来的孔子同样痛心吧！

孔子怎么开玩笑

和学生相处，孔子有严厉的时候，却也会有幽默的时候。他常常说开玩笑的话。但这种玩笑话，到后来都被严肃解释，一定要让孔子随时板着脸孔说话，那就不是《论语》中真实显现的孔子。硬要正经八百解释孔子开玩笑的话，一来既伤害了语意，解释起来很勉强、很别扭；二来更阻隔了我们对孔子的认识。

例如《论语 · 子罕》第二章：达巷党人曰："大哉孔子！博学而无所成名。"子闻之，谓门弟子曰："吾何执？执御乎？执射乎？吾执御也。"

在达巷这个地方，有人在背后讽刺、批评孔子：孔子很了不起啊！学问那么大却没有任何职位与成就呢！"成名"主要指的是在政事上得到的地位。孔子听到这样的批评，就跟弟子们说："我适合担当什么职务呢？我该去驾马车好呢？还是去负责射箭好呢？嗯，我还是比较适合驾车吧！"

传统的解释，是说听了人家批评，孔子跟弟子商量："那我应该专注从事什么职务呢？御还是射呢？恐怕还是御好一点。"这解法有明白的问题，御和射都不是什么了不起的职务，也不是孔子看重的，更不会是孔子的专长。于是只好附加说明，一种说法是孔子说反话，"故为自屈之辞以显其所称之失"；另一种说法是孔子讲的是真话，"足以表圣人之谦"。

这段记录有更自然更简单的解释。有人这样批评孔子，孔子听到了，就开玩笑地跟弟子们说："是啊，你们老师好像什么都不会，我到底会什么、适合做什么呢？我可以驾马车吗？还是去负责射箭？”这分明是孔子自我解嘲的幽默啊！

《论语·先进》第十三章：闵子侍侧，訚訚如也；子路，行行如也；冉有、子贡，侃侃如也。子乐。“若由也，不得其死然。”孔子身边围绕着不同个性的弟子，闵子骞恭敬严肃，子路刚强果决，冉有、子贡温和，善于与人相处，让孔子感到很高兴。孔子之乐，乐弟子们都有自己的个性，都能发挥自己的个性。

《论语·先进》下一章就说：鲁人为长府。闵子骞曰：“仍旧贯，如之何？何必改作？”子曰：“夫人不言，言必有中。”鲁国翻修称作“长府”的金库，闵子骞评论说：“依照老样子有什么不好呢？为什么需要翻修改造？”孔子为此称赞闵子骞：“这个人平常不太说话，但每次说了，一定很中肯。”

闵子骞针对的，显然不是翻修改造长府这个房舍，而是针对之所以需要翻修改造的理由。从人民那里征收的赋敛有所增加，才会要修金库，同时修金库又要用掉从人民那里收来的财富。“仍旧贯，如之何”短短几个字，表现了闵子骞反对增加赋敛的立场，得到了孔子的肯定支持。

孔子肯定他的说法，强调了闵子骞平时寡言，和子贡、冉有大大不同，当然也和子路的气派冲动不一样。接下来孔子说的话，传统上的解释是，孔子对子路的个性有着特别的忧虑，所以说：“像子路这样冲动武勇的人，恐怕不容易像样地寿终正寝。”

然而，我还是比较倾向于相信这句话，不是孔子用正经八百的态度说的。尽管子路后来真的没能寿终正寝，这话倒像是个准确的预言，不过在当时的气氛下，“子乐”，然后一转就要讲出那么阴暗沉重的话，听起来简直像是孔子在咒骂子路似的，总觉得很不对劲。

比较容易理解、想象的，反而是在弟子围侍的情境下，孔子高兴得开起玩笑来了。看到子路一贯自信武勇的模样，老师就笑他："可是像你这样老是一脸嚣张的样子，将来是要倒霉的。"孔子和子路这对师生，本来就常常互相亏来亏去，老师逮到机会调侃一下学生，一点都不奇怪吧！

第五章　老师没有标准答案

生与死是怎么回事

《论语·先进》第十二章：季路问事鬼神。子曰："未能事人，焉能事鬼？"曰："敢问死。"子曰："未知生，焉知死？"子路问该如何侍奉鬼神。孔子不直接回答他的问题，却说："还没能好好侍奉人，哪管得到去侍奉鬼神？"这话有双重意义，一重意义是告诫子路，先学好、做好如何对待人，再来考虑鬼神，也就是轻鬼重人的人本态度；另一重意义则是必须懂得了如何好好处理人事，才有能力处理鬼神之事，因为鬼神之事，本来就是人间之事的延伸。

虽然碰了钉子，但子路显然不甘心放弃这个问题，于是他拐个弯，小心地问："那可以问死是怎么一回事吗？"人死后而为鬼神，死当然是和鬼神相关的，然而孔子怎么可能察觉不出子路的用意，他也就故意用同样的语法语句再顶回去："不知道生是怎么回事，怎么可能懂得死是什么呢？”

对于死亡以及死后的存在，没有人不是带着担忧与害怕的心情感到好奇的，然而孔子的态度很明确：和在现实世界里好好活着相比，那不重要，至少没那么重要。我们无法把握死亡及死后世界是什么，孔子却深信，不管那是什么，必定和活着的现实有一种相似的连续性，而且我们是因为这种连续性——死去的鬼神就是我们的祖先，等到我们死了，也会在那个领域和还活着的子孙发生某种关系——才需要思考、理解那个领域。既然如此，我们认真看待现实世上的种种人文价值，种种作为人的原则与职责，也就等于为接触、了解那个领域做了准备。

孔子劝人不要去担心那些不在我们努力和控制范围以内的事。《论语·述而》第十六章：子曰：“饭疏食饮水，曲肱而枕之，乐亦在其中矣。不义而富且贵，于我如浮云。”还有，《论语·述而》第十二章：子曰：“富而可求也，虽执鞭之士，吾亦为之。如不可求，从吾所好。”两句话对照来读，很有意思。

孔子当然反对用不正当的方法去追求富贵。然而，他提供的理由是，第一，使用不正当手段，破坏原则，也就破坏了我们心中的那份自在，使我们不乐。以此换彼，划不来。心安自在的人，可以在最简单的生活中得到真实的快乐。第二，就算你主观上愿意不择手段去追求富贵，也不见得就求得到。追求富贵的主观意愿，和想要追求浮在空中的云朵，有什么两样吗？

所以他说：“如果财富可以靠主观努力追求就有的话，那就算叫我拿着鞭子来帮贵族开道，那么低贱的事我都可以做；但如果财富不是可以主观求来的话，那我还是做我自己喜欢的事吧！”如果放弃原则必然会带来财富，那我愿意去做。这句当然是反话，重点在于指出：放弃自己心中有把握的自主道德原则，去追求要靠运气成分才能得到的财富，划得来吗？我“所好”的，只要信守良心原则，就能带来真实的、任何人都夺不走的快乐，何必牺牲如此内在、纯粹掌握在我自己手上的快乐，去追求机会不定的财富呢？

同样，我们明白人间事务的一定道理逻辑，所以对人事的因果我们能有所掌握，然而死亡、死后存在、鬼神，则在我们掌握范围之外，何必担心那么多呢？

从性格了解命运

《论语·先进》第十六章：子贡问：“师与商也孰贤？”子曰：“师也过，商也不及。”曰：“然则师愈与？”子曰：“过犹不及。”

子贡问老师：“子张（颛孙师）和子夏（卜商），谁比较好？”读《论语》，我们就知道这显然是子贡会问的问题。子贡对人际关系的好奇与敏感在孔门弟子间无人能比。他想知道在子张和子夏之间，老师比较喜欢谁，顺便也就可以从老师的意见中，探测老师对自己的看法。

正因为了解子贡背后的用心，孔子给他的答案是：“子张做事常常做过头，子夏则常常做得不够。”两人各自有其缺点。子贡还要比，觉得老师说子张做得太多，子夏做得太少，应该多比少好吧，就再问一句：“所以这意思是子张比较好？”孔子讲得更明确些：“做过头和做得不够，同样不好。”

孔子的意思：第一，请你别老用这种比较、排名次的方式来看待自己的同学了！第二，像你们这种能力、活动力较强的学生，常常会误以为多做总比少做好。不，真正的标准，是“中”，准确地恰到好处，做不到中，过头或还没到，都是不中，都有问题需要改进。

《论语·先进》下一章：季氏富于周公，而求也为之聚敛而附益之。子曰：“非吾徒也。小子鸣鼓而攻之，可也！”鲁是周公的封地，封建之初，理论上鲁就是周公的财产。到了孔子的时代，鲁的国政落入大夫季氏手中，季氏的权力与财富都超过了鲁国国君，所以说“季氏富于周公”。孔子弟子冉求是季氏的家臣，却还帮助季氏搜刮人民，让季氏更富有。为了这件事，孔子气得宣布将冉有逐出师门，对其他弟子说：“这种人不再是我的门徒了！你们也不必认他做你们的同门兄弟，可以打起鼓来猛烈攻击他！”

再下一章，第十八章：柴也愚，参也鲁，师也辟，由也喭。虽然没有冠上“子曰”二字，但这句话明显是孔子说的，简要地分析了这几个弟子不同的缺点。柴指高柴，即子羔，这个人笨笨的；曾参迟钝；子张（颛孙师）偏激；子路鲁莽。

孔子晚年，卫国大乱，父子争夺国君之位，子羔和子路都在卫国担任大夫家臣。乱事起时，子羔在卫，一看状况不对，选择了离开卫国，子路当时在外，听说消息立刻赶回卫国，两人在城外巧遇，子羔劝子路不要进城，子路没接受，还是进去了。孔子听说这件事，一时脸色煞白，担忧地说：“这下惨了，子路死定了。”而子路进城之后，果然就遇难了。

孔子的担忧及预言的来源，在这条记录中得以充分显示。那是来自他对弟子个性的理解与掌握。子羔笨笨的，不是那种反应灵敏、看得很远、想得很多的人，如果连这样的人都感受到危险，都觉得要逃离卫国，那表示卫国的状况一定很糟很糟。偏偏子路是个最冲动、最鲁莽的人，冲动到不知道要保护自己，硬要进到卫国。鲁莽而不会衡量局势轻重，涉身历险却没有巧智，要如何全身而退呢？

《论语·泰伯》第三章：曾子有疾，召门弟子曰："启予足！启予手！《诗》云：'战战兢兢，如临深渊，如履薄冰。'而今而后，吾知免夫，小子！"曾参病得很严重，将要死的时候，把他的弟子召到病床边，跟他们说："看看我的手，看看我的脚。《诗经》说：'要像站在深渊边一般，像走在薄冰上一般小心谨慎啊！'现在，我可以免除这种忧虑了，各位！"意思是到人生的终点，才终于可以确定自己好好保全了身体手脚，没有受到祸害刑戮，有所交代了。

这就是曾参的"鲁"，死脑筋，随时紧紧握住原则，不敢放松，临死才算松了一口气。

《论语·先进》第二十章：子张问善人之道。子曰："不践迹，亦不入于室。"子张问怎样可以成为善人，孔子的回答是："不踩着别人的脚印走，也不进入到别人家的内室里。"

传统上将"不践迹"解作不跟随别人、不盲从，把"不入于室"解作还不够到家的意思，如此，这句话就变成了孔子对善人的评论，说："善人是那种不盲从的人，但只是不盲从，在道德修养上还远远不够。"这样解，大有问题。问题之一是，子张问的明明是"善人之道"，而不是善人或何谓善人，他要知道的是实践方法，孔子的回答却完全不牵涉任何"之道"的主张与建议。问题之二，这种解法完全忽略了"不践迹"与"不入于室"中间的"亦"

字。从文法上看，孔子的本意明明是将这两件事并列，不应该这样割裂开来。

我倾向于将这句话理解为孔子给出的修养方法。他告诉子张，要做善人，就是要光明正大，没有偷偷摸摸见不得人的行为。“不践迹”，因为踩着人家的脚印就可以隐藏自己的足迹，跟进到非公开的内室空间里一样，都不是光明正大的做法。

和“师也辟”这个评论意见合在一起看，应该可以更明白。孔子看到子张的缺点是有点偏激，有点邪门，不是总能走在正道大道上，会去想些“辟路”来走，因而回答时就刻意强调光明正大，以及能够经得起公开检验的重要。

分辨真假的功夫

《论语 · 先进》第十九章：子曰：“回也其庶乎，屡空。赐不受命，而货殖焉，亿则屡中。”孔子比较了颜渊和子贡两个人。在学问道德上，颜渊“其庶乎”，意思是已经差不多了，到达了很高的境界；但是在现实处境上，他却常常既贫且穷，没有地位也没有资财。相对地，子贡不安分，不愿听话好好修养，跑去做生意，他的投机投资却怎么做怎么赚钱啊！

孔子用子贡的富来对照颜渊的穷困，另外话中也带有孔子自嘲的意味。听话认真的学生，落得“屡空”，那个不认真不听话，跑去做生意的，却得到了丰富的世俗收获，这代表什么？代表老师的教诲没有什么世俗用处，也代表学问道德上的成就和世俗的所得享受，没有必然的联系！

所以子贡是很差的学生啰？那倒也不是，我们不能凭单一的记录片面地做这样的判断。子贡的原罪，是他会做生意、赚了很多钱，和颜渊构成最明显、最强烈的对比。当老师要称赞颜渊、为颜渊之穷鸣不平时，很自然就想到子贡。那是说这句话时，孔子一时的情绪，并不表示子贡那么坏，也不表示这就是孔子对子贡的一贯、固定看法。

传统上，因为无法也不愿认知孔子是个有脾气有情绪的人，有人就主张孔子不可能如此贬抑子贡，所以在“不受命”三字上做了许多文章，要把这段讲子贡的话强解成是正面肯定的。这样的解释太辛苦，其实我们只要回到人的本位，很容易想象孔子说话的态度与意义。孔子那么欣赏颜渊，颜渊偏又过得那么穷、那么苦，每次心疼颜渊的苦，老师心中浮上来的第一个影像，当然就是与颜料形成极端对照的、最有钱的那个学生，因而怎么看都觉得颜渊这么穷、子贡这么富，实在没道理。这种时候，子贡就老是倒霉，成为反面对照人物了。

《论语·先进》第二十一章：子曰：“论笃是与，君子者乎？色庄者乎？”孔子再度提醒，看人不能只看表面，更不能光从言谈来判断一个人。我们一般都推许那种说话实在、论点不浮夸的人，然而还是应该更进一步分辨，说话实在、论点不浮夸的人，是真正有内在深厚修养的君子，或只是其神色外表显示得庄重而已呢？

要装得道貌岸然，满口都是道理，不是一件难事。所有这些道理，都难在如何真心相信、如何落实在为人上。君子和色庄者最大的差别：前者难，后者易；前者由内而外，后者有外无内。我们不能不仔细考察分判。

《论语·卫灵公》第二十五章：子曰：“吾之于人也，谁毁谁誉？如有所誉者，其有所试矣。斯民也，三代之所以直道而行也。”这条记录，将孔子的态度表现得最明白。孔子说：“对于别人，我贬损了谁？称赞了谁？”用这种问句法，意思是孔子自许从来没有给予别人不当的贬损或称赞。“之所以能有所称誉，一定是经过考察试验的，不会光看表面、光听言词上的说法。而我称誉人的标准，就是那种人、那种行为是三代得以倚为原则，遵循而行的。”

孔子所见的春秋时代的弊病，最严重的就是外表行为与内在信念分离，进而衍生出种种伪诈行为。因此活在这种时代最需要的能力，就是辨察真伪，不断追究内外是否合一。

答案不止一个

《论语·先进》第二十二章：子路问：“闻斯行诸？”子曰：“有父兄在，如之何其闻斯行之？”冉有问：“闻斯行诸？”子曰：“闻斯行之。”公西华曰：“由也问‘闻斯行诸’，子曰‘有父兄在’；求也问‘闻斯行诸’，子曰‘闻斯行之’。赤也惑，敢问。”子曰：“求也退，故进之；由也兼人，故退之。”

这章很容易明白，子路和冉有先后对孔子问了完全一样的问题：听到了消息就去行动吗？孔子却给了不一样的答案，对子路，他说：“有长辈在，不用去问问长辈的意见吗？哪能听了就去做？”对冉有却说：“对，听到了就去做。”公西华是个最常随侍孔子身边的弟子，得有机会听到这两段问答，当然觉得很困惑：为什么老师给的答案不一样？孔子解释：“因为冉有的个性容易退缩，所以鼓励他不要犹豫；子路个性冲动，常常一个人就想干两个人的事，所以要把他拉回来。”

这就是因材施教，同样问题因不同人而有不同答案。真正的教育，是没有标准答案的，只有能够提供非标准答案给学生的老师，才是真正的老师！

下一章：子畏于匡，颜渊后。子曰：“吾以女为死矣。”曰：“子在，回何敢死？”《史记·孔子世家》上说，孔子离开卫国要到陈国去的路上，途经“匡”这个地方，被那里的人误认作鲁国大夫阳货，匡人痛恨曾经欺压残虐他们的阳货，就将孔子一行人团团围住，可能还将孔子拘禁了起来。这是“子畏于匡”，即孔子在匡遭遇可怕事件的典故。

《论语·子罕》第五章：子畏于匡。曰：“文王既没，文不在兹乎？天之将丧斯文也，后死者不得与于斯文也；天之未丧斯文也，匡人其如予何？”孔子被拘禁在匡的时候，他曾这样说：“文王死后，周文化不是在我身上，由我来承担吗？如果老天的意思是要灭亡这种文化，那么像我这样一个后生就不应该有机会学习、领受这种文化。既然老天要让这种文化继续下去，匡人又能拿我怎么样呢？”

这里我们一方面固然看到孔子的自负，视自己为周文化的传承者，大有“天之选民”的意味；不过另一方面，我们也该从这份夸张的自负中，看出孔子的恐惧。他在自我安慰，找出理由来说服自己相信：情况没有那么糟，因为我承担着文化使命，所以上天会保佑我，不会让匡人伤害我。其中有一种绝望中勉强维持希望的悲剧感。可见当时情况之可怕、之危急。

好不容易从匡逃出来，一片混乱中，颜渊走在最后面，很晚才出现。看到颜渊，孔子很诚实、很直接地表达了担忧之情：

“唉，我还以为你死了呢！”颜渊则既认真又带点幽默地安慰老师：“只要老师还活着，我怎么敢去死呢？”这样的对话，反映的是大难之后的情真意切。

《论语·先进》第二十五章：子路使子羔为费宰。子曰：“贼夫人之子。”子路曰：“有民人焉，有社稷焉，何必读书，然后为学？”子曰：“是故恶夫佞者。”子路做大夫家臣时，叫子羔去管理“费”这个地方。孔子不以为然，骂子路：“这是害了别人家的孩子。”

孔子了解时局，也很了解学生的个性与能力，马上看出子羔（“柴也鲁”）并不适合去掌管费这么敏感复杂的地方。子路也很聪明，明白老师的立场，就自我辩白说：“那里有老百姓、有土地与五谷，也可以学习，为什么只有读书才算是学习呢？”意思是不能因为子羔平常读书表现不好，就觉得他一定不能胜任，他可以在管理费地的过程中学习啊！

孔子一下就看穿了子路的用意，直截了当地回复他：“就是因为这样，所以我讨厌口舌锋利会说话的人。”他指责子路强词夺理，明知道孔子的意思是子羔无法胜任这样的工作，这样既害了子羔，又害了费的人民，却要转移焦点，说管理费地的人民、土地、粮食，也是一种学习。“佞”最糟的效果，就是使得道理讲不下去。孔子没有要跟子路讨论什么是为学，这不是重点，索性孔子就不跟这样会说话的人说下去了。

学生的志愿

《论语·先进》最后一章，是全书最长的一章。子路、曾皙、冉有、公西华侍坐。子曰:“以吾一日长乎尔，毋吾以也。居则曰:‘不吾知也！’如或知尔，则何以哉？”

四个学生陪坐在老师身边，孔子说：“别因为我比你们年纪大些，就觉得我和你们不一样、不了解你们。你们平日常感慨：‘没人了解我！’如果有人了解你们，信任你们，愿意重用你们，你们要做些什么呢？”

子路率尔而对曰：“千乘之国，摄乎大国之间，加之以师旅，因之以饥馑，由也为之，比及三年，可使有勇，且知方也。”夫子哂之。

第一个抢着回答问题的，当然是个性冲动的子路，他连想都没怎么想就说：“拥有千乘的中型国家，地处大国之间，外面有军队威胁，内部人民吃不饱，让我去治理，三年之后，可以让人民勇武，而且还能守规矩。”子路说完后，孔子微微一笑。

“求，尔何如？”对曰：“方六七十，如五六十，求也为之，比及三年，可使足民。如其礼乐，以俟君子。”

其他三个学生都没有那么自信、直接，还是等到老师点名才给答案。孔子点了冉有的名，冉有说：“一个国土有六七十里或五六十里见方的小国，如果交给我治理，三年之后，可以让人民都吃得饱；至于礼乐的发展，那我就没有把握了，得交给更有资格的君子来掌管。”冉有显然是循着子路的说法，用比子路降一级的规格表现自我期许，而且还谦虚地指出礼乐不是自己的长项。

再下来，孔子点名公西华回答，他的答案就更谦虚了。“赤，尔何如？”对曰:“非曰能之，愿学焉。宗庙之事，如会同，端章甫，愿为小相焉。”公西华说：“不敢说我能做得到，只是如果有机会，愿意好好学习。在宗庙祭祀上，或与外国的盟会上，我愿意穿着正式礼服，扮演相礼的角色。”

最后剩下曾点还没说。“点，尔何如？”鼓瑟希，铿尔，舍瑟而作，对曰：“异乎三子者之撰。”子曰：“何伤乎？亦各言其志也。”曰：“莫春者，春服既成。冠者五六人，童子六七人，浴乎沂，风乎舞雩，咏而归。”夫子喟然叹曰：“吾与点也！”

曾点之前没有回答，一个原因是他在一边弹瑟，老师点到他，他慢慢停止弹瑟，瑟弦共振结束后，站起来说：“可是我想的，和其他三位说的很不一样。”这是他没有回答的另一个原因，受到子路抢答的影响，冉有和公西华都朝向自己能够在治理国家上做什么事的方向来回答。孔子鼓励他：“那有什么关系，本来就是要说说各自的愿望与期待的啊！”

曾点说了，他的愿望是：“暮春天气暖和，穿上薄的春服，和五六个年轻人，六七个孩子，到沂水边洗洗澡，之后到舞雩台上吹吹风，把身上吹干，再一边唱着歌一边走回家。”他一说完，孔子长叹一声说：“我喜欢曾点的愿望啊！”

四位学生个性的精彩问答结束了，记录却还没完。三子者出，曾皙后。曾皙曰：“夫三子者之言何如？”子曰：“亦各言其志也已矣。”曰：“夫子何哂由也？”曰：“为国以礼，其言不让，是故哂之。”“唯求则非邦也与？”“安见方六七十，如五六十，而非邦也者？”“唯赤则非邦也与？”“宗庙会同，非诸侯而何？赤也为之小，孰能为之大？”

其他三个人出去了，只有曾点还留在老师身边。曾点忍不住问老师对其他三人所说的志愿有什么看法。孔子一开始没有回答，只是重复之前对曾点说过的："就是说说各自的愿望与期待罢了。"意思是三个人的回答，没有高下是非之分。

但曾点好奇，为什么子路讲完话，老师会微微一笑，是因为他讲得不好吗？孔子解释："他的愿望是要治国，把国家治理好，要依循礼，但他自己说话大大咧咧的，不礼让、谦虚，所以笑他。"

曾点听老师说子路的愿望是治国，就疑惑地问："可是冉有所讲的就不是治国吗？"孔子回答："六七十里或五六十里见方的土地，怎么不是国呢？"曾点又问："那么公西华所讲的就不是治国吗？"孔子回答："管理宗庙，又有国际盟会，这不是国是什么？公西华谦虚地说要做个小相，若是他只能做小相，谁又有资格做大相呢？"

看，孔子对弟子的成就，也都能如此多元包容、欣赏。他非但没有怪曾点没出息，反而赞许他的愿望。他又特别对曾点解释，其他三个人的志愿，其实并无大小之别，只要依照自己的倾向与对自己能力的认知，好好去做，都同样有价值。

我们以《论语 · 先进》为主，配合部分其他篇章作为选读的内容，透过这样的阅读，应该可以清楚地显示一个价值：与其将《论语》当作抽象的道理来吸收、背诵，还不如借由《论语》看到特殊的春秋时代的状况，看到孔子这个精彩的人，看到他在面对时代变局时，提出的种种主张，以及这些主张所赖以统合的基础信念。

用这种方法，每一次读《论语》，都一定会带来兴奋惊讶之感——怎么会有孔子这样的人，如此有个性，能够用这种眼光看待人生、看待世界，说出许多充满智慧的语言。这是一个比我们强大、比我们有智慧的生命，我们得以感染他的强大与智慧，而不是照抄他的想法、他的言词，来对应我们自己的时代，处理我们自己的现实问题。

《墨子》

庶民社会的主张

礼教本身就是祸乱之源！

墨子雄辩滔滔地向儒家阵营发起攻击。

他是思想家，更是行动派。

第一章　特立独行的思想家

墨子年代考

《韩非子 · 显学》开篇第一句话：世之显学，儒、墨是也。儒之所至，孔丘也；墨之所至，墨翟也。一直到韩非的时代，战国末年，公元前 3 世纪中叶，离孔子去世超过两百年了，儒家和墨家仍然被视为两大显学。

然而再过一百年左右，到了汉朝，司马迁在《史记》中特别提高孔子的地位，写《孔子世家》来记录孔子的生平和言论，另外有一卷《仲尼弟子列传》，一卷《孟子荀卿列传》。相对地，司马迁没有为墨子立传，整本《史记》只在《孟子荀卿列传》后面附了一句话：盖墨翟，宋之大夫，善守御，为节用。或曰并孔子时，或曰在其后。总共二十四个字，如此而已。曾经和儒家并列为显学超过百年的墨家，到《史记》里，却几乎不存在了，还是为了说明孟子强烈反对杨、墨的主张，才得以有这么一小段的补充说明。司马迁的父亲司马谈（在司马迁之前担任过汉代的太史令）曾经研究过诸子学，还留有综论诸子思想的《论六家要旨》，但连司马迁都对墨子没了兴趣。从韩非的时代，到司马迁的时代，孔子的地位和墨子的地位，明显有了一上一下的戏剧性变化。

墨子地位急遽下降，影响所及，关于他的各种信息资料也就被忽略了。极有可能，司马迁不曾读过《墨子》，连墨子的年代他都没有确切的把握，只能说有人主张和孔子同时，也有人认为晚于孔子。汉朝之后，墨子及墨家长期处于中国思想的边缘地带，关于墨子生平的史料也就愈发涣散支离了。

我们今天只能利用《墨子》书中的内容，尽量还原墨子的时代背景。《墨子》书中有《公输》一篇，说：公输盘为楚造云梯之械，成，将以攻宋。子墨子闻之，起于齐，行十日十夜而至于郢，见公输盘。公输盘又叫公输般，鲁人，所以也有人主张就是鲁班。公输盘是个精巧的工匠，为楚国造了可以用来攻城的云梯。这也就是我们今天消防云梯名称的来源。云梯，顾名思义，形容梯之高，简直能够登到云里去。有了云梯，军队就可以方便地攻入别人的城里了。云梯造成之后，即将被楚国拿去攻打宋国。墨子听到这个消息，连忙从齐国赶往楚国，费十天十夜抵达楚国国都郢，见到了公输盘。

墨子先用道理说服了公输盘，让公输盘同意不应该攻打宋国。然而公输盘没有办法阻止楚国出兵，于是墨子又去见了楚王，告诉楚王攻打宋国“必伤义而不得”，既不符合正义道理，而且也打不赢。楚王回应：“你说得很好，但是公输盘已经帮我造好云梯了，一定可以把宋拿下来。”

于是见公输盘。子墨子解带为城，以牒为械，公输盘九设攻城之机变，子墨子九距之。公输盘之攻械尽，子墨子守圉有余。

于是墨子在楚王面前再会公输盘，解下衣带代表城墙，用筷子代表攻城的云梯，公输盘反复多次用云梯进攻，都被墨子挡了下来。公输盘使用云梯的方法穷尽了，墨子防御的手段还没用完。

公输盘诎，而曰："吾知所以距子矣，吾不言。"子墨子亦曰："吾知子之所以距我，吾不言。"楚王问其故，子墨子曰："公输子之意，不过欲杀臣。杀臣，宋莫能守，可攻也。然臣之弟子禽滑厘等三百人，已持臣守圉之器，在宋城上而待楚寇矣。虽杀臣，不能绝也。"楚王曰："善哉，吾请无攻宋矣。"

公输盘不得不屈服，然而他补了一句话说："我知道有什么办法对付你，只是我现在不讲。"墨子也回应他："我知道你要用什么办法对付我，但我现在也不讲。"这两个人都不讲，一旁的楚王可急了。他问这到底是怎么回事？墨子才解释："公输先生想的，其实不是什么了不起的办法，不过就是把我杀了，以为这样宋就无法抵抗楚的进攻了。然而我的弟子禽滑厘等三百多人，已经带着我设计的防御器械，在宋的城墙上等待楚去侵犯了。杀了我，无法消灭宋的防御力量。"听到这里，楚王也认输了："真厉害啊，我决定不攻打宋了。"

这是一个精彩的好故事，《战国策》《吕氏春秋》和《说苑》里都有转载。同时这个故事提供了我们判定墨子时代的重要线索。公输盘曾经出现在其他东周文献里，搜集这些史料，我们可以大致考订公输盘的年代，再用公输盘的年代来推断墨子的年代。

另外一条线索，是《墨子·鲁问》中关于"墨子见齐大王"

记录。齐大王是齐太公田和，田和从世卿以至篡齐，这是东周时的大事，有很多相关记载，可以有更明确的时代年份供参考。

靠这些材料，经过反复考索，墨子应该生于公元前480年左右，在公元前400年左右去世。也就是说，他比孔子稍晚，孔子去世前后，墨子诞生。

来自庶民社会

关于墨子究竟姓甚名谁，也不是很清楚，历来有许多不同说法。比对史料，看起来较可信的，是他姓墨名翟。但"墨"字也有可能是他的称号，因为他曾经受过墨刑，脸上留有因罪而刺青的永久痕迹。会受墨刑惩罚的人，当然不太可能是贵族阶层，作为下层平民，他们本来就没有固定的姓、氏，于是被冠以墨字作为称号，甚至进而以墨为姓。

《史记》说墨翟是"宋之大夫"，但在东周的文献中，我们找不到任何证据显示墨翟具备大夫贵族身份，也无法确认他是宋国人。前面所引《墨子》书中的内容，虽然说墨子特别跑到楚去阻止楚军伐宋，然而兼爱、非攻是墨子的核心主张，他鼓吹大家将别人的家视为自己家，将别国看作自己的国，而且精研防御之术，又是他落实非攻理想的手段。考虑到这样的背景，我们实在无法只凭这条记录就认定他是宋国人。

春秋开始有了人口迁徙流动的现象，到战国更加普遍。战国时各国之间的竞争焦点之一，就是争取甚至抢夺人口。没有足够的人口，就不可能有充足的生产劳动力，也无法有上战场的兵力。原来的封建秩序对贵族的牵制规范力量大于平民，封建秩序动摇瓦解过程中，平民也就比贵族更早脱离旧有的社会纽带。

春秋时，显然已经有了国籍身份流动的下民，卿大夫有封地，有官职，所以有明确的国籍。仅在孔子及其弟子中，就有很多出生在此国，却到彼国任职服务的例子。不具备贵族身份的下民，在动乱中从这国迁到那国，他们没有太多身份牵绊。

史料上无法确认墨子的出身所属，这和他非贵族的背景是相符合的。他应该是春秋战国之际社会流动的产物，没有传统的贵族身份，却在动乱中学得了知识与技能，借由他的知识技能往上流动，穿梭游走于各国贵族统治阶层间。他到过鲁、宋、齐、楚、卫等诸国，然而没有任何一国可以被确证为他的出生地。

《左传 · 鲁庄公十年》中有曹刿的故事。曹刿请见。其乡人曰："肉食者谋之，又何间焉？"刿曰："肉食者鄙，未能远谋。"为了准备和齐人打仗的事，曹刿请见鲁庄公。曹刿是个什么样的人？后面这两句话为我们解释了。他同乡里的人劝他不要去，理由是："打仗是有地位的人的事，你去跟人家搅和什么？""肉食者"在当时原本并没有轻蔑、贬抑的意思，是用来指称大夫以上，有身份有地位，可以不用到七老八十就有资格吃肉的贵族。从这句话我们了解，曹刿甚至连大夫都不是，顶多是个士，地位很低，乡人才会用这种话讽刺他，说他哪有那样的地位去管这种大事！

曹刿没地位，却有自信。所以他说："那些高高在上的人，眼光短浅，看近不看远，能有什么用！"也是经他这么一说，经《左传》这样记载，"肉食者鄙"才在后来变为成语，我们今天才会看到“肉食者”就觉得带有贬义。

曹刿没有大夫的地位，却如此看不起大夫，这不是原来封建秩序的规矩。还有，他连大夫的地位都没有，却主动去求见国君，国君竟然也见了，这也是破坏封建秩序的醒目现象。我们在这里看到了春秋时期突破阶级壁垒，以能力取才的新倾向。

墨子比曹刿更进一步，他的游说服务对象不仅限于一国，他和孔子一样周游列国，但他周游列国的目的、立场，和孔子恰恰相反。孔子要帮助各国国君恢复封建礼仪秩序，墨子却主张各国国君应该远离封建习惯，改采新信仰、新做法。

乱源就是封建

墨子明显对封建体制抱有敌意并持批判态度。面对同样的时代困局，他和孔子提出的因应之道截然不同。孔子崇尚西周，致力挖掘周文化的底蕴精神，期待借由恢复这份人文价值精神来解救时局。墨子却从来不属于封建贵族阶层，对孔子念兹在兹的西周文化并无切身浸淫，更无感情，因而从外在于这套封建秩序的角度，察觉到封建秩序内在的缺点才是动乱的根源。对墨子来说，只有更激进地扬弃封建秩序，才能平息动乱。

封建秩序建立在“亲亲”的架构上，依照亲属关系远近来决定人与人之间的相处之义，墨子就提出了与此彻底相反的兼爱，每个人爱人如己，爱邻人如同爱家人。封建秩序下，人们借由丧葬礼仪来确认、强化代与代之间的上下传承关系，墨子就主张节葬，打破对丧葬的重视。封建秩序下，人们利用音乐宴饮来强化彼此间的关系，墨子就要求非乐，视音乐为奢侈浪费之物。

出于这种反封建、反周文化的立场，墨子心目中的历史榜样，当然不会是孔子最崇敬的周公，或文王武王，而是他特别标举出的夏禹。一方面，夏的时代早于周，距离想象中的古代盛世更近；另一方面，夏禹最重要的功绩是治水，是劳动，他有三过家门而不入的刻苦精神。

《庄子·天下》如此描述墨家：不侈于后世，不靡于万物，不晖于度数，以绳墨自矫，而备世之急，古之道术有在于是者，墨翟、禽滑厘闻其风而说之。不教后世奢侈，不浪费万物，不眩惑于既有礼仪法度，以严格的规范不断自我矫正，来救助世间的急难。古代有强调这方面的主张，墨翟、禽滑厘听到了就喜爱信服。

墨子称道曰："昔者禹之湮洪水，决江河，而通四夷九州也。名川三百，支川三千，小者无数。禹亲自操橐耜而九杂天下之川；腓无胈，胫无毛，沐甚雨，栉疾风，置万国。禹，大圣也，而形劳天下也如此。"使后世之墨者多以裘褐为衣，以跂蹻为服，日夜不休，以自苦为极。曰："不能如此，非禹之道也，不足谓墨。"

墨子将他的理想推源到禹，盛赞从前禹为了治洪水，掘开了长江黄河，让水路能将四境边远地带和中原九州彼此贯通。主要河川三百条，次要支流三千条，更小的不计其数。禹亲自操持着畚箕锄头，反复汇合疏通天下河流，劳苦到大腿无白肉，小腿无毛，淋着大雨，顶着大风，开辟出众多可以居住的土地。禹是个大圣人，都还为了天下人而如此辛苦。

因而后来的墨者大都用最原始最粗的原料做衣服，配上木屐草鞋，日夜不停地工作，以受苦为最高价值。他们说："如果不劳动受苦，就不算遵行禹的原则，不配称为墨者。"

墨子援引夏禹来压过周文化，这是春秋开始的崇古潮流的另一个明显例证。司马谈的《论六家要旨》中则如此描述墨家：墨者亦尚尧舜道，言其德行曰："堂高三尺，土阶三等，茅茨不翦，采椽不刮；食土簋，啜土刑，粝粱之食，藜藿之羹；夏日葛衣，冬日鹿裘。"其送死，桐棺三寸，举音不尽其哀。教丧礼，必以此为万民之率。说他们也崇尚尧舜之道，只是他们对尧舜美德的描述，都专注在他们节俭的方面：房屋只盖三尺高，地基也只有三阶，屋顶以茅覆盖，不加修剪，梁柱也直接采用木头，不加削刮。盛饭的簋和盛羹的刑，都是用陶土简单烧成的。吃的是粗米，喝的是野菜羹。夏天穿麻布衣，冬天披鹿皮。人死了，只用三寸厚的木棺，也没有繁复的丧礼。他们将这种简朴的丧礼当作万民的模范。

照司马谈的说法，墨者除了夏禹，还引用尧、舜作为他们的权威。但他们看重尧、舜的，不是圣君贤王的成就，而是因为尧、舜比夏禹还更古远，理论上生活更加古朴，没有任何周人所重视的礼仪与装饰，符合墨家节俭的主张。

我们在这里隐约看到了春秋时期各家各派对历史诠释的争夺。儒家也推崇尧、舜，为了和儒家抗衡，墨家不是去否定尧、舜，而是用自己的价值立场重建了一套适合他们自己使用的尧、舜形象。这种以不同历史诠释来进行自我理念的宣扬竞争，到了战国更加普遍，为了现实需要，大家纷纷往上、往前堆叠各种历史说法，造成了中国古史上复杂纷乱的现象。

成于战国后期的《庄子·天下》和成于汉初的《论六家要旨》，都还保留、凸显了墨家主张和周代封建文化之间的紧张对立关系。

反复论述的独特风格

今本《墨子》一共有五十三篇。汉朝刘向校录宫中秘书时找到的《墨子》一书，共有七十一篇。在历史流传的过程中，至迟到宋朝，就已经少掉十多篇，变成了今天这种五十三篇的版本。

《墨子》不是墨子自己写的，应该是由其弟子后学辑录而成，且成书的时间可能拖得颇久，并不是出于一时一人之手。书中有看来像是直接记录墨子语言的篇章，也有像是由弟子根据墨子之意改作的内容，另外还有明显是在墨子死后才被写下来，夹入后世语言及事件的部分。

《墨子》不是一本单纯、统一的书，而是由好几个不同部分混杂组合而成的文本。若是要探讨、理解墨翟的思想与价值核心，那么一般认为从目录上第八篇的《尚贤上》到第三十七篇的《非命下》是最重要的。这中间有七篇缺漏，所以总数是二十三篇，涵括了墨子最重要的十个主张。

这三十篇，在目录上极为整齐，按照顺序罗列了尚贤、尚同、兼爱、非攻、节用、节葬、天志、明鬼、非乐及非命一共十个主题，每个主题又各分为上、中、下三篇。我们有理由相信，这部分是经过严谨编辑过的，可能也是最早成书的。其他部分很可能是之后才陆续在前后增附上去的。

通过这三十篇，我们可以集中地了解墨子的十个最重要的观念。这里先简单地为大家介绍这十个观念：

一、尚贤。尚贤的意思是崇尚贤能，使贤者在位，不论其出身贵贱。

二、尚同。尚同是墨子尚贤观念的引申，意思是在“贤者在位”的前提下，把贤人政治推广到全国，让思想意见统一于上，并最终服从于“天志”。

三、兼爱。兼爱意味着不要区分你我，要爱所有的人，用同等的方式来兼爱。

四、非攻。非攻就是不要打仗，一来，攻击别人是错的；二来，墨子深深地相信防御比攻击容易。

五六、节用和节葬。节用就是反对奢侈，拒绝生活中的各种享受。人活着时，享受都不是对的事情，就更不要说人死了还给他举办非常华丽铺张的葬礼，所以与此相关的主张是节葬。

七八、天志和明鬼。天志是一个核心观念，它联系到下一个观念——明鬼。墨子认为，有一个天的意志管辖着我们，要我们彼此相亲相爱。明鬼即尊崇鬼神，强调鬼神能赏善惩恶，对社会有干预和制约作用。

九、非乐。非乐其实和节用是相关的。在墨子看来，音乐是一种大规模的浪费现象，贵族对音乐的喜爱是虚伪和虚假的。

十、非命。非命即驳斥“有命”说，反对命定思想，提倡依靠自身强力从事。

这就是《墨子》中提出的最重要的十个主题。

这三十篇，同时也有着很明显、很统一的风格，一眼就能辨识出来。其风格和此前的经典，如《诗》《书》《左传》《论语》

都大异其趣。以《兼爱上》的开头为例：圣人以治天下为事者也，必知乱之所自起，焉能治之。不知乱之所自起，则不能治。譬之如医之攻人之疾者然，必知疾之所自起，焉能攻之。不知疾之所自起，则弗能攻。治乱者何独不然？必知乱之所自起，焉能治之。不知乱之所自起，则弗能治。

这样一段话，语法简朴，而且充满了重复。话中的信息只是：圣人治天下，先要了解乱的原因。我们用大白话讲，都只需要这么少少几个字就讲完了。《墨子》却正面说一次，反面说一次，然后再用医生治病为例，正面说一次，反面说一次。还没完，接着又设问"治乱者何独不然"，把完全一样的话，又正面说一次，反面说一次。

是的，在此前的古文中，我们还真的没遇到这么直白却又这么啰唆的写法。《论语》很早就取得了崇高的经典地位，历来经过多次校正传抄和比对注解，所以文本相对干净明晰，没有太多错简窜乱造成的阅读困扰。《墨子》从汉朝之后，就落入边缘地位，因而文本中有很多歧字错字，也有窜乱的句子或段落，不过整体而言，我们还是不难读懂书中大意，主要就靠这种既直白又啰唆的文体。《墨子》书中不会有连续的奇字僻字，就算穿插出现一两个，我们也很有机会借由上下文解读出其意义。《墨子》书中出现了看不懂的句子，别担心，几乎毫无例外，其前后一定会有表达同样意思的句子，稍一比对，我们也就了解那个看不懂的句子出了什么问题，又在说些什么。

因此，读《墨子》主要三十篇的方式，和读其他古书大不相同。其他书，《诗》《书》《左传》《论语》，我们的阅读基本上是扩充衍伸，借由对古文字、古文法以及叙述情境的掌握，把简单浓缩的文字中没有说清楚、没有说完的，想办法说出来、说完整。这是一种加法的读法。但读《墨子》，却要改用减法，把文章中反复举例申说的意念，抽离出来，用简洁明了的方式准确列出来。

《墨子·兼爱上》第二段说：圣人以治天下为事者也，不可不察乱之所自起。前半句照抄第一段开头，后半句又以负面说法总结第一段的重点，然后才开始新的论理内容：当察乱何自起？起不相爱。所以乱的肇因是什么？是人与人不相爱。臣子之不孝君父，所谓乱也。子自爱不爱父，故亏父而自利。弟自爱不爱兄，故亏兄而自利。臣自爱不爱君，故亏君而自利。此所谓乱也。世人所说的乱是什么？是为人臣、为人子的不忠不孝。不孝怎么来的？其本质就是为人子的自私自利之心，胜过了对父亲的敬爱，所以会为了追求自身的利益，而牺牲父亲的利益。同样的，做弟弟的不敬哥哥，做臣子的不忠于君王，都源自把自身利益看得高于其他。

虽父之不慈子，兄之不慈弟，君之不慈臣，此亦天下之所谓乱也。父自爱也不爱子，故亏子而自利。兄自爱也不爱弟，故亏弟而自利。君自爱也不爱臣，故亏臣而自利。是何也？皆起不相爱。这一长句，没有讲任何新东西，就是把前面的论理换一个方向，探讨乱不只生于下不服从上，也生于在上者对下者缺乏慈惠。这种现象，从墨子的角度看，和下不服从上实质上是同一回事，都是自私自利的产物，都是不相爱的表征。

虽至天下之为盗贼者亦然，盗爱其室，不爱异室，故窃异室以利其室。贼爱其身，不爱人，故贼人以利其身。此何也？皆起不相爱。再推广出去，盗贼也是不相爱的自私表征。当小偷的，看重自己的家，胜过看重别人的家，所以会去偷别人家来增添自家利益。强盗看重自身胜过看重别人，所以会去抢别人来增加自身利益。虽至大夫之相乱家、诸侯之相攻国者亦然。大夫各爱其家,不爱异家,故乱异家以利其家。诸侯各爱其国,不爱异国,故攻异国以利其国。天下之乱物具此而已矣。察此何自起？皆起不相爱。再推出去看，就连一国之中大夫彼此相争，国与国间诸侯彼此攻击也一样。因为大夫看重自己的封地财产，胜过看重别的大夫的，所以不惜制造纷扰来谋求自身利益；诸侯看重自己的国，胜过看重别国，所以会攻伐别国来增加本国的好处。这都是不相爱所带来的结果。

检讨下来，墨子主张，这个时代认为的乱，其实都有单一、同样的根源。顺着这样的因果讨论，他提出以兼爱作为解决办法。若使天下兼相爱，爱人若爱其身，犹有不孝者乎？视父兄与君若其身，恶施不孝？犹有不慈者乎？视弟子与臣若其身，恶施不慈？故不孝不慈亡有。关键在于“使天下兼相爱，爱人若爱其身”，这就是墨子兼爱的基本定义——把别人看得和自己一样重要，用爱自己、爱惜自己利益的方式来对待别人，那么天下之乱，不管是哪一种乱，就都可以消弭了。

犹有盗贼乎？故视人之室若其室，谁窃？视人身若其身，谁贼？故盗贼亡有。犹有大夫之相乱家、诸侯之相攻国者乎？视人家若其家，谁乱？视人国若其国，谁攻？故大夫之相乱家、诸侯之相攻国者亡有。视人如己，把别人的利益看作自己的利益，那就不会有不孝不慈的现象，不会有盗贼，也不会有大夫和诸侯的混乱冲突了。

最后再把这套道理换个方式整理一次：若使天下兼相爱，

国与国不相攻，家与家不相乱，盗贼无有，君臣父子皆能孝慈，若此则天下治。故圣人以治天下为事者，恶得不禁恶而劝爱？故天下兼相爱则治，交相恶则乱。故子墨子曰“不可以不劝爱人”者，此也。如果能使天下所有人都视人如己，爱人如己，那么所有乱现象就都消失了，天下就能太平大治。圣人以治天下为己任，当然要鼓励人彼此相爱，禁止人互相仇视，这便是墨子一定要鼓励看重别人、爱别人的理由。

雄辩时代的先驱者

我们可以从两个角度看《墨子》的行文风格。一个角度是，这或许反映了墨子的出身，及其言谈的对象。墨子不是在传统王官学中受过六艺完整训练的人，对周文典籍没有那么充分的掌握，因而他很少用引文典故，他的文字也没有那么复杂。他的理念宣说的对象，可能也不是孔子心目中理所当然同样受过王官学教育的国君与卿士大夫，而是不少新兴的、往上流动的、和墨子有类似背景的人。面对这些人，墨子的重点是将几个重要的观念，尽量有效地传递给他们。

第二个角度是，《墨子》所要记录的，不只是墨子的理念，还有他说话论理的风格。紧紧把握一个核心观念，铺陈其因果，不随便离题，是墨子采用的论理策略。围绕核心观念，不断反复举例，并且从正反方向来回诉说，这是墨子采取的另一种论理策略。这除了是墨子说话论理的特色，很可能也是他刻意选择的雄辩方法。

《墨子》中的《经上》《经下》《经说上》《经说下》《大取》《小取》

六篇一般被通称为“墨辩”。从时代上看，“墨辩”成文应该较迟，晚于墨子的时代；从内容看，“墨辩”是一套逻辑学，探讨该如何推理、辩论才最有效。从“墨辩”看，我们有理由相信，墨子本人应该对论辩有着自觉的兴趣，所以才在后来的墨家中，衍生出这样一套说法来。

“墨辩”六篇，是方法论，重点不在于主张什么，而在于整理、教导如何呈现主张。这六篇虽然收在《墨子》书中，但和墨子、墨家思想的关系不是那么密切，反而和后来发展出的名家，有更清楚、更明确的渊源。《小取》中说：夫辩者，将以明是非之分，审治乱之纪，明同异之处，察名实之理，处利害，决嫌疑。这样的语言、这样的意思，我们可以在《公孙龙子》书中一再看到。《经上》中讨论的同——重、体、合、类……异——二、不体、不和、不类，也近似名家中的种种诡辩逻辑。

墨子、墨家开始了对辩的讲求，试着归纳、整理辩的逻辑原则，这套方法论后来被独立出来，成就了名家。再后来，“明同异、察名实”的方法又被法家袭用来综理法的规范，这是中国古代思想史上曲折变化的一条重要脉络。

辩和论是有微妙差别的。我们可以通过比对《论语》和《墨子》的风格来理解。《论语》是孔子针对各种事件、各种问题所给予的答案，直接表示是非善恶、对错好坏的道理评断，这是论。论的核心是评断，孔子给了他的评断结论，但没有给推论过程或背景，因而读《论语》，我们一方面要尽量设法重建那个过程与背景，另一方面要动用自己的生命经验与观察，来和孔子的评断互相比对、互相刺激。然而，论也有其坏处，那就是这些评断结论很容易被挪用在与原本过程、背景大不相同的方向上，改造甚至扭曲孔子的原意。

战国时代的一大特征，是辩取代了论，成为人说话、表达的主流。辩来自多元、冲突的意见和立场到处流窜，人与人互动对话时的共识基础愈来愈薄弱。你说你的，我说我的，你有你的立场，我有我的立场。说话、表达时，我再也无法简单地假设，我们之间对某些事、某些价值有着必然的共同看法，所以可以省略不说，只讲出我所得到的智慧结论就好了。尤其是意见相左的争执，逐渐和国与国之间的合纵连横策略联系起来，纵横家随之兴起。

于是，主张能否说服人，就涉及巨大的利益，也牵涉到国家的强弱存亡。现实的情势，造成辩的流行，更带动了对辩的种种讲究。辩是一套说服的方法：要告诉人家你如此主张，为什么如此主张，为什么对方应该同意、接受你的主张。到后来，还要预先准备回答对方可能会有的质疑，动摇、推翻相反的主张。

旧的王官学传统中并没有“辩”的存在。《尚书·盘庚》记录了盘庚对族人说明应该迁徙的种种理由，不过盘庚的说法毕竟还是建立在威胁基础上。而诸如《诗》《易》《礼》等文献中，诉说和规范的口气都极为明确，那是一种“真理言说”的模式。

《墨子·兼爱上》的全篇内容，如果换作孔子，用《论语》中的形式来说，这样一句就说完了：“子曰：‘天下之乱，皆起不相爱；使天下兼相爱，治矣。’”但墨子不这样说话，或说没有采取这种言说真理的姿态说话，他用的是辩，而非论的方式。

从这个角度看，墨子是在他之后波澜壮阔展开的中国大雄辩时代的先驱者，最早开始试验用铺陈因果、反复罗列例证的方式来说服别人。也就是《墨子·大取》中说的：以故生，以理长，以类行也者……夫辞以类行者也，立辞而不明于其类，则必困矣。前一句说明论辩的模式——要站在因果的基础上，使道理衍生出去，并且提供例证；后一句更强调例证的重要性，如果不能多方举证，就无法让自己的论理走得通。

第二章　兼爱真的很简单

只在一念之间

《墨子·兼爱中》：子墨子言曰："仁人之所以为事者，必兴天下之利，除去天下之害，以此为事者也。"然则天下之利何也？天下之害何也？子墨子言曰："今若国之与国之相攻，家之与家之相篡，人之与人之相贼，君臣不惠忠，父子不慈孝，兄弟不和调，此则天下之害也。"

墨子说仁人做事情的准则，是兴天下之利，除天下之害。这是辩的出发点和立场，也就是《大取》里所说的"故"。然后，为了将这个立场讲清楚，加强听者对这个立场的理解，《墨子》书中出现了另外一种后来在大辩论时代常见的辩术，那就是反复设问，自问自答。设问：那什么是天下之利，什么是天下之害呢？

墨子回答："国与国、大夫与大夫、人与人彼此相争相害，上下关系紧张不和谐，这就是天下之害。”从这个回答，又衍生出新的连环问答：然则察此害亦何用生哉？以不相爱生邪？子墨子曰：“以不相爱生。今诸侯独知爱其国，不爱人之国，是以不惮举其国以攻人之国。今家主独知爱其家，而不爱人之家，是以不惮举其家以篡人之家。今人独知爱其身，不爱人之身，是以不惮举其身以贼人之身。是故诸侯不相爱则必野战，家主不相爱则必相篡，人与人不相爱则必相贼，君臣不相爱则不惠忠，父子不相爱则不慈孝，兄弟不相爱则不和调。天下之人皆不相爱，强必执弱，富必侮贫，贵必敖贱，诈必欺愚。凡天下祸篡怨恨，其所以起者，以不相爱生也，是以仁者非之。”

问：那么可以考察一下这种天下之害是怎么产生的吗？是起自人与人不相爱吗？问题里其实就包含了答案。墨子当然同意是起于不相爱。爱自己不爱别人，所以不惜以自己去侵害、袭击别人，国、大夫、一般人都是如此。甚至连君臣、父子、兄弟之间，如果不相爱，也就不会有正常的惠忠、慈孝、和调等状态。如果天下之人都不相爱，那就变成了弱肉强食的残酷世界。所有的祸乱与恶毒情绪，都起自不相爱。到这里导出了小结论：所以仁者做事要以反对不相爱为准则。

既以非之，何以易之？子墨子言曰：“以兼相爱、交相利之法易之。”又问：反对不相爱，那要用什么方法改变、代替不相爱呢？墨子回答：“要用兼相爱、交相利的原则来代替。”

然则兼相爱、交相利之法将奈何哉？子墨子言：“视人之国若视其国，视人之家若视其家，视人之身若视其身。是故诸侯相爱则不野战，家主相爱则不相篡，人与人相爱则不相贼，君臣相爱则惠忠，父子相爱则慈孝，兄弟相爱则和调。天下之人皆相爱，强不执弱，众不劫寡，富不侮贫，贵不敖贱，诈不欺愚。凡天下祸篡怨恨可使毋起者，以相爱生也，是以仁者誉之。”又问：如果实行了“兼相爱、交相利”的原则，会有什么效果？墨子的回答，就是将前面罗列不相爱的种种坏处，全部反过来讲一次。

再设问：然而今天下之士君子曰：“然，乃若兼则善矣。虽然，天下之难物于故也。”假设现在天下的士君子听了这套道理，却说：“是啊，如果大家都彼此相爱多好！但是，天下最难的事就是改变习惯啊！”（要如何让天下改变不相爱的习惯做法，变成兼爱呢？）

子墨子言曰：“天下之士君子，特不识其利，辩其故也。今若夫攻城野战，杀身为名，此天下百姓之所皆难也，苟君悦之，则士众能为之。况于兼相爱、交相利，则与此异。夫爱人者，人必从而爱之；利人者，人必从而利之；恶人者，人必从而恶之；害人者，人必从而害之。此何难之有！特上弗以为政，士不以为行故也。”

墨子回答：“那是因为天下的士君子，并没有真正理解兼爱的好处，才会拿习惯难改来作借口。看看攻城打仗，为了成就声名而付出生命代价，这种事对天下百姓来说都很难做吧，但只要国君喜欢，一般人就都能做到。更何况兼相爱、交相利和攻城打仗、牺牲生命完全不同。你如果爱人，别人也会跟着爱你；你给人家好处，人家也会跟着给你好处。倒过来，你讨厌别人，别人也会跟着讨厌你；你害人家，人家也会跟着害你。爱人、利人，哪有什么难的！只不过国君不以爱人、利人当作施政原则，一般士君子也就不奉行罢了。”

然后墨子进一步引用历史例证来强调：昔者晋文公好士之

恶衣，故文公之臣皆牂羊之裘，韦以带剑，练帛之冠，入以见于君，出以践于朝。是其故何也？君说之，故臣能为之也。昔者楚灵王好士细腰，故灵王之臣皆以一饭为节，胁息然后带，扶墙然后起。比期年，朝有黧黑之色。是其何故也？君说之，故臣能为之也。昔越王勾践好士之勇，教驯其臣和合之，焚舟失火，试其士曰："越国之宝尽在此！"越王亲自鼓其士而进之。士闻鼓音，破碎乱行，蹈火而死者左右百人有余。越王击金而退之。

不举例则已，一要举例就连举了三个同样性质的例子，说的都是国君的喜好如何改变了臣子的行为。第一个例子是晋文公偏好人家穿简陋的衣服，因而他的臣子就都穿起比较劣等的公羊皮裘，佩剑也没有正式的剑鞘，只用熟牛皮套起来，戴上粗布帛的帽子，这样入内让国君看见，出来在朝廷上行走。他们哪有什么难改的旧习惯？只要国君喜欢，臣子就会去做。

第二个例子，楚灵王喜欢细腰的人，于是他的臣子每天只敢吃一顿饭，绑腰带时要先深吸一口气，饿到没力气，一旦蹲下去就必须扶着墙才站得起来。一年之后，朝廷里充满了黑瘦的面容。这些臣子又有什么难改的旧习惯？只要国君喜欢，他们就会去做。

还有第三个例子，越王勾践喜欢勇士，把臣子集合起来训练，故意放火烧水上的船，以"越国贵重的宝物都在船上"试探他们。同时，勾践还亲自击鼓刺激他们前进。听到鼓声，这些人争先恐后，完全不顾原有的行阵，冲入火中而死的就有一百多人，直到勾践鸣金示意撤退，他们才退下来。

针对这三个例子，墨子又作了一番小结，除了前面第一句话，其他都照抄刚刚说过的。是故子墨子言曰："乃若夫少食恶衣，杀身而为名，此天下百姓之所皆难也，若苟君说之，则众能为之。”饿肚子不能吃饱，穿起粗糙不舒服的衣服，甚至把自己的命葬送了，这是所有人都应该觉得很难做到的事，只要国君喜欢，大家也都能够做到。

古史大爆发

那个假设的听者到这里还没有完全被说服，再提一问：然而今天下之士君子曰:“然，乃若兼则善矣。虽然，不可行之物也，譬若挈太山而越河济也。”这是和前一问类似的，就算在道理上有人同意了，觉得兼爱很好，但就算兼爱在逻辑上可行，也有在现实上无法想象的难度，要叫大家都放弃自私考虑，爱别人如爱自己，岂不是跟要扛着泰山越过黄河、济水一般困难吗？

子墨子言：“是非其譬也。夫挈太山而越河济，可谓毕劫有力矣。自古及今，未有能行之者也。况乎兼相爱、交相利，则与此异，古者圣王行之。”墨子的回答，从否定这个比喻入手。“挈太山而越河济”需要不可思议的力量，从古到今从来没有人做到过，但兼相爱、交相利不然，这是在过去历史上曾经有人做到过，借由历史我们可以清楚证明是做得到的事。

这里我们看到了历史的用处，也就能明了为什么战国时代历史知识与关于历史的讨论如此发达，甚至进而制造了一片大混乱。在那个寻找脱离乱世方法的时代，人的想象力被解放了，许多人提出许多不同的答案，不过这些试图矫正现实、规划未来的说法，都必须面对共同的质疑与挑战——就算道理是对的，但做得到吗？有办法实现吗？

既然从现实面来的质疑，无法从抽象道理上回应，那怎么办？最自然也最有力的答案就是像这里墨子所给的：可以做得到，因为历史上有过具体的事例，不容否认。

影响所及，提出主张的人，都有压力必须到历史上去给自己的主张的可行性寻找事例基础，如此一来，历史当然就发达了。但是，真的所有主张都能在历史上找得到例证吗？他们面对的，明明是封建秩序的瓦解崩坏，是几百年来没遭遇过的空前变局，除非是像孔子那样坚决相信应该恢复封建原有精神的主张，其他追求改革改造的想法，要如何在几百年的历史中找到例证？

一种方法，是往更早之前，在周代以前的历史里去找。另一种方法，是自己发明出历史例证来。这两种方法又很容易合流为一，周代之前的古史本来就真假难辨，要把自己发明的事证放入历史中，一般人也会觉得摆得古远一点比较安全、比较可信吧！

于是在战国时代，历史空前膨胀，中国古史大幅地向上、向久远年代延伸。一直到严格的金石学、考据学，乃至于现代考古学兴起前，人们都只能靠战国传留下来的资料来记录、理解古史，这当然也就让中国古史充满了夸大传奇的色彩。

墨子用来证明兼相爱、交相利可行的第一个例子，是夏禹：

何以知其然？古者禹治天下，西为西河、渔窦，以泄渠孙皇之水；北为防原、泒，注后之邸、呼池之窦，洒为底柱，凿为龙门，以利燕、代、胡、貉与西河之民；东为漏之陆，防孟诸之泽，洒为九浍，以楗东土之水，以利冀州之民；南为江、汉、淮、汝，东流之，注五湖之处，以利荆、楚、干、越与南夷之民。此言禹之事，吾今行兼矣。

古代大禹治理天下，在西边开通了西河、渔窦，让渠孙皇的水能从那里排泄出去。在北边的原水、泒水两岸筑起堤防，让这两条河的水从后之邸这个地方注入呼池中，在底柱山分流，然后把龙门山凿开，让这些河川顺流，造福燕、代、胡、貉和西河的人民。在东边使洪水从大地上流干，在孟诸泽岸筑起堤防，让水分流入九条水道，控制了东土上的洪水，造福冀州人民。在南边，向东疏通长江、汉水、淮河、汝水，使江水灌注进五湖，造福荆、楚、干、越与南夷的人民。这说的是大禹所做的事，也就是我们今天要提倡的兼爱的事例。意谓大禹做这些辛苦困难的事，都不是出于自私的用心，而是为了造福别人，爱别人如同爱自己一样。

还有下一个例子：昔者文王之治西土，若日若月，乍光于四方，于西土，不为大国侮小国，不为众庶侮鳏寡，不为暴势夺穑人黍、稷、狗、彘。天屑临文王慈，是以老而无子者，有所得终其寿；连独无兄弟者，有所杂于生人之间；少失父母者，有所放依而长。此文王之事，则吾今行兼矣。

从前文王治理西土，像日月般将光芒从西土散布到四方去。不容许大国欺负小国，不容许亲族众多的人欺负孤苦无依的人，不容许用暴力夺取农人的谷物和牲畜。上天依凭文王的慈惠，使得老而无子的人，能够终其天年；没有兄弟的人，能和其他没有亲戚关系的人共同生活；年少就失去父母的人，能够得到成长所需的依靠。文王所做的，就是我们今天要实行的兼爱的事例。文王所做的，是照顾别人，爱别人如同爱自己，所以能发出像日月般的光亮。

“老而无子者……连独无兄弟者……少失父母者……”这

几句并列，很容易让我们联想起《礼记 · 礼运》的一句话：使老有所终，壮有所用，幼有所长，矜寡孤独废疾者，皆有所养。这句话出自后来被通称为《大同篇》的文本，“大同”概念的核心在于破除亲族的界线，让没有或失去亲族的人，也都能在社会上获得安养，这是对封建秩序的重要扩充与修正，大有可能就是受到墨家兼爱价值影响下的产物。

第三个例子：昔者武王将事泰山隧，传曰：“泰山，有道曾孙周王有事，大事既获，仁人尚作，以祗商夏，蛮夷丑貉。虽有周亲，不若仁人，万方有罪，维予一人。”此言武王之事，吾今行兼矣。

“隧”同“燧”，指举火上告的祭典。“有道”是周人翦商时的惯用语，将商人、纣王称为“无道”，所以自称“有道”作为对照。“曾孙”是后裔子孙的通称。这段说的是，从前武王到泰山去进行举火祭典，典礼的祝词说：“泰山，遵守正道的后裔子孙周王有大事，现在大事成功了，仁人并起协助，得以承祀商、夏，远方种族也安定了。尽管周人是亲族，但我和仁人还要更加亲近；境内众多方国若有任何过错，都是我一个人的责任。”武王所做的，就是今天我们要实行的兼爱的事例。

然后是这篇的总结：是故子墨子言曰：“今天下之君子，忠实欲天下之富，而恶其贫，欲天下之治，而恶其乱，当兼相爱、交相利，此圣王之法，天下之治道也，不可不务为也。”若是内心真正想要让天下富裕，去除贫穷，让天下安定，去除祸乱，那就应当要兼相爱、交相利。

《墨子 · 兼爱中》通篇的核心论点，建基于墨子对国君影响力的强调，从上行下效的作用上看，墨子显然不觉得有任何限制，只要国君偏好、提倡，就能将其他人的行为导往那个方向。这是一种相对素朴单纯的行为可塑性信念。

你会信赖谁？

《墨子·兼爱下》延续中篇的反复设问，继续强调兼相爱、交相利的重要性。其中许多文句都在前面两篇出现了，因而我们只挑选不一样的论点来读就可以了。

《墨子·兼爱中》开头问：天下之利是什么？天下之害又是什么？到了《兼爱下》开头则问：然当今之时，天下之害孰为大？今天这个时代，最大的祸害是什么？墨子的回答先重复列举了前面提过的种种祸害，然后进一步说：姑尝本原若众害之所自生，此胡自生？此自爱人利人生与？即必曰“非然也”，必曰“从恶人贼人生”。分名乎天下恶人而贼人者，兼与？别与？即必曰“别也”。然即之交别者，果生天下之大害者与？是故别非也。

这些害从哪里来的呢？绝对不是从爱人、利人而来，是从恶人、贼人来的。如果要给这种恶人、贼人的态度取名字，是取作“兼”比较恰当，还是“别”比较恰当？当然是别，就是因为有分别心，站在以自我为中心的立场，才会讨厌别人、伤害别人。因此，我们就知道，彼此对立、区别是制造出天下大害的原因，所以一定要反对别。

子墨子曰：“非人者，必有以易之，若非人而无以易之，譬之犹以水救火也，其说将必无可焉。”反对别人，一定要提出不一样、可以替换的主张，不然就好像拿水去救水、拿火去救火一样，不可能成功。这里“以水救火”传抄脱漏了，应该是“以水救水、以火救火”才对。

拿什么来替换呢？用兼来换别。于是又设问：然即兼之可以易别之故何也？兼可以取代别的主张，道理何在？墨子的解释是：为彼犹为己也。对待别人如同对待自己，就不会互相侵犯，大家都不互相侵犯，就产生了天下之大利，兼可以产生天下大利，当然可以取代制造出天下大害的别。

今吾将正求与天下之利而取之，以兼为正，是以聪耳明目相与视听乎，是以股肱毕强相为动宰乎，而有道肆相教诲。是以老而无妻子者，有所侍养以终其寿；幼弱孤童之无父母者，有所放依以长其身。现在我会认真地追求并取得天下之利，关键就在以兼为准绳。兼，就可以运用最敏锐的耳朵、最好的眼睛来听来看，也就可以运用最强健的手和脚来做事，大家以自己掌握的知识智慧互相教导。那么，老了没有家人照顾的，就能得到供养；幼少失去父母的，也能有所依赖。

接着又有一个问题出现：今唯毋以兼为正，即若其利也。不识天下之士，所以皆闻兼而非之者，其故何也？然而天下之士非兼者之言，犹未止也，曰：“即善矣。虽然，岂可用哉？”句中“毋”字应该是个衍字，多出来的。问题是：既然只要以兼为准绳，就能获得那么大的利益，那实在让人不解，为什么大部分的人还是听到兼就反对呢？为什么他们反对兼的意见不会停息呢？他们都说：就算道理是好的、对的，哪能有真正的用处呢？

子墨子曰：“用而不可，虽我亦将非之，且焉有善而不可用者？”墨子说：没有用的主张，连我都会反对，而且哪有是好的主张却无法用的呢？接着他用了一组对照的假想案例来解释：

姑尝两而进之。设以为二士，使其一士执别，使其一士执兼。试着这样对照来看看，这里有两个人，一个主张别，一个主张兼。是故别士之言曰：“吾岂能为吾友之身若为吾身，为吾友之亲若为吾亲？”是故退睹其友，饥即不食，寒即不衣，疾病不侍养，死丧不葬埋。别士之言若此，行若此。主张别的人说：“我怎么可能把朋友看作自己，把朋友的亲人看作自己的亲人呢？”因而看到朋友饿了不会给他食物，看到朋友冷了不会给他衣服，朋友病了不会协助疗养，朋友死了也不会替他安葬。主张别的人，说这样的话，做这样的事。

兼士之言不然，行亦不然，曰：“吾闻为高士于天下者，必为其友之身若为其身，为其友之亲若为其亲，然后可以为高士于天下。”是故退睹其友，饥则食之，寒则衣之，疾病侍养之，死丧埋葬之。兼士之言若此，行若此。主张兼的人说相反的话，因而也做完全相反的事。

若之二士者，言相非而行相反与？当使若二士者，言必信，行必果，使言行之合犹合符节也，无言而不行也。然即敢问：今有平原广野于此，被甲婴胄将往战，死生之权未可识也；又有君大夫之远使于巴、越、齐、荆，往来及否未可识也，然即敢问不识将恶也？家室，奉承亲戚，提挈妻子，而寄托之，不识于兼之友是乎？于别之友是乎？要是这两个人，说到做到，言行合一，那么假设：这里有一个人要上战场，生死未卜，或有一个人被派到很远的地方出使，不知道自己有没有办法到得了、回得来，那么不晓得这个人要将他的家室，服侍亲人、照顾妻儿的责任寄托给哪个朋友？寄托给主张兼的朋友，还是主张别的朋友？

我以为当其于此也，天下无愚夫愚妇，虽非兼之人，必寄托之于兼之友是也。此言而非兼，择即取兼，即此言行费也。不识天下之士所以皆闻兼而非之者，其故何也？我认为在这种处境下，再笨的人，就连平常反对、攻击兼爱主张的人，都会将家室亲人妻儿寄托给主张兼的朋友。说话时反对兼，需要选择时却选兼，这不是言行相悖吗？是啊，我也不解，为什么大部分的人都还是听到兼就反对呢？（他们真的反对吗？从做法上看，他们明明是赞成的！）

接下来，又有进一步设问：然而天下之士，非兼者之言，犹未止也，曰："意可以择士，而不可以择君乎？"但反对兼的人还有话说。他们说：是啦，兼的原则对我们选择一般人是有用的，但在选择君主上，就没有用了吧？

姑尝两而进之，设以为二君，使其一君者执兼，使其一君者执别。墨子用完全一样的方法，回答这个质疑。假设有两个国君，一个主张兼，一个主张别，那会发生什么事？是故别君之言曰："吾恶能为吾万民之身若为吾身，此泰非天下之情也。人之生乎地上无几何也，譬之犹驷驰而过隙也。"是故退睹其万民，饥即不食，寒即不衣，疾病不侍养，死丧不葬埋。别君之言若此，行若此。主张别的国君的说法和主张别的人的一样，只多了一句：人生在世没有多长时间，像是快马穿过缝隙一般短暂。只有这么点时间，要把民众看作跟我自己一样，实在太不合一般人情了。所以他就用自私、别的方式对待他的人民。

后面一段，主张兼的国君，所言所行，都和主张兼的人一样，文句重复，就不抄了。然即敢问：今岁有疠疫，万民多有勤苦冻馁，转死沟壑中者，既已众矣。不识将择之二君者，将何从也？我以为当其于此也，天下无愚夫愚妇，虽非兼者，必从兼君是也。

言而非兼，择即取兼，此言行拂也。不识天下所以皆闻兼而非之者，其故何也？如果现在遇上大瘟疫，许多人民虽勤苦却吃不饱、穿不暖，离家死在道路沟壑中的愈来愈多，不晓得在这种状况下，人民要选择哪个国君呢？我认为在这种处境下，再笨的人，就连平常反对、攻击兼爱主张的人，都会将家室亲人妻儿寄托给主张兼的国君。言语口头上反对兼，需要选择时却选兼，这不是言行相悖吗？是啊，我也不解，为什么大部分的人都还是听到兼就反对呢？（他们真的反对吗？从做法上看，他们明明是赞成的！）

尧舜禹汤皆证人

底下再设一问：然而天下之士，非兼者之言，犹未止也，曰：“兼即仁矣，义矣。虽然，岂可为哉？吾譬兼之不可为也，犹挈泰山以超江河也。故兼者，直愿之也，夫岂可为之物哉？”这是前面出现过的问题，说就算兼符合仁义，但太过理想化了，做起来简直像扛着泰山越过长江黄河一样，困难到不是可以认真执行的。

墨子的回答，也还是用历史的例子。“挈泰山以超江河”是从来没有人做到过的事，但兼却是古代“先圣六王”切身实行过的。何知先圣六王之亲行之也？子墨子曰：“吾非与之并世同时，亲闻其声，见其色也。以其所书于竹帛，镂于金石，琢于盘盂，传遗后世子孙者知之。”怎么知道的呢？墨子说：“我并非和先圣六王同时代，亲耳听到他们的声音，亲眼看到他们的容颜因而知道的，而是靠写在竹简帛布上、铸在金石上、刻在青铜盘盂底上，传留给后世子孙的记录得知的。”

墨子首先引用《尚书·泰誓》的文句文王若日若月，乍照光于四方，于西土，说明周文王像日月照耀，所以是无私，是行兼的；再引用《禹誓》：禹曰：“济济有众，咸听朕言，非惟小子，敢行称乱，蠢兹有苗，用天之罚，若予既率尔群对诸群，以征有苗。”禹之征有苗也，非以求以重富贵，干福禄，乐耳目也，以求兴天下之利，除天下之害，即此禹兼也。

禹说：“众人啊，请都听我说，不是小子我敢于作乱，而是苗蠢蠢欲动，我对他们施行上天的责罚，所以才要率领你们各部落，一起去征伐。”禹征有苗，不是为了追求富贵、福禄，也不是为了享乐，而是为了兴天下之利、除天下之害，这就是禹的兼的精神。

再引用《汤说》（现在流传的《尚书》中没有这一篇）：汤曰：“惟予小子履，敢用玄牡，告于上天后曰：‘今天大旱，即当朕身履，未知得罪于上下，有善不敢蔽，有罪不敢赦，简在帝心。万方有罪，即当朕身。朕身有罪，无及万方。’”即此言汤贵为天子，富有天下，然且不惮以身为牺牲，以祠说于上帝鬼神，即此汤兼也。

“履”是汤的名字。汤说：“小子我履，恭敬地准备了黑公羊，上告天帝：‘现在大干旱，应由我来承担。我不知怎么得罪了天地。有善我不敢遮蔽隐瞒，有恶我也不敢不惩罚，这一切天帝应该很明了。如果万民有罪，由我承担，若是我有罪，则别牵连万民。’”这就是说，汤贵为天子，拥有天下，却都不惜牺牲自己，以祭祀取悦上帝鬼神，这就是汤的兼的精神。

然后又引用《周诗》（引用的内容现行本分见于《尚书·洪范》和《诗经·大东》）：《周诗》曰：“王道荡荡，不偏不党；王道平平,不党不偏。其直若矢,其易若底。君子之所履,小人之所视。”若吾言非语道之谓也,古者文武为正,均分赏贤罚暴,勿有亲戚弟兄之所阿,即此文武兼也。

《周诗》:“王道坦荡,不偏不私,像箭矢一样直,像磨刀石一样平,这是在上位的君子所实践的,也是在下位的小民所仰望依赖的。”说我说的话没有道理,看看古时文王、武王为政的原则,也是公平地奖赏贤人、惩罚暴乱,不偏私亲戚兄弟,这就是文王、武王的兼的精神。

后面再设一个质疑之问:然而天下非兼者之言犹未止,曰:“意不忠亲之利,而害为孝乎?”然而,不忠于、不照顾亲人的利益,岂不是不孝?

墨子回答:姑尝本原之孝子之为亲度者。吾不识孝子之为亲度者,亦欲人爱利其亲与?抑欲人之恶贼其亲与?以说观之,即欲人之爱利其亲也。姑且先从根本上来推究孝子为亲人着想,是希望人家爱自己的亲人,对自己亲人有利,还是希望人家厌恶自己的亲人,伤害自己的亲人?按常理看来,应该是前者。

然即吾恶先从事即得此?若我先从事乎爱利人之亲,然后人报我以爱利吾亲乎?意我先从事乎恶贼人之亲,然后人报我以爱利吾亲乎?即必吾先从事乎爱利人之亲,然后人报我以爱利吾亲也。那么,我该先做什么以得到这样的结果?是先去爱人家的亲人,对人家的亲人有利,然后人家回报对我亲人的爱与利,还是我先去厌恶人家的亲人,伤害人家的亲人,然后人家回报对我亲人的爱与利?很显然应该是前者!

然即之交孝子者,果不得已乎?毋先从事爱利人之亲者与？意以天下之孝子为遇而不足以为正乎？姑尝本原之先王之所书，《大雅》之所道曰："无言而不雠，无德而不报，投我以桃，报之以李。"即此言爱人者必见爱也，而恶人者必见恶也。所以要当孝子，没有别的办法，只能先去爱人家的父母、帮助人家的父母。难道天下的孝子都是误打误撞巧合形成的，没有一套原则吗？且去查查先王之书，《诗经·大雅》说："人的一言一行都会得到相应的回报，投给我一颗桃子，就回报给他一颗李子。"这就是在表达：爱人的人就会被爱，讨厌人的人就会被讨厌。

接着墨子说明，别以为要做到兼很难。他同样举了《兼爱中》举过的例子，即楚灵王好细腰、越王勾践好勇，以及晋文公好恶衣，说明即使是天下之至难为也，然后为而上说之，未逾于世而民可移也，但为了求以乡其上也，即为了讨好君上，再难的事都可以在一代人中收到改变的成效。

今若夫兼相爱、交相利，此其有利且易为也，不可胜计也。我以为则无有上说之者也而已矣。苟有上说之者，劝之以赏誉，威之以刑罚，我以为人之于就兼相爱、交相利也，譬之犹火之就上，水之就下，不可防止于天下。兼相爱、交相利既有利又容易做到，缺的就只是君王的爱好而已。如果有君王爱好，以赏罚刺激，那么人人都趋近兼相爱、交相利，会像火向上烧、水往下流一般自然，根本挡都挡不住。

最后一段结语：故兼者，圣王之道，王公大人之所以安也，万民衣食之所以足也。故君子莫若审兼而务行之。为人君必惠，为人臣必忠，为人父必慈，为人子必孝，为人兄必友，为人弟必悌。故君子莫若欲为惠君、忠臣、慈父、孝子、友兄、悌弟，当若兼之不可不行也，此圣王之道而万民之大利也。

君子如果能仔细思考兼并认真实行，那么就能扮演好每一个角色，带来最大的利益。

更重要的是，在这段结语中，墨子实际上把周朝的王官学以及后来儒家的各种伦理条目，全都包纳在“兼”或“兼爱”的概念里。惠、忠、慈、孝、友、悌，各种不同的人伦关系里的美德对墨子来说，一言以蔽之，就是对别人好。对别人好，所有这些伦理条目就都能得到实践，但如果你自私，任何一种条目都不可能真正得到落实和实践。

这就是墨子的核心观念。墨子用这种方法苦口婆心地劝大家放弃自私自利之心，把别人看得跟自己同等重要，这是他对这个世界的愿景。

第三章　挑战周文化

义与不义之乱

墨子思想中，和“兼爱”同等重要的，还有“非攻”。

《墨子·非攻上》：今有一人，入人园圃，窃其桃李，众闻则非之，上为政者得则罚之。此何也？以亏人自利也。这里有一个人，闯进人家的园子里偷了树上的桃子李子，一般人听到了就骂他做了不该做的事，为政者如果抓到了他，也要惩罚他。为什么？因为他为了自己的利益而伤害了别人的利益。

至攘人犬豕鸡豚者，其不义又甚入人园圃窃桃李。是何故也？以亏人愈多，其不仁兹甚，罪益厚。如果是偷抓人家的鸡狗大猪小猪，那就比闯入园子偷桃李错得更严重了。为什么？因为这对人家的利益伤害更大，不仁的程度更高，就应该受到更重的处罚。

至入人栏厩，取人马牛者，其不仁义又甚攘人犬豕鸡豚。

此何故也？以其亏人愈多。苟亏人愈多，其不仁兹甚，罪益厚。至杀不辜人也，拖其衣裘，取戈剑者，其不义又甚入人栏厩，取人马牛。此何故也？以其亏人愈多。苟亏人愈多，其不仁兹甚矣，罪益厚。当此，天下之君子皆知而非之，谓之不义。用同样的句型，墨子举了愈来愈严重的例子，偷马牛的比偷鸡狗大猪小猪严重，杀人抢夺衣服戈剑的又比偷马牛更严重。这样的道理，大家都知道，都批评这种行为的“不义”。

接着话锋一转，顺着这个逻辑，有了奇怪、令人不解的现象：今至大为攻国，则弗知非，从而誉之，谓之义。此可谓知义与不义之别乎？为了自己的利益而伤害别人的利益，最严重的是攻打别人的国家，大家偏偏对这件事非但没有批评，还加以称赞，认为是正确合宜的行为，这样能算是理解义和不义的分别吗？

杀一人，谓之不义，必有一死罪矣。若以此说往，杀十人十重不义，必有十死罪矣；杀百人百重不义，必有百死罪矣。杀一个人，我们称之为不义，而且觉得应该处以死罪抵命。如果用这种说法推论，那么杀十个人是十倍不义，应该处以十倍的死罪；杀一百人是一百倍不义，应该处以一百倍的死罪。

当此，天下之君子皆知而非之，谓之不义。今至大为不义攻国，则弗知非，从而誉之，谓之义。情不知其不义也，故书其言以遗后世。若知其不义也，夫奚说书其不义以遗后世哉？对于杀人，大家都了解道理，同声反对。然而，程度最重的杀人、最大的不义，是攻打别人的国家，大家却不知道那是错的，还加以称赞，认为是正确合宜的行为。大家是真的不晓得这种行为不对，所以把称赞攻国的言论写下来流传后世。如果知道那是不对的，那为什么不写下反对的意见流传后世呢？

墨子说的非攻，不只是阻止战争，而是要清楚地反对战争，严厉地谴责战争。他所看到的重点，是许多人在面对攻国战争时的双重标准，他们认为一般杀人是严重罪行，却对横尸遍野的战争采取支持、赞成的态度。

今有人于此，少见黑曰黑，多见黑曰白，则以此人不知白黑之辩矣；少尝苦曰苦，多尝苦曰甘，则必以此人为不知甘苦之辩矣。今小为非，则知而非之。大为非攻国，则不知非，从而誉之，谓之义。此可谓知义与不义之辩乎？是以知天下之君子，辩义与不义之乱也。假设有一个人，看到一小块黑，他说那是黑的，但在他眼前出现一大片黑，他却说那是白的，如此我们一定觉得他根本无法分辨黑白。假设有一个人，给他一小口咖啡，吃稍稍苦的东西，他说那是苦的，但给他一大片黄连，吃很苦很苦的东西，他却说那是甜的，如此我们一定觉得他根本无法分辨苦甜。同样道理，对于小一点的坏事，知道要反对、谴责，对最大的坏事——去攻打别人的国家——却不知道要反对、谴责，这样可以说是懂得如何分辨义和不义吗？所以我们就明白了大家判断义与不义的方法，其实是说不通的。

墨式辩术

墨子的核心主张，还包括尚贤、尚同、节用、节葬、非乐、非命、天志和明鬼，其基本方向都是对应当时现实，对旧有的封建贵族文化提出质疑、修正。

关于他的非乐立场，我们可以透过《墨子 · 三辩》得到简要的认识。程繁问于子墨子曰："夫子曰'圣王不为乐'，昔诸侯倦于听治，息于钟鼓之乐；士大夫倦于听治，息于竽瑟之乐；农夫春耕夏耘、秋敛冬藏，息于聆缶之乐。今夫子曰‘圣王不为乐’，此譬之犹马驾而不税，弓张而不弛，无乃非有血气者之所能至邪？”

这篇文章从程繁对墨子提出的质疑开始：你主张“圣王不为乐”，但从历史上看，这不是事实。以前的诸侯、士大夫和一般农夫，在工作疲劳时，都是以“乐”来放松休息的。诸侯有比较大编制的钟鼓之乐，士大夫可以听听吹竽弹瑟的音乐，就连农夫都可以敲敲瓦盆为乐。而且你主张圣王不为乐，岂不是要人家只工作不休息，就像马老是被套在车架上不放下来，弓老是拉得满满不松开，有血有肉的生物怎么可能撑得住呢？

子墨子曰：“昔者尧舜有茅茨者，且以为礼，且以为乐。汤放桀于大水，环天下自立以为王，事成功立，无大后患，因先王之乐，又自作乐，命曰《护》，又修《九招》。”墨子回答程繁的方法，是给出一段简要的音乐发展史。古代尧舜住在不经修饰的茅草屋里，以这样的条件有礼有乐。墨子的意思是当时的礼乐不可能有什么豪华繁缛的因素，尧舜没有刻意作什么音乐，在茅茨土屋中，将就着有什么就是什么。然后商汤征伐夏桀，把夏桀放逐到大水中，把天下纳为己有，自立为王，成功之后，没有什么大祸患了，就依照先前的音乐予以踵事增华，作了自己的音乐，称之为《护》，又整理修润了夏代留下来的音乐《九招》。

武王胜殷杀纣，环天下自立以为王，事成功立，无大后患，因先王之乐，又自作乐，命曰《象》。周成王因先王之乐，又自作乐，命曰《驺虞》。周成王之治天下也，不若武王。武王之治天下也，不若成汤。成汤之治天下也，不若尧舜。故其乐愈繁者，其治愈寡。自此观之，乐非所以治天下也。武王打败了殷商，杀了纣王，作乐称之为《象》；继武王之后的成王，又作乐称之为《邹虞》。重点是看待这段音乐发展简史的眼光——这是一段政治成就与音乐进展刚好成反比的历史。音乐上，成王最繁丽，但政治上，成王排名最后。音乐上，尧舜最简陋，但政治上，尧舜的成就最高。所以“乐非所以治天下也”，事实上，墨子显然认为音乐不但无助于治天下，还是天下不治的象征。

这样的回答，其实并没有真正回答程繁问题的两个重点。第一，为什么说“先王无乐”？第二，如果没有音乐，大家要如何休息？能够老是绷得紧紧的，不用休息吗？程繁不满意墨子的答案。程繁曰：“子曰‘圣王无乐’，此亦乐已，若之何其谓‘圣王无乐’也？”“光是你回答中提到的，就有尧舜的乐、成汤的乐、武王成王的乐，怎么能说‘圣王无乐’呢？”

子墨子曰：“圣王之命也，多寡之。食之利也，以知饥而食之者智也，因为无，智矣。今圣有乐而少，此亦无也。”在墨子看来，圣王的态度是让多的变少。肚子饿了再吃，才真正得到吃饭的好处。圣王的智慧是不再增多、创造，而是表现在减少、取消。圣王的时代有音乐，但圣王的态度却是要让音乐减少，这也就是“无乐”了。

我们不清楚这篇为什么叫《三辩》，目前看到的全文就只有两问两答。不过以“辩”为名，倒是极为贴切，因为问答中显现了其他篇章中不易见到的墨子的辩术，用了改变焦点、答非所问的方式，也用了改变既有定义（把“无”解释成“主观要减少”，而不是字面上的“没有”）的方式，让我们清楚地看到战国辩风的起源，也更进一步察知墨家之辩的实践。

节省才能用更多

墨子视礼乐，尤其视乐为不必要的浪费，这样的立场，在《非乐》和《节用》中都有明白的表达。

《墨子·节用上》：圣人为政一国，一国可倍也；大之为政天下，天下可倍也。其倍之，非外取地也，因其国家去其无用之费，足以倍之。圣人治理一个国家，可以让国家的财力倍增；用扩大的方式治理天下，也可以让天下的财力倍增。倍增的方式，不是去攻占别人的土地，而是将国中家中多余无用的费用减省下来。

圣王为政，其发令兴事、使民用财也，无不加用而为者，是故用财不费，民德不劳，其兴利多矣。圣王发布命令、兴办事务、役使人民、运用资源，一定是能够增加效用的才去做，所以不会浪费、不会劳民，能创造许多利益。

其为衣裘何？以为冬以圉寒，夏以圉暑。凡为衣裳之道，冬加温、夏加凊者芊䱗，不加者去之。其为宫室何？以为冬以圉风寒，夏以圉暑雨，有盗贼加固者芊䱗，不加者去之。其为甲盾五兵何？以为以圉寇乱盗贼。若有寇乱盗贼，有甲盾五兵者胜，无者不胜。是故圣人作为甲盾五兵。凡为甲盾五兵，加轻以利坚而难折者芊䱗，不加者去之。其为舟车何？以为车以行陵陆，舟以行川谷，以通四方之利。凡为舟车之道，加轻以利者芊䱗，不加者去之。凡其为此物也，无不加用而为者，是故用财不费，民德不劳，其兴利多矣。

这一大段用同样的逻辑，反复举了衣服、住所、兵器和交通工具为例。“芊䱗”两字意义难明，不过从上下文判断，可以读作“则取”。不管是衣服、住所、兵器或交通工具，都是同样的道理，先弄清楚这种东西的功能是什么，然后纯粹从功能上考虑，有助于增加功能的就是好的，无助于增加功能的就去除不用。

衣服的功能是冬天御寒、夏天御暑；住所的功能是冬天避风寒、夏天避暑雨，以及防止盗贼；兵器的功能是抵挡、战胜寇乱盗贼；交通工具的功能是在不同地形上载客载货。从这种根本功能上去看，就能清楚地判断该怎么处理这些东西。

这里两度出现“加轻以利”，“加轻”其实就是减去，墨子强调要去除其他与功能无关的装饰，一切回归功能，也就是回归“用”。因而我们了解：“节用”二字不能解释为节省财用，墨子的本意是凸显用，一切以用为依归，所以可以节，就是省去那些无用的，让有用的得以倍增。

有去大人之好聚珠玉、鸟兽、犬马，以益衣裳、宫室、甲盾、五兵、舟车之数，于数倍乎？若则不难，故孰为难倍？唯人为难倍。只要去除贵族王公手上聚积的无用之物，像珠玉、鸟兽、犬马，拿来增加有用的东西，这些东西很容易就可以倍增了。按照功能原则，废无用，换有用，东西不难倍增，那么有什么是难以倍增的吗？有，要让人口倍增是困难的。

昔者圣王为法曰：“丈夫年二十，毋敢不处家。女子年十五，毋敢不事人。”此圣王之法也。圣王既没，于民次也，其欲蚤处家者，有所二十年处家；其欲晚处家者，有所四十年处家。以其蚤与其晚相践，后圣王之法十年。若纯三年而字，子生可以二三年矣。此不惟使民蚤处家而可以倍与？且不然已。从前圣王订定的法令里说："男子二十岁不能不结婚成家，女子十五岁不能不嫁人。"这是圣王的法令。圣王死了，对人民的要求就松懈了，早一点想成家的，还是二十岁成家，要晚一点成家的，有拖到四十岁的，早晚相平均，差不多是三十岁，已经比圣王规定的晚十年。以三年生一个孩子来算，十年至少可以多生两三个了。这不只可以让民众早成家，还可以让人口倍增，不是吗？但现在不是这样做的。

今天下为政者，其所以寡人之道多。非但不致力于增加人口，现在治理国家的人，还有很多办法减少人口。其使民劳，其籍敛厚，民财不足，冻饿死者不可胜数也。一种方法是拼命役使人民，又拼命增加赋敛，结果民众的财用不足，更无积蓄，穷到冻死、饿死的不计其数。

且大人惟毋兴师以攻伐邻国，久者终年，速者数月，男女久不相见，此所以寡人之道也。此处"惟毋"是发语词，无义。而且国君还要发兵攻打邻国，战争一起，长则一整年，短则好几个月，夫妻久久分离，连面都见不到，这也是让人口减少的原因。

与居处不安、饮食不时、作疾病死者，有与侵就偻橐，攻城野战死者，不可胜数。还有，打起仗来，住不安稳、饮食不正常，因而患病死掉的，以及死于各种军事行动和攻城野战中的人，也不计其数。此不令为政者所以寡人之道数术而起与？圣人为政，特无此，不圣人为政，其所以众人之道亦数术而起与？这不就是国君们让人口减少的办法发挥了作用造成的吗？圣人为政，却没有这种状况，不就证明了圣人为政的态度刚好相反，是要采用能够让人口增加的各种办法吗？

因而得出最后的结论：故子墨子曰："去无用之费，圣王之道，天下之大利也。"

实践出来的显学

墨子的其他核心观念，例如主张鬼神确实存在的"明鬼"，主张存在一个有意志的人格天的"天志"，都明显和着重人本的周文化唱反调。这些想法，一方面，我们今天很难认同，另一方面，对春秋战国之交的思想，也没有那么大的影响力。明鬼、天志，再加上非命，带有墨子强烈的个人色彩，甚至就连后世的墨家，都没有继承发展。

此外，墨子提出的尚贤主张，反对以亲戚关系来作为用人的主要考量因素，也是和封建习惯唱反调的。不过这样的主张不是墨子独有的，而是那个时代快速形成的共识。就连希望保存封建秩序，主张回到周初理想的孔子，毕竟都致力于培养一群有能力的弟子，把他们推荐给与之没有亲戚关系的国君、大夫任用。在那么大的变局、那么激烈残酷的竞争中，大家都已认识到人才的重要性，谁会反对尚贤呢?

到了战国时期，任用有能力的人，就不只是个想法、主张而已。战国时期有着一种对寻访人才、运用人才的狂热，连带地产生了各种关于人才的讨论，这方面的长足发展，使得墨子的尚贤说法显得如此简单、粗浅。

墨家一脉相承最明显的标记，是反对周文化、反对继承并要求恢复周文化的儒家，是兼爱、非攻、非乐、节葬、节用这几项，更重要的，是墨家的实践精神。他们是一派思想家，更是一个行动团体，一两百年的时间中，一代又一代，以生活上的刻苦实践及节用的信念，四处奔走，尽力阻止攻战。他们做了什么，和墨子说了什么同等重要，所言加所行，才为墨家争得了显学的地位。

《庄子》

开阔混同的精神世界

在儒家成为主流价值以前，
还有一个超越人世、物我两忘的世界观，
曾主宰了半个中国。

第一章　连续的世界观

谁才是笨蛋

严格意义上的“作者”，在中国传统中出现得相对较晚。很早就有了书，书有着明白的内容，但究竟这些书是谁写的，却不清楚。《尚书》《诗经》《左传》，都是长远流传、历经多手的著作。《论语》记录了孔子的言行，书中孔子的人格极为凸显，但我们对具体记录这些内容的人，所知甚少。就连《楚辞》，传统上被当作是屈原所作，但细考史料，到底屈原和这批作品之间的关系是什么，其实并不那么确定。

对于《庄子》的作者，我们知道的也不多。传统上认定他是宋国蒙县人。宋国的地理位置在今天的河南商丘，这个保留到现代的名字告诉我们这个地方和商朝、商人关系密切。商丘旁边不远处，就是“殷墟”所在的安阳。这里是殷商的核心地区，即使到了周代建立之后，仍然是殷遗民居住、活跃的地区。

周代封建制度将商人之后封在宋，历史上宋国的地位特殊。一方面，出于对殷商旧朝的尊敬，周人给了宋很高的位阶，所以后来春秋诸国相争时，宋国在列国政治中一直都举足轻重，宋襄公还一度当上了“霸主”。但另一方面，周人习惯用异样眼光看待宋国，明显意识到他们所承传的殷商文化，和周文化有很大的差距。

春秋之后，几乎成为列国常识的一种说法是“宋人愚”：宋国人呆呆的，脑筋不好，会有跟别人很不一样的想法。那个时代有很多笑话是以宋人当主角的，到现在还很有名的“守株待兔”故事，那个在树下等兔子撞晕的，就是宋人。还有成语“曲突徙薪”的故事里，那个笨笨地把柴薪就放在烟囱边，却又不听人家劝告把烟囱弄弯、把柴薪搬开来预防火灾的人，也是个宋人。成语“刻舟求剑”的故事里，那个在河中央掉了剑，却往船身上做记号准备回来找剑的人，也是个宋人。

公元前 638 年的泓水之战，宋弱楚强，宋襄公却决定一战，然后又不肯趁楚军渡河时发动攻击，坚持要等楚军过了河，整装列队好了才开战。结果当然是宋师大败，宋襄公自己也随之失去了争夺霸主的机会。宋襄公这种不察时局、不知变通的做法，在当时也是被视为符合“宋人愚”特质的。

宋人真的都那么笨？与其说宋人笨，不如说他们看待世界、理解世界的方式，和记录春秋战国大小事的那些人，也就是和东周的主流文化观念，有着很大的差距。不是宋人天生资质比较差，而是他们本来就不属于东周的主流文化，他们所受到的文化影响，主要是来自东方原本的殷商文化，以及来自南方长江流域的不同传统，我们可以将之通称为“楚文化”。

从卜辞、青铜器看到的殷商文化，以及从《楚辞》看到的“楚文化”，有一个很容易辨识的交集之处，那就是对于鬼神世界的好奇、想象，对于人与鬼神交结互动的描述。从周人、周文化的角度看，这些都是“怪力乱神”，都是不应该、不值得相信的事。于是从周人、周文化的角度看，宋人最大的特色就在“轻信”，连鬼神虚无缥缈之事都如此入迷相信，这种人能说他们不笨吗?

但也许不是宋人特别笨，而是嫌他们笨的周人特别“铁齿”?

从广泛的人类先民文化上看，殷商与楚文化，属于张光直先生[1]所说的“连续的世界观”。意味着人和外在环境之间，没有一道明确的断裂区隔。世界万物跟我没有绝对的差别，这个可以变成那个，那个也可能变成这个。死亡不过就是连续现象当中的一个变化阶段，因而当然没有理由假设活人和死人被断绝隔开来。在我们熟悉的环境和我们去不了、感到陌生的环境中，有着各式各样的中介使者，或者促成变形的力量。

有神，有鬼，万物有灵，物体可以互换互变，这种“连续的世界观”普遍存在于古代人类先民文化中。然而，在中国，“连续的世界观”不是主流，被相对少见、特殊的“不连续的世界观”给挤到边缘、边陲去了。

“不连续的世界观”把人和非人清清楚楚划分开来。认定人的领域和非人的领域，存在着无法跨越的鸿沟。人不会变成

1　张光直(1931—2001)，出生于北平，在台湾完成中学及大学教育，尔后赴美深造。曾任教于耶鲁及哈佛大学，在考古人类学及台湾考古学领域有卓越成就，1994 年回到台湾担任“中央研究院”副院长。

非人，非人也不可能变成人。人只能掌握，也就只应该关切人的领域，对于在此之外的非人领域，敬而远之，存而不论。抱持“不连续的世界观”的人，不相信鬼神会介入人事，不相信有渠道可以贯通人与鬼神，就算鬼神存在，鬼神也只存在于他们自己的那个领域中，那个领域和人的领域中间，有着不透明、不能穿越的坚实壁垒。

以全世界已知的古史文化来看，“连续的世界观”是多数，是一面倒的强势主流。然而在中国，却倒过来，“不连续的世界观”很早就随着周人的兴起，建立成为主流，排斥、贬抑“连续的世界观”。

不过，强大的周文化仍然无法真正取消“连续的世界观”。显然，原本深信鬼神交流变异的殷商文化，在像宋国这样的殷遗民区域持续发挥影响。还有，南方后起加入中原体系的楚文化，也带来了周人无法彻底压抑、取消的异文化成分。

周文化是个单面向的文化。将所有注意力都放在人世环境里，殚精竭虑地思考、安排平衡稳定的人际关系。《论语·先进》：季路问事鬼神。子曰：“未能事人，焉能事鬼？”曰：“敢问死。”曰：“未知生，焉知死？”孔子用来教训子路的，就是典型的周文化立场。“对于人的领域你都做好准备了吗？还无法将人事都处理好，干吗去关心如何对待鬼神！人活着是怎么回事，你都了解了吗？活着都还了解得不透彻，想死后的情况做什么！”

世界上绝大多数的古代文明、原始思想不是这样。他们看待世界的方式是扩张的、多面向的。我们的生活之外，围着我们不熟悉、没碰触过的现象。我们的世界之外还有许多其他世界并存、并在。多面向、多层次组构成立体的存在，熟悉的与陌生的、真实的与想象的、经验的与传说的，不断错杂混同，分不出彼此，也不必区分彼此。

庄周生活在公元前 4 世纪，距离殷商灭亡，已经有六七百年的时间。再往上推源商人兴盛的时期，我们可以说，这套与周文化大异其趣的“连续性的世界观”在宋国这一带，已经流传了一千多年。

有这样的文化累积，才会有庄周选择使用的寓言形式，也才会有庄周所要表达的特殊生命选择。庄周的洞见与智慧，显然和那样一个连续性、多层次、扩张衍生的世界观，有着相当密切的关系。

《庄子》书中多次提到孔子、提到儒家，那是以殷商文化价值为基底的边缘异文化，被压抑、嘲笑数百年后，回头对周文化主流的反扑、批判。批判的角度很简单：代表周文化的孔子、儒家汲汲营营于亲族互动、人际礼仪，而庄周冷冷地在旁边纳闷并偷笑。天下那么大，人的领域相对那么小，把所有力量、时间全都投入在那么小的一块地方，忽略、遗忘了比这领域大数百倍、数千倍的其他空间，岂不愚蠢，岂不荒唐？

所以读《庄子》，我们得到的是很不一样的阅读体验。庄周是用扩张式的方法来带我们思考这个世界，他要我们把眼光投向人世以外的世界，让我们看到这样一个人世人间不值得我们这么关注和执着。这也使我们产生了一种因为把人世、把人放入更广大的连续空间中而产生的豁达心态。所以“豁达”两个字也是我们准备读《庄子》的时候，要先放在心上的关键词。

逃狱专家

传统上将庄子和老子并举，称为“老庄”。然而庄子和老子在思想的根基、关怀的方向以及表达的形式上，其实都有很大的差异。并称“老庄”，很容易让我们理所当然以为“老”在“庄”前，先有老子思想，然后才有庄子，视“庄”为“老”的延伸、开展，因而使我们只看到老子和庄子类似的部分，而忽略了他们之前明显的巨大差异。

借由前面对“连续性的世界观”和“不连续的世界观”的简单讨论，我们就可以循线查看，找出庄子和老子的差异。庄子所描述、所展现的，是一种不折不扣“连续性的世界观”，以这种非主流的世界观来看待、评断他所处的战国乱世。相对地，老子仍然是站在周文化“不连续的世界观”中，关心、留意如何处理人间关系，如何运用一种逆反的逻辑，在此世人间找到更好的安排。

虽然都谈“道”,都以“道”来统称整全的、神秘的原理原则，虽然都强调自然，主张人依循自然而生，但庄子的态度，是人要以自然为广大的空间，摆脱人世狭小范围的拘执，找到徜游自然、依道而行的方式，老子关心的却是将自然的道理运用在人世上，来处理人间关系，因而可以在人世上获得更安稳、更有权力、更有把握的人世生活。

庄子从一开始就否定了人世的绝对性、独特性，他采取了清楚的“连续性的世界观”，习惯于将现实人间事务放置到一个广大的、“连续性的”架构中，像是从外太空看地球，还原地球为宇宙天体间的一颗水蓝星球，与其他无数众星并置，因而得到一种开阔的新感受、新智慧。

庄子来自一个不一样的文化传统，而殷商遗民又靠近仍然相信山鬼、水鬼，人神杂处的南方楚文化地区，所以他用“连续性的世界观”对周文化提出了根本的质疑。

你们认为这些人世间的问题那么重要，那么令人感到困扰、痛苦，然而我所看到的世界，比你们看到、你们理解的大得多、复杂得多、丰富得多，我怎么可能认同你们的感受，关进你们那个狭窄的牢笼里来感受、来思考呢？一群蚂蚁为了自己的蚁窝而慌张忙碌，难道我应该认同蚂蚁因而同样地慌张忙碌吗？不，就算我想要，我也做不到，因为我不是蚂蚁，我看到的、我理解的，比蚂蚁大几百倍、几千倍，要如何把自己缩进蚂蚁的眼光、蚂蚁的计较中呢？

正因为源自那样的“连续性的世界观”，庄子的质疑、批判，也就不采取抽象说理的形式。关键在于让人能超越“非连续性的世界观”产生的限制，看到人世之外更广大的天地。那不是讲道理能做到的，而是需要以现象的刺激去启动人的身体感受。所以庄子的文章，描述现象多，直接说理少，而且往往都是在洋洋洒洒铺陈了广袤、华丽的现象之后，才解释道理。

老子不是这样。老子的书中完全没有现象，只有抽象道理。老子不曾显现出对人世以外的自然世界任何的好奇，自然都被他化约为人事模仿、学习的对象，他有兴趣的，不是自然本身，而是能够从自然中抽取出来的道理。

庄子要用人间语言来说人间以外、平常不在一般人眼光与感受之内的现象，他清楚表现出这里头的矛盾困扰。他不断追求、不断开发这套带有高度人世拘限的语言的可能性，去碰触那碰触不到的现象，去表达那无法在人世里表达的冲击、震撼。庄子的语言，是开阔、开拓的。

老子的语言却是归纳、收缩的。干净、紧致、简约，通篇都是道理，没有描述，也就一定不会有现象。与“道”、与“自然”有关的现象，都先被浓缩、萃取成为道理了。

庄子要说语言描述不出来的广大“自然”，老子要说语言无法准确掌握的“道”与“自然”的道理。庄子希望让人看清楚自己原本所处的不过只是个蚂蚁窝，从而能够生出心胸与志趣，离开蚂蚁窝，开放地体认蚂蚁窝以外的世界。老子却是整理了蚂蚁窝以外广大世界的道理，放回来教你如何处理蚂蚁窝，在这个蚂蚁窝里变得更强、更好。庄子要带人遨游其外，老子则要教人应付其中。

这两个人，在人格、体会、精神与用意上，如此不同！

明明如此不同，传统上却一定要把“庄”和“老”放在一起，一方面反映了中国文化中不重视、不讲究分析、鉴别的思考习惯，另一方面也充分反衬出庄子的高度异质性。光是阅读庄子，如实地接触、认识庄子，对长期浸淫在单一层次人世关怀的周文化中人来说，极其陌生，极其困难，要把庄子和老子摆在一起，有老子的人间讯息作为引导、参考，他们才比较能够接近、接受庄子。

如同《楚辞》一样，《庄子》最有价值之处，是和周文化的人间关怀大异其趣的部分，是那些进出人世以外其他领域的诡奇想象与描述。庄子要告诉中原传统的那些人，除了他们所熟悉的周文化之外，还有广大不同的其他认知与感受。

庄子当然反对孔子，嘲笑孔子。面对乱世，孔子的基本态度是“克己复礼”，每个人自我节制，重新认识周初所建立的封建礼仪，发自内心——而非敷衍应付——遵守这套既有的行为规范，那就能达到“天下归仁焉”，让天下恢复安稳太平的效果。庄子从来就不在这个“周文秩序”中，他视原始的“周文秩序”为枷锁、为牢笼，乱世动摇了旧封建架构，那么人应该赶紧借机找到空隙，从摇摇欲坠的监狱里逃出去，怎么反而要绑束住自己对海阔天空的向往，回头自愿修补枷锁、牢笼呢？

庄子不谈如何应付人世，不教人如何处理人世，而是示范用什么方式将人世放到对的位子上，看出其相对的渺小与无妄。庄子要我们打开眼睛，真正看到、衷心相信：人世并不值得我们投注那么大的心力，更不必说耗用全部时间去关切、去应付。

老子其实没那么老

传统上不只是将庄子和老子并列，而且一定是“老庄”，“老”在“庄”前，认定老子的时代早于庄子，老子的思想先于庄子出现。

《庄子》书中出现过“老聃”，证明庄子后于老子。但这条简单、明白的证据有一个严重的问题，那就是无法确认《老子》一书出于“老聃”之手，因此无法用关于“老聃”的历史资料来断定《老子》一书的时代。

钱穆先生曾仔细研究过“老”“庄”年代的问题，多方比对史料，得出了“庄在老前”的结论。依照《老子》书中出现的字词，加上《老子》的文句风格，我们可以很确定地主张：《老子》一书绝对不可能成于孔子的时代，更不可能早于孔子。而且最合理的断代方式，应该是将《老子》放在战国后期，和《荀子》大约同时，比《韩非子》稍早些。遵循这样的研究论证结果，那么《老子》成书的时间，显然是晚于《庄子·内篇》的。也就是说，《老子》思想是在《庄子》核心内容完成之后才出现的。

读过钱先生四篇关于《老子》成书年代的讨论，我个人的看法、个人的态度，觉得那应该算是“铁证如山”了。要继续主张《老子》成书时间早于公元前4世纪之前，是经不起战国史料考验的。

对于古代中文的直觉语感，会让我们清楚感受到《老子》的语言，和《论语》《左传》有极大差别。这样的语言不可能产生于传统上主张的“老聃”的年代。再进一步检索战国时期中国古文风格的递变，也就必然显现：《老子》的言谈方式，已经离开了战国前期最兴盛的雄辩风格，进入到接近《荀子》《韩非子》那样直白的道理表述形式。

《孟子》和《庄子》书中，同样多次提到梁惠王，提到名家，提到惠施，那是它们共同的时代主题、时代印记。再看这两本书，尽管表达的思想差别那么大，基本出发点相去那么远，却有着类似的豪放、开阔、恣意辩谈的风格。

相对地，比较《孟子》和《老子》，或者比较《庄子》和《老子》，却很难给我们这种书写风格上似曾相识的感觉。反而是把《荀子》《韩非子》和《老子》摆在一起，比较容易遇到类似的文句、类似的表达方式。

《老子》与《孟子》之间的风格差异，绝对大于《老子》和《荀子》或《老子》和《韩非子》之间的差异。

将《庄子》放回到《老子》时代之前，我们就能将历史的沿革发展看得更明白些。

从春秋延续到战国的乱世境况，使得占据主流的周人封建文化受到了愈来愈强的质疑与挑战。这样的过程中，原本边陲地带的势力，取得了愈来愈大的自信，向中心进攻。楚、吴、越、秦先后崛起，带来的不只是军事影响，还有思想与文化上的刺激。主流文化松动之际，异质的楚文化，沉伏数百年的殷商文化，都在这个时期得到了冒出头来的机会。

春秋末年、战国初年，是问题意识最强烈、寻找答案的冲动也最强烈的时代。其中的一项表现，是"思考"与"表达"趋向高度多元化，反复析辩取代了直白陈述，成了那个时代最受欢迎的语言与文字形式。另一项表现，则是许多非周人文化的元素，纷纷进入到这个巨大且热闹的争议场域中，自成家派并受到重视。

不过多元摆荡的思想争议，非但无助于给人心带来安定，反而更加深了疑沮不安。战争、混乱、恐惧、怀疑，一路从公元前 6 世纪延续到公元前 3 世纪，漫长的三百年之后，最后大家只剩下一个共同的想望——和平、休息、正常生活、明确的答案。于是到了公元前 4 世纪末，也就是孟子和庄子的时代之后，"百家争鸣"开始朝收束、统一的方向发展。

周文化在春秋、战国时期的另一项关键变化是孔子开创了儒家。孔子所做的，其实就是将原本依附在封建制度上、为了维持封建运作而设计的一套礼仪原则化、普遍化，让礼仪离开形式，取得精神上的意义，于是王官学的内容脱胎换骨，成了诸子学中的一支。孔子用这种方式保存了周文化，使之没有随周人政治势力的倾颓而消失、灭绝。

两项条件相配合下，在战国后期的思想潮流中，周人旧有的世界观被维系住了，并没有被像《楚辞》或《庄子》所代表的那种异质文化给取代。《老子》在战国后期出现，其思想一边和《庄子》有密切关系，吸取了“自然”作为统纳天地的原则，整理出无可名状的总和源头——“道”，但另一边，《老子》的思想应和战国后期的潮流，将“道”与“自然”带回人世，改写成运用在人世的一种智慧。还有，同样应和战国后期的潮流，《老子》的文字，也是收束、权威、接近祈使句式的，大大不同于正处于“百家争鸣”高峰时的那种开放、雄辩的风格。

《老子》的作者，绝不可能是孔子曾经拜见、《庄子》书中提到过的“老聃”，或许是史籍记录上多次出现的“李耳”。他的出身地域和庄子相近，很可能熟悉《庄子》的内容，将《庄子》及类似的“道”与“自然”思想中，可以对处世经验有所启发、指引的部分，做了整理、发挥，而写成了《老子》。

老子将原本来自异文化的奇特、怪诞内容，大幅加以驯化，将反映“连续性的世界观”的思想，嫁接回周文化的“非连续性的世界观”中，形成了一种新的人生观。尤其是其中的权力哲学方面，在战国后期的环境中，显然比《庄子》来得“有用”，因而快速脱颖而出。

误读两千年

《汉书·艺文志》中记录的《庄子》一书，一共有五十二篇。从汉到晋，一般认定五十二篇的分布，是“内篇”七篇，“外篇”二十八篇，“杂篇”十四篇，再加明显是后人附加上去的三篇“解说”，即三篇字音解释。

晋代郭象重新校订后，只留下三十三篇，“内篇”七篇，“外篇”十五篇，“杂篇”十一篇，这个版本后来就一路流传至今。

《庄子》书很早就分“内”“外”“杂”篇，显示编辑者清楚意识到这些内容并非出自同一个作者的手笔，也显示去庄子时代不远，庄子思想就有了重大的分歧流衍。

郭象版将传统版本中的“内篇”七篇全数保留，表示他认为这七篇最接近庄子的原始思想，很有可能是真正由庄周这位作者撰写的。“外篇”的风格和“内篇”没有太大的差距，而且部分篇章或段落直接联系“内篇”的想法或论辩，不过“外篇”的内容比“内篇”要来得芜杂，里头有更多的故事与寓言，看来有可能仍然是庄周所撰，或是和他时代相近的弟子所写的。

“杂篇”中有几篇，看来和“外篇”很像，另外有几篇——如《说剑》——则明显离开了庄子原来的思想脉络，纯粹只是淋漓发挥的寓言。另外还有《天下》，这篇以“道”的基本立场，对诸子家派做了精彩的分析、整理，那一定是战国后期甚至汉初才完成的文本。

如果想要对“内”“外”“杂”三部分都有所接触、感受，可以考虑从“内篇”中选取《逍遥游》《齐物论》和《养生主》，从“外篇”中选取《秋水》，从“杂篇”中选取《说剑》，来作为初步的阅读范围。

今天阅读《庄子》，最好将几件事放在心上，随时提醒自己。第一件事，记得秦始皇统一六国之后推行的“书同文”政策。春秋、战国时期各国快速崛起发展，造成了中文的分歧化。

在此之前，文字掌控在极少数得以接受王官学教育的贵族手中，不容易变化，也就相对稳定。春秋以降，透过像孔子这种老师“有教无类”的努力，扩张了识字的社会层面，也使得文字运用的范围大为扩张。慢慢地开始出现了具有地域风格的写法和用法，经过三四百年的演化，到了公元前3世纪末，地域差异已经到了快要失控的程度了，因而秦始皇才会在统一后，立即重点推动“书同文”，以一套固定的小篆为标准，取消其他不符合这套标准的地方性差异。

像《楚辞》《庄子》这种来自南方非正统周文化区域的战国文本，成书时都运用了许多地方性文字、地方性写法。因而在“书同文”政策下，要以统一的小篆重新传抄，难免会有部分失真的问题。有些南方的特殊用字或特殊语词，可能就在传抄过程中消失了，造成我们后世理解上的困难。

相较于《论语》《孟子》，《楚辞》《庄子》要难读、难解得多，一部分的原因，就来自“书同文”后的统一传抄差异。

第二件事，《楚辞》《庄子》传承的南方文化，历史上一直属于边缘，他们的许多特质，和来自主流周文化的人本、专注人世的价值格格不入，因而秦汉以下对《楚辞》《庄子》的解读，难免会站在那样的人本传统上，扭曲来自南方神鬼异想的意义。这是思想模式造成的落差。

秦汉时期，《庄子》书不受重视，也没有什么影响。几百年间，“道家”的主体是“黄老”，而不是“老庄”。汉代没有人说“老庄”的。要到魏晋时期，“老庄”并列之说才取代了“黄老”，成为流行用语。

钱穆在《庄子纂笺》书中说：“《庄子》，衰世之书也。故治《庄》

而著者，亦莫不在衰世。魏晋之阮籍、向、郭，晚明之焦弱侯、方药地，乃及船山父子皆是。”为什么《庄子》都在“衰世”流行？其中一个重要的理由，是“衰世”意味着主流的人世中心价值瓦解崩落了，人们才有办法真正欣赏、理解《庄子》那种不以人世为范限的思想内容，才能不以主流的人世中心价值曲解《庄子》，才能对诠释、发挥《庄子》，做出有意义的贡献来。因而读《庄子》，“盛世”的诠释远远不如“衰世”的诠释来得贴切、精彩。

第三件事，请记得庄子和孟子、惠施、公孙龙子，乃至于苏秦、张仪等人，属于同样的战国潮流。记录战国历史最有名的书籍《战国策》，是以记录纵横家的言行为主的。纵横家的言辩能力确实是战国最大的特色。但是言辩的风气、言辩的本事，不只存在于纵横家身上，而是当时所有思想的基本表达方式。往复问答、质疑挑战、迂曲论证、多方取譬，这些雄辩技法感染、影响了所有的言谈。

雄辩背后，是强烈的怀疑态度。旧价值收束不住，新价值无法诞生，大家对什么都没有坚实的把握与信心，于是多疑、犹豫、不随意轻信，就成了那个时代的普遍态度。人们不可能再单纯地接受简单的格言。发言者不会预期自己说的话能被听者立即吸收、接受，他知道大部分听者听到任何说法时的固定反应必定是：“真的吗？是这样吗？为什么如此？”于是他自然就会想象、设计解开这些怀疑的方法，否则他要说的就没有办法有效地进入听者心中。

春秋时期的墨家开创“墨辩”传统，进入战国后一脉相承，开展为名家，对于如何表达、如何说服、如何战胜论敌，有了愈来愈精巧的讨论、设计。庄子的好友惠施，正是这个传统中的一员杰出大将。《庄子》书中许多重要观念，是以惠施与庄子的辩难对话来呈现的，如果庄子不在这套雄辩风格中，对这些雄辩技法没有充分掌握，是不可能写下这些内容的。

庄子将无涯涘的想象力加入这个已灿然发展的雄辩风格中，因而在思想成就之外，他还同时创造了一部独一无二的文学杰作。

这三件事,使得传统上对《庄子》的解释往往无法令人放心。

秦汉以降，南方文化曾经在东周产生的刺激，基本上被忽略、被遗忘了。南方特色的文字、语词在传抄中要么被错误地代换了，要么被通俗化而失去原有的浓烈意味，要么随时间而变得彻底不可解。

更严重的是，人文中心主义的价值，倾向于将庄子那种扩张性、打破人间限制的主张，拉回到人世现实里来解释。愈是原汁原味的庄子本义，就愈是容易被解得支离破碎，面目全非。

孟子、庄子的时代过去后，战国思潮很快有了一波关键变化。动荡不居的雄辩被更固定、更严整的说理风格取代了。辩谈原本的说话性质，被更形式化、节奏较慢的书写性质取代了。我们很容易可以从《孟子》和《荀子》间的差异,或《庄子》和《老子》间的差异,体会到这层变化。孟子、庄子的道理,是用说的、用辩的，没有多久之后，荀子、老子的道理，就变成是用写的、用铺陈的了。

雄辩时代一去不复返。后来的中国传统中，雄辩风格基本上消失，至少从未被认真地建立为一门特殊知识或价值，因而也就很难对《庄子》的雄辩有正面的、肯定的凸显和发挥。

在后来的中国传统中，和雄辩风格一起消失的，还有从“墨辩”到名家的逻辑研究与论理习惯。秦汉以降，不只形式的逻辑分析在中国没有进一步发展，甚至出现了对逻辑分析明显的漠视乃至敌视倾向。尽管在中古时期，受到印度佛教“因明学”的启发、刺激，逻辑分析的地位稍有提高，但到了中唐之后，“复古运动”兴盛，就又把这种思考模式给打压了下去。

对于雄辩风格甚为陌生，又缺乏逻辑分析的训练，导致人们对部分《庄子》篇章——例如《齐物论》——简直无从入手，即使勉强得出一些解释，也经常互相矛盾，无法彰示庄子的核心理念。

从清中叶到民国初年，考据学大盛，学者们对于《庄子》的文句进行了精巧的考索，帮我们解决了一大部分字词上的错乱困扰，然而不熟悉庄子外扩的思想模式，无法深入欣赏战国雄辩文风，以及缺乏严谨逻辑分析概念的问题，仍旧存在于大多数《庄子》解读中，最好还是不要轻易跟随、接受。

今天读《庄子》，我们没有道理放弃自己身上其实比传统更有利于接近庄子思想的条件。我们能透过历史研究，透过同时代其他文本，还原庄子所属的雄辩潮流。我们还能借助于现代高度发达的逻辑方法，摆脱中国传统松散的印象式思考习惯，来整理、复原《庄子》书中前后文之间的关系。

第二章　从相对开始

可悲的满足

《庄子·内篇》第一篇《逍遥游》，立即鲜活地展示了不受现实人世拘限的视野。人之外，有太大的空间；现实之外，有更大可供我们的意识、想象遥游的领域。那个空间、那个领域，有多少雄伟、诡奇、华丽的现象存在，有多少不可思议的事正在发生！

北冥有鱼，其名为鲲。在北方，最庞阔的海域中，有一条叫作“鲲”的鱼。然后展开了庄子式的夸大描述——鲲之大，不知其几千里也，化而为鸟，其名为鹏。第一项夸大，是形容这条鱼之大，有几千里那么长，而且“几千里”还只是我们用自己的人间尺度勉强臆测之词，鲲的真实规模，大到我们其实没有能力测度。“不知”二字，直接且充分传达了人的渺小与不足。对于庄子要说的道理、要描述的事物，一般人世的感官配备是远远不够的。我们要有超越人世的感官与理解，才有办法接触那些道理与事物。这让我们想起《楚辞·天问》：为什么会有那么多问题？为什么要罗列出那么多问题，却没有提供答案？因为那些问题没有答案，是我们疑惑却“不知”的。对“不知”的好奇，着迷于自己的“不知”，明知得不到答案，却还是要不断地问、不断地问，像孩子般的态度，那正是《楚辞》与《庄子》清楚异于周文化的另类精神意趣。

说完“鲲之大”，然后立刻又有第二项夸大：这条鱼可以变形，从鱼变成了叫作“鹏”的鸟。“化”是《庄子》书中一个常见的关键字。庄子要带我进入的那个世界，不只广大，在已知之外包围了无穷的未知，而且这个世界从来不停留，你不能假定现在看到的就是其状态、面貌，下一刻甚至下一瞬间，此物便“化”为彼物，始终变动不居，充满了我们无法掌握的变化可能性。

鹏之背，不知其几千里也。怒而飞，其翼若垂天之云。鲲那么大，化成了鹏，鹏也同样有“不知几千里”的超越尺寸。接着，又来了一项不可预期、不可控制的变化：鹏由静态的存在，一瞬间转成了动态的存在。“怒”形容其突然奋起的模样，挥动着那硕大的翅膀，翅膀大到远远看去像是飘垂在天空上的云一般。

是鸟也，海运，则将徙于南冥。本来住在北海的庞然巨物，当海上的大风吹来时，他将迁移到南海去了。南冥者，天池也。“天”，是和“人”相对的。没有经过人工改造的，或无法由人力予以改变的，叫作“天”。自然与人为的对照，甚至对立，从庄子到老子，一贯都是道家的核心观念。天池是纯粹自然的水域，因此才能容纳鹏。由鲲而鹏,这远超过人类理解范围的庞然大物,只能从自然的北方大水域,借由自然的力量——巨大的海风吹来——而移徙到同样自然的南方大水域去。

《齐谐》者,志怪者也。庄子接着引述了一本叫《齐谐》的书。书名显示这本书的来历应该和齐有关。齐虽然后来是姜尚(太公)的封地,但其地在最东方的海边,和周人源自西方高原的传统大不相同。到东周时,齐国人给人留下最深刻印象的,一是他们爱打猎,崇尚武勇精神,这是齐桓公赖以成为第一个“霸主”的基础;第二是他们迷信,对稀奇古怪的事物抱持高度的兴趣。后来秦始皇、汉武帝追求长生不老,接触的很多都是东方齐地一带的方士,进而派人到海上寻找蓬莱仙山,说明了这项特色之源远流长。

《齐谐》这本书,专门记录稀奇古怪的事情。在这本书中,有对鹏鸟南飞的精彩描述。《谐》之言曰:“鹏之徙于南冥也,水击三千里,抟扶摇而上者九万里,去以六月息者也。”鹏鸟要迁到南方去时,鼓动起它的巨翅,拍击在水面,把水都向上激扬了有三千里那么高,用这种方式让自己平飞起来,然后再依随着风,旋转而上,愈飞愈高,一直到九万里的高空上。而鹏之所以能如此高飞迁徙,凭借的就是六月的“息”。

以这样的庞然巨怪开场,联系到“息”。能够把大鹏鸟撑起来,将它一路送上九万里高空的,是什么?是看不见、摸不着的“息”。《齐谐》所志之怪,除了鹏鸟起飞时的壮观景象外,显然还有“去以六月息者也”这件事。为什么“息”能够有如此不可思议的力量呢?

于是,庄子接着讨论、解释“息”之为物。野马也,尘埃也,生物之以息相吹也。热天看着地面，会发现眼前的景物有着细微的折射扭曲，那样的“游气”，就叫“野马”。还有，空中会有尘埃飘浮着，尤其是阳光照射下，微小物体的运动会显现得特别清楚，那都是“息”的作用，是来自生物气息彼此更相吹动的效果。

天之苍苍，其正色邪？其远而无所至极邪？其视下也，亦若是则已矣。大鹏鸟借由“息”的作用高飞到九万里的天上，它在那里看到的天，和我们看到的天，同样是青色的吗？青色就是天的本来颜色吗？还是因为我们距离天太远了，所以才将天看成是青色的呢？飞到九万里之上，大鹏鸟就能够发现天的极限？还是天根本没有边界、极限呢？大鹏鸟从那么高的地方往下看，和我们往上看是一样的吧！它看到的辽远低处，也会因为距离而显示为青色的，也会感觉好像“无所至极”一样。我们不知道天上有什么，只能看到一片青色，以为那就是天的真相实况——“正色”，大鹏鸟在九万里之上看地面，会不会因为距离的作用，也看不到地上任何东西，只看到一片无穷无尽的青色？

这里，庄子发出了他的“天问”，对于人无从去到的高处，表现了无法抑制的好奇，同时他离开了原先的描述者角色，试图想象自己为那高飞的大鹏鸟，探究它所看到、所经历的。

且夫水之积也不厚，则其负大舟也无力。覆杯水于坳堂之上，则芥为之舟；置杯焉，则胶，水浅而舟大也。我们看水的现象，如果水不够深，那就无法浮起大船。将一杯水倒在屋角比较低洼的地方，积水足以浮起一根小野草，让野草如同船一般漂着。但要是把杯子放到那摊积水上，就卡住搁浅，浮不起来了。杯子会胶着在地上浮不起来，就是因为船太大而水太浅的关系。

风之积也不厚，则其负大翼也无力。故九万里，则风斯在下矣。同样的道理，要有够厚的风才有办法将大鹏鸟的巨翼撑起来。风不够厚，就乘载不了巨型翅膀。所以为什么大鹏鸟飞到九万里高的天上去？因为它太大了，大到需要九万里厚的风才能把它浮起来。

而后乃今培风，背负青天而莫之夭阏者，而后乃今将图南。这里连续两个“而后乃今”，说明大鹏鸟高飞的条件。有了够厚的风在底下，它乘在风上，好像背着青天般，面前没有任何阻挠，如此才能往南方去。

大鹏鸟因其大，就必须要有厚气为其条件，它才能飞得起来。蜩与学鸠笑之曰：“我决起而飞，枪榆枋而止，时则不至，而控于地而已矣。奚以之九万里而南为？”“蜩”是树上的蝉，“学鸠”是小鸟，它们从自己的立场，嘲笑大鹏鸟说：“我高兴飞就随时就飞，朝附近的突出（“枪”）的树枝飞去，有时候飞不到，也不过就是掉回地上罢了。干吗那么麻烦要高飞到九万里上，到南边去！”蝉和小鸟觉得飞行是件很容易的事，哪需要像大鹏鸟那样要等“六月之息”，还得升上九万里，然后大老远飞往南方去。

适莽苍者，三餐而反，腹犹果然；适百里者，宿舂粮；适千里者，三月聚粮。去附近郊外时，只要带着正常的三餐，回到家时肚子都还饱饱的，不会觉得饿。但是要去到百里远的人，前一天就得“舂粮”，将谷物舂成类似糍粑的形式，方便携带。更不要说那种要去千里远的人，出发前或许得要花三个月时间来收集路上需要的食粮。不同的距离，就得要有不同的配备。

之二虫又何知！小知不及大知，小年不及大年。这两只小动物，它们知道什么！不同尺度有不同观点，需要不同的条件。然而小尺度的，很难了解大尺度，这中间有着难以跨越的障碍。我们经常用自己的规模尺度来揣度其他生物之存在，就像“之二虫”看待、嘲笑大鹏鸟一样。

奚以知其然也？朝菌不知晦朔，蟪蛄不知春秋，此小年也。怎么会知道小的不能理解大的呢？朽木上长的蕈菇，早上长出，晚上就萎落了，它当然不可能知道月圆月缺的变化。只能活一个季节，要么春生夏死、要么夏生秋死的“寒蝉”，怎么能明白一年的四季变化呢？这就是“小年”，生存时间太短带来的限制。

楚之南有冥灵者，以五百岁为春，五百岁为秋；上古有大椿者，以八千岁为春，八千岁为秋。而彭祖乃今以久特闻，众人匹之，不亦悲乎！看看“大年”吧！比楚更南边的地方生长着海龟，它们的一年等于我们的一千年。上古时期有大树，它们的一年等于我们的一万六千年。今天讲到长寿，人们都举彭祖来比，彭祖以活得久而特别有名，然而和冥灵、大椿相较，彭祖实在短命得可悲啊！

庄子先以“朝菌”“蟪蛄”来说明“小年”，转而讲述“大年”时，顺便也就刺激了我们：人活着，其实也没有比“朝菌”“蟪蛄”好到哪里去，同样也是“小年”，同样也因为自己的人寿限制，而无法真正碰触到“大年”啊！

想清楚自己要什么

接下来这段，将“鲲”与“鹏”的故事再说了一次，不过这次给故事一个显耀的权威来源。这个权威，选的不是别人，是建立商朝的“汤”。

汤之问棘也是已。穷发之北，有冥海者，天池也。有鱼焉，其广数千里，未有知其修者，其名为鲲。记录上，商汤曾经问过有知识、有智慧的贤臣“棘”一件事。“穷发”意思就是“不毛”，在最北边草木不长的地方，有一片纯粹天然的水域，神秘、非人间（“冥”）的大海。海中有鱼，宽几千里，而且从来没有人知道它到底有多长（“修”就是“长”）。这鱼的名字叫作“鲲”。

有鸟焉，其名为鹏，背若泰山，翼若垂天之云，抟扶摇羊角而上者九万里，绝云气，负青天，然后图南，且适南冥也。这里没有说大鱼“鲲”变身化为大鸟“鹏”，而是直接并列说北冥还有叫作“鹏”的大鸟。这鸟有多大呢？它的背就像泰山那么高、那么大，它的翅膀像是从天上垂下来的云，凭借着漩涡般的风旋转盘飞（“羊角”，形容旋风盘卷的样子，像羊头上的角），到九万里的高空上。那是云气都到达不了的高空，其身影的背景只有青天，看起来好像大鸟背着天在飞行一般。这样它出发往南飞，要到南方天然的神秘水域去。

斥鴳笑之曰：“彼且奚适也？我腾跃而上，不过数仞而下，翱翔蓬蒿之间，此亦飞之至也。而彼且奚适也？”此小大之辩也。小鸟斥鴳嘲笑大鹏鸟：“它要去哪里啊？我一跳飞跃上去，飞了几公尺就下来，在丛草之间飞来飞去，这样也是飞了，飞不过就是那么回事，而它到底要去哪里？”重复两次“彼且奚适也”，凸显了斥鴳无法了解大鹏鸟在做什么，却又采取了一种轻蔑的态度。这不正是我们对待自己无法了解的事物时，经常会有的一种反应吗？

这就是“小大之辩”，用今天的语言，我们可以说，这就是跨越不同尺度规模的“不可共量性”，尤其是“小”者无法接近、探入“大”者的尺度规模问题。

故夫知效一官，行比一乡，德合一君，而征一国者，其自视也，亦若此矣。所以那种有足够智慧能担任一项官职，行为能在一乡间获得称许，也得到一位君王的赏识，能在这国扬名立万的人，他们看待自己的态度，也就和斥鴳一样吧！庄子将前面夸大的描述转来看待人间，但他的重点就不在如何将“小大之辩”运用在人间事务，而是借由“小大之辩”反映人世观念的局限乃至于荒谬。

而宋荣子犹然笑之。我们宋国稍有一点见识的“宋荣子”，都知道这样的事是荒唐的。“宋荣子”就是“宋钘”，时代早于庄子，《荀子》书中有宋子“见侮不辱”，《韩非子》则说宋荣子“设不斗争”。《庄子·天下》也有对宋钘的评论：“不累于俗，不饰于物，不苟于人，不忮于众，愿天下之安宁，以活民命，人我之养，毕足而止，以此白心；古代道术有在于是者，宋钘、尹文闻其风而说之。”综合来看：宋荣子的基本主张，是不在意外界的看法，求自我内在的安稳安定，如此自然不会要与人争斗，好好活着更重要。因而说，宋荣子就已经鄙弃对世俗地位、名声的斤斤计较了。从宋荣子的主张而接着说：

且举世誉之而不加劝，举世非之而不加沮，定乎内外之分，辩乎荣辱之境，斯已矣。高一点、有智慧一点的人，即使全天下的人都称赞他，他也不会因此而受到鼓励，即使全天下的人都反对他，他也不会因此而感到沮丧退却。他很确定什么是“内”，什么是“外”，自我内在比外面的毁誉重要得多，不会有所混淆，也很清楚荣辱毁誉的根本究竟，不会随便动摇。这样的人，比起前面的那种，当然好多了。

但还不是最好的。彼其于世，未数数然也。虽然，犹有未树也。夫列子御风而行，泠然善也，旬有五日而后反。这种人在世间不会汲汲营营、小里小气地忙于算计，不过，但还不够，他仍然有所依赖，无法像树一般独立自主。从尺度规模上看，还有更高、更大，像列子那一层的。列子可以乘风飞翔，身体轻妙（“泠然”）美好，乘风飞翔，一去十五天才回来。他对世间生活条件的要求更少了，也就比前面那种“辩乎荣辱之境”的人更自在、更独立了。

但这也还不是最好的。彼于致福者，未数数然也。此虽免乎行，犹有所待者也。若夫乘天地之正，而御六气之辩，以游无穷者，彼且恶乎待哉！列子这一层次的人，不再在意追求人间的好处，这是他的长处。他已经不在人世环境里了，和人世保持若即若离的关系，随时可以乘风而飞，一去许久再回来。他不再受到地面条件的限制，需要辛苦走路，但他仍然受到天上条件的限制，必须等到风来了，借着风的力量才能“御风而行”。

还有更厉害的。这种人不必等风来，他们依照天地的基本道理，能够随心分辨并驾驭阴、阳、风、雨、晦、明，或东、西、南、北、上、下“六气”，不受任何限制地优游，完全不需任何外在条件配合，也就不会有被动等待、配合的需要了！

故曰，至人无己，神人无功，圣人无名。这种人是“至人”、是“神人”、是“圣人”，无所求也无所依赖。没有了自我，不受身体条件的牵制，所以能成“至人”。不需努力，不求功劳，却能创造事物，所以是“神人”。成就了众人，但不会有任何名声肯定，才是真正的“圣人”。

有“知效一官”那种等级的人，有“辩乎荣辱之境”那种等级的人，有“御风而行，泠然善也”那种等级的人，最上面还有“至人”“神人”“圣人”那种等级的人。这就是“小知”与“大知”之辨，下面等级的“小知”之人，无法理解尺度规模更大的“大知”之人。

接着，庄子就以“尧”和“许由”为例证进一步说明。尧是东周主流文化中公认地位最高、成就最大的圣君，不在这个主流文化传统中的庄子，就特别要拿他来显现主流文化的不足。

尧让天下于许由，曰：“日月出矣，而爝火不息，其于光也，不亦难乎！时雨降矣，而犹浸灌，其于泽也，不亦劳乎！夫子立而天下治，而我犹尸之，吾自视缺然，请致天下。”

尧要将治理天下的帝位让给许由，因为觉得许由比自己更厉害、更有资格。尧对许由说：“有太阳、月亮的照射，人造的一点点火，相较之下，其能照亮的效果实在很可笑、很尴尬。天上下雨了，还用沟渠的水灌溉田地，相较之下，那样润泽田地的效果实在很可笑、很尴尬。像你这么厉害的人，光只是活着就能让天下安定，我却还占据着这个位子，岂不同样可笑、尴尬？我自认为能力不足，所以恭敬地将天下交给你。”我们今天拜祖先，用的是“神主牌”，对着牌位拜拜，古代没有“神主牌”，而是选一个特别的人，来代替、代表受祭的祖先，那叫“尸”。

许由曰：“子治天下，天下既已治也。而我犹代子，吾将为名乎？名者，实之宾也，吾将为宾乎？”对于尧要让天下的提议，许由的回答是：“你掌管天下，已经掌管得很好了，我代替你治理天下，不会有不一样的结果，我为何要做这样的事？难道只是为了得到治理天下的名声吗？事实是主，名声只是客，难道我要去放弃自我自主，去当一个没有自主性的客吗？”

尧的立场是将治天下看得极其重要，因而要找一个比自己更厉害的人来承担。然而从许由更高一层的“大知”看来，治天下哪有那么重要，哪有那么难！尧的能力就已经足以把天下治理好了，把天下交给许由，不会有不同的结果。如此，尧真正能交给许由的，不过就是治天下、居帝位的名声罢了。小尺度、小规模的人会将这种名声看得很重要，但对许由来说，名声非但不值得“数数然”追求，而且是剥夺了人的自主独立的牵绊啊！

“鹪鹩巢于深林，不过一枝；偃鼠饮河，不过满腹。归休乎君！予无所用天下为。庖人虽不治庖，尸祝不越樽俎而代之矣。”许由继续说：“鹪鹩这种雀鸟在长满了树的林间深处筑巢，周围可能有上亿根树枝，然而它毕竟只能从中间选择一枝，那么多树枝，对它有什么意义呢？鼹鼠到河边喝水，河里有多少水啊！但它顶多就喝到把肚子都灌满了，那么多水，对它又有什么意义呢？你回去吧！天下对我也没有意义，不是我所需要、更不会是我所选择的。就算厨师不想做菜，负责代表神明参加祭典的人，也不会因此就代替厨师去将酒杯和刀俎接过来处理。”

关键在于是否找到那根树枝来筑巢，不必去张扬我筑巢的地方是个大树林，有几万棵树。几万棵树是外在的，和你没有直接关系。同样的，能够有水解渴，对一只小小的鼹鼠而言，从水沟里喝水或从黄河里喝水，有差别吗？

重点在于自己是谁，自己要什么，而不是外在环境可以给你什么。不是你要的，再多再好都没有意义，反而会成为累赘。就算尧不想治理天下了，也不该换成许由来接任。别人觉得帝位很重要、很了不起，但许由知道那不是他要的，他就不要。这就是“定乎内外之分，辩乎荣辱之境”的具体表现。

神人当然不近人情

主流文化中的至高典范，在庄子眼中，不过是“小知”，而且还是最低层次的“小知”，比不上许由，更比不上比许由尺度规模更大的人。

所以庄子接下来要谈“神人”。肩吾问于连叔曰：“吾闻言于接舆，大而无当，往而不反。吾惊怖其言，犹河汉而无极也。大有径庭，不近人情焉。”“肩吾”“连叔”都只是庄子用来传递对话讯息的假借人物，不必追究。“接舆”是春秋时楚地的一名“狂人”，以蔑视世俗、抱持和别人不一样的价值观念而有名。肩吾问连叔：“我听接舆说话，夸张得没有任何节制（‘当’，即界限、节制），推到极端都不会收敛。我听了觉得很惊讶，也很害怕，仿佛是面对天上银河浩浩，没有终极的那种感觉。和我所了解的世界、道理隔绝不通，听起来不像是来自真实人间的语言。”

连叔曰：“其言谓何哉？”连叔就问：“他都说些什么，为什么会给你这样的感觉？”曰：“藐姑射之山，有神人居焉，肌肤若冰雪，绰约若处子。不食五谷，吸风饮露。乘云气，御飞龙，而游乎四海之外。其神凝，使物不疵疠而年谷熟。吾以是狂而不信也。”肩吾转述接舆所说的 :“在藐姑射山上，住着‘神人’。他的皮肤像冰雪般洁白细致，外表看来像少女般漂亮，不吃五谷，饿了吸风，渴了饮露。他可以如同坐车般坐在云端，也可以像骑马般骑着飞龙，到广远之处任意优游。只需心神专注，他就能让动物不生病，让谷物丰收。我觉得这些话太玄、太不合常理了，因而无法相信。”“狂”，就是我们今天习用的“诳”，胡说八道的意思。

连叔曰 :“然，瞽者无以与乎文章之观，聋者无以与乎钟鼓之声。岂唯形骸有聋、盲哉？夫知亦有之。是其言也，犹时女也。”连叔听了，先说 :“是啊！”听起来好像赞同肩吾的意见，认为接舆的话太“诳”了，不值得相信。但再听下去，才知道这一声“然”，原来是讽刺的。“盲人没办法跟正常人一起欣赏华丽、鲜明的花纹与色彩，聋人没办法跟正常人一起欣赏美妙的钟鼓音乐。不只在身体感官上有盲人、有聋人，在人心之‘知’上也有盲人、聋人。说在人心之‘知’上也有盲人、聋人，这话讲的大概就是你吧！你没有那样的心智能力，才会将接舆的话视为‘诳’而不信啊！”

“之人也，之德也，将旁礴万物以为一，世蕲乎乱，孰弊弊焉以天下为事？”连叔继续说 :“这样的人、这样的特性，其精神沛然流布，可以混同万物，让世间因为混同而取得自然的秩序，他何必要焦弊心神去经营天下呢？”这里“乱”字做反义解，等于“治”。“神人”和一般人最大的不同，是他不需刻意努力经营，任秩序自然形成、显现，肩吾没有足够的“大知”看到、听到如此美好的不同层次的真理，只懂得用世俗人情的标准来理解，难怪会以为“不近人情”，“神人”的道理本来就和人间的道理不一样、不相近啊！

“之人也，物莫之伤。大浸稽天而不溺，大旱金石流、土山焦而不热。是其尘垢粃糠，将犹陶铸尧舜者也，孰肯以物为事！”连叔又说：“这样的人，没有东西可以伤害他。大水淹到天那么高，‘神人’不会溺死；大旱灾热到金属、石头都融化了，土山也都烤焦了，‘神人’也不会热死。‘神人’的等级之高，他身上的尘垢，他丢弃不要的废物，就足以当材料来铸造尧和舜了。这种人，怎么可能花力气在‘物’上呢？”这段里连叔在说明：“神人”本来就不会刻意处理“物”，所以“其神凝，使物不疵疠而年谷熟”，是再正常不过的事，哪有什么好大惊小怪，以为其“诳”的地方呢？

“宋人资章甫而适诸越，越人断发文身，无所用之。尧治天下之民，平海内之政，往见四子藐姑射之山，汾水之阳，窅然丧其天下焉。”连叔又举了宋人所做的蠢事来做比喻。就连同为宋人的庄子，要举例时，都还是受到战国当时的习惯影响。“宋人带着正式的大礼帽去到南方越国，要去做生意。但那里的人头发剪得短短的，裸露出皮肤上的文身，他们的外表穿着和中原的人完全不一样，当然用不到宋人带去的大礼帽。”别以为你觉得重要、有用的，人家也一定要同样认为重要、有用。“尧将天下治理得很好，安定了‘海内’这个范围的政事，然而一旦他离开了这块世俗‘海内’的范围，去到汾水之阳的藐姑射山见‘神人’们，他就会恍然了解到，拥有天下，‘治天下之民，平海内之政’实在不是什么了不起，多么值得肯定、值得夸耀的事。”

庄子以“小大之辩”解放我们对既有价值的执着，了解原本主流文化所肯定、所夸耀的，不过是从一定的尺度规模上看出去的结果。我们熟知、习惯的尺度规模之外，还存在着其他不同的尺度规模，尤其是更大的尺度规模，往往不是我们能够看得到、碰得到的。以那样更大、更高的尺度规模来衡量，我们认定的重要的事，就不再那么重要了。

不是无用，是不会用

接下来，庄子进一步卸除把我们绑锁在单一尺度规模上的最大束缚——关于“有用”的考量。

惠子谓庄子曰：“魏王贻我大瓠之种，我树之成，而实五石，以盛水浆，其坚不能自举也。剖之以为瓢，则瓠落无所容。非不呺然大也，吾为其无用而掊之。”庄子的好友惠施对他说：“魏王送了我大葫芦的种子，我种成功了，收获了可以装三四公升水的大葫芦。拿大葫芦来装水浆，葫芦太大了没办法一直倒下来。把它剖开来当水瓢用，一舀水，瓢又承受不了水的重量而弯落下来，根本装不了水。这葫芦大得很，但因为没有用，我就把它捶烂了。”

这是寓言，重点在于葫芦之“大”，比原本葫芦的尺度规模来得大。庄子自设惠施对他前面铺陈的“小大之辩”提出挑战：“大”就好吗？大葫芦可是大得令人生气啊！

这就是前面提到的战国雄辩文风。庄子并没有假定他的读者那么容易接受他所说的。不是他怎么说，读者就会怎么相信。读者是需要被说服的。这些战国作者要面对的，可不是《论语》里孔子所面对的弟子或问政的君王，会有耐心、有礼貌地期待他说出有智慧的话语，马上就敬领接受。那是纵横家到处驰骋言辩的时代，那也是听过众多巧口言辩因而没那么容易相信的时代。要让人家理解、接受你的意见，你得使出各式各样雄辩的本事来。

提出别人会有的尖锐质疑，是雄辩术中常见的一种手法。而且最好是给出看来真正很具杀伤力的反对意见，让读者认同点头："是啊，我也是这样觉得，看你怎么回应！"如此，一旦你能因应提出巧妙反击，读者当然就被争取过来了。

惠施用大瓠嘲弄庄子："大"有什么好？"大"反而没有用啊！

庄子如何回答呢？庄子曰："夫子固拙于用大矣。"他对惠施说："唉，你还真是不懂得如何用"大"啊！"然后他还给惠施另一个寓言："宋人有善为不龟手之药者，世世以洴澼絖为事。"这又是个笨人的故事，所以主角还是"宋人"。"宋人有特别会做防止冬天皮肤遇水皲裂的药的，家中世世代代都以染布为业。"染布必须将布浸在染料中，就连冬天手都得泡在水中，有了这种药，他们就不担心皮肤皲裂，特别适合从事这个行业。

"客闻之，请买其方百金。聚族而谋曰：'我世世为洴澼絖，不过数金；今一朝而鬻技百金，请与之。'"有外地人知道了这件事，就出价百金来买他们的药方。显然这是个聪明人，所以就一定是"客"，不会是"宋人"。这个宋人家族特别聚会商量，得到的结论是："我们世世代代干这行，才能赚几个钱？现在把药方技术卖掉，马上可以得到几十倍的酬劳，那当然应该要卖。"

"客得之，以说吴王。越有难，吴王使之将。冬与越人水战，大败越人，裂地而封之。能不龟手，一也；或以封，或不免于洴澼絖，则所用之异也。"外地人买到了药方，到吴国求职。遇到了吴越之间有纷争，吴王派他带领军队，冬天和越人进行水战。他让兵士使用不皲手的药，兵士不畏寒冰之水，结果打了大胜仗，吴王就分封土地给他作为奖赏。庄子接着说："不皲手的药方，是同样的，有人能够因此封侯，有人却世世代代摆脱不了染布行业，如此差异，不是出于药方本身，而是用法不同，有人用在大处，有人用在小处啊！"

"今子有五石之瓠，何不虑以为大樽而浮乎江湖？而忧其瓠落无所容？则夫子犹有蓬之心也夫！""樽"是木制酒器，因为中空，所以遇到要渡河时，人们会将几个"樽"绑在身上，增加浮力，以保安全。庄子就教惠施："现在你有了那么大的葫芦，为什么不考虑将大葫芦拿来渡河用呢？这样就算在大江大湖之上都可以浮于水面，不用担心溺水了。有这么好用的救生圈，你不懂得用，还在那里烦恼大葫芦做水瓢会弯折下去。看来，你毕竟还是抱持着在蓬草间跳跃的小鸟的眼光，在看待世界上的事物呢！"

大有大的标准，大有大的用处，以"小知"之眼，不懂得换成更开阔的眼光来看"大"，自然就找不出"大"的用处了。庄子所说的"小"与"大"，不是数量上的增减，毋宁是不同尺度规模产生的质变，"小""大"之间有着"不可共量性"，将用小葫芦的方式放到大葫芦上，仍然是"小"，当然就无从领会、开发"大"的用途了。

即使如此，惠施还是没有完全被说服。或说，庄子并没有认定到此读者心里就都没有疑问了，他要继续施展雄辩之术，去除残存的不信，于是他借惠施之口，再说了一个挑衅的寓言。

惠子谓庄子曰："吾有大树，人谓之樗。其大本拥肿而不中绳墨，其小枝卷曲而不中规矩，立之涂，匠者不顾。今子之言，大而无用，众所同去也。”惠施摆明要抬杠了：“你说大葫芦有‘大’之用，那我就来假想有一棵大树，本来就不是好的木材（‘樗’是劣质木的意思），而且还长得歪七扭八的。其主干上面长了一颗一颗的木瘤（‘拥’就是‘痈’），没办法找到一块可以符合绳墨直线的部分。其树枝则是乱弯乱卷，没有一枝符合圆规方矩画出来的线。这样一棵树，就算长在路上，木匠都不会看它一眼。”形容完这样一棵惠施认为绝对不会“有用”的树，他不客气地就拿这棵树来比拟庄子的言谈：“现在你所说的话，也是‘大而无用’，大家都不要，一同予以抛弃的。”

庄子也不动气，仍然还以另一组寓言比对。你说大树，那我就说说动物给你听。庄子曰：“子独不见狸狌乎？卑身而伏，以候敖者。东西跳梁，不辟高下；中于机辟，死于网罟。”“你没有看过狸猫、黄鼠狼吗？它们把身体伏得低低的，躲在那里等待往来的猎物，一下突然跳到东边，一下又突然跳到西边，上上下下哪里都去，然而一不小心，自身成了猎物，中了猎人设的机关，掉进网子里，就这样送了命。”

这是小，这是小尺度的生活。并不是大一定比小有用，也不是小就一定比大有用，真正的关键乃在大小尺度的根本不同，不可能以同一套标准来衡量。“今夫斄牛，其大若垂天之云。此能为大矣，而不能执鼠。”“像牦牛那样的庞然大物，大到远看像是天上垂下来的云，其具备‘大’的能力，却无法像狸猫、黄鼠狼一般去捉老鼠。”

“今子有大树，患其无用，何不树之于无何有之乡、广莫之野？彷徨乎无为其侧，逍遥乎寝卧其下。不夭斤斧，物无害者，无所可用，安所困苦哉！”不要用固定僵化的标准来衡量，而是还原此物的本性来思考，就一定能看出真正适合它的“用”，只是这种“用”不见得符合世俗以为的“有用”概念。离开世俗执念，我们才能得到逍遥自在。庄子还是聪明地找到惠施假设的这棵大树之“用”：“你有这么一棵大树，与其一直烦恼它没有用，何不将大树种到什么都没有的、广大空旷的原野上？在树旁边无目的地散步，自在舒服地在树下躺着睡一觉。这棵树如你所说的，反正不会引来斧头砍伐，它没有害处，也没有用处，再好不过，干吗反而要为它感到困苦呢？”

两千多年后，我们都还能随着庄子的文字，在眼前浮现那想象中的景象。一棵奇形怪状的大树，昂然独立站在旷野中，构成了摄人神魂的美景。人不自觉地走近大树，在树周围徜徉漫步，随兴地靠着树坐下来，树荫带来的凉风给人添上睡意，眼皮一闭，安安心心地打个盹，反正不会有人来砍这棵树，也没有人会要来抢这样一个旷野中的位子，多好！

相较于惠施的绳墨规矩算计，我们更喜欢庄子给的有关大树的逍遥想象，更愿意接受庄子对待大树的态度——无用之用，而且是针对各种个性得出的答案。

这是《庄子》全书第一篇《逍遥游》，阐述了“小大之辩”。庄子提醒：这个世界不是我们原本想象的那样的规模。还有，小有小的道理，大有大的道理，不能、不应该错置不同尺度规模的标准，更不能、不应该拿同一组标准去套不同尺度规模的事物。“游”，就是处在自身适合的尺度规模中的自在状态。

然而，这不是庄子思想的全部。《逍遥游》说的是不同尺度规模的相对性，不过在认识了这份相对性之后，庄子还要带我们进一步叩问：那是否有统合这些相对标准的另外一种逻辑，来沟通各个不同的尺度系统呢？庄子没有要停留在简单、直接的相对主义立场上，所以《逍遥游》之后，而有了第二篇的《齐物论》。

第三章　以绝对超越相对

听不到的天籁

《齐物论》开始于一个奇特的场景：南郭子綦隐机而坐，仰天而嘘，荅焉似丧其耦。南郭子綦靠坐在矮几边，仰起头来呼了一大口气，整个人像是失去了魂灵而解体了似的。“荅”是解体貌，“耦”则特别指人之所以能活着，不可或缺的另一半，不是你的配偶，而是你的灵魂。古代中国人相信身体与灵魂对偶结合才构成了完整的人。

颜成子游立侍乎前，曰：“何居乎？形固可使如槁木，而心固可使如死灰乎？今之隐机者，非昔之隐机者也？”南郭子綦的弟子颜成子游随侍站在他面前，惊讶地问：“怎么了呢？我们可以让自己的外表形体看起来像无生命的枯木，但内在精神总还是活动着，难道能够连心也可以一并都如同无火之灰般干冷死灭吗？我感觉到现在在我眼前这个靠坐在矮几边的人，不再是以前那个靠坐在矮几边的人了。”意思是：以前南郭子綦的“静”，都还只是“形”上的安定静止，今天却连“心”都一并息止了，和之前大不相同。

子綦曰：“偃，不亦善乎，而问之也！今者吾丧我，女知之乎？女闻人籁而未闻地籁，女闻地籁而未闻天籁夫！”南郭子綦就称赞颜成子游：“很不错啊，你竟然会如此问！你知道我刚刚离开了原本的我，让自己和万物化而为一，你感觉到了？你知道了？你过去听过‘人籁’，但应该没听过‘地籁’，就算你听过‘地籁’，也一定没听过‘天籁’。”

显然，“人籁”“地籁”“天籁”的区分，跟南郭子綦今天之所以能“丧我”，有密切关系。子游曰：“敢问其方？”弟子子游就说：“可以知道人籁、地籁、天籁的道理吗？”

子綦曰：“夫大块噫气，其名为风。是唯无作，作则万窍怒呺。而独不闻之翏翏乎！”“大块”指一切混同，物类分别之前的整体，或说总和所有一切而成的整体。也就是“大自然”、原初的自然。子綦说：“大自然有其呼吸气息，我们将之称为‘风’。大自然之息不发作则已，一发作就会让无数的孔窍都一起发出声音，我们不可能听不见风所发出的声音的！”

“山林之畏佳，大木百围之窍穴，似鼻、似口、似耳；似枅、似圈、似臼；似洼者、似污者。激者、謞者、叱者、吸者、叫者、譹者、宎者、咬者。前者唱于，而随者唱喁。泠风则小和，飘风则大和。厉风济，则众窍为虚。而独不见之调调、之刁刁乎？”

这段太精彩了，应该先要一气呵成念过去，即便是用现代中文发音来念，都可以强烈感受到那种声音上的节奏、韵律与气势。“畏佳”，就是后来中文里的“崔嵬”，形容山高耸险峻的样子。南郭子綦形容："在高耸险峻的山上，森林中有一百个人手拉手才能围抱的大树。"——我们心中应该浮现阿里山的千年大桧木，或者是北加州的大红木，仿佛看到那样一棵大树，然后接近到树下，看见了树上长满了各式各样的孔窍——"树上有大大小小的洞，有的像鼻子，有的像嘴巴，有的像耳朵；(这是比较小的洞）有的像瓶子，有的像脸盆，有的像石臼（这是稍大一点的洞，而且愈来愈大)；有的像是窄而深的水坑，有的像是宽而浅的水洼一样。"

这就是一种雄辩技法。他要说的，一言以蔽之：大树上有很多洞。但他不这样简单地说，他要罗列形容，让读者强烈感受孔窍数量之多、形态各异。而且罗列有其讲究，从小排到大，但又巧妙地分成几组：一组最小的，用人脸上的器官来比拟；一组稍大的，以家居器具来比拟；更大的，用不同的积水处来比拟。规律中有变化，变化中又有其整齐的秩序。

然后南郭子綦形容风吹起时，大大小小的洞，就发出了交响声音：激、謞、叱、吸、叫、譹、宎、咬，这连续八个字，一方面形容人发出声音时的不同情绪、不同动作，另一方面八个字本身又构成了拟声效果，模拟出各式各样的孔窍音响。激，是激动；謞，是欢笑；叱，是骂人；吸，是深吸口气；叫，是大喊；譹，是带着悲伤哀痛地叫；宎，是深沉悲叹；咬，是压抑、收回来的叫。它们都不一样。

还不只如此。其中几个字另有引发其他联想的歧义。激，同时可以是水被扬起时的声音。謞，同时可以是箭射过空中的声音。宎，同时可以是开关门时，门轴发出来的咿呀声音，就是那种鬼片中最常用来吓观众的音响效果。譹、咬，同时让人感觉像是动物嚣叫、凶残相咬时所发出的声音。

还不只如此。这里有八个短词，和前面八个短词接在一起，又形成了特殊的声响效果。“似鼻、似口、似耳；似枅、似圈、似臼；似洼者、似污者。激者、謞者、叱者、吸者、叫者、譹者、宎者、咬者。”前面六个，第一个字都是“似”，第二个字有变化；后面八个相反，第二个字都是“者”，第一个字有变化。而介于两组中间的“似洼者、似污者”破例用了三个字三个字，前面是“似”，后面是“者”。

“似、似、似、似、似、似、似……者、似……者、者、者、者、者、者、者、者、者”我们一定会听到这样的声音，如此立刻就感受到后面所说的呼应、唱和效果。孔窍不只各自发出不同声音，还会彼此影响，相互呼应，交杂在一起。“前者唱于，而随者唱喁。”前面发出什么声音，后面就跟着发出类似却又不完全一样的声音。

“大自然发出泠泠轻风时，这种应和效果就小；大自然鼓动了狂风，应和声响就变得很激烈。一旦暴风停了，所有的孔窍随而安静，突然好像都不存在了般，或者该说，突然间就都还原成为‘虚’，因为孔窍本来就不是东西，是一个个、一块块的空洞、空虚。声音没了，对照下，你就一定会格外敏感地察觉到刚刚被风吹动的树枝树叶，还在摇动着，没有完全停下来。”

这段话的前面有“而独不闻之翏翏乎”，后面则有“而独不见之调调、之刁刁乎”，两句是互相对应的。前句以祈使方式让你知道，风来时，你的感官都会被风声给吸引过去。后句则以同样的祈使方式让你知道，风突然停了，你的视觉才回来，在无声中注意到还在飘摇的东西。这里另外突出了声音消失得有多么快，风一停，声音必然立刻随之停止，因为“众窍为虚”，它们其实并无物，纯然应风而起。即便树枝还在摇动，只要没有风，孔窍就不会发出声音来。

子游曰：“地籁，则众窍是已；人籁，则比竹是已。敢问天籁？”这个聪明的弟子立即懂了，老师南郭子綦描述的是“地籁”。会说“独不闻”，是在提醒他，其实风声、孔窍之声，随时在那里，但他如果不了解、没有注意，只关心人间环境，就会“独不闻”，不该没听到，却偏偏就是没听到。

懂了这是“地籁”，子游举一反三，也就明白了和“地籁”相对，所谓的“人籁”，那就是人吹乐器所制造出来的音乐。如果是这样，那神秘、终极的“天籁”又是什么呢？

老师的回答是：子綦曰：“夫吹万不同，而使其自己也。咸其自取，怒者其谁邪！”“吹动所有各种不同的孔窍，让孔窍发出各自不同的声音的，那就是‘天籁’。”老师前面说“未闻地籁”和“未闻天籁”，原来意思不一样。“未闻地籁”，是因为你没有用那种方式去注意听到“大块噫气”所发动的声音；“未闻天籁”却是因为“天籁”本身是我们听不见的。“这些声音都像是自身发出来的，我们找不到有什么样的主宰、什么样的力量在后面发动。”“怒”字的意思同“努”，一切自然而然，每个孔窍发出自身的声音来，有谁在努力推动、制造吗？

我们习惯形容美好的声音为“天籁”，或“如同天籁般美好”。若还原庄子的本意，这是莫名其妙的说法。“天籁”是听不见的、捉摸不到的大自然之“息”，我们能听到的，只是“天籁”通过万物，让万物自己发出的声音。“天籁”之所以是“天”，正因为不是具体的、物理的声音，而是抽象的、混同的声音的源头。

“人”与“天”最大的差别，就在“怒者”。人为的声音是努力的结果，是有意的、有来历的，天然的声音没有什么好努力的，就这样来了，就这样出现了。

“天籁”和“地籁”不可分，我们能听到的，只是“地籁”，然后借由“地籁”的“万窍怒呺”来推想、理解“大块噫气”、无声的“天籁”。

什么对精神有害

用南郭子綦的话开头，接着庄子进行他的雄辩衍伸。

大知闲闲，小知间间；大言炎炎，小言詹詹。其寐也魂交，其觉也形开，与接为构，日以心斗。这里又回到“小大之辩”，不同尺度规模的智慧、言谈，会有不一样的特性。尺度规模大的智慧从容暇豫、从容不迫（“闲闲”）；尺度规模小的智慧，则像是不断要从小缝隙里去窥察别人的秘密一般，在意、查察、区分，有许多计较（“间间”，从缝隙间窥伺之意）。尺度规模大的言谈，通常说得很平淡（“炎”，就是“淡”）；尺度规模小的言谈，则会很浓稠、很细密（“詹詹”，形容细碎的样子）。

这种大小特性的分别，是怎么来的呢？来自我们的精神反应。即使是睡觉的时候，我们的精神都没有真正休息，仍然在意识层次接受刺激（“魂交”）；醒着的时候，就换成由身体向外打开来接收。外来接触、接收的刺激、讯息，就进入我们的精神，和我们的精神合在一起（“构”），因而每一天我们的心随时都像在斗争般的混乱中。

缦者，窖者，密者。小恐惴惴，大恐缦缦。精神的混乱，有不同形态。有时让我们如同被遮蔽在大布幔后面，有时让我们像是掉进了黑暗的地窖中，有时让我们被关起来，找不到出路。因而精神时常处于恐惧不安的状态里。小的恐惧使人坐立难安；大的恐惧则刚好相反，使人失去活力，整个人像是松解散开了，没有办法收拾拼合、正常运作。（“缦缦”是形容解弛松脱的模样，如同垂坠着松散的布缦般。）

其发若机栝，其司是非之谓也；其留如诅盟，其守胜之谓也；其杀如秋冬，以言其日消也，其溺之所为之，不可使复之也；其厌也如缄，以言其老洫也；近死之心，莫使复阳也。精神受外物刺激，像是动了弓弩的开关，一下子就将箭射了出去。精神一发，就产生了是非，精神就受到了是非之累。发了有是非，很累，然而不受外物激动，保留精神不发，也不会更好。留，不是真能不接外物，而是接了外物，但小心翼翼戒备防守着，生怕失败，也不轻松。

如此，不管是动或是静，精神都受累而不断损伤，就好像由秋而冬，每天愈来愈消散，而且精神会一直沉落在秋冬日消的情况，还不像自然季候，秋冬过完了会回到春夏，那是因为精神耽溺于应接外物的习惯，会让它久留秋冬，“不可使复之也”。

“厌”是阻塞、压服的意思。精神被堵塞的情况像是被绳索紧紧捆绑一般（“如缄”），只会不断老化、干枯（“洫”指没有水的干沟），一步一步接近死灭的心，没有办法恢复活力。

精神对外物的反应，最清楚表现在人的种种情绪上：喜、怒、哀、乐、虑、叹、变、慹、姚、佚、启、态，乐出虚，蒸成菌。日夜相代乎前，而莫知其所萌。已乎，已乎！旦暮得此，其所由以生乎！高兴、生气、哀伤、快乐、忧虑、叹息、改变、恐惧、贪欲、动摇、开放、作态……好像有时耳里突然听见音乐（幻声），有时会在蒸汽中看到不存在的菌菇状形体（幻形）一样。多种情绪日夜不停地交替占据我们的心，我们却无从知道其来源。

到此为止，到此为止吧！之所以日夜都在这种混乱情绪中，来源就是我们的精神啊！这里的关键是“其”字，从“其寐也魂交”开始，一整段文章中，每一个“其”指的都是精神，所以到这里，庄子终止我们的混乱迷疑，要我们明确认知：不断受外物刺激消耗的精神，是所有复杂、忙碌情绪的来源。

非彼无我，非我无所取。是亦近矣，而不知其所为使。若有真宰，而特不得其眹。可行已信，而不见其形，有情而无形。

这段话直接这样读，很不容易懂。不过，还好，后面下一段话，就是在解释这段的。所以我们不如先读下一段。

百骸、九窍、六藏，赅而存焉，吾谁与为亲？汝皆说之乎？其有私焉？如是皆有为臣妾乎？其臣妾不足以相治乎？其递相为君臣乎？其有真君存焉？这很好懂，骨骼、外面的器官、里面的内脏，都在我们的身体里，但对于“百骸、九窍、六藏”，我们会有什么偏爱吗？你会对它们都感到满意？还是特别喜欢哪块骨头、哪个器官、哪个内脏？“百骸、九窍、六藏”彼此之间是怎样的关系？是如同臣妾般的分工关系？这样就可以好好顺利运作吗？还是它们另有主从号令关系，轮流做主呢？在它们之上有一个真正的统帅、主宰吗？

身体是我们的，但我们大概都没有用这种方式去想、去问。庄子问这一连串奇怪问题要干吗？为了强调导出的这个结论：如求得其情与不得，无益损乎其真。“情”指的是事实、真实。

这句话的意思是：我们能不能追究得到问题的真确答案，了解到底身体有没有一个“真君”在指挥，对这个让身体能够顺利运作的力量、体系没有影响，不会增加或减损这个“真君”的“真”。因为它的“真”，就存在、体现于能让“百骸、九窍、六藏”互相配合构成人体的所有功能中，不需要被我们理解。我们理解与否，对这“真君”毫无意义。

这“真君”是你吗？还是“百骸、九窍、六藏”中的哪一个？还是它们之间互助分工所形成的哪种结构？知道或不知道这其中的答案，无助于当然也无损于“百骸、九窍、六藏”的正常运作。

我们是从结果知道、肯定“真君”的存在。这也就是前面所说的“其”——精神——的根据。一受其成形，不亡以待尽。有“真君”发挥作用，让“百骸、九窍、六藏”运作，我们才“成形”活着，只要我们活着不死，就都要靠精神作为主宰动力。

回头读前面一段。非彼无我，非我无所取。如果没有“真君”、没有精神，就不会有我的存在。转个方向看，如果没有我，“真君”、精神也就无所依托、无所寄寓。是亦近矣，而不知其所为使。“真君”、精神和我合二而一，互相需要，彼此那么贴近，但我却无法明了它的运作。若有真宰，而特不得其朕。好像真的有一个主导的力量在那里，却怎么样也找不到可以追踪、掌握它的任何征兆。可行已信，而不见其形。它的作用很明确，不容怀疑，但却看不到它的形体。所以“真君”、精神是有情而无形，事实存在，却没有可见、可掌握的外表形体。

确定了精神的存在，回头再看看人活着时，我们的精神处于怎样的状况。

一受其成形，不亡以待尽。与物相刃相靡，其行尽如驰，而莫之能止，不亦悲乎！明明我们接受了精神才存在，到把精神消耗完了就死去，我们却终日让精神和外物不断交接、冲突、摩擦，好像拿刀的利刃一下子去砍别把刀的利刃，一下子又拿去给磨刀石刮磨，如此快速如奔马般把精神用尽，却没办法阻止，没办法将这匹奔马拉住，多么悲哀啊！

终身役役，而不见其成功，苶然疲役，而不知其所归，可不哀邪！“苶”是困顿的意思。人一辈子辛苦，像是不断在服劳役般，却无法让精神（“其”）有所增添、成功，忙忙碌碌却不懂得精神真正需要的、真正的安居归宿，多么悲哀啊！

人谓之不死，奚益！其形化，其心与之然，可不谓大哀乎！如此消耗精神的状态，一般人就称之为“不死”“活着”，但这样有意义吗？有用吗？不断把精神快速耗掉，赶往生命的终点，如此真的算“活着”，真的和死去有根本的差别吗？人的心，人的“真君”，那根本的精神，被外在形体拖了跑，形体如何变化，心就随而变化，那可是最悲哀的事了啊！

人之生也，固若是芒乎？其我独芒，而人亦有不芒者乎？夫随其成心而师之，谁独且无师乎？“芒”，是蒙昧不明的意思。人活着，就是如此蒙昧，看不清道理吗？是只有我如此蒙昧不明，而别人比较清醒清楚的吗？我能找到一个老师来指导我吗？

但我们平常怎么找老师？我们都依随着自己的“成心”，依照心中已经有的定见、偏见来找老师，找到说的道理接近我们的定见、偏见的人，来当我们的老师。用这种方法找老师很容易，谁都能找得到老师，谁都有老师。只是这样找来的老师，恐怕不能真正教导我们变得清醒明白。奚必知代，而心自取者有之，愚者与有焉。未成乎心而有是非，是今日适越而昔至也。是以无有为有。无有为有,虽有神禹,且不能知,吾独且奈何哉!“知代”,另有一种版本为“知化”,若是如此,那么“奚必知化,而心自取者有之”的意思是:真正要学的话,甚至不需要找那种真正“知化”、明了变化内在道理的人,关键其实在精神本身所直接体会、应对的,那才能让人摆脱蒙昧不明的讯息。这种讯息,没有知识的人身上都有,甚至可以进一步说:没有知识的人,还比有“成心”、有“是非”的人更容易接近“心自取者”呢!

要学会清醒明白地看待“心”、看待精神,老师是帮不上忙的,相反地,老师的道理、成见、是非只会让人滞留在“形化”上,进一步使得“形”拖累“心”,使得精神消耗得更快。

回到“心”、精神的自身,也就是回到固定的“成心”出现之前,“心”与精神仍然处于流荡的状况。没有“成心”,就必然没有“是非”,这是逻辑上必然的先后关系。有了“成心”才出现“是非”。要说没有“成心”就有了“是非”,就好像说“今天出发去越国,昨天就到达了”,是一样错误、一样荒谬的。

犯了这种逻辑上的错误,硬把没有的想成有、讲成有,那就连拥有至高神智的大禹都不可能了解,我还能怎么样呢!

相对不如绝对

到这里,我们明白了庄子的第一项主要论点,以及《齐物论》以南郭子綦开篇的用意。“心”,精神,是人的主宰,但我们活着,却让精神日夜和外物相接相磨,导致精神不断衰耗,快速耗尽,同时也就带来死灭。我们真正需要学的,是如何将精神与外物解离开来,让精神与外物保持相当距离,精神不受形体持续拖累。

所以如果要找老师，就应该找懂得如何回到精神本身的人，而不是有具体道理、明确是非的人。南郭子綦的意义，不在于说了一套关于“天籁”的道理,而在于他是经由“心固可使如死灰”的体验，得出对“天”“天籁”的理解，换句话说，用这种方式理解、接近“天”与“天籁”，有助于人回归“心自取者”。

人的问题，在于精神附随在形体上，形体交接外物，受各种刺激，生各种情绪，而使得精神连带被拖累衰耗，而“成心”。“成心”所带来的是非，是众多情绪的根源，因此我们没有道理再依照自己的“成心”去找老师,而是要想办法复归“心自取者”。其中一种方式，就是辨识并廓清从语言而来的种种是非。

夫言非吹也。言者有言，其所言者特未定也。果有言邪？其未尝有言邪？其以为异于鷇音，亦有辩乎？其无辩乎？道恶乎隐而有真伪？言恶乎隐而有是非？道恶乎往而不存？言恶乎存而不可？

这又是庄子习用的一种雄辩形式，说一段看似简单明了的话，接着就针对这段话提出一连串的疑问，问题本身就动摇我们原本认定的道理。他说：语言，说出来的话，不是“吹”，不是大自然的风息，差别在于说话是有意识的，说话的人是为了传达某个尚未确定的是非意见而说的。

这听起来很简单、很合理。说话当然不同于风声，说话者一定是为了要表达什么而开口，在他说出之前，那讯息、意见还未形成（“未定”），他才需要说。如果已定，已经有结论，他就不必说了。

但接着庄子就问：但真的有语言、说话这回事吗？（意思是人真的可以用语言达到传递意见、得到结论的效果吗？）人说话真的和小鸟叫不一样吗？还是根本一样的呢？（“辩”就是“辨”，分别、分辨的意思。）是什么力量、什么因素遮蔽了“道”，使得原来整全的“道”开始有了真假？（所以必须用语言、说话来主张真假，也就是来“定”真假。）又是什么力量、什么因素遮蔽了语言、说话，以至于是使得语言产生了是非？“道”究竟去了哪里，以至于不再以其原形存在（出现了真假）？语言又是如何存在、如何被使用，以至于没办法表达出确定的讯息与意见？（或说必须被用来表达、争辩不确定的讯息与意见。）

对于这些困难、疑惑的设问，雄辩的庄子给了他的答案：道隐于小成，言隐于荣华。遮蔽“道”的，是成见、偏见，只看到一小部分就以为掌握了全部的态度。遮蔽语言的，则是种种华丽的装饰、巧妙的说法。故有儒墨之是非，以是其所非，而非其所是。所以会有像儒家和墨家的争议，因为这两家都得到“小成”，各执一偏，又都动用华丽语言，彼此对立。那方反对的，这方就支持；那方赞成的，这方就说是错的。

欲是其所非而非其所是，则莫若以明。物无非彼，物无非是。自彼则不见，自知则知之。然而若找到真正评断是非的标准与方法的话，我们就不能跟他们一样陷入在这种语言的相对争议里。我们要摆脱他们的蒙昧不清，用清醒清楚的方式来看。

什么是“明”的方式呢？看出事物的相对性，“是”和“彼”（就是“此”和“彼”，这个和那个）是对应而成的。所有的东西，都既是“此”，又是“彼”。从自己的角度出发看，是“此”；换别人的角度看你，你就变成了“彼”。没有固定的“此”和“彼”。“彼”和“此”最大的差异在哪里？你了解自己，了解“此”，却无法同样了解别人，了解“彼”。

故曰：彼出于是，是亦因彼，彼是方生之说也。虽然，方生方死，方死方生；方可方不可，方不可方可；因是因非，因非因是。所以说："彼"是从"此"而来的，同样，有"彼"才会有"此"，"彼""此"因而是随立场、随角度产生的说法，也就是必然同时出现的说法。一方生，另一方也就同时生；一方灭，另一方也就同时灭。一方可，一方就不可。对立的立场必然同时产生相反的判断。由此而有了是非，因而是非也就同样是相对的，有这个"是"，才有那个"非"，有那个"非"，才有这个"是"，它们是同一组道理对立的两方。

是以圣人不由而照之于天，亦因是也。是亦彼也，彼亦是也。所以圣人不依照这种相对的道理，而是依照"天"，也就是前面解释"天籁"时所凸显的，在所有个体之外，不陷入任何个体中，不从任何个别立场来进行判断。这样产生了一种特殊的道理，这道理是正面的，却没有对立面，它是"此"，却没有和它相对的"彼"。"照之于天"的道理，破除了"此""彼"分别，让"此"就是"彼"，"彼"就是"此"。

此亦一是非，彼亦一是非。果且有彼是乎哉？果且无彼是乎哉？彼是莫得其偶，谓之道枢。是非都来自彼此的分别。这边立场坚持一种是非，那边立场坚持一种是非。真的有"彼""此"的分别吗？这边是是非，那边也是是非，是非等同是非，那不就没有了"彼""此"的差别了吗？将"彼""此"的对立解消，让"彼"找不到相对的"此"，"此"找不到相对的"彼"，如此称之为"道枢"。

为什么叫"道枢"？枢始得其环中，以应无穷。是亦一无穷，非亦一无穷也。故曰"莫若以明"。"枢"是在中间让物体能够转动的机制，“门枢”是让门能转动的门轴，那么“道枢”就意味着能够让“道”转动的关键。如何让“道”能转动？那就是站在“环中”，也就是圆心之处。圆心在圆的正中央，没有这面，也没有那面，和所有对立的立场都等距，不在这边，也不在那边。在中心点上，没有“此”，也没有“彼”，“彼”“此”无从分别，所以能够“以应无穷”。各种彼此、是非绕着这个点存在，却无法动摇、改变这无彼无此、无是无非的中央状态，无穷多的彼此、是非都能不动以对，也就不会疲弊、衰耗了。前面说“莫若以明”，这就是聪明、清醒而不混沌、不蒙昧的对应方式。“明”就是看穿了是非、彼此的相对性，找到一个绝对的原点，站定着观察和应对忙碌、繁乱的相对彼此、是非。

第四章　观点就是偏见

愈分辨愈糊涂

那要如何找到“道枢”这个原点呢？进一步回答这个问题之前，庄子先给了一段关于名学、关于逻辑论辩方法的讨论。

以指喻指之非指，不若以非指喻指之非指也；以马喻马之非马，不若以非马喻马之非马也。这两句话，听起来像是绕口令。不过如果熟悉古代名学、名家的内容，就不难理解庄子要说什么，因为“指”和“马”，是名学、名家传统中惯用的名词与比喻。

“指”和“马”都是举例，说同一回事——当我们使用语言指涉一样东西，例如说“马”时，这个名词必定同时具备两层意义。一层指个别的马，一匹马、这匹马、那匹白马，但还有另一层，指马之所以为马的总体性质。前者是个别的、具体的这匹马、这些马；后者则是集体性、抽象性的，泛指马的整体，也指马之所以为马的“马性”。

后来公孙龙子有名的论辩“白马非马”，就是从这样的逻辑语意区辨中发展出来的。一般通俗概念中，白马当然是马，意味着“白马”属于“马”这个总类别中的一个次类。但公孙龙子要强调，“马”这个总类大于“白马”，所以“白马”不等于“马”。通俗说“白马是马”，句中的“是”，意指隶属关系，“白马属于马类”。公孙龙子说“白马非马”，句中的“非”（或“不是”），意指等同关系，“白马这个动物类别不等于马那个动物类别”。

庄子说的是：个别的手指，例如我的手指，不等于“手指”这个名词总称。个别的马，例如说眼前低头吃草的这匹黑马，不等于“马”这个名词总称。要让人能理解这项总称与个别之间的差异道理，与其说“我的手指不是‘手指’”“这匹马不是‘马’”，不如逆转过来说“不是我的手指的，也是‘手指’”“不是这匹马的，也是‘马’”。

这意味着：我的手指之外的所有“非此指”之中，也有别人的手指，因而也是“指”，和“指”的集合类别有交集。这匹马以外的所有“非此马”中，包括了别的马，也和“马”有交集。

这两种说法的差别在哪里？在于后者让人清楚意识“指”“马”这种类别分辨，多么无妄。运用个别和总称之间的逻辑形式，我们可以容易地得到“非指是指”“非马是马”的结论——“不是我的手指的，有手指”“不是这匹马的，有马”。如此一来，天下都可以被包纳在“非指”——不是我的手指——这个概念下，万物也都可以被包纳在“非马”——不是这匹马——的概念下。既然“非指是指”，“非马是马”，如此代换之后，岂不就得到了“天地是指”，“万物是马”的结论了吗？

所以庄子接下来说：天地，一指也；万物，一马也。这是他的诡辩结论。形式逻辑推演下，天地和“指”没有分别，万物和“马”没有分别。

可乎可，不可乎不可。道行之而成，物谓之而然。恶乎然？然于然。恶乎不然？不然于不然。物固有所然，物固有所可。无物不然，无物不可。这段话，依照文义看，前面的“可乎可，不可乎不可”似乎应该放到“不然于不然”之后，会比较合理、比较通顺。

庄子进一步推演他的诡论：天地、万物都是由“道”形成的，却由人来命名、给予称呼，有了称呼而变成那样东西。马为什么是马？因为我们把它称为“马”，被叫作“马”，马就成了马。马为什么不是马？当我们不那么称呼马，马就不再是马了。换从这个角度看，那么“天地，一指也；万物，一马也”，又得到了另一层意思：我们将天地命名为“指”，天地就变成了“指”；将万物命名为“马”，万物就变成了“马”。从这个角度再往回推，那么“指之非指”“马之非马”也取得了另一层意思：手指，不等于“手指”这个名称；马，不等于“马”这个名称。物可以被用不同名称称呼，名称和物是分离的、不相等的。

命名是主观、任意的，和物体本身并没有必然关系，可以不断改动。物体本身有其性质，有其道理（“物固有所然，物固有所可”），然而在命名与语言上，却没有必然的联系、限制（“无物不然，无物不可”）。

用这种方式，庄子显示了语言的不可靠，进一步澄清了从语言而来的是非争议，多么无谓、多么无妄！

物固有所然，物固有所可。无物不然，无物不可。这就是《齐物论》的根本。“齐物”，不是要把所有的东西都变一样，都看成一样，而是要我们看出“无物不然，无物不可”的道理。我们概念中的“然不然”“可不可”，往往不是来自“物固有所然，物固有所可”，而是我们自己从称呼、从命名、从主观规范执着而来的偏见。如此而有分别，如此而有了“不齐”。

因而“齐物”就是看破分别、偏见，看出从主观的角度，其实要把什么东西叫作什么都可以。摆脱这种人为的分别偏见，还原“物固有所然，物固有所可”，于是每种东西都有它自己自然的道理，也就都是平等的了。苹果有苹果的本性，橘子有橘子的本性，尊重苹果和橘子各自的本性，不去区别比较，苹果和橘子当然就是“齐”，就是平等的。

故为是举莛与楹，厉与西施，恢恑憰怪，道通为一。一根小草（“莛”）和可以拿来当柱子的大树干（“楹”），一般认为长得最可怕的“厉”和公认最美的“西施”，以及所有最极端怪异、看起来不能兼容的东西，其实都有同样的道理，也就都是“齐”的。个别的“恢恑憰怪”只是表象，在拥有自身物性、道理这件事上，都是相通的。

其分也，成也；其成也，毁也。凡物无成与毁，复通为一。有分别，才会让一样一样东西存在，看到莛的小，看到楹的大，看到厉的丑，看到西施的美，于是这些东西就出现了（“成”），然而被如此区分、凸显出来，物体原先的本性也就毁了，被放在非其本性的标准下评断。我们要理解、该追求的，是物体在如此“分”“成”“毁”之前，仍然拥有其自身物性的阶段，那里，他们仍然遵从同样的“道”，也就是仍然是“齐”的、平等的。每个物都是自己，都是“此”，没有被划分为“彼”。

惟达者知通为一,为是不用而寓诸庸。庸也者,用也;用也者,通也;通也者,得也。只有“达者”知道天地万物的道理是互通的、相同的。因而他不从物体之“用”来看,“用”就表示以一种外在的标准来评量,就是“分”,也就必然毁了物的本性。那“达者”怎么看呢?“寓诸庸”,“庸”者,常也,不变的部分,回到物本身不会随外在主观角度而改变的那一部分,从那里来认识天地万物,也就是用一种尊重个性的“齐物”态度来处世。

“庸”也是“用”,只不过是通的、共同的“用”,对个别物体自性上的“用”,而不是从任何外在的标准来评断的“用”。苹果是依照对其自身苹果树的意义,还原为树上的果实而有“用”,不是可以满足我们口腹之欲的“用”。这是庸常之用,而不是世俗之用。如果看到的、想到的是苹果对我之用,那就是以我为“此”,将苹果化而为“彼”,那就是“分”,那也就毁坏了苹果的自性。

掌握了这样的庸常之“用”,就理解了“通”,那才是真正的“得”。

适得而几矣,因是已,已而不知其然,谓之道。这样的“得”不可强求,只能自然地“适得”。道能由“庸”而“用”而“通”而“得”,那也就差不多到达了。到了这个层次,你活在“通”的视野中,却不明白那究竟是什么、是怎么来的(因为不是“求得”,而是自然而然“适得”的),这样的境界称为“道”。

劳神明为一,而不知其同也,谓之朝三。何谓朝三?曰:狙公赋芧,曰:“朝三而莫四。”众狙皆怒。曰:“然则朝四而莫三。”众狙皆悦。名实未亏,而喜怒为用,亦因是也。如果不是“适得”,不是安居于那样的“通”的视野中,而是要劳神强解,来追求“一”,不了解真正的“同”,也就是不明了“齐物”的原则，只是要找到统合的道理，那叫作“朝三”。

“朝三”是什么？来自养猴子的典故。养猴子的老头，发橡实（“芧”，另一种说法是“芋”，即芋头）给猴子。他跟猴子说:“早上给三升，下午给四升。”猴子听了都很生气，觉得太少。老头就改口说 :“那么早上给四升，下午给三升好了。”猴子听了就高兴了。

“朝三暮四”“朝四暮三”，其实都是一样的，没有真正的差别，然而猴子却一则以怒，一则以喜。那喜怒不是以真正的“得”为根据，猴子根本没有多得到任何东西啊！就像“劳神明为一”的那种人，他们强求找到的道理，不是真正的“得”，有什么好高兴、得意的呢？要真正知“通”，“知其同”，能够“适得”，真正有“得”，才值得高兴吧！

是以圣人和之以是非，而休乎天钧，是之谓两行。所以圣人把是非团和在一起，得到了自然的均衡（“天钧”），不再需要分辨此是彼非，这样可以，那样也可以，“是”是“非”，“非”也可以是“是”，所以称为“两行”，两个方向都可以走，这样才是真正的“得”。

学有专精只是小聪明

古之人，其知有至矣。恶乎至？有以为未始有物者，至矣尽矣，不可以加矣。“古之人”，代表理想的境地。理想上，人的最高智慧可以到哪里？最高到能够领略一切事物生成之前的状况，以回到那种没有存在拘束的态度活着。没有比这个更高的了。这也就是“齐物”,“齐物”代表“至矣尽矣”的最高智慧。

其次以为有物矣，而未始有封也。其次以为有封焉，而未始有是非也。第二等智慧的人，在他眼中有“物”，没有办法彻底解消“物”的存在意识,但那“物”是浑然一片,还没有分别,还没有彼此疆界（“封”）的。第三等智慧，“物”有了分别、有了疆界，一样一样区隔出来，但还没有从中去判断是非，没有觉得这个对、那个错，这样比较好、那样比较差。

是非之彰也，道之所以亏也。道之所以亏，爱之所以成。再次一等，那也就有了是非，也就降到了一般的现实世俗了。有了是非,去区分好坏对错,“道”就受伤了,因为不再“通”与“同”了。不再“通”，不再“同”，“道”有所亏损的情况下，偏好、爱恶就建立起来了。

果且有成与亏乎哉？果且无成与亏乎哉？有成与亏，故昭氏之鼓琴也;无成与亏,故昭氏之不鼓琴也。偏好、爱恶建立起来,“道”不再完整，和没有偏好、爱恶，“道”不亏、仍然完整，两者有什么样的差别呢？人文的享受、成就，起自“有成与亏”。有偏好、爱恶，会分辨有好听的声音，有不好听的声音，如此才有了音乐。会有像昭氏那样的乐师,去鼓琴来创造好听的声音,和其他声音分别开来。如果是偏好、爱恶建立之前，“道”无所亏缺的情况，所有的声音都自有其道理，不会要分辨哪个声音比哪个好听，那么就无所用于音乐，特地鼓琴来制造音乐毫无意义，昭氏就不会要鼓琴了。

昭文之鼓琴也，师旷之枝策也，惠子之据梧也，三子之知，几乎皆其盛者也,故载之末年。“枝策”是用木杖打节奏,“据梧”是靠在机边论辩说话。昭文鼓琴，师旷（盲者，所以总是带着拐杖）敲节奏，惠施论辩说话，这三个人对这三件事特别拿手，几乎是最棒的，因而其成就会被记录下来，传留到后世。

惟其好之也，以异于彼。其好之也，欲以明之。彼非所明而明之，故以坚白之昧终。而其子又以文之纶终，终身无成。这个人所专擅的，异于另一个人所专擅的。对于自己擅长的，就要特别加以凸显出来。但愈是凸显一种偏好专长，反而就愈是远离了看见全盘道理的“明”（前面说的“莫若以明”的“明”），不是真正的大聪明，只是小聪明，于是就只能停留在小道理的论辩上（指惠施），耍耍把戏，分别“坚白”，说石头的“坚”和石头的“白”，一个是质地、一个是颜色，不能等同混淆，如此愈辩愈蒙昧，始终脱离不出来。在惠施之后，承袭他的人，继续这种对语言文字的辨析，愈辨愈细，像将布抽析成一条一条线般，一辈子耗在上面，都不会有什么结果的。

若是而可谓成乎？虽我亦成也。若是而不可谓成乎？物与我无成也。是故滑疑之耀，圣人之所图也。世俗将他们这种特别的偏好、专长视为成就。如果这算成就，那谁没有偏好，谁没有成就呢？如果他们对鼓琴、敲击节奏、言谈论辩的专长算不上成就，那么这个世界上也就没有成就这件事了，事实上，也不需要成就，“物”与“我”都混同无区别，没有偏好、专精，没有成见，也就没有成就。所以圣人要做的，非但不是特定面向的成就，反而是突出滑稽、奇特、荒诞的方式，刺激世人，使之感到怀疑，打破“成”，打破偏好，回归“无成与亏”的状态。“滑”指的是吊诡、似非而是的说法。“疑”是似是而非，因而启人疑窦的说法。两种加在一起，让原本看来理所当然的事情不再那么理所当然。

为是不用而寓诸庸，此之谓“以明”。如此放弃了文明的、刻意的成就，放弃了偏好、专精带来的“用”，恢复到一切收藏在平常、日常之中的状态，这就是“莫若以明”的道理。

今且有言于此，不知其与是类乎？其与是不类乎？类与不类，相与为类，则与彼无以异矣。现在我们听到了一种说法、一种意见，通常的反应是要问、要去判断：这种说法、意见究竟是类似、符合我相信的这个道理（“是”），还是不类似、不符合？但若是我们换一种反应方式，我们将自己相信的道理，和自己不相信的道理，加在一起成为一个大“类”（是与非、好与坏、对与错，相反的东西可以并存放在一起，这种做法也就是前面所说的“两行”），成为一个更大的道理，那么不管我们听到哪个说法、哪个意见（“彼”），都一定包含在这个大“类”、这个大道理中。

这又是庄子运用当时的名学技巧展开的雄辩。今天有一个道理A、一个道理B，要么B和A有交集，要么B和A没有交集（“不知其与是类乎？其与是不类乎？”），我们不知道。但如果我们建立一个新的道理，一个新的集合，等于“A加非A”，那么我们的怀疑、不知道就消失了，我们可以从逻辑上百分之百确定一件事：不管B是什么，B一定属于“A加非A”这个大类，一定和“A加非A”这个大集合有交集。

虽然，请尝言之。接着庄子推衍这个道理给我们听。有始也者，有未始有始也者，有未始有夫未始有始也者。有有也者，有无也者，有未始有无也者，有未始有夫未始有无也者。“有开端、有来历”，是一种道理（A）；“没有开端、没有来历”，是另一种道理（非A）；再往前推，我们就能推出一种还没有分辨“有开端、有来历”或“没有开端、没有来历”的道理(非A且非非A),也就是同时包纳了“有开端、有来历”和“没有开端、没有来历”两种道理的道理(A且非A)。“有”是一种道理(A),“无”是一种道理(非A);再往前推,我们就能推出一种尚未区分“有”与“无”的道理(非A且非非A),这个道理就能同时包纳“有”和“无”(A且非A)。不只如此,再往前推,我们还能推出一种包纳了“区分有无”〔非(A且非A)〕与“未区分有无”(A且非A)的更大的道理〔(A且非A)且非(A且非A)〕。

这样的包纳涵化可以不断往后退,将前面一项推论的正反两个集合加在一起,产生新的大集合。于是我们知道了,这一段话,正就是前面所说的“滑疑之耀”,庄子在这里建立了似非而是又似是而非的逻辑推论,逼迫我们离开原本安稳明确的常识,产生怀疑、混淆。

俄而有无矣,而未知有无之果孰有孰无也。今我则已有谓矣,而未知吾所谓之其果有谓乎,其果无谓乎?在这种一层一层的有无论证中,人要如何确定你所主张的“有”,究竟落在一层层集合中的哪一层、哪一边?A可能落在“非A且非非A”的集合中,以“非非A”的反面形式出现,不必然是正面的。更不用说A也可能出现在〔(A且非A)且非(A且非A)〕这个更大的集合中,要如何从这个集合里判断A到底是正面的还是负面的?怎么知道我现在主张的“有”(“有谓”),说不定其实是主张“无”的(“无谓”)呢?

天下莫大于秋豪之末,而大山为小;莫寿乎殇子,而彭祖为夭。有无、正负在不同集合中有不同、相反的意义,如此看来,我们以为的大小、长短,都和有无一样失去了固定的意义。因而我们大可以主张：全天下没有比秋天鸟兽身上新长的毫毛尾端更大的东西了，泰山反而是小的。全天下没有活得比刚出生就夭折的婴儿更久的了，彭祖反而死得好早。

天地与我并生，而万物与我为一。既以为一矣，且得有言乎？既已谓之一矣，且得无言乎？一与言为二，二与一为三。自此以往，巧历不能得，而况其凡乎！所以，是在如此“滑疑之耀”的逻辑说法中，庄子得到了“天地与我并生，而万物与我为一”的结论，一层层包纳涵化的集合中，正负被混同取消了，区别无从建立。没有了绝对的时间长短区别，于是我和天地同等长久；没有了物体彼此的区别，于是所有的万物和我混合在一起。

“天地与我并生，而万物与我为一”，后来的人很喜欢引用庄子这两句话，但他们往往都只是将这两句话当作是某种主观唯心的感受、想象，并不了解庄子的原意根本不是如此。这就是名学细腻的形式逻辑思考在中国中断所付出的代价之一。一两千年来甚至一直到现在，许多人如此误解、误用庄子而不自知，绝大多数对庄子这段文字的解释，都稀里糊涂地随便带过去。

庄子接着说：万物与我为一，一切混同去除区别，那也就没有什么好多说的了。然而，当我们说“万物与我为一”，这仍然还是“说”。一旦说“万物与我为一”，那就不是真正“为一”了，有了“万物与我为一”的道理自觉，不是“已而不知其然”，那就和真正“万物与我为一”的混同分离，成了“二”，不再是“一”。“万物与我为一”被“万物与我为一”的自觉析分开来，又分成了“我”与“万物”，加上“万物与我为一”的自觉概念，变成了“三”，如此以往愈变愈多，就连掌管星历的聪明人都算不来了，何况是一般人呢！

故自无适有，以至于三，而况自有适有乎！无适焉，因是已！多么可怕啊，从无到有，不过就是用语言表达一下“万物与我为一”，都马上繁衍分化为三，那就更不用说从本来就存在的分别中去衍生出更多分别的“有”了。“齐物”没有那么容易，真正的“齐物”必须停留（“已”）在不分别、不分析的状态，停在那个原点上，哪里都不去（“无适焉”）。

“道”没有是非

清末民初的学者曹受坤，在他写的《庄子内篇注》中主张：“至是《齐物论》正文已完，以下不过条列，以申述前旨。”这种看法，不无道理。毕竟庄子自己都已经对“言”、对解释说明提出了警告，照说文章就应该“因是已”，停止在这里。

《齐物论》后面的篇幅，基本上站在已经建立了“齐物”胸怀的角度，拿“齐物”的观点来检验一些我们习以为常的道理，对之予以修正、廓清。例如依随“是非之彰也，道之所以亏也。道之所以亏，爱之所以成也”的论理，于是对于某些事物的彰显，其实正足以破坏其本性。夫大道不称，大辩不言，大仁不仁，大廉不嗛，大勇不忮。道昭而不道，言辩而不及，仁常而不成，廉清而不信，勇忮而不成。道一旦彰显了，就不再是原本那圆浑的“道”了，真正的道理不可能靠巧妙的辩术来传达，真正的慈爱是普遍的而不是在特定方面表现的，真正的“廉”是日常的生活，不会特别被标榜来显示其“清”，同样，真正的“勇”是不会让人家看到其极端逞强、不害怕的模样。

“大道不称”，就是老子《道德经》第一章第一句：“道可道，非常道。”“大仁不仁”，也就是《老子》说的：“圣人不仁，以万物为刍狗。”从这里,我们找到了《老子》论理的依据,《老子》将这套吊诡相反（看得到反而就不是，凸显了就不真）的原则运用回处世上，形成其思想的核心。

另外，在这里我们也看到庄子的矛盾，以及他运用雄辩的另外一层用心。“大辩不言”，若真相信如此，那就不该说了，就不该有庄子自己的文章。他还是要说，但是以明知、确信来谈论、说明的行为和要谈论、说明的道理间有着根本冲突的态度来说的。因而，他一边说，一边跳到更高的层次质疑自己所说的、能说的。用尽了雄辩技巧，不只要我们理解、相信，还要我们同时意识到这套雄辩技巧之不可恃、不可信。用现代的逻辑语言说，那就是庄子的文章不断游离往来于第一序的陈述，与第二序——对这些陈述使用的语言与道理进行“后设”检验——之间。

这也不就说明了为什么《庄子》书中充满了各式各样的寓言？寓言不是事实，本身不可信，却能启发或暗示我们往某个方向认知。“得鱼忘筌”，寓言是用我们能明了的“渔网”，捕到了“鱼”——语言背后那个难以体会的道理，一种浑圆的、不能被说破的“道”，我们就能把“渔网”丢在一边，不会像一般的论理文字，让人容易混淆语言与道理，不小心就把“渔网”当作“鱼”，执着于“渔网”反而捕不到“鱼”了。

《齐物论》后段，庄子用了精彩的寓言，显示一般知识的限制。我们只能依随自我的主观来感受、来理解，然而我们每个人的主观状态都经常变动，要如何确定什么时候、什么状态下的主观才是真实可信的呢？更何况这个世界上有那么多不同的生物、不同的主观感受，我们凭什么觉得自己主观的感受与理解是真实、可信的呢?

我们人处在湿气较重的环境里，很快就风湿痛，但鱼一辈子都在水里，却不会有问题。我们爬得高一点，就吓得发抖，但猿猴却自在地飞荡在离地很远的树枝间。人、鱼、猿猴，哪一个选择的居住环境是“正确的”呢?

人吃谷物肉类，麋鹿吃草，大蜈蚣吃小蛇，猫头鹰吃老鼠，哪一个选择的食物是“正确的”呢?我们觉得最漂亮的美女，鱼见了却赶紧躲进深水中，鸟见了赶紧飞到天上，麋鹿见了拔腿就跑，哪一个真正知道“美”呢?

我们每个人都怕死，视死为最大的悲哀，但我们谁真正知道死是如何的呢?很容易想象，我们死了却发现死后的状态比活着好多了，于是我们大为扼腕怨叹：活着时多呆啊，怎么会不想赶快死呢!

日常中，梦不就是这么回事吗?梦中喝酒喝得很高兴，醒来却面对悲哀痛苦的事。梦中哭泣，醒来却高高兴兴去打猎。而且常常梦中还有梦，我们什么时候真的有把握确认自己当下的主观感受是现实而不是梦?做梦时，你不也都觉得梦境中的一切如此真实吗?

因而，《齐物论》终结在这段千古流传的美妙却又深邃的寓言：

昔者庄周梦为胡蝶，栩栩然胡蝶也，自喻适志与，不知周也。俄然觉，则蘧蘧然周也。不知周之梦为胡蝶与，胡蝶之梦为周与?周与胡蝶，则必有分矣。此之谓物化。

第五章　消除分别心

大小是相对的

接下来要读的是《庄子·外篇》中的《秋水》。

前面在介绍《齐物论》时提到了“物化”这个概念，即因为有时间，有变化，因此在任何一个时刻，我们主观所认定的这个世界都是不恒常的。我们要如何体会、面对这件事？对此，《秋水》有了进一步的说明和推演。

《秋水》一共有七段寓言，讲了七个不一样的故事。不过它在结构上有特别的安排，这种安排体现在寓言的角色上面，就是“由远而近”。

第一个寓言的主角是河伯和海神。这是大自然界的虚构角色，是最远的角色。第二个寓言的角色是会说话的动物，是有意识、会进行讨论的动物，有夔，有蚿，有蛇等等。所以这是距离我们的经验稍微近一点的角色。到了第三个寓言，就出现了我们所知道的历史人物，出现了孔子。到了第四个寓言，出现了公孙龙子以及魏牟。到了第五、第六、第七这最后的三个寓言，角色就更近了，它变成了一个暧昧的、自述的形式，自述的主角就是庄子，这三篇都出现了庄子。《秋水》七个寓言彼此间的关系就是以这种方式组构起来的。

先看开头：秋水时至，百川灌河，泾流之大，两涘渚崖之间，不辩牛马。于是焉河伯欣然自喜，以天下之美为尽在己。顺流而东行，至于北海，东面而视，不见水端。秋天洪水来的时候，不同的河流涨满了水，都灌进到黄河里。黄河灌满了水，以至于水位不断地高涨，河流也在变得宽广。宽广到什么程度呢？两岸和中间的河洲之间，都已经变得非常遥远，因为水太多了，所以岸被往后推了，以至于从这一岸看河洲，从河洲看另外一岸，就算有像牛马那么大的东西都看不清楚。这个时候，河伯——黄河之神得意，欣然自喜，觉得“我包纳了天下最大的规模，最了不起的事情就在我”。所以河伯就让这样的水流往东流，一直流到北海。

刚刚讲到，秋水时至的黄河，两岸之间看不清楚牛马这样大的东西，一到北海，连水在哪里穷尽都看不到。这里面很重要的一件事情是“不见水端”，也就意味着这是用河伯来代表我们经验上非常重要的一种震撼，叫作“初尝无穷”。所有的感觉都有它的开端和结束。可是在我们人生当中会有这样的一种特别的刺激：好像感觉到有一个现象或物件，它是没有“端”的，它是没有尽头的。当受到这样的刺激的时候，河伯的反应跟我们很像：于是焉河伯始旋其面目，望洋向若而叹曰：“野语有之曰：‘闻道百，以为莫己若’者，我之谓也。且夫我尝闻少仲尼之闻而轻伯夷之义者，始吾弗信。今我睹子之难穷也，吾非至于子之门则殆矣，吾长见笑于大方之家。”

河伯受到这样的震撼，“旋其面目”，意思是把原来的那个欣然自喜、自以为了不起的态度收敛了，回到他本来的面目上。为什么要回到本来面目？因为他必须用一种敬佩的态度来面对眼前的现象，他对海神感叹说：“我之前听过这种话：有人知道了很多道理，多到以为除了自己已经知道的，再也没有其他道理了，没有人比得上我，我最了不起。这说的就是我啊！”

接下来他要解释“闻道百”，意思是说“我真的听过很多东西，我听过到大家认为不可能、不可思议的东西，例如，我听过有人说：‘孔子哪有什么了不起？孔子差多了！’我也曾经听过人家说：‘伯夷叔齐，他们不叫作义人。’刚开始我还不相信”。河伯举这个例子是想说：“那时候我觉得自己已经听过那么多道理，所以可以去判断什么是对的，什么是错的。可是当‘初尝无穷之惊讶’的时候，我原来的那个有限的架构就被打垮了，突然之间我就愣在那里，呆了。以前所认为的孔子一定是了不起的，伯夷叔齐是很重要的义人，我现在都没把握了。在这个庞大无穷的现象的对比之下，对于原来赖以站立的生命根基，我没有把握了。还好我来到你这里，如果我没有在你这里感觉到这种无穷，那我就会一直抱持着我原来的态度，我现在知道了。否则见过庞大规模的人，听到我讲话、看我的时候，一定都在取笑我，到那个时候，我甚至连人家看不起我都不知道。还好我来了。”

因为他用这种方式表态，所以北海之神也安慰、鼓励他。北海若曰：“井蛙不可以语于海者，拘于虚也；夏虫不可以语于冰者，笃于时也；曲士不可以语于道者，束于教也。今尔出于崖涘，观于大海，乃知尔丑，尔将可与语大理矣。”

《庄子》不只是思想之书，也是了不起的文学之书。光是《秋水》这样的一段文字，就为后世留下了多少成语！例如“井底之蛙”，为什么不能够跟“井底之蛙”讲海，你跟他说海多大，海长什么样子，井底之蛙是听不懂的，因为它的生命经验就局限一个很小的空间里。此外，那种只活两三个月的虫，它夏天出生，冬天来到之前就死去，你跟它讲冬天有多寒冷，它不会理解的，因为它受限于生命的时间。有的受限于空间，有的受限于时间，另外还有一种人被庄子称为“曲士”，这样的人也处于受限状态。曲士“有限”在哪里？有限在他所受到的教诲是有限的，所以对于像《庄子》传达的这种广大空间和豁达态度，他听不懂，因为他不能受教，这个态度就是自我局限的态度。

北海之神安慰河伯：“你从那种有岸的地方来到了大海，看到了大海的广阔，知道自己错了，知道自己不足。那么我愿意跟你说说什么是真正的大道理。”“天下之水，莫大于海，万川归之，不知何时止而不盈；尾闾泄之，不知何时已而不虚；春秋不变，水旱不知。此其过江河之流，不可为量数。”“这个世界所有由水构成的自然现象里，大海的规模最大。所有的河水都流进到大海里，而且一直流，大海都没有满出来。”过去的人相信世界有一个终点，在那个终点，大海的水会像瀑布一样流下去，这个地方叫“尾闾”。“在尾闾处，大海的水不断地流出去，可是大海会因为这样就枯竭吗？时空这么广阔，我们不知道大海是从什么时候开始存在，会在什么时候消失，不管过去多少年，大海都没有改变。海之大，远超一条河流，因为超出的规模太大，所以没有办法用倍数来算。”

听起来海神好像要告诉河伯，我比你大得多了。如果光是这样，这就不叫作“大理”，海神真正要说的是：“而吾未尝以此自多者，自以比形于天地，而受气于阴阳，吾在天地之间，犹小石小木之在大山也。方存乎见少，又奚以自多！”海神说：“因为这样，我就会觉得自己很了不起吗？不，人外有人，天外有天，我把我自己放在天地之间，也不过就是天地之间由阴阳二气造出来的现象中的一个存在。我跟天地相比，就好像一块小石头、一棵小树在一座大山里面，我自卑都来不及，有什么好自大的呢？”“计四海之在天地之间也，不似礨空之在大泽乎？”又是相对的比较：“我这样的一片大海在天地之间，大概就像一片大沼泽中的一个小洞。”

接下来说，大小的规模是这样相对的：“计中国之在海内，不似稊米之在太仓乎？”“我们所居住的这个中国在广大世界里，就好像太仓中的一颗米啊。”“号物之数谓之万，人处一焉。”“我们觉得人好像很了不起，可是世界上存在的物种数以万计，人不过是其中的一种。”“人卒九州，谷食之所生，舟车之所通，人处一焉。”“有农业，有交通的地方，也就是我们称为‘文明’的地方，不过就是九州中的一处地方。”所以用我们的这种文明的经验来跟广大的自然世界比，“不似豪末之在于马体乎？”“这不就像是马身上的一根马毛而已吗？”

“五帝之所连，三王之所争，仁人之所忧，任士之所劳，尽此矣。”但是“三皇五帝所继承的正是这样的文明，夏商周争夺的，也是这样小小一块文明区域，这些仁人志士，他们的所忧、所劳、所烦，都是因为这样的一个小小的文明世界。”“伯夷辞之以为名，仲尼语之以为博，此其自多也，不似尔向之自多于水乎？”“伯夷叔齐被称为‘义人’或‘高士’，被认为是清高，他们不过就是说‘这个世界我不要’，这个你不要的世界，也不过就那么丁点大。你不要这个世界，好像大家就觉得你好了不起，这种世界你也能够不要。孔子关于这个世界，讲得头头是道，好像很渊博，但讲来讲去，也不过就是这个小世界。他们这种态度，就跟刚刚你看到大海之前，以为在水的领域里自己是那么了不起是一样的。”

这个道理很简单，但是庄子必须要用这种寓言来一步一步地推扩，为的是要打破我们对小大的固定、有限的想象和理解。

物无贵贱

《秋水》开头的一大段中有两个角色，一个是河伯，一个是北海，他们当然都是虚构的角色。河伯代表的是我们一般人那种“有限”的观点，而北海则是把这一个观点扩大成为“无限”“无穷”，或者是“无极”的，用这种方式来了解“道”。河伯的观点代表着世俗的观念，他的困惑代表着中国人在战国时代对“无穷”的追究，对“无穷小”和“无穷大”的追究。但是“无穷”并不存在于我们一般的生活经验里，我们没有办法做到经验“无穷”，只能够去推论“无穷”。

所以“无穷”到底是什么？在那个时候，这是一个极大的困扰。河伯就问：“世之议者皆曰：‘至精无形，至大不可围。’是信情乎？”“大家说有一种存在是无穷小的，小到连看都看不到，另外有一种存在，大到完全没有范围。真的有这种事吗？”

北海若曰："夫自细视大者不尽，自大视细者不明。夫精，小之微也；郛，大之殷也。"北海从两个不一样的角度回答这个问题，他先从感官上面来回答，说："其实它是相对的角度。你如果一直从'小'的角度去看'大'，你当然觉得'大'是没有边际的，因为你的尺度是小的。如果你从'大'的尺度来看，你就会感觉到这个'小'的东西不清楚，像是看不到一样。如果从经验出发来比拟，说"至精无形"，是因为我们的尺度太大了，以至于看不到那么小的东西，说"至大不可围"，是因为我们的尺度太小了，以至于没有办法去量这么大的东西。所以他就说这种"至小"跟"至大"，这是我们经验里面可以体会的。

不过接下来，他又要把这个再往前推，他说"夫精粗者，期于有形者也；无形者，数之所不能分也；不可围者，数之所不能穷也。"这是另外一种定义或理解。不是从经验，而是从道理上来看，什么叫作"无形"，也就是什么叫作"无穷小"。"无穷小"就是我们把一个东西一直分，分到不能再分，那叫作"无穷小"，这是道理上的理解。相反的，"至大不可围"，就是你把数字一直往上加，加到不能再加，那叫作"至大"。因为我们有经验的限制，所以从大的尺度出发看不到小的，用小的尺度量不了大的。现在,北海告诉我们说,真正的"无穷小"和真的"无穷大"，它其实是一个概念的建构，而且这种概念的建构已经超越了我们的一般的经验，是抽象的。

接下来他告诉我们说，在我们所存在的领域里，有各种不一样的存在方式。"可以言论者，物之粗也；可以意致者，物之精也；言之所不能论，意之所不能察致者，不期精粗焉。"有一种最接近我们经验的、可以用感官来体会的东西，是比较粗的东西，是我们可以简单地用语言去谈论的，可是有一些东西它没有那么具体，我们只能够去想象，这叫作“可以意致者”，那是比较精细的东西。还有第三种不同的存在，那就是感官感受不到，用意识也没有办法去体会，但是它就在那里。这是超越于精粗的另外一种存在。

如果体会了从“无穷小”到“无穷大”之间所存在的各种不同尺度都各有道理的话，我们就知道什么叫作“大人之行”：“是故大人之行，不出乎害人，不多仁恩；动不为利，不贱门隶；货财弗争，不多辞让；事焉不借人，不多食乎力，不贱贪污；行殊乎俗，不多辟异；为在从众，不贱佞谄；世之爵禄不足以为劝，戮耻不足以为辱；知是非之不可为分，细大之不可为倪。”

这里面的关键字，一个是“出”，一个是“贱”，都是动词，意思是推崇和鄙视。因为“大人”清楚地知道从“无穷小”到“无穷大”之间存在的各种尺度都各有它存在的理由。所以不需要“推崇”，也不需要“鄙薄”，因为你所做的都是合乎多元尺度的，既然你从来不会害人，你就不需要去标榜你对别人好。既然你心里没有利益，没有地位，你也就不会去鄙薄、看不起那些收入比你少的、地位比你低的人。你从来没有要去跟别人争夺任何东西、好处，你也就不需要去崇尚辞让，根本没有要争，哪里来的辞让呢？同样的，如果你做所有事情从来都不依赖别人，一切都是来自自己，都是为自己而做，那又何必去分别哪些事情是比较值得做的，哪一些污脏、低贱的事情是我不想做的？所有的事情该是你的，你就通通去做，就不会有这种分别心。你所做的本来就是为自己而做，又何必去强调我跟别人不一样呢？你所做的如果跟别人一样，也就不会刻意地去鄙薄那种谄媚的人。世间再高的地位，对你来说完全没有意义，它不会是一种奖励。世间人对你的所有批评和攻击，也不足以让你感觉到耻辱，因为你知道所谓的“是非”“细大”其实是没有道理的，关键就在于你自己处于什么样的尺度上，依照自己的尺度和本性去做，就没有这种分别了。

所以北海就另外告诉河伯说：“闻曰：‘道人不闻，至德不得，大人无己。’”世俗的观念认为得道的人很了不起，一定会名闻天下。不会，真正得道的人，他根本不会在意世俗是称赞他还是指责他，所以他不可能去追求这种名声，你看不到他，听不到他。“至德不得”的意思是真正的德性不是得到了什么东西，因为他居于一种自给自足的状态下，哪里需要向外去求索什么东西呢？还有，什么是“大人”？一个人被称为“大人”，是因为他有一个很强大的自我吗？不是的，真正的“大人”消解了自我，因为他跟所有外在的自然秩序是合而为一的。

听了北海这一番话，河伯又代表我们提出问题：河伯曰：“若物之外，若物之内，恶至而倪贵贱？恶至而倪小大？”河伯说：“如果是这样的话，这个世界上究竟怎么分贵贱？又怎么分小大呢？或者说，为什么会有贵贱、小大的分别？我们怎么理解这些分别？如果照你这样讲，一切都可以不要分，可是现有的这些分别是怎么来的呢？”

北海的答案很复杂，我们一层一层地来读。北海若曰：“以道观之，物无贵贱。”从最高的层次看，根本没有贵贱。可是我们知道，不可能每一个人都能够从这么高的角度来看这件事。所以降一个层次，“以物观之，自贵而相贱。”如果从有形的生命的角度来看的话，为什么会有贵贱？因为觉得自己了不起，别的外在的东西不够好，没那么重要。再换一个角度，“以俗观之，贵贱不在己。”如果从外面的角度来看，什么是好，什么是坏，跟你无关，因为贵贱是世俗决定的，是社会的观念、众人的想法和品位所决定的，这不是你能够决定的。再换一个角度，“以差观之，因其所大而大之，则万物莫不大；因其所小而小之，则万物莫不小。知天地之为稊米也，知豪末之为丘山也，则差数睹矣。”如果从差别的眼光看，万物以它自己的尺度为大，我们就认为那是大，那么没有任何东西不是“大”的；如果我们以它自己的主观尺度为小，我们就说那是小，那万物没有不是“小”的。如果从小的角度出发，那么这意味着任何东西都是一个单位，如果这就是“小”，那天地也不过就只是一个单位，天地作为一个单位，不就跟一粒米一样吗？所以天地是小的。如果我们从“大”的角度来看，即使它只是毫末，可是我们看到了它的完整性，我们就认为它是一个完整的大的东西，那一根羽毛跟一座山不同样都是完整的、大的吗？这就是我们从差别的角度出发所看到的。从差别的角度，你会看到有大有小，但这样的大小也都是相对的。

如果我们从功效、效能上面看，万物的大小和贵贱也是相对的。“因其所有而有之，则万物莫不有；因其所无而无之，则万物莫不无。”如果你要去追究，你要看的是他有什么，那么每一样东西当然都有它所拥有的性质，所以每一样东西都是“有”。可是如果相对的，我们追究的是他没有的，他所缺乏的，那么哪有东西是无所不包、无所不有的呢？如果是去挑剔、去看他没有的，那每一样东西都是“没有”。因此“知东西之相反而不可以相无，则功分定矣。”我们要体会的是，没有西就没有东，东跟西永远是同时存在的。如果了解这件事情，我们也就明白所谓这件事情有效果或没效果，有或没有好处，都是相对的。那要看你是要看它的好处，还是你要看它的缺点，没有任何事情没有好处，没有任何事情没有缺点，好处跟缺点是同时而在的。

第六个角度叫作“以趣观之，因其所然而然之，则万物莫不然；因其所非而非之，则万物莫不非。知尧、桀之自然而相非，则趣操睹矣。昔者尧、舜让而帝，之、哙让而绝；汤、武争而王，白公争而灭。由此观之，争让之礼，尧、桀之行，贵贱有时，未可以为常也。”

你要看它的趋向、结果，那你要看的是有效的、它所成就的结果，还是要看它失败的结果呢？如果你要看它所成就的，那么没有东西没有成就，可是你如果要看它失败的，那么所有的东西都有它的失败之处。例如禅让到底是好的还是坏的呢？尧把帝位让给了舜，得到了好的结果。可是禅让这件事情发生在燕国，燕王哙用苏代的计谋把王位让给了燕国的宰相子之，子之接受了，但是国人不服，过了三年，燕国大乱，结果齐人来攻伐，把燕王哙和子之给杀了。所以禅让必然是好的吗？例如商汤跟周武王，他们都是通过战争得到天下，结果是他们建立了自己的辉煌朝代。可是相对的，楚白公起兵争国，却被叶公给杀了。所以禅让不见得都是好的，通过战争争夺王位不见得都是坏的。从这个角度来看，“贵贱有时，未可以为常也”，什么是好，什么是坏，并不是一定、固定的。为什么会“未可以为常”呢？我们不能用一种固定的观念来看待事物，觉得禅让一定是好的，征战一定是坏的，因为它们会变动。那么这变动的原理和根源在哪里呢？

“梁丽可以冲城，而不可以窒穴，言殊器也。”庄子接下来通过比喻来解释，说那种大木头大到甚至可以拿来攻城，用它去撞击城门，特别坚固的城门都可以撞开，可是你却没有办法拿它去塞老鼠洞,这叫“殊器”。不一样的工具有不一样的用途。“骐骥骅骝一日而驰千里，捕鼠不如狸狌，言殊技也。”这些好马一天可以跑那么远，可是你叫它抓老鼠，它的能力就比不上一只猫,这是“殊技”。“鸱鸺夜撮蚤,察豪末,昼出瞋目而不见丘山，言殊性也。”猫头鹰到晚上，什么都看得到，甚至还可以抓它自己羽毛上面的跳蚤，可是到了白天的时候，眼睛张得再大，连眼前的山都看不到，这叫作“殊性”。我们要认知差异，不要刻意地想去取消差异，这是不可能的。差异必然存在，我们从差异出发，才能够去体会、理解这个世界。

“故曰:‘盖师是而无非，师治而无乱乎？’是未明天地之理，万物之情者也；是犹师天而无地，师阴而无阳，其不可行明矣。然且语而不舍，非愚则诬也。”所以接着河伯又说：“有人告诉你，你就做对的事情，千万不要去学坏的或错误的事情。你要做的事情，就是让世界充满秩序，取消所有混乱的、无序的东西。这不是真正了解道理的说法。这种说法就好像告诉你，我们只要有天就好了，不要有地，我们只要有阴就好了，不要有阳。这是愚蠢的，是不合道理的，可是偏偏有人一直讲这种话，那是非愚则诬啊！”

“帝王殊禅，三代殊继。差其时，逆其俗者，谓之篡夫；当其时，顺其俗者，谓之义徒。默默乎河伯，女恶知贵贱之门，小大之家！”所有的东西都是相对而存在的，例如禅让，把王位禅让给贤能的人，或是让给自己的儿子，不一样的时代有不一样的标准和做法。同样的行为，在不同的时代会得到不同的评价。在对的时代会被称赞为“义徒”，可是换到另外一个时代，就被称为“篡夫”，即篡位的人。看清楚了这些，就知道关于贵贱这样的事，最好不要多计较。看到差别，肯定差别，接受差别，就不需要去区分贵贱大小，所有的贵贱大小都是相对的，而且都是不恒常的，是会变动的，这个道理是很重要的。

明道可以避祸

《秋水》当中，河伯的想法代表世俗的疑惑，而北海代表的就是庄子式的那种无差别、免除差别之后所得到的豁达态度。

河伯曰：“然则我何为乎，何不为乎？吾辞受趣舍，吾终奈何？”河伯又用世俗的角度问：“那照你告诉我们的，这一切都没有差异。那请问你，我也不知道贵在哪里，不知道贱在哪里，我怎么决定自己做什么，不做什么呢？平常我们不都是‘这是对的，所以我去做，那个是错的，所以我不做’，现在你告诉我对错、贵贱全部都是相对的，那我在行为上面该怎么办呢？”

北海就回答说：“以道观之，何贵何贱，是谓反衍；无拘而志，与道大蹇。何少何多，是谓谢施；无一而行，与道参差。”他又凸显了另外一个重要的性质，就是“变化”。所谓的贵贱其实是循环的，这意味着没有东西一直都是贵的。这种有关贵贱的评价必然会改变，而且它会循环。原来的贵者接近于老子所说的，不断地往上爬，爬到一定的顶点之后，它必然会往下的。倒过来，那种倒霉的或被我们看不起的，到了最低点，它已经没有办法再低，就只能够往上爬，这叫作“反衍”。“反衍”意味着这样的一种贵贱上下其实是变化的，是循环的。所以不要对当下的任何贵贱有拘执，这种拘执是违背道的。还有少跟多，也是会变化，会代谢，会有消长的。所以你也不要拘执，觉得现在多的就一定是多，也不要用这种方式来决定你的行为，这是跟道有差距的。真正要做的应该是“无私”,你现在有任何私心，觉得这个比较好，那个比较重要，那么在“道”的变化的当中，当它变化了之后，你就必然会错，必然会失望。

所以应该怎么做？“严乎若国之有君，其无私德；繇繇乎若祭之有社，其无私福；泛泛乎其若四方之无穷，其无所畛域。”关键就在于“无私”。就像在一个国家，我们为什么要有一个君主？因为大家都有私心，所以你要立一个国君，希望国君看待国内的所有人时都是一样的态度，照顾每一个人，不偏私谁。一个社神照顾这一整块地方，他不会说我只保佑这个人，不保佑另外那个人。无私的范围比国要来得大，也比社神所管的范围要大，因为它充满整个宇宙。

“兼怀万物，其孰承翼？是谓无方。万物一齐，孰短孰长？道无终始，物有死生，不恃其成。一虚一满，不位乎其形。”你要抱持的态度就是“兼怀万物”，不要像一只母鸡一样，在自己的翅膀里面只照顾、只遮蔽你的那几只小鸡，所有的万物都应该被你一视同仁地对待，没有特别偏好、特别保护、特别保佑哪一个，这叫作“无方”。“万物一齐，孰短孰长？ 道无终始，物有死生，不恃其成。一虚一满，不位乎其形。”就像月亮一样，满月之后必然有销蚀，慢慢地越变越少。所以我们不能够固执地把满月，或月亮最小的时候视为真理，因为它不可能停留，“不位乎其形”，你现在所看到的任何现象，都不过是在时间变化当中短暂、一时的表现。如果你把这些表现当作你行为的依据，是非常危险的。“年不可举，时不可止。消息盈虚，终则有始。”我们最没办法对抗的就是时间，而时间的意义也就在于变化。“物之生也，若骤若驰，无动而不变，无时而不移。”任何东西，它只要在时间当中，那么任何时刻它都在变化，“何为乎，何不为乎？夫固将自化。”所以你问做什么，不做什么，这种问题是不存在的，变化自然会引导你，向你显示应该做什么，不做什么。

这个时候，河伯大概听懂了一点，可是他还有一个疑惑：“然则何贵于道邪？”“如果我们看清了这些道理，那不就是告诉我们‘你什么都可以不做’吗？那不就是告诉我们‘你什么都不要刻意去做’？如果真理就是什么都不要刻意地去做，那是不是也包括不需要刻意去了解道呢？换句话说，当消解了贵贱之间的区别之后，是不是道也没那么重要、那么贵？了解道，或者不了解道是不是也都一样呢？”

这是一个重要的大困惑。庄子就借由北海海神告诉河伯，告诉我们：“知道者必达于理，达于理者必明于权，明于权者不以物害己。”了解这些道理，能明“权”，这样你就能够“不以物害己”，你就能知道什么是让自己自在的生活，“道”可以指引你，让你远离危险，所以又讲：“至德者，火弗能热，水弗能溺，寒暑弗能害，禽兽弗能贼。非谓其薄之也，言察乎安危，宁于祸福，谨于去就，莫之能害也。”这个“至德者”，他好像什么伤害都不会遇到。他说“非谓其薄也”。这句有两种解读的方式，一种解读方式是说，能够不被伤害，并不是用主观的方式忽略这些伤害的因就可以做到。第二种解释方式是把这个“薄”字当作“破”字来解释，所以这句话的意思不是说这个至人，你把他丢到火里面，火也不会烧到他，你把他丢到水里面，他也不会被淹死。他知“道”，有了道的智慧，所以他“言察乎安危，宁于祸福，谨于去就，莫之能害也”，意思是不需要等到这些祸害靠近他，他就已经先知道危险在哪里，就已经能够躲开这些祸害。而且他在躲开这些祸害的时候，不是靠思考达成这种效果的，是靠一种本能。因为他懂得道，他知道道的所有变化的可能性，所以他就不会犯那样的错误，给自己带来伤害。

接下来北海又说，“‘天在内，人在外，德在乎天。’知天人之行，本乎天，位乎得，蹢躅而屈伸，反要而语极。”在春秋战国的思想里，天跟人，自然跟人为，是一个大问题，基本上大家的态度都是“人在内，天在外”，先顾虑自己，把天或自然当作一个外在条件和环境，要么适应它，要么克服它。庄子说，我们要活得最好，应该要倒过来，要把自己放掉，一切按照自然走，把自然的秩序、自然的道理完全内化成为你自己的。这个时候，你活得最自在，活得最好。“天人之行”应该本乎天，而不是本乎人，不应以人为本位，而应一切都任随自然的秩序、自然的道理。所以为什么不要踟蹰？意思是说，按照自然要你去的方向走，你自己没有主观上“非去哪里不可”的要求，所以你也就必然有所屈伸，不会要求在这里非得要得到什么，在那里一定不能失去什么，该怎么样就怎么样。用这种方式，你就能够回到生命的根本，就能够掌握最重要的真理了。

接下来是河伯的最后一个问题。因为讲到了“天在内，人在外”这样一个反向尝试的主张，所以河伯问：“何谓天？何谓人？”北海就说“牛马四足，是谓天；落马首，穿牛鼻，是谓人。”牛马长着好好的四条腿，这是自然，这是“天”。可是你就一定要把马头给套起来，一定要把牛鼻穿了，为了方便人控制牛马，这种做法是“人”。所以“无以人灭天，无以故灭命，无以得殉名。谨守而勿失，是谓反其真。”所谓“天在内，人在外”，就是不要用这种人为的做法去违背“天”，去消灭天性。还有无以“故”，“故”指的就是不变的，固定的，既有的。不要把当前的任何东西当作是不变的，否则你就违背了时间当中必然会产生的各种变化。还有，不要为了表面的名声、名气牺牲真正内在的所得。如果能够守住这样的原则，你就可以返回到自然的真实当中，取得一种可以在变化过程中永远不会受到伤害的能力。

这就是《秋水》当中，庄子所提出来的重要的“逆转”观念。我们一直从人的角度，从自己的角度出发去追求，其实反而追求不到，甚至会对自己产生伤害。如果要避开这些变化可能带来的冲击和伤害，最重要的就是要有这种“天在内，人在外”的倒过来的智慧。

同情蜈蚣的独脚夔

在讲完了秋水跟北海之神的对话之后，庄子又写了一个寓言，是一个很有趣的故事。

夔谓蚿曰：“吾以一足趻踔而行，予无如矣。今子之使万足，独奈何？”先上场的是夔，夔是中国古代传说中的动物，它最大的特色是只有一只脚。夔跑去跟在形态上几乎跟它的特点完全相反的蜈蚣说：“我用一只脚跳着走，对我来说，没有比这个更方便的。但是看到你，我真的吓了一大跳，你怎么能够使唤得了这么多只脚呢？”夔很同情蜈蚣，因为它觉得“用一只脚走，不是很方便吗？你要这么多只脚，那你怎么知道什么时候动这只脚，什么时候动那只脚？这样不累吗？”

蜈蚣回答说：“不然。子不见夫唾者乎？喷则大者如珠，小者如雾，杂而下者不可胜数也。今予动吾天机，而不知其所以然。”“举个例子，我们打喷嚏或吐口水，吐出去的口水大则如珠，旁边有很多小水珠，细小到你几乎都看不到，但它们就这样一路喷出去。你喷口水或打喷嚏的时候，有刻意安排每一个出去的水珠吗？这不是你特意安排的，这叫作‘天机’，是自然之事。所以你不能用你动一只脚的方法来想象我动几百只脚的状态。我动这几十只、百只脚，不是一只一只动的，我也不需要知道自己什么时候动哪只脚，这叫作‘不知其所以然’，正因为‘不知其所以然’，所以其实我这样走路比你方便。”

接着，蜈蚣看到了蛇，蜈蚣就忍不住问蛇：“吾以众足行，而不及子之无足，何也？”我用这么多只脚拼命走，你却一只脚都没有，但为什么你走得比我还快？”蛇曰：“夫天机之所动，何可易邪？吾安用足哉！”蛇的回答，其实就是把刚刚蜈蚣回答夔的再往前推。所谓“天机”就是自然，“我就是按照我的自然本能动，我自然地一动，就会走了，连脚都不需要，我不需要问自己为什么没有脚就能够走。”

接着是蛇，蛇也有让它感到疑惑的对象，蛇对风说：“予动吾脊胁而行，则有似也。今子蓬蓬然起于北海，蓬蓬然入于南海，而似无有，何也？”蛇说：“我要走的时候，毕竟要弯曲我的身体。用这种方式走，是有一定的形体上面的道理的。今天你这风，飞到这里，飞到那里，连这种类似像动作的形体都没有，你怎么能够这样动呢？”风回答：“然。予蓬蓬然起于北海而入于南海也，然而指我则胜我，鰌我亦胜我。虽然，夫折大木，蜚大屋者，唯我能也，故以众小不胜为大胜也。为大胜者，唯圣人能之。”风给出的解释中，提到了一个重要的观念叫作“大胜”，讲的是风的现象，因为风没有形体，所以一个人对着风举起一根手指，风没有办法改变这根手指，朝风踢一脚，风没办法阻止这一脚，从人的角度来看，这叫作“小胜”，从风的角度来看，这叫作“小不胜”。在这种情况下，风拿你没办法，但是风吹来的时候，也可以把大树吹弯折，甚至拔走。人盖得以为很坚固的房子，风一吹来，也可以把房子吹倒，甚至吹不见，这叫作“大胜”。

风的这种特性来自它的“无形”，因为它是“无形之动”，不像蛇，不像其他动物都是“有形之动”，正因为它无形，所以它可以这样动。

这是一个牵涉到四个角色的寓言故事。它开头的时候有一句话，其实很有意思：夔怜蚿，蚿怜蛇，蛇怜风，风怜目，目怜心。

蚿就是蜈蚣。所以开头这一句先说了这个寓言它要讲什么，它要讲一只脚的夔同情百足的蜈蚣，蜈蚣同情没有脚的蛇，蛇同情没有形状的风。这当然意味着到后来是倒过来的，其实无形的风远胜过“有形之动”的蛇，没有脚的蛇远胜过于百足的蜈蚣，蜈蚣又胜过一只脚的夔。这个故事讲了这四个角色，但是开头的这句里，多加了两个并没有在文章里被解释的角色。很显然，要么故事在这里有断篇，后面的故事不见了，要么是庄子用这种类比的方式要我们自己去思考。他后面说“风怜目，目怜心”，如果依照前面这个模式的话，也就意味着无形的风看到了眼睛，眼睛甚至连形都不需要有，我们的眼睛跟东西之间的关系是比风更无形，更难琢磨的。风的疑惑可能是，为什么一瞬间，你就可以从桌子前面的这个物体，变成到极远的天空？为什么眼睛可以用这种方式移动？无形的风都还需要时间才能够从这一点去到另一点，但是眼睛根本连这种时间都不需要。而眼睛的这种动作相较于心，又输了一筹，因为心根本连感官都没有，它可以跨越一切，当下你想到小时候三岁时跌了一跤的那个模样，一下子你又想到庄子在那里讲抽象的道的模样，或者一下子想到宇宙的开端……你的心哪里都能去，没有任何障碍。最自由的就是心，心之下是眼睛，眼睛之下是风，风之下是没有脚的蛇，蛇之下是很多脚的蚿蚿，处于最低的层次是只有一只脚，还拼命地表示用一只脚才能够移动的夔。

临大难而弦歌不辍

再下一个故事以孔子为主角，这个故事在《论语》里面有记录。

孔子游于匡，宋人围之数匝，而弦歌不惙。孔子从鲁国到卫国时，路过了匡这个地方，这个地方的人很痛恨一个叫阳虎的人，因为阳虎曾经侵害过他们，偏偏孔子长得很像阳虎。孔子有个弟子叫颜刻，曾经跟阳虎在一起过，当时颜刻帮孔子驾车，所以匡人一看，以为孔子是阳虎，所以就把他层层包围住，不让他离开。孔子在那里被层层地包围，生命难测却弦歌不辍，非常地安定。

子路入见，曰："何夫子之娱也？"大弟子子路看到老师这个样子很疑惑，甚至有点生气，他就问："碰到这种状况了，老师，你为什么到现在还能够高高兴兴的，还能够在这里弹琴作乐，你是什么心态？”老师就回答他：“我讳穷久矣，而不免，命也；求通久矣，而不得，时也。”“我讨厌这种困厄不能发达的状况已经很久了，可是我能摆脱吗？不能，因为这是我的命，我不断地努力去追求，希望能够发达，希望有国君能够任用我，希望能够有权力，但我得到了吗？没有，我求了这么久却没有得到，为什么？因为现在是这样的时代状况，是这样的大环境。”你想想看，这么强烈的对比，“当尧、舜而天下无穷人，非知得也；当桀、纣而天下无通人，非知失也。”“在尧舜那种治世下，每一个人都过得好好的，每一个人都不会有穷困潦倒的状况，难道是因为他们每个人都很聪明吗？不是。倒过来，在桀纣那种乱世时，没有一个人可以真正地发达，可以过好日子，是因为他们每个人都是笨蛋，每个人都没有能力吗？不是，那是因为大环境使得大家都没有办法。”这叫作“时势适然”。

“夫水行不避蛟龙者，渔父之勇也。”当渔夫的，如果你在水上遇到了大只的水生动物，看起来可以掀翻你的船，可以让你在水里丧命，你都不害怕，这是打鱼的人当中的勇者。“陆行不避兕虎者，猎夫之勇也。”在山里面走，听到了老虎的叫声而不害怕，继续往前走，这种人是猎人当中有勇气的勇者。“白刃交于前，视死若生者，烈士之勇也。”跟人家打仗的时候，明明兵器已经到了你的面前，你也知道下一刻你可能就性命不保，你却一点也不害怕，这叫作“烈士之勇”。但还有一种勇，这种勇是孔子要教子路的，叫作“知穷之有命，知通之有时，临大难而不惧者，圣人之勇也。”这也就是在描述畏于匡时，孔子的状态和态度。孔子说，你一旦知道这一切有许多不是你自己能够求来的，也不是你自己能够避得开的，那么就算遇到了大麻烦、大灾难，也不会影响到你的心情，你也不会害怕。无从害怕，也不需要害怕，这叫作“圣人之勇”。在结尾处，孔子就说：“由，处矣！吾命有所制矣。”意思是“子路，你去休息吧，安定下来吧，不要在那里焦躁不安。我会遇到什么样的事情，早有命定之数，我自己一点都不慌张，我也不会让这种事情扰动我”。

无几何，将甲者进，辞曰：“以为阳虎也，故围之。今非也，请辞而退。”过了一阵子，这些围住孔子的拿兵器的，看起来要加害他的人进来了，跟他说：“抱歉，搞错了，我们以为你是阳虎，所以把你包围起来。现在弄清楚了，让我们跟你道个歉，我们就此走了。”孔子早就知道，就算一直像热锅上蚂蚁一般，不断地奔走，不断地感到害怕，又能怎么样呢？这就是命，就是外在环境施加于你的。当你没有办法改变外在环境的时候，你就改变自己的心态，让自己随时保持安定。

庄子用前面的一个故事告诉我们什么叫作“天机”，也就是自然的规律，再用后面的这个故事告诉我们，人理解、接受了自然规律之后，得到的就是像孔子的那样一种安静、安定，在最危险的时候，临大难的时候，你仍然能够弦歌不辍，继续好好过你的日子，享受你的日子，那真是一种很高的境界。

《庄子》的叙事艺术

再为大家介绍《庄子 · 杂篇》里一个非常有意思的小故事《说剑》。

《庄子》分成《内篇》《外篇》《杂篇》，《内篇》是《庄子》最核心的内容，它很可能是庄周自己写下来的，就算不是他自己写的，也是在他周遭的弟子为他记录下来的。《外篇》讲了很多故事，讲寓言、说故事是庄子表达自己的思想的主要方式，这些故事基本上信守着庄子的核心思想，宣扬他的思想。我们之前为大家介绍的《秋水》就是《外篇》当中的一篇。

另外还有《杂篇》,《杂篇》真的就有点杂了,这意味着《杂篇》的内容不完全依循庄子的核心思想，很多时候是把跟庄子相关的文本集合在一起，或者是把运用类似于庄子那种说故事的方法所产生的文本集合在一起。所以在读《杂篇》的时候就要稍微小心一点,如果要用《杂篇》来解说庄子的思想，那么必须要小心地跟《内篇》对照一下，它不能违背《内篇》的思想。

《说剑》并没有太高的思想性，但是它的写法让许多人把它称为“中国最古老的短篇小说作品”，因为它读起来有一种小说的趣味，在书写上照顾到了叙事过程中的戏剧性。

昔赵文王喜剑，剑士夹门而客三千余人，日夜相击于前，死伤者岁百余人,好之不厌。如是三年,国衰,诸侯谋之。《说剑》讲的是从前赵文王非常喜欢剑术，因为他喜欢剑术，所以收拢了许多剑客，让剑客聚集在他的宫廷里。剑客的数量有三千人之多，这些人不做别的事，日日夜夜就在赵王面前比剑，因为赵王太喜欢看人家比剑了。一年比剑比下来，死伤百余人，但赵文王仍然不觉得厌倦。他把很多资源和精神都耗费在这上面，比了三年，国家也因此逐渐衰微，并引来了诸侯，图谋攻打他。

太子悝患之，募左右曰：“孰能说王之意，止剑士者，赐之千金。”左右曰:“庄子当能。”太子乃使人以千金奉庄子。庄子弗受，与使者俱往见太子,曰:“太子何以教周,赐周千金？” 太子曰:“闻夫子明圣，谨奉千金以币从者。夫子弗受，悝尚何敢言！”这个时候，他的太子悝很忧虑：“我爸把好好的国家给搞砸了，我将来怎么办呢？”太子悝就把左右的人找来，说：“必须努力改变国王的意志，有谁能够让国王停止像这样一直胡搞，我愿意用千金来聘用这个人。”左右人推荐了庄子，太子立刻就找人把这一大笔钱送给庄子。庄子没有收钱，但是他愿意跟着使者一起来见太子，说：“太子有什么事要叫我做？给我这么大一笔钱干什么？”太子就很客气地说：“我听说您很聪明，很有能力，很会说话，所以给您这笔钱，可是您不接受，我就不敢说我的要求了。”

庄子曰：“闻太子所欲用周者，欲绝王之喜好也。使臣上说大王而逆王意，下不当太子，则身刑而死，周尚安所事金乎？使臣上说大王，下当太子，赵国何求而不得也！”太子曰：“然。吾王所见，唯剑士也。”庄子就说：“太子不说我也知道，听说要我做的是断绝大王的爱好。我们假设一下，如果我失败了，大王一生气就把我的头砍了，你给我这一大笔钱，我怎么享用？换另外一个角度来看，如果我成功地说服了大王，连击剑他那么喜欢的事情，他都愿意听我的，放弃了，那我问你，我要你这一大笔钱干什么？到时候，我要什么，大王通通都会给我，赵国那么大，我要什么，会没有吗？”这是示范给太子看庄子到底有多聪明，到底有多会讲话。太子听了，当然就只能目瞪口呆，点头说：“对，我好蠢，我为什么要拿这一大笔钱呢？不过，劝说国王有一个难处，国王只接见剑士，只要不是剑客，连靠近他都做不到。怎么办呢？”

庄子曰：“诺。周善为剑。”太子曰：“然吾王所见剑士，皆蓬头突鬓垂冠，曼胡之缨，短后之衣，瞋目而语难，王乃说之。今夫子必儒服而见王，事必大逆。”庄子曰：“请治剑服。”治剑服三日，乃见太子。太子乃与见王，王脱白刃待之。庄子就说：“这有什么难的呢？我就会剑术，我可以变成一个剑客。”太子说：“可是大王愿意见的这些剑客，他们有特定的外表和装扮，他们都头发披散，鬓毛突出，帽子下垂，缨冠粗乱，穿短后襟的上衣，瞠目怒视，连表情都是剑客的表情。只有这种人，大王看了会高兴，会愿意见他，你看起来不像。”庄子又说：“这有什么难的呢？去帮我准备服装。”服装准备了三天，一切就绪之后，太子带着庄子去拜见赵王。赵王一看，二话不说，先抽出剑来等待他。

庄子入殿门不趋，见王不拜。王曰：“子欲何以教寡人，使太子先？”曰：“臣闻大王喜剑，故以剑见王。”王曰：“子之剑何能禁制？”曰：“臣之剑，十步一人，千里不留行。”王大悦之，曰：“天下无敌矣！”庄子进了殿门，并没有俯身疾走，看到赵王也没有行礼。赵王看了，当然觉得奇怪：“你蛮傲慢，你有什么事情可以来指教我的？为什么还需要劳动太子介绍你来找我呢？”庄子就说：“我听说大王喜欢剑术，我以我的剑术来求见大王。”赵王有兴趣了，就问他：“在剑术方面，你有什么特殊的技能呢？”庄子的回答后来就变成中国武侠小说当中非常重要、反复被引用的话，叫作“臣之剑，十步一人，千里不留行。”这句话的意思在后来被理解为：我的剑太厉害了，走十步就可以杀一个人，而且我可以一路走下去，走千里都不需要停留。另外一个比较严谨的解释是，他形容他的剑术好到这样的程度：十步杀一个人，十步杀一个人，一路杀下去杀到千里，剑都不会有缺口，都不需要磨剑。大王听了，很高兴，如果有这样的本事，这便是天下第一剑客。

庄子曰："夫为剑者，示之以虚，开之以利，后之以发，先之以至。愿得试之。"王曰："夫子休就舍，待命令设戏请夫子。"王乃校剑士七日，死伤者六十余人，得五六人，使奉剑于殿下，乃召庄子。庄子就说："为什么可以这样做？因为我能够掌握剑术之道。剑术之道就是你不能一开头就摆出一副非常强的样子，而是你要有破绽，让敌人以为有可乘之机，等敌人动手。你虽然让敌人先动手，但你出剑却可以比他更快。用这种方法，你就可以很容易地赢过对方。"这里的"后之以发，先之以至"就是成语"后发先至"的来源。庄子向大王承诺"我愿意试试看"。这个时候，赵王说："您先休息，我先来安排一轮比赛，等到比出剑术最好的人，我再来请您。"赵王就让在他宫廷里面的剑士连比了七天，这七天比下来，死伤六十多个人，最后选拔出了五六个人。赵王让他们等着，再去把庄子请来。

王曰："今日试使士敦剑。"庄子曰："望之久矣。"王曰："夫子所御杖，长短何如？"曰："臣之所奉皆可。然臣有三剑，唯王所用，请先言而后试。"赵王说："来吧，剑士已经选拔出来了，跟您较量胜负。"庄子就说："我盼望很久了。"赵王接下来说："您要来选剑，您习惯用的剑是长剑还是短剑？"庄子说："长短不是重点，长的也可以，短的也可以。但是我有三把不同的剑，这三把不同的剑才是真正要选的，但是我让大王来选。我先说明了之后，大王再来试这三把剑，决定到底要用哪一把剑。"

王曰："愿闻三剑。"曰："有天子剑，有诸侯剑，有庶人剑。"王曰："天子之剑何如？"曰："天子之剑，以燕豀、石城为锋，齐岱为锷，晋魏为脊，周宋为镡，韩魏为夹，包以四夷，裹以四时，绕以渤海，带以常山，制以五行，论以刑德，开以阴阳，持以春夏，行以秋冬。此剑，直之无前，举之无上，案之无下，运之无旁，上决浮云，下绝地纪。此剑一用，匡诸侯，天下服矣。此天子之剑也。”王当然也更好奇了，更有兴趣了：“可以让我听听是哪三把剑吗？”庄子说：“当然了，我就是要让你选。有三种剑，一种是天子之剑，一种是诸侯之剑，一种是庶人之剑。”“天子之剑是怎样的呢？”庄子说：“天子的剑是用燕谿、石城作为它的剑端，齐国泰山作为它的剑刃，晋国卫国作为它的剑背，周国宋国作为它的剑环，韩国魏国作为它的剑甲，再用四夷在外面把它包扎起来，用四时把它围裹起来，再用渤海环绕着，以常山作为鉴赏的带穗，用五行来予以控制，用刑罚德化来论断，用阴阳来掌握它的开或合，以春秋来扶持，以秋冬来肃杀。这种剑一直向前，没有任何人可以抵挡，如果要向上，在上面的没有人能躲开，刺下，在下面的也没有人能够避免。挥舞起来，没有人敢靠近这把剑，上可以断浮云，下可以绝地脉。这种剑使起来，可以匡正诸侯，使天下归顺，这叫作天子之剑。”

文王芒然自失，曰：“诸侯之剑何如？”曰：“诸侯之剑，以知勇士为锋，以清廉士为锷，以贤良士为脊，以忠圣士为镡，以豪桀士为夹。此剑，直之亦无前，举之亦无上，案之亦无下，运之亦无旁，上法圆天以顺三光，下法方地以顺四时，中和民意以安四乡。此剑一用，如雷霆之震也，四封之内，无不宾服而听从君命者矣。此诸侯之剑也。”听完了，赵王的表情就不对劲了，茫然失神，因为从来没听过有这种剑，以天下铸成的剑，它的效用是使天下归顺，所以他一时没有办法回过神来，没有办法彻底地吸收。所以忍不住就问："诸侯之剑呢？""诸侯之剑用智勇之士为剑端，用清廉之士作剑刃，用贤良之士作剑背，用忠圣之士作剑环，用豪杰之士作剑甲，全部都是人才。这种剑一直往前也没有人敢抵挡，向上，跟天子之剑一样，没有人能躲开，刺下，也没有人能逃避，挥舞起来没有人敢靠近。它使用起来，有剑术的法则，往上是模仿浑圆的天下，随着日月星三光而发亮，往下是模仿方平的地理，顺着四时运行，中间则是调和百姓的心意来安抚四方。我跟你讲，这种剑使起来像雷霆地震，四海之内没有不归附，不听从国君命令的，这叫作诸侯之剑。"

王曰："庶人之剑何如？"曰："庶人之剑，蓬头突鬓垂冠，曼胡之缨，短后之衣，瞋目而语难。相击于前，上斩颈领，下决肝肺。此庶人之剑，无异于斗鸡，一旦命已绝矣，无所用于国事。今大王有天子之位而好庶人之剑，臣窃为大王薄之。"赵王大概听懂了，可是他也一定要把三把剑完全弄清楚："还有一种剑叫作庶人之剑，庶人之剑又是怎样的呢？"庄子就说了："庶人披头散发，鬓毛突出，帽子下垂，冠缨粗乱，穿着短后襟的上衣，瞠目怒视，连一句话都说不出来。在前面打，往上打，把人家的头给砍下来，往下刺，把人家的肺跟肝给刺破了，这叫作庶人之剑。庶人之剑斗起来跟斗鸡没有什么两样，丧失了生命对国家没有什么好处。"当然，庄子讲出了重点，他说："大王现在有接近天子的尊位，但好怪，您偏偏喜欢庶人的剑术，我深深替您觉得不值得。"

王乃牵而上殿，宰人上食，王三环之。庄子曰："大王安坐定气，剑事已毕奏矣。"于是文王不出宫三月，剑士皆服毙其处也。于是赵王就拉着庄子上殿,这个时候掌管膳食的官员来布菜,赵王又邀庄子吃饭,这里非常精彩的描述是,赵王在殿上走了一圈,又走了一圈,又走了一圈——到了吃饭时间,但他心里面太激动了,根本吃不下饭,连坐都坐不下来。庄子就劝他说:"大王,你安静坐下,平定你的心气,剑事我已经说完了。"连现实的物理的剑都不用动,这叫作最了不起的剑术。最了不起的剑术影响了赵文王,赵文王三个月没有走出宫门再去找任何一个剑士,再去看任何一场斗剑。这些剑士被大王用这种方式冷落,都感觉到非常羞愤,后来一一都自杀死了,这就是《说剑》的结尾。

《说剑》的关键在于讲述什么叫作"天子之剑""诸侯之剑""庶人之剑",在讲述的过程当中,它的的确确有开头,有转折,有高潮,有结尾,是一个非常完整的、类似于小说的结构,有类似于小说的叙事方式。《庄子》是一部非常丰富的书,它有道理,有故事,而且它有许多叙事上面的讲究。这样一本书,不只值得我们去体会书中传递出来的那份豁达、那份生命哲学,把它当作好玩好看的故事书,也可以给我们带来很多享受。如果把它当作文学笔法上面的学习对象,应该也可以给我们很多启发。

《孟子》

雄辩时代的斗士

孟子奋然继起孔子的志业，
“虽千万人吾往矣”，
就是他最真确的写照。

第一章　为儒家信念而战

雄辩时代来临

在中国受教育成长的人，几乎都读过《孟子》，对《孟子》的内容并不陌生。不过我们阅读《孟子》的方式，是理解甚至背诵孟子说了什么，弄清楚孟子说的话是什么意思，却很少注意到孟子用什么方式说。

然而，放在历史的脉络下，容我提醒：孟子如何说，他呈现道理的风格、形式，和他到底说了什么，同样重要。

战国时代是个雄辩时代，苏秦、张仪那些纵横家当然是靠着一张嘴善言雄辩，穿梭于各国之间兴风作浪，但雄辩绝对不是纵横家的专利，雄辩甚至不是纵横家发明的。应该倒过来看：一个传统信念快速瓦解的社会，迫切需要寻找新的处世行为的原则，一时之间涌现了众多不同的主张，嘈杂纷乱地争着要说服迷惘困惑的世人。在那样的多元言论环境中，主张要被听到，需要特殊的技巧；主张要被接受，更需要特殊的技巧。

雄辩就是在这种时代背景中产生的说话技巧。从春秋时期开始，墨家就最早意识到说话、论辩技巧的重要性，在他们的家派知识中有了墨辩，那是一套很讲究的说话、论辩方法论。进入战国时期，言论更加热闹混乱，进而出现了专门探索语言规则，玩弄论辩盲点的名家。说话，不再是一件直觉、自然的事，正式成为一门技术、一份本事。

纵横家是将这份技术、本事特别地用在国与国外交策略上的人。与纵横家约莫同时代的孟子、庄子，则将同样的技术、本事，用来沟通、传递价值判断。庄子向一般人传递超越人世的广大精神宇宙，孟子沟通的主要对象则是国君，传递的价值信念是儒家的人道主义。

传统阅读《孟子》的方式，很可惜，没能让我们欣赏、领略孟子的雄辩本领。《孟子》的精彩之处，不在于他提出的想法，而在于他如何在对儒家信念极为不利的境遇下，顽强不懈地坚持找到方法凸显这套信念的优点，毫不让步地和其他更流行、更迎合君王心意的学说缠斗。

孟子是个言语和信念上的斗士。他的信念，很大一部分承袭自孔子，也就是承袭自孔子信奉的周代王官学传统，那绝非什么新鲜刺激的东西。相反地，那是被当时许多人认定应该丢入时光垃圾桶的陈旧概念。但看看孟子如何以雄辩姿态，将这些东西说得活泼灵动、强悍生猛，和别人提出的怪奇之论相比，丝毫不显疲态！

《孟子》和《荀子》形成清楚的对比，不只是传统上认知的性善论和性恶论的对比，更重要的，是文风和说话方式的对比。孟、荀同属儒家，两人有许多同样的基本信念，两人的书中也说了许多类似的道理，然而不管再怎么类似、接近的道理，由孟子说来，和由荀子说来，就是给我们很不一样的感受。这种不同，与其说是来自内容的差异，毋宁说是风格乃至于人格的差异。孟子的雄辩风格，部分来自时代影响。孟子出生于公元前 372 年，荀子出生于公元前 313 年，虽然只相去六十年左右，但所处的时代气氛已经有了根本的变化。孟子的时代，仍然是百家争鸣，言论互激，一切处于未定的情况，从国君到小民，大家都焦虑地寻访对现实中战乱不安状况的解决之道。到了荀子的时代，前面的长期多元激荡，开始收束整合了。荀子本身整合了儒家和法家，荀子的学生韩非更进一步整合了法家和道家。

换句话说，孟子身在言论的战场上，强敌环伺，必须随时打起精神，不断战斗；到荀子时，战场已经初步清理了，只剩下几个还站着的强者，不再必然战斗，转而想着如何重整彼此关系，找出停战的办法来。

为解决现实问题而辩

在一个面向上，《孟子》比较接近《论语》，而远离《荀子》，因为这本书不只记录了孟子说什么，还将孟子在什么状况下，对谁说这些话的外在条件，都交代得清清楚楚。千载之下，我们都还能透过这些记录，想象还原孟子当年的论辩实境。

庄子也是个了不起的雄辩家，然而《庄子》书中呈现的，是一种纸上的、想象的雄辩。书中没有给我们现实的辩论场景，少数例如庄子和惠施的对话，读起来总比较像寓言，而非现场记录。《庄子》传递的，比较像是一个有剧本、操控好的舞台，那些质疑、挑战庄子的人，仍然是本来剧本里就安排好的角色，按照他们的脚本说话，制造出应有的舞台效果。

我们当然不能天真地将《孟子》里所记录的一切，都当作事实看待。重点在于：《孟子》的写法，就是企图让我们感觉这是真实发生过的一场论辩，真正的君王、真正的问题、真正的往来论难，用这种方式传达出再强烈不过的现实感。从书中浮现出来的，是一位不怕面对现实问题，不谈抽象理想理念的人，他活在和别人的热闹互动中，而不在自己内在的思考与想象中。

采取如此具有现实感的书写策略，是有道理的。正因为从王官学到儒家的信念，在孟子的时代是古旧的，很容易被视为只适用于一个单纯的逝去年代的道理，缺乏现实意义，于是要让人愿意听儒家信念，就先得有办法把现实摆进来。

《孟子》第一篇是《梁惠王》，开篇第一件事就是给出了一个真实的国君——梁惠王（魏惠王），和在读者看来像是现场记录的对话。孟子见梁惠王。王曰："叟不远千里而来，亦将有以利吾国乎？"孟子是个游士，没有固定的官职与身份，不断从这国跑到那国，给国君提供国政上的分析与建议。因此梁惠王见面的问候客套话，理所当然就是："啊呀，老先生千里迢迢到我们这里来，想必会给我们带来很有用、可以带来利益的协助吧？"

像孟子这种人，是国君的流动幕僚，到任何一个地方，最主要的目标一定是说服国君接受他们的主张，进一步任用他们协助处理国政。所以梁惠王的问候很普通、很正常，而“利吾国”，是国君判断要不要接受游士意见天经地义的标准。

孟子到梁国（魏国）之前，已经有了一定的名气，也才能直接见到梁惠王。这件事发生在公元前 328 年，那年孟子四十四岁，梁惠王开口称“叟”，显然不完全是针对孟子的实际年龄，有冲着孟子名声而来的尊敬之意。

梁惠王绝对没料到，如此平常的初见面招呼套语，竟然就引来孟子的否定，加上一大段训诫。孟子对曰：“王何必曰利，亦有仁义而已矣。”孟子的回应是：“王干吗要提利益呢？难道你不知道比利益更重要的仁和义吗？”

梁惠王显然来不及弄清楚状况，孟子已经滔滔不绝铺陈其道理了：王曰：“何以利吾国？”大夫曰：“何以利吾家？”士庶人曰：“何以利吾身？”上下交征利而国危矣。“国君问：‘如何对我的国有利？’大夫就问：‘如何对我的家有利？’没有封地的士和庶民就问：‘如何对我自己有利？’上上下下都求利，互相争夺利益，这个国可就危险了。”

国君考虑国的利益，拥有封地的大夫就会相应考虑自己封地的利益，同样的士庶民就考虑自身的利益。从上到下，想的都是从自己出发的利益，然而上下的利益彼此交错，这方的利益增加，很可能就会损伤那方的利益，因而考虑利益必然产生利益冲突与争夺，这是“危”的来源。

“万乘之国，弑其君者，必千乘之家；千乘之国，弑其君者，必百乘之家。万取千焉，千取百焉，不为不多矣。”《史记·太史公自序》中有一段话说：《春秋》之中，弑君三十六，亡国五十二，诸侯奔走不得保其社稷者不可胜数。《春秋》经文记录的两百多年间，就发生了三十六次弑君事件，正式被灭亡并吞的国高达五十二个，平均六年多就有一个国君被杀，平均四年多就有一个国灭亡。这种状况进入战国之后，只会更加严重、激烈，所以孟子直接在梁惠王面前说：具备万乘实力的大国中，弑君的一定是具备千乘实力的大夫；具备千乘实力的中等国家中，弑君的一定是具备百乘实力的大夫。这些大夫，他们的实力都已经达到国君的十分之一（“万中有千，千中有百”）了，难道还算少吗？意思是自己已经拥有那么多了，为什么还要弑君呢？

因为“苟为后义而先利，不夺不厌。”孟子的解释：如果大家都只想怎样是有利的，不考虑、不在乎怎样是对的、正当的（“义”），那就会产生这种不论自己已经拥有多少，都一定要争夺更多，不去争、不去抢就无法满足的现象。

孟子前面说“上下交征利，而国危矣”，到这里他传递的信息更直接、更迫切了，实际上是“上下交征利，而国君危矣”！如果国君不希望遭遇这种弑君争夺的危险，那就应该听下面的建议：“未有仁而遗其亲者，未有义而后其君者。王亦曰仁义而已矣，何必曰利？”应该赶紧停止强调利、追求利，转而提倡仁义，反而仁义才对国君最有好处。相信仁、行仁的人，绝对不会忽略、遗弃他的亲人；相信义、遵守义的人，也绝对不会轻蔑、伤害他的君王。这里孟子给了仁与义最简单的行为定义。仁就是遵从伦理，看重亲人；义就是有一种坚持正当行为，不做不该做的事的信念，规矩上国君在前，那么实践上就不会将国君放到个人考量之后。然后孟子将前面说过的话，当作总结再说一次：王，你应该说仁义才对，不要再说利了。

仁义才能带来真正的利益

开头第一篇，就展现了孟子复杂的雄辩思维。他毫不留情地给梁惠王当头棒喝，抓住梁惠王见面客套话中的“利”字大做文章。但我们不必替孟子担心梁惠王听了这番话会发怒翻桌，因为虽然明白地说“不必曰利”，但只要梁惠王仔细听进孟子说的，他立刻会自己得到话中有话的推论：其实从国君的角度看，仁义才是大利，提倡仁义才真正符合国君的利益。“曰利”，把利挂在嘴上、放在心上，让国中大家都嘴上说利、心头想利，反而对国君是最不利的。

孟子不是个传统主义者。他对梁惠王主张仁义，理由不是因为仁义就是对的，或仁义是古圣所教诲的、几百年流传下来的，或尧舜先圣都奉行仁义，所以今天的国君也应该奉行仁义。不，他其实是顺着梁惠王对利的重视，否定梁惠王原本认为的利，教他若真要有利于自己，仁义才是对的答案。

孟子没有直接用“利者非利”一类正言若反的表达方式，但他的推论，实质上仍属于吊诡悖论。他的雄辩以指出对方的想法似是而非来展开——你以为追求利就必然有利，不，这个想法错了，追求利反而会带来危，带来祸害；追求仁义才能真正带来利。

贯彻《孟子》书中雄辩的主轴，就在于将当时一般人，尤其是国君视之为落伍、无用的人伦、仁义、周文化传统价值，表现为最适合、最能应对当时环境的观念。这点上，孟子和孔子很不一样。孔子梦想的，是取消春秋时代变动、破坏的力量，回归西周原始状态，那么仁义为首的伦理条目、人格常规就都能恢复发挥其作用了。孟子却主张，不必回拨时钟，不可能退回到周初情境，就在战国的现实中，仁义为首的这些伦理条目、人格常规都还有用，甚至都还是最好用、最有用的。

下一篇，再度示范、显现了这种悖论雄辩的风格。孟子见梁惠王，王立于沼上，顾鸿雁麋鹿，曰："贤者亦乐此乎？"孟子又见到了梁惠王，但这次不在宫中，而是在园林水池边。梁惠王环顾欣赏园中养的大大小小的飞禽走兽，对孟子说："贤者也喜欢这样的享受吗？"

贤者，既是对孟子的敬称，也是梁惠王带点不好意思的疑惑。梁惠王喜欢园林动物，但又意识到这种享受似乎不符合传统贤君的形象，所以问孟子怎么看。

孟子对曰："贤者而后乐此，不贤者虽有此，不乐也。"又是逆反了梁惠王的预期，孟子的回答是："只有贤者才能享受这种乐趣，不是贤者的，就算有了同样的环境、同样的条件，都无法真正拥有如此享受。"孟子显然立刻明了梁惠王对在他面前表现喜爱园林动物，感到尴尬甚至罪咎。一个贤者，尤其是一个担任国君的贤者，依照传统的道理，不应该追求这种乐趣，应该将心力放在照顾人民、管理国政上，公众福祉重于私人娱乐。梁惠王此问，就是有了会被孟子批评教训的准备，预期孟子会说"不贤者而后乐此"，只有那些不像样的国君才会将时间精力耗费在游园赏鸟上！

但孟子偏不批评教训。雄辩的一种手法，就是故意违背听者的预期，因而激发听者的好奇乃至震惊，于是对说者所言留下深刻印象。梁惠王不会想到简单的招呼问候语会惹来最严厉的威胁，听到孟子"弑君者"那一段话，一时片刻绝对忘不掉。

同样的，梁惠王怎么都想不到，孟子非但不批评他的个人园林享受，反而用赞成、称许的口气说："贤者而后乐此。"

孟子接着解释："《诗》云：'经始灵台，经之营之，庶民攻之，不日成之。经始勿亟，庶民子来。王在灵囿，麀鹿攸伏，麀鹿濯濯，白鸟鹤鹤。王在灵沼，于牣鱼跃。'"天啊，孟子竟然还正经八百引用了《诗经·大雅·灵台》的句子，这是咏周文王的。我们可以想见梁惠王听到时更强烈的惊讶反应：我以为我在做一件贤者不该做的事，这位老先生却不只嘉奖我享乐，还把我和周代开国的大贤君文王相提并论？！

诗的内容描述了文王如何兴建灵台。他度量规划，然后准备材料，因为民众都来一起参与建造，所以灵台一下子（"不日"）就盖好了。原来规划准备时，将进度定得很松，打算慢慢来（"不亟"），但没想到民众却像是帮自己的父母做事一样卖力，很快就完成了。在灵台周围文王的园子里，母鹿安详悠闲地伏卧着（"攸伏"），仔细看，那鹿长得很好，毛色光润（"濯濯"），旁边还围着羽毛洁净漂亮（"鹤鹤"）的白鸟。文王在灵台边的水池畔，看到水中鱼儿拥挤跳跃。

然后孟子点出这段诗的重点："文王以民力为台为沼，而民欢乐之，谓其台曰灵台，谓其沼曰灵沼，乐其有麋鹿鱼鳖。古之人与民偕乐，故能乐也。"文王运用众人的力量来兴建台阁庭园，而人民是高高兴兴来做的。甚至这座楼台称为"灵台"，这塘水池称为"灵沼"，都不是文王自己取的名，是人民取的，用来显示他们的心意。像文王这样的古贤君，与人民同乐，所以能享受园林之乐。

最后，孟子再用反例来强调："《汤誓》曰：'时日曷丧，予及女偕亡！’民欲与之偕亡，虽有台池鸟兽，岂能独乐哉？”反过来看，《尚书·汤誓》中，人民对着夏桀愤怒呼喊：“这个太阳啊（指高高在上的王），你什么时候灭亡呢？我愿意和你同归于尽！”想想看，人民不惜和他同归于尽，这种君王就算有园林动物，有办法自己享乐吗？

关键不在于园林动物，而在于国君和人民之间的关系，在于国君如何对待人民。绕了一圈，孟子其实还是回到这个主题上。但对于国君的享受，孟子把它从梁惠王要问的“该不该”，从逻辑上转换为“能不能”。不该问贤者或好的国君该不该如此享受，而该弄明白，如果不是贤者，不能好好治民，获得人民的拥戴，那么他根本就没有办法如此享受。人民拥戴国君，国君就能过得自在快乐；人民和国君对立，国君坐立难安，怎么会有任何享受可言？

问题的根源是好战

再下一段，仍然是梁惠王和孟子的对话，不过情境又不同了。梁惠王有备而来，对孟子提出了正式的请教：梁惠王曰：“寡人之于国也，尽心焉耳矣。河内凶，则移其民于河东，移其粟于河内。河东凶亦然。察邻国之政，无如寡人之用心者。邻国之民不加少，寡人之民不加多，何也？”梁惠王自认在治理国家上尽心尽力，国的西部发生荒歉，就积极将人民迁移到东部来，再把东部生产的粮食运到西部去赈灾。换作东部荒歉也同样积极处理。观察、比较邻近各国，别的国君都没有那么用心的，照理说，邻国的人民应该会被吸引过来，投靠梁国才对，为什么现实上却不是如此呢？

梁惠王有此疑惑，背景是战国时代国与国之间竞争的焦点，一是土地、二是人民，两者密切相关，却不是同一回事。通常有愈大的土地，就能靠土地的生产力拥有愈多的人民。但不必然。那是没有签证、没有护照、没有海关的时代，人民有高度的迁徙自由，而且时局愈动荡，人民就有愈强烈的迁徙动机。国要大，要能在竞争态势中保有优势，当然要有土地，土地不够，撑不起足够的人口规模。不过，同时也要想办法不只保住国内既有的人民，最好还能吸引别国的人搬迁过来。如果人太多，土地不够了，都还能将人口化为军队武力，去夺取邻国土地。

孟子对曰："王好战，请以战喻。填然鼓之，兵刃既接，弃甲曳兵而走。或百步而后止，或五十步而后止，以五十步笑百步，则何如？"孟子不直接回答梁惠王的问题，却丢了一个问题先要梁惠王回答。他说："王，你喜欢打仗，我就用战场上的事来做比喻。战鼓咚咚（"填然"）响起，双方兵器互相交接，有士兵解下盔甲，丢掉兵器，不打了，掉头逃跑。有的跑了百步之远停了下来，有的跑了五十步就停下来。如果那跑了五十步的，嘲笑跑了百步的，说人家胆小逃跑，你觉得怎么样呢？"

曰："不可，直不百步耳，是亦走也。"梁惠王的反应当然是："哪有这种道理！他只是没有跑到百步而已，他自己也逃了啊，怎么能笑人家？"

孟子早就预料了梁惠王会这样回答，事实上换作我们来答，也是这样答吧！然而梁惠王一答，就掉入了孟子的雄辩陷阱里。曰："王知如此，则无望民之多于邻国也。"孟子马上说："你既然知道五十步笑百步没道理，也就该知道你的人民不会比邻国多了。”孟子点出了他要给梁惠王的答案：你没有比邻国国君好啊，你自以为的尽心，不是真正的尽心，你的做法本质上和邻国都一样，所谓尽心不过就像没跑到百步，五十步就停下来而已。

然后他仔细说明了真正用心、尽心的国政应有的做法。“不违农时，谷不可胜食也；数罟不入洿池，鱼鳖不可胜食也；斧斤以时入山林，材木不可胜用也。谷与鱼鳖不可胜食，材木不可胜用，是使民养生丧死无憾也。养生丧死无憾，王道之始也。”

关键在于不耽误、不破坏人民的基本生产活动。该耕种该收获的时候，让人民能耕种能收获，那么谷子粮食就够吃了。不竭泽而渔，不用细密的渔网去大池里捞，那么池中自然长养的鱼鳖就够吃了。不乱砍树木，给树木充分时间生长，那么木材就够用了。粮食、鱼鳖够吃，盖房子、取暖的木材够用，那么人民就能好好活着，死了也能得到适当的丧礼，都没有匮乏遗憾。让人民活着、死了都没有匮乏遗憾，这就是王道的起点，也就是国君正确处理国政的基本要求和标准。

这段话中，“无违农时”，“斧斤以时入山林”，孟子连用了两个“时”字。后面一段，他还会说“鸡豚狗彘之畜，无失其时”，“百亩之田，勿夺其时”，又有两个“时”字。这是他要梁惠王理解的重点，做国君的首要责任，在于不妨碍人民的生产规律。为什么要这样强调？因为那个时代破坏人民生产之“时”的，就是国君发动的战争。战争一来，青壮人力就被征调到战场上，不管到底是什么季节，田地里需不需要人力。有的田园因而暂时荒芜，还有一些田园因为耕种者死在战场上回不来，就长期荒芜了。这是最大的耽误、最大的破坏。

正常粮食生产遭到破坏，人没东西吃，只好拿细网将小鱼小虾都捞起来，那么明年水池里就没有鱼虾了。该砍木材的时候没有人力去砍，就只好在不对的时候砍掉树木，那么明年山林就无法持续提供足够的木材了。

虽然孟子没有明说，只要细思他的回答，我们就能自己串接起他的逻辑，对于前面才刚读过的内容，有了不同的体会。梁惠王说“河内凶”“河东凶”时，我们自然以为“凶”（生产荒歉）是自然因素造成的。但孟子要提醒梁惠王的，正是：如果不是人民被力役调离了生产本位，河内会凶吗？河东会凶吗？

更进一步，我们意识到“五十步笑百步”的比喻之前看似轻描淡写的“王好战，请以战喻”，其实多么沉重啊！反映迅捷的雄辩家，早在说这句话时，就已经给了梁惠王答案——唉，就是因为你和邻国国君一样爱打仗，人民当然不会增加嘛！

说完了王道之始，孟子期待国君在这基本标准之上，追求更高的成就：“五亩之宅，树之以桑，五十者可以衣帛矣；鸡豚狗彘之畜，无失其时，七十者可以食肉矣；百亩之田，勿夺其时，数口之家可以无饥矣。谨庠序之教，申之以孝悌之义，颁白者不负戴于道路矣。七十者衣帛食肉，黎民不饥不寒，然而不王者，未之有也。”

农家拥有五亩大的宅园，可以在那里种桑树，养蚕缫丝，那么五十岁以上的人就能够穿丝绵衣了。宅园里还能养鸡猪狗等牲畜，不违失繁殖季节，那么七十岁以上的老者就固定有肉吃了。农家拥有百亩田地，按时下田，那么一家人都可以不用挨饿。然后谨慎认真地透过乡里庠序活动，教人民孝悌的是非道理，人人知道孝亲敬长，那么就不会有头发花白的长者背着重物在路上走，年轻人自然会去帮忙代劳。处理国政，能够做到让七十岁的人穿得好、吃得好，一般人不必担心挨饿受冻，这样的国君，必定能够称王于天下。

这里有个关键字，当动词用的“王”。这个字及其代表的意思，会在《孟子》书中反复出现。春秋时诸国并立的情况，到这时已经消失了，只剩下几个大国彼此争战。谁都能看得出当时的基本趋势：剩下的国只会愈来愈少，很有可能最后只剩一个。仅存数国,每个国当然都紧张兮兮希望自己会是那最后一个，每个王都期待自己是最后还能屹立不倒的那个王。“王”就是用来描述那个终局的特殊用语，即统一天下最后还能为王这件事。什么样的人能王？怎样的条件能让这位国君王天下？是当时再现实、再迫切不过的政治议题。

孟子给出的王天下的条件是什么？是回归正常，让人民以正常的方式生产、过活，如此而已。“七十者衣帛食肉，黎民不饥不寒”，就这么两句话，没有任何奇特可观之处。这又是孟子追求、创造的雄辩效果，人人都认为王天下是多大的非常事业，一定要有非常的条件才能成就，孟子偏偏说：只要做得到给人民基本的照顾，这样的国君就能王，而且是百分之百保证一定能王，“然而不王者，未之有也”。

“狗彘食人食而不知检，涂有饿莩而不知发，人死，则曰:‘非我也，岁也。’是何异于刺人而杀之，曰：‘非我也，兵也。’王无罪岁，斯天下之民至焉。”前面好意劝梁惠王要王天下其实不难，接着孟子又立刻换上一副严厉的脸色，以指责的口吻回答梁惠王前面的问题。“今天的现实是，国君、贵族养的动物，吃得比一些人民还好，你却不知检讨检点；路边躺着饿死的尸体，你却不赶紧将储藏的粮食拿出来救济。自己的人民死了，你的说法是：'年头不好啊，是自然天候造成了荒歉，不是我，我无能为力，我没有责任。这跟拿刀刺杀人，却说不是我杀的，是刀子杀的，有什么两样吗？'如果你不归罪于年头不好，承认造成荒歉你有责任，你没有做对做好，那么天下的人民就都会来投靠你了。"

原来梁惠王的问题里，就已经藏着答案了。邻国的人为什么不会来？因为梁惠王认为荒歉与他无关，同时认为移民移粟是他尽心的表现。但在孟子眼中，这种态度和邻国国君没有本质上的差别。真要有本质差别，梁惠王必须承认自己爱打仗与奢侈享受的习惯，是造成荒年的因素；他更应该看到让人民得以安居，是国君的责任，不是对人民的恩惠。唯有如此调整态度，才有可能吸引人民前来投靠。

借孔子之口开骂

梁惠王曰："寡人愿安承教。"孟子对曰："杀人以梃与刃，有以异乎？"曰："无以异也。""以刃与政，有以异乎？"曰："无以异也。"这一则，一方面顺着上面一则继续讨论国君对人民的责任，另一方面却又有了和前面三则都不一样的表现方式。

仍然是梁惠王和孟子之间的对话，这一回，梁惠王姿态再低不过，直接说："我很乐意听您教导。"你要说什么我就听什么。话中特别用了"安"字，表示梁惠王很清楚孟子要说的，不会是什么好听话，但他仍然愿意听，会安然不发作地好好听。

梁惠王很直接，孟子却不直接，反而迂回问道："你觉得用棒子打死人，和用利刃把人刺死，有什么不一样吗？"梁惠王回答："没有不一样。"孟子进一步再问："那用利刃杀人，和以苛政杀人，有什么不一样吗？"不同工具、不同手段，都是杀人，所以梁惠王还是回答："没有不一样。"

曰："庖有肥肉，厩有肥马，民有饥色，野有饿莩，此率兽而食人也。兽相食，且人恶之，为民父母，行政，不免于率兽而食人。恶在其为民父母也？"梁惠王同意以政杀人也是杀人，没有反对、没有辩解，显现他真是"愿安承教"，孟子才说出批评意见："你的厨房里有吃不完的肥肉，你的马厩里马养得很肥，但你的人民却将饥饿写在脸上，道路上看得到饿死的尸体。两相对比，这岂不等同于带领动物吃人吗？动物彼此互相残杀啃食，我们人看了都觉得受不了，然而应该如父母般慈爱、保护人民的国君，竟然连避免带领动物吃人都做不到，这哪能算得上是慈爱、保护人民呢？"

孟子说的话，的确不好听，指责梁惠王带着动物吃人。后面还有令人更难堪的。仲尼曰："始作俑者，其无后乎！"为其象人而用之也，如之何其使斯民饥而死也？孟子引用孔子的话说："发明以木偶来陪葬的人，会断子绝孙吧！"孔子说那么重的话，为什么？不过就因为木偶长得像人，却被拿来陪葬。用木偶陪葬的人，难道不会觉得像是把人活埋而感到不安？失去这种不安的感受，对孔子来说已经是很严重的事了。用这种标准看，那让人民饥饿而死的人，该怎么办？

孔子的话，是诅咒。俑，是用来取代活人的。原先真的有将活人拿去陪葬的做法，后来文明些了，不用活人，改用刻成人形的俑。但依照孔子的人道标准，就连拿俑去陪葬，都无法接受，因为那是象征性地剥夺人命。象征性剥夺人命，孔子都要用那么重的诅咒来予以反对，那要拿真正把人饿死的行为怎么办呢？

孟子引这段话，是要让梁惠王明白，说他带领动物吃人，不是夸张的高标准。和孔子的标准相比，这标准一点都不高。换作孔子来评断梁惠王这种“厩有肥马，路有饿莩”的做法，大概会气得说不出话来吧！孟子拐了个弯对梁惠王说：你这种做法，换得绝子绝孙的报应，都不为过啊！

孟子对国君还真说得出这么凶狠的话，以滔滔的雄辩包裹着，展开心理攻势，要让国君接受儒家亲民爱民的理念。

仁者无敌

梁惠王曰：“晋国，天下莫强焉，叟之所知也。及寡人之身，东败于齐，长子死焉；西丧地于秦七百里；南辱于楚。寡人耻之，愿比死者一洒之，如之何则可？”仍然还是梁惠王和孟子的对话，这一段又有跟前面四段不同的情境。梁惠王对孟子的提问，其实正显示了为什么孟子说那么凶狠的话，梁惠王没有发怒，没有当场把孟子赶出去，没有从此将孟子列为拒绝往来户，因为梁国居于困境中。

梁国，也就是魏国，是三家分晋后出现的。公元前 403 年，晋国三个势力最强大的大夫靠着实力，让周天子承认他们为正式的诸侯，几年后，他们将晋的最后一位国君晋静公废除，彻底瓜分了晋的国土。而这三个新兴之国——韩、赵、魏——之中，魏占据了最核心的土地，国力也最强，因而到梁惠王时，依旧视自己为晋的主要承传者。

梁惠王问孟子："我们晋国曾经是天下最强的国，这是老先生你知道的。春秋时代，晋文公建立了霸业，之后晋国一直都是无人敢轻视、忽视的大国。然而在我当国君这几年间，东边败给了齐，马陵之役中，甚至连我的大儿子都被俘而死；西边又被秦陆续侵夺了七百里的土地；南边也受到楚的威胁欺侮。对这些事，我深感羞耻，希望能替这些战死的人报仇，怎么样才做得到呢？"

魏国虽大，但位于四战之地，被其他强国包围。东边是老对手齐国，西边、南边又有快速崛起的新兴势力秦和楚，大家都觊觎魏国的土地与人民。梁惠王听过了孟子对国政的原则训诫，这次他要问很明确、很具体的问题，要求得到很明确、很具体的答案——要如何胜过齐、秦、楚这几个邻国？要如何能打胜仗雪耻？这里，好战的梁惠王念兹在兹的，是"战"，是如何打胜仗。

孟子对曰："地方百里而可以王。王如施仁政于民，省刑罚，薄税敛，深耕易耨。壮者以暇日修其孝悌忠信，入以事其父兄，出以事其长上，可使制梃以挞秦楚之坚甲利兵矣。"

孟子的回答是："一个百里见方大小的国，如果用对的方式治理，都可以王，让天下人民归服。"这句话对应梁惠王所说的重重失败挫折，孟子提醒他，就算"东败于齐"，"西丧地于秦"，"南辱于楚"，梁国仍然是个大国，远大于"地方百里"。话中隐含的意思，也就是教训梁惠王，你目前拥有的条件，仍然足以追求更高的目标、更远大的理想，干吗满脑子想的只是在东边、西边、南边打仗复仇呢？

所以明知梁惠王要问打仗复仇之事，孟子却还是回到根本

道理上来规劝他 :“如果你可以对人民施行仁政，刑罚少一点、税赋轻一点，鼓励投注更多人力就能有更多收获的农作方式，土要犁得够深，并且勤于锄草。年轻壮丁农闲时还能修养德行，遵守孝悌忠信的道理，在家里侍奉父兄，出门侍奉长辈，做到这样，那就算只给他们木棍都能够打赢拥有坚实盔甲、锐利兵器的秦楚大军了！”

孟子所说的仁政，归结到底，还是那件事——“不夺农时”，非但不要以力役之征将年轻人从土地上拉开，还应该鼓励他们花更多时间在农田里，取得更富足的收获。还要给他们留出可以受教育、学规矩的时间，这才是强国的根本方法。

“彼夺其民时，使不得耕耨以养其父母，父母冻饿，兄弟妻子离散。彼陷溺其民，王往而征之，夫谁与王敌？”为什么不讲究兵战，反而国家会强大，可以战胜邻国呢？在孟子看来，那些好战之国，侵夺了人民耕种的时间，使得他们没办法好好种田生产来供养父母。父母挨饿受冻，家人四处离散，没办法聚守在一起。这等于是他们的国君让人民陷于水深火热之中，人民不可能支持这样的国君，如果你去征伐这样的国家，谁来抵挡你、跟你作对呢？

孟子所说的，明显是一体两面的道理。行仁政，得到人民衷心的效忠，很容易就能打败让人民痛苦、离心离德之国 ；倒过来，如果梁惠王坚持好战，那么遇到别人来征时，在“陷溺”之中的梁国人民，也很容易就会背弃他们的国君！

“故曰 :‘仁者无敌’，王请勿疑。”“所以说，行仁政的仁者没有对手，请你不要怀疑这项真切的道理。”

打仗的关键不在于武器、战阵，而在于人民活得好不好。

活得好，他们会珍惜自己既有的生活，会拼命保护自己的国；活得水深火热，他们一心希望能改变现状，就不可能有所坚持。因而前面一种人民遇到后面一种人民，不管前者的武器多原始多粗糙，后者的武器多精良多锐利，结果都一定是前者胜过后者。

孟子知道梁惠王会觉得他答非所问，没有针对具体的作战报复办法回答，所以特别强调“仁者无敌”。这句话的本意是没有人会要和仁者为敌，仁者没有敌人，孟子却在雄辩的脉络下，巧妙地将之转化为“仁者没有对手，到哪里都会赢”的意思，叫梁惠王不要怀疑这看起来似乎迂远的答案，要相信仁政的巨大优势。

创造古代思想的当代价值

孟子的雄辩建立在一个他自己深信不疑的道理上——仁义可以强国，用仁义可以征服诸国，统一天下。那个时代的国君念兹在兹的都是如何扩张国势，如何比邻国更强，如何更有效地进行征战。他们不理会传统伦常规范，觉得那是已经被证明是过时、失效了的方法。

儒家传承封建王官学，以古昔为标准，严厉批判现实，主张逆转变化，恢复想象中的封建宗法黄金年代，恢复君君臣臣父父子子的人伦定则。这样的态度，基本上是不现实，也无法应对现实的，它是要取消现实已有的变化，将时间扭转回去，认为只要回到过去，一切就都好了。

这种主张，在战国时期愈来愈无力。尤其是做国君的，特别听不进这种话。一来，现实征战几乎不存在他要不要打的选择，不是你占人家土地，就是人家攻过来占你的土地。二来，真要回到过去，难道像魏国这种因破坏了封建宗法才兴起的国，要自我取消国的地位，梁惠王要交出国君位子，退回去当大夫吗?

到孟子的时代，真正有力量、有市场的，是纯粹现实功利的主张。纵横家教国君如何善用和邻国之间的关系，创造对己国最有利的情况。兵家教国君如何训练军队、如何加强纪律、如何布阵作战。还有法家教国君如何更有效地管制人民、如何集中人力与资源、如何降低统治上的不利变数。

孟子了不起的地方，在于开创了一条传统主义和现实主义之间的新道路，并且找到了一种用来描述、推动这条新道路的论辩方法。孟子不是传统主义者,他不用“这是过去传留下来的，是圣王发明、运用过的，所以一定是好的”这种传统主义逻辑，他看重现实，针对现实而改写了仁义的意义。

当时的人普遍认为仁义就是一套传统政治原则，是在没有列国争战环境下形成的规范，仁义必然无助于富国强兵的现实需要。孟子却发动其滔滔雄辩，让我们在两千多年后仍然感觉得到内在的道理热度，主张仁义既不会妨碍富国强兵，也非和富国强兵无关，相反，仁义是朝向富国强兵最好甚至是唯一的途径。不循仁义之途，不仅无法确实地富国强兵，还会带来许多后遗症。

“予岂好辩哉，予不得已也。”很多人会背孟子这句话，却很少有人回到历史的情境下真切了解孟子的不得已有多“不得已”。他的不得已，是因为他的主张违逆时势潮流，更是因为他的主张也不是单纯从前人那里承袭而来的。他必须要辩，才有机会在众声喧哗的战国环境中，越过更容易被理解的传统主义和现实主义立场，被国君听到。

后世儒家变成了正统，孔孟又是正统中的正统，于是人们往往就忘了一个再清楚明白不过的事实——孔孟相关经典产生时，他们的想法、说法可绝不是正统。他们必须费很大的力气对抗当时的主流，努力改变别人的想法。他们说的道理，不是一眼就能懂得，他们更未握有可以强迫别人必须接受这些道理的权力。孔子活着的时候，没有这份权力；孟子活着的时候，也没有这份权力。

“予岂好辩哉，予不得已也。”真不是随便说的。不辩，不靠辩建立起名声，手上没有任何具体权力的孟子，恐怕连让梁惠王见他，客客气气打声招呼说“叟不远千里而来”的机会都没有！

第二章　通向王业的大道

发自浩然正气的雄辩

梁惠王相对算是比较尊重孟子，也比较能接受他通过雄辩提出的大道理的——至少相对于他的儿子梁襄王来说。

孟子见梁襄王。出，语人曰："望之不似人君，就之而不见所畏焉。"梁惠王去世，梁襄王刚继位，孟子去见这位新立的国君。有趣的是，这段记录的写法，和前面的每一段又都不一样。这段话所记录的，不是孟子和梁襄王对话的现场，而是对话结束后，孟子离开王廷对别人说的话。

孟子说的第一句话，是对梁襄王的初步印象：远一些看，没有个国君的样子；靠近了，也感觉不到他有什么规矩礼仪。"望"和"就"是相应联系的，所以上半句和下半句密切相关。上半句说，看上去，梁襄王的外表不像国君；下半句则进一步解释，那应该怎样才像国君，才是适合当国君的态度。

“就之而不见所畏焉”，常常被解为：靠近了发现他也没有什么值得害怕的地方，也就是说梁襄王的问题在于缺乏威严。从文本上看，这种解法很难成立。首先，文献上的句法是“不见所畏焉”，不是“不见可畏焉”。其次，我们看过孟子对待梁惠王的方式，《孟子》书中他还留下了另一句精彩的名言：“说大人，则藐之。”我们很难想象这样一个人会主张国君应该有威仪，应该在孟子面前摆出一套架子，才会得到孟子认可。

更关键的，是后面孟子转述的他和梁襄王的对话。梁襄王连续问了三个问题：“天下恶乎定？”“孰能一之？”“孰能与之？”都很简短，都很直接。因而孟子批评的，显然是这位新君不懂礼貌、没规矩，还有在态度上的不谨慎、不庄重。他爸爸梁惠王见到孟子，都还客客气气谦虚地称“叟”，客客气气地说“寡人愿安承教”，这个年轻人却大大咧咧地开口就问“天下恶乎定”。

对孟子而言，当国君的必要条件，是要懂得尊重什么、在意什么，懂得待人处事的分寸。换句话说，做国君的，不能高傲，不能轻慢。梁襄王“望之不似人君”，原因不在于没有威严，相反地，在于其展现出的高傲、轻慢态度。

“卒然问曰：‘天下恶乎定？’吾对曰：‘定于一。’‘孰能一之？’对曰：‘不嗜杀人者能一之。’‘孰能与之？’”孟子认为，没头没脑地开口就问天下如何才能平定，没有招呼，没有礼貌，而且一问就问大而空泛的问题。梁襄王没礼貌地问过来，孟子也就粗鲁地答回去，他用最简单的方式答：“会平定在‘一’（统一，纷争、歧异消失了）。”对照前面光是针对梁惠王问“亦有利于吾国乎”，孟子就说了那么一大串，“定于一”区区三个字，当然是孟子故意摆出的懒得多说的姿态。

梁襄王没意识到孟子的不爽，仍然自顾自又问谁能“一”，而不是问如何能“一”，话中的意思预期孟子应该拍他马屁说：“啊，就是大王您能一啊！”

真是高傲、轻慢。既然梁襄王又一次没礼貌地问过来，孟子就再一次粗鲁地答回去，还是用最省话的方式回答：“不喜欢杀人的人能一。”这当然不是梁襄王想听的，于是梁襄王的回应是：“谁会服从、跟随他呢？”这话更傲慢了，带有讥嘲的口气，意思是：不喜欢杀人，要怎样压得住人民，叫人民服从、跟随呢？

孟子实在不能不以雄辩教训他了。“对曰：‘天下莫不与也。王知夫苗乎？七八月之间旱，则苗槁矣。天油然作云，沛然下雨，则苗浡然兴之矣。其如是，孰能御之？’”对梁襄王的讥讽，孟子强硬地顶回去：“谁会服从？谁会跟随？全天下都会！”然后也带着讥嘲的口吻问梁襄王：“你懂农作吗？你看过秧苗吗？盛夏之时不下雨，干旱，秧苗枯萎了。这时天上乌云堆积，然后大雨丰沛地降下，于是秧苗立刻蓬勃、快速地生长。有谁能抵挡、阻止这种趋势吗？”

“今夫天下之人牧，未有不嗜杀人者也。如有不嗜杀人者，则天下之民皆引领而望之矣。诚如是也，民归之，犹水之就下，沛然谁能御之？”“现在的状况是，所有做君王带领人民的，没有一个不杀人、不喜欢杀人。假使出现了一个不杀人、不喜欢杀人的国君，那么全天下的人民都会伸长了脖子企盼他能是自己的国君。如果真是那样，人民服从、跟随这位国君，就像水往低处流一般自然，那样汹涌的来势，有谁能抵挡、阻止？”

孟子话中隐含的意思是：就是有你们这些只相信杀人、战争的傲慢国君，所以各国人民都像盛夏间快被晒死的秧苗，奄奄一息等待着天降甘霖，把他们从这种饱受压迫、威胁的状况中解救出去，这份心态，正是“一”的基础，也是“一”的力量来源。

雄辩要靠漂亮、有力的语言。孟子语言中将两件事扣搭得多紧！解救秧苗，先是“天油然作云”，视线是往上的；接着是“沛然下雨”，水往下倾泻。相应的，人民企盼“不嗜杀人”的国君，也是把脖子尽量伸长的仰望之姿；接着人民投靠“不嗜杀人”的国君，其势也是如水如雨，沛然往下，汹涌而来。

“我善养吾浩然之气”，孟子的确有“气”。面对梁襄王这样高傲的国君，他绝不轻让。他坚持认为，一位像样的国君，必须“有所畏”，不是要怕孟子，而是要尊重那份得以鼓起浩然之气的道理。不能抱持一种随时可能遇到比自己有智慧的人的敬畏态度，就没有资格做领导、当国君。而孟子之所以能够养成这种气势跟气场，关键不在于他脾气大、权力高，他靠的是他的道理和信念，以及他知道道理、信念是站在他这一边的。

王道始于仁心

再下面是《孟子·梁惠王上》这卷中的最后一篇，也是最长的一篇。孟子离开了梁国，去到齐国，和他对话的，换成了齐宣王。

齐宣王问曰：“齐桓、晋文之事可得而闻乎？”孟子对曰：“仲尼之徒无道桓文之事者，是以后世无传焉，臣未之闻也。无以，则王乎！”齐桓公、晋文公，是春秋时最重要、最成功的两位霸者，实质上代替了周天子协调、统合诸侯。齐桓公在位时，也是齐国历史上最强盛、最辉煌的年代。齐宣王显然要问孟子：“我如何才能效法齐桓公，在这个时代重建像齐桓公、晋文公那样的霸业？”

孟子没有直接回答齐宣王的问题。我们应该已经很习惯孟子这样的反应方式了，不过他扭转齐宣王问题的方法，还是令人惊讶。他说：“孔子弟子向来不讲齐桓公、晋文公的事迹，所以儒家后世没有流传这方面的知识，我从来不晓得齐桓公、晋文公是怎么回事。如果要说，那就只能谈谈王吧！”

孟子的话，表面上说得很客气，为的是要传达骨子里很不客气的信息。表面上他说：“抱歉，我们儒家对齐桓、晋文的霸业不了解。”骨子里则要传达：“唉，我们儒家不屑谈霸，要跟我谈，你应该要有高一点的标准、大一点的志气嘛！要谈，我只愿意谈王！”

孟子怎么可能真的不了解齐桓、晋文？孔子弟子哪有从来不讲齐桓、晋文的？孟子说的，不是事实，他要把讨论议题从齐宣王设定的霸转向王。短短一句话，孟子就将设定议题的权力，从齐宣王手中夺了过来。

曰：“德何如则可以王矣？”曰：“保民而王，莫之能御也。”曰：“若寡人者，可以保民乎？”曰：“可。”曰：“何由知吾可也？”齐宣王不是不知道王的等级高于霸，听孟子将话题从霸转到王，他有一种受到重视、抬举的感觉。不过他要先试探一下，孟子要说王，是不是意味着觉得他有资格、有可能追求王？

齐宣王先问：“具备怎样的好条件，可以王，可以统一天下呢？”孟子给的答案是：借由保护人民来统一天下，就一定没有任何阻碍。这个答案听起来有点太简单，齐宣王再确认一下，问：“那像我，有办法可以保护人民吗？”这话已经够直接了，等于就是在问孟子：“我也有机会统一天下吗？”孟子再清楚不过齐宣王心中转的念头，所以直截了当地说：“可以。”齐宣王更惊讶了，他原本认定自己连成就如齐桓、晋文那样的霸业都没把握，想不到孟子竟然毫无保留地就说他可以王。“你怎么知道我可以呢？”这是齐宣王真正的疑惑。

曰：“臣闻之胡龁曰：‘王坐于堂上，有牵牛而过堂下者，王见之，曰：“牛何之？”对曰：“将以衅钟。”王曰：“舍之。吾不忍其觳觫，若无罪而就死地。”对曰：“然则废衅钟与？”曰：“何可废也？以羊易之。”’不识有诸？”愈是简短、直截的答案，孟子愈不可能是随口说说的。回答“可”，他早有充分的解释准备。

孟子问王：“我听你身边的胡龁告诉我，前几天你坐在堂上，有人牵了一头牛从堂下走过，你看了就问：‘牛要牵去哪里？’回答是：‘要牵去当衅钟之礼的牺牲。’（“衅钟”的意思是杀了牛之后，将牛的血涂在新铸的钟上以求吉祥，以免钟有缝隙，将来无法发出洪亮的声音。）你说：‘放了它吧，我不忍心看这头牛害怕得发抖，没有罪却要被处死的模样。’底下的人就问：‘那就不行衅钟之礼吗？’你说：‘衅钟之礼怎么能废？换用羊吧！’真的有这件事吗？”

曰：“有之。”曰：“是心足以王也。百姓皆以王为爱也，臣固知王之不忍也。”齐宣王简单地回答：“是有这么回事。”他一定弄不懂孟子为什么要提这件事，一定更猜不到孟子接下来要说的话。孟子就说："你有这样对牛的心意，就足以王了。知道这件事的齐国百姓，都以为你舍不得用牛衅钟，但我确切知道你的反应是出于同情、不忍。"

再说一次，有效的雄辩让听者惊讶，因惊讶而对听到的话留下深刻印象。除了这个效果，孟子在此还迅速取得了齐宣王的信任，齐宣王当然不觉得、不承认自己是因为小气而放过了那头牛。

王曰："然。诚有百姓者。齐国虽褊小，吾何爱一牛？即不忍其觳觫，若无罪而就死地，故以羊易之也。"齐宣王说："是啊，真的有人这样想。齐国再怎么小（齐实际上是个大国），也不至于负担不起一头牛，我怎么可能在这件事上小气啊！真的是因为不忍心看到牛害怕发抖，没有罪却要被处死的模样，所以才叫他们拿羊去换的。"

齐宣王很高兴孟子了解他，还替他辩护，反对那些误会他的人。但接下来，孟子却转而替那些误会他的人解释。曰："王无异于百姓之以王为爱也。以小易大，彼恶知之？王若隐其无罪而就死地，则牛羊何择焉？"孟子说："但你也不能怪他们认为你小气。他们看到的是你舍了牛换了羊，拿小的去换大的，拿价值低的去换价值高的，他们能从这里得到什么其他的解释吗？就算你跟他们说你是不忍心看牛无罪就死，他们还是不会接受，毕竟在这件事上，牛和羊没有两样啊！牛无罪，难道被换去杀了来衅钟的羊，就有罪吗？"

王笑曰："是诚何心哉？我非爱其财而易之以羊也，宜乎百姓之谓我爱也。"被孟子这么一点，齐宣王也意识到其中不合理的地方了，他笑自己："奇怪了，我到底在想什么？我真的不是考虑价值高下，因小气才拿羊换牛，但照这样看，他们说我小气，还不无道理啊！”

曰：“无伤也，是乃仁术也，见牛未见羊也。君子之于禽兽也，见其生，不忍见其死；闻其声，不忍食其肉。是以君子远庖厨也。”孟子安慰齐宣王：“你这样的错误，没有关系，这是仁心的正常反应。关键在于你看到了牛，却没有看到羊。君子具备基本的仁心，即使对动物，都有同情呼应，看到动物活着的模样，自然不忍看到它被杀。听过动物的声音，体会到它活着的生命，就不忍心吃它的肉。这就是在居住与礼仪的安排上，要让君子远离屠宰房的理由。”

君子是贵族，具备领导、统治人民的地位与权力。君子的人格道德，必须维持仁心——对他人痛苦感同身受的基本能力——才能扮演好领导、统治的角色。所以不能让君子靠近屠宰房，看到、听到那些被杀来吃的动物。君子要是“近庖厨”的话，只会有两种必然的结果。一种是君子心情受到强烈感染，就像齐宣王看到牛一样，“见其生，不忍见其死；闻其声，不忍食其肉”，于是会干预，让庖厨无法正常运作。更可怕、更普遍的另一种结果则是：君子习惯了看到、听到动物被杀，因而磨钝了他的同情心，让他变得残酷无感，那么，他能对动物之死无动于衷，也就会对人民百姓受苦受难无动于衷。

重点在于，齐宣王要认知、珍惜自己这份对牛的同情心，拿来作为当国君施政的基础，适当推扩这份仁心，那就不只能成为好国君，还能“王天下”。

这是孟子从非常细腻的、人的心理的角度，尤其是同情心和同理心的角度，来建构的政治统治学。这种统治术跟马基雅维利的《君主论》大异其趣，它是建立在仁慈心、同情心、同理心上面的，它能够创造的不是君王的权力，不是国家的利益，而是让人民安心自在的生活环境。这样的理想，在两千多年之后读来仍然非常动人。

能推恩者得民心

王说曰："《诗》云：'他人有心，予忖度之。'夫子之谓也。夫我乃行之，反而求之，不得吾心。夫子言之，于我心有戚戚焉。此心之所以合于王者，何也？"齐宣王很高兴地对孟子说："《诗经·小雅·巧言》中有这样的句子：'他人有心，予忖度之。'原来就是形容夫子您的啊！明明事情是我自己做的，做完了回头想，都弄不清楚自己当时内心究竟在想什么。可是夫子您一讲，立即就让我内心有了同感。但为什么这样的心意会合乎于王的道理，我还是不明白啊！"

曰："有复于王者曰：'吾力足以举百钧，而不足以举一羽；明足以察秋毫之末，而不见舆薪。'则王许之乎？"曰："否。"孟子还是不直接回答，绕一个弯问齐宣王："如果现在有人向你报告说：'我的力气能够举起三千斤的重物，但没办法抬起一根羽毛；我的眼力连秋天鸟兽身上新长出来的细毛尾端都看得清楚，但没办法看见一整车的木柴。'你同意吗？"这么荒唐的主张，谁会接受呢？齐宣王当然摇头说不。

今恩足以及禽兽，而功不至于百姓者，独何与？然则一羽之不举，为不用力焉；舆薪之不见，为不用明焉；百姓之不见保，为不用恩焉。故王之不王，不为也，非不能也。孟子就说："今天你的同情心充沛到可以照顾一头牛，却没有照顾到百姓，为什么会这样？为什么特别厚爱禽兽而不保护人民呢？”然后他就直接将齐宣王的行为和前面的荒唐主张连接起来：“抬不起一根羽毛，是没有用力；看不见一车木柴是不用眼力；没有好好保护人民，是没有好好用你的仁心、同情心。三件事，是同样的。你没有王，没有统一天下，问题不在于你不能，而在于你不为。”

曰：“不为者与不能者之形何以异？”曰：“挟太山以超北海，语人曰‘我不能’，是诚不能也。为长者折枝，语人曰‘我不能’，是不为也，非不能也。”不为、不能，乍听下来，齐宣王还弄不清楚，问：“这两者到底如何分辨呢？”孟子用再具体不过的对比解释：“叫一个人用手臂抱着泰山越过北海，他说‘我不能’，这是真的不能。若是叫一个人去帮老人家折一根树枝下来当拐杖，他说‘我不能’，这不是真的不能，不是他没有能力去做、做不到，而是他不愿意去做，不要做，那就是不为。”“不能”涉及能力与条件，“不为”关系的却是意愿。

“故王之不王，非挟太山以超北海之类也；王之不王，是折枝之类也。老吾老以及人之老，幼吾幼以及人之幼，天下可运于掌。”君王没有统一天下，不是像“挟太山以超北海”那样的事，而是像为老人家折枝那样的事。如果能够照顾自家的老人，推扩这种心去照顾别人家的老人；照顾自家的小孩，推扩这种心去照顾别人家的小孩，那么天下就都可以被君王掌握。要治理天下，难吗？一点都不难，只要君王存着那份仁心，愿意去关心、保护所有的老者、幼者，也就是所有的弱者，你就能够治理天下了。

“《诗》云：‘刑于寡妻，至于兄弟，以御于家邦。’言举斯心加诸彼而已。故推恩足以保四海，不推恩无以保妻子。古之人所以大过人者，无他焉，善推其所为而已矣。”齐宣王引用了《诗》，这里孟子也引用《诗经·大雅·思齐》里的话，显示什么是“推”，从自身一层层往外扩散。先是推到妻子，然后推到兄弟，然后推到家和邦，也就是较小的封地领域，以及较大的国境内。孟子解释，这不过就是把爱护私己的心，用在别人身上罢了。能够这样“推恩”，一层层推出去，终至可以保护天下；相反地，若是不能推恩，只保护自己，自私自利，那就连妻子和儿女都没法保护了。古代为什么能出现远超过一般人的圣人，没有什么别的秘诀，不过就是善于推，将对待自我的心一直推出去罢了。

“今恩足以及禽兽，而功不至于百姓者，独何与？权，然后知轻重；度，然后知长短。物皆然，心为甚。王请度之！”孟子将前面的问题复述了一次：“今天你的同情心充沛到可以照顾一头牛，却没有照顾到百姓，为什么会这样？为什么特别厚爱禽兽而不保护人民呢？”对这个问题，齐宣王现在应该自己能够领略其答案了。所以孟子劝他：“我们要知道轻重，得用秤砣、砝码来量；要知道长短，得用尺来量。每样东西都有其衡量的标准，心也如此，甚至更需要标准。请您也量一量吧。”

后世宋明理学中谈孟子，特别标举他的心学。“心”在《孟子》书中的确经常出现，是个核心观念。孟子说的“心”，接近于今天我们说的“感受”，是人的内在与外在交接之处，一方面受到外界刺激有所感受而产生内外联结，另一方面又因将感受表现在外，而将感受感染、传递给其他人，产生另一层内外关系。人最大的特性，就在于有心，会感染、感应情绪，进而会以自己的心去推想、理解别人的心。这也就是推恩的根本。

孟子通过雄辩主张仁义可以平定天下，不是讲好听的，不是强词夺理，而是有其前后一贯的论理。论理的前提，就在于人有心，人与人之间就会建立同理心的感应关系，因而也就能将心比心,把自私的考量推扩成为保爱众人的仁恩。换个方向看，人皆有心，也就都能辨识、选择有仁义的君王，支持、投靠有仁义的君王。得民心，人民都来投靠，这种国君怎么可能不“王天下”呢？

在孟子的论理中，我们跟外界的交接，跟这个世界发生的关系，都需要通过我们的心进行。因而，这就构成了政治哲学当中颠扑不破的基础。所谓“政治”，也就是能用自己的心去体会多少人。所谓政治的好坏，所谓政治能力的高下，也就取决于领导者能够用自己的心去体会、去照顾多少人的心。如果他能够照顾三个人，那他就可以成为这三个人的领导者，如果能够照顾、体会、争取到三百个人的心，那他就可以成为这三百个人的称职的领导。所以你有多大的推扩人心的能力，你就值得有多高的地位。这是孟子的政治观，也是孟子遗留给我们的引人深思的政治信念。

直抵内心的雄辩术

接着孟子引导齐宣王来度量一下他的心：“抑王兴甲兵，危士臣，构怨于诸侯，然后快于心与？”“您觉得一定要动员军队，让将士冒生命危险，和邻国诸侯结怨，心里才会觉得痛快？”

王曰：“否！吾何快于是？将以求吾所大欲也。”齐宣王否认：“当然不是，我怎么可能从让将士冒生命危险、与邻国诸侯结怨这种事情上得到快乐！这些不是我的目的，是我为了追求更大的可欲目标而采取的手段！”

曰："王之所大欲，可得闻与？”王笑而不言。孟子就追问齐宣王更大的可欲目标究竟是什么。但齐宣王只笑了笑，没有回答。

于是孟子就先用反话逗他。曰："为肥甘不足于口与？轻暖不足于体与？抑为采色不足视于目与？声音不足听于耳与？便嬖不足使令于前与？王之诸臣，皆足以供之，而王岂为是哉？”曰："否！吾不为是也。""大欲是为了追求更多的享受吗？嫌现在吃得不够好？穿得不够好？眼前看到的不够漂亮？听到的音乐不够悦耳？还是侍从不够使唤？这些，吩咐群臣应该就都能帮您张罗来吧，您难道是为了这样的享受？”齐宣王当然说不是，不是为了这些。孟子其实早知道齐宣王的大欲是什么，齐宣王也预料孟子不会赞成他的大欲，所以才笑而不言。

曰："然则王之所大欲可知已，欲辟土地，朝秦楚，莅中国而抚四夷也。以若所为求若所欲，犹缘木而求鱼也。”孟子说："既然不是为了这些，那您的大欲我就知道了。你想要扩充国土，要秦、楚这些大国臣服，统治全域，安抚境外四夷。但以你的做法追求你的目标，那就好像爬到树上去抓鱼一样！”

这短短一段话，孟子连着给了齐宣王三次出乎意料的惊讶。首先是准确地指出齐宣王的大欲，而且自信满满，甚至没有多问一句，求证到底对不对。第二是孟子竟然没有反对齐宣王这种大欲，没有任何批评，而是直接讨论要如何达成大欲。第三，孟子用了一个奇特、夸张的比喻——到树上去抓鱼——形容齐宣王选择用来实现大欲的方法。

王曰："若是其甚与？"曰："殆有甚焉。缘木求鱼，虽不得鱼，无后灾。以若所为，求若所欲，尽心力而为之，后必有灾。"齐宣王听了觉得很难堪："有这么夸张吗？"没料到孟子的回答是："这样叫夸张？不，我的比喻和现实相比，非但不夸张，还太节制呢！爬到树上去抓鱼，顶多是抓不到鱼罢了，不会带来什么后遗症、灾难。以你的做法，追求你的目标，随便做做也还好，如果真要认真、尽心尽力去做，一定会带来严重的灾祸。"

仔细分辨，我们会发现：在此之前，孟子都对齐宣王称"王"，但在这里，他改口用"若"，而且连讲了两次"以若所为，求若所欲"，这不是商量、建议的口吻，甚至不是谆谆教诲的口吻了，是明白的训话。

齐宣王为什么会忍受孟子的训话？因为孟子先以雄辩之姿，料中了他的大欲，又没有反对他的大欲，却要跟他讨论大欲如何实现。孟子的策略震慑住了齐宣王，使他乖乖听训，顺从地接受孟子要说的道理。

曰："可得闻与？"曰："邹人与楚人战，则王以为孰胜？"曰："楚人胜。"齐宣王恭敬地问："可以告诉我这其中的道理吗？"孟子不直说，又设问："要是邹人和楚人打起来，你认为哪一边会赢？"楚是数一数二的大国，邹则是夹在几个大国间苟延残喘的小国，大小甚为悬殊，所以齐宣王当然说楚人会赢。

曰："然则小固不可以敌大，寡固不可以敌众，弱固不可以敌强。海内之地，方千里者九，齐集有其一。以一服八，何以异于邹敌楚哉？""你也认为邹打不过楚，表示你同意小无法敌大、寡无法敌众、弱不可敌强，是吧？看看，中国之内，齐占大约九分之一的土地与实力，在齐之外，别人的土地和实力，加起来是齐的八倍，你要用齐的力量去征服天下，一比八的差距，这不是和邹要战胜楚同样不可能吗？”

具体指出齐宣王想法荒诞不可行后，孟子立刻告诉他对的方法是什么：“盖亦反其本矣。今王发政施仁，使天下仕者皆欲立于王之朝，耕者皆欲耕于王之野，商贾皆欲藏于王之市，行旅皆欲出于王之涂，天下之欲疾其君者，皆欲赴诉于王。其若是，孰能御之？”关键在“反其本”，看清楚武力、战争是末，认知什么是本——发政施仁，行仁政。

孟子先形容行仁政会带来的效果——天下想要从政做官的，都想到你的朝廷来发展；天下农夫都想到你统领的土地上来耕种；天下做生意的都想要把商品财货保藏在你管辖的市场里；天下出门在外的人都想要走在你维护的道路上；还有，天下受到国君苛虐的人民，都想要到你这里来请求你解救。如果做得到这样，谁能抵抗你呢？

这一连串漂亮、有力的话，说得齐宣王心旌动摇。王曰：“吾惛，不能进于是矣。愿夫子辅吾志，明以教我。我虽不敏，请尝试之。”“我的智慧不够，光靠自己没有办法实现那样的景况。希望您辅佐我的志向，明白告诉我该怎么做才对。虽然我没那么聪明，但请让我试试看。”

看齐宣王已经被说服了，孟子接着提出具体施政方案：曰：“无恒产而有恒心者，惟士为能。若民，则无恒产，因无恒心。苟无恒心，放辟邪侈，无不为已。及陷于罪，然后从而刑之，是罔民也。焉有仁人在位，罔民而可为也？”

没有固定的生产可依赖，而能够一直保持同样的行为与信念，那是士（有一定知识与地位，同时也有一定的德行的人）

才做得到的。君王不能用这样的标准来期待他的人民。一般人民，没有固定的生产可依赖，就不会有坚定的心志。没有坚定的心志，那么各式各样放纵、偏邪、违法的事都做得出来。等到他们犯了罪，再加刑罚在他们身上，这等于是铺了网子来捕捉人民一样。仁君在位，却每天铺了网子在抓人民，像话吗？

“是故明君制民之产，必使仰足以事父母，俯足以畜妻子，乐岁终身饱，凶年免于死亡。然后驱而之善，故民之从之也轻。今也制民之产，仰不足以事父母，俯不足以畜妻子，乐岁终身苦，凶年不免于死亡。此惟救死而恐不赡，奚暇治礼义哉？”这段话中，孟子将同样的意思，正面说一次，反面又说一次，刻意强化给齐宣王的印象。

好的国君规划人民的生产，一定要让他们对上足可以侍奉父母，对下足可以养活妻儿，好年景时一整年都不愁吃，即便遇到了荒歉之年，也还能存活性命。有了这样的物质基础，再引导他们从善，不放纵、不偏邪、不违法，那他们就很容易听从了。目前的现实却不是如此，人民在生产上，对上不足以侍奉父母，对下不足以养活妻儿，好年景时一整年只能过苦日子，一旦遇到荒歉那就根本活不下去。如此他们光是要免于死亡都顾不过来，怎么可能去讲求礼义呢？

最后，孟子用跟梁惠王说过的话，原原本本说给齐宣王听，刻画出“王”的方法与理想：“王欲行之，则盍反其本矣。五亩之宅，树之以桑，五十者可以衣帛矣；鸡豚狗彘之畜，无失其时，七十者可以食肉矣；百亩之田，勿夺其时，八口之家可以无饥矣；谨庠序之教，申之以孝悌之义，颁白者不负戴于道路矣。老者衣帛食肉，黎民不饥不寒，然而不王者，未之有也。”

用逻辑迎战诡辩

孟子雄辩滔滔，但他从不使用诡辩。他和公孙龙子、惠施这些人，约略同时代，他的雄辩术同这些人所使用的语言论点，有重叠交集之处，但也存在根本的差异：孟子是为了发扬他的主张，为了推动不合时宜的信念，所以辩。一来，他从来不为辩而辩，或单纯为了在言语上压服别人而辩；二来，他始终保持清楚的逻辑思路，绝不放烟雾，在混淆中占便宜。

他的雄辩，来自中国历史上极其少见的一种逻辑自信心。孟子以“距杨墨”而闻名，对于杨朱的“为我”、墨家的“兼爱”，乃至于对许行的农家主张，孟子都大加挞伐，除了有信念的差异，不应忽略的还有另一项来自论理的动机——这些学说都缺乏经得起考验的逻辑基础，太简单又太自以为是。孟子的逻辑自信与讲究，让他格外无法忍受这些学说竟然大扬于世。

很可惜，孟子来不及看到法家大盛的时代，要不然他也应该会站在同样的立场，在论辩上挑战法家吧！梁惠王、齐宣王，和后来的法家一样，都犯了逻辑上直线思考的毛病。他们以为要富国强兵，必然就是不断侵略邻国，占得更大土地，拥有更多人口。孟子认为，这种逻辑只看所得，却不考虑所付出的代价，以及会带来的后遗症。光从逻辑、论理上，他就无法接受如此主张。

孟子强烈反对杨朱，部分也是因为杨朱的逻辑不通。“为我”指要对自己好，所以就把所有好处留在自己身上，绝对不分一点给别人，绝对不造福别人。这么简单而粗糙的逻辑，在现实上怎么可能行得通？怎么可能真能带来对自己好、保护自己、增加自己利益的结果呢？

传统上，孟子被尊为亚圣，地位仅次于至圣孔子。然而在角色上，孟子和孔子已经有了很大的差别。孟子不是以老师的身份在战国社会上活跃的。孟子继承孔子的，恰好是孔子一生最失败的部分——他的政治游说、向国君传达理念的那部分。孔子栖栖遑遑周游列国，对许多国君说了许多道理，但最后并没有得到任何一位国君的信任、重用。

在这点上，孟子最像孔子，就连带点悲剧挫折意味的结果，也都很像。尽管具备当时第一流的辩术，头脑清楚地掌握了坚实的信念，但穷其一生，孟子也没能说服任何一位国君——包括前面读到的梁惠王、齐宣王——真正依照他的教导去行仁政。

但也和孔子一样，从长远的历史角度上看，孟子的失败经验意义非凡。虽然没有说服任何一位国君，不过因为他的话是真正在现实中面对拥有具体政治权力的人说出来的，因而其内容就一定比在书房里想出来、写出来的，活泼得多。孔子与孟子都是有信仰的理想主义者，但他们的政治主张却绝非架空幻想的，而是在与再现实不过的权力的面对面抗衡中产生的。那必然是一种现实的理想主义，或理想的现实主义。

此外，这样的经验让孟子说话的方法灵动变化、多姿多彩，也让记录孟子说话的这部书格外精彩，那是立体而非平面的记录。因此，我们可以读孟子说话的内容，可以分析孟子雄辩的方法，还可以分析孟子说话的情境与脉络。这是读时代稍晚的《老子》《荀子》或《韩非子》就不再会有的立体阅读享受。

“善”是人心共同的想望

《孟子 · 滕文公上》第一篇，就有值得注意的特殊情境。

滕文公为世子，将之楚，过宋而见孟子。孟子道性善，言必称尧舜。这是滕文公还没有即位，仍然是世子时发生的事。滕文公要到楚国去,路途中经过宋国,见到了当时人在宋国的孟子。滕国很小，楚国很大，而且滕国的地理位置又离楚国很近。了解了这样的基本条件，我们就知道滕国的世子去楚国，不外乎两种原因，一是去向楚示好，二是更严重的，去楚国为质，换取楚国对滕国的信任。如此我们也就能想象见到孟子时，这位滕国世子的心情。

和滕世子会面时，孟子对他说明了性善的道理，而且开口闭口话题都离不开尧和舜。这是谈话的两项重点。

世子自楚反，复见孟子。孟子曰 :“世子疑吾言乎? 夫道一而已。成覸谓齐景公曰 :‘彼丈夫也，我丈夫也，吾何畏彼哉? ’颜渊曰 :‘舜何人也? 予何人也? 有为者亦若是。’公明仪曰 :‘文王我师也，周公岂欺我哉? ’”

滕世子将从楚国回到滕，路上又去见孟子。用一点想象力，我们就明白这时他的心情应该和要前往楚的时候很不一样。能够从楚那样既大且霸的大国保全性命离开，等于是虎口逃生，必定会有另一番感触。见了面，孟子说 :“世子，你怀疑我所说的话吗? ”为什么如此说? 因为孟子知道，滕世子又来找他，不是来感谢孟子给他的建议、教诲，而是心中有怀疑，有困惑。

滕世子怀疑什么，无法真正接受、相信的是什么? 是上次见面时孟子口口声声说的尧、舜。尧、舜是上古的理想圣君，滕是那么小的国，连对楚都得小心翼翼伺候着，发生问题必须战战兢兢把自己的世子送到楚国去讨好人家，孟子为什么要跟这样一个小国的未来国君夸夸其言谈尧、舜呢？

孟子明白滕世子的疑惑，明白地给了他三个人的说法作为证明。第一个是齐国的勇士，角力高手成覸。齐景公曾经问成覸："跟人家角力相斗时，你不会害怕吗？"成覸的回答是："我的对手是个男子，我也是个男子，我有什么好怕的呢？"意思是，人与人之间的对抗，又不是人与猛兽，更不是人与神的争战，那就没什么好怕的了。

同样的逻辑，也出现在颜渊的态度上。他说："舜是人，我也是人，不是别的，所以要有所为，就应该做得像舜那样。"成覸讲的是人与人在搏斗的力气、技巧上不会有无法超越的差异，颜渊看的，则是在道德与政治行为上，人与人之间也不会有无法超越的差异。舜是个人，他能做得到的，同样作为人的我，没有理由做不到，不能给自己找借口，认为一定做不到。

还有公明仪。他说："我认同文王，我要效法文王，难道我会不如周公吗？周公是文王的儿子，成就和文王几乎一样高，但文王的言行德行，不必然只有他儿子才能学、才能仿效。"公明仪自认在效法文王一事上，他和周公同样有资格，不须感到自卑。同样的原则，文王是人、周公是人，公明仪也是人。

三段话，都在说同样的两件事。第一，人的共通性。圣人也是人，和我们一样。第二，一旦确立了人的共通性，一个人就可以有也应该有一份志气，不拿难以企及的眼光崇拜尧、舜，而是想自己也要勉力来做尧舜的事业。做不到尧舜的事业，那是对不起自己和尧舜的共通性条件。

如此也就解释了前面说的“孟子道性善，言必称尧舜”。性善，指的就是每个人内在都有的，和尧舜同样的善性，所以这是相连的一件事，不是分别的两件事。滕世子要去楚国之前，心中充满对楚大滕小现实状况的感慨，没想到孟子却将现实摆在一边，给他尧舜事业的高蹈目标。从楚国出来后，滕世子非得再来找孟子，确定自己没有会错意，没有听错孟子对他的鼓励与期许。

孟子很愿意讲得明明白白。“今滕，绝长补短，将五十里也，犹可以为善国。《书》曰：‘若药不瞑眩，厥疾不瘳。’”滕国，在地理上截长补短，差不多五十里见方那么大。意思是号称五十里，真小，比孟子对梁惠王说的“地方百里而可以王”的最低标准，还要小一半。孟子很明了滕国的大小，知道滕国不是齐国、梁国，也不是楚国，他没有弄错，没有把滕世子认作哪个大国国君，才鼓励他效法尧舜。不，就连像滕国那么小，都可以推行尧舜事业，行善政。

善政，从性善而来。孟子“道性善”，相信人的本性是好的，这是论理上逻辑的必要。行善政，建立一个良善的社会，凭什么？凭借每个人内在共通的对善的评断，以及对善的向往。我们对美好的事物，会有同样美好的感受，同样美好的期待，这就是性善的证明。在享受善、追求善上面，人表现了最普遍也最强烈的共通性。如此，我们就知道该如何处理公共事务，那就是实现人人心中认可、欣赏、期待的善，如此必能得到响应与支持。

孟子知道滕文公怀疑：我的国那么小，做得来吗？我的国那么小，经得起吗？就用《尚书·说命》中的句子安慰他：“药吃下去了不让人头晕，就不是能治好病的药。别担心追求善政中经历的震撼、动荡，那反而是国政走上正轨的表征。”

面对问题、面对病痛，孟子特别反对一种消极的态度——我都病成这样了，还能怎样？病得重，有时成了我们继续病下去的借口。病得太久、病得太重，人就失去了健康起来的志气。老是看到自己多小、多弱，也就容易原谅自己不再努力变大、变强。显然滕世子也有如此退缩、消极的心态，国那么小，勉强能在大国之间苟延残喘地存活就很了不起了，要是有什么作为，搞不好就把自己折腾得死得更快。孟子阻止他继续如此退缩、担忧。

《孟子·离娄上》中有一段话说：“今之欲王者，由七年之病求三年之艾也。苟为不畜，终身不得。苟不志于仁，终身忧辱，以陷于死亡。”已经病了七年，若要治这个病，必须要有长了三年的特殊药草。正因为病了很久，就觉得自己一定没办法再等三年，于是要么就乱投其他无效的药，要么就到处想找现成已有的“三年之艾”，这样不会是真正治病的办法。要把病治好，不管你已经病了多久、病得多严重，就是静下心来，今天把药草种下去，等那该等的三年。

你会说：“我都已经病了七年，哪有时间再等三年？”这会是真正害死你的借口。回头推，如果你愿意、有耐心用对的方法去治病，所需要的不过就是三年时间。三年前你觉悟了，耐心种三年之艾，今天你的病不就已经得治了吗？那为什么你今天还带着七年之病在身上呢？不就是因为三年前你的态度是：我都已经病了四年，哪有时间再等三年？不愿意等三年，不愿意下定决心走对的路来扭转错误，不管是个人或社会，只会愈变愈糟糕。

《孟子·离娄上》还有另一段话：自暴者，不可与有言也；自弃者，不可以与有为也。言非礼义，谓之自暴也；吾身不能居仁由义，谓之自弃也。这就是成语“自暴自弃”的来源。对孟子而言，自暴是不相信礼义、反对礼义，自弃则是不相信自己有能力依照仁义原则处世行事。这种人没有志气，也就不会有重回健康生活的机会。

第三章　暗夜里的火炬

分工是文明社会的常态

接下来看看孟子如何反驳农家的主张。农家是战国的百家之一，不过因为农家并没有留下什么具体、直接的言论史料，所以只能通过其他的间接记载来理解。《孟子》这篇文字，虽然是从反对的立场出发，但还是大有助于我们复原农家的面貌，同时也就能够明白为什么农家没有留下第一手的思想记录。

有为神农之言者许行，自楚之滕，踵门而告文公曰："远方之人，闻君行仁政，愿受一廛而为氓。"文公与之处。有遵奉神农学说的人，叫许行，从楚国来到滕国，登门拜谒滕文公，说："我从远方来，听说您实行仁政，很愿意在这里获得一个简单的居所，成为您的人民。"滕文公就给了他住的地方。孟子言必称尧舜，许行显然就言必称神农，这都是战国的思想与言谈习惯，有意见有主张，不会说我认为如何如何，一定要说古代有哪位圣王主张如何如何。古、圣，是重要的言论权威的来源。许行依托的权威神农，在时间上，比孟子的尧舜更古更久远。

其徒数十人，皆衣褐，捆屦、织席以为食。陈良之徒陈相与其弟辛，负耒耜而自宋之滕，曰：“闻君行圣人之政，是亦圣人也，愿为圣人氓。”陈相见许行而大悦，尽弃其学而学焉。许行不是一个人来的，还带了几十个徒众，显然已经成家派了。这些徒众都穿粗麻衣，靠绑草鞋、编草席为生。这时另外有陈良的弟子陈相带着弟弟陈辛，背着农具从宋也来到滕，显然滕文公有了好士好客之名，因而各方人马一时都齐聚在此。陈相也对滕文公说：“听说您在推行圣人之政，能行圣人之政的，也就等于圣人了，我们很乐意能当圣人的人民。”陈相留下来之后，见到了许行，大为悦服，以至于抛弃了自己原来从陈良那里学得的立场，改投许行门下。

陈相见孟子，道许行之言曰：“滕君，则诚贤君也，虽然，未闻道也。贤者与民并耕而食，饔飧而治。今也滕有仓廪府库，则是厉民而以自养也，恶得贤？”这时候孟子也在滕国，还有，孟子和陈相原来的老师陈良，同属儒家。陈良是南方知名的儒者。因为这样的渊源，陈相也和孟子相见了。一见面，陈相就兴奋地转述新拜的老师许行说的话：“滕文公确实是位贤君，只可惜未曾了解道理。真正的贤君应该和一般平民一起耕种，养活自己，亲手生火烧饭来治理国家。但现在滕文公没有自己耕种，自己收成，滕国却有储存粮食的仓库、收藏财货的宝库，这是剥削人民来供奉他，能算得上真正的贤吗？”

陈相转述的，就是农家的基本主张，一切以农事为本，连国君都回到土地上，自己种自己吃，如此人人自食其力，人人平等，谁都不要夺取别人的生产所得，就天下太平了。陈相觉得这番话太有道理了，他想要用来说服孟子也跟他一样，不当儒者，改投农家。还有，滕文公之所以大举招士，是受到孟子的鼓励与刺激，陈相希望借由说服孟子来影响滕文公。

但他找错人了。孟子听了，不说好坏、同意不同意，先对陈相问了一连串的问题：孟子曰："许子必种粟而后食乎？"曰："然。""许子必织布而后衣乎？"曰："否，许子衣褐。""许子冠乎？"曰："冠。"曰："奚冠？"曰："冠素。"曰："自织之与？"曰："否，以粟易之。"曰："许子奚为不自织？"曰："害于耕。"曰："许子以釜甑爨，以铁耕乎？"曰："然。""自为之与？"曰："否，以粟易之。"

好精彩的一连串步步进逼的快问快答，头脑清楚的人，读到一半自然就理解孟子的用意了。

"许先生一定要自己种谷子才吃？不吃别人种的谷子？""对。"

"许先生一定要自己织布才穿衣服？不穿别人织的衣服？""不，许先生穿（别人织的）粗麻衣。"

"许先生戴帽子吗？""戴。"

"戴怎样的帽子？""戴白布帽子。"

"自己织的？""不，用谷子换来的。"

"那为什么不自己织？""那样会妨碍他下田耕种，所以没工夫自己织帽子。"

"许先生用陶锅器具来烧饭，用铁制工具来耕田吗？""用。"

"器具、工具是自己做的？""不，用谷子去换来的。"

"以粟易械器者，不为厉陶冶；陶冶亦以其械器易粟者，岂为厉农夫哉？且许子何不为陶冶。舍皆取诸宫中而用之？何为纷纷然与百工交易？何许子之不惮烦？”曰：“百工之事，固不可耕且为也。”

孟子再换一个方式问：“显然许先生觉得用谷子去换器具、工具，不算剥削陶匠、铁匠；那么倒过来陶匠、铁匠也用他们制造的器具、工具来换谷子，难道就算剥削农夫吗？”意思是，陶匠、铁匠也没有自己耕种，也没有吃自己种出来的谷子啊！“而且许先生干吗不自己做陶、打铁，所有需要的东西都从自己的屋里生产出来，为什么要费工夫和其他人东换西换，他不嫌麻烦吗？”面对孟子一连串的问题，陈相快要跟不上了，勉强抓住最后一问回答说：“那是因为没办法一边耕种一边做这些工匠的事啊！”

“然则治天下独可耕且为与？有大人之事，有小人之事。且一人之身，而百工之为备，如必自为而后用之，是率天下而路也。故曰：‘或劳心，或劳力；劳心者治人，劳力者治于人；治于人者食人，治人者食于人。’天下之通义也。”

到此陈相逻辑的矛盾很清楚了，孟子再问：“那么却独独只有治理国家天下这件事，可以一边耕种一边做？你不知道不同地位的人，有不同的工作吗？”孟子主张的是分工合作的社会原则：“我们一个人身上所需要的，要靠众多不同工匠才有办法齐备，如果每一样东西都自己做，那只会让所有人都疲于奔命，绝对忙不过来。所以有句话说：‘有人劳心，有人劳力；劳心的领导、管理别人，劳力的被别人领导、管理；被领导、管理的人供给食物，领导、管理别人的人靠人家养活。’这是天下共通的法则。”

百工之间是分工，农人和工匠之间也是分工。除此之外，还有另外一个层次的分工，那就是劳心者与劳力者之间的分工。许行承认其他分工，却不理解、不承认劳心者与劳力者的分工，等于要取消劳心者的角色，这是最大的问题所在。

许行用谷子交换工匠制品，视之为理所当然，却看不到劳心者和劳力者之间，也存在一种交换关系。劳力者提供劳动所得，换来劳心者的管理与照顾，维持他们生产生活所需的秩序。

看孟子的上下文，我们可以明确知道，他所说的天下之通义，指的是劳心者与劳力者之间的分工交换，乃至泛指社会分工组织的基本原则。但这段话却经常被断章取义，说成“劳心者治人，劳力者治于人，天下之通义也”，那绝对不是孟子的意思。

坚守夏文明的价值

孟子接着从历史角度继续论辩为什么“劳心者食于人”。“当尧之时，天下犹未平，洪水横流，泛滥于天下。草木畅茂，禽兽繁殖，五谷不登，禽兽逼人。兽蹄鸟迹之道交于中国。尧独忧之，举舜而敷治焉。”孟子仍然是言必称尧舜，而且这段话描述的历史，隐隐然针对许行“为神农之言”的背景而来。

在尧的时代，天下还是一片混乱，洪水肆虐，到处泛滥。草木茂盛乱长，禽兽快速繁殖，数量惊人。在这种状况下，根本无从有农业，种不出五谷来。而且野兽的活动区域和人类居处相邻，到处都是兽蹄鸟迹，没有特别属于人的文明环境。尧特别感到忧心，提拔了舜来进行整治。关键是“尧独忧之”，尧的成就与贡献，在于别人不忧，不知该如何忧之时，是尧率先找了舜来改善这个状况。

“舜使益掌火，益烈山泽而焚之，禽兽逃匿。禹疏九河，瀹济漯而注诸海，决汝汉，排淮泗而注之江，然后中国可得而食也。当是时也，禹八年于外，三过其门而不入，虽欲耕，得乎？”

舜就派益掌管火，益用火遍烧山野沼泽，逼着禽兽动物逃开，用这种方式解决了草木、禽兽阻碍人生活的问题。然后解决洪水的问题，有大禹疏通九条河流，引导济水、漯水灌注入海，挖开汝水、汉水，让淮河、泗水流入长江。如此，这块地区才有办法发展农业,养活人口。那个时候,为了这些疏浚工程，禹八年在外，忙到三次经过自己家门都没有进去，就算他想要自己耕种，做得到吗？显然，八年间，禹没有自己耕种，他怎么活下来？当然是靠耕种者给他提供食物。禹这样“食于人”，能算是剥削农夫吗？靠禹这样辛勤治水，水道通畅，土地从洪水泛滥中浮出来，可供耕作，要是禹不“食于人”，谁来做这种事，农夫又哪有土地耕种呢？

“后稷教民稼穑，树艺五谷，五谷熟而民人育。人之有道也，饱食暖衣，逸居而无教，则近于禽兽。圣人有忧之，使契为司徒，教以人伦，父子有亲，君臣有义，夫妇有别，长幼有序，朋友有信。”

后稷是儒家传统中的农业功臣，所以孟子拿他来和许行推崇的神农氏相对。尧又派了后稷去教人民农业种植的方法，长养五谷，五谷熟了，人民就有足够的食物繁衍下一代，人口就能增殖。但这样让人民吃饱，能够养儿育女，就够了吗？当然不是。吃饱了、穿暖了、住得舒服，若是没有教导规范，那和动物没有太大的两样。圣人对此又担忧了，所以再派契当司徒，负责教导人民伦理，父子有亲，君臣有义，长幼有序，朋友有信，这才是人类生活的原则。不同的关系，有不同的行为准绳。

“放勋曰：‘劳之来之，匡之直之，辅之翼之，使自得之，又从而振德之。’圣人之忧民如此，而暇耕乎？”放勋就是尧，他自述对待人民的方式是慰劳他们、督促他们、管理他们、矫正他们、辅导他们、帮助他们，让他们能够建立自己的生产生活，然后还要再提升他们的品德。圣人以这种心态来照顾人民、保护人民，哪里会有时间自己下田？

“尧以不得舜为己忧，舜以不得禹、皋陶为己忧。夫以百亩之不易为己忧者，农夫也。”尧的责任多重，他必须忧虑得不到像舜那样适当、称职的人才；舜又何尝不是如此？他的责任也就包括了要能找到像禹、皋陶那样适当、称职的人才。担心百亩之田耕种后收成不好，只需负担此等责任的，是农夫。农夫不必担心那么多，相较之下，尧舜当然要比农夫辛苦得多了。

“分人以财谓之惠，教人以善谓之忠，为天下得人者谓之仁。是故以天下与人易，为天下得人难。孔子曰：“大哉尧之为君，惟天为大，惟尧则之，荡荡乎民无能名焉。君哉舜也，巍巍乎有天下而不与焉。”尧舜之治天下，岂无所用其心哉？亦不用于耕耳。”

将财富分给别人，叫作“惠”；教人善良正当的行为，叫作“忠”；为天下（而不是为自己）找到适当、称职的人才，叫作“仁”。这三项德行，有层次，有不同的难易程度。惠相对最简单，因为是给人直接、眼前的好处；忠在中间，因为是给人较长久且深刻的行为改变；仁是最难的，需要找到对的人来创造全面的公共利益。所以将天下让给别人，让别人承担，很容易；将治理天下视为自己的责任，努力为天下找到人才，很难。因而孔子盛赞尧舜："伟大啊，尧作为一位君主。天最广大，只有尧能效法天，他的宽阔广大，是人民无法形容的。舜是个真正的君主，统治天下却没有一点私心，这种人格太崇高了！"尧舜治理天下，岂能说是不用心？他们是自我选择不将心思用在耕种上。

说完道理，批评过陈相头脑糊涂的部分，孟子忍不住接着点出了他行为上的可议之处。"吾闻用夏变夷者，未闻变于夷者也。陈良，楚产也，悦周公、仲尼之道，北学于中国，北方之学者，未能或之先也。彼所谓豪杰之士也。子之兄弟事之数十年，师死，而遂倍之。"

夏与夷，在当时指的就是文明和野蛮的对照。"我听说过用文明改变周遭蛮夷的事，从来没听过文明倒过来被蛮夷改变的。陈良，是南方楚国人，来自靠近蛮夷的地方，他悦慕周公、孔子的主张，特地北上来学习，他学得很好，就连北方中原的学者，都不见得能超越他。这种人，正是能做非常事业的豪杰之士。你们兄弟几个，跟从了陈良几十年，竟然老师一死，你们就背叛他。"陈良是用夏变夷的结果，陈相兄弟却是倒过来用夷变夏的例子。并不是说许行是夷，而是说许行的学说旨在推翻圣人的功业，取消文明。

另外，在《孟子》书中，豪杰之士是有特定意义的。《尽心》中有：孟子曰："待文王而后兴者，凡民也。若夫豪杰之士，虽无文王犹兴。"豪杰之士和凡民对比，差异在于凡民需要人家带领，自己没有能力开创风气；豪杰之士则能突破现实与时代的限制，冲出新局面来。尽管现实条件不利，没有老师、圣君引导，豪杰之士也会自发地朝向好的、对的目标前进。

再进一步说，为什么会有豪杰之士，为什么会有“虽无文王犹兴”的自发能力？因为性善。文王所创造的人文秩序，不过就是依随人内在的善性而来的，这是孟子深植不移的信念。既然如此，当然就有人可以透过内在自我善性的萌发，而得到和文王同样的信念。

“昔者孔子没，三年之外，门人治任将归，入揖于子贡，相向而哭，皆失声，然后归。子贡反，筑室于场，独居三年，然后归。他日，子夏、子张、子游以有若似圣人，欲以所事孔子事之，强曾子。曾子曰：‘不可，江汉以濯之，秋阳以暴之，皓皓乎不可尚已。’”

当年孔子去世之后，门人为他结庐守丧，虽没有丧服，但以视孔子为父亲的方式为他守丧三年。三年时间到了，大家收拾收拾，要各自回家去了，但这时子贡还不走，仍然留着，所以众人去和子贡道别，相对大哭，大家哭到失了嗓音才离开。都过了三年，还哭成这样，就知道他们都是不得已才终止守丧的。师门兄弟们离开了，子贡回头，在墓地里另行筑室，一个人陪在死去的老师身边，又三年才离去。老师去世，孔子弟子是以这种感情在怀念老师的。

还有另外一件事，过了一阵子，子夏、子张、子游觉得有若长得很像孔子，就想要把有若当老师来侍奉（因为太想念老师，所以找个老师的替身也好），曾子不肯，他们去勉强让曾子同意。曾子就说：“绝对不行。在江汉之水中洗过，又在秋日太阳下晒过，那种洁白的程度无以复加。”曾子用白布比喻孔子的人格、德行是无可取代的，那是经由特殊过程制成的，不是任何看起来像白色的布匹就可以等同的。子夏、子张、子游有他们深深怀念老师的感情，曾子也有他对老师至念不忘的坚持。

人家是这样，你们陈相兄弟的行为，相较之下太不堪了吧！“今也南蛮鴃舌之人，非先王之道，子倍子之师而学之，亦异于曾子矣。吾闻出于幽谷、迁于乔木者，未闻下乔木而入于幽谷者。《鲁颂》曰：‘戎狄是膺，荆舒是惩。’周公方且膺之，子是之学，亦为不善变矣。”

孟子的口气愈来愈严厉了。对也是来自楚的许行，不再称“许子”了，而说他是“南蛮鴃舌之人”，是从南方荒僻地方来，说话像鸟叫一般让人听不清楚、听不懂的人。“这种连话都说不好的人，妄自批评、非议先王之道，你们兄弟却背弃自己的老师去跟他学，你们的判断、做法，和曾子很不一样啊！”意思是说陈相兄弟根本辨识不出自己老师的价值。

顺着“南蛮鴃舌”的比喻，孟子又说：“就算是鸟，也还有判断好坏的基本能力，会从较差的环境迁徙到较佳的环境，所以会说有鸟从又阴又湿又暗的幽谷往上飞到比较高、比较亮、视野又比较广远的乔木上，却不曾听过有倒过来，放弃乔木却飞入幽谷的笨鸟。”再仔细想一下，这段话还和曾子的说法前后相衔。曾子的话让我们感受到秋阳的光亮与洁白，对应之下，我们就更不能想象“下乔木而入于幽谷”的选择了。已经体验了来自孔子人格的光亮、洁白，怎么会要回到又阴又湿又暗的环境里呢？

“《诗经·鲁颂·閟宫》里的句子说：‘打击戎狄，惩戒荆舒。’周公的态度都是要改变他们、让他们更接近文明，唉，你们还要转去跟他们学，这实在不是好的改变啊！”

被如此抢白一顿，从许行的“贤者与民并耕而食”理论，到尽弃其学的做法，陈相都无从和孟子辩论。他只能用另辟战场的方式，勉强找出许行的另外一项理论来招架。

“从许子之道，则市贾不贰，国中无伪，虽使五尺之童适市，莫之或欺。布帛长短同，则贾相若；麻缕丝絮轻重同，则贾相若；五谷多寡同，则贾相若；屦大小同，则贾相若。”如果遵从许先生的主张，那么大家卖的东西都不会有价格差异，国中不会有人欺诈作假，就算一个小孩去买东西，都没有人能骗他。怎样能做到如此童叟无欺？原来许行的主张是：只要是布，同样长度就卖同样价钱；只要是织布用的丝线，无论麻的或丝的，同样重量就卖同样价钱；只要是谷子，不管哪一种，同样数量就卖同样价钱；鞋子也一样，同样尺寸就卖同样价钱。

许行要大家都务农之外，还要取消市场，认为有买卖就会有诈骗。但他要让市场没有诈骗的方式是什么？是粗糙的价格管制。我们几乎可以听到孟子带点轻蔑的叹息声。这样的道理也敢拿来讲？这样的道理陈相竟然也接受？我们都了解这中间的不合理之处吧！“夫物之不齐，物之情也。或相倍蓰，或相什百，或相千万。子比而同之，是乱天下也。巨屦小屦同贾，人岂为之哉？从许子之道，相率而为伪者也，恶能治国家？”

孟子回答：“物品本来就有不同的价值，那是物品的本性，而不是从交易来的。物品的价值有的差几倍，有的差到十倍、百倍，甚至千倍、万倍，你竟然要泯除这些差异，通通等同起来，那会让天下大乱的。你明明知道如果大鞋和小鞋卖一样的价钱，那没有人要做大鞋，所以要按尺寸来定价。（许行要泯灭差别，那为什么保留大小差别？既然不能取消大小差别，又怎么能不顾精粗好坏的差别呢？精细的和粗糙的卖同样的价钱，谁还生产精细的呢？好的和坏的卖同样的价钱，谁还生产好的呢？）照许先生这种主张去做，非但不会消除欺诈，反而鼓励人们造假骗人，怎能治理国家呢？”

战国思想的通病——各有所偏

除了反驳农家，孟子也反驳杨朱和墨子的主张。《尽心上》：孟子曰：“杨子取为我，拔一毛而利天下，不为也。墨子兼爱，摩顶放踵利天下，为之。子莫执中，执中为近之，执中无权，犹执一也。所恶执一者，为其贼道也，举一而废百也。”

杨朱主张自私最好，就算只损失身上的一根毛以便带来公共利益，都不做。每个人都替自己着想，保护自己的利益，彻底取消公共事务，天下就太平了。相反地，墨子主张人去除自我，用爱自己的方式去爱别人，只要能创造公共利益，就算会磨秃了头、走伤了脚，都一定要去做。将自己和他人一视同仁地对待，也就是彻底取消了私人考量，那么天下就太平了。

杨朱和墨子刚好是两边的极端，而鲁国的子莫则主张“执中”，采取中间路线，不偏任何一边，认为执中比极端要接近道理。不过如果坚持执中，不管任何情况都一定坚持执中的立场，不能变通，那也还是固执，等于一种极端，即只有一个答案，不准有所权衡变通。孟子所反对的，就是固执一个答案，没有权衡变通，废弃其他多元的可能性，那是破坏正常道理的做法。

从这段话，我们清楚地看出：孟子绝对不是一个教条主义者，他痛恨基本教义派。任何原则，即便是“中”，如果变成了教条，不能有所变通，那就一定不会是对的。道是有弹性，能够应付各种不同情况，也就需要靠智慧多方考量来运用的。从这个角度，我们可以找到孟子“予岂好辩哉，与不得已也”的另外一个深沉、根本的理由：人事的是非，不是将原理一、二、三、四……静态陈列出来就能解决解答了，必须要有动态的权衡考虑；辩就是动态地搜集、衡量不同因素，进而寻找最合适的答案的过程，不辩，无法呈现道理的动态、多元面貌。

这个世界太丰富、太复杂，没有办法用“一”来涵盖统纳。孟子不赞成、不相信那种找到一条简单法则便一劳永逸的偷懒论理，杨朱、墨子都坚持以一个极端作为真理，然而即便是子莫，表面上看不走极端，采取中道，但一旦他将“中”无限上纲为唯一真理，凌驾于万千现象之上，那也是另一种不顾现实的偷懒态度。

孟子敏锐地点出了战国思想的共同毛病。号称百家的战国思想，各家主张各异，然而每家几乎都有所“执一”，突出一条原则作为解决问题的万灵丹。一来是局势实在太乱，战争杀伐带来太大痛苦，人心企求有效解脱的方法，没有耐心听复杂的分析；二来，各种思想彼此激烈竞争，要吸引国君和人民的注意，便很自然地会采取夸大重点、强调特效的策略。

许行夸大耕种的重要性，杨朱夸大自我保护的重要性，墨子夸大替别人着想的重要性……但简单有力的说法，不等于真的有用、有效果。相反地，简单、有力，必然背离人事的现实，人没那么简单，人与人组成的社会没那么简单，人与人之间发生的冲突，也没有那么简单。

孟子的态度，标举出儒家以及儒家所承袭的西周王官学最核心的价值。那是一套联系各种人间情感、多元分辨处理人际关系的完整价值，试图照顾到人的多层次需求，而不是将多元、多层次的人的存在事实化约为几个抽象的原理。

杨朱极端而且执一，墨子极端而且执一，他们那种过度简化的论理，一厢情愿地刻画出奉行其固执原则会带来的好结果，对孟子而言,都经不起辩的逻辑考验。就连子莫,如果要将“中”僵化成唯一的选择,而不是一种弹性权衡的智慧,那么从论理上,孟子敏感地指出，“中”也就成了执一，也同样通不过考验。

为什么必须辩？因为辩最能让人察觉现实之错综复杂，找出执一不能处理、不能解决的千疮百孔的漏洞来。

直接命中墨者的谬误

再回到《孟子 · 滕文公上》，接在孟子驳许行的记录之后：墨者夷之，因徐辟而求见孟子。孟子曰：“吾固愿见，今吾尚病，病愈，我且往见，夷子不来！”有一位信奉墨家的人，叫作夷之，请托孟子弟子徐辟转达来见孟子的请求。孟子说：“我很愿意见他，只是我现在身上有病，病好了，我会过去找他，不用他来见我。”孟子很愿意和抱持不同意见的人见面，因为他内在有强烈的辩——透过论理来说服——的冲动，也有辩的充分自信。

他日又求见孟子。孟子曰：“吾今则可以见矣。不直则道不见，我且直之。吾闻夷子墨者，墨之治丧也，以薄为其道也。夷子思以易天下，岂以为非是而不贵也？然而夷子葬其亲厚，则是以所贱事亲也。”

但过了几天，夷之又提出要过来见孟子。孟子对中间传话的徐辟说：“好吧，虽然病还没全好，我现在可以见他。（只是既然他那么急，就得接受一项条件。）有一件事情我要直接批评他，希望他有所解释。我听说夷之是个墨者，墨家相信薄丧，反对给予亲人隆重丰厚的丧礼、葬礼。夷之信奉墨家，期待要以墨家的原则来改造社会，但他却厚葬父母亲，那岂不是以自己鄙薄、反对的方式来侍奉父母了吗？（如果真的相信厚葬是错的，却厚葬父母，这样对得起父母吗？）”

徐子以告夷子。夷子曰："儒者之道，古之人'若保赤子'，此言何谓也？之则以为爱无差等，施由亲起。"徐辟将孟子的批评、质疑转达给夷之，夷之的回答是："像孟子这样的儒家一定相信《尚书·康诰》里说的'若保赤子'，这话是什么意思呢？我的理解是要用爱护、照顾自己家婴儿的方式来爱护、照顾人民，也就是对亲人和对他人的爱没有差别，只是先从爱自己的亲人做起而已。"

墨者夷之也懂雄辩之道。他的辩，一来是避开、不正面解释孟子批评的他行为与信仰间明显的矛盾，二来是刻意引用了儒家尊崇的王官学经典《尚书》来辩护"爱无差等"的兼爱主张。对待亲人和对待他人都一样，只不过亲人离我们比较近，因而我们会将这份兼爱的爱先施加在亲人身上。而连儒家尊崇的典籍都主张，我们如何对待亲人，就该用同样方式对待所有的人。所以我们对亲人好，只不过是现实条件影响下的时间先后，不具有道理上一轻一重的原则差别。

这里就关系到儒家和墨家的一个分歧，那就是我们应该如何对待亲人，如何对待亲人以外的其他人。儒家基本上认为要首先善待亲人，如果有能力，才用余力照顾其他人，所以尽可能地把其他人当作自己的亲人爱护、照顾，但首先应该照顾自己的亲人。墨家则主张同等对待一般人和我们的亲人，你怎么对待亲人，就怎么对待所有的人。反之亦然，你怎么对待所有的人，就应该怎么对待亲人。

表面上看，这两种观点都主张用对待亲人的方式对待所有的人，但因为有先后顺序，有不一样的道理的来源，所以这两种态度，不管是在基本的伦理道德上，还是在政治上，都有非常大的差距。

徐子以告孟子。孟子曰："夫夷子信以为人之亲其兄之子为若亲其邻之赤子乎？彼有取尔也。"徐辟将夷之的回应再转告孟子，孟子立刻察觉了夷之没有解释关键的问题，没有做到他要求的条件，因而也就不接受夷之的求见。如果你没有诚意、没有自信来彻底地讨论问题，那还不如不见。"予岂好辩哉，与不得已也"，孟子的辩，是不得已的，是为了传达他相信的真理，所以不愿意为辩而辩，光是逞口舌之快，没有意义。所以他对徐辟说的话，一开头就批评夷之的这种态度："夷之真的相信一般人会用爱侄子的方式同样爱邻居家的婴孩吗？他只是拿'若保赤子'这句话来当有用的辩论话头罢了。"

"赤子匍匐将入井，非赤子之罪也。且天之生物也，使之一本，而夷子二本故也。盖上世尝有不葬其亲者，其亲死，则举而委之于壑。他日过之，狐狸食之，蝇蚋姑嘬之。其颡有泚，睨而不视。夫泚也，非为人泚，中心达于面目，盖归返蘽梩而掩之。掩之诚是也，则孝子仁人之掩其亲，亦必有道矣。"

孟子接着解释"若保赤子"的真义。我们看到一个幼儿爬啊爬，爬得太靠近井口，再多爬几步就会掉入井里，他没有罪，纯粹出于幼稚无知而面临这种生死的危险，任何人都会生出救他的急难之心，而不会去管这小孩是谁，跟自己的关系是什么。《尚书·康诰》中“若保赤子”是这个意思，训诫君王要以不让无罪之人受苦和面临危险的心情来看待人民，哪是像夷之以为的那样呢？

然后，孟子回到夷之躲避了的议题：“我批评夷之的，是他有双重标准。天生万物，让万物都遵循统一的一套道理，但夷之的态度却不一致，对待亲人和对待别人有不一样的标准。对待父母，行厚葬；对待别人，却主张薄葬。两套标准只有一套是对的。”

到底厚葬对还是薄葬对？作为儒家传人，孟子依照孔子的思考方式，回到礼的本源，回到人的自然感情反应上评断：“古代（文明诞生之前）有人不懂或不行葬礼的，父母死了，就将尸体丢在沟里。过了几天经过那里，发现父母的尸体被狐狸啃食了，上面爬满了苍蝇小虫在群聚啮咬。突然之间，他额头上冒出汗来，只敢用眼角偷瞄，不敢正视。额头出汗，不是为了给别人看，那就是从“中心”、内在发出的自然感情，直接表现在脸上。于是他就回家拿了锄头等工具将父母的尸体埋了。埋了才是对的。孝子仁人好好埋葬亲人，是有道理的。”

埋葬亲人不只是遵循既有的礼仪，因而尽管主张薄葬，遇到父母死了，夷之内心还是会有自然的强烈冲动，要给父母像样的葬礼，这不就说明了墨家主张薄葬是违背人情的吗？就像主张人应该用同样的方式看待自己的小孩、兄弟的小孩、邻人的小孩的兼爱，同样违背人情。

徐子以告夷子。夷子怃然为间曰：“命之矣。”徐辟又将这段话转告了夷之。夷之听后沉默了好一阵子，然后才说：“命中了啊！”关于夷之的感慨“命之矣”有两种解释，一种将“命”视为命令之命，意思是受教了；另一种则是将“命”视为命中的命，那意思就比较复杂些，既指孟子抓住了夷之想要逃避的矛盾行为的重点，如同打猎时命中逃走的猎物一般，也指孟子准确地说中了夷之为何违背信念厚葬父母的道理。

依照前面“夷子怃然为间”的形容来看，应该是“命中了”比较接近原意。夷之没有办法为自己矛盾的行为辩护，也没有能力具体解释自己矛盾行为的动机，却连孟子的面都未曾见到，就被孟子准确说中了，难怪他听了会一时沉默，半晌讲不出话来。

由本心推扩而出的伟大哲学

《孟子 · 尽心上》第一则：孟子曰：“尽其心者，知其性也。知其性，则知天矣。存其心，养其性，所以事天也。殀寿不贰，修身以俟之，所以立命也。”

这一小段话，集中提到了好几个孟子思想中的关键字：一个是心，一个是性，一个是天，还有一个是命。让我们分别考察孟子对这些字的看法、解释，再来讨论这段话的意思。

《孟子 · 尽心上》另有一则说：孟子曰：“莫非命也，顺受其正。是故知命者不立乎岩墙之下。尽其道而死者，正命也；桎梏死者，非正命也。”命是什么？就是人的遭遇。不管你是什么样的人，有什么身份、什么本事、什么人格，总有你无法控制的遭遇，那就是命。因而我们看待命的基本态度，应该是“顺受其正”，虽然无法违逆你的命，但可以运用智慧小心行事，尽量避免坏的遭遇。所以了解命，知道该如何对待命的人，会避免站在倾斜的高墙之下，因为墙倒下来发生灾难的可能性很大。努力实践了如此原则的人，死了也还是“正命”。若是不运用智慧尽量避难，让自己犯罪受刑而死，那就不是正命了。

还有一则：孟子曰：“求则得之，舍则失之，是求有益于得也，求在我者也。求之有道，得之有命，是求无益于得也，求在外者也。”孟子告诫我们要清楚分辨，人生有两种不同的情况：一种是追求、努力了便会得到，不求不努力就得不到，那是求可以有助于得，求可以换来得；但还有另外一种，求有求的方法，但求了却不必然就能得，得或不得，是由命——非主观的其他条件因素，人无法掌握的遭遇——决定的，求无助于得，求和得没有因果联系，求在得之外。前者可以用主观意志来控制，后者不行。对于由命决定、不能强求的事，我们应该要以不同的眼光来看待。

《孟子·尽心下》有一段话区分“性”和“命”：孟子曰：“口之于味也，目之于色也，耳之于声也，鼻之于臭也，四肢之于安佚也，性也，有命焉，君子不谓性也。”性原本指的是天生、天赋条件，所以五官的感受——味觉、视觉、听觉、嗅觉以及肢体的舒适或劳累——依照定义，应该是性，是上天加之于人的。然而这种初级的五官感受，吃到什么、看到什么、听到什么、闻到什么、感觉到怎样的舒适，有赖于外界的条件，不是自己能掌握、操控的，因而尽管感官在你身上，却不该认定这就是你自身具备且应有的。这方面，只有一半，接受方是你的，刺激方却由不得你，而是取决于命，即偶然、非主观能安排的遭遇，所以说：“有命焉，君子不谓性也。”

相反地，“仁之于父子也，义之于君臣也，礼之于宾主也，智之于贤者也，圣人之于天道也，命也，有性焉，君子不谓命也。”父子之间应该有仁，君臣之间应该有义，宾主之间应该以礼相待，贤者应该发挥智慧，圣人应该行天道，这几件事，都是“应该”，就意味着受限于具体、个别遭遇，不见得能实现，属于命所左右的。然而，为什么应该如此，背后有基本人性的必然，父子间有仁，符合父子之性，君臣间有义，符合君臣关系的本质，宾主之间有礼，让宾主都最舒服，贤者能发挥智慧，对社会最有利，圣人行天道，能带来最理想的结果。这些原则上的必然，不受任何外在遭遇的影响而改变，所以倒过来，不特别强调其受限的情况。“有性焉，君子不谓命也。”

对照起来，我们了解孟子的看法。关于五官的享受，受限于外在刺激与现实条件，是那种求了不见得求得到的事，因而命的成分高于性，我们不需、不应该耗费太大心力在这上面。关于仁、义、礼、智，虽然我们没有把握其一定能落实，但其内在有不受外在条件控制的基本部分，那就是自然的道理，有自然的力量将人往实现仁、义、礼、智的正确方向拉，所以不必去在意外在条件，顺从内在的性，努力去做就是了。

如此回头读前面那段话，就比较容易明白了。“尽其心者，知其性也。知其性，则知天矣。”心指的是感受、情感，尽其心或尽心，则是将自身的感受、情感予以普遍化，想象、知觉别人也会有同样的感受、情感，在意义上接近孔子所说的“恕”，或是推己及人的“推”。

一个人能够尽心，能够借由自己的感受、情感扩大知觉、理解其他人，穷尽了人我之间的感受和情感的呼应，在这过程中，他就明白了什么是性——人的本性，人的共同天赋条件。我们如何了解自己？一种方式就是透过推，找出我和别人的共同感受、情感，察知人之所以为人的根本，那就是人性，也就是我的性。

《孟子·尽心上》另外一则中，孟子曰："万物皆备于我矣。反身而诚，乐莫大焉。强恕而行，求仁莫近焉。""反身而诚"，不自欺，找到自己最真实的感受、情感，那是再快乐不过的事。如何反身而诚，《孟子·尽心上》同样有这样的说明：孟子曰："无为其所不为，无欲其所不欲，如此而已矣。"不要去做你直觉上不想做、不觉得应该做的事；不要去追求你直觉上不要、认为不该要的东西。相信自己内在的是非、善恶、好坏判断，找回被其他因素改变之前的初衷判断，那就是反身而诚，如此而已，简单得很。

"万物皆备于我"，意思是能够准确理解、判断所有事物的原则道理的能力，早已齐备在我身上，不假外求。外来的指导、诱惑，反而让人偏离本心。因而人之大乐，是回返本心，也就是平常语言中说的"心安理得"。你的行事和自己内在直觉的应然判断合而为一，没有鬼祟、犹疑、愧疚、不安，那当然就乐。若要更进一步落到方法上来看，那就是"强恕"，自觉地让自己努力去体会、体贴别人的感受，具备同理心，那么你要说的话、要做的事自然就不会伤害别人，给别人带来痛苦，如此所言所行必定心安理得，那也就是最容易求仁的途径。

透过尽心理解了性，人也就同时明白了天——什么是我内在固有的，什么是后来由外在刺激影响加进来的。分辨清楚了原有、本有的，与外加而混淆、遮蔽了本有的，那么我们就能达到下面的境界：存其心，养其性，所以事天也。殀寿不贰，修身以俟之，所以立命也。存养内在真实的感觉与性情，是呼应、回报天最好的方式。不必去想、不必在意自己能活多久，活得短活得长都没差别，不影响我们看待生命、过日子的态度，持续以“存其心，养其性”的方式修身，那是对待命最好、最有建设性的态度。也就是说不去忧虑“求无益于得也”的事，专注于掌握“求有益于得”的事，充实自己的生命，不管偶然遭遇带来什么，都能好好应对。

什么是可求的、什么是不可求的，想清楚、分清楚。什么是我的、真实的、内在的，什么不是我的，是来自外在、混淆错乱的，也要想清楚、分清楚。从相信每个人内在都具备判断是非、善恶、好坏的能力出发，孟子建立了这样一套处世原则，并发展了相应的政治哲学，步步推论，环环相扣，逻辑严谨且明确，真是了不起的思想成就。

仁义是天性

在《孟子》的书后面有孟子这个人。他说：“予岂好辩哉？予不得已也。”这是他的真心话，他不能不辩，不只因为那是一个大家都好辩的时代，如果不会辩，就没有办法把自己的主张传递出去，而且因为孟子所要传递的主张在战国那个时代是违背时代潮流的，所以他就必须要更费力气，才能够去说服别人，说服这些国君，让他们接受原来仁义才是他们应该追求的。

在那个时代，其他的主张比如墨家或杨朱的出发点都是否定传统制度，提出建立一个新的乌托邦。比如大家应该相爱，把别人统统都看作自己，这是墨家的主张。或者是每一个人都自私到底，只爱自己就好，所有最自私的人结合在一起，就能够产生一个好的社会，这是杨朱的主张。这些主张之所以很吸引人，是因为它们跟现实不一样，是现实当中不曾存在过的。这样的未来图像相对也比较容易推销，因为它从来没有经受过现实的考验，纯粹来自想象，所以就可以把它想象得非常美好。

孟子属于儒家，不管他怎么辩，他的儒家立场都没有动摇过。儒家立场就是坚守既有的封建秩序当中的礼，强调人与人之间的身份规范跟责任——你作为一个国君，就要像一个国君，做一个爸爸，就要像一个爸爸，做一个儿子，就要像一个儿子。孟子要拒杨墨，他就必须要说服别人，让别人相信，明明从现实层面上去看已经那么糟，已经破破烂烂的旧传统，仍然有价值，而且仍然有可以解决现实问题的力量。

在那样一个论辩的大时代风潮当中，孟子吸收了别人的论辩技巧，又发展出很多自己的方法。当他追求辩的效果的时候，会比杨朱、墨家都要来得困难一点。因为他要证明旧有的礼不应该被抛弃，仍不能够靠摆脱礼去想象、去建构对孟子来说叫作“无父无君”的那种可怕的新天地、新秩序。

《孟子·尽心》里说：“人之所不学而能者，其良能也。所不虑而知者，其良知也。”意思是人先天带着特殊的能力和知识，这种能力和知识叫作“良能”或“良知”，它们一来不是后天学来的，二来，它们被称为“良”，意味着它们不只是天生的，还必然是好的，这也就是孟子的性善论的基础。

我们有什么样的良能或良知呢？孟子说：“孩提之童，无不知爱其亲者，及其长也，无不知敬其兄也。亲亲，仁也；敬长，义也。无他，达之天下也。”有人教小孩要爱自己的父母吗？应该没有吧，在没有人教小孩应该爱父母之前，小孩就会亲近父母，依赖父母，跟父母之间有这种特别的关系。有人教小孩要跟着他的哥哥，听他哥哥怎么样带领他，跟他玩，教他做什么吗？也没有吧，在有人教小孩之前，小孩跟哥哥之间就会产生这种特殊的关系。跟父母之间的那种关系，就是仁的基础；跟自己的哥哥姐姐之间那样一种关系，就是义的基础。

从这里我们看得出来，孟子主张仁跟义是天生的，它们就是我们的良能和良知。用这种方式推演，如果有人主张不要爱父母，要只爱自己，也就是杨朱的说法，那就是违背人的天性的。如果有人主张不要特别敬爱自己的父母，应该爱别人父母跟爱自己的父母一样，应该亲近别人的哥哥姐姐跟亲近自己的哥哥姐姐一样，这是墨家的主张，这也是违背天性的。这就是孟子拿来拒杨墨的理论基础，也是他辩论的方法。孟子的性善论是把传统封建所提倡的仁跟义建立在天性的基础上。

不过我们也要注意，孟子绝对没有天真地说，所有的人天生来都是好的。人性本善，指的是人天生带着一些好的素质，这些好的素质不应该被抛弃，不能被抛弃。这样的善性在每一个人身上都有，它是普遍的，所以如果我们把社会秩序建立在大家都有的这种善性的基础上，是最合理，也是最稳固的。

我们如何知道善是普遍的，又如何知道善有些什么样的内容呢？孟子说“可欲之谓善”。在论辩的时候，孟子向来有一个简单的答案，就是要我们去看一看有什么东西是大家都会喜欢，都欲求的呢？例如我们每一个人都爱吃好吃的东西，都喜欢漂亮的东西，所以好吃的、漂亮的就是善。同样的，我们每一个人也都喜欢秩序，喜欢条理，所以秩序、条理也是善的。举个例子说，你到了一个地方，那个地方跟你没有特别的关系，但是你看到墙上的一幅画挂歪了，这时没有人特别要求你，你也没有任何其他的目的，但你常常忍不住，就想去把那幅画挂正，这样你才觉得安心。或者现在要办一个活动，有一排椅子放在那里，我们也不用特别多想什么，就很自然地会把椅子前后对齐，把它们排得整整齐齐。再比如你要去买一只时钟，店里有一只时钟，它的钟面是圆形的，另外一只时钟的钟面歪七扭八，是不规则的，你选哪一只呢？大部分的人都会选那个圆形的。这就非常清楚地显现出来，我们内在地有一种对秩序的特殊的亲近或喜爱，所以秩序也是来自我们内在的良能、良知，是来自内在的善。

所以依照孟子的理论，我们人天生就识好歹，我们与生俱来地拥有可以分辨好坏的能力，更精确地说，那是“恻隐之心，人皆有之。羞恶之心，人皆有之。恭敬之心，人皆有之。是非之心，人皆有之”。人天生具备这几种善。“恻隐之心，仁也。羞恶之心，义也。恭敬之心，礼也。是非之心，智也。”仁、义、礼、智都是来自我们天生的本性跟本能，这是天生的善。有仁，我们会有同情心，有恻隐之心；有义，我们对不好的东西和行为有一种自然的厌恶；有礼，我们很自然地会感觉到对别人有必须要恭敬的一种态度的需要；有智，我们很自然地会去分辨什么是对的，什么是错的。仁、义、礼、智都来自我们的本能和本性。人性并不是一张白纸，不是你高兴在上面涂画什么都可以。孟子拒杨墨，其中的一种方式就是指出杨朱、墨家这种极端为己或极端无私的主张都是违背人性的。

更进一步，孟子就诉诸性善来解释礼的起源，以及礼为什么那么重要，为什么礼不能够被废弃。前面我们看到了，孟子怎么解释葬礼的来源。葬礼不是任何圣王特别为了发明葬礼而发明出来的，而是因为有人的父母死了，尸体丢在沟里。几天之后他经过那里，发现父母的尸体被狐狸啃吃了，上面苍蝇小虫群集掠咬，突然之间这个人额头上就冒出汗来，只敢用眼角偷瞄，不敢正视。额头出汗，不是为了给别人看，而是从内心发出来的自然情感直接表现在脸上，所以这个人赶紧回家拿了工具，把父母的尸体埋了。埋了才是对的。孝子仁人，好好埋葬自己的亲人，这是有道理的，它来自本性。

对于礼的起源，从西周的王官学延续到儒家，采信的说法是圣人制礼——礼是圣人发明的。圣人之所以去发明礼，是为了让人摆脱动物性，变得更好，变得更文明。孟子并没有推翻圣人制礼的说法，但他却改写了圣人的作用。在仁、义、礼、智等良知良能方面，圣人跟一般人没有任何的两样，圣人只不过是比一般人更早、更清楚地察觉到这些内在的善性，将它们落实，律定为礼。

再说一次，对于孟子来说，礼必然是依照每一个人内在的善的本能而予以制定的。在《孟子·万章》中有这么一句话："天之生此民也，使先知觉后知，使先觉觉后觉也。"意思是圣人就是先知先觉的，先认识了人内在的善，察觉了善的道理，因而制定了礼，让其他人也能够知道、感觉。所以在孟子的理论中，所谓守礼、守规矩，不是乖乖地听圣人的话，按照圣人规定的来改变我们自己，圣人是先知先觉者，他只不过比我们更早地发觉了人普遍的内在的善性。所以我们借由圣人的提醒，来召唤并且强化我们自己心里本来已有的仁、义、礼、智。

所以在后代的宋明理学中，王阳明就进一步推扩孟子的说法，用成色、分量来比喻我们跟圣人之间的异同。我们跟圣人所拥有的善性都是一样的，就好像所有的99纯金都有一样的成色。我们跟圣人不一样的地方不在于我们的成色，而在于我们的分量。圣人的善性是比较大块的99纯金，我们一般人是小块的，圣人有八两，我们可能只有两钱。良知良能，圣人可能有八两，我们可能只有三钱。可是不管是圣人的八两，或是我们的三钱，都是99纯金，成色是一样的。良知良能的本体所有人都有，而且都一样纯美，存在差别的是分量。分量多的，你能够成就更多更大的善事；分量少的，善就常常会被掩蔽，没有办法发挥。所以这个时候你需要先知先觉者的启发、协助。

从这样的角度看，孟子也是一个先知先觉者，他点出了性善的道理，帮助我们去想自己内在的善性在还是不在，是不是被我们自己隐蔽了，用什么样方式能把自己的善性重新发掘出来。于是这不只是学问，这变成了修行。所以孟子的主张不单是一家的理论，这个理论最后跟所有的儒家的说法都一样，一定要回到自身的行为上。在自身如何立身处世的基本决断方面，这是一种关于人之所以为人，关于像一个人那样活着的具体的实践的道理。我们必须用身心去体会它，这是我们为了认识、理解孟子所真正应该做的。

重振儒家的孟子

《孟子》既是儒家的继承者，又是儒家非常重要的一个开拓者。对于过去的王官学以及儒家的许多说法，孟子有很多自己的新的开拓。例如他用自己的观念重新讲述了传统中重要的圣人舜的故事。

他说，舜住在深山里，过着一种野人的生活，他跟相同环境中的其他野人基本上都一样，只有一点点小的差别——舜“及其闻一善言，见一善行，若决江河，沛然莫之能御也。”他特别会被善言跟善行吸引，他听到有道理的话，见到对的行为，会感受到一股如同排山倒海而来的力量把他拉过去，这股力量让他无法抵抗。所以对别人所说的有道理的话，会变成他的善言；别人所做的对的行为，也就是他必然要模仿的善行。这叫作“善与人同，舍己从人，乐取于人以为善”。所以舜就好的方面去学习、模仿别人，把自己坏的地方抛弃，用这种方式“乐取于人以为善”。

单纯就借由这么样一点力量，舜变成了圣人。他内在的评断是非好坏的良能和良知格外地强大，大到使他立刻能够自觉地模仿善言善行，快速地抛弃自身的不善，或不够善的部分。所以，在《孟子》的叙述中，舜之所以变成圣人，并不是天纵英明，而是他大量地吸收了“众人之所同”，就是大家都会有的善言善行。舜成了圣人，靠的是开发、扩大原来在身体里面已经有的良知良能，靠“学习”中的“习”，不断地调整、改造自己，一直在让自己变得更好。

这就呼应了《论语》开篇第一段所说的“学而时习之，不亦说乎”。“学”只是知道，“习”则让所学的东西内化为我们生命的一部分。孟子不是要我们用“学”的态度来了解他的主张和说法，他认为重点在于“习”。后来在中国，一个小孩刚刚开始念书时所用的教材《三字经》里有“性相近，习相远”，在本性上，每一个人都跟尧舜这样的圣人很接近，很类似，是“习”使我们变得不一样。孟子有一句话：“尧舜，性者也；汤武，反之也。”意思是尧舜在本性上就是圣人，他们按照自己的本性发挥了，就理所当然地成了圣人；成汤、周武，他们则是凭借着本性当中的善，克服了其他不善的部分，努力使自己成为圣人。如果我们借用前文提过的王阳明的比喻，那么尧舜他们整个人格统统都是纯金，汤武还有一部分不是纯金，可是汤武借由后天的“习”来开发、扩大纯金的部分，使自己臻于至善。

到了后世儒家当中的宋明理学，产生了程朱派、陆王派，这两派的差异可以用对孟子的一句话的不同诠释来理解。孟子说：“万物皆备于我矣，反身而诚，乐莫大焉。”程朱派把这句话中的“万物”理解成“万物的道理”，并且把它跟《大学》里面所说的格物联系在一起，所以就认定孟子的意思是要我们下功夫，去格天下之物，让万物的道理都能够储存在自己的脑袋里，于是你就可以不假外求，在做人做事上就自给自足了，因为你知道了所有的道理。这是最大的快乐，乐莫大焉。程朱派把“万物皆备于我”理解成一个祈使句，意思是那是我们必须要去努力的，让万物在我们的身体里齐备。

陆王派不是这样解释的，陆王派把“万物皆备于我”解释为一个叙述句，意思是人的内在本来就具备万物之理，这并不意味着我们天生就知道这些东西是如何构造的，如何成长的，而意味着我们天生就知道怎么判断所有东西的好坏和是非。东西长得正不正，事情对不对，不需要学，我们的直觉会做出评断。对于陆王派来说，这才叫作“万物皆备于我”。我们要忠于这一份天生的对是非善恶的判断,如此你就“无入而不自得”了,这叫作“乐莫大焉”。

必须说，从完整的义理上来看，陆王派要比程朱派更接近孟子的本意，天生具备对事物是非善恶的评断标准，这就是性善。只要你自欺，不蒙蔽自己的直觉判断，依照直觉去选择对的、善的去做,我们自然就会变成好人。这是孟子最主要的主张。在那样的一个大辩论的时代，孟子的性善主张，当然会招来许多质疑和挑战。

孟子的书里有一篇《告子》，这篇就记录了一个主要的挑战者告子的主张。告子认为性无善恶：“性犹湍水也，决诸东方则东流，决诸西方则西流。人性之无分于善不善也，犹水之无分于东西也。”告子说人的天性像水一样，可能流向东，也可能流向西，没有一定的流向，它主要受地势高低的影响。人也同样受到环境的影响，环境决定了我们会变成一个好人还是一个坏人。从这个角度看，告子是一个环境决定论者，他相信“近朱者赤，近墨者黑”，觉得人是由环境塑造的，没有必然善或恶的本性。

善辩的孟子抓住告子的比喻，发动了反击。孟子说：“水信无分于东西，无分于上下乎？人性之善也，犹水之就下也。人无有不善，水无有不下。今夫水，搏而跃之，可使过颡；激而行之，可使在山。是岂水之性哉？”孟子说，水会东流西流，看起来没有一定的方向，不过水真的没有方向吗？水不是总是往低处流吗？不就是因为水总是往低处流，所以才会依照地势有的时候往东流，有的时候往西流，不是这样吗？水偶尔冲激向上，那不是水的本性，水终究是要往下流的。水有往下流的本性，就像人有善的本性，水偶尔会违背本性向上冲激，就像人也会违背善的本性去作恶。然而孟子强调的是，人做坏事的时候，内心明白自己做的是坏事，人对善恶、是非标准的敏感是天生的，这是不变的。

所以孟子也说："舜何人也？予何人也？有为者亦若是。""人皆可以为尧舜。"圣人和我们之间没有绝对的差异，我们每一个人都拥有成为圣人的先天条件，关键在于我们如何运用、发挥自己内在天生的善性。孟子把自己的理论建立在本性，也就是一个不能改变、不容置疑的前提上，这是他论辩的策略，也是那个时代的潮流。社会和现实太乱了，连解释现实的说法也各行其是，乱成一团，让人莫衷一是。这种状况很自然刺激出一种想要找到最可靠、最可掌握的源头的冲动，人们希望能够有一种固定不变的基础，让人得以立足，不要什么都在变，什么都不确定。这就是为什么庄子去探索自然，孟子、告子讨论本性，他们都希望能够找出不变的、确定的基础。

建立了本性的主张，孟子也就有了拒杨墨的立场——杨朱和墨家的主张都是违背人性的。进一步地，孟子用关于本性的论理给了"礼"以新的定义。

为什么封建秩序已经崩溃瓦解了，还要维持礼？孟子的答案是，因为礼是源自人性的，是普遍的，并不是依附于封建制度的。礼固然是圣人所制定的，但也不是圣人独断地发明的，圣人的角色是发现者，他们发现了你我内在都有的基本天性，还有我们的关于是非善恶的标准，并以此为依据，订定了一套相应的行为法则。不管现实再怎么变，人性不会变，所以依据于人性的礼也永远不会过时，始终有它的权威和价值。

用这种逻辑，孟子重振了儒家，把儒家由一个枯燥的，要求保留旧规范的流派，升级为可以和其他诸子百家并立、一起辩论的一个流派。他的性善论是在这样的战斗条件下所出现的，也是在这样的一个纷乱环境中去发挥作用的。孟子和所有的战国诸子都不是悠闲的、宁静的，不是只坐在自己的书房里思考的哲学家，他们的首要身份是有攻有守的辩论者，他们优先考虑的是如何吸引和说服听者和读者。把战国诸子放回这样的一种热闹嘈杂的历史背景中，我们才能够比较公平、贴切地去理解、衡量他们的思想和主张，这是解读孟子的关键点。

《老子》

乱世里的南方智慧

权势者的欲望无所节制，
百姓小民无力对抗。
老子用比国君更权威的口气，
试图为这种潮流踩刹车。

第一章　老子庄子不一样

游于道，善用道

《庄子 · 秋水》中有一段故事，说惠子（惠施）在梁为相，庄子要到梁去见惠子。有人跟惠子说：“庄子来，是要取代你为相。”惠子担心了，就派人在梁国境内三天三夜大搜庄子的行踪。他们没有找到庄子，庄子则自己按照计划来见惠子。见了面后，庄子对惠子说：“南方有一种叫鹓雏的鸟，你知道吗？这种鸟，从南海起飞，一路飞向北海，沿路只停栖在梧桐木上，只吃竹子的果实，只喝甘美的泉水。在鹓雏飞行途中，有一只猫头鹰捡到了腐烂的老鼠尸体，发现鹓雏从它头上飞过，就抬起头来看着鹓雏，威胁地发出‘吓’的声音。唉，现在你就是为了护住你的梁国而要吓我吗？”

《庄子 · 秋水》的另一段故事则说，庄子在濮水边钓鱼，楚王要来拜访他，先派两位大夫前行转达：“希望将楚国的国政托付给您。”庄子手里拿着钓竿，头都没有转过来，就说：“我听说你们楚国有一只神龟，已经死了三千年，楚王特别把他小心翼翼地包好藏在小竹箱里，供奉在庙堂上。你们觉得这只龟比较喜欢死了留下骨头得到尊贵待遇，还是宁可活着在泥里摇尾巴呢？”两位大夫回答：“应该是活着在泥里摇尾巴吧！”庄子就说：“那就去吧，别烦我，我还要在泥里摇尾巴呢！”

这是庄子对待政治权力的基本态度。别人努力想要争取，随时担心失去的，在他眼中，那是“腐鼠”，根本不值一顾，遑论要抢夺或保护。权力和权力带来的地位，在他看来反而窒息了一个人自然活泼的生命，把他关在一个不是由他自己决定也必然违背他本性的牢笼里。

老子就不是这样看权力的。老子和庄子都以道为本，都相信在所有现象变化之后有一套自然的规律为其真宰；也都相信，最重要的是明了道的存在，追索道的规律。但两人的相同之处，也就到此为止。

在庄子，明了了道，于是能洞视我们执守的许多价值，其实源自狭窄的自我中心眼光，那么我们就能看清楚不是所有人、所有动物都想要腐鼠，就可以不必陷入那些外在的标准，而能自在地活着。

在老子，了解道，是为了将道拿来运用在处世与安排权力上。了解道的人，比不了解道的人，可以更有效地取得权力、运用权力、保有权力。

庄子了解了道，就必然有避世的态度。世俗的权力、享受、安逸，一般人汲汲营营计较的，其实不过就是猫头鹰嘴里咬的一只臭掉的老鼠，我们何必跟着人家去计较去争夺呢？老子了解了道，则采取了一种吊诡的态度——取得权力、保有权力最好的方法，就是好像没有权力，好像不在乎权力一样。

万物混同，以虚为本

《庄子·天下》论列战国诸子，是将庄子和老子分别处理的。

芴漠无形，变化无常，死与生与？天地并与？神明往与？芒乎何之？忽乎何适？万物毕罗，莫足以归。古之道术有在于是者，庄周闻其风而悦之。恍惚暧昧没有固定的形状，没有规律地不断变化，这是生呢，还是死呢？是和天地并存的吗，还是随着神明而来去的？茫然看不出要去哪里，倏忽匆忙看不出又去到了哪里。所有的事物通通各自罗列，没有办法归类整理。

这是庄周的学问、思想的来历。看《庄子·天下》的写法，让人想起《楚辞·天问》，一连串的问题，而不是任何具体、坚实的主张。应该说，和《天问》一样，庄子的学说，问比答更重要，有些根本的问题，是不能回答的。一旦回答了，那答案就必然将原本无形的强解为有形，也就将原本无常的改写成有常。所以庄子表达其意见：以谬悠之说，荒唐之言，无端厓之辞，时恣纵而不傥，不以觭见之也。间接迂回、无稽悠远、大而无当、四处晃游，不偏在任何一边，才不会逆反了自己的本心本意，把无形讲成有形，把无常固定为有常。

以天下为沉浊，不可与庄语；以卮言为曼衍，以重言为真，以寓言为广。独与天地精神往来，而不敖倪于万物。不谴是非，以与世俗处。庄子没有真的要和同时代的人对话，没有要教他们什么。他不说正经的话，随机发挥展开，有时重复别人说的话来证明道理，有时用寓言来开拓道理的范围。他真正的思考友伴是开阔无涯的天地精神，但也不轻视万物，不否定世俗的是非，混居其间。

老子则不然。《庄子 · 天下》的说法是：以本为精，以物为粗，以有积为不足，淡然独与神明居。古之道术有在于是者，关尹、老聃闻其风而说之。建之以常无有，主之以太一，以濡弱谦下为表，以空虚不毁万物为实。也就是说，本源道理是精微的，万物实体不过是这种本源道理的粗糙显现（所以不能执着于物体本身，要依照本源道理行事），有所积存反而是不足的，最好的方式是弃绝一切，独自与不受物体拘限的神明共处。古代有强调这方面的思想，吸引了关尹、老子，以无、常、有三个观念为基础，以太一为其主导原则，主张表面上应该濡弱谦下（效法水），实质上则保持空虚状态，不破坏既有的万物。

老子这一派主张存在之物不值得我们耗费心神去追求，在物的背后有本，那才是真正重要的。本的规律，是吊诡的辩证。表面上愈富有的，实质上愈穷。所以最坚强、最能成功的，反而是最软弱最谦下，看起来没有权力也不坚持的那种人。整个世界最宝贵的，不是任何一项具体的东西，而是什么都没有的空虚，因为空虚才可以包纳万物。

治世黄老，乱世老庄

从战国末年庄周弟子的眼中看去，庄子和老子不是同一派。

往下到了汉代,汉承秦弊,刘家天下是建立在秦始皇的错误上的,所以他们早早选择了一套相反的统治逻辑，尊崇“黄老”。那时候的道家，重点在于政治与统治上的无为，与民休息。道家的代表人物是黄帝、老子，没有庄子。

黄老是政治权力上的原则，与一般个人没太大关系，讲的是握有权力的人如何“无为而无不为”，谦冲下人反而能运用更大的权力，更紧密地把握权力，反而能做出更有利的事来。贯串整个汉代，流行的都是这样的黄老道家，一直到汉末才由黄老道家转成老庄道家，几百年未受重视的庄子咸鱼翻身，被拉上来和老子并列，相应地将黄帝抛弃了。

为什么会发生这样的变化？一个主要的因素是，思想的对象改变了。汉末大乱，刘家政权瓦解，从皇帝到官僚体系最下层都无法维系原本的运作，政治的主体都不在了，还需要什么政治原理呢？相反地，动乱中，一切变得不可依恃，人们需要可以用来整理痛苦、惶惑、不安经验的新态度与新智慧。

庄子的豁达、开阔的思想，可以对活在动乱中追求新态度、新智慧的士人说话，而老子则提供了庄子没有的一份知识权威。于是黄老退位，老庄升起，道家也就从一套政治哲学、一套统治原理，转型为一套人生哲学、一套乱局中的世界观。

那个时候又有了从印度传来的佛教。佛教教理的核心是“空”，佛教关注的是如何应对人生的苦。在社会秩序大毁坏的时代，人们切身真实感受活着的苦，很容易、很愿意接受佛教的前提，而“空”的观念又和道家的“无”有相似相通之处，于是在这个时代，佛和道又紧密地联系起来。

王弼注《老子》，郭象注《庄子》，都在他们的注释中引用了当时新鲜的佛教观念，又将《老子》与《庄子》的文句用来彼此互证，如此一来，不只是成功地让外来的佛教“中国化”，而且把老和庄拉在一起，从此建立起老庄同家、老庄不分的印象。

第二章　南方的隐者智慧

一笔糊涂账

《史记》是部伟大的著作，值得我们认真研读、理解，但这并不意味着我们可以相信《史记》中的每一句话，将太史公书中所写都奉为史实。

很不幸，《史记·老子韩非列传》中写老子的部分，就是一笔糟糕的糊涂账。

司马迁的史官职务是从父亲司马谈那里继承来的。司马谈的著作今天只剩下一篇《论六家要旨》留在《史记·太史公自序》里。《论六家要旨》中司马谈如此说道家：道家使人精神专一，动合无形，赡足万物。其为术也，因阴阳之大顺，采儒墨之善，撮名法之要，与时迁移、应物变化。道家集合了阴阳家、儒家、墨家、名家、法家这五家的精华优点，光这句话，司马谈就已经表明了他自己的思想立场，他是个道家，而且是从道家的立场出发来整理、评断“六家要旨”的。

更进一步，在司马谈的六家源流分析上，明显断定这种“使人精神专一，动合无形，赡足万物”的道家思想是相对后起的，所以能集合前面其他各家的优点。然而司马迁没有采纳父亲的这项主张，在《史记·老子韩非列传》中，他将老子的思想写成了六家之中最先、最早的。

《史记》中写老子，一开始说老子姓李名耳，字聃，是“周守藏室之史”，然后就讲了孔子问礼于老子的故事。这件事在战国的文献上出现过好几次，《礼记》《庄子》中都记录过。依照这些记载，老子年长于孔子，是当时有名的智者。

但是讲完孔子问礼于老子后，司马迁突然笔锋一转，说：或曰：老莱子亦楚人也，著书十五篇，言道家之用，与孔子同时云。意思是：也有人说（有资料记录）老子是老莱子，也是楚人，写的书不是上下篇的《道德经》，而是另外的十五篇著作，也没有比孔子年长，而是和孔子约莫同时。

如此附笔表现了司马迁的诚实态度，他看到过另外有老子是老莱子这一说法的史料，更重要的是，他对老子早于孔子，孔子曾经问礼于老子这件事，没有充分的把握。司马迁的存疑态度，部分应该来自他对《论语》、对孔子的了解。

关于孔子事迹，最可信的材料是由他的弟子编撰的《论语》，但《论语》中完全没有提到孔子到周去向老子问礼的事。还有，依照战国文献，孔子见老子这件事，发生在孔子五十岁时，但《论语·为政》中记录了孔子的自述：吾十有五而志于学，三十而立，四十而不惑，五十而知天命，六十而耳顺，七十而从心所欲不逾矩。五十岁都知天命了，怎么会因对“道之要”感到困惑而去求教于老子？

《论语》上有的，是《微子》里的一段故事。子路从而后，遇丈人，以杖荷蓧。子路问曰："子见夫子乎？"丈人曰："四体不勤，五谷不分。孰为夫子？"植其杖而芸。子路拱而立。止子路宿，杀鸡为黍而食之，见其二子焉。明日，子路行以告。子曰："隐者也。"使子路反见之。至则行矣。子路曰："不仕无义。长幼之节，不可废也；君臣之义，如之何其废之？欲洁其身，而乱大伦。君子之仕也，行其义也。道之不行，已知之矣。"

子路随孔子出行，落后了找不到孔子，路遇一位老翁，用拐杖挑着锄草的工具，子路就问："你看到过我的老师走过去吗？"老翁回应："四肢不发达，八成也不认得五谷长什么样，谁知道你老师是谁？"接着就拄着拐杖去锄草了。子路被骂了，自知理亏，恭恭敬敬拱手为礼在旁边站着。老翁就让和老师走散了的子路留在他家住一晚，还杀鸡做饭给子路吃，也让他的两个儿子和子路相见。第二天，子路赶上了老师，将这段经历告诉孔子，孔子就说："这不是普通农人啊，是个隐士。"要子路回头去找老翁。

子路回去，老翁已经出门离开了。子路就说（可能是告诉老翁的儿子）："不贡献自己的能力去做官是不对的。长幼父子的关系不能废，那么难道君臣上下的关系就可以废吗？洁身自好，却违背了君臣上下的重要关系。君子为国君所用，不过是为了尽到臣子该有的义务。正确的主张不可能实现，我早就知道了！"

这段故事的关键在于老翁"以杖荷蓧"，而"老莱子"这个名字中间这个"莱"字，也就是锄草的意思。显然，司马迁认为这位挑着除草工具的老翁很有可能就是老莱子，后世于是将孔子和这位隐士的相遇对话敷衍为孔子向老子问礼的故事。换句话说，司马迁明白《论语》里记录了许多孔子周游过程中遭遇隐士而被质疑、被嘲讽的事迹，认为孔子问礼于老子的说法，可能是从这些事迹中托化出来，不见得真有孔子刻意跑到周去找这位“守藏室之史”挨训的事。

是谁出了函谷关?

说完了老子也可能是老莱子之后，司马迁又有如下记录：秦献公时，有一位周的太史叫“儋”的，到了秦国，预言秦国在依附于周之下五百年后会脱离周而独立，再过七十年，秦会出现统治天下的霸主。“儋”的发音和“聃”一样，又都是周太史，所以史料上就将这两个名字安在了同一个人头上。

司马迁拿不定主意该不该接受这个说法。他的犹豫很容易理解。秦献公时周太史到秦，这是孔子死后一百二十九年的事。比孔子年长或和孔子约莫同年的老子，会在孔子死后一百二十九年去见秦献公？不得已，司马迁用补注的口气加了一段话，说：老子大约活了一百六十多岁，也有人说他活了两百多岁，因为他修道所以特别长寿。没办法，老子就算活了一百六十多岁，都不够既当孔子的老师，又能去见秦献公。要那样，非得两百多岁才行！

老子会前往秦国，依照《史记·老子韩非列传》上下文看，那是因为他居周久之，见周之衰，乃遂去。的确，他当周太史当了一百多年，是真久了，终于不想再干了。要出中原入秦时，过关，在关上遇到了一位守关的人，那人看他打算出关一去不回，又知道他是个有大智慧的人，于是勉强他将宝贵的想法写下来，如此才有了我们后来看到的《道德经》五千言。

这段故事也还是一笔糊涂账。后来注《史记》的人，以讹传讹，说老子过的关是函谷关，但秦献公时，函谷关根本还不存在。此外，关尹在许多战国文献上出现过，包括前面引用的《庄子》，但在这些文献里，关尹都被当作一位思想人物，没有像《史记》这样将关尹照字面理解为守关人的。依照出现较早的战国史料看，关尹活跃于战国时期，和老子大约同时发展了道的概念。

《史记》中讲老子的部分，最后是一段老子（李耳）后人的世系流传。李耳的儿子是李宗，是魏国的将军。孙子是李注，曾孙是李宫。李宫的玄孙李假，曾经在汉文帝时当官。李假的儿子李解则当了胶西王刘印的太傅，所以住在齐。李假、李解的时代，就和司马迁很接近了。

这个世系记录，也不太对劲。首先魏独立成为封国，发生于三家分晋时期，那是公元前 403 年，离孔子去世已经超过七十年。老子的儿子要在魏为将，要么他得是老子一百多岁之后才生的，要么这个李宗也得跟他爸爸一样长寿活过百岁。还有，就算老子和孔子同年，那么从老子出生到汉文帝的时代，大约有六百年的时间，但依照世系表，这六百年间，老子他们家总共只传了八代。一般正常三十年传一代，他们家平均起来，却是七十多年才传一代，很怪吧？

王官学以外的智慧

这笔糊涂账，怎么算？

一种态度，传统的态度——不去算。反正抓住了老子和孔子大约同时期，理所当然将《老子》的内容看作出于春秋时代，是和《论语》同样悠远的古文献。

另外一种态度，历史研究实事求是的态度，则是从司马迁的记录中，先判别其不同的可信程度。最可信的，显然是最接近司马迁时代，担任过胶西王太傅的李解。李解是李耳的八世孙，倒推回去，那么李耳的年代应该是公元前3世纪左右，也就是战国中期到后期，这个时间的推算，又刚好可与从《老子》书中得到的证据相契合。

钱穆先生在他写的四篇关于老子年代的考据文章中，清楚列举出《老子》行文中出现的战国名物与词语，具体否定了《老子》成书于春秋时代的可能。而且《老子》直白陈述道理的风格，不只和《论语》有太大的差距，甚至也不像《孟子》《庄子》那样带有雄辩意味，倒是更接近《荀子》或《韩非子》。

外部证据与内部证据配合来看：第一，《老子》的作者应是战国时期的人；第二，《老子》成书很可能晚于《庄子·内篇》，可能要到战国后期了。这位李耳至迟到汉初司马迁时，其生平年籍已经与另外一位历史人物老聃混杂在一起了。

担任周太史，时代和孔子接近的老聃，比写《老子》的李耳，早了将近三百年。但不知有了怎样的过程，或许就是源自《老子》这个书名，李耳就被当成老聃了。《老子》这本书的年代，相应就被往前错置了三百年。

老聃和李耳，一前一后，真正的联结，是古代南方的隐者文化。早在孔子时代，南方就有了强烈不认同周代主流价值的这项传统。孔子是彻彻底底封建宗法文化的产物，出生、成长于封建宗法的核心区域，因而面对封建秩序败坏、瓦解时，他的态度是“知其不可而为之”，一定要尽力恢复、维持旧有的封建礼法。

《史记·老子韩非列传》中说，李耳是“楚苦县厉乡曲仁里人也”。春秋时代没有“楚苦县”，战国才有。公元前 479 年，陈国被楚国所并，后来称为“苦县”的这个地方，原本属陈国，这时才为楚所有。这又是《老子》作者不可能和孔子同时的另一条旁证。

无论陈国或楚国，相对于黄河流域的中原各国，都是南方。

南方，尤其是楚，地理上位于中原的边缘，没有那么深远的封建根基。更重要的是，早在西周建立之前，南方就有了自身独特的文化传统，当然不会有像鲁人孔子那种对封建宗法的情感，更不会有一定要卫护封建宗法的热情。对孔子而言，他不忍心看到自己信奉的宗庙倾颓，他宁可以肉身去扮演最后一根支柱。但对许多封建宗法边缘地带的人来说，他们关心的往往只是这样一座大庙倒下来，会如何压到我、伤害我而已。

《论语》中记载孔子在南方遇到长沮、桀溺、楚狂接舆，受到反复的嘲弄。这些人都是隐者，会嘲弄孔子，一点都不意外。他们的生命情调、他们的价值选择，和孔子大异其趣。

隐者之所以成为隐者，在于他们采取了一种和封建宗法倾颓带来的乱世保持距离的态度。他们早早看穿了这套封建宗法已经是日薄西山，不可能挽回了。他们的智慧被运用于如何在乱世中自保，不只不受伤害，最好还能保持平静自在。

这些南方隐者或智者，他们也不是旧有王官学的追随者，不像孔子将《诗》《书》《易》《礼》《乐》《春秋》视为不可移易、不可抛弃的真理基础。他们不依赖西周王官学经典说话，所以也就没有留下什么著作，只留下了片段的记录，凸显他们和主流价值间的冲突。

这些人，他们背后的隐者文化，应该就是道家的远源。他们没有参与东周中心地区正在发展的从王官学蜕化为诸子学的过程，这个过程的主角是儒，从孔子开始，他的门人如何分派、流衍，留下了相对详细、明确的记录。从边陲发迹、从隐者文化蜕变出来的道家，相形之下，就找不到清楚的历史背景与变化脉络了。

第三章　知道与行道

老子只谈三件事

在所有的先秦著作中，《老子》一书的口气最为权威。其表达方式直接、明确，不留商量余地。与《论语》相比，《老子》没有问答对话，只有答案；而且《老子》没有说话的情境，意味着他彰示的是普遍的准绳，不受情境变化影响。与《孟子》《庄子》相比，《老子》也没有辩，不曾假设有别的立场、别种态度的人，可能从什么方向提出质疑，因而必须有攻守来往。

《老子》不辩论，只宣说。其风格背后的姿态是 take it or leave it。我告诉你道理就是如此，爱信不信。这种风格在先秦其实极为少见，同样采取宣说体的《荀子》《韩非子》都还习惯性地放入些假想的反对意见，再进行批驳，都没有《老子》来得自信且霸道。

《老子》另外一项特色是，篇幅极其简短。后世常用的说法是《老子》五千言或《道德经》五千言，是的，这本书从头到尾总共就只有五千字左右，总字数只等于《庄子》书中比较长的单章。字数那么少，给人的印象很自然就是《老子》的行文简约，文中承载的信息很浓密。因而过去传统解释《老子》的方式，都是想尽办法延展《老子》的文意，觉得要用一百句话来说明《老子》的一句话，才是正确的做法。也就是将《老子》的文本看成某种摘要，先入为主认定本来应该要有十万字、二十万字的复杂内容，但老子却只从这十几二十万字里深藏不露地浓缩了五千字给我们。因而我们的任务自然就是透过这五千字，试图还原那十几二十万字的原始内容。

我必须说，这种视《老子》为言简意赅摘要的态度，应该被认真检验，不该被简单接受为事实。而且，若是认真检验的话，《老子》的文本不见得能够支持这种主张。

《老子》真的说了那么多复杂、丰富的道理吗？还是后人因为抱持《老子》必然说了很多的倾向，所以才衍生出远远超过《老子》书中意思的旁枝呢？会不会《老子》根本就只是一根瘦藤，而不是一棵繁茂大树的缩影呢？

如果抛开后世愈加愈多的玄妙内容，真正透过《老子》本文传递出来的信息本身究竟是什么？到底有多少？其中又有多少其实是简洁明了、一通到底的，有多少是隐藏了迂曲立论，需要多费唇舌扩充解释的？

会这样问、会主张这样检验《老子》，就已经显现了我的一偏之见。《老子》并不玄妙幽深，至少没有《庄子》那么玄妙幽深；《老子》书中呈现的道理也没有那么多转折变化，甚至没有《孟子》那么多转折变化。

本质上，《老子》书中要说的核心道理很直接、很简单，也很少，八十一章五千言就绕着这一点直接简单的核心概念反复申说。若以字数和所承载的道理相比，《老子》不见得真的言简意赅，五千言中有很多重复啰唆之处。

《老子》要宣说的第一件事是：有一个先于一切的道，管辖统领所有的事物，而道之所以能如此管辖统领，是因为它本身无法被归纳、被掌握。道如果能被归纳、被掌握，那就表示它被另一个更高的原则管辖统领，它也就不会是管辖统领一切的道了。

第二件事：要理解道，必须用后退的方式，尤其是去除分别的后退。分别都是相对的：长，是因为有短；高，是因为有下；善，是因为有恶。看到分别，我们就该往后退，看到分别之前，相对出现之前的混同；道，就是一切分别升起之前的大混同。

去除分别，肯定混同，在这点上，《老子》和《庄子》很接近。然而，《庄子》从内篇、外篇到杂篇，从头到尾展现的，是一个抱持混同眼光的人所看到的世界，和一般人从“分别”出发看到的大异其趣。《庄子》仅止于描述展示那个混同的世界景象，试图说服读者抛弃世俗的眼光，进入混同的经验。而《老子》却进一步教导，有了混同的眼光后，可以如何运用它来应付俗世。

所以《老子》全书说的第三件事，就是如何依照道更正确而有效地处世。这部分《老子》的说理对象，是主、君王，是领导者，教已经拥有权力的人如何运用权力，延伸出去连带解释如何取得更多、更高的权力，并让权力不至于丧失。

五千言，基本上就是绕着这三件事反反复复地说着。

无法言说的终极事物

《老子》第一章开头：道可道，非常道；名可名，非常名。十二个字，立即充分显现了《老子》的基本行文论说形式，那就是似非而是的吊诡悖论。乍看之下违背一般常识文理（“似非”），细究之下却对我们展示了比常识文理来得更深刻、层次更高的道理（“而是”）。

建构这样的吊诡悖论，首先依赖中文特殊的词性，同样一个字在不同脉络下，具备不同的词性作用。这样的吊诡悖论，另外建立在从春秋时期开始，从墨家到名家，对于语言、文字、论辩程序与作用的长期讨论发展。我们很难想象在没有墨辩，没有惠施、公孙龙子这些名家之前，早早就出现《老子》这样的行文方式。

“道可道”，前面一个“道”是名词，指那最根本的道理；后面一个“道”则是动词，意思是把它说出来。那最根源的道理如果可以被明白说出来，就不是“常道”了，就不是恒常不变的道理了。

道的特性，是恒常不变的，或说我们之所以看重道、寻思道，就是要在纷纭变化的现象中，分辨出一个管辖所有现象、解释这些变化的根本道理，所以这个道理自身必然不会随着现象移异、改变。具有如此“常”的特质的道，基本上就无法被描述。所有描述道的语言，本身也都是现象，都会移异改变，不可能固定不动，也就不会是常道。

相应地，我们对世事万物的命名，都无法真正代表这种东西。把眼前的一样东西称为“杯子”，将它视为杯子的同时，我们也就掩藏、消去了它许多不同的、复杂的性质，它的材质、颜色、大小，它和其他杯子不同的独特之处。当然，我们可以改用其他名字，例如“红色大杯”“有白底红色花样的马克杯”来称呼这种东西，但是不管怎么改、怎么命名，那个名字都不可能完全涵盖、代表这种东西。我们找不到一个彻底对应东西的名，无法给它一个绝对的、不会改变、不须改变的名，一个常名。任何用来描述事物的名，都不会是常名。

这是关键所在。道在哪里？在不断后退、追索，反复否定用来描述道的语言之后，无法用语言描述之处。我们绝对不能拘泥于事物暂时的名字，误以为名字就是事物本身，唯有如此，我们才不会被困在名字名词上，看不到事物本身的道理。

这样提示完了之后，老子说：无，名天地之始；有，名万物之母。对于天地的开端，我们勉强将之命名为“无”。对于万物的源头，我们勉强将之命名为“有”。无与有，不是真正的常名，只是借用来让我们讨论、理解那很难讨论、很难理解的时间与事物的根源，描述道的开展，而千万不能将有和无执着为真实具体的。

天地开始的状态，是无；生发出了东西，就成为有。故常无，欲以观其妙；常有，欲以观其徼。因而我们进入、思考无的状态，来理解其中潜藏的幽微奥妙；另外我们也进入、思考有，来察知事物表现在外的原则。

妙与徼，一暗一亮，一隐一显。一个是本体，一个是本体外露的现象。观察现象，才能推探本体；探触本体，才能厘清现象的秩序。真正的道，就在无、有之中，或说就在无、有之间，或说就在从无到有的变化里。

无和有，是我们为了理解、探索勉强分别开的两种状态，实质上它们之间并没有确切的界线，所以说：此两者，同出而异名，同谓之玄，玄之又玄，众妙之门。本体与现象，其实是分不开的，我们因应思考、理解的需要，才从不同角度给了不同的名字。两者混同在一起的状态，我们称其为“玄”，一种抗拒语言、观念的掌握的状态，从这里生发出了所有神妙的原理与作用。

以悖论强化印象

《老子》行文的习惯，每一章开头的第一句话，往往是最难理解的。他会用一个吊诡悖论开头，刺激读者觉得不知所以然，然后才在后面的句子中说明悖论成立的理由。第二章的开头也是这样的悖论：天下皆知美之为美，斯恶已；皆知善之为善，斯不善已。这在说什么？

不急，让我们先往下看。故有无相生，难易相成，长短相形，高下相倾，音声相和，前后相随。这个概念很容易明了。有和无是相对的，难和易是相对的，高和下、前和后是相对的。没有难，就不会在比较中生出易来；没有高就没有比较中的低；没有前就没有比较中的后。这些性质都是相对的，因而都是俩俩配套存在的。

声是自然无序的声响，音则是有调有秩序的声音，这两者也是彼此对应存在的。没有音乐，我们就不会将无序的声音视为噪声，所以听音乐，第一件事就是要将有调、有秩序的声音和噪声区别开来。

回头来看，那么第一章中所说的有、无，也是相对概念。相对于无而有有，相对于有而有无，我们不能单独、区别地谈有或无。

如此第一句话的意思就清楚了。我们到美术馆去，整间屋子里，从建筑、墙面到展示的作品都是“美”。但我们之所以能辨识这美，知道这是美，背后必然藏着相对恶或丑的评断。美、善不可能单独存在，说这个人很漂亮，说约塞米蒂（Yosemite，美国首个国家公园）的风景很美，说这个社会风俗良善，如此正面的描述也就必然意味着我们知道怎样的人不漂亮，怎样的风景会让人不舒服，怎样的社会不良善、不平静。

接下来：是以圣人处无为之事，行不言之教。万物作焉而不辞，生而不有，为而不恃，功成而弗居。夫唯弗居，是以不去。《老子》这里所说的圣人，接近《庄子》说的至人或神人，是最高的存在典范。面对如此相对相成的世界，圣人的选择是不落入相对里，尽量不做相对的判断，而是保持相对产生之前的状态，如实接受、承认每一个现象、每一件事物，不拿这个比那个，也不试图将这个改变为那个，让万物自然发生。

圣人不分别，尊重自然，不作为，不教导，不选择排斥任何现象与事物。做任何好事，就产生了和好事相反的坏的标准；说任何正面的道理，就必然产生相对的负面标准，圣人不落入这种区别里。如此包容让万物生长，完成了也不停留（不居），仍然随顺自然变化，因为不停留，一直在变化中，不拥有、不拘执，也就没有什么好失去的（“是以不去”）。另一种比较通俗的解法是：圣人顺应自然，无为而包容万物，事成却不自恃有功劳，不占功劳高位，正因为不占功劳高位，所以圣人的地位也就不会受到挑战，不会失去。

让百姓的心平静

说完了圣人对待万物的高妙道理，第三章立刻降到世俗层次，谈这种道理在人事统治上的具体运用。不尚贤，使民不争；不贵难得之货，使民不为盗；不见可欲，使民心不乱。如何治国？第一，不要强调才能的标准，不重用有德行、有才能的人，那样人民就不会争着要当贤人，冀望受到重用。第二，不要强调特殊、宝贵的东西，那样人民就不会为了拥有贵重财物而去偷、去抢。第三，不要刺激人心中的欲望，人民就不会不满现状，老想要得到更多。

“尚贤”是墨子、墨家特别凸显的价值，主张应该排除过去的封建贵贱分别，只看人的能力与德行，能力好、德行高的就重用他，给他高位大权。老子却认为尚贤只会让人为了高位大权而惹起纷争。

同样，也不要分别物品的好坏高下。当我们将新出的手机称为 smart phone 时，原本用得好好的那种手机，相较之下就变成了 dumb phone，这样谁能抵挡得住诱惑，不会赶快想尽一切方法把“笨机”换成“智能机”呢？“贵难得之货”等同于刺激大家去拥有“难得之货”，而防治偷、盗最根本的办法，是让人失去偷、盗的目的，让这世界没有值得和需要去偷、去抢的“难得之货”。

“不见可欲”，“不见”应该是“不现”的意思。从统治术上看，不要让人民看到能挑起他们欲望的东西，他们就能保持平静，维系既有的秩序。不能让精致的法国料理出现在他们眼前，他们才会对自己每天吃的大米饭感到满足。

是以圣人之治，虚其心，实其腹，弱其志，强其骨。常使民无知无欲，使夫知者不敢为也。为无为，则无不治。这里我们就明白，原来老子的圣人有双重意义，不等于庄子的神人、至人。一方面，他拥有至高的道的智慧；另一方面，他还要拿这套道的智慧来统治人民，得到最大的效果。

圣人如何治国呢？让人民肚内饱饱、心里空空，身体强健，意志薄弱。让人民不多想、随时满足于现状，就算少数拥有知识的人，在这种环境里也不敢且无法有所作为，任何作为都不会有作用，那就什么问题都没有，都能处理了。

最后一句的另一种解释是：真正有智慧的人，因为知道任何作为都会带来刺激搅扰，所以不敢有所作为，只要无为而维持自然状态，那就没有什么不能治理的了。

第四章　大道无私

天地圣人皆不仁

《老子》又称《道德经》，传统将书中内容分为“道经”和“德经”两部分。从第一章到第三十七章称为“道经”，取名自第一章开头的句子“道可道……”；第三十八章到八十一章则是“德经”，依第三十八章开头的句子“上德不德……”而命名。

1973年在长沙马王堆出土了汉代遗留下来的帛书《老子》，里面的次序是“德经”在前，“道经”在后，《道德经》变成了《德道经》。如此一来，引发了更多对老子篇章次第的讨论。

诚实说，我对这些讨论理解有限。我眼中看到的《老子》，仍然没有清楚的结构顺序安排，也不像是需要我们严格依照某种特定顺序来读的。部分相连篇章彼此有关，毫无疑问，但另外一些明显相关的篇章却也可能被排在距离很远的地方，而且改动篇章顺序，也不太影响、妨碍我们对《老子》基本意念的掌握。因为他要说的道理，没有太隐讳、太困难，也就不需要按照一定程序逐步进行解读。

第三章表白圣人之治的现实面之后，第四章又跳回对道的抽象形容，性质上比较像是对第一章内容的补充说明。道冲而用之或不盈，渊兮似万物之宗。“冲”是中空的意思。道虚空如容器般，但用起来却和一般容器大不相同，不管在里面装多少东西，都不会漫出来。像深渊般无从探测其深度，因为它可以容纳万物，让人觉得好像万物都是从道那里生发出来的。

万物的来处会有怎样的特性？挫其锐，解其纷，和其光，同其尘。将万物突出的轮廓外形磨平，将万物复杂的结构拆开，将万物不同的颜色光彩混合在一起，将万物的污秽缺点予以统一，经由如此的想象过程，我们就能由万物倒退推理地去了解道。

湛兮似或存，吾不知谁之子，象帝之先。推回到那个如同深水平静不动的状态（“湛兮”呼应前面的“渊乎”，都是来自对深水的比喻），平静、安静到无法辨别究竟是有还是无的状态，那就接近道了。道在一切之前，所以没有任何东西先于道，把道生出来。道没有来历（“吾不知谁之子”），相对地，我们所能知道和想象的一切，包括天帝，人类最早的祖先，都来自道，都在道之后。

换句话说，道很接近西方哲学里讨论的“第一因”，有果必有因，将现实世界视为果，一步一步回推其因，纸张来自树，树来自种子，种子来自前面的树，前面的树靠阳光、土壤、水才能长出种子……一直往后推，终点在于那第一因。既然是第一因，意味着它没办法再往后推，那么这第一因就只能是无因之果，创造出所有的因果反应，但自己本身却不在因果中，找不到它的因果来源。

第五章接着说道的作用：天地不仁，以万物为刍狗；圣人不仁，以百姓为刍狗。道是自然，其运作没有偏好，对所有的东西一视同仁。成语“一视同仁”就留有道家对仁字的用法，庄子、老子说到仁、爱，指的都是偏爱、偏好，只不过仁通常是上对下的偏好，爱则通常指平等的偏好。一视同仁就是不仁，没有偏爱、偏好，阳光泛照大地，同样的，灾难来时，万物通通都被当作自然的牺牲，没有例外，圣人依循道，模仿自然对待万物的方式，不偏爱、无偏好地对待他所统治的人民。

天地之间，其犹橐籥乎？虚而不屈，动而愈出。“橐籥”是个专有名词，指的是鼓风炉的风箱，这种风箱及其名称的出现不会早过战国中期，因而用橐籥来比喻自然，是《老子》文本晚出的另一个重要证据。天地之间，就像个风箱，里面是空的，所以其本身不会消耗，更不会穷尽，只要一动，风就从中间源源吹出，永远不会用完，反而愈动愈多。箱里为什么能产生那么多风？因为它是空的，如果里面为“有”，“有”就一定会衰耗，一定有穷尽之时。

多言数穷，不如守中。这章的最后一句，帛书《老子》上不同的写法是多闻数穷，不如守中，意思是在这方面，圣人也应该效法自然，不要往自己身体里塞东西，多知道，多有意见，反而容易穷尽，不如维持和天地之间一样的空虚，守住中空的状态。如果依照今本文字的话，那就是：不要多说话，不像风箱里的风，可以源源一直吹出，有形的话会说完说尽，最好还是保守留着，别轻易说出。

上善若水——无私无争反而得利

第六章：谷神不死，是谓玄牝。玄牝之门，是谓天地根。绵绵若存，用之不勤。这里用的是一个奇特的比喻，关键在“玄牝之门”，也就是雌性动物的阴部。古人观察到了，哺乳动物都是从母亲的阴部诞生，而这个阴部又同时是雌雄性交的接触所在，雄性性器是突出的，雌性性器相对却是空的，主体就是一个空间。

由此，《老子》想象、比喻天地之生，应该也是从天地之母的阴部中产生的，玄牝就是假设、想象的天地之母，玄牝之门就是天地之母的阴部。那是有的来源，却同时又是最为原初、绝对的无、空，和大地上生产众多植物的山谷一样，其基本精神都是一块包纳的空间，而不是自身有什么。

能生出天地来，正是因为“若存”，只是一块空间，是存在，又不是存在，所以叫“若存”，好像存在。但这种“若存”，比真实的有、真实的存在，更长久（“绵绵”），也更有用（“勤”或“堇”，也是穷尽的意思），用了不会穷尽。这种空、无包纳的基本作用（“谷神”），永远不会死灭。

第七章：天长地久。天地所以能长且久者，以其不自生，故能长生。天地、大自然另外一项特色，在其长久，不会毁灭、消失。天地之所以永远存在，正因为它不是单独存在的。天地是所有万物的集合，因而不管万物如何消长变化，作为万物集合的天地，始终在那里，不会消失灭亡。

是以圣人后其身而身先，外其身而身存。非以其无私邪？故能成其私。圣人效法天地自然，尽量压缩自我，将自我改造成别人的集合体。愈是把自己放在后面，反而愈有利于自己；愈是不看重、不偏私自己，反而愈能保存自己。圣人的私心和一般人的私心刚好相反，他不自私，不先考虑自己，把自己放在考虑的最后面、最外面，这样反而对自己最有利。

不自私反而才是真自私、最自私；不替自己打算，反而才是最为自己考虑的。这又是一个似非而是的吊诡悖论。

第八章换以水做比喻，来讲同样的道理：上善若水。水善利万物而不争，处众人之所恶，故几于道。自然界最接近道，最能对我们彰显道的，是水。极致的善就像水一样，对万物都有帮助，万物都需要水，水却不需要任何东西，不跟任何东西争夺资源，就像前章所说的那般“无私”。人最讨厌的是处于低处、下位，都想要往上爬，但水却总是往低处流，而且就留在下位低处。

接下来，今本《老子》的字句是居善地，心善渊，与善仁，言善信，正善治，事善能，动善时。夫唯不争，故无尤。帛书《老子》里没有“与善仁，言善信”，而是“与善信”。用帛书《老子》的字句就很容易解释：水代表上善，所以观察水，就能得到一连串善的法则。所处之地，要像水一样往低处去；心要像聚集的深水一样安静沉稳；和人相处，要找说话算话的；处理政事，要看重安定秩序；处理一般事务，要看重才能；行动呢，则要注意时机。这些，都和水不争的特性相符合，在人、政、事、动上都不要争，不要刻意勉强，那就可以远离错误怨尤。

第九章：持而盈之，不如其已。揣而锐之，不可长保。保存、累积到漫出来，不如不要保存，不要累积；将物品打出锐利的锋芒，这样的东西一定不能长久保有。与其增加，不如减少；

与其锐，不如钝。盈与锐，都会带来争，争破坏了原有的秩序，结果你连原本有的那点基础，很可能都在争之中丧失了。相对地，不争，人反而才能平静、长久地保有身上有价值的东西。

因此，金玉满堂，莫之能守。富贵而骄，自遗其咎。功遂身退，天之道。宝贵的东西堆了一整间，就必须随时担心人家来偷来抢，那么多会被觊觎的对象，要如何能看守完全呢？有财富、有地位又对自己的财富、地位感到骄傲，多所炫耀的人，是给自己找麻烦，让别人眼红、忌妒，对自己不利。真正对的道理、自然的道理，是有了任何成就后，都要让成就和自身脱开关系，拉出距离来，才不会受累受害。

像水一样，我对别人好，帮助别人，完成了之后，我不拥有任何好处，如此不争，就没有人会忌妒我、恨我，也就没有人要来争我的、夺我的了，

不有、不恃、不宰

下一章，第十章换了一种表达方式，以问答呈现。自设问答，本来是战国时代常见的辩论文风，但在《老子》书中却很少见，偶一见之，他的用法也不是真正的论辩式问答，而是 rhetorical question（形式上问），但不需要答案，答案已经在问题里了。

这一章连续列了六个问题，或说用问题的形式，强调了六项原则。

第一个问题：载营魄抱一，能无离乎？人乘载着魂和魄，合而为一，能够不分开吗？当时的人相信：人有魂（也就是“营”），魂是气是阳，另外有魄，魄是形是阴，两者合起来才

构成人。如果阴阳无法相合，魂魄分离了，人就不是人，就活不下去了。所以老子用这种方式强调，人要活着，就必须抱一，追求合而拒绝离。

第二个问题：专气致柔，能婴儿乎？顺着上一句下来，人的魂和魄抟合成形（“专”就是“抟”）之初，是最柔弱的。我们能找到人的精气抟合，最为柔弱，如同婴儿一般的时刻吗？意思是，阴阳抱一产生的，不是刚强，而是柔弱，所以我们应该不断地想办法让自己回归那样原始纯洁的状态。

第三个问题：涤除玄览，能无疵乎？我们有办法将那面终极映照自然有无的镜子，擦得没有一点污斑瑕疵吗？第一章中我们已经看到了，“玄”字指的是“有＋无”，或说自然本身；“览”就是镜子。所以这句话，顺着上一句说下来，要人回归原始纯洁，去除掉后来不专不柔的部分，还原对自然的忠实映照和理解，也就是回到连有、无分别都尚未形成的状态。这句话也同时提醒人，如实映照自然多么不容易，人从生出来之后，婴儿所具备的“专气致柔”就会开始丧失，对应自然就开始有了“疵”，所以要小心予以涤除。

第四个问题：爱民治国，能无知乎？能够用排除智慧的方式来爱民治国吗？意思当然是：只有排除了智慧，将自己化为没有瑕疵的玄览，不偏倚不扭曲地反映自然规律，才是爱民治国最好的方式。任何“知”都不可能比得上自然规律，都只会破坏自然规律。

第五个问题：天门开阖，能无雌乎？天地自然的开阖生灭，必须依赖“雌”才能进行。这里呼应了前面第六章所说的“玄牝之门，是为天地根”，天地自然都是由一个超越的母亲生出来，而且是从其虚空的阴部生出来的。所以终极规则的运作，必须要有“无”。理解“有”的规则，不能从观察整理有来达成，必须观察无、重视无。雌雄之间，还有主动和被动的分别，所以《老子》也主张应该守雌性被动的立场，别老想要主动往前冲，光开不阖，不是自然的道理，必须有开有阖，不断开开阖阖，天地自然才会如同橐籥鼓风那样源源创造，永远不至于穷竭。

第六个问题：明白四达，能无为乎？处事治世想要看透一切，影响无所不至，那就必须要无为。只有无为才能无不为，任何有为都会带来偏，扭曲人的视野，偏重这边而忽略那边，那就不是真明白；偏使人有了方向，倾向这边而离开那边，也就不可能“四达”了。只有无为能让人留在中间，什么都能看到、哪里都能到达。

说完六项原则之后，接着总结标示了这六项原则所代表的玄德的不同面向：生之、畜之，生而不有，为而不恃，长而不宰，是谓玄德。统纳、包含有和无的道，其基本性质（玄德）是生养万物，生了却不占有，作为了却不依恃，养了却不控制，不会将任何事物当作自己的，把持不放。

不是全舍全无，而是有无相合、有取有舍

第十一章仍然在解释无、空的作用，只不过换了不同的比喻：三十辐共一毂，当其无，有车之用。埏埴以为器，当其无，有器之用。凿户牖以为室，当其无，有室之用。

连续列了三个例子。第一个例子是轮子，我们用三十根等

长的木头共同撑出车轮中间的“毂”，有“毂”这个什么都没有的空间，才形成了轮子，才能发挥车轮的作用。第二个例子是容器，我们揉土做容器，必须让它中空，有那个空间，才能发挥容器的作用。第三个例子是房子，我们开门窗筑屋，一定要做出屋内的空间，才能发挥住屋的作用。

故有之以为利，无之以为用。就这样有、无互相配合，辐、埴、户牖这些存在、有形的物体使得轮子、容器、房屋变得有价值，但还是要靠那围绕出来的“无”的空间，轮子、容器、房屋才能有用。

第十二章：五色令人目盲，五音令人耳聋，五味令人口爽。花花绿绿的众多颜色，看了反而让人失去分别形体的能力；各种复杂的音乐，听多了反而让人失去辨别声音的能力；多样丰美的滋味，吃多了反而让人的口感无法正常运作。“爽”，就是失去的意思。

驰骋田猎令人心发狂，难得之货令人行妨。策马来回奔走打猎，这种经验让人的心灵狂野动荡；看到宝贵稀有的东西，则会让人行为扭曲不当。

是以圣人为腹不为目，故去彼取此。所以圣人在治国时，重视人民的肚腹是否吃饱，不强调五官的享受，选这个而抛弃那个，道理就在此。

第十三章，开头是大纲：宠辱若惊，贵大患若身。这章主要在解释这两句话。何谓宠辱若惊？宠为下，得之若惊，失之若惊，是谓宠辱若惊。什么叫“宠辱若惊”？一般我们认为宠、辱是相反的，也会对宠、辱有相反的反应，得宠则喜，受辱则惊。但老子却主张，宠和辱其实是一样的，都是外在的影响破坏了我们的平常、正常状态，都刺激了我们感官。所以对于宠和辱，我们应该有同样的反应。

宠不是好事，得到了别高兴，相反地，应该和受辱一样感到惊讶、警惕。会得宠，就会失宠，得宠时要小心警惕，失宠时也该小心警惕，才是对的态度。这是“宠辱若惊”的意思。

老子看重的，是常，是可以长久不变的平静平衡状态。从这个角度看去，宠和辱都引人离开常，在本质上并无差异，所以得宠或受辱都应该警惕防备，努力让自己不受影响，维持常的平静与平衡。

何谓贵大患若身？吾所以有大患者，为吾有身，及吾无身，吾有何患？那什么是“贵大患若身”？这是提醒我们看待己身的态度，要用一种小心忧虑的态度来看待自我，尤其是自身受到的利害。

人生最大的问题，在于我们有自我、有私欲，身体感官会受到各种刺激，所以无法维持精神上的恒常平衡。我们应该采取这种态度来看待自我、己身。非但不能抱持自我中心、膨胀自我，反而应该尽可能取消自我，放掉对己身的关切、顾虑。一旦你能去除自我、己身，就没有“患”，就不必担忧得失，得到一种免于忧患和恐惧的自由。

故贵以身为天下，若可寄天下；爱以身为天下，若可托天下。相较于庄子，老子是个现实主义者，他不觉得人能如同庄子想象的那样可以摆脱身体、形体，凌空御风，不吃不喝，活在某个神秘的空间里。老子承认：人无法真正“无身”，所以我们能做、该做的，是“以身为天下”。意思是让自己的欲望、好恶（“贵”

与“爱”）去除任何个人特殊之处，和天下人都一样，如此“己身”就成了“天下身”，不再是个人自我的欲望、好恶的实现之处，而是天下普遍的欲望、好恶的代表、寄托之处。

第五章　苦难乱世里生成的哲学

古士徐行而安

第十四章：视之不见名曰夷，听之不闻名曰希，搏之不得名曰微，此三者不可致诘，故混而为一。老子另一个行文修辞上的习惯，是用“名曰”“名之曰”或“是谓”来推动他的论点，凸显一种定义式的权威。这一段话中，夷、希、微，其实都只有修辞上铺排的作用，我们可以完全不理会这三个名词，跳过这三个名词去掌握老子的文义。

他的意思仍然是在形容道，有这么一样东西，看不见、听不到、摸不着，不管我们怎么努力看、努力听、努力摸都不可能找得到它，它在我们的感官感受之外，在我们的感官感受之前，我甚至无法分辨该看还是该听、该摸，只能混同地看待道。

其上不皦，其下不昧。绳绳不可名，复归于无物，是谓无状之状。与一般的物体不同，道没有上下左右差别，也就没有受光、背光产生的明亮、黯淡差别，换句话说，其体阴阳不分，合而为一。若有若无，连绵不断，终究又回归无，只能用“没有形状的形状”来描述。

无物之象，是谓惚恍。迎之不见其首，随之不见其后。有现象，沿着现象探究下去，却找不到现象后面的物体，这就叫作“惚恍”，脱离了正常预期的状态。朝着它来的方向，找不到它的头；顺着它去的方向，也找不到它的尾。

执古之道，以御今之有，能知古始，是谓道纪。要掌握道的大体、纲纪，我们就要去寻找那不受时间影响、改变，从最幽远开始之处就存在，却一直还在管辖当下万物运作的那套原则。有形有体，就必然随时间改异，只有看不见、听不到、摸不着的“无状之状”“无物之象”，介于有、无之间的，才能外于时间，不会变化、毁灭。

下一章，第十五章，就讲到了“执古之道，以御今之有”的方法。古之善为士者，微妙玄通，深不可识。夫唯不可识，故强为之容。古代善于担任士的角色的人，也就是今天在上位者应该仿效的典范。他们通达、理解关于有、无的道理，深邃隐藏，让人无法辨识。因为难以辨识，不浮示在表面上，所以只能勉强用这种方式趋近形容。周代封建制度下的士，是贵族，有许多礼仪配备，明显和一般平民分别开来。所以老子特别设想了“古代善为士者”的相反特性，他们表面上看起来和大家都一样，他们的差异，在内不在外，在幽微的性质，不在服饰、行动，不像当时的士那么容易辨认。

这种人豫焉若冬涉川，犹兮若畏四邻，俨兮其若容，涣兮若冰之将释。谨慎有准备，像冬天要涉水过大河般；小心不轻举妄动，像四周都有威胁般；庄肃严整，像在人家家里当贵宾般；解除别人的戒备不安，像春天来了冰要融化一般。

敦兮其若朴，旷兮其若谷，混兮其若浊。他的敦厚像是一块没有磨过雕过的原木，他的广阔包容像山谷，他的混同多元像一条浊流。

孰能浊以静之徐清？孰能安以久动之徐生？保此道者不欲盈，夫唯不盈，故能蔽不新成。这段的重点在于“静”与“徐”。浊水如何能清？在老子那个时代，没有任何办法可以让浊水快速变清，唯一的选择是将浊水静置，放久了，水中杂质沉淀下来，水才会慢慢地变清。同样的道理，就算要动，也必须以静的方式动，慢慢地动，动了却好像没有动一样，这种动才能“安以久”。

回头看，前面形容“古之善为士者”的几个字——豫、犹、俨、涣，都要么是静的，要么是慢的，不会突然动起来，也不要有立即的效果。

老子的哲学反对突然，反对快速，突然与快速既不能安，也无法久。而要遵从静与徐的原则，那就一定小心，不要过分，不要过头，凡事控制在界线、范围以内（“不欲盈”），这样事物会一直维持旧有的模样与规律（“蔽”，旧的意思），不会产生新的，没有新，才是“安以久”。

放过老百姓吧

前面十五章，大概就已经出现了《老子》全书所有的概念与主张，也已经充分展示了《老子》的风格与习惯。后面篇章，大部分都是运用不同的修辞强调道的不可捉摸，不可定着；以及从不同角度申说静、徐、安、退、不盈、无为的行事原则。

比较特别，必须选来好好读一下的，是第三十一章，直接且强烈地表达了老子对战争的看法。

夫佳兵者，不祥之器，物或恶之，故有道者不处。好的兵器，都是不祥的东西。这里“佳”和“不祥”明确对比，使得一件兵器佳的理由，也正就是使得它不祥的因素。不祥正来自兵器的佳，兵器有多佳，它就有多不祥。兵器是破坏性的、毁灭性的，其不祥就在威胁、伤害其对象，所以有道者不会想和兵器在一起。

君子居则贵左，用兵则贵右。兵者不祥之器，非君子之器，不得已而用之，恬淡为上。证据就在君子平日起居以左为贵，但要动用兵器打仗时，却反过来以右为贵。很明显，君子和兵器处于相反的位置，兵器不是君子之器，而是不祥之器。

周朝礼仪中，和活人有关的，左边的位子比较高、比较重要；相对的，和死人有关的丧祭之类，则倒过来，右边的位了比较高、比较重要。这是周人安排、分别生死领域的原则，老子提醒我们：显然战争是被归类在死的那一类，不是生。

日本的礼俗中，保留了这种严格的左右分野。到日本温泉旅馆里换穿浴衣，不管你惯用右手或左手，一定要穿成左上右衽，如果反了，右上左衽，那件衣服就不再是浴衣，变成穿在死人身上的寿衣了。左和右、生和死，紧密对应。

兵器、战争，不是生活的一部分，不是活人领域的正常行为，只有万不得已的情况才动用，所以应该尽量少用、尽量减省（“恬淡”）。能不打仗就不打仗，能少用几件兵器就别用那么多，数量、规模、频率，都是愈减愈好。

胜而不美，而美之者，是乐杀人。夫乐杀人者，则不可以得志于天下矣。动用兵器就算打胜仗了，都不是好事。赞扬战争，视战胜为好事的人，本质上等同于以杀人为乐。喜欢杀人的人，不可能得到天下民心，也就不可能遂行其意志。

这点上，老子和孟子的态度一致。《孟子·梁惠王》中孟子就明白地对梁惠王说：不嗜杀人者能一之。在大家打仗打成一团，各国杀红眼的时候，反而只有不喜欢杀人、不以杀人为乐，不以战胜为美的人，才能统一天下。更进一步说，老子和孟子反映了战国中后期同样的普遍心情。各国彼此征战打得太多太惨了，人民受不了，必然厌战、渴望和平。

吉事尚左，凶事尚右。偏将军居左，上将军居右，言以丧礼处之。这是对左右礼仪的进一步解释：礼仪中，喜事左高于右，凶事右高于左；而在军事仪式上，地位较低的偏将军在左，地位较高的上将军却在右，可见是以丧礼的态度来对待战争的。

杀人之众，以哀悲泣之。战胜，以丧礼处之。战争一定要杀人，打胜仗一定要杀很多很多人，依照道理，杀了那么多人，当然该用哀伤、悲凉的心情面对，该哭泣而不该兴奋大乐。这就是战争就算打赢了，礼仪上仍然用丧礼的方式来安排的原因。

这一章很重要，因为明白凸显了老子思想及主张的背景。其核心概念无为，是因应战国纷争而产生的。反复规范国君要无为，强调要无为才能无不为，正是因为那个时代的国君都汲汲营营要有为，抱持野心，加强对人民的控制，动员人民去打仗，不停歇地追求更大的国土、更多的财富。

人民累了，社会想休息了。老子将这种心情转化为人生哲学与处世道理，逆转过来伸张自然无为，巧妙吊诡地宣说：回复自然状态，用减法而不要用加法，反而才能得到更多权力，更安全地保有权力，更有效地运用权力。

将《老子》所言视为一套超越时空、放诸四海皆准的真理，令人不安。因为里面有太多太明显反智、反文化的主张。让一般人都吃得饱饱的，什么都不想，当然是反智的态度。要求“损之又损”，弃绝文采、财货，当然是反文化的态度。

但若是将《老子》放回战国中后期的乱世背景里，我们看到的、理解的，会很不一样。其实那是拿来因应非常、极端人间状况的一套智慧。那个时代，权势者欲望高涨，无所节制，而一般百姓小民无力对抗，被驱使去满足权势者的这些欲望。老子巧妙地找到了一种方式试图为这种潮流踩刹车。

他用了一种比国君更权威的口气，同时却又采取了一种站在国君立场上教国君运用权力的态度。他没有要反对国君，只是他比真正的国君更了解如何当国君，以这个立场来批判他们运用权力的现实方式。

老子还用了一种令人眩惑的、“正言若反”的吊诡论证风格，来表达要求国君不再进、不再增长野心，倒过来应该退、应该俭省的主张。如果不是这种口气、这种论辩风格，面对欲望高涨的战国国君，这些话是不可能有人愿意听的。

在历史脉络中理解老子

回到一开头对《老子》成书年代的讨论。为什么要先说明庄在老前，《庄子》成书早于《老子》的考据看法？因为如何断《老子》的时代，对于我们了解《老子》太重要了！

除了第三十一章，《老子》书中少有与战争的联结，加上过去将年代断在和孔子大约同时的春秋时期，人们就自然地假定老子和孔子一样，是在讨论、规范普遍的处世法则及治国道理。忽略了老子面对、因应战国乱世，用无为来应对和治理那个局势的用心，轻易地将老子的观念运用在正常、太平社会上，那就将其变成了一套不折不扣反智、反文化的政治哲学了。

纯粹从统治上看，君王们最容易接受的，不幸的是，往往也真的最有效的《老子》信条，是维持人民“无知无欲”，它在统治上最有利、最方便。后来的历史发展很清楚：帝国形成的过程中，《老子》被和讲究全面权术的《韩非子》扣在一起，汉武帝时，司马迁写的仍然是“老子韩非列传”。汉代思想中，老子和黄帝摆在一起成为黄老，强调无为清静，那是帝王家的统治指导原则，与一般人无关。要到汉末大乱，社会解纽，魏晋以降，老子才改而和庄子结合，成为老庄。

庄在老前，时代弄对了，我们就明白，老子的时代比庄子更严峻，征战杀伐延续得更久，国与国之间你死我活的局面更僵硬，老子是在这样的时代提出了非常状态下的非常说法。在他的时代，不只周朝礼制早已彻底崩坏，而且似乎除了以武力分出输赢，没有其他可信可行的规则。

老子没有要为未来设计一套可长可久的文明方案，而是要对应眼前局面，说服君王停止积极争夺，转而用减法、无为来行使权力，如此至少能够降低变乱，给人一点通往平静的亮光。

老子学说有其现实性。从这种现实性上理解《老子》，一方面，我们对书中内容及这位作者，会有更深的同情；另一方面，我们也就能避免将老子说的一些道理无限上纲，当作处理人事、处理权力的最高指导原则。

没办法，这是我的价值偏见，我总认为真要用老子的学说来组织社会、运作权力，那必然是文明的灾难。恢复其历史背景，还原第三十一章的现实考量，明白了他应对当时现实问题的智慧，我们可以有更好的自我判断和选择，拿老子的时代和我们自己的时代参照、对应，有所信有所不信，有所遵循有所扬弃。

老子并没有立即说服战国君王。这套学说确实发挥作用，要再等上百年，等到秦国将武力征伐原则发挥到极致，统一六国，然后又有秦末再乱，一直到汉初，社会、人民迫切需要休息，汉代皇帝相信了黄老，部分实现无为政治，才终于结束几百年的残酷动荡，也才奠定了汉朝的统治基础。

第六章　返璞归真的理想

道生养万物，却不主宰万物

让我们继续往下，读《道德经》的第三十二章。第三十二章开头说：道常无名，朴。虽小，天下莫能臣。

短短的一句话讲了几个重点，首先形容道是恒常的、无法被描述的，还是“朴”的——道非常真切，非常朴实，道是要把一切好看的、表面的东西全部都拿掉，根底处、本源处的才是道。此外，因为“朴”，所以道不会是一种壮丽的现象。虽然在世俗的概念下它很小很低，但全天下没有什么可以胜过道的，因为道是一切的根源。

因此老子用这种方式告诉侯王：侯王若能守之，万物将自宾。天地相合，以降甘露，民莫之令而自均。如果你要把握道，那么最重要的一件事是你就不要管那么多，“万物将自宾”意味着所有人、所有现象都是自身的主人，不需要去听别人的命令，就像是下雨这个现象，地上所上升的水汽到了天上，变成了云，又降下来，这完全是自然的运作，没有任何主观的意志在其中操纵。所以侯王应该怎么样统治这个国家呢？就是“民莫之令”，不要搞一大堆命令、法令，应该让民众“自均”，这样，他们就会有一种平衡，自动地产生一种秩序，那个秩序才是恒常的秩序，因为那是依于道的。那样一种恒常的秩序能够产生最大的力量，没有任何其他人为的权力可以抵抗。

始制有名，名亦既有，夫亦将知止，知止可以不殆。当然，因为我们活在一个人为的世界里面，不可能完全遵循自然秩序。但是，当你建立一个人为的环境的时候，仍然要记得这个最重要的原则。一旦开始了这种制度，给了事物名称，给它一种人为的安排，你就要有节制，不断地检讨：这里还可以简吗？那里还可以少吗？简之又简，损之又损，才是我们在对自然进行人为改造和干预的时候，应该信守的基本原则。“知止可以不殆”，如果你有这种节制，那就可以接近道，可以不断地运作，而不会受到阻碍，不会停下来。

譬道之在天下，犹川谷之于江海。正如道无心于天下万物，天下万物会自归于道，用意用心反而会把事情搞乱。就像山谷流水跟江海的关系，江海并没有命令山谷里的溪水流到它那里去，它没有这样的强求和命令，但正因为它不强求，不命令，所以川谷的水就自然地统统流到了江海里，被江海包纳了。

再看第三十三章：知人者智，自知者明。胜人者有力，自胜者强。

这章首先告诉我们，智慧有不同的层次，我们常常专注于了解别人，把聪明放在外在的人际关系上，大家认为这是“智”。

但是有个更高的层次叫作“明”——为什么不把这种聪明放回来，用于了解自己？自己比别人更重要，首先真正和彻底地了解自己，这叫作“明”，它的层次高于“智”。同样的，“自胜者强”，能够克服自己，意味着我们对自己有一种充分的掌握，这叫作“强”，它高过于“有力”。有力是要压过别人，但压过别人后，自己又得到了什么？自我控制、自我节制是最有力、最强的。

知足者富，强行者有志，不失其所者久，死而不亡者寿。同样的，《老子》告诉我们，存在一种更高层次的追求——我要有钱，要有房子，要有车子，这种外在的财富是追求不完的，这种财富给你带来的是欲望上不断的不安，因为你永远都觉得不够。这不是真正的“富”。真正的富或更高等级的富，就是知足——对我来说，这些就够了，我没有任何的匮乏。没有匮乏所带来的安心是更高层次的财富。还有一种层次叫作“有志”。我们不可能控制所有的外界因素来达成自己的心愿，这种行为有一种更高的层次，那就是回到自己的心愿上。我们真正能够控制的不是外界的环境，而是自己心里面的愿望，我们能真正主宰的是自己的心。所以不要一边忽略自己的心，一边不断地对外追求。“不失其所者久”，只要待在自己的本位上，你就可长可久。到处乱跑，想去找不同的地方，那么不管到了哪里，你都无法安居。

最后一句非常有意思，他说“死而不亡者寿”。这里面牵涉到“死”跟“亡”两个字的差别。“亡”指的是消失，一般人想要追求的是不要“死”，让肉体可以一直存在。但是《老子》告诉我们，肉体不可能不死，有一种真正的长寿是死而不亡——人虽然死了，可是他没有消失，因为他归返到生生不息的道当中了。如果我们了解了一切事物都在道的生生不息的循环当中，那么就会明白，人的肉体死了，也仍然是在这个循环当中，我们仍然在道里面，道本身是生生不息的。虽然自己死了，可是创造自己这条生命的、生生不息的道，它却不会消失，我们因此也不会消失，这才是真正的长寿。

所以这章的重点是，用一个更高层次的理解或解释，来对照世俗对智慧、强、富、行为所得、安居、长寿的理解。如果能进入更高的层次，我们对这些事情就会有不同于一般观念的理解。

再下一章，第三十四章：*大道氾兮，其可左右。万物恃之以生而不辞，功成而不有，衣养万物而不为主。*

这里讲的是大道广袤无边，它没有左右、上下、前后的区别，浑然一体。万物依靠着道，能够生生不息。我们不用担心道会离开，道永远跟万物在一起，它使得万物自有化成，却不占有万物。如果没有道就没有万物，可是有了道，有了万物，万物却不属于道。道抚育、生养了一切，却不做万物的创造主。

我们可以对比着基督教观念中的上帝来理解这句话。上帝是一个创造者，祂作为一个创造者最重要的特色，就是可以毁灭，因为世界是祂创造的，所以祂可毁灭，这就叫作祂拥有，祂持有。可是道不是这样的，道虽然生成了万物，但它生成了就是生成了，而且道就是万物，随时都跟万物在一起，道不可能像基督教里的上帝一样，突然降下四十天的大洪水，因为祂要毁灭在这片土地上的所有人，或者有一天，当祂不高兴的时候，祂可能就想要取消他曾经创造的这个世界。道不是这样的，因为道不是有意志的，它就是自然的秩序，所以它长出了万物，又会不断地护持万物。这也是老子希望拥有权力的人学习的——不要当上帝，不要主宰，应该像道一样，长养一切，你就在这一切当中，跟这一切融为一体。

常无欲，可名于小。万物归焉而不为主，可名为大。以其终不自为大，故能成其大。道永远都在一种无欲的境界里，它没有任何意向，没有任何企图。因为它没有野心，所以我们经常把它视为“小”。这就是前面第三十二章所说的“虽小”，但是“天下莫能臣也”。因为它是万物的本源，却不做万物的主宰，这就是小，但同时却没有人比它更大。道已经包覆了万物，怎么可能有比道更大的东西存在？与此同时，道不控制、不主宰万物，从万物本身来看，它们都比道拥有更大的权力，所以道又是小的，道既小又大。而道之所以大，就是因为它不以自己为大。它不去控制，才能成为万物的根本，成就真正的大。

第三十五章：执大象，天下往。往而不害，安平泰。

“大象”跟“大道”是对应的。万象看起来是很多个体，可是如果我们能更进一步地去体会和把握一切现象背后的根源，那么我们就变成了天下万物的中心，因为天下万物都是从这个根源长出来的。所以我们最需要的一种智慧就是“执大象”，抓最根源的存在，而不是一一地去把握、追索个别的现象。抓到根源，我们就处于天下的中心了。“往而不害，安平泰”意味着当我们在那个中心，天下万物都朝我们而来，可是我们不会受到伤害，我们也不会去伤害天下万物。这个时候，整个世界都可以安静、平衡，也都可以通、达、安、平、泰。

乐与饵，过客止。所有的感官上的享受，比如音乐、美食，我们要记得这不是恒常的，所以要节制。如果不节制，就会妨碍我们在那个中心“执大象”的功夫和地位。

道之出口，淡乎其无味。为什么不吃好吃的东西呢？因为好吃的东西跟道是相反的，真正的道无法用任何感官来予以捕捉、享受。感官能够享受、捕捉的都是个别的现象，而不会是大象，不会是道。所以视之不足见，听之不足闻。我们的眼睛没办法看到大象，没办法看到道，我们的耳朵也听不到，因为它超越了我们的感官，我们必须用心智的能力才能够体会、捕捉它。也正因为它不是单一、个别的现象，所以才能够用之不足既，它是无穷无尽的，不管我们怎么去运用，它永远不会被用完。

关于“微明”的两种读法

《道德经》的第三十六章是在传统上很有争议的一章。这一章的开头是：将欲歙之，必固张之。将欲弱之，必固强之。将欲废之，必固兴之。将欲取之，必固与之。

关于这章的争议涉及这段文字的主语是什么。这些句子是两两对应的：想把这件事情收缩，一定先把它张开。想把它变弱，一定先予以加强。要废除掉它，一定先让它兴盛。要夺走，必定先给予。

一种传统的读法是把它视为老子的权力论或权术，也就是教权力拥有者采取一种相反式的权术——觉得这件事情扩张过度了，想要把它往回收缩，但如果强要收缩，就会带来反弹，反弹会带来伤害，甚至是反效果，这样反而达不到目的。所以想让它收缩，反而要让它膨胀得更大。膨胀到一定程度，它自身的结构维持不住，就会垮掉，垮掉了，就会达到你原来要的收缩的目的。换句话说，在手段的选择上，我们要更灵活，有时甚至要考虑用极端相反的手段才能达到目的。这是关于目的和手段之间的一种相反相成的思考。

然后《老子》告诉我们：是谓微明。“微明”意味着这不是一眼就看得清的，以一般人有限的智慧，我们以为的“明”就是如果自己要到东方去，那就尽量找一条向东的路，但真正的智慧叫作“微明”，意味着事情没有那么明显和简单。说不定我要到东方去，我得先绕到西南，再从南边绕过去，这样就没有人知道我要去东方，就没有人能够阻止我。而直接到东方的那条路，说不定要过十八关，其中任何一关不止有可能阻拦我，甚至可能消灭我，我将因此到不了东方。这叫“微明”。

柔弱胜刚强，鱼不可脱于渊，国之利器不可以示人。所以“微明”背后的道理是怀疑理所当然的道路，迂回的、柔弱的方式有时反而比刚强的方式更有效。“微明”的特征就是别人看不出来，就像一条鱼，要想好好地活着，就最好不要离开深水。深水的好处就在于别人不知道你在哪里，这样就没有人能捉到你。同样的，对于一个国君来说，“国之利器不可以示人”。在权力当中，最有效的部分反而最不能彰显和炫耀，就像鱼躲在深渊里面，这时你反而可以最自在地享有、运用你的权力。在运用权力的时候，用“微明”而不是理所当然的方式，更能够达到你的目的。这种解释方式，给这些句子加的主语是“国君”。

另外一种解释的方式，则认为这一章的主语是“道”，是一种描述性的表述，就像前面几章一样，目的是帮助我们了解道的运作。例如“将欲废之，必故兴之”，如果没有让这件事情兴盛，如果有一棵树你没有让它长出来，你怎么把这棵树废掉或使之萎缩呢？如果从来都没有拥有，要怎么被夺走？所以说“将欲夺之，必故与之”，先有了，才有可能变无。所以这是对道的一种形容。“是谓微明”也就意味着我们认识道的方式，就是从这些相反的状态中认识的——必须要有“张”才有“歙”，必须要有“强”才有“弱”，必须要有“兴”才有“废”，必须要有“与”才有“夺”。

以简省为原则的统治之术

我们再往下看第三十七章。

道常无为而无不为。侯王若能守之，万物将自化。化而欲作，吾将镇之以无名之朴。从道家的角度来看，一个握有权力的侯王，他的需求是矛盾的。一方面，如果追求长久，就应该守着道，应该无为，让万物“自化”。但与此冲突的是，他有时又不得不介入对领土的管理，制定一些制度。如果要“作”，也就是要有人为的做法，那么“吾将镇之以无名之朴”，也就是必须要有一个守则、标准，这个标准就是先“镇”，让它不要动荡，尽可能地以安宁为依归。所以做任何事情，要用最小的动作进行，尽可能简省，不要激荡，不要乱，一切以安定为主。

“无名之朴”意味着不要创造表面的虚名，虚名越少越好。用今天的语言来说，就是尽量维持它的扁平化，不要这里有一个头衔，那里有一个头衔，这个头衔分成十三个等级，让每一个等级的人都凄凄惶惶地想要往上升，害怕自己被往下降，这会造成很大的困扰。尽可能地扁平，让层级消失，最好连头衔也没有，这样就返“朴”，把一切表面上绚烂华丽的东西统统都拿掉，回到最根本、最朴素的根源上。这必然带来“无欲”，没有可以追求的表面事物，当然也就没有欲望了。无名之朴，夫亦将无欲。不欲以静。这就是刚刚讲的“镇之”，它又回归到安静。天下将自定。所有的一切都不会骚动，这时作为一个侯王，不也很容易就可以统治了吗？

第三十八章：上德不德，是以有德。下德不失德，是以无德。

有好几个等级，第一个等级叫作“上德”。“上德”指的就是道——一切自然无为，没有分别，没有分别就没有好坏。在道的自然状况下，每个人都做自己应该做、喜欢做的事情，都按照自己的本性做事情，所以没有好人，也没有坏人，没有好的行为，也没有坏的行为，一切都依照道的秩序而运行。

在这种道的理想状况失去之后，才会有“德”，才会分辨好的行为和坏的行为，才会说人应该善良，应该宽大，应该……这是“上德不德”所产生的状态。可这种状态还不是最坏的，更糟的状态是“下德”，“下德”意味着我们知道有一些好的行为，会去标榜、鼓励好的行为。“下德不失德，是以无德”，在“下德”的状况下，因为有了分别，所以我们就会在意好坏，当我们在意这些分别的时候，反而就变成了一种“无德”的状态，这意味着那不是一个美好的社会，大家都在那里分辨好跟坏。

上德无为而无以为，下德为之而有以为。在“上德”的状况下，没有任何事情可以做。到了“下德”，就开始有了分别，要做好人就必须努力，也因此才有“努力做好人”这种事情可以做。

上仁为之而无以为，上义为之而有以为。“上仁”跟“上德”基本上是同一种层次，在那样一种层次上，没有什么好做的，一切任其自然。可是从“仁”往下的下一个等级是“义”。“义”

的本义就是适当的行为。当我们讲“适当”的行为，就必然表示有“不适当”的行为。有了这种分别，我们就尽可能地去做适当的行为，消灭不正当的行为，就有事做。

在“义”之下是“礼”。上礼为之而莫之应，则攘臂而扔之。这意味着“义”是自己选择适当或不适当的，“礼”就更糟了，礼为我们规定哪一些是适当的，哪一些是不适当的。“礼”本来是为了不让我们争——几个人争一块肉吃，肉到底给谁？依照“礼”，应该给年纪大的吃，应该给地位高的人吃，这叫作“礼”。“礼”本来是要让我们让，是为了追求不争，但很可能会发生这种状况：我按照礼来做，但其他人却不如此。请问你会怎么反应？你会生气，攻击人。那么“礼”带来的是什么？“礼”反而制造了争和纷乱。

所以《老子》告诉我们，失道而后德。“道”跟“德”是不同的两个层次。在道这样的一切自然顺畅的环境里面，根本无须追求好的行为。没有了自然秩序，我们才去讲究好的行为。失德而后仁，正因为对好的追求消失了，我们才会去特别地强调“你要对别人好”，“心里要有别人”，这才有了“仁”的境界。失仁而后义，等到这种自然地去关怀别人的心态、这样的“仁”的境界也消失了，我们才会开始分辨行为的对错，判断这个是适合的，那是不适合的，才变成了“义”的阶段。失义而后礼，等到那样一种从心里面判断适宜还是不适宜的境界也消失了，就再往下降，变成了“礼”这样的强行规定。“礼”表面上很好听，但《老子》指出它的本质是忠信之薄而乱之首。当人必须以强行的规定判断事物合理与否时，就是乱的开头。

前识者，道之华而愚之始。有一种人老是觉得自己很聪明，别人还没有开始行动，他已经预言接下来会发生什么事。在世俗当中，我们认为这个人好聪明，这样的“前识者”以为自己是先知，这叫作“道之华”，是外表的装饰，表面上非常好看，以至于大家目瞪口呆，认为这种人聪明得不得了。但刚好错了，那是分析算计，而分析算计是“愚之始”，是让人变笨的开端——当人忘掉了大道的智慧，开始斤斤计较地去算计、分析时，人就开始变笨了。

是以大丈夫处其厚，不居其薄；处其实，不居其华。故去彼取此。“大丈夫”指的是拥有高位、运作权力的人。这样的人怎么可以把“前识者”当作智者呢？前识者明明是“薄”的存在，而你要的是“厚”。追求厚的状态，需要人一步一步地往回退——不要求“礼”，要求“义”；不要求“义”，要求“仁”；不要求“仁”，要求“德”；不要求“德”，要求“道”。道才是最“厚”的存在，是最可靠的根本性的存在。不要去追求表面好看的东西，应该追求实在的道，但人容易被外表华丽的东西迷惑，所以我们要有能力去分辨。

保养元气的关键是“得一”

接下来读第三十九章，这一整章都在讲“一”到底有多么重要。

开头告诉我们：昔之得一者，天得一以清，地得一以宁，神得一以灵，谷得一以盈，万物得一以生，侯王得一以为天下正。每一句都讲的是“得一”，即得到“一”。这充分地显示出老子在战国时代关心的问题。在那个时代，最大的问题就是分裂。封建秩序分裂，列国出现，经过春秋的纷乱，到了战国时期，人们有了一个共识，就是觉得多、分、裂都是问题的根源。所以大家都希望能够找到一种可以“一”的方式。这也就是为什么再过一段时间，秦会从西部崛起，最终统一六国。这不完全是因为秦始皇多了不起，也不单纯是因为秦国能够富国强兵，更重要的是这个时候天下望一，天下望治。大家都希望能够取消这种分裂局面，认为统一能够带来安定。在《孟子》里，我们看到孟子跟君王讨论“孰能一之”，《老子》在这里反映了同样的一种时代气氛——“一”是如此重要。

不过第三十九章没有明确地说“一”到底是什么，我们必须要先看一下第四十二章：道生一，一生二，二生三，三生万物。这看似是非常简单的算术，但它里面有一个复杂的道理，就是如果我们从既有的万物往回推，就会推到万物最原始的状态，即万物分裂之前的状态，我们把它称为“道”。道形成了浑然的一，这浑然的一分裂成为二，一般二在中国传统思想中指的就是阴阳两种作用。阴阳这两种作用发展为三，也就意味着一个是阴，一个是阳，一个是阴和阳调和之后所产生的第三种状态。有阴，有阳，还有阴阳的调和，再加上它们彼此间的互动变化，才产生了万物，这是“道生一，一生二，二生三，三生万物”的道理。

万物负阴而抱阳，冲气以为和。所有的万物都有阴也有阳，内在的是阴，外显的是阳。阴阳和合之气，让万物能够发展。人之所恶，唯孤、寡、不穀，而王公以为称。故物或损之而益，或益之而损。孤、寡、不穀都是人不希望发生在自己身上的状态。我们常说“孤家寡人”，孤家寡人意味着没有任何其他人的陪伴、帮助。“不穀”的意思是不善，谷子不穀意味着种子无法发芽、生长。这都是我们认为非常坏的状态。但是奇怪了，为什么拥有权力、居于高位的这些王公都自称“孤”“寡”“不穀”？这意味着其中有一种损益的道理，占据高位、拥有权力的人，要想办法在名称上把自己放得低卑，用这种方式来应和万物的变化原理。放到最低，才能够往上，减损了，才能够增益。如果一直在最上面，增益便不可能永远发生，只会遭到减损，走下坡。

所以这章的结尾说：人之所教，我亦教之。强梁者不得其死，吾将以为教父。这句话有点幽默，意思是说，我一直讲这些听起来很古怪、很吊诡的道理，但有时候也愿意讲讲一般的道理，比如有句俗话是“强梁者不得其死”，意思是那种好强的、强悍的，不顾一切想要用强力来处理一切事情的人，最后一定不得好死。这句话有世俗经验的背景，我们看到很多好强的人在应该忍让的时候不愿意忍让，惹了很多祸，到后来，他的生命会非常不顺遂。不过在这种世俗的智慧背后，老子要表达的是一个更普遍的原理，在这个原理下，即使像是侯王、国君，他们都还是要找到一种方法，让自己低一点、谦恭一点。谦恭不是一种礼仪上面的表现，而是一种权力自保的手段，如此他们才能保有自己的权力，保养自己的元气，才不会受到损伤。

让我们回到第三十九章：昔之得一者，天得一以清，地得一以宁，神得一以灵，谷得一以盈，万物得一以生，侯王得一以为天下正。“一”就是在有无之间慢慢地变成无，“一”就是那个开端。要解决整个战国的纷乱，我们就要想办法回到“一”的状态。“一”有多重要？《老子》告诉我们，甚至连天、地、神，都跟“一”有这样密切的关系。天能够得一，才能够显现它的清明；地能够得一，才能够显现它的安宁；神也要得一，才能够发挥它的灵性；谷的空虚要能发挥作用，也必须得一，这样才能满盈生机；万物要能得一，才能维护它的生存跟发展；侯王要能得一，才能成为万民的榜样。

接下来，反向再说一次：其致之也，谓天无以清将恐裂；地无以宁将恐废；神无以灵将恐歇；谷无以盈将恐竭；万物无以生将恐灭；侯王无以贵高将恐蹶。跟“一”相反的是“多”，如果多到了一定程度，那么连天体运行都会因此分裂，连地都不得安宁，变成我们无法预测的灾难。如果连神都乱了，就没有办法发挥他的神灵。谷如果变得纷、多，就会衰竭，生命的根源到了那种状态，也都会衰竭，无法再长养万物。已经存在的万物，如果纷，无法一，也会走向寂灭。前文说“侯王得一以为天下正”，这里就更具体地说“侯王无以贵高，将恐蹶”，意思是如果侯王无法让民众仰望，他就会摔下来。那这种高位又是怎么来的？保持高位的关键就在于得一，在于不去分别、分类，具体来说，就是不要做纷扰之事，才能够保持这样一种高位。所以这个高位是以贱为本，以下为基。

所以接下来再次讲了和第四十二章同样意思的话：侯王自谓孤、寡、不穀，此非以贱为本邪？非也？还特别加强，问两次。这是老子教这些侯王运用权力、保有权力的方式。

再接下来，他告诉我们：故致数舆无舆。一个人一次只能搭乘一辆马车，如果要搭乘很多辆，那多出来的马车就没有办法发挥它真正的作用，所以不要以为多的就是好的，也不要以为坚强比较好，外显比较好。在这一章的最后，他说故不欲琭琭如玉，珞珞如石。玉好坚强，但是它只是那样一块石头，不能做别的事，不像水，可以流到很多不同的地方。像玉一样变得坚强，你就固定下来，失去了弹性。外显也是一样的道理，外显再怎么漂亮，也是一种固定的性质，不可能变化。所以在观念上最需要调整的是对“多”的追求，要返本，回到根源，回归到“一”。相比于追求坚强，更重要的是保持柔软，保持弹性。相比于追求外表，更重要的是如何保有内在。

再看下一章，第四十章。

非常简单的文字：反者，道之动；弱者，道之用。天下万物生于有，有生于无。仍然是回到道的根源，一切是从“无”当中长出来的，如果没有无，就不可能长出天下万物。如果天下万物是“有”，那么每一样东西便是固定的，既然是固定的，怎么可能长出别的东西呢？所以原初的根源处一定只有无，在任何东西还未固定的状态下，天下万物才能产生。所以这叫“天下万物生于有，有生于无”。

如果我们体会了这个道理，就会知道“反者道之动”“相反相成”“返本归元”是道变化的方式。“道”最主要的动向就是回返，如果一直都固定在“有”的状态，那么一种变化是不会长久的。所以不能以一种单方向的想象来理解这个世界的原理。我们必须要不断地察知，不要让一切过头了，否则它就会往相反的方向发展。也因此“弱者道之用”，我们就要学会运用柔弱，或让自己处在柔弱的状态。处在柔弱的状态也意味着处在一个保有往不同方向发展的可能性的状态。所以我们一定要了解柔和弱的道理，当君主在握有、运用权力的时候，应该不断地想：继续这样走下去，到了什么样的点上它会产生副作用？这是作为一个权力拥有者应该具备的基本智慧。

不同的人接受道的不同反应

继续读第四十一章，这章基本上分成两个部分。第一个部分很有趣，它告诉我们不一样的人在接受道的时候，会有的一些不同的反应：上士闻道，勤而行之；中士闻道，若存若亡；下士闻道，大笑之。不笑不足以为道。最聪明的或级别最高的人听到道，非常惊讶，而且非常感动，马上就体会到这是最重要的智慧，所以“勤而行之”，赶快收敛自己，抛弃多余的炫耀，让自己在地位上至少装得比较低一点，让自己的态度柔弱一点，以免因为外显、强悍的状态受到伤害。这是第一等人听到道的反应。

“中士闻道，若存若亡。”意思是第二等人闻道，感觉好像有道理，但是没有办法把它融进生活实践里，有时想按照道对自己的行为做一点调整，但可能十分钟后又忘了这件事，又在那里炫耀说：你知道我是谁吗？你知道我多有钱吗？再过一阵子，看到现有状况对自己非常不利的时候，就敲敲自己的脑袋说：我怎么那么傻，不能够这样炫耀，要谦卑一点，越谦卑，别人反而越会听我的。这叫作“若存若亡”。

这是一般人的反应，但还有更低一等的人的反应，对于老子来说，这应该就是绝大部分的人的反应：“大笑之”。太荒谬了，我明明有钱，却要把钱送给别人吗？明明我有权力，却不用权力，不去吆喝，不去训人。当我进了一家店，却不告诉店员：“你把货架上所有东西给我包起来！”然后就想要看到店员的反应、店员的表情，这不就是人生最大的享受吗？怎么会有老子这么笨的人告诉我这个不能做，那个也不能做，太可笑了。这叫作“下士闻道，大笑之”。

但是关键在于老子接着说“不笑不足以为道”，这意味着这种最高深、最真切的道理，本来就是违背常识的，我们一般人依照常识过日子,就是听不进这种话。如果它就跟常识一样，下士都听得进去，觉得很有道理，这就不是真正的道理。这种道理没有办法让你跟别人不一样，让你能够处在比别人更有利的地位。只有他们听到后感觉如此荒谬的那种反应，才证明这是真正的道理。所以道不是每一个人都能听进去，都能了解的。

接下来的这一段就是用相反的方式告诉我们，如果真的想变成一个上士，该如何调整自己对世界的许多常识认知。接下来每句的句法都一样，每句是四个字，第三个字都是“若”字：明道若昧，进道若退，夷道若类，上德若谷，大白若辱，广德若不足，建德若偷，质真若渝。意思是用似乎是相反的方式来理解真正的道理。真正最聪明、最了解道的人，看起来笨笨的，好像这也不懂，那也不懂。我们以为的进步，从道德角度来看，反而是那些我们认为退步的人在真正进步。我们以为的平坦的路就是上面什么障碍都没有的路，但这是违背自然的，自然之道本来就是参差不齐、崎岖不平的，那才是应该走的路，是道德追求上的坦途。最高的德行就好像山谷一样，里面是空的，能列举得出来的德行，相对就不是真正的德行。我们认为最纯洁的、一尘不染的心灵不是真正纯洁的心灵，真正的纯洁是包容一切的，所以它是混杂的，看起来好像处在污泥当中。我们想要扩张自己的德行，但真正的德行应该让人感到不足，那种不足的感觉才是真正的扩张。我们追求纯真的质地，希望没有尘芥，但是真正的纯真能够应付各式各样的变化，它反而是抓不住的。真正的真，表面上看起来反而是多变、不真切、不纯真的。

接下来换了语法，但是基本的逻辑是一样的：大方无隅，大器晚成，大音希声，大象无形。“大”字在《老子》中是极致的意思。“大方”指的是极致的方，在数学上可以这样理解：如果要做一个多角形，从三角形开始，增加到四角、五角、六角、七角……如果把角的数量一直不断地增加下去，到了极限，它就变成了圆形。圆形没有角，但如果换一个角度看，圆形拥有无限多个角。这叫“大方无隅”。“大器晚成”的意思是真正有用的东西没有办法很快完成，因为一旦完成，它就有了固定、限定的功能，没有其他的功能了。“晚成”的意思是只有到了时间的终点，我们才有可能创造出一种包罗万象、无所不能的器具。“大音希声”的意思是最美好的音乐没有声音，声音太多容易不和谐，令人无法领略最纯粹、最根本的声音之美，只有在近乎没有声音的状态下，我们才能够领略音乐的极致境界。“大象无形”的意思是最根本的现象几乎没有形体，只有在形体终结之处，我们才能够追溯到大象。

最后两句：道隐无名，夫唯道善贷且成。我们根本没有办法给道命名，《老子》第一章就告诉我们“道可道，非常道。”因为道不是万物中任何一样我们可以指明的东西，如果能指明，它就不可能是道。道寄托在万物之上，所以这句话中用的是“贷”字，就是借的意思。正因如此，道永远不会匮乏，只要万物在，道就不会消失。

强大处下，柔弱处上

接下来读第四十三章。

天下之至柔，驰骋天下之至坚，无有入无间。《老子》又讲到了柔弱和刚强的差别，我们觉得强比弱好，因为总觉得强的可以压过弱的，但老子反复地告诉我们：天下最柔弱的东西可以游走于天下至坚之境。拿水和石头的关系来作比，至柔之水可以包覆至坚之石，甚至石头有任何孔隙，水都进得去，但倒过来，石头拿水怎么样呢？石头能够对水有任何的作用吗？“无有入无间”，可以用来解释这句话的是《庄子》中庖丁解牛的故事。庖丁很会杀牛，他的刀杀了很多牛，但刀竟然连磨都不需要磨，大家觉得很奇怪：“为什么你杀了这么多牛，但刀永远这么锋利呢？”庖丁说：“那是因为每个人杀牛的方式不一样。我的刀薄到似乎没有厚度，而每一只牛的关节都有空隙，我就把这把刀切进这些孔隙里。当我运刀时只是穿过空隙，我就不需要费任何力气。”这叫作“无有入无间”。

吾是以知无为之有益。不言之教，无为之益，天下希及之。体验到无为有多么了不起后，老子回头对君王说，在施政上不要太重视言教，说得太多，大家就会只听到你的语言，语言是有限的。不过分干预，才能自然产生益处。如果真能把这个道理付诸实践，天下有几个人能够赶得上你呢？不要去追求众人所相信的东西，应该追求只有少数人才能够体会、理解的东西。这里也就呼应了前面所说的“下士闻道，大笑之”。只有上士这样的少数人能够领会的，才是宝贵的道理。

关于这章所讲的柔弱，可以参考第七十六章，第七十六章也是讲柔弱，但它用了不太一样的比喻。这个比喻很有趣：人之生也柔弱，其死也坚强。刚出生的婴儿红彤彤、软绵绵的，骨头都还没长好，好柔软，好柔弱，但人什么时候变得坚强？当我们的生命结束，变成一具尸体的时候，我们是最坚硬的。草木之生也柔脆，其死也枯槁。植物刚刚发芽的时候，小芽是多么软，多么柔韧，而不管是哪一种植物，当它死了的时候，越是坚强的大木头，越是枯槁、坚硬。故坚强者死之徒，柔弱者生之徒。有生命，我们才会变柔弱，死了，我们就变硬了。是以兵强则不胜，木强则兵。强大处下，柔弱处上。木头如果很硬，就会遭人砍斫。这就说明了强大不是好处，强大的反而处于下位，柔弱、柔软的才能把我们抬到上位，让我们拥有权力的同时保有安宁。

治大国若烹小鲜

《老子》中有几章集中地显现出对政治的看法，第六十章就是其中一章。

第六十章中有一句很重要的话是治大国若烹小鲜。煎鱼时，小鱼比大鱼难煎，难的地方在于稍微一动，小鱼就会散掉，而大鱼煎到一定的程度翻过来，看起来还是好好的。所以当我们要治理的国家越大，可能产生的状况就越复杂，我们应该像煎小鱼一样，尽可能地减少动作，这是基本原则。

如何减少动作？以道莅天下，其鬼不神。非其鬼不神，其神不伤人；非其神不伤人，圣人亦不伤人。夫两不相伤，故德交归焉。这段话的关键在于“伤”字。既然多做就多错，那么只有用清静无为的“道”来处理复杂的政治状态是最好的。如果清静无为，就没有空间可作乱，鬼从哪里去下手呢？一旦鬼没有作乱的魔力，它就不会伤人，不会产生破坏。一个对的统治者以不打扰人民作为原则，最好他也不要去做好事，好坏永远相生，要做好事，就必然会开拓供坏事存在的空间。所以“两不相伤”是说不做好的，就不会产生坏的，也不会因为要做好的而去打扰现有状态，不做好的，还可以阻绝因为做坏而产生的不安定状态。取消好的同时，也取消了坏，如此就一起回归到了一种无欲无为的德的状态。

和第六十章相关的是第八十章，第八十章这段话也非常地有名：小国寡民，使有什伯之器而不用，使民重死而不远徙。虽有舟舆，无所乘之；虽有甲兵，无所陈之；使民复结绳而用之。

为什么要把第六十章跟第八十章对照读？因为老子提出“小国寡民”，意味着老子眼中的理想社会很小，没有太多人，小到“邻国相望，鸡犬之声相闻”。在战国之前的原始封建状态下，每一个城都很小，国与国之间没有太多互动。他认为在这种状况下，民众可以维持最安静、安全、安定的生活。到了战国，经历了多次兼并战争后，每一国都没有办法安静下来，这时大家就希望回到原始封建的安宁状态。显然，“小国寡民”并不是老子在说这些话时的事实。

我们把第六十章跟第八十章结合在一起读，能得到另外一个体会：面对大国，要用一种治理小国的方法，才能够找到对的治理思路。面对一个大国，你不去干预它，而是让人民自发建立自主管理的社区或共同体。在共同体里的人非常淳朴，明明发明了很多工具，却不会用。为什么不会用？有两个理由，一是他们不懂得怎么用，另外一种是没有用的需求。因为生活极度简朴，所以有车子不会用，有船不会用，因为没有去远处的需求。“使民重死而不远徙”——我为什么要羡慕去远处的人？我活在这里，过一种淳朴快乐的生活，没有什么欲望、追求，不想出去，所以我不会用到车、船。我就算有武器，有剑有枪，这枪再怎么精良，跟我没关系。

如何让人如此淳朴地生活？那就需要取消民众对欲望的追求，回到最根本、最理想的状态。虽然老子的这些话是用文字写下来的，但他的意思是如果把这个道理推到极致的话，人们连文字都可以不要，连文字都是制造欲望、让我们不安的一个乱源。在没有文字的情况下，可以回到上古结绳记事的方法。甘其食，美其服，安其居，乐其俗。意思是吃什么东西都觉得好吃，珍惜食物内在的美味，不管吃的是什么，都把那份美味吃出来，不管穿的是什么服装，都能把它当作一种美去体会、感受。居住，最重要的是安乐。

这是老子面对战国局面时对理想状态的刻画，这种理想的背面正是困扰大家的战国现实。

《老子》的最后一章，第八十一章，用了同样吊诡的逻辑做了一个结语，这个结语可视为对整部《老子》的表达方式的评论：信言不美，美言不信；善者不辩，辩者不善；知者不博，博者不知。好听的话都不会是真话，真话都不会好听。《老子》告诉我们，整部书中讲的都是最真实的关于道的道理，但正因如此，它不可能用大家容易欣赏的方法来表达。我们可能觉得这些话很玄虚，听起来跟常识完全不一样。是的，这叫作“信言不美，美言不信”，如果只想追求易听易看，抱歉，《老子》不是这样的书。“善者不辩，辩者不善”，《老子》的说法是枯燥、直接的，因为说的都是真正的好话，那些说得天花乱坠的话，不可能是好话，不可能出自好的用意，它们的目的是炫耀说话者，而不是让人体会话中的道理。一个真正有智慧的人不会追求广博的知识。一个广博的人，正因为他的广博，他就不可能掌握真正的知识。

圣人不积，既以为人，己愈有，既以与人，己愈多。另外一个吊诡的地方，就是最聪明的人、至高的人从来不自私，因为他真正为自己藏的东西都藏在别人那里，就像道依附于万物而存在一样，只要万物存在，道就永远在。圣人也是一样，为自己积得越多，失去的可能性也就越多，什么都不积，就绝对不可能有损失。圣人是为别人做事，因而表面上看，别人拥有得更多，可正因为圣人为别人做事，所以给别人越多，自己就越富有。

天之道，利而不害。圣人之道，为而不争。天之道，生生不已，它永远用这种方式长养万物，不会伤害万物。圣人依循着天的自然道理，所以不管他做任何事情，他的出发点是“不争”。这是《老子》最后一章的结语。

读到这里，我们大致就了解了，老子针对战国时代的国君，构建了一套自己的非常特殊的关于政治的哲学，这就是为什么《老子》一方面是道家的重要文献，另一方面，回到战国的历史情境中，它又跟法家有非常密切的关系。法家的集大成者韩非就受到了老子很深的影响，《韩非子》里的《喻老》《解老》两篇重要文献就显示着老子和法家的密切联系。

《荀子》

儒学主流的真正塑造者

在大一统的气氛笼罩的时代，
荀子才是儒学实践的主流。

第一章　还给荀子公正的评价

在历史脉络中掌握经典

历史、史学的存在若有意义，最主要应该就是提醒我们：不要把我们所过的现代生活，视为理所当然。

一项简单的事实：目前地球上有七十亿人口，很多，空前地多、空前地拥挤，一个庞大、恐怖的数字，然而放入人类文明与历史经验中看，我们这七十亿人都还是少数。光是从两千多年前，几大文明在轴心时代灿烂开展算起，曾经在地球上活过的人口总数，是七十亿的七到十倍。

死去的人比活着的人，多得多。他们死了，却留下了他们如何过日子、如何看待外在世界、如何处理自我与其他人关系的种种痕迹。当前的七十亿人不可能过单一、同样的生活，有其多元差异；曾经活过的五六百亿人，他们拥有的人间经验自然更多元、有着更复杂的差异。历史，保留了部分的多元、差异，向我们显示人是多么奇特的动物，从个人到社会，具备了近乎无限的可能性。

面对这些历史材料，尤其面对记录古人智慧的经典，我尽量不做古为今用的解读。不把这些文献读得好像他们是针对我们的时代、我们的处境而写的。古为今用，强调经典现实意义的读法，对我来说，一方面是一种以少数扭曲多数的霸道态度，另一方面更抹杀了从漫长时间中好不容易保存下来的关键讯息——别自大、别太自以为是，你的现实生活方式，不过是人类丰沛多样经验中的一种，在人类可能性中只占据了很小很小一块领域。自满于这种现实视野，只会让你错失了原本存在于你身体里、存在于你可以继承的文明经验里的众多其他可能性。

把古人说的话，改成像是我们自己讲的，好像古人是在我们身边一起搭地铁，一起看电视，一起和老板开会的人，用我们熟悉、容易接受的词语、观念说话，这种做法既不公平，也不聪明。所以我选择尽量（当然不见得一定做得到）将经典放回历史中，理解经典的作者处于怎样的时代，面对怎样的环境，困扰于怎样的问题，又努力试图要寻求怎样的答案。还有，他的所思所言，又是用怎样的形式记录下来，在时空变化中经历了怎样的变化，才存留显现在我们眼前。

把经典摆放回历史中，于是经典和经典之间就产生了时代性的关联，而不是各自独立存在的。带着时间、历史概念读经典，经典与经典之间就产生了互文关系，读这本会帮助我们理解那本，或让我们用不同眼光来看待那本。

例如说，读过《战国策》，对纵横家的风格与行事有了确切的印象，知道了他们如何靠口舌的雄辩穿梭于各国之间，操弄外交与内政，于是阅读《孟子》或《庄子》时，我们就会恍然大悟：虽然分属于儒家和道家，两人的想法、主张天差地别，但他们两人表达想法、主张的方式，却都是雄辩式的。在表达风格上，孟子、庄子和苏秦、张仪有着高度亲近性。

又例如读过《礼记》之后，我们会对周代的礼有较深入的了解，也就能从礼的角度去看待《孟子》书中关于性善的主张，体察出性善论和周代王官学传统之间的密切关系，更进一步，当我们接触到《荀子》的性恶论时，我们就知道这不单是荀子和孟子两人在人性论上的主观概念差别，后面更有着对王官学传统的大检讨，法逐渐取代了礼，成为社会组织的核心纽带。

以礼为核心的孔孟哲学

在常识上，在一般话语中，中国文化经常和儒家被等同看待。不论要称赞或批判中国文化，很自然都会拿儒家的主张、信念作为代表。更进一步，儒家往往也就和孔孟画上等号。儒家相信什么、主张什么，一般也就理所当然认为是孔子和孟子所说、所主张的。

这种常识态度，在历史上不只不精确，而且带着许多误会。认真查考那些对儒家的种种想当然的说法，其实里面来自《荀子》的部分，可能多过来自《孟子》的。孟子名气大，和孔子并称，荀子的名字往往被湮没在背景里，但若从思想内容及表达形式上来看的话，荀子对后世建立的儒家传统的影响恐怕大过孟子。

读《荀子》，不能不提《孟子》。荀子晚于孟子，而且他很自觉地凸显自己和孟子之间的差异。虽然都属于儒家，两个人所继承、发展的理念方向，很不一样。

孔子出生于公元前551年，到公元前479年去世，活跃于春秋后期。延续西周封建王官学的传统，孔子特别强调礼的重要性，而且明确地将礼和法看作既相关又对立的两股力量。《论语·为政》："子曰：'道之以政，齐之以刑，民免而无耻；道之以德，齐之以礼，有耻且格。'"用"法"，使用刑罚只能让人民为了害怕而避免犯罪，然而其中心没有羞耻心，也就没有自发的克己行为。相对地，以礼来予以规范，人会发自内心遵从正当的行为法则。

显然，礼比法根本，礼比法更重要。法是外在的威胁、强迫手段，一种纪律、一种规定，背后含藏着让人害怕的惩罚。孔子没有否定这种手段的正当性，甚至必要性，但这毕竟是次要的手段。在这次要手段之上，有礼，依照孔子的看法，礼是一种由内而外，发自内心真实情感而表现出来的合宜的人际对待行为。礼的特殊之处，就在内外的交融，内在情感和外在行为彼此互动配合，彼此加强印证。

一所学校规定学生要有礼貌，看见老师、校长要大声问好，不然就要记警告、罚跑操场，于是每个学生尽管心中不情不愿地暗自咒骂，还是违背本心对着老师、校长大声问好。依照孔子的概念，这种情况绝对不合礼，不是礼的实践。

礼貌是外在的，然而礼貌的作用乃是让人在执行外表动作时，体会、认知如此动作的内在道理。由外而内，启发、启动了他内在一种尊重长上的天性，于是他明白了礼背后的精神，不再是出于害怕受罚，也不是出于无意识的习惯，而是出于一份真实敬长的心意，自然地跟老师、校长问好。这才是礼。

为了不使人误会，以为礼不过就是一些固定的行为规范，经由反复训练植入、管辖人的行为，孟子特别提出了一套完整的性善解释。为什么人性本善？因为人内在天生具备如何正确处理人际关系、与人好好互动的直觉，礼不过是将这些直觉系统化的结果。如此，“礼之本”就在我们内心，根源于我们的真实感情，礼也就绝对不是外来强加在我们身上的，礼不是一套训练，不是反射动作，礼唤醒我们内在的共通情感，找出给予这些情感以秩序的方式。

强调礼，强调礼之本，强调礼在人的内在感情上有所本，显然就不能不假设性善——礼及秩序从人的本性本能而来。这是孟子学说和孔子思想最密切相关之处。

但荀子反对孟子，尤其反对孟子的性善论，荀子针锋相对地提出了性恶论，那么我们就知道：荀子对礼的看法，礼在他的学说主张中的地位，必定和孔子、孟子，大不相同。

各自诠释孔老师

春秋战国时的诸子百家中，儒家占有特殊、暧昧的地位。从一个角度看，儒家是西周王官学的继承者，其基础信念、尊崇的典籍，乃至于奉行的规约，都来自王官学。从另一个角度看，孔子却将这套王官学的教育内容从原来的贵族身份系统中抽离出来，改造成有教无类的普遍教育，去除了其中的贵族性质。再换另一个角度看，东周的剧变环境下，旧有的王官学随着封建制度崩坏快速丧失了原本的权威地位，因而主张保存旧价值、旧秩序的儒家，也就必须和其他许多新兴的学说激烈角力，争取信从者。

凭借着个人能力与魅力，凭借着庞大的弟子团体，自公元前 5 世纪以降，孔子掌握了封建贵族王官学的解释权。原本属于封建贵族的王官学，脱胎换骨变成了儒家的内容。脱胎换骨的过程中，有些部分被忽略了，有些部分被强调了。礼就是被特别拿出来强调的部分，尤其是礼之所以为礼，即礼之内在精神的探讨，是孔子格外在意的。

正因为礼是孔子思想的核心部分，所以在孔子死后，弟子们对礼的解释、看法，也就特别容易产生分歧，进而由思想上的分歧发展为不同的门派。《韩非子 · 显学》说孔子之后，儒分为八，有子张氏、子思氏、颜氏、孟氏、漆雕氏、仲良氏、孙氏、乐正氏之儒。

后世将孔孟并称，然而孔子和孟子不是同时代的人，两人之间差了将近两百年。孟子出生于公元前 372 年，距离孔子去世已经超过百年。孟子活跃的时代，儒家早已分为好几派，孟子的师承来自前面列举的子思氏一派。子思是孔子孙子，受业于曾子，所以是沿着“孔子—曾子—子思—孟子”的系谱传承的。

曾子、子思这派，格外强调人的内在，尤其是修养上的诚意正心。顺着这条思想脉络，到了孟子，就更在意区分礼和法。礼和法不是两套行为规范方式，礼和法不能放在同一个层次上来讨论，礼是根本，法是衍生的、第二序的，只能看作实现礼的一种手段，甚至是一种不得已、能少用就尽量少用的手段。

孟子主张每个人都有类似、相近的天赋，就是“性”，每个人都“不教而能”，天生就有共同的喜好，喜欢吃的美味一样，喜欢的享受一样，喜欢的人际秩序也一样。看到好的东西，每个人都觉得好；看到危险的现象，每个人都觉得危险；看到对的行为，每个人都觉得对。这种直觉判断能力，既是我们“性”——自然天赋——内的善，也是人能够集合起来建立一个善的社会的基础。

礼不是特别聪明、特别有道德的人发明的，礼不过就是人人共有的善的反映，或者说，人人共有的是非好坏判断累积起来的结果。丧礼、葬礼是怎么来的？依照孟子的解释，丧礼、葬礼不是圣人发明了交给大家来遵守、执行的，而是有人——一般人——父母死了，就将尸体丢在沟里。过了几天经过那里，发现父母的尸体被狐狸啃食了，上面爬满了苍蝇小虫在群聚啮咬。突然之间，他额头上冒出汗来，只敢用眼角偷瞄，不敢正视。额头出汗，不是为了给别人看，那就是从中心内在发出的自然感情，直接表现在脸上。于是他就回家拿了锄头等工具将父母的尸体埋了。埋了之后才觉得心安。这就表示埋葬亲人是对的，如此而有了丧礼、葬礼。

礼源自天性、源自本能，进而守礼让人强化、深化天性、本能上的这份善。因而要用对的方式活着，从孟子的观点看，一点都不难，不假外求，相信、听从自己的道德直觉，去除掉遮蔽、阻碍这份直觉的种种干扰，回归就是了。

因为性善，所以只要回归本性，就能做个对的人，过对的生活。有时我们迷失了，有时我们缺乏足够的资源转回本性，那么，孟子主张：我们可以借由观察、体会和我们具备同样本性的其他人的善行，也可以透过遵行依照这份本性而制定的礼，得到协助。礼的作用是如此，重点不在于礼本身，而在于礼对我们内在的真诚原意、本心的启发。

法的作用就更有限了。法是针对少数无法回归本性，找不到内在可供依循的善良判断的人，才以外在强迫惩罚的方式，逼他们就范，不至于伤害别人、伤害自己。法当然是次级的，照道理说，绝大部分的人只需要礼，可以和法无关。古代封建贵族身份的尊重体现在“刑不上大夫”，在孟子那里就被理解为：有地位、懂得自尊自重的人，依靠礼就能自发地表现善行，不需要法的强迫纪律。

以性善为前提，孟子整理了礼和法的关系，还建立了一整套完整的政治哲学，引诱、教导、督促国君保护人民，提供条件让人民发挥本心形成自主社会秩序，那就是最好、最高明的统治作为。“不夺民时”“保民而王”，是孟子给国君的基本政治守则。

向“人势底定”的时代转变

孟子的时代和庄子极为接近。公元前 4 世纪末到前 3 世纪初，是个“处士横议”的时代，是个没有了标准答案，没有了固定的上下框架，谁都能发表意见，谁也都迷惑迷惘地奔走，寻找答案的时代。

言论膨胀，相对地，接受这些言论的对象，没有增加得那么快、那么多。这些言论诉求的对象，主要还是拥有权力的人。有权力的人才有办法改变社会，这是当时的普遍信念。于是不同的言论之间，就产生了愈来愈激烈的竞争。

从春秋到战国，国与国之间的关系愈来愈紧张，兼并、亡国的事件发生得愈来愈频繁。做一个国君，也就愈来愈不容易，压力愈来愈大。做错一个决定，就可能丧失好几座城池，甚至可能从此失去了国君的位子，而且必须要做的决定不断增加，能够考虑计划来做决定的时间相反地不断紧缩。

小国有小国的痛苦，夹在大国之间，武力不足以自保，不小心得罪了大国，兵临城下，就立即有了亡国的危险。大国也有大国的困扰，不只是大国与大国之间互相虎视眈眈地牵制，而且国中的其他大夫也可能不断坐大，大到足以威胁国君，甚至僭越高位，取而代之。那样的时代，当国君还真不是什么好事，必须接受内外交迫的重重考验。封建宗法规定让你不能不做世子，然而败破倾颓的封建宗法却无法保证你不会被其他觊觎世子之位的人陷害、暗杀。同样，你不能不当国君，当上了却无从知道自家的大夫在后面如何算计你，也无从知道邻国接下来会有怎样对你不利的举措。

国君迫切需要协助，他们没有犯错空间，不可以忽视任何好意见、好主张。治理国家的工作，其中很重要的一项，就是不错过、不放过任何新兴、有效的办法，随时掌握这些可能提供好意见、好主张的人才。处士横议，议给谁听？给这些身处内外压力中的国君听。就算听到觉得刺耳或荒谬的意见，那个时代的国君也必须学会容忍，因为若是得到了不听、不能兼听的名声，可能提供好意见、好主张的人就不愿到他的王廷，这会给他带来强烈的不安全感、危机感。

大家都有机会到各国国君前面表达意见，那就看你如何议，如何将自己的主张说得最有利、最有道理，也看你如何把别人的不同意见比下去，让国君从这么多“横议”中，挑选你，按照你的意见行事，同时给你高位，给你权力。如此而产生了雄辩的风潮。雄辩成了那个时代共同的标示、印记。

不过，也就在孟子、庄子活跃的时代，雄辩风潮有了下一波的重大变化。荀子出生于公元前 313 年，比孟子、庄子晚了约六十年。到荀子去世的公元前 238 年，已经是战国末年了，再过十多年，秦始皇就完成了统一，建立起新的帝国。

这六十年的差距，饶富意义。等到荀子崛起时，雄辩风潮已经到了尾声，处士横议的现象也大幅收敛，不再热闹了。这种变化的背景是这几十年间，国与国之间的争战局面，有了愈来愈明显的强弱分野。

处士横议成立的条件，是列国竞争中人人有机会、个个没把握。从春秋到战国，几十个国消失了，只留下战国七雄加上零星几个小国。在孟子的时代，这七雄之间又逐渐分出等级来，韩、赵、魏、燕这几国在实力上和齐、楚有一定差距，而这六国在实力上，又都愈来愈追赶不上西方快速强大的秦国。

到荀子的时代，已经不是七雄的平行竞争了。秦国已经确立了在列国中最强大、最可怕的地位。相应地，也就有了关于秦国崛起愈来愈确定的说法——秦国强大的关键，是秦孝公任用商鞅，进行变法。而商鞅变法的关键意义，不在于制定了怎样的法，而在把法的地位抬高到可以凌驾在封建宗法规范之上，也就是“王子犯法，与庶民同罪”这句话所代表的精神。

秦国靠变法，得以由不被中原大国看在眼里的西方边陲小国崛起壮大，威胁每一个传统中原大国，不也就验证出如何在战国情境下治国最好的答案了吗？处士横议现象消退了，因为能够议、需要议的空间快速萎缩了。有秦的现实成功在眼前，其他意见、主张能够和法家平起平坐来议吗？

这时候的言论状况，从原本雄辩的开放扩张性格，转而朝向以法家为中心的收束合拢性格。梁惠王当国君、见孟子时，他必须听取几十种不同意见，试图从中找出最适合当时梁国的方针；然而等到秦昭襄王即位，他不需要考虑那么多主张，治理国家以及凌驾剩下的其他几国，有了基本的方向，有了大家的共识。

清楚的共识：追求富国强兵，一定得管住人民。把人民管住，首先要让他们尽量附着在土地上，不随便搬迁。和平时期，他们是可靠的生产来源;遇到战争动员,他们是可靠的兵力来源。要可靠，当然就不能迁徙变动，不能今天在你这国，明天就搬到隔壁你的敌国去。

要打胜仗，那就必须有严格的军事组织与纪律，纪律的基础，是整齐划一，减少差异，每个人都一样，听从命令做一样的动作。

处士横议时代，面对身上可能带有治国、救国秘方的游士，国君相对谦虚，因为没有把握哪个主张真正有用、最有用，就不愿也不敢错过任何一个。到了荀子形成其学说的时代，这种状态不存在了。对于富国强兵的国政，国君心底有了基本方案，不再是惶然的无头苍蝇。他们没打算听那么多意见,他们需要的，只是在主要方向上的仔细规划、调整。

王权不断升高，不只对应于游士，而是在每个面向上，国君和其他人之间的权力差距都快速增加。事实上，这也成了富国强兵方案中的一部分。国君的权力愈大、愈集中，就愈能够有效动员，进行生产和战斗，愈能够提升国力打败、进而并吞邻国。现实的教训看起来是：权力分散带来组织松散，组织松散的国不论在生产或战斗上，都抵不过组织严密的国。

王权升高，像苏秦、张仪或孟子那样直接在国君面前侃侃而谈，运用雄辩技巧惊吓甚至激怒国君，来让国君留下深刻印象的做法，也就不可能了。于是直接面对面的口语雄辩风格没落了，取而代之的是间接的文章表达，对文理、逻辑和修辞的讲究。问答对话不再流行，取而代之的是小心谨慎的严密说理。

重新思考“礼”与“法”的关系

荀子所处的时代，大不同于孟子的时代。那是大一统的前夕，那是大一统的思想与文化气氛开始笼罩的时代。

荀子的中心意识，和孔、孟大不相同，他主张礼是人为的，不是出于自然、共通的天性。孟子的圣人智慧在于整理、统合了人人皆有的内在礼的精神秩序，使其外在制度化。荀子的圣人，和一般人之间有不可跨越的差距，他们靠圣性、超越的智慧将礼创造出来。圣人见到了一般人见不到的，想到了一般人想不到的，尤其是见到、想到了如何才能让大家有秩序地一起过团体、社会生活。

依照荀子的看法，圣人创造的礼，非但不是从一般人的天性而来，反而是为了对治、矫正一般人的天性才设计的。礼是违背一般人的天性的，因为一般人的天性，在没有受到礼的约束、训练的情况下，是恶的，只有违背、限制这份性恶，才有可能创建好的、有秩序的、礼的环境。礼是圣人造出来的，一般人则是透过学而变得有礼，接近圣人，成为合格的社会成员。

荀子和孟子很不一样，而且是出于学说理论的根本差异，二者无法调和、无法并容。孟子的思想中，礼和法分属于两个不同层次的范畴，礼是源自人性的根本道理，法却是不得已才设计、采用的额外补助手段。相对地，在荀子思想中，礼和法就没有这样的绝然差别。礼和法同样都是人为设计的外来秩序，与人的内在本性无关。礼是用教的，是学来的；法则是用逼迫的，出于避免惩罚而遵从的。换句话说，礼和法的区分，不是本质性的，而是程度上的。礼的管辖范围广些，相对强制性没那么强；法的范围较窄，相对强制性比较强。

人若是受教，那就学会了礼，遵守礼成为合格公民，但要是不受教，那就用法使其强迫就范，仍然要回到行为框架上不得逾越。礼和法成了连续性的，最严格的礼，就进入了法的领域；最宽松的法，也就和礼的范围重叠了。两者之间没有一条明确的界线。

在学的过程中，内化了规矩，以至于不再意识到规矩条文，那就是礼；没有彻底内化，而让我们感觉到应该遵守，若不遵守就会受到有形或无形的惩罚压力的，那就是法。也就是说，对一些人来说是礼的行为，对另外一些人却可能是法，因人而异，因学的成果而异，两者之间，仍然没有一条明确的界线。

礼与法都是外铄的。只是礼的外铄作用较深入，到达内心；法的外铄作用较浅，包含着恐惧、威胁的因素。

有时代的变化因素，也有个性与信仰倾向的影响，孟子思想带有高度的理想主义色彩。还有，相信礼来自性，相信每个人身体中都具备构成礼的基本善性，孟子思想也就对个人有较高的信任，主张每个人可以靠发掘自我内在的善性，就符合礼的要求，也就提升了自己的人格地位。孟子看重个人自我觉醒、自我意志，相对不那么喜欢外来的强迫力量。外铄力量只是让人更有效地找回内在善性的协助而已。说得最简单、当然也是最理想，孟子要我们了解：只要成为原来的、真实的自我，你就能同时成为好人，成为道德人格高尚的人。

两千年儒学真正的主流

由孟荀差异还原了孟子思想的大纲大本，我们就能看清楚，孟子这种强调个人内在自主觉醒力量的看法，在中国传统中，从来都不曾是主流。宋明理学中有程朱和陆王之争，程颐、程颢和朱熹强调的是格物致知，是学，陆九渊和王阳明主张的则是“明心见性”。取径上，程朱接近荀子，陆王接近孟子，两派相持，势力较大的，明显是程朱一派，而且程朱还攻击陆王“流于狂禅”，不是中国孔孟的正统，是受到佛教尤其是禅宗影响的产物。

事实上，理学运动就是在佛教的刺激下产生的，程朱一派说性、说理、说气，何尝不是从禅宗那里得了许多启发。程朱攻击陆王的理由，与其说显示了儒和佛的差异，还不如说反映了长期以来不了解孟子、不能接受孟子理论的态度。

从政治上看，孟子更是边缘。我们几乎找不到哪个皇帝是真正相信孟子学说，遵从、实践孟子政治理论的。虽然语言文字上都说“孔孟”，然而若细究其内容，我们找到的最明确的，往往是荀子的主张、教导。性善的启发，明显没有外铄教诲、训诫来得重要。对必须统治庞大帝国的皇帝来说，当然也是借由学，让人民行为统一乖顺，要比保护人民、让人民回归自我本心，来得既容易又有利得多了。

许多被视为中国文化的长处，表面上被归于孔孟，实际上功劳应该追溯到荀子才对。同样的，许多中国文化中被强烈批判攻击的缺点，语言文字上也习惯怪罪于孔孟，其实往往孔孟是替荀子背了黑锅的。

明明来自荀子的思想、学说，为什么后来都不提荀子的名字呢？一个重要的、历史上的理由是：荀子去除了礼和法之间的绝然划分，同时也就去除了原本儒家和法家之间最清楚的区别。孔子、孟子的思想绝对不可能和法家有所混同。荀子的性恶论实质上将礼往法的方向推了一大步，也就使自己的立场朝向当时日益壮大的法家靠近了一大步。

荀子教出了一个有名的学生，就是后来在秦始皇统一六国时发挥极大作用的李斯。荀子思想强烈影响了一位同时代的论著者，那就是韩非。李斯、韩非都不是儒家，都和儒家沾不上一点关系，他们都是不折不扣的法家。从秦王政到秦始皇，从秦国到秦朝，荀子的声望、地位一直很高。但也因为如此，到了秦灭亡之后，荀子的声望、地位也就随着秦及法家，快速崩落。

汉朝成立之后，花了六十年的时间，不断摸索统治的方式。这六十年，可以用太史公司马迁的一句话统括："汉承秦弊"。六十年，唯一不变的政治价值是：秦朝是个鲜明的错误示范，如果秦朝不是那么糟，不是错得那么厉害，那也轮不到沛县无赖刘邦取得天下。汉朝新立，要做的第一件事就是检讨秦的错误，无论如何不能重蹈秦的覆辙。

汉文帝时形成的与民休息原则，就是检讨中产生的初步答案。秦之所以灭亡，就是使民过度，让人民受不了，纷纷揭竿而起。反其道而行，那就尽量不要扰动，尽量安静，尽量少做。

汉武帝时汉朝终于建立起了自身的帝国统治法则，那是一套名为儒术，实质上掺杂了许多阴阳概念的天人感应论，但既然名义上独尊儒术，那当然还是把孔子抬了出来。孔子一时间几乎都被神化了，然而相对地，曾经和秦朝、和法家有过密切关系的荀子，在这种气氛下就不可能沾边得到什么好名声、好地位。

汉朝以降，虽然荀子思想的影响极大极深，但和法家的历史纠缠，使得他无法在儒家传统中得到太多的肯定。荀子的影响作用和名声地位之间，一直有着很大的落差。

第二章　儒者的变貌

荀子重视位分和实用

选读《荀子》，让我们从《非十二子》开始读起。

假今之世，饰邪说，文奸言，以枭乱天下，矞宇嵬琐，使天下混然不知是非治乱之所存者有人矣。在今天这样的时代，有人将道理歪斜的理论装饰得很漂亮，将不真确的话说得天花乱坠，使得天下因而纷乱，欺诈、诡计层出不穷，以至于混淆了一般人对是非治乱的判断。

是怎样的人、哪些人呢？纵情性，安恣睢，禽兽行，不足以合文通治，然而其持之有故，其言之成理，足以欺惑愚众，是它嚣、魏牟也。第一组该被谴责的，是它嚣、魏牟。对这两个人，历史上留下的资料很少，只知道他们持守的，应该是偏向道家的主张——任随自然，不加节制。所以荀子说：放纵自然欲望，习惯于任性胡为，作为人却活得像禽兽，不能合乎文明及社会秩序要求，却将其立场说得好像很有根据、很有道理，足可以欺骗、迷惑无知群众，这样的人，就是它嚣、魏牟。

忍情性，綦谿利跂，苟以分异人为高，不足以合大众、明大分，然而其持之有故，其言之成理，足以欺惑愚众，是陈仲、史鰌也。

下一组批判的，是陈仲、史鰌。陈仲是齐国贵族子弟，他舍弃了贵族身份和财产，靠编草鞋为生，世人称赞他清高。史鰌是春秋卫灵公的史臣，多次给卫灵公建议，卫灵公不听。史鰌死前特别吩咐儿子不要将他下葬，即使死了他都要利用这个机会对卫灵公“尸谏”。卫灵公知道了这件事，大为称赞史鰌如此忠心。

荀子以陈仲、史鰌作为以矫情赚取名声与影响力的代表。和前面一组刚好相反，他们是故意抑制自然欲望，说话、行事都刻意与众不同。“綦谿”形容他们说话说得很深奥，“利跂”则形容他们的作为以远离世人习惯为目标。这种人没有办法与众人和同，也不遵守既有的身份等级，却将其立场说得好像很有根据、很有道理，足可以欺骗、迷惑无知群众。“明大分”，意思是他们不按照自己原有的位分来行事，以偏离正常的方式企图越过原有的身份规范，抬高自己、影响他人。

“分”是荀子思想中的关键概念。“分”指的是人应有的身份与相称的行为，人人都了解自己的“分”，守住“分”，不逾越不违背，那么社会当然就有了可长可久的秩序，国家也就很容易可以治理了。相反地，集体生活，从家庭到天下，会出问题的原因，在荀子看来，不外都来自有人不守“分”，破坏了“分”。

不知壹天下、建国家之权称，上功用、大俭约而僈差等，曾不足以容辨异、县君臣，然而其持之有故，其言之成理，足以欺惑愚众，是墨翟、宋钘也。第三组批判的是墨家，墨翟就是墨子，墨家的开创者；宋钘则是战国时代墨家最有名的继承者。在荀子眼中，墨家的毛病在于不了解有一套贯穿家、国、天下的普遍准则（“权称”，此指什么样的身份、地位，该有什么样相应的权力与作为，也就是礼），崇尚实际功用，重视节约到轻视、伤害上下等级差距的地步。这种人不赞成人与人之间的高低区分，连君臣的位份都要取消，却将其立场说得好像很有根据、很有道理，足可以欺骗、迷惑无知群众。所以，墨家的错误，仍然是在于破坏了应有的身份等差，强调兼爱、讲求平等，那就会带来“君不君、臣不臣”的状况。

尚法而无法，下修而好作，上则取听于上，下则取从于俗，终日言成文典，反紃察知，则倜然无所归宿，不可以经国定分，然而其持之有故，其言之成理，足以欺惑愚众，是慎到、田骈也。

第四组批判的是法家，荀子举的代表是慎到和田骈，都是战国时人，慎到是赵人，田骈则是齐人。

“尚法而无法”，前面一个“法”指的是具体的法令，后面一个“法”指的是抽象的原则道理。荀子批判法家重视人为制定的法令，却忽视背后更大、更高的整体原则。法家订定的具体法令，不是圣贤依循整体原则规划的，而是向上听国君、有权力的人的，向下跟随社会上流行的风俗习惯来制订的，不重视真正的智慧（“下修”）而倾向于自作主张（“好作”）。整天讲述写成的具文，反复考察研究，因而远离真理，没有安定依归之处。这种主张不可能治国，不可能确立人人该有的“分”，却将其立场说得好像很有根据、很有道理，足可以欺骗、迷惑无知群众。这里，荀子再度凸显了“分”的重要。

虽然荀子的学说，后来和法家极为接近，但他看待法的态度，仍然有其儒家本位。法不是人为主观想要怎么定就怎么定，荀子一方面反对法来自主观、任意的权力，来自国君的意志；另一方面也反对法是将既有的社会风习变成法。法应该来自更高智慧所发现、发明的一套指导原则，合乎这套指导原则，给予每个人适当的“分”，让他们依照“分”来行为、来过日子。

不法先王，不是礼义，而好治怪说，玩琦辞，甚察而不惠，辩而无用，多事而寡功，不可以为治纲纪，然而其持之有故，其言之成理，足以欺惑愚众，是惠施、邓析也。第五组遭到批判的，是名家，以惠施、邓析为代表。这些人不尊重、学习古代圣王的智慧，否定礼义的重要性，却喜欢搞些奇怪的说法，玩弄不寻常的言词，在一些词语逻辑上分析得极度精细，但没有任何现实用处，解决不了任何急迫问题，光是为辩而辩。搞了一大堆事，却没有什么效果。这种话、这种作为不可能拿来当治国的主要原理原则，却将其立场说得好像很有根据、很有道理，足可以欺骗迷惑无知群众。

治国之道：群天下之英杰而教之以至顺

这样五段，每段分别举了两个人来当批判的对象，一共批判了十个人。每一段的结尾是固定重复的“然而其持之有故，其言之成理，足以欺惑愚众”，换句话说，这五组十个人各有主张、各有错误，却有一项共同的罪状，那就是“欺惑愚众”，而他们借以欺惑愚众的手段是什么？是“持之有故，言之成理”，也就是辩，雄辩的能力与效果。荀子反对雄辩，将雄辩视为那个时代的一个应该革除掉的毛病。

荀子此篇篇名表明了要“非十二子”，那剩下的一组两人是谁呢？

略法先王而不知其统，犹然而材剧志大，闻见杂博。案往旧造说，谓之五行，甚僻违而无类，幽隐而无说，闭约而无解。案饰其辞而祗敬之曰：此真先君子之言也。子思唱之，孟轲和之，世俗之沟犹瞀儒，嚾嚾然不知其所非也，遂受而传之，以为仲尼、子游为兹厚于后世。是则子思、孟轲之罪也。

枪口朝内，荀子批判的是和自己同属儒家的子思、孟轲。而且这第六段就不再套用前面的固定写法了，我们找不到“然而其持之有故，其言之成理，足以欺惑愚众”的文字，更重要的是，子思、孟轲分到的，不是短短概要的一段话，从这一段一直到这篇文章结束，主要是针对此二子而来的。

《非十二子》的焦点，其实是子思、孟轲；两人之中，时代更接近荀子的孟轲，又是焦点中的焦点。荀子的批评是：宣称追慕古代先王，却只学皮毛而不知其原理。放纵自以为是的能力，追求高远目标，所知所见广而杂，没有精炼整理。问题的关键在于没有“统”。

依据过去的资料，造出一套仁、义、礼、智、信（“五行”，五种正确的行为）的说法，扭曲了真理，不伦不类。他们的这套说法看起来晦涩艰难，内在却没有坚实的理由。他们只是通过修饰言词掩饰道理的空洞，然后恭恭敬敬地主张：这就是孔子真正的意思。子思开始这套说法（因为子思是孔子的孙子，当然比别人有资格宣告：这是我爷爷孔子说的话，是他真正要表达的意思），孟轲随后应和，迷惑了社会上无知的俗儒，吵吵嚷嚷（“嚾嚾然”）跟着起哄，不了解其错误之处，接受了这套说法，又把它传出去，以为孔子、子游就是因此而为后世所推崇的。

荀子指摘子思、孟子犯了“诉诸历史权威”的谬误，把自己的话说成是孔子说的，堵住别人的质疑，借此就不需将道理真正弄清楚搞明白，而且借此在学说中填塞了许多杂乱、不纯粹的内容。由这段话，我们也看出了在荀子的认知中，子思、孟子这派的核心理念是仁、义、礼、智、信，而他们的理论有许多深奥隐晦之处，他们的风格是“材剧志大，闻见杂博”的。相较下，荀子的传承来自冉雍（子弓）这一派，他们的学说比较直白，没有那么“幽隐”“闭约”，而且表达的风格也比较谨慎收敛。

孟子的言论，我们今天还能仔细覆案，因而不可能全盘接受荀子的批判。重点在于，儒门家派之间在历史上显然不是和平共存的。战国中期，因为孟子的关系，子思这派有了相当的发展，过程中可能和子弓—荀子这派有了些冲突龃龉，因而荀子特别在文章中，将子思、孟子和其他十个人放在一起，拿出来指斥一番。

如果这十二子都错了，各有各的问题，那什么是对的？或说，“非十二子”的“是”的标准是什么呢？荀子接下来解释了他心目中孔子、子张的做法。若夫总方略，齐言行，壹统类，而群天下之英杰而告知以大古，教之以至顺。

要能“总”、能“齐”、能“壹”，这是荀子的基本价值。关于治国的办法，应该有统合的原理；关于人民的言行，应该强调整齐划一；关于社会秩序，应该形成固定、不变的身份类别。将天下有能力的人都集合起来，让他们学习远古先王的事迹，教他们绝对不能违背的终极真理（“至顺”）。

荀子不信任错杂、纷纭的现象，更不会放心地放随个人发挥英杰个性。错杂、纷纭的必须被有效地分门别类，然后从严谨的类别划分中归纳出统一的原理原则来。而且对他来说，大古、先王最大的意义、最大的贡献，就是以超越的智慧，早早就发现、发明了统一的原理原则，可以帮助我们克服错杂、纷纭带来的混乱、困扰。

奥窔之间，簟席之上，敛然圣王之文章具焉，佛然平世之俗起焉，六说者不能入也，十二子者不能亲也。就在小小的屋子里（“奥”是屋里的西南角，“窔”是屋里的东南角），在教席之上，就完整具备了古代圣王的美好道理与制度，让能够安定社会的风俗勃然兴起，前面所提到的六种错误思想无法侵入，那十二个错误思想的代表人物无法靠近过来。

无置锥之地，而王公不能与之争名。在一大夫之位，则一君不能独畜，一国不能独容。成名况乎诸侯，莫不愿以为臣。是圣人之不得势者也，仲尼、子弓是也。尽管没有哪怕一点点封地，他们的名声却远高过国君、诸侯。即使只有区区大夫的地位，他们的影响力却超过所在的那个国家，不是那个国君所能统辖的。他们的盛名超越诸侯，各地的国君诸侯没有不愿意争取他们来当臣子的。这是孔子、冉雍这种没有得到权势的圣人，他们的成就、他们的作为。

这是“圣人之不得势者”，另外还有一种榜样、一种标准，来自“圣人之得势者”：一天下，财万物，长养人民，兼利天下，通达之属，莫不从服。六说者立息，十二者迁化，则圣人之得势者，舜、禹是也。统一天下，管理所有事物（“财”是“裁”，管理的意思），养育人民，使得所有人都得到好处，以至于舟车交通所到之处，没有人不顺从的。在这种情况下，六种错误思想立刻被消灭了，那些怀抱错误思想的人立刻被感化归正了。这就是握有君王权位的圣人，如舜、禹，他们的成就、他们的作为。

今夫仁人也，将何务哉？上则法舜、禹之制，下则法仲尼、子弓之义，以务息十二子之说，如是则天下之害除，仁人之事毕，圣王之迹著矣。然后荀子明白地表达了自我期许。今天有志于行仁的人，该怎么做？向上效法舜、禹创设的制度，向下效法仲尼、子弓宣扬的道理，努力消灭十二子的错误思想，这样为天下除了大害，完成了仁人事业，将圣人的行为、成就彰显出来。

这正是荀子写《非十二子》的基本用意。

礼之不及，以法续之

信信，信也；疑疑，亦信也。贵贤，仁也；贱不肖，亦仁也。言而当，知也；默而当，亦知也。故知默犹知言也。故多言而类，圣人也；少言而法，君子也；多言无法而流湎然，虽辩，小人也。相信对的、值得相信的，是信仰；质疑不可信的，也是信仰。推尊有能力的人，是仁德；贬抑不好、不对的人，也是仁德。说适当的话，是智慧；在适当的时候保持沉默，也是智慧。实践信、仁、智，都有正反两面途径，肯定该肯定的，或攻击、否定该否定的。

不过，三者中荀子特别要强调的，是智，尤其是反面来实现智的方法。懂得什么时候不说话，跟懂得说什么、怎么说，同等重要。话说得很多，每句话都合乎“分”，那是圣人；话说得不多，但每句都合乎准则，那是君子；话很多，不合准则，耽溺于为说话而说话，就算说得天花乱坠、头头是道，那毕竟还是小人。

故劳力而不当民务，谓之奸事；劳知而不律先王，谓之奸心；辩说譬谕，齐给便利，而不顺礼义，谓之奸说。此三奸者，圣王之所禁也。费力气，做的却不是对人民有利的事，那叫作“奸事”；动脑筋，想的却不是先王圣君的道理，那叫作“奸心”；说了一大堆论理，用了一大堆譬喻，对话应答迅速敏捷，却不遵守礼义，那叫作“奸说”。奸事、奸心、奸说，正是古代圣王明确禁止的。

“三奸”中，荀子最痛恨的，是奸说。知而险，贼而神，为诈而巧，言无用而辩，辩不惠而察，治之大殃也。行辟而坚，饰非而好，玩奸而泽，言辩而逆，古之大禁也。聪明却阴险，为非作歹却有许多变化手法，作假（“为”是“伪”的意思）欺诈却很巧妙，言论没有任何实际用处却说得很有说服力，辩谈讲的都是些不合急需的题目，却分析得很精细，这些都是会在国家治理上带来大祸害的因素。

固执自己的偏邪行为，善于掩饰自己的错误，圆滑熟练地扭曲玩弄规则，把违反道理的话说得很像那么一回事，这些都是古代圣王治世时严格禁止的。

荀子表达了反对雄辩、严厉批判雄辩的立场。这个立场，他和老子、韩非是同样的。他们都是看到处士横议时代带来的巨大冲击、破坏，因而采取了彻底相反的态度。从庄子到老子，从孟子到荀子，我们看到的是同样的变化方向。要将扩张、多元、发散的思想，转而以一种强制、统一的方式收束起来，真理不应该在往复想象、辩谈里，而应该在一套可以用来衡量一切、管制一切的道理之中。

知而无法，勇而无惮，察辩而操僻，淫汏而用乏，好奸而与众。利足而迷，负石而坠，是天下之所弃也。聪明却不守法，勇敢而无所忌惮，言谈清楚有力然而行为乖僻，奢侈浪费以至于搞到匮乏，爱干坏事还要成群结党。这些人身上有一点本事，但不懂得节制、适当地利用本事，反受其害。就像脚力勇健的人，自恃很会走路，结果就迷路回不来了；很能负重的人，硬要挑负大石头，结果就跌落山崖了。这些是会被天下人唾弃的行为。

兼服天下之心：高尚尊贵不以骄人，聪明圣知不以穷人，齐给速通不争先人，刚毅勇敢不以伤人。不知则问，不能则学，虽能必让，然后为德。能够得天下人心的方式应该是这样：有很高的地位，却不以地位欺凌、鄙视别人；聪明有智慧，却不拿聪明智慧来穷诘别人，让人说不出话来；应对迅捷灵敏，却不用这份能力来炫耀压过别人；性格坚韧、体魄武勇，却不用这样的能力伤害别人。对自己身上的优点，有所节制。优点不节制，拿来炫耀、欺压别人，优点就不再是优点，成为“利足而迷，负石而坠”的缺点了。因而要随时表现谦虚，不懂的就问，不会的就学，就算有能力都愿意让着没那么有能力的人，如此才算符合品德要求的做法。

遇君则修臣下之义，遇乡则修长幼之义，遇长则修子弟之义，遇友则修礼节辞让之义，遇贱而少者则修告导宽容之义。大原则是谦让，具体的方式则是按照自己的位分行事。居于什么样的地位、是什么样的角色，就依照那个地位、角色的适宜行为和别人互动。遇国君就做臣下该做的，遇乡人就遵守长幼规范，遇长者就做子弟该做的，遇朋友就按照礼节辞让的方式来行为，遇到比自己地位低、年纪轻的，就尽到宽大包容、劝告教导的责任。在此，荀子再度强调了“分”的重要。

无不爱也，无不敬也，无与人争也，恢然如天地之苞万物。如是则贤者贵之，不肖者亲之。如是而不服者，则可谓妖怪狡猾之人矣，虽则子弟之中，刑及之而宜。该亲爱的都亲爱，该敬重的都敬重，不跟任何人争执争夺，心胸广大开阔像天地能够涵纳长养万物一般。能做到这样，那么有能力、有地位的人会尊重你，没有能力、没有地位的人也会亲近你。能做到这样，如果还有人不服，那就真的不是一般人，是特别怪异狡猾的人。遇到特殊的怪异狡猾之人，就算他是你的子弟亲人，都应该施以刑罚，予以矫正，没有人会认为不应该、不恰当。

依照“兼服天下”的方法做了，都做到了，如果天下之间还有人不服，那就不是你的问题，是“妖怪狡猾之人”的问题，应该动用刑罚强制他们就范。前面所说的兼服天下的做法，是依循礼的原则，感化、影响天下，然而继而一转，在礼感染不了、影响不了的地方，那就动用法，采取强制刑罚手段。礼和法的运用，是连续、一贯的。

《诗》云：“匪上帝不时，殷不用旧。虽无老成人，尚有典型。曾是莫听，大命以倾。”此之谓也。《诗经 · 大雅 · 荡》中有这样的句子，说：不是上帝没有遵从自然的律则（“不时”），而是殷商的王偏离了既有的规范。就算在殷商的朝廷里都没有懂得既有规范的“老成人”，总也有固定的制度与事迹可供仿效。但他都不听不遵守，因而丧失了上天给予的“大命”，被周人给打败了。

贱儒和君子儒

古之所谓仕士者，厚敦者也，合群者也，乐富贵者也，乐分施者也，远罪过者也，务事理者也，羞独富者也。古代有资格出来做官的士大夫，有这几种基本的品质——老实忠厚，和合群众，懂得选择、尊重对的价值，乐于和他人分享，远离犯罪错误行为，认真探求事物的基本道理，而且视独享富贵为羞耻。

今之所谓仕士者，污漫者也，贼乱者也，恣睢者也，贪利者也，触抵者也，无礼义而唯权势之嗜者也。以古代理想标准对照看，现今出来做官的士大夫，具备的品质却是——肮脏随便，破坏规矩，放纵欲望，贪图私利，触犯法令，心中没有礼与义，只想着要享受权势而已。

古之所谓处士者，德盛者也，能静者也，修正者也，知命者也，著是者也。古今不出来做官的士大夫也有相异的品质。古代处士具备的品质是：道德高尚，安于平静平淡，行为端正，不贪求自己无法控制的事物（不做官是因为明白有些事是无法强求的），以自己的行为示范宣扬正确的道理。

相较之下，今之所谓处士者，无能而云能者也，无知而云知者也，利心无足而佯无欲者也，行伪险秽而强高言谨悫者也，以不俗为俗，离纵而跂訾者也。今天不出来做官的士大夫是这样的人——用不做官、不做事来掩饰自己没有能力、没有知识，在不受考验的情况下宣称自己有能力、有知识；明明利欲熏心、贪得无厌，却假装清心寡欲；行事虚伪污秽，却硬是标榜自己谨慎诚实；故意凸显自己不合流俗来取得流俗的认同称赞，不脚踏实地站好（“离纵”，离开了直线、正道）却故意踮起脚尖来（“跂訾”）装作比别人高。

士君子之所能不能为：君子能为可贵，不能使人必贵己；能为可信，不能使人必信己；能为可用，不能使人必用己。接着荀子就古之处士“知命者”的特性进一步发挥，探讨什么是士君子自己能做、能控制的，什么不是。君子可以自我控制、自我修养，使自己拥有值得被人尊重的高贵特质，但没有办法保证，更没有办法强迫人家一定要尊重他。他可以自我修养，使自己值得被人信赖，却没有办法保证，更没有办法强迫人家一定要信任他。他可以自我修养，使自己能够发挥作用，却没有办法保证，更没有办法强迫人家一定要重用他。

故君子耻不修，不耻见污；耻不信，不耻不见信；耻不能，不耻不见用。是以不诱于誉，不恐于诽，率道而行，端然正己，不为物倾侧，夫是之谓诚君子。因而君子不在意人家的攻击、毁谤，却极度在意自己身上有修养不够的缺点；不在意人家不信任他，却极度在意自己身上有不值得信任之处；不在意人家不重用他，却极度在意自己能力不足。所以外界的赞美对他不构成诱惑，外界的批评诋毁也不会让他担忧害怕。他是个内在自足的人，依照自己相信的正确原则行事，严格要求自己，不受外在因素影响而倾斜偏离正道。这样才是“诚君子”，真正由内修养的君子。

《诗》云：“温温恭人，维德之基。”此之谓也。《诗经·大雅·抑》中有这样的句子：看起来宽厚温和，恭敬待人，能有这样的外表，一定是因为内在有深厚的品德为其基础吧！这句诗形容的应该就是这种“诚君子”。

士君子之容：其冠进，其衣逢，其容良。俨然、壮然、祺然、蕼然、恢恢然、广广然、昭昭然、荡荡然，是父兄之容也。真正的君子，内在修养会显现在外表，从晚辈、子弟的眼中看去，他的模样是：帽子高高的，衣服宽大，表情温和，三项配合得很自然。给人的感觉是：严正、安详、宽舒、包容、广大、明亮、坦率。

其冠进，其衣逢，其容悫。俭然、恀然、辅然、端然、訾然、洞然、缀缀然、瞀瞀然，是子弟之容也。从长辈、父兄的眼中看去，他的模样是：帽子高高的，衣服宽大，态度朴实。给人的感觉是：低调、善良、容易亲近、端正、勤勉、恭敬、忠诚、谦下。

吾语汝学者之嵬容：其冠絻，其缨禁缓，其容简连。填填然、狄狄然、莫莫然、瞡瞡然、瞿瞿然、尽尽然、盱盱然。形容过真君子的模样之后，荀子语带不屑地说：接着让我为你们描述一下今天这些号称有学问的人又长什么样子。他的帽子戴得低低的而且前倾，他的帽带（“缨”）和腰带（“禁”）都绑得松垮垮的，他的表情看起来很傲慢。真君子给人的感觉是一致的，今天学者给人的感觉却是矛盾多变的：有时迟钝得好像不会走路，有时又蹦蹦跳跳安定不下来；有时一句话都说不完整，有时又叽叽喳喳饶舌不停；有时面露恐惧，有时消沉沮丧，有时瞪着眼睛发呆。缺乏内在修养，因而外在也就没有定性定貌。

酒食声色之中则瞒瞒然、瞑瞑然，礼节之中则疾疾然、訾訾然，劳苦事业之中则儢儢然、离离然，偷儒而罔，无廉耻而忍謑詢。是学者之嵬也。在有吃有喝有声色娱乐的场合中，他很容易就沉醉、迷乱了。在庄重的场合，他显得慌张、不自在或嫌恶、不耐烦。遇到有事必须负责、必须工作时，他的态度是怠慢的、逃避的。既懒惰又懦弱，偏离正道，没有廉耻之心，不怕人家嘲笑辱骂。唉，这就是今日学者的鬼样子啊！

荀子骂的这些号称有学问的人是谁呢？会称他们为学者，是因为这些人激起了他心中最强烈的不满，这些人是和他同属儒家，但属于不同派别的那些人。弟佗其冠，神禫其辞，禹行而舜趋，是子张氏之贱儒也。正其衣冠，齐其颜色，嗛然而终日不言，是子夏氏之贱儒也。偷儒惮事，无廉耻而耆饮食，必曰君子固不用力，是子游氏之贱儒也。这些人老是把帽子戴得歪歪扭扭，说话平淡无味，和古代圣人仅有的相似之处在于走路像大禹一样跛着（传说禹因为长年治水辛劳，到后来腿都走坏了，跛了），像舜一样低着头不往上看，往前冲（传说舜因为谦下，所以总是低头疾走），这是子张氏贱儒的模样。把衣服帽子穿戴得像模像样，随时维持庄重神情，摆出谦恭外貌却一整天不说话，说不出什么有内容的话，这是子夏氏贱儒的模样。懒惰懦弱怕事，缺乏廉耻之心，喜欢大吃大喝（“耆”同于“嗜”），老是挂在口中说“君子本来就应该不劳动、不劳累”，以此来自我掩饰，这是子游氏贱儒的模样。

最后，荀子以自己这派君子儒的对比性质当作结语：彼君子则不然，佚而不惰，劳而不僈，宗原应变，曲得其宜，如是，然后圣人也。那种真正的君子不是这样，安然自在却绝不懒惰，勤劳不懈怠，掌握根本原理来应付不同的变化，不论如何变都能做得合宜，这样才是学习、追仿圣人的正确方法。

由王官学向诸子学转移

《非十二子》借由批评、攻击其他学说来凸显荀子认定的儒家基本立场，描述了理想中士君子的内在与外表。除此之外，荀子还要借由这篇文章显现、确立他所继承的子弓这派才是儒家的正统。子思一派、子张一派、子夏一派、子游一派，都不符他认定的儒家标准。子思一派，因为前有孟子的张扬提倡，在那个时代影响特别大，就被荀子格外标举出来，列在十二子之间。

第一个层次，在建立儒家核心价值上，《非十二子》言简意赅地传达得清清楚楚。对于“古之所谓仕士者”“古之所谓处士者”，文章都有所陈述，也碰触到了命，讨论了“士君子之所能不能为”。

第二个层次，在攻击儒家以外的门派一事上，荀子的表现相对就没那么精确、精彩了，只是三言两语快速带过。说得那么简略，有立场上的不得已。若是真要好好评论各家学说，那就非运用辩的方式与技巧不可。但整体上，荀子又是反对辩，视之前的战国雄辩风格为败坏世局的罪过。他不愿辩、不能辩，只愿、只能以直白强烈的口吻指出错误，却没有展开铺陈真正的论理。

第三个层次，在批判儒家其他派别上，荀子显露出了最刻薄、最不容忍、最无法说理讨论的一面。在文字中，我们毫无疑问感受到了他对子思、孟子、子张氏、子夏氏、子游氏的痛恨，却没有看到他解释痛恨情绪的来源。显然，在儒家核心价值上，这些人、这些派别不可能和荀子真的有巨大、根本的差异。然而正因为核心类似，内部的角力竞争就使得许多枝节、意气长期纠结，那是讲不明白的，也是无从排解的。于是就只能诉诸一些丑化的描述，充当其他儒家门派的罪状。

荀子的目的，对外让儒家成为诸子言论竞争中最值得信赖、采纳的主张，对内让自己所继承的子弓这支凌驾于其他派别之上，成为儒家的唯一代表。

从孔子到荀子，两百多年时间，儒家有了很大的变化。今天我们无法确知儒家是如何得名的。有很多不同的说法，例如儒是用来指称主持丧礼的人，儒是形容特别恭敬、格外柔软柔弱的人等等，但从史料上看，这些说法都不是很有说服力。从史料上，我们比较有把握的认识是：第一，儒家的思想内容和西周封建制度中的王官学有密切关系；第二，儒家的建立，孔子是关键人物。

孔子的理想，是恢复周代封建成立之初的秩序。所以他的信念和西周贵族教育很接近。不过孔子将这套贵族教育普及化，使之扩张成关于人格与品德的基本养成的教育，又将这套贵族教育的外在仪式（礼）予以内在化，强调人的自我精神觉醒与修养锻炼。

因而，从教育内容、运用的材料上看，儒家没有自己新创的东西，孔子的态度是“述而不作”，坚持自己只是将本来就有的王官学传统予以恢复并发扬光大，《诗》《书》《礼》《乐》《易》《春秋》，都不是儒家专有的，是其他所有家派可以选择汲取、继承、运用的共同遗产。但是从孔子以降，在解释、看待这些共同遗产时，尤其是彰显其内在原则、根本道理时，儒家却有一种和传统王官学很不一样的立场与态度。

儒家因而具备了特殊的双面性格。从一个方向看，儒家是新版的王官学，是传统已有内容的转化；换另一个方向看，儒家又是因应东周新环境、新困扰而产生的诸子学中最早的一家。其回归周礼的主张，不是单纯的继承，而是来自对春秋变乱的应对，认为解决变乱、使人安居的最好策略就是从精神层面复兴已有的传统。王官学和诸子学，前后两种不同的知识潮流，在儒家身上奇妙地统合了，在儒家身上，王官学和诸子学没有截然的界限，而是一体两面。

不过随着时序由春秋递移到战国，周的封建结构进一步陵夷没落，传统周文化愈来愈不受重视，儒家原有的双重性格也就不得不随之位移。继承王官学的部分愈来愈淡薄，相对地，与其他雨后春笋般冒出的学说并立的诸子学部分，愈来愈浓厚。

在一个意义上，儒家逐渐丧失了其独特的地位，变得和其他各家平起平坐。在另一个意义上，我们却也看到儒家具备了足够的弹性，能够适时和旧传统拉开距离，才能存在发展几百年，没有跟着旧传统被扫进历史的垃圾桶里。

第三章　儒家有什么用

不实用就淘汰

《非十二子》及《儒效》这两篇，都是和各家平起平坐激烈论争下的思想产物。《非十二子》要区分儒家和其他家派的差异，先要清理儒家内部的混乱战场，凸显荀子继承的子弓一派的正统性，尤其是和子思、孟子那一派划清界限。然后再以《儒效》的内容来表白：面对现实的混乱、痛苦，儒家的主张不只是最正确的，而且是最有效的。

《孟子》中有七篇的篇名如《梁惠王》《离娄》《尽心》等，没有特别的意思，不过就是把篇中的第一句话摘出来当作辨识的代表罢了，和《论语》的《学而》《为政》《雍也》《先进》等篇名，或《诗经》的《关雎》《柏舟》《芣苢》《将仲子》等篇名，没有两样。那显然是传统的旧习惯，纯粹只是编辑上的方便。但到了《荀子》就不同了。《荀子》和后来的《韩非子》，都已经是严格的私家著述，由一个人一字一句把书写成，书也就反映了作者强烈的主观意愿，因而篇名有了提纲挈领、标示文章用意的功能。

《儒效》的篇名就指向回应一个关键问题：儒家有什么用？这是在战国环境下，儒家特别需要着墨回答的大问题。其他后起诸子各家，都是因应现实变化刺激而起的，所以其学说前提，基本上都已经给了“有什么用”“有什么现实作用”的答案。儒家却是继承、延续王官学传统的，难免给人一种老式、保守、与现实脱节的印象，如果不能说服时人，儒家观念不只是继承传统，而有能够有效回应现实问题的功能，儒家很容易就被边缘化，甚至被淘汰抛弃了。

孟子的巨大贡献之一，就在于靠着滔滔雄辩，将儒家的核心价值——仁义，说成各国国君面对战国乱世最有效的治国原则。以仁义治国，人民都会坚决拥护国君，不会背离，别国的人民也都会自动投效依附，这样不只能够强国，还能统一天下。如果光是诉说仁义是对的，孟子根本不可能在那个时代获得大名声，也不会有机会见到那么多君王。在“仁义是对的”之外，孟子还强调陈述了“仁义是有用的”这一概念。

《儒效》篇的核心问题意识，直接写在其中一段文字里。那段的开头是：秦昭王问孙卿子曰：“儒无益于人之国？”这段话和《孟子》书里记录孟子第一次见到梁惠王，梁惠王所说的第一句话，相互印证。孟子见梁惠王。王曰：“叟不远千里而来，亦有以利于吾国乎？”国君想的、国君需要的，是“有用”的主张与策略，而想到儒家，头脑里浮上来的第一个念头，往往是怀疑：儒家有用吗？

国君感受到时代改变了，快速变化的新环境是他们面对的迫切挑战，他们不会想要听到老祖宗传下来，传了几百年的旧道理。在他们的印象中，儒家就是坚持旧道理的，所以儒家就是没有用的。要是历来的儒家，尤其是孟子、荀子，没有勇敢、强悍地树立起“儒家有用”的新论述，儒家是不可能一路传承延续到战国结束的。

大儒典范——周公

《荀子 · 儒效》一开头先讲故事，以西周建国典故来解释什么是儒，什么是大儒。

大儒之效：武王崩，成王幼，周公屏成王而及武王以属天下，恶天下之倍周也。履天子之籍，听天下之断，偃然如固有之，而天下不称贪焉；杀管叔，虚殷国，而天下不称戾焉；兼制天下，立七十一国，姬姓独居五十三人，而天下不称偏焉。

开始点明了，底下这个故事显示了什么是大儒的功效。周武王很早去世，应该继位的成王当时年纪还小，周公担心幼主即位，刚成立的周王朝会不保，天下之人不会服从，于是就将成王摆在一边，接在武王后面统治天下。

周公登上了天子之位，处理天下政事，做出决策，好像这个位子、这份权力本来就属于他似的，即便如此，却没有人批评他贪图高位重权。他杀了自己的兄弟管叔，将殷移民迁走，使原来的殷都城变得空虚无人，即便如此，却没有人批评他残暴。他创建了统辖天下的封建制度，一共立了七十一个封国，其中五十三个国封给了和他有亲属关系、同样姓姬的人，即便如此，却没有人批评他偏心偏私。

荀子采纳的，是周公在武王死后即位登基的说法。周公“屏成王”究竟是辅佐协助成王,还是将成王推开到一边自己当天子,春秋战国文献上有不同说法。不过到后来，忠君概念被抬高后,一般认为以周公之圣之贤，不应该、不可能干出夺侄子天子之位的事，就统一口径说周公只是辅政而已，荀子在这里的说法，慢慢就少有人支持了。

然而荀子特别凸显周公没有遵守应有的体制，破格承担起治理天下的责任，因为他的作为符合当时局势所需，也就没有人会觉得他的做法是不当、不对的。

教诲开导成王，使谕于道，而能揜迹于文、武。周公归周，反籍于成王，而天下不辍事周，然而周公北面而朝之。居天子位的这段时间里，周公教导年幼的成王，使他了解“道”，了解普遍的道理，取得了继承文王、武王留下的功业的能力，于是周公就将周还给了成王，如此带领周渡过了难关，维持住天下宗主的地位。成王即位后，周公以臣子的地位尊奉成王。

天子也者，不可以少当也，不可以假摄为也。能则天下归之，不能则天下去之。周公为什么这样做？因为天子不能光靠位子来让别人屈服，当天子是硬碰硬的，有能力做得好，天下就会归顺，没有能力，做得不好，天下就叛离。所以不能让小孩当天子，也不能由别人来代理。

是以周公屏成王而及武王以属天下，恶天下之离周也。成王冠，成人，周公归周反籍焉，明不灭主之义也。为了不让天下叛离,周公才推开成王自己继承武王来统治天下。等到成王成年,有能力了，周公就将权力地位交还，表明自己的做法只是一时权宜，绝对不是要泯灭成王的合法身份，没有要以臣下身份僭越主上。

乡有天下，今无天下，非擅也。成王乡无天下，今有天下，非夺也。变势次序节然也。“乡”是“过去”的意思。周公之前统领天下，之后又将统领天下的权力交出来，不是专擅贪权。成王原来没有这份权力，后来有了统领天下的权力，也不是去抢夺来的。他们权力地位的上下变化，都符合时势情况所需，依循一定的道理。

故以枝代主而非越也，以弟诛兄而非暴也，君臣易位而非不顺也。因天下之和，遂文、武之业，明枝主之义，抑亦变化矣，天下厌然犹一也。非圣人莫之能为，夫是之谓大儒之效。

因此尽管以宗法上的旁支身份，取代主系的武王儿子，却不算僭越。尽管杀了自己的亲兄弟，也不算残暴。尽管后来君变为臣，臣变为君，也不算不合礼。延续了天下和平的局面，完成了文王、武王的功业，彰示凸显了旁支与主系的正当关系，虽然经历了种种变化，天下安然不乱，始终如一，这是只有圣人才能做到的事。这也就是大儒可以发挥的效果。

一个大儒，可以大到这种程度。在国家危亡的关键时刻，大儒甚至可以跳过血亲身份上的天子，承担起最大的、绝对的责任，安定天下。然后他又能不眷恋权力，依照道理与现实条件的需要，当少主长大时，毫不犹豫地将最高地位交出来，平心静气地回归臣子身份。

荀子毕竟是儒家，他承袭的儒家传统推崇周公，向往、追求回归周公所创设的封建礼法，在他心目中，周公就是儒之最大者，是儒的极致。依照儒家的历史观念，文王的贡献在以小事大，凭借人格与智慧让周人得以壮大。武王的功业在于成功地“翦商”、伐纣。但真正建立起周之所以为周的制度与文化，那是在周公手上才得以完成的。

儒者无所不适

秦昭王问孙卿子曰：“儒无益于人之国？”孙卿子曰：“儒者法先王，隆礼义，谨乎臣子而致贵其上者也。”秦昭王问荀子：儒家对国政没有什么用，是吧？秦昭王此问，反映了当时许多人的看法。儒家是传统的旧意见、旧主张，赶不上时代变化了，虽然有很多道理，尽管能说得头头是道，但致命的缺点在于，对于富国强兵的现实需求来说，没有用。

面对这样没礼貌的问题，荀子先用三项特性厘清儒者是什么，免得秦昭王心里想的、批评的儒，和真正的儒混同为一回事。儒者的第一项特征，是“法先王”，信仰、标榜、学习模仿古远的圣君，也就是有一个传统在他背后，不是只看现实的功利道理。儒者的第二项特征，是以礼义为核心价值，将礼义看得最重要。

儒者还有第三项特征：谨慎地扮演臣子的角色，将荣耀、尊贵归于君王。

人主用之，则势在本朝而宜；不用，则退编百姓而悫，必为顺下矣。虽穷困冻馁，必不以邪道为贪；无置锥之地，而明于持社稷之大义。像儒者这样的人，可进可退。人主用他，他有能力在朝廷合宜发挥；人主不用他，作为没有特殊身份的百姓，他也一定会朴实、恭敬。不发达、遭遇困境时，乃至于饥寒交迫时，他都不会走邪门歪道贪求财利。就算连一点土地恒产都没有，他仍然不会放弃清楚明白的国家集体公义。

呜呼而莫之能应，然而通乎财万物、养百姓之经纪。势在人上，则王公之材也；在人下，则社稷之臣、国君之宝也。虽隐于穷阎漏屋，人莫不贵之，贵道诚存也。即便他大声疾呼的主张得不到任何回应，他仍然通晓究竟应该如何管理万物，如何长养百姓的大原则、大道理。不只得不到国君青睐，甚至周遭找不到听得懂他说话的人，他都不会气馁，不会放弃在公共事务上的自我准备。若能得到较高的地位，他可以做很好的诸侯；地位低些，他也可以当称职的臣子，大有助于国君。这种人就算住在偏僻的地方，破旧的房子里，都会得到别人的尊敬，因为他真的具备了可被尊敬的品质（“贵道”）。

仲尼将为司寇，沈犹氏不敢朝饮其羊，公慎氏出其妻，慎溃氏逾境而徙，鲁之粥牛马者不豫贾，必蚤正以待之也。另外一个大儒——孔子，就有这种无形的尊贵影响力。当年他在鲁国，将要接任管治安秩序的司寇，还没上任呢，鲁国的一些有奸邪行为的人，赶紧就有了反应。

一个是沈犹氏，据说他早上先把羊的肚子里灌满水，再牵到市场去卖，这样可以增加重量，卖高一点的价钱。从此他不敢往羊肚子里灌水了。另一个是公慎氏，据说他的妻子淫乱，他本来不敢管、不愿管，这时就下定决心断绝了和妻子的关系。再一个是慎溃氏，据说他平时奢侈浪费，胡作非为，这下仓皇离开鲁国，搬到别国去。全鲁国卖牛马的人（“粥”通“鬻”，即卖的意思），这下子都不敢随便乱抬高价钱了，快快在孔子上任前就改掉原本歪门邪道的做法。

居于阙党，阙党之子弟，罔不分，有亲者取多，孝弟以化之也。儒者在本朝则美政，在下位则美俗。儒之为人下如是矣。孔子住在阙里（就是“阙党”），那里的人分配抓来的鱼或动物，都一定让家中有父母要供养的人多分一点。（“罔”通“网”，“不”通“罘”，都是渔猎的工具。）这就是孔子以孝悌精神教化了他们而产生的效果。

儒者在朝为政，可以让政治变好；在乡里居住，也可以让乡里的风俗变好。这就是儒者处于下位的情况。

王曰：“然则其为人上何如？”孙卿曰：“其为人上也，广大矣！志意定乎内，礼节修乎朝，法则、度量正乎官，忠信爱利形乎下。”秦昭王很好奇地接着问：要是儒者居于高位时，那又如何呢？荀子先感叹一声：要是那样，影响与作用可就广大了！

居于高位的儒者，有着明确坚定的意志，他的朝廷礼节井然，他的官府行事都合乎规章制度，因而人民都表现出忠、信、爱（慈爱亲人）、利（照顾他人）的美德。

“行一不义，杀一无罪，而得天下，不为也。此君义信乎人矣，通于四海，则天下应之如讙。是何也？则贵名白而天下愿也。”如何能让人民忠、信、爱、利？在上位的儒者自身极度忠于原则，也就取得了人民极度的安心信任。他对原则的坚持到了这种程度：即便只是做一件他知道不对的事，只是杀一个无辜的人，就能取得统治天下的权力，他都绝对不做。人民都信任国君不会做不合宜、不公义的事，他的做法传向四海，不管传到哪里，那里的人民都会齐声响应（“应之如讙”）。他的尊贵名声显赫响亮，天下仰慕。

“故近者歌讴而乐之，远者竭蹶而趋之。四海之内若一家，通达之属，莫不从服。夫是之谓人师。《诗》曰：‘自西自东，自南自北，无思不服。’此之谓也。”因而住得比较近的人高兴地歌颂赞美他，离他比较远的人竭尽脚力过来投奔他。一般舟车交通到得了的地方，人民没有不服从的，以至于四海之内广大区域都像一家人一样。这是真正的为人表率。或换另一种方式说：一个儒者在位当国君，他不会只是作为统治者，还一定具备老师的身份，把人民教好变好。《诗经·大雅·文王有声》里的句子，说：东西南北四个方向，都没有不服的，应该就是在形容这种人、这种影响作为吧！

“夫其为人下也如彼，其为人上也如此，何谓其无益于人之国也？”昭王曰：“善。”荀子总结：儒者居于下位有那样的效果，居于上位有这样的效果，怎么能说没有用、没有好处呢？秦昭王同意：说得好。

儒、儒家，在孔子的时代，指的是一群受过特殊王官学训练的士，懂得礼，懂得为政之道，可以来辅佐国君或大夫。显然，到了荀子时，儒的意思有了很大的改变。他把周公都视为大儒，而且跟秦昭王讨论儒者在位当国君会有什么样的作用。有地位、有权力，可以用对的方式来运用权力解决危机、造福人民，这样的人在孔子的概念中，不是儒，而是圣。

到这个时候，儒变成了一种特殊态度的称号，和原本的士的身份脱离开来，国君也可以变成儒者，儒者也可以担任国君。从这里，我们清楚看出战国时代社会流动的范围、程度，远远超过了春秋时代。身份的考量与拘束，此时也大幅地放松了。

儒家进一步成为诸子学中的一家，和原先的王官学传统愈离愈远。作为一种态度、主张，儒家和法家已经没有什么根本的差别了。国君可以接受法家学说，成为一个法家君王，在荀子的概念里，国君当然也可以接受儒家主张，做一个儒家君王。荀子用这种方式，来争取国君对儒家的接纳与支持。

评量、选择和分配的艺术

接下来这一段很重要。先王之道，仁之隆也，比中而行之。曷谓中？曰：礼义是也。道者，非天之道，非地之道，人之所以道也，君子之所道也。荀子解释为什么儒者要“法先王”。先王建立的原则，是仁的最高表现，而行仁的关键，则是依循着“中”来做。“中”字在古文中一直都有双重意义：一个是中间，不在两端，取得平均、平衡的位置；另一个则是“命中”，准确地找到最适当的方法。

所以荀子说，什么叫作“中”，要如何依循“中”呢？“中”就是礼义。孟子习惯说“仁义”，荀子则习惯说“礼义”，两个词反映出两人的基本差异。“义者谊也”，指的是正确的行为。孟子的义，源自人内在的自然感情，从人伦感情推演出义的判断。荀子的义，则来自已有的礼仪规范，弄清楚自己的“分”，然后依照与身份与位子相应的礼行事，才是义。所以他前面说儒者，要分开说“其为人下”与“其为人上”，荀子重视地位差别，没办法离开“分”来普遍地谈论行为的对错好坏。

然后，荀子明确地反驳道家对道的看法，道不是如道家所主张的天地自然的道理、原则。真正有意义的道，是人走的道路，是人应该依循的道路，不这样走就走不通的，也就是君子会引领人去走的道路。

君子之所谓贤者，非能遍能人之所能之谓也；君子之所谓知者，非能遍知人之所知之谓也；君子之所谓辩者，非能遍辩人之所辩之谓也；君子之所谓察者，非能遍察人之所察之谓也。有所止矣。君子不是，也不需要是全知全能的。换句话说，并不是什么都会、什么都知道的人，才能居于上位，行使权力，君子是一种专业，有所专长。他不是什么都会，不是什么都知道，不是什么都能辩，也不是什么都能识别。君子有其限制、限度。

相高下，视垸肥，序五种，君子不如农人；通财货，相美恶，辩贵贱，君子不如贾人；设规矩，陈绳墨，便备用，君子不如工人。不恤是非然不然之情，以相荐撙，以相耻怍，君子不若惠施、邓析。君子，也就是儒者的能力，是有重点，有选择的。看地势起伏，判断土壤贫瘠或肥沃，决定种不同作物的顺序，在这些事情上，君子比不上农人；把东西搬来搬去进行流通，看物品好坏，评断价钱高下，在这些事情上，君子比不上商人；熟练运用直尺、圆规或绳墨等工具，君子比不上工匠；不顾真正的是非，把黑的说成白的，错的说成对的，只为了要在口舌上互相推挤竞争，务求能压过别人、羞辱别人，在这种事情上，君子不如惠施、邓析那些名家辩士。（“情”是事实、真实的意思。“荐”通“践”，践踏。“撙”是推挤、压抑的意思。）

君子，儒者，不是一般的游士策士，后者只在乎说得口沫横飞，为辩而辩，在君王面前压倒别人来求取富贵，这种事，儒者不会，当然，更深一层的意思是，儒者不做，儒者不屑做。

这些都不是君子要做的，也不是君了看重的能力。君子之所长，可以做得最好的是：若夫谲德而定次，量能而授官，使贤不肖皆得其位，能不能皆得其官，万物得其宜，事变得其应，慎、墨不得进其谈，惠施、邓析不敢窜其察。言必当理，事必当务，是然后君子之所长也。

荀子明确列出了儒者的核心能力，以此来显现：儒者当然有用！比较排列人的品德高下，按照能力分配官位职守，让品德高些低些、能力高些低些的人都能得到适当的位子，万物都按照其本性适当地发展，事情变化都能有恰切的应对，这是儒者最擅长的。在这些事情上，再会说的慎道、墨家都没有资格在儒者面前发表议论；再会分析的惠施、邓析都不敢在儒者面前放肆诡辩。只说有道理依据的话，只做符合需求的事，这是君子、儒者，最擅长的。

凡事行，有益于理者立之，无益于理者废之，夫是之谓中事。凡知说，有益于理者为之，无益于理者舍之，夫是之谓中说。事行失中谓之奸事，知说失中谓之奸道。奸事、奸道，治世之所弃而乱世之所从服也。

儒者的本事，在于选择，在于衡量后准确地选择。面对事情、行为，就用是不是有利于弘扬道理来衡量：有的，选择成立，没有的，就废弃不行。如此叫作“中事”。面对知识学说，也用同样的方式来选择接受还是不接受，那就叫作“中说”。如果不能准确按照道理行事，那是和中事相反的“奸事”；如果不能准确按照道理来接受知识学说，那是和中说相反的“奸说”。有秩序的社会扬弃奸事、奸说；混乱无序的社会却服从于奸事、奸说。换个方向看，服从奸事、奸说正是使得社会混乱无序的原因。

若夫充虚之相施易也，坚白、同异之分隔也，是聪耳之所不能听也，明目之所不能见也，辩士之所不能言也，虽有圣人之知，未能偻指也。乱世服从的奸说的一个例子是主张实和虚、有和无可以互相挪换。这显然指的是道家的理论。奸说的另一个例子，是主张“坚”（物体的质地）和“白”（物体的颜色）可以分离看待，“同”和“异”是彻底相对的。这显然指的是名家。这类奸说脱离常识，再敏锐的耳朵都没办法听，再明亮的眼睛都没办法看，再会说话的人都没办法说，就算有圣人的智慧，都没办法有条理地说明。

不知，无害为君子；知之，无损为小人。工匠不知，无害为巧。君子不知，无害为治。王公好之则乱法，百姓好之则乱事。而狂惑、戆陋之人，乃始率其群徒，辩其谈说，明其辟称，老身长子，不知恶也。

这些奸说非但无用，而且有害。不知道奸说，君子还是君子，没有任何损失。知道了奸说，小人还是小人，没有任何好处。工匠不知道奸说，对他的手艺技术一点影响都没有，在上位行使权力的人不知道奸说，完全无害于好好治理国家。

相反地，有地位、有权力的王公若是喜欢这些奸说，就会淆乱法令；一般百姓若是喜欢这些奸说，就会伤害了本业本分。那些狂妄糊涂、愚蠢无知的人，竟然带着徒众，张扬他们的奸说，解释、比喻、引证，一辈子搞这种无益有害的东西，不知道要厌弃离开。（“老身长子”，人都老了，儿子都大了，形容很长的时间，人生中的大部分时间。）

夫是之谓上愚，曾不如相鸡狗之可以为名也。《诗》曰：“为鬼为蜮，则不可得。有靦面目，视人罔极。作此好歌，以极反侧。”此之谓也。

一辈子弄无益有害的东西，再愚蠢不过了！自以为有知识有学问，实际上比那种懂得怎么分辨小鸡健不健康、狗能不能看家的人，都不配拥有名气。“相鸡狗”的，还有真本事，相信奸说的人，只会在口头上逞强而已。《诗经 · 小雅 · 何人斯》中有句子说：如果你是个妖魔鬼怪，那当然让人掌握不了你的模样，然而毕竟你有脸有眼睛，别人不可能看不清你，不可能一直骗人唬人的。特别作这样的歌，因为你的反复不实已经太过分了。这句诗应该就是在批判这种人。

人皆可以为尧舜

前面从社会、国家的角度谈《儒效》，谈儒者的效果与作用，引用秦昭王的问题，来批驳当时国君对儒家存有的偏见、误解。接下来，荀子换从个人立身的角度谈儒者的作用。

我欲贱而贵，愚而智，贫而富，可乎？曰：其唯学乎！彼学者行之，曰士也。敦慕焉，君子也。知之，圣人也。上为圣人，下为士君子，孰禁我哉！

有人问：出身不好想要往上爬，脑袋空空想要变有智慧，两手空空想要变富有，做得到吗？荀子给的答案是：做得到。最好的、甚至是唯一的方法，就是“学”。学有三个高下不同的层次：懂得学、实践学的，能成为士；诚心向慕、确实地学的，能成为君子；彻底掌握了学，能成为圣人。靠着学，最高可以成为圣人，至少也能成为士，全都靠自己的决心与努力，谁能阻止我呢？

从个人角度看，儒家也是最有效果的，因为儒家强调学，尤其强调学一来不受限于他人，自己就能决定、就能实践；二来可以突破既有的现实限制，使人“贱而贵，愚而智，贫而富”。

乡也,混然涂之人也,俄而并乎尧、禹,岂不“贱而贵”矣哉!乡也,效门室之辨,混然曾不能决也,俄而原仁义,分是非,图回天下于掌上而辨白黑,岂不“愚而知”矣哉?乡也,胥靡之人,俄而治天下之大器举在此,岂不“贫而富”矣哉!

“乡”,意为“过去”。这段讲“学”可以产生的今昔变化对照。过去原本是个浑浑噩噩的普通人,透过学,竟然就能取得和圣人一样的能力,变成和尧、禹平起平坐的人,这岂不正是“贱而贵”了吗?有比这个更戏剧性的“贱而贵”变化吗?过去原本浑浑噩噩什么都不会,进到屋里连门在哪里都记不得、分不清,透过学,竟然就能明白仁义的来源,能够分辨是非,拥有如此高度的抽象思考能力,运转天下如同分别白色黑色般容易,这岂不正是“愚而智”了吗?有比这个更戏剧性的“愚而智”的变化吗?过去原本是个一穷二白,什么都没有的人,透过学,竟然就能掌握治理天下的手段与本事,这岂不正是“贫而富”了吗?有比这个更戏剧性的“贫而富”的变化吗?

这里荀子和孟子一样,都相信、主张人皆可为尧舜。尧舜这样的圣人,不是历史上某个非凡、伟大的人物,在特定的历史时空条件下完成了不可复制的功业,战国儒家不是这样看尧舜、圣人的。尧舜代表的是人能想象的最了不起的成就,内在具备了仁义德性,外在又有充分的权力可以实践仁义,造福天下。然而关键在于,即使是尧舜,即使是完成最了不起成就的人,和我们之间都没有绝然不可跨越的界线。我们和他们之间,有着明确可以由此及彼,从这里到那里的联系。

对孟子而言,凡人与圣人的联系,是共同的善性。对荀子而言,这种联系则是学,只要你愿意学,知道怎么学,人人都可以由士而君子而圣人，没有先天命定的限制将你和圣人隔绝开来。

今有人于此，屑然藏千镒之宝，虽行貣而食，人谓之富矣。彼宝也者，衣之，不可衣也；食之，不可食也；卖之，不可偻售也。然而人谓之富，何也？岂不大富之器诚在此也？是杅杅亦富人已，岂不"贫而富"矣哉！

现在这里有个人，藏了许多财宝，价值有几千镒黄金那么多，就算他平日都吃跟人家乞讨来的东西，人们还是说他很富有。想想，他收藏的东西不能吃，也不能穿，也不能想卖就卖，那么人们所谓的富到底是什么？岂不就是因为那些代表富、代表大富的东西确实就在那里吗？换句话说，拥有众多东西就是富，那么借由学而能够拥有广大、充足（"杅杅"）知识的人，不也就是由贫穷变成富有了吗？

故君子无爵而贵，无禄而富，不言而信，不怒而威，穷处而荣，独居而乐，岂不至尊、至富、至重、至严之情举积此哉！故曰：贵名不可以比周争也，不可以夸诞有也，不可以势重胁也。

做儒家的君子，收获可大了！不需要别人给你官位，你就有高贵、受尊重的地位；不需要别人给的俸禄，你就已经很富有了；话还没说出口，已经取得别人的信任；不必发脾气就已经有威严；困穷时都有名声上的光荣；没有人拥护支持时也能自得其乐。这些最尊贵、最富有、最庄重、最威严的资产，岂不都是从学上不断累积而来的吗？

所以说：高贵名声不可能靠结党争取得来，不可能靠夸口吹牛拥有，不可能靠运用权势地位威胁得来。

必将诚此然后就也，争之则失，让之则至，遵道则积，夸诞则虚。故君子务修其内而让之于外，务积德于身而处之以遵道，如是，则贵名起如日月，天下应之如雷霆。一定只有真正地学才能得到贵名。高贵、受尊重的名声不能用贪欲的态度去争，争了反而失去，倒过来，非但不争而且谦抑辞让才能得到。遵守道理原则行事，贵名就会累积；夸口炫耀，信口开河，贵名就会被掏空。因而君子努力地修养内在，外表则显现得低调谦让；努力在身上累积美德，并以遵循道理原则的方式来涵养。做得到这样，那么贵名会上升得如同日月那么高，天下传送、应和其贵名的声音，会像雷霆般响亮。

故曰：君子隐而显，微而明，辞让而胜。《诗》曰："鹤鸣于九皋，声闻于天。"此之谓也。所以说，君子隐藏却反而显露，不刻意发光却反而明亮，谦让不取却反而胜过别人。《诗经·小雅·鹤鸣》里有句子说：鹤在很低的沼泽地鸣叫，声音却能传遍高高的天空。正因为低，声音反而传得更远更高。应该就是描述这种情况。

鄙夫反是。比周而誉俞少，鄙争而名俞辱，烦劳以求安利，其身俞危。《诗》曰："民之无良，相怨一方。受爵不让，至于己斯亡。"此之谓也。和君子构成对比的，是"鄙夫"。这种人八面玲珑、到处讨好，结果愈来愈少人称赞他；拼命不择手段争名，结果名声愈来愈污脏；汲汲营营追求安全、利益，结果反而让自己愈来愈危险。（"俞"就是"愈"。）《诗经·小雅·角弓》有一句话说：有那种不善良的人，跟别人相处老是抱怨对方。得到了高位却不知谦让，终究会弄到让自己遭殃倒霉的。这句话就是形容这种人的。

荀子的理想社会：恰如其分地安排秩序

再下一段，荀子论述要是儒能发挥其效应，那就可以建立一种有着严谨秩序的理想社会。

故能小而事大，辟之是犹力之少而任重也，舍粹折无适也。身不肖而诬贤，是犹伛伸而好升高也，指其顶者愈众。故明主谲德而序位，所以为不乱也。忠臣诚能然后敢受职，所以为不穷也。

能力小的人要承担大责任，好像力气不够却要扛重物，那就除了骨头折了碎了（“粹”就是“碎”）之外，不会有别的结果，到不了什么地方。没有那么好，却要把自己吹嘘为贤者，好像驼背的人却硬要把自己拉长一样，反而更暴露他的矮小，让更多人指着他的头顶嘲笑他。所以好的君王排比不同的德性能力，给予臣子不同的位置，如此就不会乱。好的臣子必须自己真正具备足够的能力，才敢接受职务，如此就不会困穷。

分不乱于上，能不穷于下，治辩之极也。《诗》曰：“平平左右，亦是率从。”是言上下之交不相乱也。上面领导的人，能够按照品德、能力适当安排每个人的“分”；下面接受安排领导的人，因而都有足够本事处理自己的工作，不会困窘，这就是治理国家的极致了。《诗经·小雅·采菽》中有一句话说：以公平不倚的态度对待左右，人民就都服从了。这强调的就是上下互动不错乱之重要。

很清楚，荀子的理想社会重点在于秩序，而秩序的关键又在于一个安排“分”的权力者、在上位者。权力的根本作用，就是安排“分”——运用观察与智慧，判断什么样的人应该在什么位置上做什么事、承担什么责任。“分”安排对了、好了，其他人只需依照自己被分配到的位置与责任去做，就好了。换句话说，这个社会里绝大部分的人是被动的，主动权握在上位安排“分”的人手中。

不一样的人，有不一样的能力，该放在不一样的位子上。安排“分”，有根本的层级法则。以从俗为善，以货财为宝，以养生为己至道，是民德也。最低一层，是民，民的基本性质是随俗，觉得别人怎么做自己也应该跟着做，追求物质上的富裕，认为把自己照顾好、妥善养生就是责任的极致，不会去想其他更广更高的目标。

比民高一层，是士。行法至坚，不以私欲乱所闻，如是，则可谓劲士矣。严格遵奉法令，自觉地节制私欲，不会利令智昏，被欲望冲昏头，丧失基本智慧，扭曲所闻所见，做得到这样，可以算是刚强有原则的士了。

比士高一层，是君子。行法至坚，好修正其所闻，以桥饰其情性。其言多当矣，而未谕也。其行多当矣，而未安也。其知虑多当矣，而未周密也。上则能大其所隆，下则能开道不己若者。如是，则可谓笃厚君子矣。和士一样，君子也必定严格遵奉法令，不过比士更进一步，君子还会以法令原则来修正自己，依照法令调整自己看什么、听什么（类似“非礼勿视、非礼勿听”的修养），依照法令矫正自己的本性（“桥”是“矫”的意思）。

“情”字在古文中指的是“事实”，“情性”就是天生、与生俱来的本性。很明显，荀子以负面眼光看待情性、本性，认为应该要透过学习礼与法来改变、矫正本性。

君子说的话，大多正确，只是他知其然而不知其所以然；他的行为大多正确，只是他还未将行为法则彻底内化；他的思想大多正确，只是还未完整周密。君子对上能够让他推崇、尊重的人推扩影响力，对下能够指引、领导不如自己的人。君子的主要德性，是笃厚。

比君子再高一层，是圣人。修百王之法，若辨白黑。应当时之变，若数一二。行礼要节而安之，若运四枝。要时立功之巧，若诏四时。平正和民之善，亿万之众而抟若一人。如是，则可谓圣人矣。如果一个人遵循经过百王反复试验的法则，像辨别黑白一样容易；有了法则又能应对现实的变化，像数数字一二三一样容易；行为合理入节不逾矩，像运用四肢一样自然；准确把握时间，善于有所成就，像掌握四时季节一样自然。而且有充分能力稳定政治、调和人民，使亿万人团结如同一个人。做得到这样，那就是圣人了。

圣人和君子的差异，在于成就的规模大小，更在于成就的难度。君子必须透过自觉努力才能取得如此成就，圣人做起来却很容易、很自然。也唯有内化了这些原则价值，不费力就能依循之，才有办法完成大规模的功业。

井井兮其有理也，严严兮其能敬己也，介介兮其有终始也，猒猒兮其能长久也，乐乐兮其执道不殆也，照照兮其用知之名也，修修兮其用统类之行也，绥绥兮其有文章也，熙熙兮其乐人之臧也，隐隐兮其恐人之不当也。如是，则可谓圣人矣，此其道出乎一。

接着荀子就用了一段话，描述这个关键的上位者应该具备的性质，及其能够创造出来的美好状态。这一段，不是论理，而是以赋体写的，其文类特色是一连串的排比，一层层堆叠主要是称颂的词语。赋体在战国后期兴起，和原本流行的论辩风格并列并行，接着有取而代之之势，也可以让我们看出时代潮流的变化，从百家争鸣的平行言论竞争，逐渐向一统的层级高下安排倾斜。

条理井然，严格、自尊地律己，坚定有始有终，安静（“猒猒”），不随便改动，信守原则并乐在其中，光明磊落地运用智慧，依照礼仪纲纪（“统类”）端正（“修修”）行事，外表有自然丰茂的文采，温和愉悦地欣赏别人的长处，对于别人可能做错事随时放在心上忧虑着。具备这样的特质，可以称之为圣人了。圣人之所以能如此，是因为他遵奉的原理原则，来自“一”。

那“一”是什么呢？曷谓一？曰：执神而固。曷谓神？曰：尽善挟治之谓神。曷谓固？曰：万物莫足以倾之之谓固。神固之谓圣人。继续用排比法，加上带有注释风格的定义文体，荀子解释：“一”就是“执神而固”。要了解“执神而固”，又先要了解什么是“神”。“神”的意思是：以最好的方法周全地治理国家。那“固”又是什么？“固”的意思是：任何东西都无法使之动摇歪斜。所以加起来，圣人执守的“一”，就是坚持不变地用最好的方法周全地治理国家。

圣人也者，道之管也。天下之道管是矣，百王之道一是矣，故《诗》《书》《礼》《乐》之道归是矣。《诗》言是，其志也；《书》言是，其事也；《礼》言是，其行也；《乐》言是，其和也；《春秋》言是，其微也。

圣人就是道的汇聚，天下之道都汇聚到他身上，百王之道都统纳在他身上，《诗》《书》《礼》《乐》（应该再加上《春秋》）的道理都齐集在这里。《诗》表达了他的志向、情感，《书》显现了他的处理世事的方法，《礼》规范了他的人际行为，《乐》传递了他协调事物使之和谐的态度，《春秋》承载了他对细微现象、讯息的敏锐感应与幽微思考。

故《风》之所以为不逐者,取是以节之也;《小雅》之所以为《小雅》者，取是而文之也 ;《大雅》之所以为《大雅》者，取是而光之也 ;《颂》之所以为至者，取是而通之也。

接着再标举出《诗》的内容，进一步拆开来看其各个部分和圣人之间的关系。“国风”之所以“淫而不荡”“哀而不伤”，是因为经过圣人的节制。“小雅”之所以有“雅”的成分，是因为圣人给予其内容上的文饰。“大雅”之所以“大”，是因为经过了圣人的光大发扬。“颂”之所以代表极致、顶点，是因为由圣人予以融会贯通。

天下之道毕是矣。乡是者臧，倍是者亡。乡是如不臧，倍是如不亡者，自古及今，未尝有也。天下的道理都尽于此。顺此道理的得到好结果，违背此道理的自取灭亡。顺此道理而没有好结果，违背此道理而不灭亡的，从古到今，未曾有过。

儒者积极进取

然后文章回归到关于周公的讨论。

客有道曰 :“孔子曰 :‘周公其盛乎! 身贵而愈恭，家富而愈俭,胜敌而愈戒。’” 应之曰:“是殆非周公之行,非孔子之言也。”有人引用孔子的话说 : 周公真是了不起! 地位很高却愈加恭敬，财富很多却愈加低调收敛，打败敌人取得胜利却愈加戒慎恐惧。荀子回应 : 这描述的不是周公的行为，这话也不会是孔子说的。

为什么荀子要反对如此盛赞周公的话，还否认这话是孔子说的? 明明孔子就是最推崇周公的,不是吗? “武王崩,成王幼,周公屏成王而及武王。履天子之籍，负扆而立，诸侯趋走堂下，当是时也，夫又谁为恭矣哉？”荀子重述他对周初历史的理解，武王死了，周公取代成王继位，背靠着屏风（“扆”）站在天子的位子上接受诸侯从堂下前来晋见，这时候，只有诸侯恭恭敬敬对他，他要恭敬对待谁呢？

“兼制天下，立七十一国，姬姓独居五十三人焉，周之子孙，苟不狂惑者，莫不为天下之显诸侯，孰谓周公俭哉？”在荀子眼中，周公也绝对不是低调收敛的人，不适合用“俭”来形容。即天子位之后，周公大封诸侯，立了七十一个国，其中五十三个是他自己姬姓的亲戚。算算，姬姓亲戚子弟中，只要不是精神不正常或智能不足的，通通都有封国。敢这样做的人，谁说他低调收敛？

“武王之诛纣也，行之日以兵忌，东面而迎太岁，至汜而泛，至怀而坏，至共头而山隧。霍叔惧曰：‘出三日而五灾至，无乃不可乎！’周公曰：‘刳比干而囚箕子，飞廉、恶来知政，夫又恶有不可焉？’遂选马而进，朝食于戚，暮宿于百泉，旦厌于牧之野。”

荀子也不同意将周公描述为“胜敌而愈戒”的说法。他用武王伐纣时的故事来说明。武王伐纣，出兵的那一天不是适合用兵的好日子；向东出发，又正对着太岁星犯冲；走到汜河边，河水泛滥；走到怀城，城墙崩坏倒塌；走到共头山边，又遇到山崩。武王和周公的兄弟霍叔害怕地说：不过出兵三天，就遇到了五项灾祸，看来我们不应该去啊！周公却说：商纣把比干剖腹杀了，又把箕子关了起来，让飞廉、恶来掌管朝政。出兵对付这样迫害好人、任用恶人的人，哪会有什么不应该的？于是就整编了军马,早上在“戚”吃早餐,晚上赶到“百泉”宿营,天一亮就迫近了牧野。

鼓之而纣卒易乡,遂乘殷人而诛纣。盖杀者非周人,因殷人也。故无首虏之获,无蹈难之赏,反而定三革,偃五兵,合天下,立声乐,于是《武》《象》起而《韶》《護》废矣。四海之内,莫不变心易虑以化顺之。故外阖不闭,跨天下而无蕲。当是时也,夫又谁为戒矣哉?

和殷纣王派来的军队接战,战鼓一敲,纣王的部队立刻掉头转向,周人跟随着倒戈的殷人前进,以至于杀了殷纣王。灭亡纣王的,其实不是周人,而是纣王自己统治的殷人,是他倒行逆施,导致殷人累积的愤恨毁了他。那一役,周人根本没经历什么激烈战事,打完了,没砍敌人的头颅,也没抓什么俘虏,也没有对特别勇敢冲锋的士兵行赏,回到宗周,立即就停止制造盔甲(“革”),又将已有的武器(“兵”)都收藏起来,防御的器具和进攻的器具一并都不用了。统一天下,进行人文建设,订定了新的乐曲《武》《象》,取代了舜时的《韶》乐和商汤时的《護》乐,象征一个新时代的开启。受到感召,四海之内都随顺着周人的新文化有所改变。社会风气大善,家中的大门不关也不会有危险,天下一体,没有分别的疆界(“蕲”就是“圻”,疆界、边界的意思)。那个时候,谁表现得戒慎恐惧?周公吗?别开玩笑,别胡说八道了吧!

依照荀子的说法,戒慎恐惧的是后来参与三监之乱,遭到周公讨伐的霍叔,不是周公。周公不管、不理会“五灾”,他在意看到的是人事道理,而且他毫不避忌地将吊民伐罪、治理天下的责任承担起来,表现出来的绝对不是小心翼翼的态度。

荀子之所以要如此强烈地反对将周公描述为恭、俭、戒，是为了凸显大儒的作用。大儒是承担者，是有能力制造出大改变的人，遇有机会他就会把握发挥，不会躲着不动。荀子那个时代的人，普遍认为儒家保守、退却，有许多修养、礼仪上的道理，却没有行动力，也就不会有用、有功效。荀子选择以周公为范例，来打破这样的刻板印象。

前面对圣人的形容，解释了圣人为什么有时看起来低调、内敛。那是因为对于“百王之法”，对于“应当时之变”，他都有充裕的内化掌握，以是看起来容易、自然。容易、自然，绝对不表示圣人不作为、不承担，相反地，时局需要时，圣人、大儒比谁都积极、都主动。

造父者，天下之善御者也，无舆马则无所见其能。羿者，天下之善射者也，无弓矢则无所见其巧。大儒者，善调一天下者也，无百里之地则无所见其功。舆固马选矣，而不能以至远，一日而千里，则非造父也。弓调矢直矣，而不能以射远中微，则非羿也。用百里之地，而不能以调一天下、制强暴，则非大儒也。

造父是天下有名的会驾马车的人，如果没有马、没有车，就无法显现他的本事。羿是天下有名的会射箭的人，如果没有弓、箭，就无法显现他的本事。同样地，像周公这种大儒，他们最擅长的是调和、治理天下，如果没有百里之地就无法显现他的本事。有好马好车，驾马车的人却不能一日千里，跑得又快又远，那就一定不是造父。有好弓好箭，射箭的人却不能射得又远又准，那就一定不是羿。有百里之地为基础，却不能统一、调和天下，镇压无序的暴乱，那就一定不是大儒。

彼大儒者，虽隐于穷阎漏屋，无置锥之地，而王公不能与之争名……用百里之地，而千里之国莫能与之争胜。笞棰暴国，齐一天下，而莫能倾也，是大儒之征也。大儒隐居在破房子里，没有任何封地，但他的名声自然高超远扬，胜过拥有庞大土地财富的王公。让他治理百里大的国，他能使得这个国比大十倍的国还要强盛。当他惩罚暴乱之国，统一天下，没有任何人、任何力量可以动摇他，这就是大儒的效验。

其言有类，其行有礼，其举事无悔，其持险应变曲当。与时迁徙，与世偃仰，千举万变，其道一也，是大儒之稽也。他说的话合于统类（绝不至于“不伦不类”），他的行为合乎礼，他处理危机、应付变局面面俱到。他随时势变化而变化，配合社会众人发展而发展，做那么多事，经历那么多变化，却始终维持一致的原则。这是大儒的标准。

其穷也，俗儒笑之；其通也，英杰化之，嵬琐逃之，邪说畏之，众人愧之。通则一天下，穷则独立贵名。天不能死，地不能埋，桀、跖之世不能污，非大儒莫之能立，仲尼、子弓是也。

困穷的时候，大儒不会妥协钻营，所以俗儒都可以自以为了不起地嘲笑他，然而一旦大儒人生道路开阔，得到了适合的位子与权力，那么就算个性强悍、有主见的豪杰之士，都会被他感化。那些行为猥琐的小人慌忙逃离他们。邪说害怕他们，一般民众在他们的人格德行之前相形见绌。得道，就能统一天下，困穷时也能不同流合污，维持高贵名声。天不会让他消亡，地不会将他埋没，处于最糟的乱世也无法污染、改变他，这只有像孔子、子弓这样的大儒才做得到。

第四章　不学无以成君子

学习讲究环境

荀子强烈主张：儒是有用的，大儒可以创设一个有秩序的社会，而大儒得以发挥作用的基础，是借由学让人离开原始状况，克服恶的本性，能够合于礼义。将“学”的概念说得最清楚、最深入的，是《荀子》书中的第一篇——《劝学》。

君子曰：学不可以已。青，取之于蓝，而青于蓝；冰，水为之，而寒于水。木直中绳，輮以为轮，其曲中规，虽有槁暴，不复挺者，輮使之然也。故木受绳则直，金就砺则利，君子博学而日三省乎己，则知明而行无过矣。

开头就阐明：人是可以被影响、可以被改变的，尤其是可以变好。让人变好的法门，就是学。蓝加上黄，才有绿色，但绿色看起来却比纯粹的蓝色还要蓝。冰是水造成的，但冰却比水还要冷。原本一根直直的木头，烧过之后弯曲成圆轮，其曲线完美可以符合圆规，而且一旦弯好了，就算在太阳下曝晒，也不会变回直线了。那就是𫐓所造成的结果。所以木头可以借加工弯曲，金属器具可以透过磨石变得锐利，同样地，君子可以借由广博地学习，每天多次自我反省、检讨，来让自己变得聪明、不犯错。

故不登高山，不知天之高也；不临深溪，不知地之厚也；不闻先王之遗言，不知学问之大也。干、越、夷、貉之子，生而同声，长而异俗，教使之然也。《诗》曰：“嗟尔君子，无恒安息。靖共尔位，好是正直。神之听之，介尔景福。”神莫大于化道，福莫长于无祸。学，才能接触吸收高贵美好的事物。不同地方的人，刚生出来，叫声都一样，后来却讲不同的语言，有不同的习俗，显然不是来自天性，而是后天教出来的。《诗经·小雅·小明》里的句子说：君子啊，别老想着安逸休息，认真对待自己的位分，爱好正直德行，领悟（“神之”）遵守（“听之”），自然就会有洪福降临。领悟（“神”）莫大过将自己和至高原则化而为一，福莫大过不会遇到任何灾祸。

吾尝终日而思矣，不如须臾之所学也；吾尝跂而望矣，不如登高之博见也。登高而招，臂非加长也，而见者远；顺风而呼，声非加疾也，而闻者彰。假舆马者，非利足也，而致千里；假舟楫者，非能水也，而绝江河。君子生非异也，善假于物也。

这是《荀子·劝学》中最有名的一段话，荀子表明了学最根本的好处，那就是借由前人、众人的知识，来扩张、增长自己的能力，超越原本天生的局限，成为君子。

他说：我曾经一整天苦思，所得的还不如片刻学习。就好像我曾经努力踮脚尖往前看，能看到的远不及爬到高山上去。

思不如学，因为思靠自己内在本有的，学则如同登高般，有外在更好的条件可供运用。

类似的道理：人站在高处招手，手臂没有比在平地时长，但更远的人就能看到；在顺风处叫喊，声音没有加大，却能让人听得更清楚。懂得运用车马的人，脚力没有比较好，却能够去到很远很远的地方；懂得运用船和桨的人，并不是能够在水里游泳，却可以轻松渡过江河。人能成为君子，不是天生跟别人不一样，而是他善于运用外物外力的协助。

南方有鸟焉，名曰蒙鸠，以羽为巢，而编之以发，系之苇苕，风至苕折，卵破子死。巢非不完也，所系者然也。西方有木焉，名曰射干，茎长四寸，生于高山之上，而临百仞之渊。木茎非能长也，所立者然也。

南方有一种叫作“蒙鸠”的鸟，用羽毛作为筑巢的材料，再以发丝仔细将羽毛编结起来，巢绑在芦苇的嫩条上。风吹来，把芦苇吹断了，巢也就掉下来，里面的蛋摔破了，小鸟也没了。不是蒙鸠的巢筑得不好，而是它选错了巢的位置。西方有一种植物，叫作“射干”，它的茎总共只有短短的四寸，生长在高山上，凌空俯视几百尺以下的深渊。不是射干特别长、特别高，而是它站对了位置。

蓬生麻中，不扶而直；白沙在涅，与之俱黑。兰槐之根是为芷，其渐之滫，君子不近，庶人不服。其质非不美也，所渐者然也。故君子居必择乡，游必就士，所以防邪僻而近中正也。

环境的重要，不只在于给予人和物不同的基础而已，还在于感染、影响的力量。软绵绵的蓬草长在硬质的麻之间，就被麻影响，站得直直的。白沙放在黑土中，也就一起变成黑色的了。如果将香草兰芷的根（“芷”）泡在臭水中，那么长出来的花就没人要了，君子不愿靠近，一般人也不愿意佩戴。并不是兰芷的本质不美好，而是受到环境影响，造成这种结果。所以君子必须慎重选择自己住的地方，到别的地方游历时就必须慎重选择接近、相处的人，这样才能避免变得偏邪，能够时时不离正道。

物类之起，必有所始，荣辱之来，必象其德。肉腐出虫，鱼枯生蠹。怠慢忘身，祸灾乃作。强自取柱，柔自取束。邪秽在身，怨之所构。施薪若一，火就燥也；平地若一，水就湿也。草木畴生，禽兽群焉，物各从其类也。

从环境的影响、改变再进一步，就得出了物以类聚的道理。每一种东西，都有其起源，人所遭遇的荣、辱，也都有相应的原因，不是偶然的。肉腐烂了，才会生虫；鱼干了，才会生出蠹来。同样的，人也一定是因为懒惰，忽略、不注重自己的行为，才会招来灾祸。质地强硬的东西，自然会被用来当作栋柱支撑；质地柔软的东西，自然会被用来当绳子捆绑。身上带着不正不干净的性质，当然就会引来是非、怨恨。把所有的木材平均铺设，火就是会先烧其中晒得比较干的。地面都是平的，水就是会朝向湿的部位流动。草木长得很茂盛的地方，鸟兽也会丰富繁殖，同样性质的东西会彼此靠近、彼此跟随。

是故质的张而弓矢至焉，林木茂而斧斤至焉，树成荫而众鸟息焉，醯酸而蚋聚焉。故言有召祸也，行有招辱也，君子慎其所立乎！事物有一定的因果联结，也不是偶然。张开箭靶，自然会有人朝着箭靶拉弓射箭；林木长得茂盛，自然会有人拿着工具来砍树；大树形成树荫，自然会有群鸟到树上栖息；东西发酸坏掉了，自然会吸引虫聚集过来。有些话，自然会招来祸害；

有些行为，自然会招来羞辱，君子当然必须对自己表现在外的所言所行保持谨慎！

专注坚持的力量

“学”对人的改变、改造，还有一项特性，是“积”，点滴累积而成的。接着荀子将篇幅用在解释“积”的重要性上。

积土成山，风雨兴焉；积水成渊，蛟龙生焉；积善成德，而神明自得，圣心备焉。故不积跬步，无以致千里；不积小流，无以成江海。骐骥一跃，不能十步；驽马十驾，功在不舍。锲而舍之，朽木不折；锲而不舍，金石可镂。

土累积得够多，成了山，上面就会有和平地不一样的风雨气候；水累积得够多，成了渊，里面就会生出蛟龙来；善心善行累积得够多，成了内在的德行，就自然拥有正确判断，自然具备圣人的精神境界。不抬腿走出前面半步，就绝对到不了千里之远，不累积小水流，就绝对形成不了江海。就算最会跑、跑得最快的好马，跳一次也有一定的距离，不可能跳到十步那么远；相对地，跑得慢的劣马可以走完十天的行程，靠的是不放弃，一直走一直走。雕刻时，刻一下就放弃，这样连朽木都切不开；但若是一直刻一直刻，从不放弃，那就连最硬的金石都可以刻出所要的形状与花纹。

要有“积”的效果，就要靠坚持、专心、固执。螾无爪牙之力、筋骨之强，上食埃土，下饮黄泉，用心一也。蟹八跪而二螯，非蛇蟺之穴无可寄托者，用心躁也。是故无冥冥之志者，无昭昭之明；无惛惛之事者，无赫赫之功。

蚯蚓（“螾”）没有爪没有牙，没有筋没有骨，身上全都是软的，却能够从土表一路钻到如同黄泉般最深的地底。相对地，螃蟹身上有八条坚硬的腿，再加上两只大螯，却老是只能找蛇或鳝挖出来的洞来住，那就是因为螃蟹没有耐心给自己挖洞。所以没有坚忍不拔的意志，就不会有学习得来的显著智慧；没有埋头苦干的精神，就不可能成就巨大、非常的功业。

行衢道者不至，事两君者不容。目不能两视而明，耳不能两听而聪。螣蛇无足而飞，鼫鼠五技而穷。《诗》曰：“鸤鸠在桑，其子七兮，淑人君子，其仪一兮。其仪一兮，心如结兮。”故君子结于一也。

在大马路口走来走去的人，哪里也到不了。同时侍奉两位君主的人，得不到任何一方的信任接受。人的眼睛不可能同时看两样东西还能看清楚，耳朵不可能同时听两个声音还能听清楚。螣蛇连脚都没有，但因为够专心、专注，竟能在空中腾飞（所以叫“螣蛇”）。相反地，鼫（鼯）鼠有多种技能，就因为技能太多了，不能专心专注，技能反而经常施展不出来。《诗经·曹风·鸤鸠》里的句子：布谷鸟（鸤鸠）在桑树上，养七只幼鸟；善良君子，行为仪态只有一种。之所以只有一种仪态风格，是因为他的心如同打了结般坚定。君子就应该将各种不同线头绑成单一的结。

昔者瓠巴鼓瑟而沉鱼出听，伯牙鼓琴而六马仰秣。故声无小而不闻，行无隐而不形。玉在山而草木润，渊生珠而崖不枯。为善不积邪，安有不闻者乎？过去传说的故事：瓠巴在水边弹瑟，鱼都从深处浮上来听；伯牙弹琴，正在吃粮草的马都停下来抬头听。只要累积得够，再小的声音都会被听到，再小的行为都会被注意（意为只要耐心累积，一定会产生影响）。有玉的山，草木就会特别繁茂漂亮，有珠的深渊，旁边的山壁上就不会枯秃。善之所在，一定能产生效应，只担心没有足够的累积，累积足了，怎么可能不彰显出来呢?

以学为手段，专注、持续累积，终究能让人变得更好，也一定能创造出更好的社会，这是荀子所坚持的信念。

《战国策》

超越国界与阶级的计谋全书

最糟糕的时代，最深的堕落。
一群没有绝对是非信念的人，
成了那个时代的明星和英雄。

第一章　异于道统的奇书

纵横术士全记录

《战国策》是一部来历不明的书。书中记录的是发生在战国时期的事，然而此书的版本流传情况顶多只能溯至西汉。

刘向在公元前 1 世纪末校录《战国策》后，写了一篇序，那其实就是他将校好的书呈给皇帝，附带的奏议说明。序中说：

> 所校中《战国策》书，中书余卷错乱相糅莒。又有国别者八篇，少不足。臣向因国别者略以时次之，分别不以序者以相补，除复重得三十三篇……中书本号或曰《国策》，或曰《国事》，或曰《短长》，或曰《事语》，或曰《长书》，或曰《修书》，臣向以为战国时游士辅所用之国，为之策谋，宜为《战国策》。

从这段话我们知道，刘向在汉代皇室藏书之处（“中书”），找到了好几个版本，其内容大致相同，却有许多不同的书名，刘向费了大功夫，将这些不同版本的内容按照国别编辑，同一个国内发生的，再大略依所记录事情发生的先后排列次序，订为三十三篇，并将之命名为《战国策》。

取名“战国策”，牵涉到刘向对这些文章性质的判断。他认为主要记录的是战国游士获得国君任用时，所给予的策略谋划，因而采纳了原有的“国策”，再针对其特定时代，增一字成《战国策》。刘向的序接着清楚描述《战国策》的时代范围：“其事继春秋以后，讫楚汉之起，二百四十五年间之事。”刘向所说的这个范围，跨到秦统一之后，然而考察现有版本，书中记录的几乎都是秦灭六国之前的事，符合一般认定的战国时代。

《汉书·艺文志》将《战国策》列入“史部”，然而宋代晁公武《郡斋读书志》，改将《战国策》放到“子部纵横家”类别里。《郡斋读书志》是现存最早的中国私家藏书目录，将所收藏之书依照经、史、子、集的方式，予以分类排列。宋代以下，对于《战国策》究竟应该当作史书，还是当作纵横家言论记录的子书来看待，人们有许多讨论。

我们今天不需计较、坚持要在史、子两部中找出一个固定分类的答案，不过值得思考、理解的，是《郡斋读书志》为何要改变传统分类习惯，将《战国策》挪入子部？

其中一个理由是《战国策》的体例，显然不是为了让读者能明了、掌握历史变化而设计的。刘向编校整理之后，《战国策》基本上以国别分篇，再在每一篇中大致按事件发生的先后顺序排列。然而一来绝大部分的史事牵涉到不只一国，国与国的篇章无法容易地联系在一起；二来对于这件事和那件事之间的因果关系，乃至于一国之中比较长远的历史发展脉络，书中全无关照、全无整理。

对照看《战国策》和《史记》“世家”中对东周各国历史传承变化的描述，就能得到清楚的印象，《史记》是为理解历史服务的史书，《战国策》不是。

那《战国策》是什么？形式上，《战国策》是战国中纷纭事件的片段记录；内容精神上，《战国策》选择记录的，不见得是对这个国那个国有重大变化意义的事件，而是纵横策士对各国的游说、影响。

在这一点上，《郡斋读书志》是对的。《战国策》的主角，不是国与国君，不是历史的变化发展，而是纵横策士。《战国策》的重点，在于保留当时有名的纵横家的言谈、行为，凸显在那个时代，这些人曾经如此有势力、如此重要。

道统之外的奇诡雄辩

唐宋八大家之一，宋代的曾巩，写过一篇《战国策目录序》。序中将此书内容和孔孟之教拿来对比。曾巩认为：孔孟所主张的，是因其所遇之时、所遭之变，而为当世之法，使不失乎先王之意，是不惑于流俗，而笃于自信者也。他们整理西周礼乐制度，因应东周的变化，延续旧制度的精神，来创建新制度。

相对地，《战国策》里记录的则是：此书战国之谋士，度时君之所能行，不得不然，则可谓惑于流俗，而不笃于自信者也。这些谋士，也就是纵横游士，他们揣测国君的心理与态度，提出迎合国君想法的主张，换来国君对他们的信任，采纳他们的意见，别看这些游士表面上好像口若悬河，实际上他们缺乏像孔孟那样的内在自信精神，不断观察别人脸色，见人说人话，见鬼说鬼话。

曾巩又说:战国之游士……不知道之可信，而乐于说之易合，其设心注意，偷为一切之计而已。故论诈之便，而讳其败；言战之善，而蔽其患。其相率而为之者，莫不有利焉，而不胜其害也。有得焉，而不胜其失也。这些战国游士，心中没有绝对的价值信念，其所选择的主张，不是依照是非标准，而是着眼于容易说服国君。因此他们表达的方式，很自然倾向于凸显计谋有利的一面，刻意掩蔽可能带来的后遗症。结果，按照战国游士的意见去做，往往计谋的后遗症代价还高过表面上带来的好处。

曾巩的意见，源自儒家道统的立场，然而不失为今天读《战国策》时可以放在心上的提醒。《战国策》最精彩的部分，在这些谋士、游士的雄辩言谈。光看他们所谈所论，我们很容易觉得真有道理。不过仔细想想，这样的道理，建立在两项不那么稳固的基础上。

其一，如果其他人都依照正常的道理思考、判断，那么谋士、游士的奇诡之计就能得逞。但如果所有人，或至少大部分的人，都有同样的奇诡想法，奇诡对奇诡，就不见得能发挥想象中的作用了。

其二，谋士、游士的基本雄辩技巧，就是一方面放大好处，一方面掩藏相应可能带来的坏处。如果持平评估，将利害得失都摊在眼前，那么其利不见得高过其害，所得不见得能弥补其失。眩于其雄辩言辞而忽略了具体的现实条件，往往会带来严重的后果。

换另一个角度看，曾巩的序文，也代表了传统上给予《战国策》的定位。东周变化的核心，是西周的封建秩序及其连带的文化价值逐渐瓦解崩坏。而《战国策》所记录的，就是最糟糕的时代、最深的堕落。那个时代，封建秩序及其文化价值，破坏殆尽、荡然无存，新的一统帝国原则又尚未成形。于是一群没有绝对是非信念的人，靠着高度发展的语言辩论技巧，一时风靡，成了那个时代的明星、英雄。他们的事迹、他们的传奇遭遇，也就进一步诱使一般人远离旧秩序，甚至不再相信一切秩序。

特殊时代的特殊梦想

战国游士、谋士，既是封建身份制崩坏的象征，也是封建身份制瓦解的产物。不具备士以上贵族身份的人，在孔子之后，有了受教育的机会，能够学得一身理解、干预国政的本事。不具备大夫以上贵族身份的人，也都能见到国君，提供给国君意见，进而获得最高的职位。

游士、谋士的经历，彰显了从春秋到战国，社会上翻天覆地的变化。这个时候，一个聪明、有能力、口才好的人，在短短一生中，就有机会戏剧性地从一介平民翻转身份，占有国内最高的相位。甚至还有更夸张、更不可思议的，像苏秦，竟然还能佩带不只一国的相印，得到了过去卿、大夫贵族成员都到达不了的高位。

战国纵横家的最高目标，就是封相。他们唯一突破不了的，是依然按照血缘传承的国君地位，所以就追求爬到一国之中仅次于国君的最高地位。苏秦可以在不止一个国封相，也就说明了这样的政治野心不受国界限制。出生在这国，很容易就可以到其他国去追求封相的梦想，这是这个时代给予一般人的另外一项特殊机会、特殊自由。

《战国策》记录了这样一个混乱的时代，记录了只有这个时代才有可能发生的极端事例。《战国策》提供的不是战国时代的全貌，我们不能将《战国策》的内容设想为当时各国政治的常态，但《战国策》具体且突出地表现了只有可能出现在那个时代的人与事。

透过《战国策》，我们明了这两百多年在中国历史上有多特别。中国历史上有许多乱世，但没有任何一段乱世像战国那么长，也没有任何一段乱世像战国那样将政治机会向广大众人开放，更没有任何一段乱世在语言与文字的表达上，有如此惊人的变化、发展。

读《战国策》，我们需要不断意识到各国相持互争一两百年的时间背景，在这个背景下，每个当国君的都不得不处于高度的竞存焦虑中，生怕漏失了什么最新、最好的富国强兵之计，如此而鼓励了处士横议的风气，创造了广大、活跃的言论市场，刺激了人们不但要去想出不同的国政方针，还要找到足可以在激烈言论竞争中脱颖而出的新说法。人人都有机会见到国君，但也因此见到国君、让国君留下印象的机会，在抢夺中变得如此稍纵即逝，会说话不会说话，能辩不能辩，就成了和想法本身同等重要，甚至更重要、更关键的决定性因素了。

另外，若将《战国策》《韩非子》和《吕氏春秋》三部书放在一起对读，我们可以对战国时代的思想，有更强烈、更全面的认识。除了后世继续流传的儒、道之外，也就是说在我们比较熟悉的《孟子》《荀子》《庄子》《老子》之外，战国时代还有其他流行的思想。《战国策》记录的纵横家、《韩非子》记录的法家、《吕氏春秋》记录的阴阳家，在那个时代，和儒家、道家同等重要，一起激荡、竞争。

要对战国时期百家争鸣有基本的认识，真正感受到这个时代的热闹多元，进而充分理解、掌握后来逐渐收束、朝一元化进行的变化，我们不能不至少公平、客观地认识其他各家流传下来的代表性文献，不能不用和读《孟子》《荀子》《庄子》《老子》同等认真的态度，好好读读《战国策》《韩非子》和《吕氏春秋》。

第二章　开创与沦丧的时代

如何搬运九鼎

今本《战国策》开头第一卷是《东周》，第二卷是《西周》，接下来分别是《秦》《齐》《楚》《赵》《魏》《韩》《燕》《宋卫》和《中山》。

不管是否出于刘向的安排，这个次第顺序明显反映了汉代的价值评断。《东周》《西周》摆放在最前面，因为那是名义上天子所在之处。不过这个“东周”“西周”不是今天我们惯用惯称的朝代名，而是到战国时勉强还存在的两个小国。春秋时，周天子王廷还在，只是失去了号令诸侯的现实力量；到战国，周天子王廷都消失了，大的、广义的周，只剩下空洞洞、没有任何内容的名字，原先的王畿区域则几经变化后，分成两个小国，就叫作东周和西周。战国现实政治上，东周、西周几乎没有任何影响，但在名分上，这两个小国仍然暧昧地保有了和其他诸国不太一样的地位。

接在东周、西周后面，各国排列的顺序，基本上是依照它们的强弱实力，也是依照它们灭亡的时间排的，愈强、愈晚灭亡的，排得愈靠前。这样的安排，很显然不会出于战国之人，必须是明了战国结局，心中明白秦是最后赢家，齐、楚则是撑到最后才被消灭的两国的人，才能排出这番次序。

《战国策》全书第一段文章，开宗明义表明了这个时期历史变化最主要的方向——周的沦夷、秦的兴起。这段文字的标题是“秦兴师临周而求九鼎”。象征、代表周天子君临天下地位的九鼎，由东周保存着，有一天，新兴的大国秦有了将这套宝物据为己有的野心。

秦兴师临周而求九鼎，周君患之，以告颜率。颜率曰：“大王勿忧，臣请东借救于齐。”秦出兵逼近东周，有特定的目的。东周是个小国，从列国相争战略上，原本不值得秦为之大动干戈，这回秦之所以出兵，摆明了要东周将手上保存的九鼎交出来。东周的实力当然无从对抗秦，东周的国君周显王很担心，赶紧请教颜率。颜率可能是东周的大夫，也有可能是来到东周，得到东周国君信任的游士。颜率回答：“不必担心，我去东边向齐国求救。”这里，颜率称东周国君为“大王”，显示在地位上，东周和其他国都一样，并不具备天子的身份。

颜率至齐，谓齐王曰：“夫秦之为无道也，欲兴兵临周而求九鼎，周之君臣内自尽计，与秦不若归之大国。夫存危国，美名也；得九鼎，厚宝也，愿大王图之。”齐王大悦，发师五万人，使陈臣思将以救周，而秦兵罢。颜率到了齐国，对齐宣王说：“秦实在太不像话了，竟然出动军队迫近周，要周交出九鼎来。周的国君和臣子想尽一切办法，决定既然没有能力保住九鼎，那与其让九鼎被秦取走，还不如将九鼎交给贵国。意思就是：如果齐国愿意出兵对抗秦国，东周愿意将九鼎送给齐国。出兵解救可能灭亡的小国，可以得到好名声，如此又能把九鼎重器带回齐国。希望大王好好考虑一下。”

齐宣王受到了诱惑，立刻下令要陈臣思带领五万军队前往解救东周之危。秦国不愿和齐国发生正面军事冲突，于是就退兵了。

齐将求九鼎，周君又患之。颜率曰："大王勿忧，臣请东解之。”颜率至齐，谓齐王曰："周赖大国之义，得君臣父子相保也，愿献九鼎。不识大国何涂之从而致之齐？”可是以九鼎为酬谢的条件，换取齐国出兵吓走秦国，东周仍然保不住九鼎啊！颜率这算什么救东周、保九鼎的计谋呢？

秦退兵了，齐当然就来要九鼎，怎么办？颜率胸有成竹，又去了齐国，客客气气对齐宣王说："太感谢贵国了，让周得以解危。我们信守承诺，要将九鼎送过来，但不晓得贵国打算从哪条路将九鼎运送过来？”

齐王曰："寡人将寄径于梁。”颜率曰："不可。梁之君臣欲得九鼎，谋之晖台之下，少海之上，其日久矣，鼎入梁，必不出。”齐王说："就从魏国借道运来。”魏惠王时，魏国为了避秦国之迫，将国都迁到大梁，所以又称梁国。从周王畿到齐，地理上最直接的走法，就是穿过魏国。然而颜率警告："不能这样。魏国国君和臣下想要得到九鼎，想很久了！经年累月在晖台之下、少海之上商量谋划。九鼎一旦进入了魏国境内，魏国一定会将九鼎扣留，不会让九鼎离开国境送到齐国来的。”颜率特别提“晖台”“少海”，那是魏国有名的台阁池苑，凸显魏国的国力，魏国可不是像东周这样的小国，而是一个有能力兴筑晖台、少海，也就有能力抗拒齐国的大国。

齐王了解了，决定换一条路运送九鼎。齐王曰：“寡人将寄径于楚。”对曰：“不可。楚之君臣，欲得九鼎，谋之于叶庭之中，其日久矣。若入楚，鼎必不出。”换一条路，往南边走，经过楚，再北上运到齐。颜率的对应，和前面几乎一模一样。魏想要九鼎，楚就不想吗？魏是能建晖台、少海的大国，难道楚就是小国吗？楚也有气派的“华庭”（或称“章华亭”），楚要把九鼎扣住了，你齐能如何？

魏不能走，楚也不能走，那还有什么别的路吗？王曰：“寡人终何涂之从而致之齐？”颜率曰：“弊邑固窃为大王患之。夫鼎者，非效醯壶酱甀耳，可怀挟提挈以至齐者；非效鸟集乌飞兔兴马逝，漓然止于齐者。”

颜率就说：“是啊，我们私下也都很替齐国担心这件事啊！这鼎呢，一来不像装醋的壶、装酱油的瓶，可以拎在手上，藏在怀里就带到齐国来；二来也不像鸟会聚集、乌鸦会飞、兔会跳、马会跑，可以自动抵达齐国。”

鼎要如何搬迁、移动呢？“昔周之伐殷，得九鼎，凡一鼎而九万人挽之，九九八十一万人，士卒师徒器械被具所以备者称此。今大王纵有其人，何涂之从而出？臣窃为大王私忧之。”

颜率解释：“当年周打败了殷商，得到殷商的九鼎，为了运送九鼎而大动员。一口鼎要九万人一起牵绳合力才拉得动，九鼎就需要八十一万人来拉。光是拉鼎的人力还不够，有护卫的军队、后勤挑夫、负责器械工具服装的人，加起来和拉鼎的人数差不多。光是动员这样的人力就够困难的，齐王要搬九鼎，却比周要搬殷商九鼎还更困难，当年周还不需要考虑走哪条路的问题呢！就算大王能动员这么庞大的人力，有什么路能让九鼎安全顺利抵达齐国呢？我真是替大王担心，找不出答案来啊！”

听到这里，齐宣王懂了，也就发脾气了。齐王曰："子之数来者，犹无与耳！”搞了半天，你来了好几次，结果还是不把九鼎给我嘛！颜率曰："不敢欺大国，疾定所从出，弊邑迁鼎以待命。”齐王乃止。看齐王发脾气了，颜率赶紧安抚："我们绝对不敢欺骗贵国，只要你们快快决定了要从哪条路运送九鼎，我们立即把九鼎搬出来，等你们来取。”齐王息怒了，但也无计可施，终究找不到可以安全运送九鼎的办法。靠颜率的巧计，九鼎继续留在东周。

秦国主导了时代气氛

以这一段作为《战国策》全书的开场，应该是有意的选择，不是无意的偶然。这个故事清楚显现了周王室没落的程度，天子地位没有了，控制范围仅限于东周、西周两个后世历史鲜少记录的小国，小到连保护九鼎的基本能力都没有了。

这个故事另外让我们立即掌握了《战国策》的主题、主轴。《战国策》的重点不在于记录发生了什么事，而在于什么样的人使得这件事以这种方式发生。《战国策》的每一段、每一则，都有一个主角，而且主角绝大部分都是游士、谋士。人而非事，是《战国策》彰显的重点。人如何借由其计谋、口才或临机反应，创造、改变了事。事和人紧密牵连，一定有一个人，或几个人，靠计谋、口才、临机反应，改变了事，使不可能的成为可能，才值得被载入《战国策》中。

第一段故事的主角，是颜率，而制造颜率登场机会的，是秦国的野心。秦最终创建了帝国，取代了周天子的一统地位，当然重要；还有，战国游士、谋士现象的兴盛，和秦的关系最为密切。

就连用来代表游士、谋士的专有名词“纵横家”，都是源自秦。“纵横”是“合纵连横”的缩写，而合纵和连横则是因应秦的兴起才有的两套外交谋略。从秦孝公任用商鞅实施变法之后，秦明显地快速壮大崛起，对其他各国形成了巨大威胁。那么，如何应对这个西边新兴的强国呢？

合纵策略主张，东方六国应该联合起来，共同防堵秦国。秦国再大，大不过六国加起来的力量，事实上当时只要齐和楚两个大国加起来，就比秦国强了，但齐、楚都和秦隔得很远，没有防秦的迫切性，因而合纵的主要关切者，是与秦国比邻的韩、赵、魏三国。

连横主张刚好相反，认为东方各国应该积极追求和秦结盟，任何一国能和秦连成东西横线的同盟，立刻就取得了安全与发展上的保障，既不用担心秦的威胁，又能利用秦的壮大，在和周遭邻国的关系上取得优势。

该合纵，还是该连横？一度成为各国最关心的焦点，因应这个巨大的外交议题，而有了许多游士、谋士在各国国君间穿梭游说，尔虞我诈，各怀鬼胎。

由此我们可以看出，早在统一六国之前，秦在西部边陲的兴起，就已经是战国时代最惊人的大事了。从现实政治层面上看，秦是战国时代最大的变数，也是各国国君念兹在兹避不开、逃不掉的心理阴影。没有秦的兴起，不会有合纵、连横，不会有“纵横家”这个名称，也不会有那么热闹的纵横游说、雄辩现象。

能臣的悲剧

卫鞅亡魏入秦，孝公以为相，封之于商，号曰商君。商君治秦，法令至行，公平无私，罚不讳强大，赏不私亲近。法及太子，黥劓其傅，期年之后，道不拾遗，民不妄取，兵革大强，诸侯畏惧。

这一段讲的就是秦国兴起、强大的关键。卫鞅就是商鞅，他原本是卫国的公子，公叔痤在魏惠王——也就是《孟子》和《庄子》书中多次提到的梁惠王——的王廷为相。公叔痤重病将死，魏惠王问他推荐谁来继任为相，公叔痤推荐了卫鞅。魏惠王不觉得卫鞅有那么大的本事可以担任魏相。大概是为了凸显卫鞅潜而未显的能力吧，公叔痤就警告魏惠王：如果不能任用卫鞅，你最好把他杀了，免得他的能力被其他国所用，对魏国形成威胁。因为有公叔痤的这番话，所以卫鞅仓皇从魏国出亡，到了秦。

秦孝公肯定卫鞅的能力，不只任他为相，还给他商这个地方作为封地，因而在秦，他就被尊称为商君，后世随而称他为商鞅。

商鞅治理秦国，最关键的做法，就是“法令至行”，意思是法令高于一切，尤其是高于原本的封建身份规范。法令不管身份，地位再高、权力再大的人，犯法一样受罚，身份再低，与权力中心没有任何身份、私人关系，做了法令规定应该受赏的事，一定同样得到奖赏，也就是信赏必罚。

“法令至行，公平无私”，实际上就是彻底否定、推翻了旧有的封建秩序逻辑。封建秩序讲究的是“分”，既是“位分”，也是“分别”。人与人的对待方式、是非的判断，都要放入封建宗法关系中来决定，父亲对待儿子的方式，绝对和儿子对待父亲的方式不一样，大夫与大夫之间的行为规范，也绝对不同于世卿与家臣之间的行为规范。

商鞅把这些旧思考、旧仪轨摆在一旁，只认新订定的法令。为了凸显法令的至高权威，就连太子犯了法，都一样不放过。他不能、不敢真正处罚太子，就在太子老师身上施加了黥刑，又割了他的鼻子。一年之后，秦国明显改变了，东西掉在路上都没有人会捡去据为己有，人民不敢有拿不属于自己东西的贪念，秦国在军事和武器上都快速成长强大，以至于其他国家都为之担心害怕。

然刻深寡恩，特以强服之耳。孝公行之八年，疾且不起，欲传商君，辞不受。孝公已死，惠王代后，莅政有顷，商君告归。

然而，这种认法而不认身份的严厉做法，缺点就是对人的伤害很深，不容易让人感受到恩惠温暖，基本上是靠强力压制，使人不敢反抗而已。

孝公施行商鞅的变法政治八年后，得了重病将死，想要将王位传给商鞅，商鞅拒绝了。今本《战国策》的文句是“欲传商君”，不过以当时诸侯列国的情势看来，将王位传给没有血缘的异性，可能性很低，因而比较可信的说法应该是“欲傅商君”，将辅佐新王的责任与权力，交付给商鞅，而商鞅拒绝了。拒绝的理由不难想象——他曾经用那么粗暴的方式责罚太子，来建立自己与法令的权威，太子怎么可能像秦孝公那样信任他呢？

秦孝公死后，原来的太子即位为秦惠王，秦惠王开始亲政，不久后，商鞅正式请辞，要离开秦国，回到卫国去。

人说惠王曰："大臣太重者，国危；左右太亲者，身危。今秦妇人婴儿皆言商君之法，莫言大王之法，是商君反为主，大王更为臣也。且夫商君，固大王仇雠也，愿大王图之。"商君归还，惠王车裂之，而秦人不怜。

有人就劝秦惠王："国内大臣握有太大的权力，会危害国家；国君太亲信身边的人，会危害自己的生命。现在秦国就连妇人、小孩开口闭口说的，都是商君之法，而不是大王之法，都觉得法令出于商鞅，而不是大王，好像商鞅才是国君，国君反而是他的臣子似的。很明显，商鞅的权力已经大到足以危害国家了。而且商鞅本来就和您有仇，希望大王好好考虑考虑。"

秦惠王考虑了，也决定了。商鞅回到魏国，但他在魏国也不受欢迎，于是又再次到了秦国，秦惠王抓住机会，就将他车裂分尸了。商鞅得到如此惨烈的下场，秦国却也没有人同情他。

看起来，商鞅这种"刻深寡恩，特以强服之耳"的方式，很不得民心。不过，在历史上，尽管商鞅被新王残酷地杀了，但他为秦国定下的变法制度，并没有随而灭绝。虽然秦惠王在被商鞅销权的旧贵族的怂恿下杀了商鞅，但他很快就意识到：人民服从一致的法令，减少了身份差异带来的特权，真正获利的是国君。国君高高在上，拉开了和臣下贵族之间的距离，是商鞅变法带来的实质效果，一旦当了国君，秦惠王也就不会想要回到原先和贵族、世卿分享权力的情况了。

如此，商君之法变成了大王之法，但法令至行，公平无私，罚不讳强大，赏不私亲近的基本原则没有改变，这让秦国在战国局势中快速壮大，脱颖而出。

人话鬼话都能说

从秦孝公到秦惠王，秦国快速壮大，冲击了原有的列国形势，也让东方诸国感到备受威胁。由此，各国生出了新的外交想法与主张，游士、谋士活跃的新空间也由此打开。

因而《战国策》书中，接在《卫鞅亡魏入秦》之后，下一篇就是《苏秦始将连横》。苏秦是纵横家的始祖，也是战国中后期的传奇人物。他的成就太神奇，他的起落太有戏剧性，以至于在战国史料中留下了许多和苏秦有关的记载。然而仔细比对这些有关苏秦的资料，我们会发现至少有一部分在时代背景或事件经过上，不太可信。要么不太可能发生那样的事，要么就是从时间上看，那样的事不太可能和苏秦有关。

显然，苏秦的名号太响亮了，所以许多原本和苏秦无关的事，后来都被归在苏秦身上；可能也有一些刻意夸大、神化苏秦的说法，到处流传。我们得小心别将这些故事、说法都当作史实了。

例如，《战国策 · 齐策》中有一段“孟尝君将入秦”，说：孟尝君将入秦，止者千数而弗听。苏秦欲止之，孟尝曰：“人事者，吾已尽知之矣，吾所未闻者，独鬼事耳。”东方大国齐国最重要的公子孟尝君，要远赴秦国。这件事很危险，因而大部分的齐人都反对，有上千人来劝孟尝君不要去，孟尝君都不听。

苏秦也要劝孟尝君别去。听说苏秦也要来劝，孟尝君很不耐烦地说：“那么多人来说了那么多道理，只要是和人事有关的道理，我都听过、也都听够了！除非他要说的是鬼事，只有鬼的道理我才没听过、不晓得吧！”

孟尝君的话，其实是要明确拒绝苏秦，不相信苏秦还能说出什么“千数人”没说的理由，能让他改变心意。为了强调这点，所以用“吾所未闻者，独鬼事耳”作为夸张对比。

苏秦曰：“臣之来也，固不敢言人事也，固且以鬼事见君。”话传过去，没想到苏秦竟然抓住了人事和鬼事的对比，回应说：“我本来就没打算要来说人的道理，就让我来说说鬼的道理吧！”

他这么说，孟尝君没有理由再拒绝，大概也会很好奇，想听听苏秦要说什么样的“鬼事”吧。孟尝君见之。谓孟尝君曰：“今者臣之来，过于淄上，有土偶人与桃梗相与语。桃梗谓土偶人曰：‘子，西岸之土也，挺子以为人，至岁八月，降雨下，淄水至，则汝残矣。’土偶曰：‘不然，吾，西岸之土也，土其复西岸耳。今子，东国之桃梗也，刻削子以为人，降雨下，淄水至，流子而去，则子漂漂者将何如耳？’”

苏秦来了，对孟尝君说：“我这次来，经过淄水边，遇到了一个泥做的土偶和一个桃木刻的木偶在说话。”两个原本没有生命的“偶”在说话，这还真有鬼，果然是“鬼事”，而非人事。“木偶对泥偶说：‘你是用淄水西岸的泥土造成的，八月下大雨，淄水河里涨水，你就完了。’土偶回应木偶说：‘恐怕不是这样吧！我本来就是西岸的泥土，水淹过来，我顶多就是恢复为西岸的泥土，仍然留在原地。至于你呢？你是东边的桃木做的，下大雨河里涨水，水来就把你冲走了，你会在水上漂啊漂，不晓得漂到哪里去。真正完蛋的，是你吧！’”

“今秦四塞之国，譬若虎口，而君入之，则臣不知君所出矣。”孟尝君乃止。说了土偶和桃梗对话的“鬼事”，苏秦当然还是要回到人事上，对孟尝君说：“秦是地形完固之国，不管发生了什么事，有其不变的根基。你去到这种地方，就像入了虎口一般，有得进，但有得出吗？我实在看不出有哪条是你可以从秦出来的路啊！”孟尝君才终于打消了去秦国的念头。

这是个无关列国势力消长的小故事，《战国策》里有很多这种显现辩士机智的有趣故事。苏秦机灵地抓住孟尝君一句关于鬼事的玩笑话，就编了一段木偶和桃梗的对话，借它们的对话显现一个道理，用今天的流行语言说，就是主场优势。你去到人家家里，那是他的地盘，他再怎么输都有主场的资源支撑他。但你在别人家里，能有什么保障呢？又怎么可能讨到什么好处？明明是个必输的局面嘛！

1973年长沙马王堆出土的帛书中，有一份《战国纵横家书》，为我们提供了汉初关于苏秦的史料，对比传留下来的《战国策》，有不少出入。最关键的，是苏秦和张仪两人的时代对不上。张仪比苏秦早死三十多年，苏秦活跃的时代，张仪已经不在人世了。由这点往回推，《战国策》中关于苏秦的记录，很多都不太可靠。

与其将“孟尝君将入秦”的故事视为真正发生在齐国的史实，不如将之看作苏秦形象在后世人心中的一种反映。苏秦成了纵横家的原型人物，什么夸张、精彩的辩说故事，放在苏秦身上，都可以增加吸引力与可信度。换个方向看，任何以苏秦为主角的故事，也都能刺激那些关心纵横家的读者的好奇心与兴趣。

圣王贤君从来不怕打仗

苏秦真正关键的作为，写在《战国策·秦策》的这段记录中：

苏秦始将连横，说秦惠王曰："大王之国，西有巴蜀汉中之利，北有胡貉代马之用，南有巫山黔中之限，东有肴函之固。田肥美，民殷富，战车万乘，奋击百万，沃野千里，蓄积饶多，地势形便，此所谓天府，天下之雄国也。以大王之贤，士民之众，车骑之用，兵法之教，可以并诸侯，吞天下，称帝而治。愿大王少留意，臣请奏其效。"

苏秦原本是主张连横的，他先去见秦惠王，发动他的游说攻势："秦西边有巴、蜀、汉中这些平原地区，有农业生产上的利益；北边有胡、代所产的动物资源，有马又有狐貉毛皮可供使用；南边有巫山黔中的险要地形阻挡；北边则有崤山、函谷关，容易固守。田地丰饶，人民富足，军队强大，能够动员万辆战车，百万士卒。土地不只肥美，而且面积广大，蓄积甚多，还兼有地势上的优势，这就是所谓的'天府'，简直像是天上才有的居所条件，放在人间，当然是数一数二的雄国。以您的才能，加上众多人口、大量车骑，配合上对的兵法教练，一定可以兼并诸侯，将天下纳入掌中，称帝统治。如果大王有一点意愿的话，我可以为大王负责实现这件事。"

文中出现了"称帝而治"，反映了战国后期的政治动向。"帝"原本是商朝人的用语，用来指涉具备跨越人鬼两界能力的人，商朝最高权力者称"帝"，他们可以透过像卜那样的管道，和祖先魂灵沟通。商人信仰中的至高权威，也就是天帝或上帝。周人灭商之后，抛弃了商人这套人、鬼互动的信仰与制度，代之以具有高度人文性的组织，因而周人最高领袖不再称“帝”，改称“天子”或“王”。

然而从春秋后期，几个诸侯大国开始僭用“王”的称号，到战国时代，原本封建制度的公侯伯子男身份层级全都失效了，大家都是王，国与国相争，王与王角力。发展到战国后期，更进一步，诸侯大国有了终结列国情势的统一野心，也就需要寻找一个统一后高于“王”的权力名号，于是“帝”又被搬出来，代表比“王”更高的权力位子。

秦王曰：“寡人闻之，毛羽不丰满者，不可以高飞；文章不成者，不可以诛罚；道德不厚者，不可以使民；政教不顺者，不可以烦大臣。今先生俨然不远千里而庭教之，愿以异日。”

苏秦表示愿意替秦惠王实现“并诸侯，吞天下，称帝而治”的梦想，但秦惠王并不领情：“我听说羽毛还没长好，不可以冒险高飞；文章法令还没有制定完成，不可以任意用重刑；道德累积不够厚，没有资格役使人民；政治教化尚未贯彻，没有资格劳烦大臣。”这一段话，秦惠王应该是引用现成的套语格言，《战国策》记录了许多这种当时流传的格言。格言，又是那个时代的另一项特色，是从雄辩语言衍生出来的一种权威话术。

秦惠王接着说：“先生您特地不远千里来到我的王庭上给我指教，我很感激，但时机不对，我和秦国还没有准备好要做这样的事，请容我等一段时间再说吧。”

苏秦曰：“臣固疑大王之不能用也。昔者神农伐补遂，黄帝伐涿鹿而禽蚩尤，尧伐驩兜，舜伐三苗，禹伐共工，汤伐有夏，文王伐崇，武王伐纣，齐桓任战而伯天下，由此观之，恶有不战者乎？”

苏秦的反应是先感叹：“唉，我来之前就担心你要跟我这样说，觉得你不会接受我的建议。”意思是，你的说法早在我意料之中，因此我也早想好了怎么进一步跟你解释我的道理。解释的方式，是用最简洁的方式将当时人理解的历史整理一遍。

这又是战国谋士惯用的一种辩术，援引历史来支持论点。因为历史在战国有了这种辩论、说服上的实用功能，这也就使得那个时代的历史知识大幅膨胀，包括历史的系谱都在战国被大幅推前。谋士铺陈历史时，在意的是辩论、说服上的效果，不会那么讲究事实，必要时就予以简化、扭曲、夸张甚至捏造，以至于到今天，面对战国文献上所说的种种历史事迹，我们必须保持警戒、怀疑的态度，不能将之单纯就视为史实。

“神农讨伐补遂，黄帝讨伐涿鹿并把蚩尤抓了起来，尧讨伐驩兜，舜讨伐三苗，禹讨伐共工，汤讨伐夏，文王讨伐崇，武王讨伐纣，齐桓公依恃武力战争而得以成为天下霸者，从这样的历史过程看，有哪个明王圣君不打仗呢？”

这里的关键字是“伐”，苏秦将自文明开端到春秋的历史，简化为一连串的伐、一连串的战争，显示历史的主轴、改变历史根本的力量，是伐，是战争。

“古者使车毂击驰，言语相结，天下为一。约从连横，兵革不藏；文士并饬，诸侯乱惑；万端具起，不可胜理。”

接着，苏秦用华丽排比的言辞，解释为什么伐那么重要，为什么历史的主轴是一连串不止息的战争。他所铺排的，其实就是一种治乱交错、文武互起的循环史观。

“古时君王靠着武力，兵车奔驰交杂，以及口头上的谈判盟约，让天下得而统一。然而统一了之后，各方势力仍然私下交接联结，没有真正将武器放下、收起不用。文士运用巧妙的语言，使诸侯混乱疑惑，各种事端同时发生，让人无法悉数处理。”

“科条既备，民多伪态；书策稠浊，百姓不足；上下相愁，民无所聊；明言章理，兵甲愈起；辩言伟服，战攻不息；繁称文辞，天下不治；舌弊耳聋，不见成功；行义约信，天下不亲。”

“好不容易制定了规则条款，人民就知道如何钻漏洞造假；治理所需的公牍文书又多又密，弄得人民疲惫不堪，无益于人民进行生产、累积财富；君臣上下忙碌烦愁，人民却无所依赖。教化规定的道理说得清楚明白，却反而有更多的武力纠纷；话说得有力，看起来能服人，结果征战却无法被言辞平息。言辞说得愈多，天下反而愈加难以治理。说话的人口都干了，听话的人耳朵都快聋了，仍然不会有成就。君王的行为合乎正义，言语守信用，天下之人仍然不愿亲附。”

“于是乃废文任武，厚养死士，缀甲厉兵，效胜于战场。”“事实证明了，君王只靠规定、言辞，是治理不了天下的，于是转而废文用武，用重酬培养不怕死的武勇战士，大量制造盔甲，将兵器磨利，到战场上求取效果。”

“夫徒处而致利，安坐而广地，虽古五帝、三王、五伯，明主贤君，常欲坐而致之，其势不能，故以战续之。宽则两军相攻，迫则杖戟相撞，然后可建大功。”战争是不可或缺的必要手段。苏秦接着解释：“光是坐在那里，就能得到利益，就能扩张土地，就连过去最了不起的五帝、三王、五霸，都做不到。不是他们不想如此轻松简单地治理天下，是天下的现实态势不允许。必然要以武力、战争为后盾、为手段。有大仗、有小仗，大仗要动员军队列阵作战，小仗则混用木棍兵器近接搏斗，有这种不怕使用武力的心态，才能建立大功。”

“是故兵胜于外，义强于内；威立于上，民服于下。今欲并天下、凌万乘、诎敌国、制海内、子元元、臣诸侯，非兵不可。”“所以武力在外战胜了，才有条件在内强化规范；靠战争支撑起君王高高在上的权威，才能让人民在底下乖乖服从。现在想要兼并天下，凌驾于其他万乘大国之上，吓退敌国，压服海内，保养人民，叫诸侯都臣服，非得靠武力不可。”

这里我们还可以特别注意《战国策》记录的苏秦言辞。这一小段中，先是用了以四个字为单位的整齐句法——兵胜于外，义强于内；威立于上，民服于下，八字一组，互相对应，接着一转，改用连串的三字句型——并天下、凌万乘、诎敌国、制海内、子元元、臣诸侯，然后才总结强调非兵不可。

显然，这样的文句，不单只是要传递字面上的意义，更重要的在于讲究其声音与节奏的效果。若是从前面“昔者神农伐补遂”开始一路念下来，我们能够清楚感觉到那排比对句产生的声音压迫感，以及中间几度转折的节奏变化。有重复有变化，有快有慢，加速或减速，自有其道理。例如，一连串的三字短句，听得人快要喘不过气来，以此增加了“非兵不可”这四个字的分量。

“今之嗣主，忽于至道，皆惽于教、乱于治、迷于言、惑于语、沉于辩、溺于辞，以此论之，王固不能行也。”苏秦这段话的结论是：“现在这些年轻刚即位的国君，对真正的治国之道都没有足够的了解，无法分辨正确的意见，对如何治理国家缺乏有条理的看法，很容易被别人的言语迷惑，沉溺于巧妙的论辩言辞。从这样的普遍现象来看，您的确无法接受、实行我的意见。”

合纵连横任君选

苏秦说“王固不能行也”，当然不是真正认定秦惠王不会采纳他的意见，他用的是当时辩士常用的激将法。在那个处士横议的时代，很多君王都担心错过了什么好建议，在国与国的竞争中落后，因而对游士、谋士很客气，所以这些谋士不怕得罪君王，就有了故意刺激、惹怒君王的这种游说策略。

可惜，苏秦的激将法对秦惠王无效。说秦王书十上而说不行，黑貂之裘弊，黄金百斤尽，资用乏绝，去秦而归，羸縢履蹻，负书担橐，形容枯槁，面目黧黑，状有归色。归至家，妻不下纴，嫂不为炊，父母不与言。

他随后多次上书给秦王（显然失去了再度面见秦王的机会），秦王都不理。时间久了，他身上像样的黑貂皮衣破了，带来的钱也用完，找不到资源来打理生活，只好黯然离开秦国回家去。回去时的模样是：缠着绑腿，踩着破鞋，自己挑着书和行李，又瘦又干，灰头土脸，带着惭愧不得志的表情（“归色”即“愧色”）。落魄回到家，家人也没给好脸色，妻子继续坐着织布没有起身，负责家中饮食的嫂嫂没有为了他回来特别去生火，父母也不跟他说话。真是好惨啊！

苏秦喟叹曰：“妻不以我为夫，嫂不以我为叔，父母不以我为子，是皆秦之罪也！”苏秦感叹说：“妻子不把我当丈夫，嫂嫂不把我当小叔,父母不把我当儿子,这都是秦国所造成的啊!”他准确描述了自己归家的惨状,将之归咎于秦国,于是人生方向有了一百八十度的转变,从原先“始将连横”,转成带着报复心情,与秦为敌。

乃夜发书,陈箧数十,得《太公阴符》之谋,伏而诵之,简练以为揣摩。读书欲睡,引锥自刺其股,血流至足,曰:“安有说人主不能出其金玉锦绣,取卿相之尊者乎?”于是立即发愤连夜打开几十口旧书箱,翻啊找啊,找到了姜太公的兵法书《阴符》中所记的种种奇谋,他就弯腰伏案苦读,而且用心从中间筛选(“简练”),找出他要的,仔细揣摩。读书累了有睡意,就拿锥子刺自己的大腿,刺出血来一直流到脚上,同时责骂自己:“哪有人去游说国君却没本事让国君拿出金银财宝来,没本事得到卿相地位与权力的?!”

期年,揣摩成,曰:“此真可以说当世之君矣。”于是乃摩燕乌集阙,见说赵王于华屋之下,抵掌而谈,赵王大悦,封为武安君,受相印,革车百乘,锦绣千纯,白璧百双,黄金万溢,以随其后。约从散横,以抑强秦。

过了一年,他自觉学习完成了,说:“这样一定可以说服现在的国君了。”于是就靠近乌集阙这个地方,以赵国国君为目标,在华屋山下真的见到了赵王。二人谈得甚是投机,赵王听了苏秦的说法,大为赞同,立刻将他封为武安君,颁给他赵国的相印,同时给他一百辆兵车跟随着他,上面载了一千匹锦绣、一百双白璧,加上二十万两黄金(“溢”即“镒”,一镒为二十两)。

赵王为什么“大悦”,又为什么给予那么慷慨的赏赐?这段后两句才揭露答案:苏秦的建议是“约从散横”,主张东方六国应该合纵，形成联合阵线，打散原先各国个别和秦结盟的连横形式，用这套策略来压制强大的秦国。

配相印、给予丰厚赏赐，是给苏秦的配备，让他能够到各国去，游说国君们“约从散横”，这样对赵国来说，是最好的安全保障。在地理位置上，赵国和秦国邻接，特别能感受到秦国快速壮大带来的直接威胁。

翻身就靠一张嘴

故苏秦相于赵而关不通。当此之时，天下之大，万民之众，王侯之威，谋臣之权，皆欲决于苏秦之策。不费斗粮，未烦一兵，未战一士，未绝一弦，未折一矢，诸侯相亲，贤于兄弟。

一时之间,苏秦发挥了很大的作用。他以赵国国相身份“约从散横”，使得东方六国结成反秦同盟，以至于秦国的势力被挤压在函谷关以西出不来（“关不通”)。那段时期，天下那么大，人民那么多，王侯权威地位那么高，各国谋臣有那么多计策，通通都必须看苏秦的计策来决定。光靠苏秦的计策，不用打仗，没有任何耗费，东方六国的诸侯竟然就和睦相处，比兄弟还亲。

这里我们看到了《战国策》中典型的以排比来表现的夸饰文句。“天下之大,万民之众,王侯之威,谋臣之权”是一组排比，然后“不费斗粮，未烦一兵，未战一士，未绝一弦，未折一矢”又是一组排比。前面一组夸张显现苏秦权力之大，后面一组夸张显现苏秦光靠一张嘴所能完成的奇迹事业。

夫贤人在而天下服，一人用而天下从，故曰：“式于政，不式于勇，式于廊庙之内，不式于四境之外。”再接一句夸张的话，总结苏秦的厉害：光靠他一个人就改变了天下，让天下服从。然后引用一句既有的格言加重分量：所以说能力要用在对的地方，用在政治上，别用在武勇打仗上，用在权力集中的宫殿上，别用到荒远的地方去。

当秦之隆，黄金万镒为用，转毂连骑，炫熿于道，山东之国，从风而服，使赵大重。苏秦所做到的，是当秦国快速兴起强大时，靠着赵国给他的黄金，骑马乘车到处奔走，沿途炫示他的计谋，结果让秦以外的各国，都听从他的说法，大大提高了赵国的地位。

且夫苏秦特穷巷掘门、桑户棬枢之士耳。伏轼撙衔，横历天下，廷说诸侯之王，杜左右之口，天下莫之能伉。建立起如此惊人成就的苏秦是什么样的人呢？他原先不过就是住在死巷底，墙上打个洞就当门，拿弯曲桑木充当门轴的穷士罢了！然而这样一个人，竟然变身坐在车中，意气风发扶着车把，横行天下，到每个王廷直接面见各国国君，让国君左右之人乖乖闭嘴，全天下没有人能够抵抗他、和他作对。

将说楚王，路过洛阳，父母闻之，清宫除道，张乐设饮，郊迎三十里，妻侧目而视，倾耳而听，嫂蛇行匍伏，四拜自跪而谢。苏秦要到楚国游说时，路过洛阳，这次回家得到的待遇，和上次形成天壤之别。父母听说他要回洛阳，赶紧打扫房屋、清洁街道，张罗音乐演奏并预备酒席，远远出到城外三十里来迎接。他的妻子不敢眼对眼正面看他，只能低头别脸，恭敬地听他说话。他的嫂嫂跪在地上爬走，拜了四拜向他请罪。

苏秦曰："嫂何前倨而后卑也？"嫂曰："以季子之位尊而多金。"苏秦曰："嗟乎！贫穷则父母不子，富贵则亲戚畏惧，人生世上，势位富贵，盖可忽乎哉？”看到嫂嫂那副模样，苏秦讽刺地问：“嫂嫂之前不是摆了个大架子，为什么现在变得那么卑屈呢？”嫂嫂竟然也就很认真地回答：“因为弟弟你现在地位那么高，又那么有钱啊！”苏秦感叹：“没钱没地位，父母都不认这个儿子；有钱有地位，连亲戚都怕成这样。人活在这个世界上，能够不在乎地位和财富吗？”

这段苏秦故事，鲜活地显现了战国时代特殊的价值观念。首先，苏秦见秦惠王时说的那套道理，彻底废弃了封建宗法的所有规矩，主张武力至上、战争决定一切。

第二，苏秦说秦王不成，回家研究《太公阴符》，结果产生了和前面主张完全相反的立场，从“始将连横”转了一百八十度，成为合纵最重要的实践者。战国游士不顾原则、没有信念，一切只管能不能说服国君以便“出其金玉锦绣，取卿相之尊”的现实态度，被表现到极致。

第三，苏秦之所以能成功，不只因为从主张连横变为主张合纵，而且推翻了自己原先的武力至上观念。他“不费斗粮，未烦一兵，未战一士，未绝一弦，未折一矢”，光靠一套想法，一张嘴，就把秦国封锁在函谷关内，完成了用战争武力达不到的目标。

第四，那个时代，现实势利的，不只是游士。一般平民百姓，像苏秦的家人，也都采取了财富、地位重于亲族关系的态度，“贫穷则父母不子，富贵则亲戚畏惧”，如此，也就意味维系亲族纽带的宗法规范，在社会的上上下下都失效了。

还有第五点，苏秦以“穷巷掘门桑户棬枢之士”的低级身份，可以在短时间内崛起，“伏轼撙衔，横历天下，廷说诸侯之王，杜左右之口，天下莫之能伉”，俨然比许多国君都更有权力，这戏剧性地彰显了从春秋时期开始的社会阶级流动发展到了顶点。一个人的出身愈来愈不重要，有能力、有口才，加上对的机遇，任何人都有可能在这个时代中功成名就，而且一个人在社会上的阶级变动幅度，宽泛到近乎无限。

第三章　怎样游说才有效

游士无祖国

战国时代之所以称为“战国”，因为的确各国之间处于长期持续战斗的状态中。可以用来阻止战争、节制战争的机制，都失灵无效了。《战国策》则揭开了持续不断战争的表面现象，让我们看到，决定战争打不打、怎么打、会赢会输、谁输谁赢，很大一部分是由这些游士、纵横家奔走提出的意见所决定的。

这不是战国历史的全貌，但绝对是战国时代重要的特色。我们在中国历史上任何其他时代，再也看不到这种无所忌惮的现实原则、绝对的军事主义，以及理所当然的权力诡诈了。我们在中国历史上任何其他时代，再也看不到这种毫不犹豫以言辞、谋略来换取财富、地位的人生价值观。我们在中国历史上任何其他时代，再也看不到这种明目张胆的、追求操控军事、外交与政治权力的高涨欲望，以及视之为人生的合法、正常日标的现象了。

《战国策·秦策》讲完了苏秦的故事，接着就讲最主要的连横主张者、实践者张仪的故事。这样的记录顺序，很容易让我们产生错觉，以为苏秦奔走合纵在先，然后才有张仪以连横之计破之。不过，历史事实是，张仪早于苏秦。苏秦入秦见秦惠王时，连横其实早已是秦国的既有国策。秦惠王不能接受的，其实是武力至上，而不是连横。还有，张仪主张连横时，苏秦还没有奔走六国以合纵相抗，张仪当时真正的对手，是公孙衍而不是苏秦。

张仪说秦王曰："臣闻之：'弗知而言为不智；知而不言为不忠。'为人臣不忠当死，言不审亦当死，虽然，臣愿悉言所闻，大王裁其罪。"

张仪见了秦惠王，一开头先引用一段格言："不懂就乱说是不智，懂了有知识却不说，那是不忠。"接着表白："为人臣子的不忠，没有做到知无不言，应当被处死；如果不确实、不谨慎地乱说话，也应当被处死。两种过错同样严重，然而我选择宁可因为说得太多而被处死。我会将我听到、知道的完整陈述，让大王来裁量是不是犯了乱说不智的罪过。"

张仪是魏人，从魏到秦去，但一见秦王，他立即表现出忠心耿耿的人臣态度。这固然是游士争取国君信任的惯用言辞表现，也充分显现了到这个时候，人臣与国君的关系，已经与出身没有直接关联了。人臣可以自由选择效忠的国君，当然国君也就更可以从众多不同来源的游士中寻找他要用、能用的人臣了。

"臣闻天下阴燕阳魏，连荆固齐，收余韩成从，将西南以与秦为难，臣窃笑之。""我听说天下之势，北边的燕，南边的魏，连上楚国，拉住齐国，还加了剩下的韩国，这样形成了合纵，几国联合起来要朝西南来和秦国作对。对这样的说法，我听了私下偷笑。”

为什么窃笑？有什么可笑之处？“世有三亡，而天下得之，其此之谓乎！臣闻之曰：‘以乱攻治者亡，以邪攻正者亡，以逆攻顺者亡。’”张仪又引用了一句关于“三亡”——三种自取灭亡的方式——的格言：自己乱却去打治理良好的国，自己歪斜却去打正直的国，自己居于劣势却去打居于优势的国。他之所以笑，是因为合纵诸国所做的，正符合格言中说的自取灭亡方式。

值得注意的是，这里张仪用“天下”来代表参与合纵的各国。这不是张仪的特殊用法，而是《战国策》中常见的表达方式。我们阅读时需稍加留意、小心，涉及纵横时，讲“天下”，往往不是我们理解的惯用意思——全天下、全中国，而是将秦排除在外，指的是反对秦、对抗秦的东方诸国。

我们无法追索这种用法的起源，但这中间明显反映了秦国的高度异质性。在其他各国眼中，秦是不属于我们、不属于天下的异类。一方面因为秦地处西陲，迟至春秋仍然被视为蛮荒地带，和西周封建宗法的关系没那么密切，诸侯互动盟会时很少会想到秦国。另一方面也因为到了战国时代，秦很快就走出一条提升农战实力的独特道路，引其他国家侧目。

“今天下之府库不盈，囷仓空虚，悉其士民，张军数千百万，白刃在前，斧质在后，而皆去走，不能死，罪其百姓不能死也，其上不能杀也。言赏则不与，言罚则不行，赏罚不行，故民不死也。”

天下，也就是合纵各国的现实情况如何呢？“财货不足，粮仓空虚，就算动员了所有的人民，勉强铺排出十万、百万军队，有用吗？就算用白刃和斧头层层监督，他们都还是纷纷从战场上逃走，不愿意拼死一战。人民为什么不能死战？因为上面的人不敢真正杀那些逃走的人。这些国家的君王下令要给赏，到头来却不给；下令要罚，到头来也没罚。不能信赏必罚，人民就不可能为国死战。”

相对地，秦国的情况是：“今秦出号令而行赏罚，不攻无攻（按：应该是“有功无功”），相事也。出其父母怀衽之中，生未尝见寇也，闻战顿足徒裼，犯白刃，蹈煨炭，断死于前者，比是也。夫断死与断生也不同，而民为之者，是贵奋也。一可以胜十，十可以胜百，百可以胜千，千可以胜万，万可以胜天下矣。”

“秦号令一出，赏罚分明，有没有功劳完全按照事实处理。秦的百姓离开父母怀抱长大后，毕生从来没见过敌寇，然而一旦听说要打仗，马上停住脚步，脱掉衣服，不需要披甲革，不需要拿兵器，都能勇往直前面对敌人的兵器，就算地上有烧红了的火炭也一样踏过去，断然愿意奉献生命，都是这样的。一个人心中抱持了死或生的决心，打起仗来当然不一样。秦国人民之所以抱持死之决心，是因为君王看重、鼓励奋勇的态度。有死之决心的，一个人可以战胜十个贪生的人，十个可以战胜百个，百个可以战胜千个，千个可以战胜万个。有万个这种不怕死的战士，就足可以战胜合纵的那几个国家了。”

“今秦地形断长续短，方数千里，名师数百万，秦之号令赏罚，地形利害，天下莫如也。以此与天下，天下不足兼而有也。是知秦战未尝不胜，攻未尝不取，所当未尝不破也。开地数千里，此甚大功也。”

“现在秦国土地截长补短，算算有好几千里见方，军队号称有几百万。在号令严明，赏罚有信方面，秦胜过合纵诸国；秦的地理条件，也胜过合纵诸国。客观情势差别那么大，大到就算秦要把自己送给合纵诸国，他们都没有那种本事能将秦给吞并下去。打仗，秦一定会胜，进攻，秦一定会有所获，其他国要抵挡秦，一定会被击破。几年之间，秦的土地增加了几千里，确实是很大的成就。”

想称霸就要彻底

不过接着张仪口气一转，问：条件、局势都那么好，为什么秦却还遭到一些麻烦的困扰呢？“然而甲兵顿，士民病，蓄积索，田畴荒，囷仓虚，四邻诸侯不服，伯王之名不成。此无异故，谋臣皆不尽其忠也。”“现实条件那么好，却搞得武器甲革破败，军队人民羸弱，积蓄贫乏，田亩荒废，粮仓空虚，周围其他国家不服，甚至没有办法取得霸主的名号和权力。既然条件、局势都对秦有利，那么问题显然只能出在人谋不臧上——没有别的原因，实在是臣下不够认真尽职罢了。”

原来，张仪之所以一开头先表现一副宁犯死罪都要“悉言所闻”，是为了这一段严厉批评秦国的话做准备。然而在说出难听的批评之前，他先铺陈了一大段对秦的赞美，用这种方式让国君放松。这是很典型的纵横家言说技巧。

“臣敢言往昔：昔者齐南破荆，中破宋，西服秦，北破燕，中使韩魏之君。地广而兵强，战胜攻取，诏令天下。济清河浊，足以为限；长城巨防，足以为塞。”“请容我从历史上找出可以用来对照的例子。以前最强的，是齐国。齐国一度强势降伏了周围所有的大国，楚、宋、秦、燕、韩、卫要么是手下败将，要么乖乖听话。当时齐的土地很广，兵力强盛，打仗都能赢，进攻都能有所收获，可以指挥各国。水清的济水、水浊的黄河，是齐的天然国界，它又盖起了庞大的人工长城，作为防御关塞。”

“齐，五战之国也，一战不胜，而无齐。故由此观之，夫战者，万乘之存亡。”“齐靠着打赢五场主要的战役，得以成就那么大的势力。然而就算有天然河川，又有人造的长城作为依恃，这么大的齐国只要一场仗没打胜，立即就失去了原来的地位与实力。由齐的例子可以得到的结论：战争、军力，是大国的存亡关键。”

“且臣闻之曰：‘削株掘根，无与祸邻，祸乃不存。’秦与荆人战，大破荆，袭郢，取洞庭、五都、江南，荆王亡奔走，东伏于陈，当是之时，随荆以兵，则荆可举，举荆则其民足贪也，地足利也。东以强齐燕，中陵三晋，然则是一举而伯王之名可成也。四邻诸侯可朝也。”

张仪又引用了一句格言：砍树要挖根，不要靠近祸事，才不会有祸。意思和“斩草要除根”类似，要想避祸，就要彻底，不能心存侥幸。然后说：“从前秦和楚打仗，大败楚军，袭取了楚国国都郢，占领了洞庭湖、五渚、江南大块土地，楚王逃亡，向东躲到陈去。在那时候，只要继续对楚用兵，就可以攻下楚国，楚国的人民很多、地很大，吞并了楚国之后，东面可以威胁齐、燕，也可以压制中部的韩、赵、魏三国。若是那样，秦就博得了霸主的名声，周遭的诸侯也都会来朝拜了。”

“而谋臣不为，引军而退，与荆人和。今荆人收亡国，聚散民，立社主，置宗庙，令帅天下，西面以与秦为难，此固已无伯王之道一矣。”“但你的朝臣却不这样做，把军队退了回来，同意楚人讲和。现在楚人收拾残力，重新将人民聚拢，立起社稷之主，设置宗庙，楚国变成了合纵各国的领导者，西向来和秦国作对，唉，秦国这就第一次失去了成为霸主的机会。”

史实不是重点

这里，我们必须暂停一下，考究史实。《战国策·秦策》另有一段文章，标题为“顷襄王二十年”，文章开头就说：顷襄王二十年，秦白起拔楚西陵，或拔鄢、郢、夷陵，烧先王之墓，王徙东北，保于陈城，楚遂削弱，为秦所轻。这和前引张仪话中所说的，显然是同一件事。但这里明确记录为发生在顷襄王二十年，也就是公元前 279 年。张仪在秦封相，是公元前 328 年，比这件事早了四十多年，他怎么可能在封相之前，就拿这件事来游说秦惠王呢?

参照其他史料，我们很容易能确认:秦攻楚拔郢，楚王奔陈，绝对晚于张仪在秦封相。也就是说，《战国策》这段不可能是纪实的，张仪绝对说不出这样的话来。为了加强游士、谋士说话的强度，而放入不符史实内容的情况，在《战国策》中经常出现。再次提醒：《战国策》不是一部史书，其编写的着眼点不在于提供战国史事记录，而在于表现纵横家的精彩言说与策略，为达这个目的，其编写者不惜在时间上进行乾坤大挪移，在记事上穷尽夸张、戏剧化之能事。

回到《张仪说秦王》的文章，张仪表示：秦国失去了一次称霸的机会后，又来了第二次机会。“天下有比志而军华下，大王以诈破之，兵至梁郭，围梁数旬，则梁可拔。拔梁则魏可举，举魏则荆赵之志绝，荆赵之志绝则赵危，赵危而荆孤，东以强齐燕，中陵三晋，然则是一举而伯王知名可成也，四邻诸侯可朝也。”

“接着，合纵诸国将联军布置在华山下，大王以谋略攻破了他们，秦军打到了魏的国都大梁的城外，这时候只要花几十天围攻大梁，就会促成连锁反应。大梁攻下来，接着就能并吞魏国，并吞了魏国，楚国和赵国的联盟意志就动摇了，两国联盟意志动摇了，赵国就危险了，赵国危险了，楚国就被孤立了。如此，秦可以威胁东面的齐、燕，也可以压制中部的韩、赵、魏三国。秦就博得了霸主的名声，周遭的诸侯也都会来朝拜了。”

“而谋臣不为，引军而退，与魏氏和。令魏氏收亡国，聚散民，立社主，置宗庙，此固已无伯王之道二矣。”“但你的朝臣却不这样做,把军队退了回来,同意魏国讲和。现在魏国收拾残力，重新将人民聚拢，立起社稷之主，设置宗庙，唉，秦国这就第二次失去了成为霸主的机会。”

第二次机会也没了，还有第三次。“前者穰侯之治秦也，用一国之兵，而欲以成两国之功，是故兵终身暴灵于外，士民潞病于内，伯王之名不成，此固已无伯王之道三矣。”“之前，魏国公子穰侯相秦，存着想要同时有利于秦国和魏国的用心，因而带领秦国一国军队，却寄望能成就两国的功业，以至于使得秦国军队长期在外打仗，不得休息，秦国人民在内也疲病不堪，不可能让秦国获得霸主的名声，唉，秦国这就第三次失去了成为霸主的机会。”

张仪没有再说这次错误源自朝臣，穰侯封相可不是朝臣决定的。他未曾明说，然而指责的方向，隐然对着秦王。

赌上性命

张仪继续分析秦国错过的重大时机。“赵氏，中央之国也，杂民之所居也。其民轻而难用，号令不治，赏罚不信，地形不便，上非能尽其民力，彼固亡国之形也，而不忧民氓，悉其士民，军于长平之下，以争韩之上党，大王以诈破之，拔武安。”

“东方六国之中，赵国有特殊的弱点。地理位置处于中间，人民来来去去，流动率高，所以很难驱使。赵国号令凌乱，不能信赏必罚，地形又不便于攻守，加上国君也没有本事能够让民力充分发挥，处于有亡国危险的情势中，赵国国君竟然还不忧心人民的状况，进行彻底大动员，把军队带到长平，为了争夺韩国的上党，被大王您以计谋攻破了他们的军队，接着攻下武安。”

“当是时，赵氏上下不相亲也，贵贱不相信，然则是邯郸不守，拔邯郸，完河间，引军而去，西攻修武，逾羊肠，降代、上党，代三十六县，上党十七县，不用一领甲，不苦一民，皆秦之有也。”

“长平战败时，赵国上下离心离德，贵族与平民彼此猜忌敌视，在那种状况下，赵国连国都邯郸都守不住。秦国大可以攻下邯郸，控制河间，将军队朝西打修武，越过羊肠关口，降服代和上党。算算，代有三十六县，上党包括十七县，不需耗费一件盔甲，不用劳苦任何人民，就通通都归降属于秦了。”

还不只如此，“代、上党不战而已为秦矣，东阳河外不战而已反为齐矣，中呼池以北，不战而已为燕矣。然则是举赵则韩必亡，韩亡则荆魏不能独立，荆魏不能独立，则是一举而坏韩、蠹魏、挟荆，以东弱齐燕。决白马之口以流魏氏，一举而三晋亡，从者败，大王拱手以须，天下遍随而伏，伯王之名可成也。”

又是想象中的连锁反应。“一旦秦不需耗费兵力就拿下代、上党，那么赵国从齐国那里夺来的东阳河外土地，必然也立即被齐占回去；燕也必然占领中呼池以北的地区，赵等于已经灭亡了。赵灭亡了，韩国也就守不住；韩国灭亡了，楚国、魏国也不能独立了。如此一举就同时灭了韩、侵蚀了魏、夹持了楚，大幅削弱东边齐国和赵国的实力。如果再决开白马津的河堤，引河水冲灌魏国，那么一下子赵、韩、魏三国就都从地图上消失了，合纵彻底破灭，大王您占尽一切优势，什么都不必做，光是拱手等着，其他各国就随而降服，霸业就成了。”

然而，和前面一样，“而谋臣不为，引军而退，与赵氏为和。以大王之明，秦兵之强，伯王之业，地尊不可得，乃取欺于亡国，是谋臣之拙也。”“但你的朝臣却不这样做，把军队退了回来，同意赵国讲和。以大王您的聪明才智，加上秦国军队的强大实力，竟然搞到现在霸王之业还无法企及，还要被明明该亡的各国欺侮，这都是因为你的朝臣太拙劣了啊！”

“且夫赵当亡不亡，秦当伯不伯，天下固量秦之谋臣一矣。乃复悉卒，乃攻邯郸，不能拔也，弃甲兵怒，战栗而却，天下固量秦力二矣。军乃引退，并于李下，大王又并军而致与战，非能厚胜之也，又交罢却，天下固量秦力三矣。”

而且这件事还有非常严重的后遗症。“赵应该亡国而没有亡，秦应该称霸而没有称霸，于是东方各国可就看穿秦国朝臣的能力了。这是第一项后遗症。所以他们才敢又恢复了军备，秦这时才打邯郸，结果打不下来，吓了一跳，弃甲退兵，如此一来，东方各国又看穿了秦国真正的战斗实力。这是第二项后遗症。败军退却后，在李下收拢聚集，大王您又加派了部队增援，也还是没能取得压倒性的大胜，再度罢兵，东方各国就更是看扁了秦国的实力。这是第三项后遗症。”

“内者量吾谋臣，外者极吾兵力，由是观之，臣以天下之从，岂其难矣？内者吾甲兵顿，士民病，蓄积索，田畴荒，囷仓虚；外者天下比志甚固，愿大王有以虑之也。”“人家把我们里外都看透了，清楚秦国的朝臣和军队有多大本事，那么我还真得不客气地说：他们要合纵来对付秦国，哪有什么难的呢？秦自己把情势搞到相反了，秦这边军队疲惫，人民萎靡，缺乏蓄积，田地荒芜，粮仓空虚，合纵那边却有着强烈的联盟意志。我真的希望大王您看清楚这种危机状况，好好考量，不可轻忽啊！”

“且臣闻之：‘战战栗栗，日慎一日，苟慎其道，天下可有也。’何以知其然也？昔者纣为天子，帅天下将甲百万，左饮于淇谷，右饮于洹水，淇水竭而洹水不流，以与周武为难。武王将素甲三千领，战一日，破纣之国，禽其身，据其地，而有其民，天下莫伤。”

张仪真是爱引用格言啊，这里引用的是：小心谨慎，每天都比昨天更小心谨慎一点，如果能遵循这样的谨慎道理，就能征服天下。他说：“怎么知道这说得有道理呢？从前商纣王统领天下时，带领了百万雄兵，他的军队强大到广布在淇谷到洹水之间，左边将淇水给喝干了，右边将洹水也给喝干了，以这么大的势力和周武王对抗。周武王只带了三千名披素甲的士兵，只战了一天，就攻破殷商，捉了纣王，占领他的土地，领有他的人民。发生了这种事，却没有人同情、可怜纣王的。”

“智伯帅三国之众，以攻赵襄主于晋阳，决水灌之，三年，城且拔矣。襄主错龟数策占兆以视利害，何国可降，而使张孟谈。于是潜行而出，反智伯之约，得两国之众，以攻智伯之国，禽其身，以成襄子之功。”

张仪又举了一个时代比较接近的例子。“春秋末年，晋国的几个大夫混战，智伯带领了智、韩、魏三家的军队，去攻打赵襄子，决开河堤灌赵，攻了三年，赵的城池快要守不住了。赵襄子用龟卜占卦求吉凶利害，看应该向哪一国投降最好。过程中却想出了挑拨离间三家的计谋，派张孟谈偷偷出城，破坏了韩、魏两家和智伯之间的盟约，韩、魏军队倒戈攻伐智伯，捉了智伯，成就了赵襄子的功绩。”

这两个都是反例，要秦王注意，别自满于已有的实力，忽略了“慎”之重要，否则就会像纣王或智伯那样，稍不提防，便一夕亡国了。

最后，张仪总结说：“今秦地断长续短，方数千里，名师数百万。秦国号令赏罚，地形利害，天下莫如也。以此与天下，天下可兼而有也。臣昧死望见大王，言所以举破天下之从，举赵，亡韩，臣荆魏，亲齐燕，以成伯王之名，朝四邻诸侯之道。大王试听其说，一举而天下之从不破，赵不举，韩不亡，荆魏不臣，齐燕不亲，伯王之名不成，四邻诸侯不朝，大王斩臣以徇于国，以主为谋不忠者。”

张仪这段话重申秦国优越的条件，并表示自己此次来，提供了让秦能称霸的方法，如果秦王听从了，却达不到使合纵瓦解、韩赵灭亡、楚魏降服、齐燕亲近的效果，那就大可以将张仪砍头，作为对不够忠诚的谋臣的儆戒。

阶级不再是壁垒

从史实上看，上文中提到的秦攻入楚都郢、秦赵长平之战两件事，发生的时间都晚于张仪相秦，但在《战国策》中，前文中的对话发生在张仪刚入秦见秦惠王时，他绝对不可能未卜先知，拿这两件事来进行游说。

《战国策》之所以捏造这段对话中的部分内容，是为了让张仪的说法更加雄辩滔滔，以排山倒海的论证压向秦惠王。还有，让后世的读者强烈认同论者、辩者。“有那么多次可以称霸的机会，你们竟然都平白放过，你们都在想什么、都在干什么啊？”一边读着，我们一边在心中如此忿忿地质疑着。

这正是《战国策》要创造的效果。前后两段文章，苏秦说秦和张仪说秦有何不同？游说的对象都是秦惠王，为什么张仪成功了，苏秦却失败了，以至于落拓回家转变了立场？

关键差异在于，苏秦说：打仗最重要，一切由武力决定。张仪却说：武力很重要，但判断更重要。判断对了，顺势而为，不须损耗武力都能大有收获；判断错了，该打不打，不该和而和，原有的武力优势都会快速丧失。苏秦的说法，不需要也轮不到游士来跟国君说，国君如果接受了，也不会觉得有因此而任用游士的必要。张仪的说法却是再直接不过表彰谋士之重要，比武力更重要，所以多次指斥“而谋臣不为”。

为了凸显“辩”的力量，《战国策》经常不惜窜改史实，堆叠时代错乱的材料，让记录中的辩谈更加强悍，使人无法抵挡、无法反驳。

“辩”就是用语言来改变别人的行为。从春秋到战国，语言的运用方式、人们看待语言的方式，经历了快速、巨大的变化。

《论语》中，孔子说的，是道理的结论——这件事应该如何，这个问题应该有的答案是什么，面对这种情境，人应该有的行为又是什么。《论语》绝大部分用的是平铺、单向的陈述句。到《墨子》书中，墨子说话的方式就不同了。墨子不只要讲一套道理，要给结论，而且还要解释：为什么你应该接受这个结论、相信这套道理。

孔、墨所表现的差异，一定和两人的身份不同有关。孔子自觉地继承了王官学的传统，认定社会纷乱搅扰，源自人们不再理解、不再依循封建之礼，因而他所承担的责任，就是告诉人们依礼当如何，从礼的精神原则上对人进行指导。

墨子没有这种来自王官学的地位。他的出身较低，因为春秋时期社会变乱才得以兴起，取得发言权。他批判原有的封建礼乐过度铺张浪费，他主张废除原有的封建身份差距，代之以一视同仁的兼爱，这些都不是当时既有的价值，因而墨子必须多费唇舌才能让人明了他的意见。

“辩”的概念，“辩”的方法，由墨家起源，不是意外，同时也就确立了辩的一项基本性格——辩是下对上的一种说服行为。因为缺乏地位上的优势，无法用身份来保障言论的权威，所以不得不讲究说话的技巧，以言谈上的本事来填补说者与听者间的高度差异。

第四章　机锋百变

进谏不须硬碰硬

《战国策 · 赵策》中有一篇《赵太后新用事》。

*赵太后新用事，秦急攻之，赵氏求救于齐，齐曰："必以长安君为质，兵乃出。"太后不肯。*赵惠文王死，孝成王即位，因为年纪小，由太后实际掌管政事。秦国看赵国新旧交替，有机可乘，就发动了对赵的猛烈攻击。赵国靠自身的军事实力不足以抵挡秦国，就去向东方大国齐国求救，齐国的回复是："把长安君送到齐国来做人质，就出兵，否则免谈。"长安君是孝成王的弟弟，也是太后所生，年纪更小，太后舍不得，不肯答应齐国的条件。

*大臣强谏，太后明谓左右："有复言令长安君为质者，老妇必唾其面。"*然而赵国的情势太危急了，非得有齐国救兵不可，大臣纷纷极力劝谏太后。太后心意已决，就明白宣告："还有人

说要让长安君去当人质的，我一定会把口水吐到他脸上。”那时，太后年纪不过才三十出头，其实是位个性强悍的少妇，但基于身份，所以自称“老妇”。

左师触龙愿见太后。太后盛气而揖之。入而徐趋，至而自谢曰：“老臣病足，曾不能疾走，不得见久矣。窃自恕而恐太后玉体之有所郄也，故愿望见太后。”太后曰：“老妇恃辇而行。”曰：“日食饮得无衰乎？”曰：“恃鬻耳。”曰：“老臣今者殊不欲食，乃自强步，日三四里，少益耆食，和于身也。”太后曰：“老妇不能。”太后之色少解。

太后表明不受谏，怎么办？大家都没办法了，左师触龙愿意一试。触龙去见太后，太后料到他还是来劝谏让长安君去当人质的，全身绷紧如同刺猬，摆出强硬的姿态和触龙打招呼。

打过招呼后，触龙慢慢地走过来，走到太后面前先道歉告罪：“我脚不好，最近这段时间走路走不快，所以很久没见到太后了。自己的身体出问题，也就不免担心太后的身体会不会有什么不适之处，所以来求见太后。”“自恕”就是推己及人，自己身体不好，所以担心太后会不会也身体不好。触龙用这种方式，解释了自己好一阵没见太后，为什么此时却出现，从而解消太后认为他是特别为了人质之事而来的防卫。

太后没那么容易就放下防卫，对触龙的说法，她的反应是简短而不客气的：“我都坐车。”意思是：不需要你推己及人担心我的脚，我不走路的，没有你的那种问题。

触龙继续好意地问：“那最近饮食如何？胃口有减退吗？”太后继续没好气地回答：“我都只吃粥。”触龙又说：“我现在常常没胃口，不想吃东西，就勉强自己走路，每天走三四里，这样可以增进老人的食欲，对身体有好处。”太后回答：“我做不到。”话还是说得很硬，但脸色变得没那么坏了，太后感受到触龙好像真的关心自己，不只是拿这些客套话来当劝谏的开场白。

左师公曰：“老臣贱息舒祺最少，不肖。而臣衰，窃爱怜之，愿令得补黑衣之数，以卫王宫，没死以闻。”太后曰：“敬诺。年几何矣？”对曰：“十五岁矣，虽少，愿及未填沟壑而托之。”

触龙说：“我的儿女中最小的一个是舒祺，还没培养出像样的才能，但我已经老了，私下难免特别疼他、替他担心，希望能让他进到宫中，穿上黑衣制服做个卫队成员，有个保护王宫的职位。我大胆向太后请求。”一听触龙这样说，太后原本的防卫和敌意就都放下来了。原来是要替小儿子请托，不是要劝谏长安君的事啊！所以太后立即一口答应：“当然可以。小儿子今年几岁？”回答：“十五岁，尽管要当卫士还小，但我希望能在自己死掉埋葬前将他的未来请托给太后。”

太后曰：“丈夫亦爱怜其少子乎？”对曰：“甚于妇人。”太后笑曰：“妇人异甚！”对曰：“老臣窃以为媪之爱燕后贤于长安君。”曰：“君过矣，不若长安君之甚。”

太后问：“像你这样一个大男人，也会偏心特别疼小儿子啊？”太后此问，就掉进触龙刻意安排的情境里了。话题从触龙的儿子，转到了是否偏心疼小儿子。触龙说：“男人疼起小儿子来，比女人、比妈妈还严重。”对话到这里，太后笑了，因为她觉得眼前是一个能够了解她疼小儿子心情的人，这么一段时间以来，都在跟反对、批评她疼小儿子的人对立、抗争，难得有此机会能放松下来。

太后笑着说：“你错了，做妈妈的疼小儿子比较严重。”触龙有备而来："不，我看你就比较疼嫁到燕国去的女儿，没有那么疼长安君。"注意，这里触龙对太后换了一个称呼，不再正式地称太后，而是说"媪"，两人之间变成了平等闲话家常的气氛。太后说："错了错了，当然是比较疼长安君。"

左师公曰："父母之爱子，则为之计深远。媪之送燕后也，持其踵为之泣，念悲其远也，亦哀之矣。已行，非弗思也，祭祀必祝之，祝曰：必勿使反。岂非计久长，有子孙相继为王也哉？"太后曰："然。"

触龙就解释："父母怎么疼儿女？一定是替他长远着想，帮他做好未来的打算。你送女儿出嫁时，倒在地上握着她的脚踝哭，想到她要离家到那么远的地方去，所以难过成那样。很显然她离开后你不可能不想念她，但是每次祭祀时，你却都向神明请求：千万不要让她回来啊！为什么这样？为什么不要她回来？不就是期待她在燕国一切顺利，生了孩子，她的子孙能在燕国接连担任国君吗？（如此，由"后"而"太后"，她的身份会使得她难以回到赵国来。）"太后说："是这样没错。"

左师公曰："今三世以前，至于赵之为赵，赵主之子孙侯者，其继有在者乎？"曰："无有。"曰："微独赵，诸侯有在者乎？"曰："老妇不闻也。"然后触龙突然换了一个话题问："从三家分晋，赵国成立以来到现在，赵国国君的子孙封为列侯的，有三代一直承继不断的吗？"太后说："没有。"触龙进一步问："别光看赵国好了，其他诸侯国中，有封侯后连续三代顺利继承的吗？"太后想了一下，说："还真没听说过有。"

看看，战国时代真是变化激烈啊！过去稳定的封建秩序已经完全不是那么回事了。国君的儿子分封出去，到他的儿子、孙子，就都保不住原有的封国与地位了。在这个时代当贵族也不容易，如此没有保障，难怪做妈妈的把女儿嫁出去了，要祈祷她不要回来，显然嫁到他国遇到政治权力斗争变动因而被波及遇祸的，所在多有。

“此其近者祸及身，远者及其子孙，岂人主之子孙则必不善哉？位尊而无功，奉厚而无劳，而挟重器多也。今媪尊长安君之位，而封之以膏腴之地，多予之重器，而不及今令有功于国，一旦山陵崩，长安君何以自托于赵？老臣以媪为长安君计短也，故以为其爱不若燕后。”

触龙说出了其中关键的道理：“这不是很奇怪吗？国君的儿子们，有的到自身就出了问题遭受灾祸，有的到了子孙时也就难逃失国的变乱，难道是因为国君的子孙就特别差吗？当然不是。真正的原因在于他们没有建立什么功绩就处于高位，没有对国家有什么贡献就享有丰厚供奉，手上还保有一大堆金玉宝物。现在你给长安君那么高的位子，给他那么肥沃的封地，又不断赏赐金玉宝物，却不让他有机会给赵国建立功绩，那么一旦你离开这个世界了，长安君要如何找到依赖，能在赵国好好过下去呢？显然你没有替长安君长远的未来好好着想规划，所以我才会觉得你比较疼女儿啊！”

在太后来不及防备的情况下，触龙已经把要劝谏的话说完了。太后曰：“诺，恣君之所使之。”于是为长安君约车百乘，质于齐，齐兵乃出。太后立即回应：“好，就都听你的吧。”于是就准备好百辆车队，送他到齐做人质，齐兵也才出动了来救赵。

子义闻之曰：“人主之子也，骨肉之亲也，犹不能恃无功之尊、无劳之奉，而守金玉之重也，而况人臣乎！”文章最后，以一位当时的智者、贤者的评论作结："身为人主之子，和国君之间有骨肉之亲，具备了最高的贵族身份，都还不能够理所当然地没有功绩坐享高位、不劳动得到丰厚供奉、守住金玉宝物，那就更不用说作为人臣的了！"

这段故事尖锐地点出了战国时代的一项剧变——贵族身份不足恃。封建制度中的亲族关系只留着表面，国君的儿孙，习惯性地得到高位、封地，血缘身份给他们这些特殊待遇，然而血缘身份却不足以让他们长期保有得到的高位、封地。

取而代之的新原则、新规范，是赤裸裸的功利算计。你是谁没那么重要，你对国家有什么用，才是重点。这种降低身份差异、抬高功用价值的变化，在商鞅的变法中最早落实为制度。很快地，随着秦的强大，这套想法也就散播到了其他各国。

战国时期，不只做贵族没那么理所当然，连做国君都没那么理所当然了。从春秋中后期一路下来，原来几百个西周封国纷纷覆灭，只剩下不到十个主要的国。这样的惨痛现象，哪个国君能不放在心上呢？必须随时小心翼翼、战战兢兢才能维持住自己的国、自己的国君地位，大部分的国君长期处在焦虑状态中。也就是针对他们的焦虑，才会有热闹的处士横议现象，对于冒出的各式各样的主张，国君不敢不听，生怕自己落伍，没跟上最新的潮流，更怕自己漏失了哪个治国的贤才，让人才跑到邻国敌国去，威胁到自己。

从这样的历史背景看，子义的评语其实有点脱节。他还是站在旧封建观念上感慨贵族的陵夷，他没有看到新时代人臣的结构也改变了，人臣当然得有功、有用，只要你能证明自己有功、有用，就可以摆脱原来的封建层级限制，甚至摆脱封国界限，游走各国，快速崛起。比起从前，贵族愈来愈难当，但人臣却有了更大的发挥空间。

别人劝不动赵太后，因为他们强调的都是从国家角度考量，应该把长安君送到齐国去，这件事对赵国有利。触龙劝得动赵太后，因为他点出了：把长安君送到齐国去，有利于长安君。触龙的辩术重点，在于消弭了原本和太后之间的地位及立场差距，巧妙地将两人对话的性质，转变为两个家长间的经验交换。触龙的出发点是“怎么做对小孩最好”，不再是“怎么做对赵国最好”，如此有效地扭转了太后的看法。

古圣先贤都是好理由

接着来读《战国策·魏策》中的《魏惠王死》，看一下辩术的另一种风格、另一种作用。

魏惠王死，葬有日矣，天大雨雪，至于牛目，坏城郭，且为栈道而葬。故事的背景是魏惠王死了，定好了下葬的日子，但接近下葬日，下起大雪，雪积到牛眼睛的高度，也就是超过了一米深，城郭都毁坏了。太子决定要另外搭栈道，跨越城郭来进行葬礼。

群臣多谏太子者，曰：“雪甚如此而丧行，民必甚病之，官费又恐不给，请弛期更日。”太子曰：“为人子而以民劳与官费用之故，而不行先王之葬，不义也，子勿复言。”

群臣很多人都劝谏太子：“雪下成这样却坚持进行葬礼，硬搭栈道出行，人民一定会觉得很痛苦，一定会有很多怨言，而且还要增加大笔花费，钱没有着落啊。最好还是放弃原来的日期，改定别的日期。”太子说：“做儿子的，竟然因为人民劳苦和考虑花费就不将先王下葬，是不对的，你们都不要再说了。”

群臣皆不敢言，而以告犀首。犀首曰：“吾未有以言之也，是其唯惠公乎？请告惠公。”惠公曰：“诺。”这些人不敢再说了，赶忙将这件事报告当时的魏相犀首，犀首听了说：“我也想不到有什么话可以说的，恐怕只有惠公有办法吧？你们去报告惠公吧。”惠公，就是惠施，曾受魏惠王重用，而且是有名的雄辩者。惠施知道了这件事，说：“好，我来处理。”

驾而见太子，曰：“葬有日矣？”太子曰：“然。”惠公曰：“昔王季历葬于楚山之尾，欒水啮其墓，见棺之前和。文王曰：‘嘻！先君必欲一见群臣百姓也夫，故使欒水见之。’于是出而为之张于朝，百姓皆见之，三日而后更葬。此文王之义也。”

惠施自己驾了车去见太子，见了面问：“葬礼日期定好了？”意思是问：定好了所以不能改？太子斩钉截铁回答：“对。”惠施就跟太子说了个故事：“以前文王的父亲季历，死后葬在楚山尾，下葬后欒水侵浸，把坟墓冲坏了，露出棺材的前端。文王看到了，就用高兴的口气说：‘啊，父亲一定是太想念群臣和百姓了，希望能再见大家一次，才会让欒水将棺材冲出来。’所以就将棺材挖出来，公开摆放在朝廷上，让百姓都来看。三天之后，才又改葬。这是文王认为的对的做法。”

“今葬有日矣，而雪甚及牛目，难以行，太子为及日之故，得毋嫌于欲亟葬乎？愿太子更日，先王必欲少留而扶社稷、安黔首也，故使雪甚。因弛期而更为日，此文王之义也。若此而弗为，意者羞法文王乎？”太子曰：“甚善，敬弛期，更择日。”

惠施继续说：“现在定好了下葬的日期，葬礼进行前，却下起大雪来，积雪高到牛目，路都不能走了，在这种情况下，太子您还坚持要遵守原定的日期，岂不是让人觉得太急于要埋葬父亲了吗？希望您可以改变葬礼日期，理由就是先王显然是想要多留一阵子，帮助你支撑社稷、安定人民，才使得雪下到这种程度。延后改期，遵循的是文王认为正确的行为，如此正确的行为你还不愿做，难道是你认为效法文王是件可耻的事？”太子听了，连忙说："太好了，我这就恭敬地延期另选日子。"

名家与纵横家的联系

惠子非徒行其说也，又令魏太子未葬其先王，而因又说文王之义。说文王之义，以示天下，岂小功也哉！

最后这一段，是对这件事的评论。我们不知道下此评论的人是谁，但正因为没有引用任何人名，这段评论最接近《战国策》的基本态度，最能显现《战国策》的整体用意。评论称赞惠施：惠施不单只是在别人束手无策时，仍能找出说法来劝谏魏太子，而且成功地使魏太子改变心意，更重要的是，还借机阐明了文王的道理。将文王的道理昭示天下，这还真不是件小功啊！

这里铺陈了“说”的成就等级。好的说客，要能在别人摆明了不想听、不愿听时，还能找到方法，将话说出来。这是第一项要求。话说了，原本自认心意坚定、百分之百不会改变的人，因而在决策上一百八十度大逆转。这是第二项要求。这两项很困难的要求，前面的触龙做到了，惠施也做到了。

惠施还做到了触龙不及的第三项成就。他借机将文王之义教给魏太子，进一步，既然魏太子宣布延期时一定会引用这个说法，也就一并将文王之义向天下传达了。

不过，如果我们拉开视野来看，会发现所谓的文王之义，其来历甚为可疑。这段故事只在《战国策》中出现过这么一次，别的文献都没有类似的记录、说法。换句话说，我们根本无法考察这项典故的来源，无法确认这项典故不是惠施编造的。

不管是不是惠施编的，这都不是传统的、通行的文王之义。重点不在其道理，而在其作用。如果没有这么冠冕堂皇的文王之义，要怎样让魏太子改变心意？惠施真正做的，当然不是宣扬文王之义，而是机巧地给了魏太子台阶下，让他可以不用再坚持自己原来的想法，省了大家的很多麻烦。

这是战国游士、谋士另外一项不容轻忽的作用。他们发明了许许多多说法，提供给乱世中的国君，用来合理化他们的行为。旧的道理随着封建秩序瓦解而失效了，国君每天都必须面临新的状况，做出决定来。当他们不知该如何做决定时，游士、谋士替他们出主意。还有更多时候，当他们做出了决定，却不知该如何向臣下、百姓说明时，游士、谋士就帮他们找出理由、根据或借口。

他们提供的理由、根据或借口，经常来自历史。就像惠施在这里做的，说一段历史典故，尤其最好是关于古代圣人的历史典故，他所主张的意见，突然就有了权威分量。这样的习惯，使得战国成为中国古史大爆发的时代，许多之前历史的说法在战国出现，其中很大一部分后来就定案成了中国传统的历史知识。但认真地看，也就像这里惠施说的文王故事一样，到现在我们很难有把握地分判，究竟有多少真是战国之前传留下来的、有根有据的史实，又有多少是战国时代的人为了辩的现实需要，而信口编造的。

另外，惠施一般被列为名家人物，然而从这段记载看得出来，名家和纵横家之间其实没有绝然的划分。从一个角度看，名家是纵横家的衍伸，讲求辩术讲求到一定程度，脱离了辩术的实用层次，抽象地探索辩术的规则，乃至于以展示令人炫目的诡辩为务的，就成了名家。换另一个角度看，名家也是纵横家的基础，名家对名与实关系的深入探讨，大有助于纵横家们以超脱常识的立场看待语言，从而找出令人难以招架的说服技巧。

昏君可以名利诱之

接下来请读《战国策·秦策》中的一段《齐助楚攻秦》。

齐助楚攻秦，取曲沃。其后秦欲伐齐，齐楚之交善，惠王患之，谓张仪曰："吾欲伐齐，齐楚方欢，子为寡人虑之，奈何？"张仪曰："王其为臣约车并币，臣请试之。"

事件的背景是：齐国帮助楚国攻打秦国，以至于楚占取了曲沃。秦惠王想打齐报复，却忌惮齐国和楚国关系密切，若打齐国，楚国会来相救。于是秦惠王就找了张仪来，说："我打算要打齐国，但齐和楚两国正要好，你替我想想，有什么办法呢？"这其实是明白交付了离间齐、楚的任务给张仪。张仪不能推辞，就说："大王帮我准备好车马和钱财，我就去试试看。"

张仪南见楚王，曰："弊邑之王所说甚者，无大大王；唯仪之所甚愿为臣者，亦无大大王。弊邑之王所甚憎者，亦无先齐王；唯仪之甚憎者，亦无大齐王。今齐王之罪，其于弊邑之王甚厚，弊邑欲伐之，而大国与之欢，是以弊邑之王不得事令，而仪不得为臣也。”

张仪南行去到了楚，见到楚王，表明态度说：“敝国秦王最喜欢、最欣赏的，莫过于大王您；我自己最期待能服侍的，也莫过于大王您。而弊国秦王最讨厌、最受不了的，莫过于齐王，我自己最讨厌、最受不了的，也是齐王。如今对敝国来说，齐王的罪最深重，所以敝国打算攻打齐国，却碍于贵国和齐国关系亲密，使得敝国秦王没办法听命于大王，我也没办法服侍大王。”

张仪这段话，以“弊邑”开头，以“而仪不得为臣也”结尾，反映了战国的特殊君臣关系。春秋时，孔子郑重其事对齐景公说的“君君，臣臣，父父，子子”（《论语·颜渊》）的道理，至此完全变样了。君、臣不再是固定的关系，不是身份描述，毋宁变成了一种临时的服务状态。原来跟随身份而来的绝对关系，至此变化为可以选择，也就随时可能改变的相对位置。张仪不是秦人，只是代表秦国来到楚国，所以对秦称“弊邑”，若有需要，他也可以拿自己的能力、自己的立场来服务楚王，所以他会理所当然地说“而仪不得为臣也”。

臣不必然服务哪位君，甚至不必然只服务一位君。前面看到的苏秦，说服了赵王之后，先是以赵国身份去游说东方各国，后来等到合纵联盟具体成形，最风光的时候，苏秦是配六国相印，也就是说，他成了这六国的臣，不属于任何一国。这种事在春秋时期是绝对不可想象的。

虽然代表秦国来到楚国，张仪却表明了：我同时也可以服务楚王。这就使得他后面要说的话，立场暧昧，因而格外吸引人。

暧昧在：这样的意见，究竟是代表秦国利益提出的，还是站在服务楚王的私人立场上提出的呢？

“大王苟能闭关绝齐，臣请使秦王献商於之地，方六百里。若此，齐必弱，齐弱则必为王役矣。则是北弱齐，西德于秦，而私商於之地以为利也，则此一计而三利俱至。”

张仪不会天真到以为这样几句好话，就能打动楚王，立即接着亮出具体好处来：“大王如果能断绝和齐国的往来，我会请求秦王将商於附近六百里的地奉献给您。齐国被秦打败变弱了，就必须听楚国使唤，如此一来，北边削弱了齐的力量，西边让秦感激，又能把商於六百里地纳入口袋中，一计而三项利益都得了。”

这样的条件实在太诱人了。楚王大说，宣言之于朝廷曰：“不穀得商於之田，方六百里。”群臣闻见者毕贺。陈轸后见，独不贺。楚王高兴地接受了张仪的意见，回头立即向群臣炫耀：“我（“不穀”是楚王的自称）太厉害了，一下子取得了商於附近六百里的田地！”在场的群臣当然都赶紧向楚王贺喜。陈轸(出身于秦，此时在楚王朝廷为臣）之后见了楚王，只有他一个人没有表示庆贺之意。

楚王曰：“不穀不烦一兵，不伤一人，而得商於之地六百里，寡人自以为智矣。诸士大夫皆贺，子独不贺，何也？”陈轸对曰：“臣见商於之地不可得，而患必至也，故不敢妄贺。”王曰：“何也？”

楚王问陈轸：“我不必出兵，没有损伤，就得到那么大一块地，我自己觉得很聪明、很有计谋，别人都来祝贺，为什么只有你不祝贺？”显然，楚王满脑子想的都是商於六百里地，对于和齐、秦关系的变化，没认真放在心上。还有，显然陈轸在楚是以智闻名的，因而楚王格外在意：难道你不觉得我做了很聪明、很有智慧的事吗？

陈轸还真的不以为然。他说："我看到的是，楚国得不到商於六百里地，而且一定会惹来祸患，所以不敢随便祝贺。"被如此泼冷水，楚王当然很不高兴地问："为什么你这样看？"

对曰："夫秦所以重王者，以王有齐也。今地未可得而齐先绝，是楚孤也，秦又何重孤国？且先出地绝齐，秦计必弗为也。先绝齐，后责地，且必受欺于张仪，受欺于张仪，王必惋之。是西生秦患，北绝齐交，则两国兵必至也。"楚王不听，曰："吾事善矣，子其弭口无言，以待吾事！"

陈轸说："秦国之所以看重大王您，是因为您和齐国的亲密关系，现在六百里地还没到手，先要断绝和齐的关系，如此楚国就得不到齐国的协助，陷入孤立，秦国干吗要在意一个孤立了的楚国呢？如果要秦国先把地交出来，楚国才断绝和齐国的关系，秦国绝对不会答应。楚先断绝了和齐的关系，然后再向秦国要求那六百里地，一定会被张仪戏弄，被张仪戏弄了，大王您一定会很生气。结果是西边多了和秦国之间的恩怨，北边又跟齐国绝交，这两国都会向楚国发兵。"

楚王听不进陈轸的分析，生气地说："我计划的事好得很，你给我闭嘴别说话，等着看我的事情成功！"

凸显谋士的角色

楚王使人绝齐，使者未来，又重绝之。张仪反秦，使人使齐，齐秦之交阴合。楚因使一将军受地于秦。张仪至，称病不朝。

楚王派人去跟齐国绝交，没有等到使者回来，又急着再派一个使者去传递绝交的讯息。然而，张仪一从楚国回到秦国，也就派使者去齐国，暗中和齐国联盟。楚王干吗急着连派两个使者去跟齐绝交？因为他想的都是那六百里地，要赶紧把地拿下来。他觉得自己已经做到了张仪要的，就派了一名将军到秦国，去接收那六百里地。但张仪托言生病了，不见楚国来的人。

回头看，秦王本来给张仪的任务是：去截断楚、齐两国的良好关系，以便秦国攻打齐国。然而当张仪发现楚王那么容易就上当了，基于更大利益的考量，也就可以快速改变策略，反而去跟齐国亲善结盟了。这又是典型的战国时代多变、不可测的国际外交状况。

楚王曰："张子以寡人不绝齐乎？"乃使勇士往詈齐王。张仪知楚绝齐也，乃出见使者，曰："从某到某，广从六里。"使者曰："臣闻六百里，不闻六里。"仪曰："仪固以小人，安得六百里？"

楚王听说张仪不出面，还白目地以为："张仪以为我没有真正和齐断绝关系吗？"他就再做得更绝些，派了不怕死的勇士，到齐国去骂齐王，以示楚和齐之间不可能有什么勾勾搭搭了。张仪确知楚和齐彻底翻脸了，终于病好了，出面见楚国派来接收土地的使者，随口说："从这里到那里，长六里、宽六里，给你们吧。"使者很惊讶："六里？我得到的命令是接收六百里土地，不是六里。"张仪回应："你以为我是谁啊？我怎么会有六百里的土地可以给楚国？"

张仪不是秦王，手上当然没有六百里土地。当时他答应楚国的，是"臣请使秦王献商於之地，方六百里"，去叫秦王给土地，土地在秦王那里，不属于张仪啊！

使者反报楚王，楚王大怒，欲兴师伐秦。陈轸曰："臣可以言乎？"王曰："可矣。"轸曰："伐秦非计也。王不如因而赂之一名都，与之伐齐，是我亡于秦而取偿于齐也，楚国不尚全乎？王今已绝齐，而责欺于秦，是吾合齐、秦之交也，固必大伤。"

使者空手回来，将事情报告给楚王，楚王知道上当了，大怒，立刻就要出兵攻打秦国。陈轸在一旁，问："我现在可以开口说话了吗？"因为之前楚王下令，要他"子其弭口无言，以待吾事"。现在看起来事情有了结果，陈轸问"弭口无言"的禁令是否可以解除了。

楚王让陈轸说话。陈轸说："攻打秦国不是好计谋。大王还不如将错就错，奉献一座名都，约秦国一起打齐国。反正现在楚和齐的关系破坏了，而且秦原本就想打齐国。楚和秦联合打齐国，一定能战胜，有所收获，那么等于是给了秦国的，就从齐国那里补回来，楚国至少没有损失。如果像大王想的，已经和齐断绝了，又要报复秦国欺骗我们，等于是我们在促成齐、秦两国联结起来，那样一定会给楚国带来重大伤害。"

楚王不听，遂举兵伐秦，秦与齐合，韩氏从之，楚兵大败于杜陵。故楚之土壤士民非削弱，仅以救亡者，计失于陈轸，过听于张仪。

楚王听不进陈轸的意见，仍然发兵攻打秦国。秦果然和齐联合对付楚国，而且还多加了韩国进来分一杯羹，三国对一国，楚兵于杜陵之役大败。这场战争造成的结果，楚不只是丧失土地、人民，而且勉强才撑住没有亡国，追究原因，就在于不听陈轸之计，却误信了张仪啊！

张仪很坏，用这种方式欺骗楚王，不过陈轸的心思跟他一样狡诈。如果楚王愿意听从陈轸后来的意见，那么就换成齐国要倒霉了。短短的一段故事，这三国之间的关系，就有这么多复杂的牵扯、变化。另外，字面上看不到，但我们能够想象的，短短一段故事，影响了多少人。给这座城、攻那块地，从这国换手到那国，住在那里的人民，生活要遭受多大的波动？更不必说四国动员军队混战一场，里面有多少人命，有多少血汗。打仗如此频繁，人民生活如此动乱不安，也难怪人民会愈来愈渴望有一股力量能出来终结国与国之间的冲突，这份渴望促成了战国后期统一思想的出现，也是秦最终得以统一六国的重要基础。

这段文章的最后一句话，是典型的《战国策》式结论。将所有的成败得失，都归到谋士身上。秦之成功，成在张仪；楚之失败，败在不听陈轸。读《战国策》，读者很容易相信：这段时期的历史，都是由谋士所左右、操控的。

无法抗拒的诱惑

张仪、苏秦是纵横家的代表，也是《战国策》记录的核心主角。《战国策·楚策》中又有好几篇和张仪有关的文章。

其中一篇是《张仪之楚贫》。张仪之楚，贫，舍人怒而归。张仪曰：“子必以衣冠之敝，故欲归，子待我为子见楚王。”张仪到了楚国，一时没有什么发展，跟随他的人受不了了，想要离开。张仪就对他说：“你一定是因为衣服帽子破了坏了却没办法换，穷得受不了要离开，别急，你等我，我这就为了你去见楚王。”

这件事应该是发生在张仪入秦之前，张仪最早在魏国发展，后来被公孙衍排挤，魏惠王不用他，他就离开魏，到了楚。不过，前面提醒过，《战国策》所记，不见得都是史实，我们无法、也不必细究这件事发生的年代。

当是之时，南后、郑袖贵于楚。张子见楚王，楚王不说。张子曰："王无所用臣，臣请北见晋君。"楚王曰："诺。"张子曰："王无求于晋国乎？"王曰："黄金、珠玑、犀象出于楚，寡人无求于晋国。"张子曰："王徒不好色耳！"王曰："何也？"张子曰："彼郑、周之女，粉白墨黑，立于衢间，非知而见之者，以为神。"楚王曰："楚僻陋之国也，未尝见中国之女如此其美也。寡人之独何为不好色也？"乃资之以珠玉。

先说一项重要背景，当时在楚王宫中，南后和郑袖最是受宠。张仪见了楚王，展开了一段极为有趣的对话。

张仪入见，楚王没给他好脸色，不觉得他有什么用，对他的到来感到不耐烦。张仪说："显然大王没有用到我的地方，我是来向大王道别的，我这就出发去三晋地区拜访那里的君王了。"

楚王马上说："好啊，你去吧！"

张仪问："需要我到三晋地区替大王张罗什么东西吗？"

楚王说："不需要，那里能有什么了不起的东西？最宝贵的黄金、珠玉、犀角、象牙，都是我们楚地生产的，我什么都不需要。"

张仪装出惊叹的口气说："哇，原来大王不好美色，真是稀奇啊！"

楚王的好奇心被逗弄起来了，问道："这什么意思？"

张仪说："三晋地区最有名的，是美女。原来的郑国和王畿地区的女人，化了妆，站在街市上，如果不是本来就知道、就见过的，乍看之下，都会误以为是神仙下凡了，完全不像是人间会有的女子。”

楚王心动了：“唉，楚国地处偏僻，还真没见过中原地带那么美的美女，我怎么可能不好美色呢？”于是就给张仪资财，让他去三晋地区找美女。

南后、郑袖闻之，大恐，令人谓张子曰：“妾闻将军之晋国，偶有金千斤，进之左右，以供刍秣。”郑袖亦以金五百斤。消息传到南后、郑袖耳中，这不得了了，如果张仪真的找来三晋的美女，两人既有的地位就不保了。于是南后派人去跟张仪说：“听说将军要去晋国，我手上刚好有金千斤，送给将军当作路上盘缠。”郑袖也送了金五百斤。

张子辞楚王曰：“天下关闭不通，未知见日也，愿王赐之觞。”王曰：“诺。”乃觞之。张子中饮，再拜而请曰：“非有他人于此也，愿王召所便习而觞之。”王曰：“诺。”乃召南后、郑袖而觞之。

张仪收了南后、郑袖的黄金，要如何处理？他去向楚王告别，说：“现在道路上处处关卡，通行不易，这一去不知要多久才能回来和大王见面，希望大王能赐我饮酒而别。”楚王答应了，摆出酒来。张仪喝得半醉，借着酒意对楚王一拜再拜提出不情之请：“这里没有别人，希望大王能将平日宠幸的人找来，陪我喝一杯。”楚王大概也颇有酒意了，一口答应，真的就将自己最喜爱的南后、郑袖找来跟张仪喝酒。

这里显然有男人间的默契。张仪要到北方去帮楚王找美女，先看看楚王目前宠幸的人是什么样貌。

张子再拜而请曰：“仪有死罪于大王！”王曰：“何也？”曰：“仪行天下遍矣，未尝见人如此其美也。而仪言得美人，是欺王也。”

王曰："子释之，吾固以为天下莫若是两人也。"

见到了南后、郑袖，张仪又对楚王一拜再拜，说："抱歉，我对大王犯下了严重的死罪！"楚王当然莫名其妙："怎么回事？"张仪说："天下我几乎都走遍了，却从来没有见过像眼前两位这么美的。我竟然还承诺要去帮大王找美女，我骗了大王，我根本不可能找到比这两位更美的。"楚王听了，非但不生气，还很高兴，说："你不用道歉，我本来就觉得全天下没有比这两人更美的了。"

很有趣的小故事，用这种方式，张仪先从楚王那里拿了钱，又从南后、郑袖那里得了更丰厚的贿赂，最后还让自己从一个不受重视的游士，转身变成了可以和楚王私下喝酒、讲悄悄话的近臣。

第五章　全新的效忠模式

权力的平衡游戏

接着来读《战国策·楚策》中的《楚襄王为太子之时》。

楚襄王为太子之时，质于齐。怀王薨，太子辞于齐王而归，齐王隘之："予我东地五百里，乃归子，子不予我，不得归。"楚襄王还没即位，在当太子时，在齐国作人质，他父亲楚怀王死了，他要回楚国即位，不料被齐王阻挡了，齐王大剌剌地敲诈："给我楚国东部五百里土地，我才让你回去，不给土地，就别想回去。"

太子曰："臣有傅，请追而问傅。"傅慎子曰："献之。地所以为身也，爱地不送死父，不义，臣故曰：献之便。"太子入，致命齐王曰："敬献地五百里。"齐王归楚太子。

面对这种险恶状况，太子不知该怎么做，就回应："请让我先问问我的师傅，听听他的意见。"所以我们知道，当时太子去当人质，身边除了一些随从，也有大臣以“傅”的身份陪伴。楚太子的师傅是慎子，慎子的意见是：“就给吧！土地是用来养活生命的，爱惜土地而不尽到给父亲送葬的孝子责任，是不对的，所以我说：就给了吧。”

这里慎子话中前后两句，其实传递了不同的讯息。前一句“地所以为身也”是实，意思是：你现在在人家手里，犯不着为了土地冒生命危险，命没了，或是被扣在齐国回不去，那些土地对你又有什么意义呢？后一句“爱地不送死父，不义”是虚，是慎子帮楚太子想好的借口，你就说是为了尽到做儿子的责任，所以把土地送给齐国。楚太子要回楚国，重点哪会是参加父亲的葬礼呢？当然是赶紧回国即位，免得国内政局有什么不测变化。但不要说得这么赤裸裸，还是援用旧封建礼节概念，说为了奔丧，比较好听。

于是，楚太子真的就答应了齐王的要求，也才得以回国。

太子归，即位为王，齐使车五十乘来取东地于楚。楚王告慎子曰：“齐使来求东地，为之奈何？”慎子曰：“王明日朝群臣，皆令献其计。”太子回国，顺利即位为王，没多久，齐王就派使节带五十辆兵车来要土地了。楚王问慎子：“这下怎么办？”慎子教他：“你明天把群臣叫来，要每个人说说看有什么计谋。”

上柱国子良入见，王曰：“寡人之得求反王坟墓，复群臣，归社稷也，以东地五百里许齐，齐令使来求地，为之奈何？”子良曰：“王不可不与也。王身出玉声，许强万乘之齐而不与，则不信，后不可以约结诸侯。请与而复攻之。与之信，攻之武，臣故曰：与之。”

第二天，先进来见楚王的，是上柱国子良。楚王说：“我为了要能够葬先王，再度见到群臣，回到楚国，不得不答应了给齐国东方五百里地。现在齐王派了使者来求地，该怎么办？”子良回答：“这地不能不给。话出自大王之口，如同金玉般贵重，而且还是对一个万乘大国的许诺，如果不可，那就失去信用了，以后将无法跟其他各国来往结盟。我建议先给土地，然后再出兵将土地夺回来。给土地，表示信守诺言；出兵，则表现我们的武勇精神，不会随便放弃国土，所以我建议：给。”

子良出，昭常入见。王曰：“齐使来求东地五百里，为之奈何？”昭常曰：“不可与也。万乘者，以地大为万乘，今去东地五百里，是去战国之半也。有万乘之号，而无千乘之用也，不可。臣故曰：勿与，常请守之。”

子良出去之后，换昭常进来。楚王也告诉他这个情况：“齐王派使者来跟我要东方五百里地，怎么办？”昭常的回答是：“不可以给！大国称为万乘之国，但万乘之国其实是靠拥有庞大土地才大的，现在失去了东方五百里地，等于是葬送了国家战斗条件的一半，号称万乘之国，实质上不足以配备一千辆兵车，这样当然不行。所以我建议：不能给。我愿意去担负守卫这块土地，抵挡齐国的责任。”

昭常出，景鲤入见。王曰：“齐使来求东地五百里，为之奈何？”景鲤曰：“不可与也。虽然，楚不能独守，臣请西索救于秦。”第三个进来的，是景鲤。楚王给了同样的问题，景鲤和昭常一样主张不能给地，但他认为光靠楚国自己的力量，守不住齐国的进攻，所以建议去向秦国求救兵，而且他自告奋勇愿意出使秦国。

景鲤出，慎子入。王以三大夫计告慎子，曰：“子良见寡人曰：‘不可不与也，与而复攻之。’常见寡人曰：‘不可与也，常请守之。’鲤见寡人曰：‘不可与也，虽然，楚不能独守也，臣请索救于秦。’寡人谁用于三子之计？”慎子对曰：“王皆用之。”接着进来见楚王的，是慎子。楚王将三位大夫三种不同意见告诉慎子，问他那到底该听谁的。不料，慎子给了一个很奇怪的答案：“三个人的建议通通都用。”

楚王当然觉得这个答案莫名其妙，简直是在开玩笑。王怫然作色曰:“何谓也？”慎子曰:“臣请效其说，而王且见其诚然也。王发上柱国子良车五十乘而北献地五百里于齐。发子良之明日，遣昭常为大司马，令往守东地。遣昭常之明日，遣景鲤车五十乘西索救于秦。”

楚王变脸问：“你在说什么啊？”慎子说：“大王别急着动怒，让我把道理说清楚，你就会知道我是认真的，没有在开玩笑。”大王你先派上柱国子良带五十辆兵车，到齐国去献地。派了子良后的第二天，接着任命昭常为大司马，让他去防守这五百里东地。派了昭常后的第二天，再派景鲤带领五十辆兵车，出使秦国去求救兵。

王曰：“善。”乃遣子良北献地于齐；遣子良之明日，立昭常为大司马，使守东地；又遣景鲤西索救于秦。子良至齐，齐使人以甲受东地，昭常应齐使曰：“我典主东地，且与死生，悉五尺至六十三，三十余万，弊甲钝兵，愿承下尘。”

楚王说：“这好。”照着慎子教的做了。子良到了齐，齐就派了军队去接收东地，不料却遇到了昭常守在那里，昭常对齐使者说：“这块土地是我管的，我决定和这块土地共生死。这里的男子，从刚成年的，到六十三岁，有三十余万人，尽管盔甲败破、兵器不利，但都准备好接战。”

齐王谓子良曰："大夫来献地，今常守之，何如？"子良曰："臣身受命弊邑之王，是常矫也，王攻之。"齐王大兴兵，攻东地，伐昭常。听到这样的消息，齐王当然就质问子良："你来献地，现在却有昭常在那里守着不肯走，这是什么意思啊？"子良回答："我是亲自接受楚王命令来的，显然昭常是假造楚王命令不肯离开，既然如此，大王就发兵打他吧！"于是齐王动员了大批军队进攻东地。

未涉疆，秦以五十万临齐右壤，曰："夫隘楚太子弗出，不仁；又欲夺之东地五百里，不义。其缩甲则可，不然，则愿待战。"齐王恐焉，乃请子良南道楚，西使秦，解齐患。士卒不用，东地复全。

然而齐国军队还没跨过国界，秦国的五十万大军就迫近齐的西边了。秦国指责齐国："阻挡人家的太子，不给离开，是不仁；想要抢夺楚国的东地，是不义。你们现在退兵就算了，不然，你们就派军队也来这里，我们等着跟你们一战。"齐王害怕了，只好请子良先往南回楚国，取得楚王谅解，再往西出使秦国，解除齐国祸患。于是，没有耗费士卒，楚国东方五百里地得以保全了。

这故事凸显了慎子的智慧，同时也让我们更进一步理解，这个时代，"国之所以为国"是多么不稳定的一件事。前面张仪故事里的"六百里地"，这段慎子故事里的"五百里地"，都可能用这种任意的方式转手，作为国力基础的土地与人民，随时可能变动，国君对内治理国家，对外和其他国家竞争，是多么困难！

此外，我们也就明了了，面对如此激烈的变化，最终是靠国与国之间的复杂权力牵制，才给予这个时代一点常态平衡。每个国家都很积极地寻求扩张，国与国之间不断有紧张局面，但因为那么多国的土地与军力犬牙交错，这种战乱状况才在动态平衡下延续了两百年的时间。

考验君王的智慧

回头再看《战国策·秦策》中，张仪与陈轸斗智故事的后续《楚绝齐》。

楚绝齐，齐举兵伐楚。陈轸谓楚王曰："王不如以地东解于齐，西讲于秦。"楚王使陈轸之秦。楚国受了张仪之骗，用粗暴的方式和齐国断绝关系，楚王甚至还派人去齐国辱骂齐王，是可忍孰不可忍，齐国就出兵攻打楚国。陈轸给楚王的建议是避免打仗，因为这时齐、秦东西两强已经联盟了，楚国没有本钱两面抗敌。楚得罪齐国比较深，只好割地赔罪，否则难免于一战。至于秦国，那是可以讲的，可以谈判出和平关系来。楚王过去不听陈轸的，吃了大亏，这次不能不听了。既然陈轸建议去跟秦国讲和，那就派陈轸去执行这个任务吧！

秦王谓轸曰："子秦人也，寡人与子故也。寡人不佞，不能亲国事也，故子弃寡人事楚王。今齐楚相伐，或谓救之便，或谓救之不便。子独不可以忠为子主计，以其余为寡人乎？"

陈轸到了秦，秦惠王就跟他套交情："你是我们秦人啊，我们原本就认识。只是我能力不足，当时没办法自己对国事定夺，你未受重用，所以离我而去，到楚国服务楚王。现在齐和楚打仗，有人建议秦国应该出兵帮助齐国，有人建议秦国不应该帮齐国。

你可不可以主要替你服务的楚王设想，但也用剩下的智慧替我设想呢？”秦王的意思很明白：从楚王的利益上看，当然希望秦国不要帮助齐国，但这样做对秦国有什么好处？如果光是单方面从楚国的立场来请求秦国不要出兵，那就不必说了，秦王不想听。

陈轸曰：“王独不闻吴人之游楚者乎？楚王甚爱之，病，故使人问之曰：‘诚病乎？意亦思乎？’左右曰：‘臣不知其思与不思，诚思则将吴吟。’今轸将为王吴吟。”

秦王说得很客气，请陈轸“以其余为寡人”，陈轸就先跟秦王确认他的立场：“大王您听过那个到楚国当官的吴国游士的故事？楚王很喜欢他，有一次他病了，楚王派人去关心，问他身边的人：‘是真的病了，还是因为思念家乡呢？’身边的人就说：‘我不知道他是不是患了思乡病，不过照道理说，真正思念家乡，他就会唱起吴地的歌了。’我现在就是要为大王唱我的吴地的歌。”话说得委婉，但意思简单——我现在是以秦人的身份，而非站在楚国的立场来表达以下的意见的。

“王不闻夫管与之说乎？有两虎诤人而斗者，管庄子将刺之。管与止之曰：‘虎者戾虫，人者甘饵也，今两虎诤人而斗，小者必死，大者必伤，子待伤虎而刺之，则是一举而兼两虎也。无刺一虎之劳，而有刺两虎之名。’”

“大王没听过管与的说法吧？有两只老虎看到了人，想吃人，因而彼此互斗。一位叫管庄子的勇士准备要去刺杀老虎，被管与阻止了，管与说：‘老虎是贪婪的动物，不会分享的，人对老虎而言是香甜可口的食物。现在两只老虎都看到了人，因而互斗，斗下来，弱的那只会被咬死，强的那只也会在过程中受伤，你等到它们斗完了，再去刺杀那只已经受伤的老虎，那么一次就得到两只老虎。事实上连刺杀一只老虎的力气都不用费，却博得了刺杀两只老虎的美名。'”

“齐楚今战，战必败，败，王起兵救之，有救齐之利，而无伐楚之害。计听知覆逆者，唯王可也。计者，事之本也；听者，存亡之机。计失而听过，能有国者寡也。故曰：‘计有一二者难悖也，听无失本末者难惑。'”

“现在楚、齐两国争战，大王不需急着出兵，齐国一定会败，等到齐国败了，大王再出兵去救，那样得到了救齐的好处（得到齐的感激），又不必承担攻击楚国的祸害。只有大王你有智慧判断计谋和听从其中颠倒是非的地方。计谋是事情的根本，听不听从计谋决定了国之存亡，计谋偏失、错信了对象，这样还能保有国家，很少见。所以格言说：‘能够有不同的计谋可供比对思考，就不容易出错；能够弄清楚始末，就不会困惑于该选择听谁的。'”

这里陈轸特别并列提了“计”与“听”，计是臣子、游士提出来的，听是君王的选择。君王要多听不同计谋，要能思考、掌握计的道理，才不会在面对诸多计时，昏头转向做错了决定。不过，陈轸这样的提法，骨子里还是要影响秦惠王，让他觉得陈轸的建议是出自一个秦人为家乡设想的立场，最符合秦王与秦国的利益。

网罗奇人异士

战国时代的主题之一——人与人之间的效忠关系，该如何调整、如何确立？秦王要怎么知道陈轸究竟是站在楚国的利益上说话，还是真的回归到秦人的立场呢？同样地，楚王又如何确认陈轸会以楚国的利益为优先来考量？张仪来到楚国，不也对楚王示好，表示“甚愿为臣”吗？楚王要依靠什么标准来决定相信张仪还是相信陈轸？张仪不是楚人，但陈轸也不是啊！

这是个大难题。因应这个难题，战国产生了一波流行风潮，那就是“养士”。什么是养士？为什么要养士？在这种流动、暧昧、不确定的效忠关系背景的对照下，我们了解了：养士就是一种试图将效忠关系暂时固定下来的新方法、新尝试。从来来去去的众多游士中选择一部分，提供他们安适的生活，让他们在这段时间中，只为这个主人效忠，只考虑他的利益，只为他服务。

养士风潮中，最有名的是“战国四公子”——孟尝君、平原君、信陵君和春申君。而以养士的规模、效果，尤其是名声来看，齐的孟尝君田文又是四人中最突出、最重要的。透过《战国策》中许多关于孟尝君的故事，我们得以从另一个方向查知这种新兴的人际效忠关系。

首先看很有名、经常被选入选集和教材的《齐人有冯谖者》。

齐人有冯谖者，贫乏不能自存，使人属孟尝君，愿寄食门下。孟尝君曰：“客何好？”曰：“客无好也。”曰：“客何能？”曰：“客无能也。”孟尝君笑而受之曰：“诺。”左右以君贱之也，食以草具。

齐人冯谖，穷到活不下去，就托人传话给孟尝君，愿意当他的门客。孟尝君和传话的人见了面，问：“这位先生喜欢什么？”答：“没有特别喜欢什么。”再问：“这位先生会什么？”答：“没有特别会什么。”孟尝君笑了，接受他来当门客。孟尝君身边的人看这样的过程，觉得主人没把冯谖当回事，就给他最低等级的待遇。

显然去帮冯谖传话的人，对冯谖的评价很低，不觉得他有什么资格担任孟尝君的门客。有趣的是，一个没能力也没特色，根本无从对他有任何了解的人，孟尝君为什么还要接受他当门客？这正是战国养士文化的特色。孟尝君感受到冯谖不平常，这种不平常的人，说不定会有非常的能力。换个方向看，养士文化也就因此刺激出一堆装模作样摆谱的人，愈是没本事，愈要装得跟别人不一样。也就难怪后来《荀子》《韩非子》书中有许多对这种风气的强烈批判。

居有顷，倚柱弹其剑，歌曰："长铗归来乎，食无鱼。"左右以告。孟尝君曰："食之，比门下之客。"居有顷，复弹其铗，歌曰："长铗归来乎，出无车。"左右皆笑之，以告。孟尝君曰："为之驾，比门下之车客。"于是乘其车，揭其剑，过其友曰："孟尝君客我！"

后面发生的事就更夸张了。当了门客一阵子，冯谖就靠在柱子边，弹着他的剑，应和剑所发出的响声唱："长剑啊长剑，我们回家去吧，在这里吃饭都吃不到鱼啊！"左右将这件事报告孟尝君，孟尝君就说："好吧，给他一般门客的待遇，让他吃好一点。又过了一阵子，冯谖又开始弹剑唱歌了："长剑啊长剑啊，我们回家去吧，在这里出门都没车啊！"真是贪得无厌，左右拿他当笑话，又去报告孟尝君，孟尝君就说："好吧，给他车驾，让他享受高等级的门客待遇。"有了车，冯谖就坐着车，带着剑，去向朋友炫耀："看，我现在是孟尝君的门客了。"

后有顷，复弹其剑铗，歌曰："长铗归来乎，无以为家。"

左右皆恶之,以为贪而不知足。孟尝君问:“冯公有亲乎?”对曰:“有老母。”孟尝君使人给其食用,无使乏。于是冯谖不复歌。

又过一阵子,冯谖又弹剑唱起来了:“长剑啊长剑,我们回家吧,在这里没办法养家啊!”听到他这样唱,左右的人很反感,太过分了吧!孟尝君知道了,却问:“这位冯先生家中有亲人吗?”冯谖说:“家有老母。”孟尝君就派人送食物、用品去冯家,让冯谖的母亲不至于匮乏。终于,冯谖没有再弹剑唱歌了。

到这里,冯谖没有帮孟尝君做任何事,甚至没有显现任何能力。他所表现的,纯粹就是厚脸皮不断加码要求,以回家为要挟,孟尝君竟然也就顺应他,不断提升他的待遇!

当然,孟尝君有钱有实力,可以养很多人,这是一项因素。不过更重要的,是那种普遍的战国国君与贵族的心态:传统辨别人才的方式都失效了,没有办法判定到底谁有本事、谁没有,担心错过了真正的人才,那就干脆尽量全收,而且往往那种愈怪、愈不合理的,愈可能是奇才,最好还是养着别随便放掉。

后孟尝君出记,问门下诸客:“谁习计会,能为文收责于薛者乎?”冯谖署曰:“能。”孟尝君怪之曰:“此谁也?”左右曰:“乃歌夫长铗归来者也。”孟尝君笑曰:“客果有能也,吾负之,未尝见也。”请而见之。

遇到了事情,需要门客服务,孟尝君就出了一份公告,上面问:“有谁学过会计,能到薛去帮我收债?”薛是孟尝君的封地,也就是他的根据地,他的财富就来自薛地人民的生产纳赋。而除了他原本应收的租赋之外,他还在薛放款收利息,所以现在需要有人去核对收钱。

结果冯谖就在公告上签下自己的名字，表示他愿意承担这件事。孟尝君看那个名字很陌生，问："这是谁啊？"身边的人答道："就是弹剑唱歌说要回家的那家伙。"孟尝君笑了："这家伙果然是有本事的，我对不起他，还从来没跟他见过面。"孟尝君就将冯谖找来面对面谈话。

谢曰："文倦于事，愦于忧，而性懧愚，沉于国家之事，开罪于先生，先生不羞，乃有意欲为收责于薛乎？"冯谖曰："愿之。"于是约车治装，载券契而行，辞曰："责毕收，以何市而反？"孟尝君曰："视吾家所寡有者。"

见了面，孟尝君先道歉："我被众多事务弄得疲惫不堪，有许多忧虑，烦都烦不完，加上我生性鲁钝，整个人被国家的事淹没了，以至于在招待先生上面很不周到，得罪了您。您却不介意，还愿意替我到薛去收债？"冯谖简单回答："我愿意。"于是孟尝君就帮冯谖准备了车马衣装，并将借据交给他，让他去薛。冯谖出发前来辞行，特别问孟尝君："收了这些债务款项，需要帮你买什么东西回来吗？"孟尝君说："您决定吧，看看我家有缺的、少的就帮我买回来。"

趋而之薛，使吏召诸民当偿者，悉来合券。券遍合，起矫命以责赐诸民，因烧其券，民称万岁。冯谖去到了薛，叫办事人员将欠债的都找来，一一查对借据。借据查对完了，确认这些人欠孟尝君的债务，照道理说应该就要收钱了，冯谖却假造孟尝君的命令，宣告所有债务一笔勾销，当场将借据都烧了，那些人当然高兴地大呼万岁。

长驱到齐，晨而求见。孟尝君怪其疾也，衣冠而见之，曰："责毕收乎？来何疾也？"曰："收毕矣。""以何市而反？"冯谖曰："君云'视吾家所寡有者'，臣窃计，君宫中积珍宝，狗马实外厩，美人充下陈，君家所寡有者，以义耳，窃为君市义。"

干完了这件过瘾的事，冯谖立即直接从薛回到临淄，一大早就去见孟尝君。这是冯谖故意安排的，他就是要让孟尝君觉得奇怪、不对劲。孟尝君不敢相信他来去这么快，穿好衣服接见他，见面当然就问："债收了吗？怎么可能那么快？"冯谖还是省话："收好了。"孟尝君又问："来去匆匆，你怎么有时间帮我买东西？你买了什么回来吗？"

冯谖就在等孟尝君这一问。他终于愿意说一段比较长的话："您告诉我，看看您家有缺的、少的就帮您买回来。我在心里盘算，您的屋室里堆满了珍宝，外面厩中都是狗和马，美人也多到可以排成行阵，看来您家唯一缺的，只有义，所以我就帮你把义买回来了。"

这太奇怪了，义能买吗？孟尝君问："市义奈何？"曰："今君有区区之薛，不拊爱子其民，因而贾利之。臣窃矫君命以责赐诸民，因烧其券，民称万岁，乃臣所以为君市义也。"孟尝君不说，曰："诺，先生休矣！"

孟尝君就问："这义怎么买？"冯谖说："您领有薛这个小小的封地，不好好如同照顾孩子般爱惜保护那里的人民，却像个商人想从那里得到利益，（这是不义啊！）所以我就假造您的命令，将债务一笔勾销，把借据都烧了，人民当场激动地大喊万岁，这就是我帮您买义的方式。"债没有收回来，还理直气壮当面将孟尝君骂一顿，脾气再好、平常对门客再客气的孟尝君都受不了了，摆了脸色说："好了好了，你不要再说了！"

从这段戏剧化的过程，我们知道：第一，孟尝君还真不需要这笔债务及其利息。第二，他本来预期冯谖会去很久，因为欠债的人张罗款项来还钱付利息，哪有那么容易、通通顺利？一定有些人迁延、抵赖，必经一番折腾。这也就是为什么之前要先贴出公告来找门客去收债，又要郑重其事面见冯谖，原来是因为收债很难，不是一般办事人员做得来的。第三，听到冯谖的报告，孟尝君一定认为冯谖是故意捣蛋作乱的，很可能就是因为冯谖觉得自己当时被苛待，而利用机会进行报复。不过，孟尝君损失重大，心中又有怒意，却仍然没有将冯谖赶出去。这就是他之所以成为养士典范的关键素质。

后期年，齐王谓孟尝君曰："寡人不敢以先王之臣为臣。"孟尝君就国于薛。未至百里，民扶老携幼，迎君道中。孟尝君顾谓冯谖："先生所为文市义者，乃今日见之。"

过了一年，齐国政治发生了大变动，孟尝君失势了。重用他的齐威王死了，新上任不久的齐宣王以"我没有资格用我父亲的臣子来服务我"为借口，将孟尝君从宫中了赶出去。孟尝君在齐王宫中没有职务了，他就必须离开临淄，回到自己的封国去。

他要回薛，人还没到，薛地的老老少少就大老远在路途中迎接他。孟尝君感动了，也明了自己凭什么得到如此爱戴，回头对身边的冯谖说："我现在看到您当时帮我买的义了。"

拉抬行情的艺术

冯谖曰："狡兔有三窟，仅得免其死耳。今君有一窟，未得高枕而卧也。请为君复凿二窟。"孟尝君与车五十乘，金五百斤，西游于梁，谓惠王曰："齐放其大臣孟尝君于诸侯，诸侯先迎之者，富而兵强。"于是梁王虚上位，以故相为上将军，遣使者，黄金千金，车百乘，往聘孟尝君。

证明了在薛地为孟尝君"市义"是有远见的正确做法，得到了孟尝君的信任，冯谖就进一步说："狡兔有三窟，才能勉强不受害地活着。现在您就只有薛这么一窟，不能高枕无忧，我愿意为您再凿两窟。"孟尝君没有多问，就给他所需的配备。冯谖往西到了魏国，见了同样积极养士招才的魏惠王，跟他说："齐国犯了重大错误，竟然将他们的大臣孟尝君从宫中赶出来，这下子孟尝君就不必为齐国服务了。此时哪个国君把握机会，先去将孟尝君迎来，立即能收到富国强兵的效果。"

魏惠王吃这一套，就将原来的相改去担任上将军，把相的职位空出来，大张旗鼓以最高规格去请孟尝君来作魏相。

冯谖先驱，诫孟尝君曰："千金，重币也；百乘，显使也。齐其闻之矣。"梁使三反，孟尝君固辞不往也。冯谖在魏国使者之前回到了齐，告诫孟尝君："千金是大钱，百乘是大排场，齐王一定会听到这件事。"意思就是提醒孟尝君，如此安排不是为了让他真的去魏国当相，目标是对齐王示威。孟尝君也很机灵，知道这意思，魏国使者来了三次，他三次都予以婉谢。

果然如冯谖所料。齐王闻之，君臣恐惧，遣太傅赍黄金千斤，文车二驷，服剑一，封书谢孟尝君曰："寡人不祥，被于宗庙之祟，沉于谄谀之臣，开罪于君。寡人不足为也，愿君顾先王之宗庙，姑反国统万人乎？"

齐王听说了这件事，上下都很惊慌，赶紧请太傅（刚上任的新国君，最亲近的一定是他当太子时的老师），带着黄金千斤，加上两辆豪华大车，和一把齐王自己的佩剑，向孟尝君正式道歉，说："我命不够好，不足以担当国君，因而一即位，就被宗庙鬼神降祸，鬼迷心窍，沉溺于臣下的谄谀言辞，以至于做了很不恰当的决定，得罪了您。容我请求：尽管不值得为了我，能不能顾念先王宗庙的安危，勉强回来治理齐国呢？"

冯谖诫孟尝君曰："愿请先王之祭器，立宗庙于薛。"庙成，还报孟尝君曰："三窟已就，君姑高枕为乐矣。"齐王来道歉了，冯谖就又教孟尝君提出条件："既然你口口声声要我以先王之宗庙为念，那我就要求将一部分先王祭器移到薛来，在薛另立宗庙。"

这件事实现了，宗庙立好后，冯谖向孟尝君回报："三窟都完工了，现在您可以安心好睡了。"

文章最后的结语是：孟尝君为相数十年，无纤介之祸者，冯谖之计也。孟尝君任齐相数十年，连一点小灾祸都没有惹上身，这都是凭借冯谖的高明计策。

很精彩的文章，唯一的问题是：如果单独看，我们其实无法真正理解冯谖设计的三窟究竟有多大作用，尤其是最后一计，在薛立先王宗庙是什么意思？要更深入地了解，就要看《战国策·齐策》中另外一篇文章《孟尝君在薛》。

不求而求

孟尝君在薛，荆人攻之。淳于髡为齐使于荆，还反过薛，而孟尝令人礼貌而亲郊迎之，谓淳于髡曰："荆人攻薛，夫子弗忧，文无以复侍矣。"淳于髡曰："敬闻命。"

孟尝君在薛，楚国发兵攻打薛地。齐王派了淳于髡为使者出使楚国，淳于髡从楚国回来时，路过薛，孟尝君派人特别礼貌地招待，亲自到城郊迎接淳于髡，以示郑重。见了面，对淳于髡说："现在楚军攻打薛，状况很危急，如果您不帮忙想办法的话，以后我可能就没办法再伺候您了。话说得很委婉，但意思很明确，求淳于髡一定要帮忙，让齐王来救薛，不然很可能薛就要落入楚人手中了。"淳于髡听懂了，也郑重地答应会帮忙。

淳于髡要怎么帮忙呢？至于齐，毕报，王曰："何见于荆？"对曰："荆甚固，而薛亦不量其力。"王曰："何谓也？"对曰："薛不量其力，而为先王立清庙，荆固而攻之，清庙必危，故曰薛不量力，而荆亦甚固。"齐王和其颜色，曰："嘻！先君之庙在焉。"疾兴兵救之。

淳于髡回到临淄，就出使之事对齐王做了报告，报告完了，齐王问："那么，在楚国看到了什么特别的事吗？"淳于髡回答："我看到了楚国固执的情况，也看到了薛自不量力的情况。"齐王听不懂："这是什么意思？"淳于髡说："薛自不量力，小小的封国却要在那里立先王宗庙，现在楚国坚持攻打薛，结果就使得先王宗庙陷入危险，所以说看到了楚国固执的情况，也看到了薛自不量力的情况。"齐王脸色变了，想起了先王，也就是他的父亲齐威王，也想起来了在薛还有齐威王的另一个宗庙在。怎么能让父亲宗庙被楚王威胁呢？于是他就赶紧出兵去救薛。

后面是记录这件事的人给的评论，他认为最重要的教训是：颠蹶之请，望拜之谒，虽得则薄矣。善说者，陈其势，言其方，人之急也，若自在隘窘之中，岂用强力哉？扑倒在地苦苦哀求，就算求到了，也不会是什么了不起的帮助。懂得说服之道的人不这样做，而是描绘情势，突出听者会感到着急的部分，让他听了感觉是自己陷入难关里，如此，哪需要强迫他来关心、来帮助呢?

还是一样，评论者凸显了淳于髡的智慧与辩术，不过这样的教训，倒是即便到今天都还有用的提醒，当我们意图去影响别人时，不妨拿这段话放在心中想想。

这段可以视为冯谖狡兔三窟故事的注脚。我们明白了，在地理上，薛离楚近而离临淄远，楚国想要扩张势力，很容易就威胁到薛，相对地，齐王不会那么看重薛。冯谖所做的，就是创造了一个齐宣王不能不救薛的理由，如此，孟尝君就不必单靠己力来防守薛，抵抗楚国的侵犯。这是第三窟的真义。

这里显现出战国养士的两个特色，一个特色是，对不具备特殊资历，也没有足以服人的才能的人，孟尝君都一视同仁，把他们收纳在门下。这是建立起孟尝君养士大名的关键做法之一。第二项特色是,这样没有资历,也从来没有显现过能力的人，在战国这样的时代，仍然可能得到发展机会。在那样一个时代和环境里，任何人都有可能因为环境的差异而有能力上的爆发。我们不能轻视、忽视任何人，这是《战国策》所描写的战国时代的环境中非常奇特和迷人的一种状态。

养士的原则——宽容

再读一则与孟尝君有关的记录——《战国策·齐策》中的《孟尝君舍人有与君之夫人相爱者》，这则记录让我们明了在孟尝君养士的经历中，他对冯谖的容忍，还不是最夸张的。

孟尝君舍人有与君之夫人相爱者。或以问孟尝君曰：“为君舍人，而内与夫人相爱，亦甚不义矣，君其杀之！”孟尝君曰：“睹貌而相悦者，人之情也。其错之，勿言也。”

发生了这样的事：孟尝君身边的人，竟然和女主人私通，而且还让其他人都知道了。于是有人去对孟尝君说：“靠您养活，却私下和您的夫人私通，这是最不可原谅的错误行为，您应该将这家伙杀了！”孟尝君的回答竟然是：“他在我身边服务，有机会见到夫人的容貌，因此而互相喜爱，这是人之常情。这件事就搁着吧，别再说了。”

居期年，君召爱夫人者而谓之曰：“子与文游久矣，大官未可得，小官公又弗欲。卫君与文布衣交，请具车马皮币，愿君以此从卫君游。”于卫甚重。一搁就搁了一年，孟尝君才处理这件事。他将这个和夫人私通的人找来，说：“你在我身边很长一段时间了，没有大官可以做，小一点的职务你又不要。这样吧，我跟卫国国君交情很好，不是那种出于身份的表面交情，我帮你准备好车马和盘缠，你换去卫国发展吧！”孟尝君终于把他赶走了，但仍然客客气气，而且还帮他安排好后路。这个人到卫国，得到了卫王的重用。

齐、卫之交恶，卫君甚欲约天下之兵以攻齐。是人谓卫君曰：“孟尝君不知臣不肖，以臣欺君。且臣闻齐卫先君刑马压羊，盟曰：“齐卫后世，无相攻伐，有攻伐者，令其命如此。”今君约天下之兵以攻齐，是足下倍先君盟约，而欺孟尝君也。愿君勿以齐为心。君听臣，则可；不听臣，若臣不肖也，臣辄以颈血溅足下衿。”卫君乃止。

后来齐、卫两国交恶，卫国是小国，卫国国君单看自己的力量不足以对抗齐国，因而要约其他各国军队一起攻打齐国。于是这个人就去跟卫国国君说：“孟尝君不知道我能力差，错将我推荐给您。”这是谦虚的反话，意思是你知道我有多大本事，但孟尝君却没有把我留在他身边，无私地让我来帮你服务，你欠他一份人情吧！

“而且我听说齐、卫两国以前的国君曾经杀马宰羊，共同发誓：‘齐、卫两国后代子孙，绝对不可以互相攻伐，有不守誓言的，让他得到和这些马、羊同样的下场。’现在您竟然找其他国家一起攻打齐国，您既违背了先世的誓言，也辜负了孟尝君。希望您赶紧打消攻打齐国的念头。您听我的，就没事；如果您不听我的，我打算让我颈项上溅出来的血沾污您的衣襟。”这是礼貌却已经够直接的威胁，意思是：有盟誓在先，违背誓言的人不得好死，如果你真要违背誓言，我可以拼着命不要、人头落地，现在就杀你！卫国国君吓得只好放弃攻打齐国。

齐人闻之曰：“孟尝君可语善为事矣，转祸为功。”最后也是一句评语：“孟尝君可以说是很会治事啊，能够将坏事扭转为好事。也就是将有人和他夫人私通的坏事，扭转成拯救了齐国的好事。”转祸为功是如何做到的？靠养士——极度看重人才，为了养士，什么都能牺牲、什么都能忍耐。

孟尝君为什么能忍耐舍人的缺点？我们应该一并读《战国策·齐策》中的《孟尝君有舍人而弗悦》。

孟尝君有舍人而弗悦，欲逐之。鲁连谓孟尝君曰：“猿猕猴错木据水，则不若鱼鳖；历险乘危，则骐骥不如狐狸。曹沫之奋三尺之剑，一军不能当，而曹沫释其三尺之剑而操铫耨，与农夫居垄亩之中，则不若农夫。”

孟尝君讨厌身边的某一个人，想把他赶走。他的策士鲁连就劝他："猿猴类的动物看起来那么灵活，但如果让它们离开树木去到水中，他们就比不上鱼和鳖了。要比能够处理危机、避开险境，雄壮、善跑的马就比不上狐狸厉害。曹沫举起手中的三尺长剑，一整支军队都抵挡不了他，但你叫曹沫放下长剑，改拿农具去跟农夫在田里工作，那曹沫就比不上农夫了。"

"故物舍其所长，之其所短，尧亦有所不及矣。今使人而不能，则谓之不肖；教人而不能，则谓之拙。拙则罢之，不肖则弃之，使人有弃逐不相与处而来害相报者，岂非世之立教首也哉？"孟尝君曰："善。"乃弗逐。

鲁连继续说："因而不看他的长处，却去强调他的缺点，那么就算是尧也有可以被挑剔批评的。现在你要他做这件事他做不来，就认定他没有能力；教他学这项本事，他学不来，就认定他笨。笨的赶走、没能力的放弃不用，不跟这些人相处，这会使得他们心怀怨恨，以至于后来回头报复我们——这不是世界上最明显的、该知道的教训吗？"孟尝君听了说："对啊，说得好。"就不把那个人赶走了。